全国优秀教材二等奖

首届全国教材建设奖

U0853865

新编21世纪经济学系列教材

能源经济学

第三版

Energy Economics

魏一鸣　廖　华　等　编著

中国人民大学出版社
·北京·

作 者 简 介

魏一鸣，现任北京理工大学讲席教授，副校长。曾任中国科学院科技政策与管理科学研究所副所长（2000—2008年）；北京理工大学管理与经济学院院长（2009—2019年）。

从事能源环境系统工程和气候工程管理的教育与研究工作；主持国家重点研发计划项目50余项；出版著作10余部；发表SCI/SSCI论文190余篇，21篇论文入选全球高被引论文，2018年、2019年入选全球高被引科学家，连续6年被评为中国高被引学者；获省部级奖12项；获国家杰出青年科学基金资助，教育部长江学者特聘教授，入选国家“万人计划”，国家自然科学基金创新研究群体学术带头人；获全国优秀科技工作者、北京市优秀教师称号，并获中国青年科技奖；兼任中国“双法”研究会能源经济与管理研究分会创始理事长等职务；10余份国际重要期刊的副主编、顾问、编委；受聘担任北京市自然科学基金委员会第五届、第六届委员，国家自然科学基金委员会管理学部咨询委员会委员、国家生态环境保护专家委员会委员、中国气象事业发展咨询委员会委员，联合国气候变化专门委员会第六次评估报告第三工作组能源系统领衔作者的协调人。

廖华，北京理工大学管理与经济学院教授、博士生导师，北京理工大学能源与环境政策研究中心副主任。

从事能源经济与气候政策领域的科学研究和人才培养工作；近年讲授“能源经济学”“宏观经济学”“经济学的思维方式”“管理与经济科学发展史”等本科生和研究生课程；开展了家庭能源转型、能源经济（成本）效率、气候变化影响等具体研究工作，在领域内学术期刊合作发表论文90余篇；作为负责人承担国家杰出青年科学基金项目等10余项科研任务；曾获批国家自然科学基金优秀青年科学基金项目（2013年）、入选首批青年长江学者（2015年）。

内容简介

本书以能源经济管理问题为主线，将能源管理及相关的气候政策的研究纳入经济学研究框架，系统地介绍了能源需求与能源供给、能源效率、能源市场、能源价格、能源贸易与能源金融、能源市场风险、能源投融资、合同能源管理、能源安全、能源战略储备、能源贫困、能源健康效应、能源与气候变化、能源技术政策选择等重要问题。

在强调基础性和系统性的同时，本书注重把握现代能源经济管理问题的发展趋势，吸收了最新发展与研究成果，并注重深入浅出和与中国实践的结合，使教材更适应当前高等院校经济与管理类人才培养的要求，特别是能源经济管理及相关的气候工程管理领域高层次、研究型人才培养的要求。

本书既可以作为能源经济管理及相关的气候工程管理类专业的研究生教材，也可以作为高等院校师生、科研人员、企业管理人员以及政府部门的公务人员的培训教材或自学参考材料。

前 言

能源及与其密切相关的气候变化问题已成为全球政策界、学术界、工商界和社会公众共同关注的焦点。无论是能源问题还是气候问题，归根结底都是发展问题。在当前和未来相当长时期内，经济发展仍将是中国的首要任务，能源问题在很大程度上是经济问题。

近年来，能源经济与管理方面的人才需求急剧上升，但这方面的人才培养相对滞后。长期以来，我国从事能源经济学研究或教学工作的人员大多是单一学科背景，要么是侧重于经济学，要么是侧重于能源工程，主要集中在地质、煤炭、石油、电力等高校，因此，在“石油经济学”、“煤炭经济学”及“电力经济学”等方面有许多很好的研究成果，但大多属于工程经济分析或者财务分析，与经济学有较大区别。事实上，能源经济学是一个多学科交叉性的综合性学科。

解决能源经济复杂系统问题不仅需要自然科学、工程技术科学，以及大量的实践经验，还需要现代经济学思想、理论和方法的指导。能源经济学是现代经济学在能源经济系统中的应用。能源经济学属于应用经济学的范畴，同时由于能源问题的特殊性，也推动了经济学理论和方法的发展，例如产业组织理论、非线性定价等。另外，能源经济学是一类典型的交叉科学，不仅需要依靠以能源工程为具体背景，也需要依靠经济学理论和方法。

基于上述理念，2011 年，我与廖华、焦建玲等长期从事能源经济与管理研究的学者共同撰写并出版了《能源经济学》教材，该教材自出版以来受到了很多好评，于是我们在 2013 年又出版了《能源经济学（第二版）》。随着能源及能源引起的环境等问题日益突出，能源经济学的研究对象远远超出了《能源经济学》教材的范围，因此，我们又于 2013 年出版了《高级能源经济学》，从而形成了由基础性的《能源经济学》和进阶性的《高级能源经济学》组成的双教材体系，教师可以根据学生的不同基础来选择教材。尽管如此，但通过教学实践我们发现，学生的知识结构是千差万别的，两本教材的设置很难做到真正的因材施教，从而导致了缺乏系统性的弊端。为了解决这个问题，在参考了自 2006 年以来我们团队出版的 7 卷《中国能源报告》和论文，以及国内外有关文献后，我们将 2013 年出版的《能源经济学（第二版）》和《高级能源经济学》两本教材的内容和数据进行了更新、增补和校正，重新整合编辑，使其成为章节布局合理、知识体系完善的新教材，即《能源经济学（第三版）》。

《能源经济学（第三版）》以能源经济与管理问题为主线，把经济学中的相关理论贯穿到能源经济复杂系统中。首先，从能源市场供需着手，探讨能源市场资源配置效率、能源市场与能源价格；其次，着眼于能源的国际贸易与金融化发展趋势，重点阐述了能源市场风险与能源投融资；再次，突出能源安全战略在国家层面的重要性，系统阐述了现代主要能源安全战略、合同能源管理和能源战略储备的有关概念和理论；最后，从社会发展角度介绍了能源贫困、能源健康效应，并且从能源的使用安全角度探讨了能源与气候变化以及能源技术政策的选择。本教材注重在探讨经典的能源经济学问题的同时，力求引入国内外最新的研究方法和研究成果，并结合中国的实际问题给出研究案例。基于能源经济与管理问题的复杂性和综合性，为确保教材的可读性，在教材编写过程中，我们注重深入浅出，增加了部分拓展阅读材料。本教材适用于具有高等数学基础的本科生和研究生。为了便于不同层次的读者学习，本教材在较难的章节的标题右上角标注了星号（*），初学者可以在学习过程中跳过这些章节，而不失系统性。为便于教学，教材的全部内容按章节配有课件。

《能源经济学（第三版）》包含 17 章，由魏一鸣负责组织和统稿及统领全部撰写工作。廖华及北京理工大学能源与环境政策研究中心师生负责了部分章节的编写。教材的出版也是北京理工大学能源与环境政策研究中心集体智慧的结晶，在此，我对上述参与教材编写的人员及北京理工大学能源与环境政策研究中心的全体师生表示衷心感谢！在写作过程中，我们参考了大量资料，并尽可能地在参考文献中详细列出引文作者，在此，特别感谢引文中的所有作者！也有可能由于疏忽，我们引用了一些资料而没有注明出处，若有此类情况发生，在此深表歉意，并将在修订版本中补充。

本教材在研究和编写过程中，得到了国家重点研发计划（2016YFA0602603）、国家自然科学基金创新研究群体项目（71521002）和智库项目（71642004）等项目的支持。教材的出版得到了北京理工大学“双一流”建设的教材项目资助；先后得到了多位曾应邀访问能源与环境政策研究中心并做学术交流的专家和学者的支持和帮助。中国人民大学出版社副总编辑于波女士为推动教材的尽早出版做了大量的协调工作。中国科学院副院长丁仲礼院士也对我们的研究工作给予了指导和支持。值此，向他们表示衷心的感谢和崇高的敬意！

限于我们的知识修养和学术水平，本教材中难免存在缺陷和不足，甚至是错误，恳请各位同仁和读者批评指正。

目　录

第 1 章

导论

能源问题是影响人类社会发展全局和世界政治经济格局的重大战略问题。在宏观的科学研究层面上，能源问题归根结底是发展问题，但在很大程度上又是经济问题。本章将简要介绍能源经济学的学科特征，包括能源经济学的定义、研究对象、研究方法，能源经济学的形成和发展，能源经济学与其他相关学科的联系。

1.1 能源经济学概述

1.1.1 能源经济问题的重要性

能源是人类社会赖以生存和发展的重要物质基础。纵观人类社会发展的历史，人类文明的每一次重大进步都伴随着能源的改进和更替。能源的开发利用极大地推进了世界经济和人类社会的发展。能源的大量开发和利用，是造成环境污染和气候变化的主要原因之一。正确处理好能源开发利用与环境保护和气候变化的关系，是世界各国迫切需要解决的问题（国务院新闻办公室，2007）。不论是能源问题还是环境、气候问题，归根结底都是发展问题。发展问题的涉及范围相当广泛，既包括经济和社会发展，也包括文化、科技和环境发展等诸多内容。各项内容相互关联、错综复杂。

当前人类所使用的能源主要是商品能源，贯穿于整个经济系统的各个环节内。能源既是重要的生产要素，是不可能被其他要素完全替代的；同时又是重要的生活资料，是不可能被其他消费品完全替代的。工业革命以来，世界经济和能源消耗均保持了较快增长态势。1980—2018 年，世界生产总值（GWP）与能源消耗量的相关系数为 0.997；GWP 和能源消费年均分别增长 2.91%和 1.97%；单位 GWP 能耗累计下降了 29.44%。全球经济每增长 1%，大约带动能源需求增长 0.68%。未来世界能源需求增长仍然较快。据国际能源署（IEA，2018a）预测，按照目前的政策，2017—2040 年世界能源消费总量年均增长 1.42%，达到 193.28 亿吨标准油。

当前，世界能源发展出现新的局面（国家发展和改革委员会，2016）：（1）能源清洁低碳发展成为大势，（2）世界能源供需格局发生重大变化，（3）世界能源技术创新进入活跃期，（4）世界能源走势面临诸多不确定因素。

不论是与其他国家相比，还是与中国自身历史相比，当前中国的能源经济形势都显得越发紧迫、能源发展挑战越发严峻。因此，加强能源经济学的研究、普及和应用，对于中国显得尤为迫切。

中国是当今世界上最大的发展中国家，在促进经济发展和社会进步的过程中，面临着越来越严峻的能源与气候挑战。受经济社会发展阶段、人口众多、经济发展方式惯性作用等因素的制约，未来中国能源需求仍将持续增长。中国仍处于工业化、城镇化的进程中。20 世纪后 20 年，中国能源消费年均增长 4.5%；21 世纪前 18 年，中国能源消费年均增长 6.6%。预计在 2018—2035 年，中国能源消费年均增速为 2.0%，到 2035 年能源消费总量将达到 65 亿吨标准煤（发电煤耗法）；如果中国能源消费年均增速按照 3.0%计算，则 2035 年能源需求将超过 90 亿吨标准煤。假设未来中国人均能源消费量与目前能源效率较高的日本的人均水平相当，按 14.5 亿人口计算，则中国每年能源需求总量将超过 75 亿吨标准煤；如果与目前的美国人均水平相当，则中国每年能源需求总量将超过 150 亿吨标准煤。巨大的能源需求前景给中国未来经济和社会发展带来了严峻挑战，不确定的能源需求情景也给中国改善能源效率带来了诸多机遇（廖华，2008）。

1957—2018 年中国的能源消费总量和结构如图 1-1 所示。

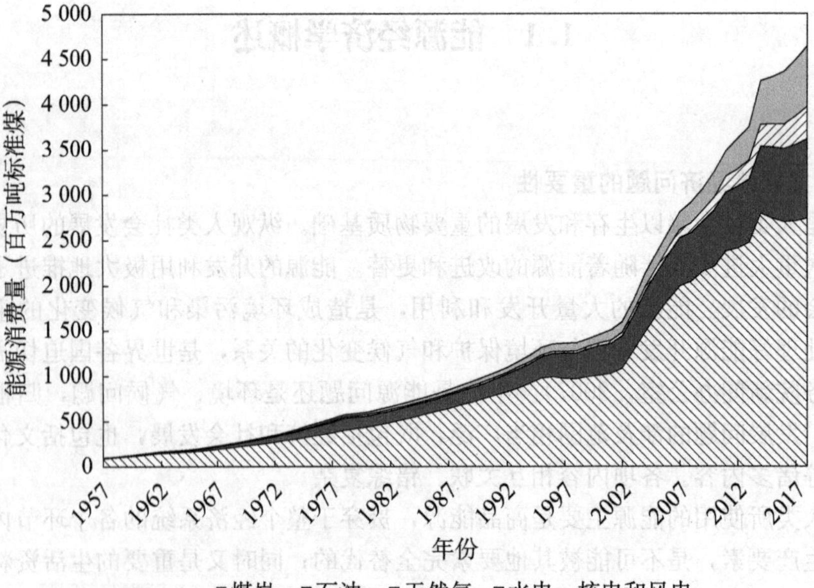

图 1-1 中国的能源消费总量和结构

尽管中国的能源资源总量比较丰富，但由于中国人口众多，人均能源资源拥有量在世界上处于较低水平。煤炭和水力资源人均拥有量相当于世界平均水平的 50%，石油、天然气人均资源量仅为世界平均水平的 1/15 左右。耕地资源不足世界人均水平的 30%，制约了生物质能源的开发（国务院新闻办公室，2007）。此外，中国能源资源分布极不均衡。如果没有出现重大的能源技术变革或者大规模资源储量发现，国内较低的人均能源资源特别是油气资源储量，将越来越难以满足未来经济社会发展的需要。中国自 1993 年起再次成为石油净进口国，自 1997 年起能源自给率开始小于 100%；近年来中国的能源对外依存度上升较快，特别是石油对外依存度从 21 世纪初的 32%上升至 2018 年的 70%。能源自给率逐渐下降，石油净进口量急剧增长，这将影响到中国的国家安全。

中国是世界上少有的几个以煤炭为主的能源消费大国，煤炭消费量约占全部能源消费量的 60%（发电煤耗法）。大量煤炭开采和燃烧带来了严重的环境污染问题。

全球温室气体排放量的 68%来自能源活动［主要是化石燃料燃烧导致的二氧化碳（CO_2）排放］。尽管有关气候变化的科学依据存在争议和不确定性（特别是关于大气温室气体浓度与增温的量化关系），但全球二氧化碳减排的舆论环境和政治生态已经形成（丁仲礼，等，2009）。随着全球气候变化及其谈判问题的日益严重以及中国温室气体排放总量继续增长，今后中国在减缓碳排放增速方面将要继续做出巨大努力。工业革命以来，全球温室气体累计排放的最大部分源自发达国家。目前温室气体减排成本较高昂，发达国家已经完成了工业化进程，当时几乎没有温室气体减排压力；而中国在推动经济发展、促进社会进步的同时，还需要应对全球气候变化带来的新挑战。

1.1.2 研究和应对能源挑战需要能源经济学

由于能源的至关重要性和特殊性，能源问题成为国际社会高度关注的问题，能源政策在世界各国的发展政策体系中都占据重要地位。如何制定或调整本国的能源政策，这吸引了来自各个学科的专家学者。

能源作为能量，在热力学中有第一定律、第二定律等。这些定律对于认识能源的自然属性具有重要意义。在能源工程中，也有一些具体的能源技术方法。但是，仅有能源科学和能源工程的理论或方法，还不足以应对当前人类面临的能源挑战。

作为一门科学，能源经济学在不同文献中的定义有所不同，但大体上存在基本的共识。在《新帕尔格雷夫经济学大辞典》（第二版）（*The New Palgrave Dictionary Economics, Second Edition*）（Durlauf 和 Blume，2008）中，能源经济学研究能源资源问题和能源商品问题，包括企业和消费者供应、转换、运输和使用能源资源的行为或动机，市场及其规制结构，能源利用的经济效率，能源开发和利用导致的分配和环境问题等。在《麦克米伦能源百科全书》（*Macmillan Encyclopedia of Energy*）（Zumerchik，2001）中，能源经济学被定义为关于经济学在能源领域中应用的一门科学，重点关注能源利用领域内各类主要能源的供应和需求、各类能源之间的竞争性、公共政策的作用，以及能源带来的环境影响。

能源问题与其他经济、社会问题交织在一起，互为关联，具有典型的系统性和动态性特征。单纯地依靠能源技术、能源工程，越来越难以应对能源经济系统问题。例如，世界各国都要不断地开展中长期能源需求预测。预测本身并不是目的，而是为了未雨绸缪，更好地制定节能规划和能源供应规划。要做好中长期预测，需要对整个经济系统有比较全面的把握和认识，包括经济增长速度、经济结构和要素结构演变、人口结构和居民消费倾向变迁、技术进步、经济体制变化等。对这些因素的把握和认识都需要依靠现代经济学理论和方法。如图1-2所示，不同国家的人均能源消费量的演变路径也不相同。如何去分析各国人均用能量的影响因素，区分哪些是客观因素、哪些是主观因素，这对于一国制定中长期能源发展战略具有重要的启示作用。

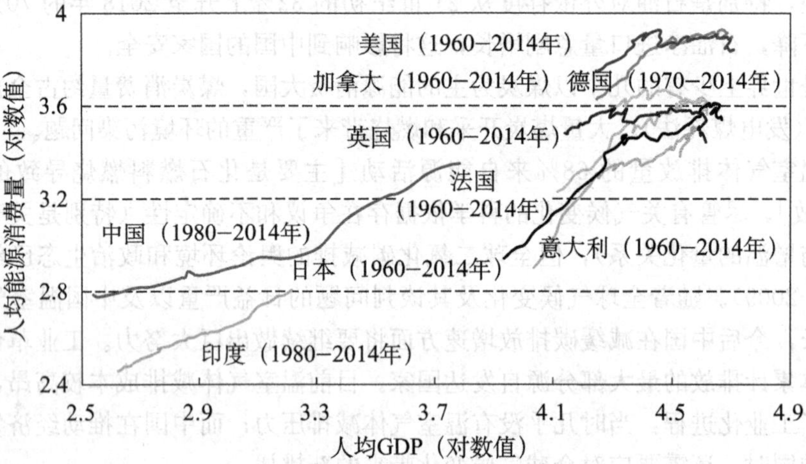

图1-2 经济发展水平与人均能源消费量

资料来源：World Bank（2019）。

在我国，能源经济系统研究已有40多年的历史，并已取得了大量优秀成果，但与目前国家能源战略、能源形势的发展相比，仍然需要进一步大力普及和推广能源经济学的教育和研究。近年来，由于能源问题的紧迫性和重要性日益凸显，能源经济研究报告和论文大量涌现，从事能源经济学学习和研究的人员日益增多，这也迫切要求更新出版能源经济学教材。目前国内外有关能源经济学的教材大多以能源品种为脉络，分别介绍石油、天然气、煤炭、水电、可再生能源、节能、能源管理等方面的知识。本书将以能源问题为脉络，把各类能源纳入整个经济社会系统框架综合考量，注重能源与其他要素的替代性、各类能源之间的替代性、能源与技术的相互关系等。

1.2 能源经济学的研究对象和研究方法

1.2.1 能源经济学的研究对象

能源经济学是以能源经济系统的运行规律为研究对象。能源经济系统不仅包括能源的勘探、生产、加工、贮运和利用各个环节，而且包括各个环节的相互关系，及各环节与其他经济要素的关联关系。能源经济学包括以下主要研究对象或研究内容，各项研究内容相互关联。

(1) 能源供给与需求。

能源供需和可持续发展受经济发展速度、能源投融资状况、新技术的使用、消费模式以及能源政策等因素的影响。能源的供应与消费研究具体包括能源与经济发展、能源供需预测、能源消费模式、区域能源消费、能源可持续发展、能源技术政策等问题。

(2) 能源效率与节能。

改善能源效率是应对能源挑战的重要且有效的途径。能源效率与节能研究具体包括能源效率测度方法与应用、能源效率与经济社会发展、节能政策设计与模拟、居民消费行为与节能、重点行业能源效率、区域能源效率等。

(3) 能源市场与碳市场。

能源市场与碳市场的金融特征日益突出，关系越来越密切。能源价格波动、能源价格机制、能源市场风险监测和预警、碳市场机制已成为研究热点。当前，在能源市场与碳市场方面需要重点研究能源价格机制与价格预测、能源市场风险管理、能源金融与碳金融、碳市场配额分配机制、碳市场与低碳发展等。如何在保障能源供应的可靠性和提高能源供应的经济效率两个方面做好平衡，一直是全球各国政府的难题。能源市场研究，特别是电力市场和天然气市场研究，在现代经济学理论研究中起着重要的引领作用。

(4) 气候变化与环境变化。

气候变化和环境变化涉及不同的层次范围和时间尺度，是典型的复杂科学问题。重点研究内容包括碳排放问题、气候变化情景分析、气候政策设计与模拟、碳捕获和封存、能源-环境-健康、气候变化与环境变化的影响及易损性、支撑气候谈判的博弈理论与方法、节能减碳的信息效率与激励机制设计、碳交易市场机制设计等。

(5) 能源安全与预警。

国际能源地缘政治纷繁复杂，国际原油价格剧烈波动，给石油贸易带来了巨大风险，直接影响能源进口国的能源安全。该领域重点研究战略石油储备、能源进口风险评价、海外油气开发利用风险管理、海外油气运输风险评估、能源供应安全预警、国际能源安全政策等。

(6) 能源建模与系统开发。

目前，大多数能源模型是涵盖社会、经济、技术、资源、环境、气候的综合集成模型，这些模型大多以经济系统为核心。在构建能源系统模型时，研究人员根据研究目的、假设条件以及数据可获得性，在经济系统的基础上加载技术、资源、环境、气候等模块。在国际上，一些重要的国际组织或政府机构发布的能源报告大多数是以能源经济系统模型的模拟结果为基础，例如，国际能源署（IEA）每年发布的《世界能源展望》（World Energy Outlook）是基于1993年以来不断开发和升级的世界能源模型（WEM）的研究成果，美国能源部能源信息署（EIA）每年发布的《国际能源展望》（International Energy Outlook）是基于1993年以来开发的美国国家能源建模系统（NEMS）的研究成果。WEM包括终端能源需求、电力生产、转换与运输、化石能源供应、二氧化碳排放、投资6个子模块，可用于预测全球主要国家和地区的需求量。NEMS包括10多个模块，主要用于美国的中长期能源需求预测和政策模拟。

(7) 能源公平与能源贫困。

能源属于生活必需品。世界各国的人均能源需求水平和需求结构极不平衡。发达国家和石油出口国的年人均用能量基本处在3～10吨标准油水平。大多数发展中国家的人均用能量远低于发达国家水平，美国的年人均用能量是世界人均水平的4倍多。在同一国家的不同社会群体间，能源需求也极不平衡。在广大发展中国家和地区，能源贫困问题依然相当严重。当前，世界能源贫困问题突出表现在三个方面：一是人均用能水平较低；二是无法获得电力服务；三是煤炭和传统生物质能使用比较广泛。能源贫困会给健康和教育带来很多不良后果，而且这些后果是深远的，甚至是不可逆转的。如果广大农村居民无法获得电力，不能满足基本的照明和电器服务，则无法为学生提供良好的学校教育和家庭条件，即使是基本、简单的医疗设备也无法正常运转。大量使用煤炭和柴草等传统固体能源将导致严重的室内空气污染，造成严重的呼吸道疾病，还会给产妇和新生幼儿健康造成威胁。在获取传统生物质能的过程中，劳动强度大、劳动时间多，而且往往是由儿童或妇女来承担，同时影响健康和人力资本水平。另外，传统生物质能的利用效率相当低下，会造成大量资源浪费。

在不同的历史时期，能源经济学的研究对象或者侧重点有所不同。在早期，能源经济学主要研究资源的可耗竭性、能源中长期需求预测、石油输出国组织（OPEC）行为等。近年来，全球气候变化问题的国际政治生态和舆论环境业已形成，全球和区域气候政策也成为能源经济学的重要研究对象。

1.2.2 能源经济学的研究方法

开展能源经济学研究，则需要树立全局观、系统观、动态观。由于现实能源经济系统的复杂性，在开展能源经济学的研究中，需要依据具体的问题和数据的可获得性，确定系统的边界，确定外生因素和内生因素。例如，能源价格会影响到能源需求，那么在开展能源中长期需求预测研究中，把价格作为内生因素还是外生条件对于选择具体的预测方法，以及得到具体的预测结论和政策启示均有重要影响。

能源经济学的研究方法应当以经济学理论、统计学理论等有关科学理论为基础，同时需要大量的实践经验支撑。当前，能源经济学研究大多是经验研究（国内通常也称为实证研究）和实验研究（或者模拟研究），或者二者的结合；也有少量数理研究（特别是在电力市场研究方面）。在经验研究中，大多数依据基本的经济学原理或者实践经验，通过收集相应的数据，开展计量或者统计分析。在实验研究中（大多数能源系统建模研究属于这一类），一般首先依据有关经济学理论建立行为方程和平衡方程（方程的参数大多依据经验或者校准获得），然后改变外生变量（例如税收政策、能源价格等），对模型系统进行运算（模拟），得到结果或结论。具体来讲，经验研究方法包括回归分析、投入产出分析、增长核算分析、统计分析、时间序列分析等方法；实验研究方法包括可计算一般均衡模拟、多主体模拟等。

能源经济模拟研究往往需要一个团队合作完成，一项出色的模拟研究往往是几年甚至数十年的积淀。例如，国际应用系统分析研究所（IIASA）和斯坦福大学联合开发的MERGE模型，主要用于全球气候政策模拟研究，包括宏观经济、能源供应、温室气体排放三个子模型。美国布鲁克黑文（Brookhaven）国家实验室开发了MARKAL－MACRO模型及其变形。麻省理工学院（MIT）开发的IGSM模型，包括经济、大气化学变化、气候、陆地生态系统等模块，偏向于技术层面，该模型是早期经济合作与发展组织

（OECD）开发的GREEN模型的延续版本。由马里兰大学和美国太平洋西北国家实验室联合成立的全球变化联合研究所开发的第二代能源经济系统模型SGM，是由14个地区的一般均衡模型组成的模型集。麦基宾（McKibbin）和威尔科克森（Wilcoxen）联合开发了多国多部门跨期动态一般均衡模型G-Cubed（含12个部门）。由于不同的能源系统模型的模拟结果差异较大，为了使模型更易比较、更加透明化，推动能源经济学的发展，20世纪70年代，斯坦福大学的斯温尼（Swneey）和韦安特（Weyant）等教授创建了著名的能源建模论坛（EMF），为能源建模学者提供了一个良好的交流平台。

经验研究与模拟研究相结合的经典实例就是由哈佛大学的Hudson和Jorgenson（1974）开创的基于计量的可计算一般均衡研究。他们在编制投入产出时间序列表等大量数据的基础上，采用Translog函数形式，建立了反映美国能源经济系统的一般均衡计量经济模型，并用该模型模拟了不同税收政策对美国能源需求和碳排放的影响。与其他常见的CGE模拟研究所不同，该模型的一些参数采用计量方法内生获得，从而减少了对技术进步有偏性和模型参数的人为设定。因为该模型需要编制投入产出时间序列表，所以数据量要求也较大。

1.3 能源经济学的形成与发展

1.3.1 能源经济学的起源与兴起

能源经济学的起源可以追溯到经济学界对自然资源的可耗竭性的关注。19世纪，得益于以蒸汽机为代表的工业革命，英国成为世界制造中心，煤炭需求量急剧增长，从1800年的0.13亿吨标准煤增长到1900年的1.66亿吨标准煤，英国煤炭产量曾一度占全球产量的80%以上。煤炭需求量有没有顶峰？何时达到顶峰？世界煤炭储量是否会耗竭？这些问题在当时已经引起了一些经济学者的重视。1865年，著名的边际学派代表人物、英国经济学家杰文斯（Jevons）出版了著名的《煤炭问题》（*The Coal Question*），见图1-3，该书是最早应用经济学分析煤炭问题的著作。

图1-3 杰文斯和他出版的《煤炭问题》

尽管能源资源的可耗竭性在19世纪已经引起了一些人的注意，但在当时的经济学界还未引起广泛关注。1931年，美国经济和统计学家霍特林（Hotelling）发表了著名的《可耗竭性资源的经济分析》一文，开创了资源经济学。但在当时，世界能源结构逐步转向以石油为主，化石能源资源的可耗竭性并不是很突出。后来由于第二次世界大战及战后初期的重建工作，能源经济问题依然没有得到足够的重视。

1952年，美国未来资源研究所成立。该机构成为美国第一个资源与环境领域的智库。1963年，美国未来资源研究所的巴尼特（Barnett）和莫尔斯（Morse）出版了著名的《稀缺性与增长：关于自然资源可获得性的经济学》，再次引起了全球经济学界对能源经济问题的重视。

1973年，第一次石油危机爆发带动了能源经济学研究的兴起，大量曾经获得诺贝尔奖的经济学家对能源经济问题开展了系统而深入的研究，例如已获奖者肯尼斯·J. 阿罗（Kenneth J. Arrow）、佳林·C. 库普曼斯（Tjalling C. Koopmans）等，也包括后来的获奖者罗伯特·M. 索洛（Robert M. Solow）、约瑟夫·E. 斯蒂格利茨（Joseph E. Stiglitz）、威廉·D. 诺德豪斯（William D. Nordhaus）等。研究问题不仅包括资源开采和定价，而且包括OPEC的定价能力、能源价格波动对宏观经济的影响、能源市场规制、节能政策设计等。自此，能源经济学成为经济学的一个重要分支，大量的能源经济研究文献见诸主流的经济学期刊中。

1.3.2 能源经济学的发展

（1）一批能源经济学期刊相继出版。

第一次石油危机后，无论是在广度上还是在深度上，能源经济研究都有了较大的推进。为了适应当时能源经济学学者交流的需要，一批能源经济学期刊相继出版。例如，《能源政策》（*Energy Policy*，1973年创刊），《能源经济学》（*Energy Economics*，1979年创刊），《能源期刊》（*Energy Journal*，1980年创刊），《能源评论年报》[*Annual Review of Energy*，1976年创刊，后更名为《环境与资源年报》（*Annual Review of Environment and Resources*）]，《资源与能源》[*Resources and Energy*，1978年创刊，后更名为《资源与能源经济学》（*Resource and Energy Economics*）]，《能源经济学 & 环境政策》（*Economics of Energy & Environmental Policy*，2012年创刊）。

在此期间，能源经济学文献大量涌现。谷歌学者（Google Scholar）的文献计量显示，在20世纪60年代全球经济、金融与管理领域的英文文献中，以"Energy"为标题的仅有295篇（部），但到20世纪70年代则增长到6 760篇（部），而且该数据还在持续增长中。具体如图1-4所示。

（2）一批能源经济学研究机构、组织或学会相继成立。

当前世界著名的能源经济学研究机构、组织或学会大多成立于20世纪70年代石油危机后，例如国际能源经济学会（IAEE）、国际能源署（IEA）、美国能源部能源信息署（EIA）、斯坦福大学能源建模论坛（EMF）、麻省理工学院能源与环境政策研究中心（CEEPR）、日本能源经济研究所（IEEJ）、剑桥能源研究会/咨询公司。一些著名的经济学研究机构成立了专门的能源经济部门或项目组，例如美国国民经济研究局（NBER）的

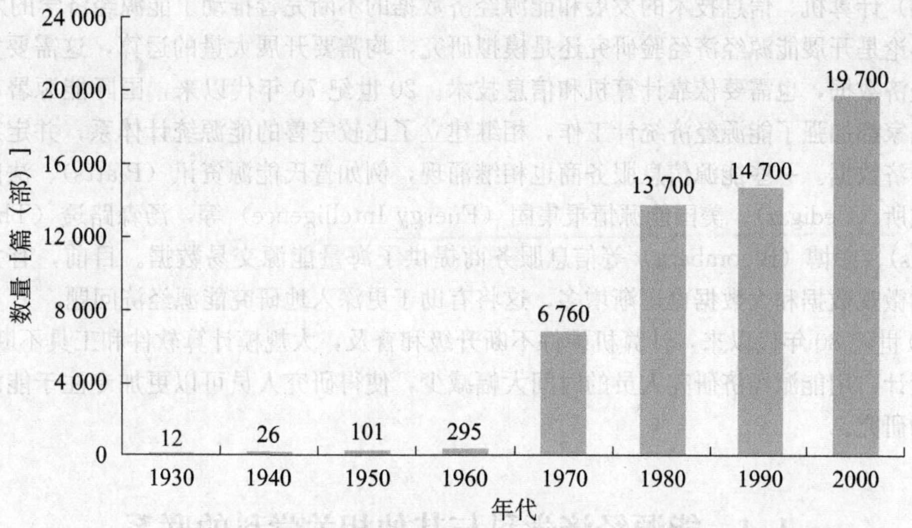

图 1-4 全球经济、金融与管理领域中以“Energy”为标题的英文文献数量

环境与能源经济学项目组。此外，从事能源研究类的咨询公司也相继出现，例如剑桥能源研究会（CERA）。

国际能源经济学会（IAEE）成立于 1977 年，总部设在美国俄亥俄州，其会员来自 70 多个国家和地区的能源和相关问题的商业、政府、学术界和其他专家学者，该组织致力于为全球范围内关注能源及相关问题的专家学者提供服务。

自 20 世纪 80 年代以来，中国能源经济研究机构也相继成立，很多国家一级学会下设了能源经济类分会或专业委员会。中国的能源经济研究主要起源于 20 世纪 80 年代的能源系统工程研究。1981 年 2 月，“能源系统模型学术研讨班”在天津大学举行，这是国内首次开展的能源系统模型专业性学术活动。经过相关部门批准，中国“双法”研究会能源经济与管理分会于 2010 年成立。该会每年与国家自然科学基金委管理科学部联合主办中国能源经济与管理学术年会，近年来每届年会参会人数超过 500 人。

（3）现代经济学理论和方法的发展推动了能源经济学的发展。

20 世纪 70 年代逐步成熟的博弈、信息、机制设计理论在能源经济研究中得到了越来越广泛的应用。博弈论已经被广泛应用于分析 OPEC 等垄断性能源组织的产量和定价行为。信息和机制设计理论在节能和能源效率政策方面提供了大量有益启示。计量经济学的发展也为定量研究能源经济问题提供了更恰当的工具选择。在当前全球著名的经济学者当中，有大量长期致力于能源经济学与气候政策研究的，例如，戴尔·乔根森（Dale Jorgenson）①、诺德豪斯②、保罗·乔斯科（Paul Joskow）③、理查德·斯摩兰西（Richard Schmalensee）④。

---

① 克拉克奖获得者，哈佛大学经济学教授。

② 耶鲁大学经济学教授，2014—2015 年美国经济学会主席，与保罗·A. 萨缪尔森（Paul A. Samuelson）合著了风靡全球半个多世纪的《经济学》（*Economics*）教科书，2018 年诺贝尔经济学奖获得者。

③ 麻省理工学院经济学教授，曾任麻省理工学院能源与环境政策研究中心主任和经济系主任。

④ 麻省理工学院经济学教授，曾任麻省理工学院能源与环境政策研究中心主任和斯隆管理学院院长。

（4）计算机、信息技术的发展和能源经济数据的不断完善推动了能源经济学的发展。

不论是开展能源经济经验研究还是模拟研究，均需要开展大量的运算，这需要大量的能源经济数据，也需要依靠计算机和信息技术。20 世纪 70 年代以来，国际能源署和世界主要国家都加强了能源经济统计工作，相继建立了比较完善的能源统计体系，并定期出版能源经济数据。一些能源信息服务商也相继涌现，例如普氏能源资讯（Platts）、法国天然气研究所（Cedigaz）、美国能源情报集团（Energy Intelligence）等，汤森路透（Thomson Reuters）、彭博（Bloomberg）等信息服务商提供了海量能源交易数据。目前，有关能源经济的微观数据和大数据也逐渐增多，这将有助于更深入地研究能源经济问题。

20 世纪 80 年代以来，计算机硬件不断升级和普及，大规模计算软件和工具不断涌现，程序设计占用能源经济研究人员的时间大幅减少，使得研究人员可以更加专注于能源经济问题的研究。

1.4 能源经济学科与其他相关学科的联系

能源经济学属于经济学的一个分支，与其他经济学分支有着密切的联系，可用图 1－5 来概括。现代微观经济学、宏观经济学理论是能源经济研究的基础理论。化石能源开发和利用导致了严重的环境污染、生态恶化和碳排放问题，资源经济学、环境经济学与能源经济学存在一定的交叉性。能源问题归根结底是发展问题，对广大发展中国家更是如此，因此能源经济学与发展经济学密切相关。

研究能源公平与能源贫困问题，还需要应用福利经济学和社会学的有关理论和方法。由于能源是一种国际性战略资源，能源问题已经泛政治化，因此，能源经济学与国际政治学存在交叉关系。在能源政策设计中，还需要应用运筹学、系统科学与系统工程方面的知识。

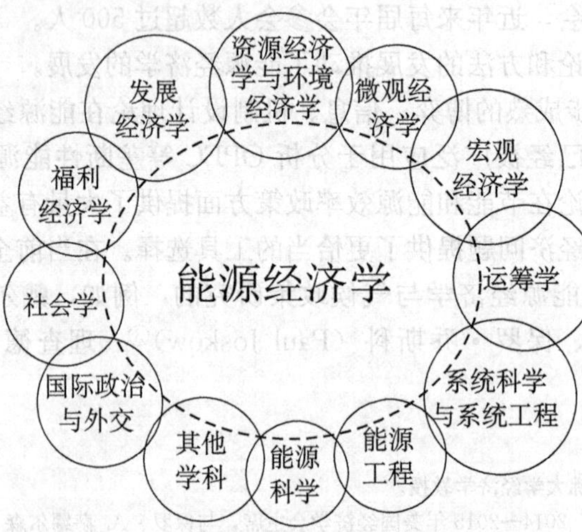

图 1－5 能源经济学与其他学科的关系

应对气候变化在 21 世纪以来的能源经济学研究中占据越来越重要的地位，也更加体现了能源经济学的交叉学科特征。气候变化是人类发展面临的复杂挑战。比较和评估不同减排机制、不同减排政策的收益和损失，建立碳排放、浓度等经济社会系统反馈模型，发展节能减碳技术以减缓气候变化，这些都需要各个学科专家的通力合作。2018年的诺贝尔经济学奖授予了耶鲁大学经济系和环境学院双聘教授威廉·D. 诺德豪斯，以表彰其"把气候变化集成到长期宏观经济分析中"。

在早期，不同领域、不同能源行业的人员对能源经济系统的研究侧重点不同，因而出现了石油经济学、煤炭经济学、天然气经济学等。严格来讲，这些研究大多与具体的能源行业密切相关，"软科学"和"财务分析"倾向显著，在很大程度上属于技术经济学或者工程经济学的范畴，不属于经济学研究的范畴（涉及天然气管网和电网规制的研究除外）。

本章小结

当前，人类面临着前所未有的能源挑战：化石能源资源储量不足、能源资源分布不平衡、能源贫困问题突出、能源导致环境污染和生态破坏、化石能源开发利用导致碳排放、能源投资周期长且风险大、能源市场脆弱、能源定价两难等。应对这些能源挑战仅仅依靠能源自然科学和能源工程技术远远不够，还需要应用关于能源经济系统发展的一般规律的科学——能源经济学。

思考题

1. 能源经济学的研究对象是什么？
2. 能源经济学与经济学其他分支有什么联系？
3. 为什么能源经济学研究在20世纪70年代有了较大发展？
4. 我国的能源发展面临着哪些挑战？

拓展阅读

应对气候挑战的国际协作

气候变化是真实存在的，只是它的未来具有很多不确定性，因此我们无法预测在未来50年或者100年，我们的社会在遭受气候变化可能带来的最严重的影响后将会变成什么样子。从长期来看，气候动力机制存在显著的不确定性并不是奇怪的事情。但是，我认为最大的不确定性并不来自我们所研究的气候本身，而是源自我们对于人类——更准确地说，应该是经历过气候变化产生的最显著影响后的人类社会——在后半个世纪将如何存在和发展的愿景。

发展中国家将会承受最严重的损失，因为较早期工业化国家而言，大多数发展中国家在很大程度上靠户外作业，特别是农业为生。而像美国或者其他发达国家，无论是法国、德国、日本、以色列还是挪威，农业只占国内生产总值不到5%。不管农业生产力出现什么状况，大部分美国人都能够买得起高价位的食品。现在美国只有极少数人口以农业种植为生，以致美国人口普查局（U. S. Census Bureau）不再统计农业人口了。如果由于气候变化的影响导致食物成本上涨，穷人们遭受的损失则是最大的，而美国能通过提高国民的人均收入进行补偿，因此发展中国家最容易受到气候变化的冲击，它们应对气候变化的最佳途径就是自身的发展。

我们不应该为了减缓气候变化而强迫发展中国家进行大规模的能源转型，但是我们必须通过协商的方式和考虑周全的方案来帮助它们实现能源转型。任何阻碍发展中国家自身发展的措施都会恶化它们在气候变化中的处境。

我个人认为，有几个观点在哥本哈根会议上不会得到太多重视，而其中一个恰恰是对于应对气候问题十分重要的，那就是创建一个新的机构来协调发达国家给予发展中国家的援助，旨在帮助发展中国家的人们改进他们的能源生产和使用方式。

发达国家将要协商如何分担对发展中国家进行资助的成本。欧盟各国、美国、加拿大、日本、澳大利亚和新西兰等国家需要达成一致，如它们为几个主要的发展中国家进行能源经济转型提供多少帮助，以及为那些最需要转变能源利用方式的国家提供多少帮助。

我们还需要一类机构，那些对温室效应有重要影响的发展中国家（中国、印度、印度尼西亚及其他几个主要国家）可以通过这类机构来决定如何对源自发达国家的能源转型援助进行分配。同时，被援助国也应该声明其所做的承诺将作为接受帮助的回馈。在理想情况下，未来可能接受援助的发展中国家将对来自发达国家的资金方案进行内部磋商。

第三方机构可以将资金引入发展中国家，其作用就像援助国与被援助国之间的中间人，但又不与其中任意一方有双边关系。我们希望这种第三方机构不仅可以监督被援助国使用资金的状况，而且可以在每个被援助国中创建一套完全以气候问题为导向的投资项目。被援助国必须有一套连贯的项目致力于改善能源成本，并且有一套后续计划将国际转移资金引入某个特定的项目。援助国不应该只投资某一个或两个特定的项目来代替对整个国家的援助。

我认为在最近的50年里，还没出现过一个如我所建议的这种协作的先例，但是“马歇尔”计划提供了一个参考模式。这是我发现的唯一的先例，许多国家代表坐在一起，发扬绅士风度，协商如何分配一笔数额如此巨大的一次性资金。

我们总是说，在2030年之前要减少二氧化碳排放量的50%，或者在2050年之前减少80%的排放量，但这并不能告诉我们实际需要采取哪些行动。如果再这样下去，没有人能判断我们已完成的活动究竟是否有助于实现长远的减排目标。

另外，一些例子也警示我们在分担成本或分配收入的问题上要谨慎。看看第一次世界大战之后建立的国际联盟。如果找一个类似的情况，那就是1874年成立的邮政总联盟（万国邮政联盟的前身），该联盟要求成员为其注入资金。最终国际联盟经历了与邮政总联盟同样的结果。邮政联盟规则涉及地理面积、人口数量和一些其他变量，但是这些变量都没有考虑到支付能力或者可能的利益。

像中国、印度这样拥有大量丰富的自然资源，又正在快速建设工业基础设施的国家，需要大量而且是大规模的投资。如果中国拥有资金来减少对煤的依赖，风能便是更可行的选择。如今，中国已经显著地推动和发展太阳能直接转换成电能的技术，但是从本质上来看，技术需要大量的设备和巨额的投资。对于拥有大量煤储量并且正在以平均每周建造多于一个燃煤火力发电厂的中国而言，碳捕获和封存技术意味着中国可以开发已有的宝贵的煤资源，将二氧化碳分离出来，并将其埋藏在地下封存起来。但这需要大量的地质勘探与试验，这个过程是极其昂贵的，因为要建造一个包含全套技术设备的工厂来捕获二氧化碳，还要修建管道用于把二氧化碳注入地下。

为了应对极具挑战性的气候问题，我们必须设定机制，便于那些在未来几十年致使二氧化碳排放量急速增长的发展中国家在不影响自身发展的前提下，能够更新和转变其能源基础设施。气候产生的多边影响，其本质要求通过多边的过程获得解决方案。尽管我们并不知晓为了避免气候变化产生的恶劣影响所应该遵循的途径，但是我们可以从现在开始采取行动，为未来打下基础。

资料摘自：Thomas C. Schelling. International Coordination to Address the Climate Challenge [J]. *Innovations: Technology, Governance, Globalization*, 2009, 4 (4): 13-21. 本文由王璐翻译，廖华校译。

托马斯·C. 谢林（Thomas C. Schelling），哈佛大学政治经济学荣誉教授、马里兰大学杰出荣誉教授，曾担任美国国家科学院全球气候变暖委员会主席，2005年获得诺贝尔经济学奖。

第 2 章

能源与经济

能源问题已经演变成影响全球政治经济格局和人类社会发展的重大战略问题。在宏观的科学研究层面上，能源问题在很大程度上是经济问题，但归根结底是发展问题。本章首先简要概述能源与经济之间的关系；其次，总结归纳能源消费与经济增长关系的主要研究观点；最后结合本教材研究问题，简要阐述在可持续发展理论下，能源经济学的一些新发展。

2.1 能源与经济关系概述

在现代经济社会，能源作为一种重要的物质，既充当“工业的血液”，又与我们的日常生活息息相关，能源的基础性和战略性地位受到人们越来越广泛的关注。能源不仅作为生产要素参与经济生产，而且作为其他生产要素的燃料、动力参与产品生产，整个经济运转的规模和程度均受到能源供应的制约。无论柴草时期、煤炭时期还是石油时期，每一次能源发展的飞跃都推动了社会生产力的发展，引起了生产技术的变革（彭补拙，濮励杰，等，2007）。能源与经济相辅相成，相互制约。一方面，经济发展需要一定量的能源投入，从而带动能源消费；另一方面，经济发展为能源开发利用提供了技术和物质条件。

2.1.1 经济发展带动能源消费

能源是重要的生产要素，不能被其他要素完全替代；同时能源也是重要的生活资料，不能被其他消费品完全替代。工业革命以来，世界经济和能源消耗均保持了较快增长态势。1980—2018 年，世界生产总值（GWP）与能源消耗量的相关系数为 0.997；GWP 和能源消费分别年均增长 2.91%和 1.97%；单位 GWP 能耗累计下降了 29.44%。全球经济每增长 1%，大约带动能源需求增长 0.68%。未来世界能源需求增长仍然较快。据国际能源署（IEA，2018a）预测，按照目前的政策，2017—2040年的世界能源消费总量年均增长1.42%，达到193.28亿吨标准油。

人类对能源利用技术的突破极大地推动了人类社会的经济增长。在18世纪之前，能源消费主要是为了满足生活需要，瓦特蒸汽机的发明促进了能源在生产领域中的大量使用，煤炭在蒸汽机中的大量利用极大地提高了人类的劳动生产率，并由此开始引发资本主义的产业革命，极大地促进了人类文明的发展。随着19世纪中叶石油资源的发展，人类对能源的利用进入了又一个全新的时代。现代社会生产离不开能源要素的投入，没有能源就不可能形成现实的生产能力。

经济发展对能源的需求主要表现在以下两个方面。

(1) 经济发展对能源需求总量不断增加。

在一定经济发展阶段及产业结构下，经济发展水平越高，经济增长速度越快，国民生产和生活所耗费的能源总量也越多，并随着生产规模的扩大及消费结构的提升，能源的消耗也随之增加。表2-1显示，2000—2017年，伴随着经济的快速发展，我国能源消费总量呈现不断增加的趋势，尤其在2003—2005年，能源消费增加的速度超过了经济增长的速度，即能源消费弹性系数大于1，经济增长严重依赖能源资源的过度消耗。

表2-1 我国能源消费总量与经济增长

年份	总量（万吨标准煤）	总量增速（%）	GDP增速（%）	年份	总量（万吨标准煤）	总量增速（%）	GDP增速（%）
2000	146 964	4.5	8.5	2009	336 126	4.8	9.4
2001	155 547	5.8	8.3	2010	360 648	7.3	10.6
2002	169 577	9.0	9.1	2011	387 043	7.3	9.5
2003	197 083	16.2	10.0	2012	402 138	3.9	7.9
2004	230 281	16.8	10.1	2013	416 913	3.7	7.8
2005	261 369	13.5	11.4	2014	425 806	2.1	7.3
2006	286 467	9.6	12.7	2015	429 905	1.0	6.9
2007	311 442	8.7	14.2	2016	435 819	1.4	6.7
2008	320 611	2.9	9.7	2017	449 000	3.0	6.9

资料来源：《中国统计年鉴2018》。

(2) 经济增长对能源需求质量不断提高。

著名经济学家库兹涅茨认为：现代经济增长不只是一个总量问题，如果不去理解和衡量生产结构的变化，经济增长则是难以理解的。对于能源而言，仅仅是能源消费总量的增加并不一定能满足经济发展的需要，能源消费结构合理、能源效率提高才是经济发展的重要保障。

人类历史经历了从柴草到煤炭、从煤炭到石油，以及目前正在从石油到天然气和可再生能源的三次重大的能源变革。每次变革都伴随着能源技术的进步。能源品种逐步丰富，能源效率也在显著提高。不同能源品种燃烧产生的热值和温室气体差别较大，同为化石能源，原煤、原油、天然气燃烧的热值分别为20.9兆焦/千克、41.8兆焦/千克、39.0兆焦/立方米，原油是原煤热值的两倍。联合国政府间气候变化专门委员会（IPCC，2006）公布的二氧化碳排放因子显示，同为1万亿焦热值的原煤燃烧产生的二氧化碳为87 300千克，原油和天然气分别为 71 100 千克和 54 300 千克，因此，相比较而言，原油比原煤更高效、更安全，而天然气又比原油更高效、更安全。

经济发展所处的阶段越高，经济体对能源质量的要求就越高。长期以来，世界各国的经济发展主要依靠化石能源，化石能源的燃烧产生了大量的二氧化碳，二氧化碳是温室气体的主要部分，会加剧全球气候变暖。因此，只有不断减少化石能源的使用量，增加清洁的可再生能源使用量，才能实现经济增长对高质量能源资源需求的目标。

目前中国对能源的需求不仅存在着总量短缺的问题，而且存在着能源品种需求结构不合理，质量不高的问题。表 2-2 显示，美国、日本等发达国家都已实现了从煤炭到石油的过渡，正朝着更清洁高效、低碳甚至无碳的天然气、核能、可再生能源等方向发展，而煤炭在我国能源消费结构中仍然占据绝对主导地位。我国是世界上少有的几个以煤炭为主的国家，能源品种多样化，能源结构转换是保证我国经济可持续发展过程中急需解决的问题。

表 2-2　能源消费结构

	2017 年（%）						2018 年（%）					
	石油	天然气	煤炭	核能	水电	可再生能源	石油	天然气	煤炭	核能	水电	可再生能源
美国	40.59	28.61	14.91	8.63	3.02	4.25	39.98	30.54	13.78	8.36	2.84	4.51
中国	19.45	6.59	60.22	1.79	8.40	3.55	19.59	7.43	58.25	2.03	8.31	4.38
印度	30.28	6.16	55.45	1.13	4.09	2.89	29.54	6.17	55.89	1.09	3.91	3.40
日本	41.26	22.10	26.35	1.45	3.94	4.91	40.16	21.91	25.87	2.45	4.04	5.59
韩国	43.74	14.40	29.00	11.30	0.21	1.34	42.81	15.98	29.30	10.04	0.22	1.65
世界	34.19	23.32	27.60	4.43	6.83	3.64	33.62	23.87	27.21	4.41	6.84	4.05

资料来源：BP（2019）。

注：由于四舍五入，表中各国能源消费比例总和可能不严格等于 100%，后同，不再说明。

能源对经济的制约作用在能源供应充足时表现得不明显，然而一旦能源供应滞后，各个行业便会因为动力不足而陷入发展停滞状态，最终导致经济萧条，失业率大幅上升。如第一次石油危机期间，1972 年美国和日本的国内生产总值（GDP）增长率分别为 5.6%和 8.4%，而 1974 年分别下降到－0.47%和－1.2%（世界银行，2010）。美国经济的联邦预算赤字从 1974 年的 47 亿美元增加到 1975 年的 452 亿美元；通货膨胀率从 1972 年的 3.4%上升到 1974 年的 12.2%；失业率从 1973 年的 4.9%上升到 1975 年的 8.5%；生产率从 1972 年的 6.6%降至 1974 年的 1.9%。因此，在工业化社会，能源供应不足已经成为经济增长的重要制约因素，能源在经济发展中的作用和地位受到前所未有的重视。

2.1.2　经济发展为能源开发利用提供了先决条件

(1) 经济发展为能源开发利用提供了坚实的技术基础。

经济的快速发展使得科学教育得到迅速发展，科技水平迅猛提高，随着人类对能源科学原理认识的不断深入和能源利用技术的不断提升，推动新的能源形式进入能源供应系统是能源更替的主要原因。同时，经济的发展和教育科技水平的提高培养了高素质的人才，这样可以对能源利用方法进行改进，从而提高其利用效率。

将来可用于替代化石能源的新能源和可再生能源具有产业技术含量高、涉及学科多等特点，必须依靠先进的科学技术才能实现对这些能源的有效开发利用。例如，大、中型风力发电机组的研制涉及空气动力学、流体力学、微电子、自动控制等多种高新技术，经济的高速发展带动了各个学科技术的迅速发展，为可再生能源技术的发展提供了前所未有的机遇。

(2) 经济发展为能源开发利用提供了必要的物质基础。

能源资源被开发出来，并被加以利用，必须具备一定的物质手段。进入工业化时代以来，能源资源的开发工程都具有投资额大、建设回收期长、不确定因素复杂等特点，如果没有足够的财力、物力以及技术水平作保证，则是无法完成的。经济发展的水平决定着对能源工业的资金、技术的支持力度，也极大地制约着能源开发利用的规模、程度和水平。技术进步以及经济的发展为开发利用能源提供了物质手段。例如，海洋能资源的开发存在着能量密度低，受海水腐蚀，海生物附着，大风、巨浪、强流等环境动力作用影响等问题，致使海洋能能量转换装置设备庞大、材料要求强度高、防腐蚀性能好、设计施工技术复杂，只有经济发展到一定程度，才能为海洋能资源的开发利用提供这些必要的物质基础，因此，经济的发展程度制约着能源开发利用的规模和水平（吴明明，2011）。

2.2　能源与经济增长

2.2.1　经济增长的源泉

(1) 古典经济增长理论。

经济增长的源泉是经济增长问题的核心。古典经济学关注物质资本对经济增长的作用，认为是物质资本的积累推动了经济增长。其中，代表性的工作当推哈罗德-多马模型。

英国经济学家哈罗德（Harrod）与美国经济学家多马（Domar）首次运用数理方法研究资本主义经济在波动中如何实现长期增长，是现代经济增长理论中最早提出的、相对完整的经济增长模型，西方主流经济学界一直将其看作现代经济增长理论的开端。哈罗德和多马在不存在政府干预、不存在国际贸易的封闭经济下，假设全社会只生产一种产品，储蓄占经济总产出的一个固定比例，生产只使用资本和劳动力两种要素，劳动力按固定增长率增长，生产规模报酬不变，不存在技术进步等条件下，以凯恩斯提出的经济均衡增长条件——储蓄等于投资——作为分析的基础，推导出该模型的基本方程［式（2-1）］和经济实现均衡增长的条件［式（2-2）］。

$$g=\frac{\Delta Y}{Y}=\frac{s}{v} \tag{2-1}$$

$$g_A=g_w=g_N \tag{2-2}$$

其中，g 表示经济增长率；Y 为经济总产出；$s=S/Y$，表示社会平均储蓄率（简称储蓄率）；$v=K/Y$，表示资本-产出比；$g_A=s/v$，表示实际经济增长率；$g_w=s_d/v_d$，表示有保证的经济增长率，其中，s_d表示人们愿意进行的储蓄率，v_d表示追求最大利润的厂商满意的资本-产出比；$g_N=n$，表示自然增长率，n为劳动力增长率。

式（2-1）说明经济增长率的决定因素为储蓄率和资本-产出比，强调经济增长的原动力是资本的投入，由于哈罗德-多马模型假设不存在技术进步，因而资本-产出比不变，故储蓄率是决定一国经济增长的唯一因素，即经济中储蓄率越高，经济增长速度就越快。

式（2-2）说明了经济实现稳定增长的条件，表明经济要实现充分就业条件下的稳定增长，则要求实际经济增长率g_A、有保证的经济增长率g_w、自然增长率g_N相等。由于$g_A=g_w=g_N$只能在偶然的情况下实现，因此，均衡的道路十分狭窄，经济一旦发生偏离，偏离不但不会自行矫正，还会产生更大的偏离，被喻为“刀锋上的均衡增长”。

（2）新古典经济增长理论。

针对哈罗德-多马模型的局限性，美国经济学家索洛和英国经济学家斯旺（Swan）等人对其进行了修正和补充，后来被英国经济学家米德（Mead）系统表述并加以完善，完善后的模型被称为索洛-斯旺模型，模型表述如下。

假设生产函数$Y=f(K, L)$满足：

1）边际产品为正且递减；

2）规模报酬不变；

3）满足稻田（Inada）条件（Inada，1963），

此外，假设人口外生，且以不变的速率$n(\geqslant 0)$增长，则可推导出索洛-斯旺模型的基本方程［式（2-3）］和实现经济增长的条件方程［式（2-4）］。

$$\dot{k}=sf(k)-(n+\delta)k \tag{2-3}$$

$$sf(k^*)=(n+\delta)k^* \tag{2-4}$$

其中，$k=K/L$，表示人均资本存量；$f(k)=F(K,L)/L=F(K/L,1)=F(k,1)$，表示人均产出；$\dot{k}=\mathrm{d}k/\mathrm{d}t$，表示人均资本存量变化率；$\delta(>0)$为资本折旧率；$s(0\leqslant s\leqslant 1)$为外生的储蓄率。

索洛-斯旺模型表明，在均衡增长路径下人均增长率为零，这与一个多世纪以来正的人均增长率的经验事实不符（Barro和Robert，等，1995）。导致索洛-斯旺模型中人均增长率为零的根本原因是资本报酬的递减。

新古典经济增长理论在索洛-斯旺模型基础上引入了外生的技术进步，用于消除资本报酬递减引致的人均增长率为0，解释了经济持续增长的动力问题；并通过在总量生产函数中引入技术进步因素，从经验层次分析技术进步对经济增长的贡献率。即将总量生产函数修正为：

$$Y=A(t)f(K,L)$$

如果生产函数采用柯布-道格拉斯（Cobb-Dougas）函数形式，则可推导得出：

$$\frac{\dot{Y}}{Y}=\frac{\dot{A}}{A}+\omega_K\frac{\dot{K}}{K}+\omega_L\frac{\dot{L}}{L} \tag{2-5}$$

其中，A表示不受经济系统内任何变量影响的外生技术变化因素；ω_K，ω_L分别为资本的产出弹性和劳动的产出弹性。

根据式（2-5）可以测算技术进步对经济增长的贡献率［$=(\dot{A}/A)/(\dot{Y}/Y)$］（陶磊，2008）。

（3）内生经济增长理论。

内生经济增长理论认为经济增长不是外部力量，而是经济体系的内部力量作用的结果。新古典经济增长理论在解释长期经济增长机制中的资本持续积累可能性时，将其归结为外生的技术进步因素，为了解决这一问题，内生经济增长理论应运而生。内生经济增长理论主要是围绕技术进步内生化展开的，试图从经济系统的内部因素解释技术进步。

内生经济增长理论以罗默（Romer）和卢卡斯（Lucas）为代表。罗默（Romer，1986）以阿罗的“边干边学”（又称干中学）概念为基础，提出了以知识生产和知识溢出为基础的具有内生技术变化的增长模型。在该模型中，由于知识溢出的存在，资本的边际生产率不会因固定生产要素（劳动）的存在而无限降低，稻田条件不再成立，因此，该模型的结论是：收益递增在长期增长中是必不可少的，而且在这个假设下，也完全可以得到竞争性均衡（赵东奎，2005）。

20世纪60年代至70年代初，舒尔茨（Schultz）的人力资本理论受到广泛关注，人力资本中的技术含量被认为是比资源禀赋更为重要的促进经济增长的因素。卢卡斯认为，人力资本的积累可以提高劳动者自身的生产率，人力资本的积累还具有外部性，正是这种外部性使得全社会劳动生产率都得到提高，进而使得产出具有收益递增效应。

无论是罗默的以知识生产和知识溢出为基础的内生增长理论，还是卢卡斯以人力资本外部性为基础的内生增长理论，他们关于内生技术进步和收益递增的理论分析都有助于更深入地分析经济增长过程，探寻经济增长的机理和源泉。

（4）主流经济增长理论中的能源要素。

无论是古典经济增长理论的物质资本决定论，还是新古典经济增长理论和内生经济增长理论的技术进步决定论，主流经济增长理论都将能源看作由资本、劳动、土地等基本生产要素产生的中间变量，是可以被替代的外生变量，因此，能源在生产中所处的地位是非主要的，即使受到能源约束，经济也可以得到持续增长。

上述主流经济增长理论关于能源要素与经济增长关系的观点基于以下三点假设（李金铠，2009）：

第一，在逻辑上，假定能源是现实存在的和非枯竭的，这一假设源于当时能源获取相对比较容易，且价格低廉的现实；

第二，在认识上，把不同生产要素同质化，忽略能源要素的特性；

第三，在论证上，把复杂、具体的能源要素问题简单抽象为生产成本问题，认为经济增长正在大幅度地减少对自然资源的依赖，即使存在资源供给的某些瓶颈，技术进步等因素仍可以抵消因为资源的递减与约束而引起的生产成本的上升。

20世纪70年代，两次重大的石油危机使西方发达国家经济遭受重创，人们逐渐认识到，能源资源是经济增长的重要物质保障和必要条件，是经济增长的原动力，是影响经济发展的一个重要因素，技术进步不能完全解决能源资源短缺对经济增长的约束，需要将能源资源从资本中剥离出来作为一种单独要素投入，考察其与经济增长及其他要素投入的关系。此后，经济学家尝试将能源资源以及环境污染问题引入新古典经济增长理论中。

Grimaud 和 Rouge（2003）假定技术进步取决于用于研发的劳动力和已有创新，并将不可再生资源加入内生经济增长模型中，分析了最优经济增长路径。此后在 Grimaud 和 Rouge（2004；2005；2008）的一系列研究中，虽然研究的问题和方法不同，但在这些研究中，都毫无例外地将不可再生资源作为独立的生产要素纳入模型。李金铠（2009）借鉴金-赖贝罗线性技术内生增长模型中将不可再生资源纳入模型和将复合资本品进行分解的思路，把能源消费和环境污染作为独立要素融入生产函数，探讨基于能源和环境约束下经济实现可持续增长的可能性和条件。张明慧等（2004）在柯布-道格拉斯生产函数基础上测度了能源消费对中国经济增长的贡献，中国能源消费弹性系数为 1.437，即能源供给增加 1%将导致经济增长 1.437%。能源需求对经济增长的作用不容忽视。

2.2.2 能源消费与经济增长之间的因果关系

大量文献对能源消费与经济增长之间的因果关系进行了实证检验。由于所用检验方法、检验数据等不同，检验结果各异，概括起来，主要有以下四种。

（1）存在从经济增长到能源消费的单向因果关系。Kraft J. 和 Kraft A.（1978）做出了能源消费和经济增长关系研究中具有开创性意义的工作，他们对美国 1947—1974 年的年度 GDP 和能源消费数据进行了格兰杰（Granger）因果分析，分析结果表明存在从 GDP 到能源消费的单向因果关系。

（2）存在从能源消费到经济增长的单向因果关系。Stern（1993）利用美国 1947－1990 年的数据构造了包括经济增长、资本、劳动力以及能源四个变量在内的向量自回归（VAR）模型，研究发现，如果将最终能源消费量按燃料构成进行调整，则存在能源消费到经济增长的单向因果关系，否则不存在能源消费与经济增长的因果关系。

（3）不存在能源消费和经济增长之间任何方向的因果关系，又被称为“中性假设”。这意味着有关能源消费的保守的或扩张的政策对经济增长不起作用。Yu 和 Hwang（1984）将 Kraft J. 和 Kraft A.（1978）研究中的样本数据区间从 1947－1974 年更新为 1947－1979 年后发现，能源消费和经济增长之间不存在任何方向的因果关系。Akarca 和 Long（1980）等学者分别采用不同时间段的数据，对不同对象的能源消费与经济增长进行格兰杰因果关系检验，检验结果表明 GDP 和能源消费之间不存在因果关系。

（4）存在能源消费与经济增长之间的双向因果关系。Hwang 和 Gum（1991）运用协整检验及误差修正模型，利用 1961—1990 年的样本数据，对我国台湾地区能源消费与经济增长的关系进行了实证分析，结论认为我国台湾地区的能源消费与经济增长之间存在着双向格兰杰因果关系。

关于能源消费与经济增长之间因果关系检验的研究非常多，采用的方法以格兰杰因果检验、协整检验、VAR 模型、VEC 模型等计量经济学方法为主，针对不同国家，同一国家不同阶段，甚至同一国家同一阶段采用的数据频率不同，得出的结论有可能都不同，例如，Kraft J. 和 Kraft A.（1978）与 Yu 和 Hwang（1984）针对美国的研究，以及 Cheng 和 Lai（1997）利用因果检验方法对我国台湾地区 1954—1993 年的数据检验结果支持存在从经济增长到能源消费的单向因果关系。Lee 和 Chang（2005）利用协整检验、VEC 模型等对我国台湾地区 1954—2003 年的实证结果则支持存在从能源消费到经济增长的单向因果关系。Yu 和 Choi（1985）对五个国家的研究发现：能源消费和国民生产总值（GNP）之间的关系对样本非常敏感，国与国之间差别较大，如美国、英国和波兰的 GNP 与能源消费之间不存在任何方向的因果关系；韩国存在从 GNP 到能源消费的单向因果关系；而菲律宾存在相反方向的因果关系。诸如此类的研究还有很多，有兴趣的读者可参阅 Ozturk（2010）和 Payne（2010），这两篇文献对相关研究做了比较详细的归纳和总结。

能源消费与经济增长的关系非常复杂。对于不同的经济发展阶段，不同的经济结构，不同的能源技术水平、人口结构、能源消费结构等，经济增长对能源的依赖都会呈现不同的结果。一般而言，在工业化初期，经济结构以重工业为主，经济增长对能源依赖性较强。

除了上述因素影响能源消费与经济增长之间的关系外，实证中数据、方法等采用不当也是造成能源与经济增长实证结果差异的主要原因之一。如在能源经济研究中，需要把能源作为经济量来看待，而不仅仅是物理量，能源是经济系统的一个有机组成部分。能源与经济的关系不仅包括总量关系，而且包括结构关系。不同来源的能源经济数据，其统计口径、核算方法等存在一定差异，如果在使用时不加以注意，可能会导致不恰当的结论或者没有科学意义的争议（廖华，魏一鸣，2011）。从实证方法的角度来说，早期直接使用回归而忽视变量的平稳性及变量之间的协整性，也都可能使研究结果与实际情况产生偏差。

能源消费与经济增长关系的复杂性也导致实证结果存在差异。进入 21 世纪后，能源短缺、金融危机引起的能源价格高位剧烈波动，以及能源消费引起的环境问题等，使得能源、经济、环境相互耦合，构成一个复杂巨系统，能源消费与经济增长的关系越发复杂。因此，需要不断开发新的研究工具，设计更加科学合理的研究方案和研究思路，对新形势下的能源消费与经济增长的关系进行更深入系统的研究。

2.3 能源经济学的新发展

经济增长是工业化以来各国追逐的热点，卢卡斯说过：人们一旦考虑经济增长问题，便很难再考虑其他问题。经济增长是生产能力和实际收入的增长，是单纯的数量增长，随着社会的不断进步，尤其是经济增长到一定阶段后，人们必然从单纯追求数量增长逐步转向关心质量的增长，因此，除经济增长外，更多有关社会发展的质量问题进入经济学研究对象范畴，即经济发展。经济发展不仅关注经济增长的速度、增长的平稳程度和结果，而且关注国民的平均生活质量，如教育水平、健康卫生标准等，以及整个经济结构、社会结构等的总体进步。经济增长是手段，发展才是最终目的。

伴随着经济学的研究范畴变化，以及能源与经济关系的发展，能源经济学的研究对象和范围也呈现出显著的阶段性。在古典经济增长和新古典经济增长阶段，能源只是作为资本、劳动、土地等生产要素的中间变量，因此，这个阶段的能源经济学主要是研究能源资源的可耗竭性、能源的供需、能源市场均衡，以及中长期能源需求预测等。能源危机对工业化国家经济的重创使得能源与经济的关系发生了本质的变化，能源被视作不可替代的生产要素的观点逐步得到认同，能源是不是经济增长的源泉，能源消费与经济增长之间是否存在因果关系等问题成为能源经济学的新的研究问题，能源经济学的研究范围进一步扩大。随着物质生活水平的提高，环境资源的稀缺性、重要性开始受到关注，由于能源与环境之间的密切关系，能源-经济-环境之间的协调发展成为共识，可持续发展理论应运而生，加上能源市场在新形势下的特点，能源经济学的研究范围继续扩大，新的研究热点不断涌现。根据能源市场发展的新趋势，结合经济发展的内容和要求，在可持续发展理论框架下，以下几方面的问题成为能源经济学应予以重视的研究内容。

（1）能源市场风险。

能源价格与能源市场是任何阶段能源经济学关注的对象，但 20 世纪 70 年代两次重大的石油危机使西方发达国家经济遭受重创，重新争夺石油定价权成为发达国家的迫切需求。石油美元计价制迅速形成，能源金融衍生产品问世，国际能源署制订了能源战略储备计划。这一系列行为使得能源市场格局发生了巨大的变化。能源市场变得越来越复杂，能源价格波动特征、能源价格机制、能源市场风险监测和预警成为研究热点。当前，在能源市场方面需要重点研究能源价格机制与价格预测、能源市场风险管理、能源金融等。尤其在全球经济一体化的发展趋势下，能源市场风险溢出效应的相关研究对能源市场风险管理，以及全球经济持续健康发展都具有十分重要的意义。

（2）能源安全与能源战略。

国际能源地缘政治纷繁复杂，国际原油价格剧烈波动，给石油贸易带来了巨大风险，直接影响能源进口国的能源安全。能源安全重点研究能源供应安全预警、国际能源安全政策等。

由于能源经济之间复杂的关系，各国尤其是依靠国际能源市场的能源进口国都非常重视保障本国的能源安全，并采取了一系列措施，如加强能源投融资机制创新，促进本国能源产业健康发展，积极推进旨在节能减排机制创新的合同能源管理，以及建立必要的能源储备等。

（3）能源技术政策。

要实现经济、能源和环境三大系统的可持续协调发展，能源技术进步将发挥核心作用。这就要求能源战略与政策的制定者必须对能源技术变迁有充足、全面的理解，如能源技术变迁的动力、源泉、速率与方向等。尤其在环境资源、化石能源对经济发展产生严重制约的形势下，急需通过制定科学合理的能源技术政策，促使能源技术朝着可再生的、清洁的能源系统演化。

（4）气候变化与碳减排。

气候变化和环境变化涉及不同的层次范围和时间尺度，是典型的复杂科学问题。重点研究内容包括碳排放问题、气候变化情景分析、气候政策设计与模拟、碳捕获和封存、能源-环境-健康、气候变化与环境变化的影响及易损性等。全球气候变化问题的国际政治生态和舆论环境业已形成，全球和区域气候政策也将成为能源经济学的重要研究对象。

总之，经济学研究从最初的单纯追求经济产出的增长，到经济结构的优化和经济质量的提高，再到可持续发展已成为共识，在整个发展过程中都贯穿着对能源消费与经济发展之间关系的探讨。能源消费和经济发展关系的认识是一个不断深化和完善的过程。伴随着能源消费和经济发展矛盾的日益突出，有关两者之间关系的探究还将持续受到广泛关注，更加先进的定量研究方法和各种新兴的理论成果将继续推动相关研究的深入发展（杨惠贤，郑悝，2012）。

本章小结

本章简要概述了能源与经济的关系，归纳和总结了能源与经济增长之间的关系以及能源经济学的新发展。

首先，能源与经济之间的关系相辅相成。经济增长带动能源消费，生产需要一定量的能源投入，没有必要的能源投入，潜在的生产能力便无法转化为现实的生产能力；反之，能源的开发利用也离不开经济的物质和技术支持。

其次，在不同的历史时期，能源经济学的研究对象或者侧重点有所不同。在早期，能源经济学主要研究资源的可耗竭性、能源中长期需求预测、OPEC 行为等。20 世纪 70 年代石油危机以来，能源、环境资源对经济的约束越来越突出，能源是经济增长的源泉，能源消费与经济增长之间的因果关系等问题成为能源经济学关注的焦点。随着经济发展水平的提高，可持续发展成为经济关注的焦点。能源金融化发展趋势使得能源与金融市场、资本市场等密切关联，能源市场风险变得越来越难以控制，能源安全形势越来越严峻，大量能源消费产生的温室气体效应和气候变化促使能源系统和谐发展的核心——能源技术政策、能源贫困与公平等问题——成为可持续发展理论框架下能源经济学的新的重要研究问题。

思考题

1. 在一个国家或地区的生产函数中，能源是投入还是产出？
2. 为什么经常见到“能源经济学”术语，但基本不见“铁矿石经济学”和“有色金属经济学”等术语？
3. 为什么有些国家经济长期持续增长，但能源需求持续下降？
4. 能源经济学与能源工程学有什么区别和联系？
5. 能源经济学与能源技术经济分析有什么区别和联系？

拓展阅读

我国能源发展实现历史巨变

一、能源生产实现跨越式发展，基础性保障作用持续增强

中华人民共和国成立初期，国内能源生产能力不足、水平不高。1949 年，我国能源生产总量仅为 0.2 亿吨标准煤。经过 70 年的快速发展，我国能源生产逐步由弱到强，生产能力和水平大幅提升，一跃成为世界能源生产第一大国，基本形成了煤、油、气、可再生能源多轮驱动的能源生产体系，充分发挥了坚实有力的基础性保障作用。2018 年，我国能源生产总量达 37.7 亿吨标准煤，比 1949 年增长 157.8 倍，年均增长 7.6%。

我国主要能源品种生产全面发展。我国原煤产量在 1949 年仅为 0.3 亿吨，2018 年达到 36.8 亿吨，比 1949 年增长 114.0 倍，年均增长 7.1%；原油产量在 1949 年仅为 12.0 万吨，2018 年达到 1.9 亿吨，增长 1 574.9 倍，年均增长 11.3%；天然气产量在 1949 年仅为 0.1 亿立方米，2018 年达到 1 602.7 亿立方米，增长 22 894.7 倍，年均增长 15.7%；发电量在 1949 年仅为 43.0 亿千瓦时，2018 年达到 71 117.7 亿千瓦时，增长 1 652.9 倍，年均增长 11.3%。

二、能源消费保持较快增长，用能条件和水平不断改善

中华人民共和国成立 70 年来，随着国内经济快速发展、人民生活水平不断提高，能源消费整体呈现较快增长态势。1953 年，我国能源消费总量仅为 0.5 亿吨标准煤，2018 年达到 46.4 亿吨标准煤，比 1953 年增长 84.8 倍，年均增长 7.1%。

人均用能水平显著提高。1953 年，我国人均能源消费量仅为 93 千克标准煤，2018 年达到 3 332 千克标准煤，比 1953 年增长 34.8 倍，年均增长 5.7%。

能源消费弹性系数不断下降。1954 年，我国能源消费弹性系数高达 3.54，2018 年为 0.50，比 1954 年弹性系数低 3.04，比 1954—2005 年、2006—2017 年平均弹性系数分别低 0.49、0.01。

三、能源结构大幅优化，清洁低碳化进程不断加快

中华人民共和国成立 70 年来，随着国内能源总量不断发展壮大、用能方式加快变革，能源结构持续大幅优化改善，清洁低碳化进程不断加快。

生产结构逐步向清洁化转变。受我国能源资源禀赋“多煤、少油、缺气”特点的影响，在中华人民共和国成立初期，原煤占能源生产总量的比重高达 96.3%，原油仅占比 0.7%，水电占比 3%。70 年来，原煤占比在波动中持续下降，2018 年下降到最低的 69.3%；原油占比稳步提高到 1976 年最高的 24.8%后逐步下降，2018 年下降到 7.2%；天然气、一次电力及其他能源等清洁能源占比总体持续提高，天然气由 1957 年最低的 0.1%提高到 2018 年最高的 5.5%，一次电力及其他能源由 1949 年的 3%提高到 2018 年最高的 18%。

消费结构持续优化改善。受资源禀赋特点的影响，煤炭占我国能源消费总量比重始终保持第一，但总体呈现下降趋势，由 1953 年的 94.4%下降到 2018 年最低的 59.0%；石油占比在波动中提高，由 1953 年最低的 3.8%提高到 2018 年的 18.9%；天然气、一次电力及其他能源等清洁能源占比总体持续提高，天然气由 1957 年最低的 0.1%提高到 2018 年最高的 7.8%，一次电力及其他能源由 1953 年的 1.8%提高到 2018 年最高的 14.3%。

四、能效水平显著提升，单位 GDP 能耗不断下降

中华人民共和国成立 70 年来，随着国内能源科技创新能力不断提升，能源技术装备突飞猛进发展，自动化、智能化、数字化推动能源系统不断优化，能效水平得到显著提升，2018 年单位 GDP 能耗比 1953 年降低 43.1%。从单位 GDP 能耗指标值（GDP 按 2018 年价格计算）来看，由 1953 年的 0.91 吨标准煤/万元逐步上升到 1960 年最高的 2.84 吨标准煤/万元后逐步下降，在 20 世纪 70 年代又逐步上升后，基本呈现稳步下降态势，2018 年下降到最低的 0.52 吨标准煤/万元；从单位 GDP 能耗降低率来看，在改革开放之前波动较大，多数年份为上升，改革开放之后基本保持下降态势。

资料来源：摘录自国家统计局．能源发展实现历史巨变　节能降耗唱响时代旋律——新中国成立 70 周年经济社会发展成就系列报告之四．国家统计局官网，2019 - 07 - 18。标题及正文部分略有改动。

注：本专栏中所有数据与原文完全一致。部分数据由于统计口径不同或经特别处理，计算结果略有差异。

第 3 章

能源需求

能源是人类社会发展和经济增长最基本的驱动力。人类从旧石器时代以火熟食和御寒后，长期将薪柴作为能源。18 世纪 60 年代，蒸汽机的发明促使能源利用由薪柴向煤炭转移，煤炭成为 19 世纪资本主义工业化的动力基础，第一次工业革命得以大规模展开。1859 年，埃德温·德雷克（Edwin Drake）在美国宾夕法尼亚州打出第一口油井，标志着近代石油工业的诞生，石油的发现以及接踵而至的一系列发明改变了世界的生产模式、交通模式。电力的发明和大规模使用直接推动世界经济进入轰轰烈烈的第二次工业革命，伴随着产业发展的升级换代，能源消费量急剧增大。因此，一部世界经济发展史也就是一部人类利用能源的发展史，随着生活水平的提高，能源需求在经济发展中的作用将越来越重要。本章先阐述能源需求的基本概念；然后对能源需求的主要影响因素进行分析和探讨；再从全要素生产率核算的视角介绍要素替代与能源需求的关系、能源与其他要素替代弹性的计算方法；最后对能源需求预测建模展开论述。

3.1 能源需求的基本概念

3.1.1 能源需求的含义

能源需求指消费者在各种可能的价格下，对能源资源愿意并且能够购买的数量。与一般产品的需求一样，能源需求必须满足：(1) 有购买的欲望；(2) 有购买的能力。缺少以上任何一条都不会产生有效的需求，从而在市场上无法形成实际的购买力。

人们对社会产品和服务的需求是一种绝对需求。能源需求在很大程度上是一种派生需求，是由人们对社会产品和服务的需求派生出来的。能源需求从本质上来说，是类似于劳动和资本的生产要素，因为能源可以转换为现代化生产过程中所必需的燃料和动力，或直接作为最基本的生产原料，它们与劳动、资本等生产要素相结合，就能为市场提供产品和服务。因为能源需求的派生性质，在其他条件不变时，能源需求水平会随着市场产品需求的变动而变动。

能源需求是能源经济学的一个基本概念，在实际应用中容易与能源消费相混淆。能源消费是有效能源需求的反映，当能源供给充足，且不存在库存时，能源需求在量上等于能源消费。但由于能源需求一般很难准确测度，因此，实际分析中仍经常用能源消费代替能源需求。本书在不引起混淆的地方也不严格区分能源需求与能源消费这两个概念。

3.1.2 能源需求总量与能源需求结构

由于能源种类繁多，不同能源种类经济特性不同，因此对能源需求运动规律的研究，首先需了解能源需求总量与能源需求结构两个基本概念。

（1）能源需求总量。

能源需求总量是指所研究的一定范围内各种能源需求量之和。如一次能源需求量、化石能源需求量等，通常能源需求量指的是一次能源需求量。

一国的能源需求总量由终端能源需求量、能源加工转换损失量和能源损失量三部分构成。

1）终端能源需求量：按照 OECD/IEA 的定义，终端能源需求是终端用能设备入口得到的能源。因此，终端能源需求量等于一次能源消费量减去能源加工、转换和储运这三个中间环节的损失和能源工业所用能源后的能源量。其中，中间环节的损失包括选煤和型煤加工损失，炼油损失，油气田损失，发电、电厂供热、炼焦、制气损失，输电损失，煤炭储运损失，油气运输损失。在中国能源平衡表统计中，按等价值计算的终端能源消费中只扣除选煤、炼焦、油田、炼油、输配电损失，未扣除发电损失和能源工业所用能源。因此，计算得出的终端能源需求量远高于按照国际通行准则计算得出的数量。

2）能源加工转换损失量：指一定时期内全国投入加工、转换的各种能源数量之和与产出各种能源产品之和的差额，是观察能源在加工、转换过程中损失量变化的指标。

3）能源损失量：指一定时期内能源在输送、分配、储存过程中发生的损失和由客观原因造成的各种损失量，不包括各种气体能源放空、放散量（国家统计局，2001）。

（2）能源需求结构。

能源需求结构是指能源需求总量中各能源品种所占比例。目前世界一次能源需求以油气、煤炭和天然气等化石能源为主，不同的国家或地区因资源禀赋及其他因素不同有所差别。主要发达国家一次能源需求结构已实现了从以煤炭为主向以油气为主的需求结构转换。世界平均能源需求结构中，以煤为主的固体能源已从 20 世纪 50 年代的 60%多降到了 27%左右，以石油为主的液体能源成为主要的一次能源，比重在 38%左右，天然气具有高效、安全、净化环境的优点，备受世人青睐。

能源需求结构优化调整对一国乃至整个人类社会、经济发展均具有重要意义。一国的能源需求结构主要受制于该国的能源资源禀赋和能源技术，我国“富煤贫油少气”的自然资源禀赋特点决定了我国以煤为主的能源需求结构，煤炭占总能源需求的70%左右，是目前世界上少有的能源需求结构以煤为主的国家，虽然煤炭燃烧产生的热值低，排放的温室气体比石油、天然气更多，但由于经济发展需要和能源资源的高度稀缺性及资源禀赋限制，在相当长时期内，我国仍将保持以煤为主的能源需求结构。表3-1给出了2018年世界主要国家一次能源消费结构，从表中我们可以看到，煤炭消费超过50%的国家只有印度和中国，且中国煤炭所占比重比印度要高出2.36个百分点，其他国家除日本外煤炭所占比重都不到1/4。产生同样的热量，石油燃烧产生的二氧化碳约为煤炭的3/4，天然气约为煤炭的1/2。在当前环境压力越来越大的形势下，我国的能源需求结构面临严峻的挑战。

表3-1　2018年世界主要国家一次能源消费结构（%）

国家	石油	天然气	煤炭	核能	水电	可再生能源
美国	39.98	30.54	13.78	8.36	2.84	4.51
日本	40.16	21.91	25.87	2.45	4.04	5.59
德国	34.95	23.44	20.50	5.32	1.18	14.61
英国	40.06	35.28	3.93	7.66	0.64	12.43
法国	32.51	15.14	3.46	38.54	5.99	4.37
加拿大	31.93	28.89	4.19	6.57	25.44	2.98
俄罗斯	21.13	54.22	12.21	6.42	5.97	0.04
印度	29.54	6.17	55.89	1.09	3.91	3.40
巴西	45.67	10.37	5.35	1.19	29.48	7.95
中国	19.59	7.43	58.25	2.03	8.31	4.38
世界平均	33.62	23.87	27.21	4.41	6.84	4.05

资料来源：BP（2019）。

注：由于四舍五入，表中各国一次能源消费比例总和可能不严格等于100。

3.1.3 能源强度

能源强度也称单位产值能耗或能源密集度（Energy Intensity），是指一段时间内，某一经济行为体单位产值消耗的能源量，通常以吨（或公斤）油当量（或煤当量）/美元（或其他货币单位）来表示。一个国家或地区的能源强度，通常以单位国内生产总值耗能量来表示。能源强度是反映经济对能源依赖程度的一个重要指标。能源强度高，意味着经济对能源的依赖程度高；反之，则低。

能源强度反映了经济行为体利用能源效率的状况，与能源强度相似的还有一些反映能源技术效率的指标，如能源生产过程用能加工转换效率、贮运效率和终端利用效率，这些指标是指在使用能源（加工、转换、储运和终端利用）的活动中所得到的有效能与实际输入的能源量之比，一般用百分率表示。综合能源效率技术指标更能反映不同经济行为体能源利用的效率，但该指标的计算对数据要求较高，需要有全面、详尽的技术和能源数据基础，实际中不易编制。

能源强度的编制只需要当年的能源需求总量和当年的国内生产总值（GDP），这两个数据比较容易获得，因此，能源强度在实际中得到广泛应用。但能源强度反映了由技术水平、发展阶段、经济结构、能源需求结构等多方因素形成的能源需求水平和经济产出的比例关系，而不是单纯由技术水平决定的能源利用效率。另外，在利用能源强度进行不同国家能源效率比较时，要注意剔除汇率对能源强度的影响。

3.1.4 能源需求弹性

(1) 能源需求价格弹性。

能源需求价格弹性是指在其他条件不变时，能源价格的相对变动所引起的能源需求量的相对变动比率，即能源需求量的变化率与能源价格变化率之比。根据定义可知其计算公式为：

$$E_{dp}=\frac{\Delta Q_d/Q_d}{\Delta P/P}=\frac{\Delta Q_d}{\Delta P}\cdot\frac{P}{Q_d}$$

其中：

Q_d 为能源需求绝对量；

ΔQ_d 为能源需求变动量；

P 为能源价格绝对量；

ΔP 为能源价格变动量。

当 $\Delta P\to 0$ 时，

$$E_{dp}=\lim_{\Delta P\to 0}\frac{\Delta Q_d}{\Delta P}\cdot\frac{P}{Q_d}=\frac{\mathrm{d}Q_d}{\mathrm{d}P}\cdot\frac{P}{Q_d}$$

按照需求法则，需求量与市场价格反向变动，$\mathrm{d}Q_d/\mathrm{d}P$ 一般为负值，因此，E_{dp} 为负值，即能源需求价格弹性与一般产品需求价格弹性一样，一般为负值。

在技术一定的前提下，为保证经济生产的顺利进行，人类生活不受影响，短期能源需求总量和结构难以随价格的变化做出大的调整，能源需求价格弹性一般较小；但在长期，如果能源价格持续偏高，就会激发技术进步和对能源的替代，因此长期能源需求总量和结构随价格调整的幅度会增加，即长期能源需求价格弹性相对较大。此外，能源需求价格弹性与收入水平有关，在收入较低阶段，能源需求主要用于满足基本需求，对价格相对不敏感，随着生活水平的提高，能源被用于更广泛的领域，选择的余地更大，对价格敏感度随之提高。

如 Cooper（2003）利用计量经济学模型和 1979—2000 年数据，对 23 个国家长期和短期石油需求价格弹性进行了估计。他建立的计量经济学模型如下：

$$\ln D_t=\ln\alpha+\beta\ln P_t+\gamma\ln Y_t+\delta\ln D_{t-1}+\varepsilon_t$$

其中，D_t 为人均原油消费量序列；P_t 为实际原油价格序列；Y_t 为实际人均收入序列；ε_t 为残差序列；β 为短期需求价格弹性；$\beta/(1-\alpha)$ 为长期需求价格弹性。其实证结果（见表 3-2）显示：第一，无论长期还是短期，石油需求价格弹性都是负数，中国和葡萄牙除外；第二，长期需求价格弹性绝对值明显大于短期需求价格弹性绝对值；第三，石油需求对价格来说，总体是缺乏弹性的，但发达国家石油需求价格弹性相对较大。

表 3-2 石油需求价格弹性

	人均石油消费增长率（%）	人均实际 GDP 增长率（%）	石油需求价格弹性	
			短期	长期
澳大利亚	−0.3	1.7	−0.034	−0.068
加拿大	−1.3	1.6	−0.041	−0.352
中国	3.6	8.6	0.001	0.005
丹麦	−2.5	1.5	−0.026	−0.191
法国	−1.5	1.7	−0.069	−0.568
德国	−1.4	1.2	−0.024	−0.279
希腊	2.2	1.5	−0.055	−0.126
意大利	−0.4	2.2	−0.035	−0.208
日本	−1.0	8.1	−0.071	−0.357
韩国	8.3	6.4	−0.094	−0.178
葡萄牙	3.0	2.9	0.023	0.038
西班牙	1.3	2.1	−0.087	−0.146
英国	−1.1	2.0	−0.068	−0.182
美国	−0.7	2.0	−0.061	−0.453

资料来源：Cooper（2003）。

（2）能源需求交叉价格弹性。

能源需求交叉价格弹性是指一种能源产品价格的相对变动所引起的有关能源品种需求量的相对变动，其数学表达式为：

$$E_{ij}=\frac{\Delta Q_{dj}/Q_{dj}}{\Delta P_i/P_i}=\frac{\Delta Q_{dj}}{\Delta P_i}\cdot\frac{P_i}{Q_{dj}}$$

其中：

Q_{dj} 为能源品种 j 的需求绝对量；

ΔQ_{dj} 为能源品种 j 的需求变动量；

P_i 为能源品种 i 的价格绝对量；

ΔP_i 为能源品种 i 的价格变动量。

当 $\Delta P_i \to 0$ 时，

$$E_{ij}=\lim_{\Delta P_i\to 0}\frac{\Delta Q_{dj}}{\Delta P_i}\cdot\frac{P_i}{Q_{dj}}=\frac{\mathrm{d}Q_{dj}}{\mathrm{d}P_i}\cdot\frac{P_i}{Q_{dj}}$$

（3）能源需求收入弹性。

能源需求收入弹性是指在其他条件不变时，能源消费者收入的相对变动所引起的能源需求量的相对变动。数学计算公式为：

$$E_y=\frac{\Delta Q_d/Q_d}{\Delta Y/Y}=\frac{\Delta Q_d}{\Delta Y}\cdot\frac{Y}{Q_d}$$

其中：

ΔY 为能源消费者收入的变动量；

Y 为能源消费者收入的绝对量。

当 $\Delta Y \to 0$ 时，

$$E_y = \lim_{\Delta P \to 0} \frac{\Delta Q_d}{\Delta Y} \cdot \frac{Y}{Q_d} = \frac{\mathrm{d}Q_d}{\mathrm{d}Y} \cdot \frac{Y}{Q_d}$$

能源需求收入弹性系数与一国的经济技术发展水平、产业结构、能源需求结构和消费习惯等有密切关系。

从长期趋势来看，能源需求收入弹性有一定的变动规律。英国、美国等国家的经验数据表明，能源需求收入弹性伴随着工业化进程，呈现倒U形变动轨迹。短期内，能源需求受多种因素影响，会在一定水平上波动。

能源需求收入弹性是衡量经济对能源依赖性的一个重要指标。$E_y > 1$，表明能源需求增长率快于经济增长率，经济增长为一种粗放式增长；$E_y = 1$，表明能源需求增长与经济增长同步；$0 < E_y < 1$，表明能源需求增长率低于经济增长率；$E_y < 0$，表明经济增长，能源消费不仅不增长，反而减少，这是一种可喜的局面，意味着能源效率有了极大提高，节能效果显著。

这里需要提醒的是，上述“能源需求收入弹性”与《中国统计年鉴》等资料中的“能源需求弹性系数”不是一回事。能源需求弹性系数是指能源需求总量相对变动与国民收入总量相对变动之比，是用来衡量整个国民经济生产对能源需求敏感性程度的指标。能源需求弹性系数反映经济总量对能源的依赖程度；能源需求收入弹性反映在人均水平上经济（或收入）对能源的依赖程度。

能源需求弹性系数与能源强度存在密切关系。能源需求弹性系数大于1，能源强度上升；能源需求弹性系数等于1，能源强度不变；能源需求弹性系数小于1，能源强度下降。

例如，若能源需求弹性系数=1，根据定义可得：

$$\frac{Q_{dt} - Q_{d(t-1)}}{Q_{d(t-1)}} = \frac{Y_t - Y_{t-1}}{Y_{t-1}}$$

其中，$Q_{d(t-1)}$、Q_{dt} 分别为 $t-1$ 时期和 t 时期的能源需求量；Y_t、Y_{t-1} 分别为 $t-1$ 时期和 t 时期的经济总量。化简得：

$$\frac{Q_{d(t-1)}}{Y_{t-1}} = \frac{Q_t}{Y_t}$$

即 $t-1$ 时期的能源强度等于 t 时期的能源强度。

(4) 弹性的计算。

按上述弹性定义计算各类弹性，从严格意义上来说，应该清楚需求量随价格或收入变化的具体数量关系。显然，由于能源产品的基础性和复杂性，现实中很难获得相关变量确切的数量关系，所以有关能源各类弹性的计算多数是通过建模方法近似获取的。下面以煤炭需求为例，利用计量经济学模型方法来估计煤炭需求的价格弹性、收入弹性和交叉价格弹性。

设 TC_t 为煤炭需求量序列；RG_t 为收入变量序列，通常用人均实际收入反映；PC_t、PO_t 和 PG_t 分别为煤炭、石油和天然气的价格序列，建立如下计量模型：

$$\ln TC_t = \beta_0 + \beta_1 \ln RG_t + \beta_2 \ln PC_t + \beta_3 \ln PO_t + \beta_4 \ln PG_t + e_t \tag{3-1}$$

其中，e_t 为残差。模型中各变量取对数，是计量经济学建模的一种常用方法，目的是使序列更平稳和易于处理，此外，通过后文中的分析，还可以进一步看出取对数的价值所在。

估计式（3-1）后，为检验协整关系的存在性，充分条件是利用下述回归模型检验残差序列的单位根。

$$\Delta\hat{e}_t = \alpha\hat{e}_{t-1} + \sum_{i=0}^{m}\delta_i \Delta\hat{e}_{t-i} + u_t \tag{3-2}$$

其中，$\hat{e}_t$ 为式（3-1）的残差的估计值；$m \geqslant 0$ 为式（3-2）的最优滞后阶数，以使式（3-2）的残差 u_t 近似于白噪声；$\delta_0 = 0$。最优滞后阶数的确定采用 AIC 准则和 SC 准则。

Engle 和 Granger（1987）曾计算过上述检验的临界值。如果拒绝假设，则可以推断煤炭需求与收入、煤炭价格、石油价格以及天然气价格之间存在长期协整关系。

根据式（3-1），可以获得如下关系：

$$\frac{\partial \ln TC_t}{\partial \ln RG_t} = \beta_1,\ \frac{\partial \ln TC_t}{\partial \ln PC_t} = \beta_2,\ \frac{\partial \ln TC_t}{\partial \ln PO_t} = \beta_3,\ \frac{\partial \ln TC_t}{\partial \ln PG_t} = \beta_4$$

因此，式（3-1）中的系数 β_1、β_2、β_3、β_4 与前文定义的有关弹性概念一致，它们分别表示煤炭需求的长期收入弹性、价格弹性，以及关于石油、天然气的交叉价格弹性。

Engle 和 Granger（1987）提出的协整关系的误差修正模型可用下式估计：

$$\Delta \ln TC_t = \alpha_0 + \alpha_1 \Delta \ln RG_t + \alpha_2 \Delta \ln PC_t + \alpha_3 \Delta \ln PO_t + \alpha_4 \Delta \ln PG_t + \alpha\hat{e}_{t-1} + \xi_t \tag{3-3}$$

与长期协整关系类似的是，误差修正模型［式（3-3）］中的系数 α_1、α_2、α_3、α_4 也有一个很好的经济解释：它们分别表示煤炭需求的短期收入弹性、价格弹性，以及关于石油、天然气的交叉价格弹性。误差修正项的系数 α 则表示任意波动所导致的煤炭需求对长期均衡偏离的调整速度。

利用上述方法估计相关价格弹性和收入弹性，前提是能源消费量与有关价格变量、收入变量存在长期协整关系。除这里提到的两种估计模型外，其他模型目前还没有对用于估计弹性的各种模型的优劣形成共识。

（5）案例分析：利用弹性的计算方法估计我国煤炭需求的长期弹性、短期弹性。

下面选取年人均煤炭消费量（单位：千克/人）、年人均实际国内生产总值（按 1995 年不变价格计算，单位：元/人）、煤炭价格指数和石油价格指数（1990 年为 100）四个变量，样本区间为 1980—2004 年。其中，各年人均实际国内生产总值根据《中国统计年鉴》（国家统计局，2005）中人均国内生产总值和 GDP 指数数据换算而得。具体换算步骤：根据各年名义 GDP 和各年 GDP 指数，由下式求得各年的 GDP 平减指数。

$$deflator_i = \frac{GDP_i}{GDP_i index} \times \frac{GDP_{1995} index}{GDP_{1995}}$$

其中，GDP_i 为第 i 年的名义 GDP 值；$GDP_i index$ 为第 i 年 GDP 指数；$GDP_{1995} index$ 为 1995 年 GDP 指数（等于 100）；GDP_{1995} 代表 1995 年名义 GDP 值。

用各年名义人均 GDP 除以相应的 GDP 平减指数，得各年人均实际 GDP。其余变量的 1980—2002 年的数据来源于中国能源数据（2005），2003—2004 年的数据根据《中国统计年鉴》（国家统计局，2005）相应数据换算而得。由于我国从 1993 年起成为石油净进口国，国际原油价格与国内原油价格之间存在协整关系，且这种关系近似于比例关系（Jiao，等，2006），因此，1993 年后的石油价格指数不能完全采用国内出厂价格指数，而应根据国内出厂价格指数和各年石油进口依存度及石油进口价格波动幅度进行加权平均而得。上述 4 个变量的样本区间均为 1980—2004 年。由于对数据取对数可以消除异方差的影响，又不影响变量之间的长期稳定关系和短期调整效应，因此在以下的案例分析中，我们分别对 4 个变量进行对数处理。变量符号及含义见表 3-3。

表 3-3　变量符号及含义

变量	含义
LTC	年人均煤炭消费量的对数
LRG	年人均实际国内生产总值（按 1995 年不变价格计算）的对数
LPC	煤炭价格指数（1990 年为 100）的对数
LPO	石油价格指数（1990 年为 100）的对数

ADF 平稳性检验结果见表 3-4。根据检验结果可知，4 个序列均为不稳定的，但它们的一阶差分都是稳定的，因此这 4 个变量是一阶单整 $I(1)$ 的。接下来我们可以对煤炭需求与收入、煤炭价格及石油价格之间的协整关系进行检验，根据范英和焦建玲（2008）的研究可知，煤炭需求在 1997—2000 年发生了结构突变，考虑此结果，可在协整关系检验模型［式（3-1）］中引入反映突变时间的哑变量 s_t，协整检验结果见表 3-5。

表 3-4　ADF 平稳性检验结果

变量	水平值	一阶差分
LTC_t	−2.351 4	−4.177 1***
LRG_t	−1.343 1	−3.747 5**
LPC_t	−0.338 0	−3.072 2**
LPO_t	−0.326 0	−3.050 8**

注：*** 表示在 1%的水平上显著；** 表示在 5%的水平上显著。

表 3-5　协整检验结果

协整方程个数	特征值	似然比统计量	5%临界值	1%临界值
$r\leqslant0$**	0.972 4	179.215 5	68.52	76.07
$r\leqslant1$**	0.910 9	96.688 3	47.21	54.46
$r\leqslant2$**	0.676 2	41.072 4	29.68	35.65
$r\leqslant3$	0.416 0	15.130 5	15.41	20.04
$r\leqslant4$	0.113 1	2.759 2	3.76	6.65

注：** 表示在 1%的显著性水平上拒绝原假设。

表 3-5 的检验结果表明，在 5% 的显著性水平上，煤炭需求与收入、煤炭价格、石油价格之间至少存在 3 个协整方程。其中，第一个协整方程具有较好的经济意义，该方程如下：

$$LTC_t = 4.408 - 0.539s_t + 0.519LRG_t - 0.960LPC_t + 0.574LPO_t$$

根据上述模型估计结果可知，煤炭收入的长期弹性为正（0.519），价格弹性为负（−0.960），石油与煤炭的交叉价格弹性为正（0.574），这些符号与经济学关于弹性的理论研究完全一致，因为煤炭收入弹性、煤炭价格弹性以及煤炭关于石油的交叉价格弹性的绝对值都小于 1，因此煤炭需求关于收入、煤炭价格和石油价格的变化从长期来看都是缺乏弹性的，但煤炭价格弹性接近于 1，因此煤炭需求关于煤炭价格变化近似于同比例变化。收入增加和石油价格上涨所导致的煤炭需求增加的相对比例小于收入和石油价格变化的比例。由于煤炭和石油同为一次能源，相互之间存在一定的替代性，因此煤炭需求关于石油的交叉价格弹性为正，虽然从绝对数值上来说比煤炭需求的价格弹性小，但是单从其本身数值 0.574 来说，石油价格变化对煤炭需求的影响是相当大的。此外反映突变时间项的系数也是高度显著的，因此煤炭需求结构突变也导致了这种长期协整关系的调整。

与国际上其他能源需求收入和价格弹性相比，我国煤炭需求的长期弹性偏大，原因之一可能在于我国经济仍然处于粗放式增长阶段，该阶段能源使用效率较低，浪费现象还比较严重，因此相对能源效率较高的国家来说，我国能源节约的空间还比较大，从而导致煤炭需求各种弹性较高。

与长期协整模型匹配的短期误差修正模型估计结果见表 3-6。短期收入弹性为正（0.601 4），符号与理论一致，而短期煤炭需求价格弹性为正（0.061），煤炭需求关于石油价格交叉弹性符号为负（−0.021 5），则与理论不相符，主要原因可能是我国能源定价机制不完善，我国政府对能源价格干预相对较多，短期价格调整比较缓慢，不能很好地反映市场供求变化，因此短期内不能很好地发挥价格作为有效配置资源的功能。不仅短期价格弹性符号与理论不相符，而且它们对煤炭需求变化的影响也都不显著，这更加说明我国能源定价机制存在问题，即短期内价格机制根本不能发挥其应有的作用。煤炭需求偏离长期均衡的调整速度为−0.232，是高度显著的，表示若 $t-1$ 期煤炭需求比长期协整方程估计的高出 1%，则下一年煤炭需求效应会减少 0.306 1%。

表 3-6 短期误差修正模型估计结果

因变量 $D(LTC)$			
变量	系数	t 统计量	概率
$D(LRG)$	0.601 4	1.953 8	0.065 6
$D(LPC)$	0.061 0	0.501 1	0.622 1
$D(LPO)$	−0.021 5	−0.299 4	0.767 9
$VECM(-1)$	−0.306 1	−8.204 3	0.000 0
C	−0.023 4	−0.882 5	0.388 5
R^2	0.840 4		
调整后的 R^2	0.806 8		
DW 统计量	2.475 3		

其中，

$$VECM_t = LTC_t - 4.408 + 0.539s_t - 0.519LRG_t + 0.960LPC_t - 0.574LPO_t$$

3.2　能源需求的主要影响因素

能源是整个世界发展和经济增长最基本的驱动力，是人类赖以生存的基础。能源需求既与经济生产密切联系，又与人们的生活息息相关，因此，影响能源需求的因素非常复杂，下面仅对几个主要因素进行简单分析。

3.2.1　经济增长

经济增长是推动能源需求总量增加的首要因素。当世界经济稳步增长时，由于各行各业扩大生产，能源作为基本生产要素，需求量必然相应增加；同时，随着生产规模的扩大，企业需要更多的工人，或更长的工作时间，或更大的劳动强度，从而增加了居民的收入，居民收入的增加有可能导致居民对生活能源的使用增多，如更多的人购买家用汽车，从而大大增加对汽油的需求。相反，当世界经济发展不景气时，各行业相对缩小生产规模，导致作为原材料的能源需求量减少。由于各部门生产规模缩小，或雇用更少的劳动力，或缩短了工作时间，或降低了工作强度，这些变化使得居民收入也随之减少，这又进一步减少了居民对生活能源的使用，所以能源需求量与世界经济活动水平之间存在着正向变动关系。一些研究从实证角度也证实了这种关系的存在。例如，Cheng 和 Lai（1997），以及 Yang（2000）发现中国台湾地区的能源需求和 GDP 之间存在因果关系，Aqeel 和 Butt（2001）发现经济增长是巴基斯坦能源需求增长的原因。

工业革命以来，世界经济和能源消费都保持了较快的增长态势。如表 3-7 所示，世界各国总的 GDP 由 1985 年的 318.26 千亿美元增长到 2017 年的 800.50 千亿美元，年均增长了 2.9%；能源消费量则由 1985 年的 71.54 亿吨油当量增长到 2017 年的 134.75 亿吨油当量，年均增长了 2.0%；能源强度由 1985 年的 2.2 吨油当量/万美元下降到 2017 年的 1.7 吨油当量/万美元。

表 3-7　部分国家 GDP 和能源消费量

国家	变量	1985	1995	2005	2010	2015	2016	2017
美国	GDP［千亿美元（2010 年不变价）］	76.42	102.17	143.32	149.92	167.10	169.72	173.49
	能源消费量（亿吨油当量）	17.24	20.69	22.97	22.23	22.13	22.13	22.22
日本	GDP［千亿美元（2010 年不变价）］	37.01	50.64	56.72	57.00	59.96	60.53	61.58
	能源消费量（亿吨油当量）	3.77	5.01	5.31	5.05	4.53	4.51	4.55

续表

国家	变量	1985	1995	2005	2010	2015	2016	2017
德国	GDP［千亿美元（2010 年不变价）］	21.84	28.41	32.14	34.17	37.18	38.02	38.84
	能源消费量（亿吨油当量）	3.66	3.38	3.38	3.28	3.23	3.28	3.34
英国	GDP［千亿美元（2010 年不变价）］	13.58	17.71	24.03	24.53	27.20	27.68	28.16
	能源消费量（亿吨油当量）	2.04	2.18	2.32	2.15	1.95	1.93	1.93
法国	GDP［千亿美元（2010 年不变价）］	16.04	20.20	25.37	26.43	27.81	28.14	28.75
	能源消费量（亿吨油当量）	2.01	2.39	2.65	2.56	2.42	2.38	2.37
意大利	GDP［千亿美元（2010 年不变价）］	15.00	18.66	21.59	21.25	20.62	20.86	21.19
	能源消费量（亿吨油当量）	1.39	1.64	1.88	1.74	1.53	1.55	1.56
印度	GDP［千亿美元（2010 年不变价）］	3.71	6.49	11.90	16.70	22.90	24.53	26.17
	能源消费量（亿吨油当量）	1.35	2.52	3.95	5.39	6.90	7.19	7.50
中国	GDP［千亿美元（2010 年不变价）］	5.66	14.79	35.70	61.01	89.08	95.07	101.59
	能源消费量（亿吨油当量）	5.30	8.91	18.03	24.92	30.10	30.47	31.39
世界	GDP［千亿美元（2010 年不变价）］	318.26	422.47	582.58	661.46	758.40	776.69	800.50
	能源消费量（亿吨油当量）	71.54	85.66	108.88	121.00	130.46	132.29	134.75

资料来源：BP（2019）；联合国网站统计数据库。

在不同国家，或者同一国家在不同的经济发展阶段，经济增长对能源需求的影响是不同的，一般可以用能源需求弹性定量反映经济增长对能源需求总量的影响程度。通常情况下，发达国家能源需求弹性较小，而发展中国家能源需求弹性相对较大（王文平，等，2007）。

美国是世界上最发达的国家，也是能源消费量最大的国家。1970—2004 年，美国 GDP 由 30.37 千亿美元增长到 87.85 千亿美元，能源消费量由 16.5 亿吨油当量增长到 23.3 亿吨油当量，年均增长率分别为 3.2%和 1.0%。第一次石油危机、第二次石油危机对美国经济产生了严重的负面影响，造成短暂的经济停滞甚至衰退。1970—2004 年，日本的年均经济增长速度和年均能源消费增长速度分别为 3.2%和 1.8%；而同期一些欧洲工业化国家的能源消费增长速度减缓，如 1970—2004 年德国的 GDP 年均增长速度为 2.1%，能源消费量年均增长速度为 0.2%。中国是一个发展中国家，正处于工业化快速发展阶段，经济总量和能源消费增长迅速，2004 年 GDP 和能源消费量分别为 14.19 千亿美元和13.9亿吨油当量。

为进一步寻找能源需求和经济增长之间的定量关系，一般将能源与劳动力和资本等同视为经济生产的基本要素，如可将传统的柯布-道格拉斯生产函数（或其他生产函数）扩展为下面的经济产出函数：

$$Y = A(t)K^{\alpha}L^{\beta}R^{\gamma}$$

其中，Y 为总产出；$A(t)$ 为综合技术水平；K、L、R 分别为投入的资本、劳动力和能源数量；α、β、γ 则分别为产出对资本、劳动力和能源的弹性系数。

大量实证研究利用上述经济产出函数或其变形、其他扩展的经济产出函数来研究各经济行为体的产出对能源需求的依赖程度。

3.2.2　社会发展

人口是社会系统中最基本的因素，人口总量的多少将直接影响能源需求总量。居民对能源需求分为直接需求和间接需求。直接需求指居民对能源商品的直接购买量，如用于出行、炊事、照明、取暖等的燃料和电力需求量；间接需求指为提供居民生活所需的非能源商品和服务而消耗的能源，如消费者购买的小汽车、衣服、食品等，这些商品以及其他几乎任何商品和服务的生产都需要消耗能源。一般来说，居民对能源的间接需求远远大于直接需求，因此，在一定的技术水平下，人口总量的增加将直接导致能源需求增多（李艳梅，张雷，2008）。

实证研究发现，1850—2000年全球矿物能源消费与人口增长的相关系数高达0.984 4，高于同期铁矿石消费与人口增长的相关系数0.951 5（张雷，蔡国田，2005）。

与1860年相比，2010年世界人均一次能源消费水平增长了近20倍，见图3-1。总体而言，工业化开始后的100年（1750—1850年）间，世界人均一次能源消费的年增长速度仅为1.4%；1860—1960年，世界人均一次能源消费的年增长速度达到了2.56%。1960—2010年，世界人均一次能源消费的年增长速度为1.15%。

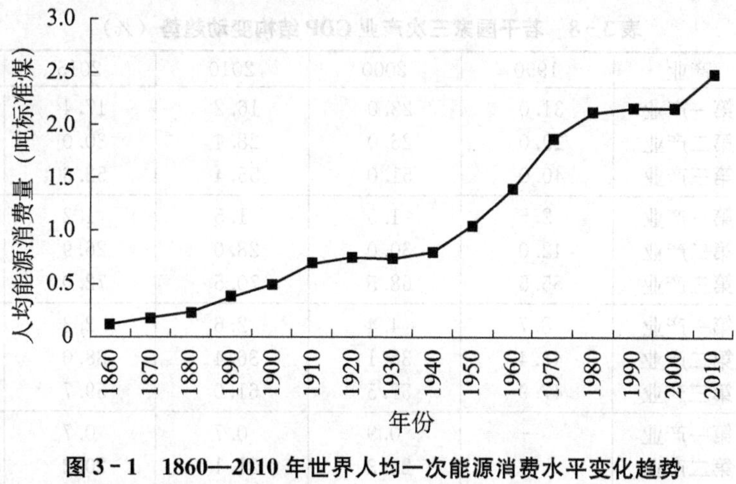

图3-1　1860—2010年世界人均一次能源消费水平变化趋势

资料来源：张雷，蔡国田（2005）；BP（2019）。

社会人口结构变化也会对能源需求量产生影响。城市居民和农村居民的能源利用方式和消费水平有很大差异，一般来说，城市居民无论对能源的直接需求还是间接需求，都比农村居民高，因此城市化会增加人口对能源的需求。我国正处于城市化水平快速增长的时期，这也是导致我国能源需求快速增加的一个重要影响因素。

经济增长和人口增加使得能源需求几乎呈现刚性增加的趋势，自20世纪60年代以来，世界一次能源消费仅在第二次石油危机期间和2009年有一个微弱的负增长，其余年份均一路上扬。1970年，世界一次能源需求总量为4 957.5百万吨标准油，到2009年增加到11 164.3百万吨标准油，年均增长率达到2.1%。

3.2.3 产业结构及部门能源强度

能源需求的增长除了与经济周期、人口密切相关外，还受到产业结构的影响，不同的产业结构，其能源需求不同，甚至差别很大。在现有技术水平下，产业结构的变动决定了能源利用效率的高低，无论长期还是短期，产业结构的调整都会影响能源需求量和需求结构的变化。例如，1993—2005年，我国工业部门内部轻工业和重工业结构变化对能源需求的影响大致为：重工业比例每增加一个百分点，能源需求量增加约1 000万吨标准煤（齐志新，等，2007）。

产业结构之所以会对能源需求产生重要影响，主要原因在于：不同产业部门单位产值需求的能源数量即部门能源强度相差较大，一般来说，第二产业属于高耗能产业，能源强度相对较高；第三产业能源强度相对较低。按照产业结构升级理论，在经济水平发展到一定程度以后，第二产业的主导地位应该逐渐向第三产业过渡，从而整个经济的能源强度趋于下降。改革开放初期，我国第二产业在GDP中的比重不到50%。此后的10年中，第二产业的比重不断下降，在20世纪90年代初一度下降到41%左右。但是在随后的几年里，第二产业的比重出现了回升，2007年前三季度第二产业在GDP中的比重甚至突破了50%。与其他国家的发展历程相比，目前我国第二产业的比重明显偏高，第三产业比重偏低，甚至出现第二产业比重回升的不合理变化趋势。若干国家三次产业GDP结构变动趋势见表3-8。

表3-8 若干国家三次产业GDP结构变动趋势（%）

国家	产业	1990	2000	2010	2015	2016
印度	第一产业	31.0	23.0	16.2	17.4	17.4
	第二产业	29.0	26.0	28.4	30.0	28.8
	第三产业	40.0	51.0	55.4	52.6	53.8
日本	第一产业	2.5	1.5	1.5	1.2	1.1
	第二产业	42.0	30.0	28.0	26.9	28.9
	第三产业	55.5	68.5	70.5	72.0	70.0
韩国	第一产业	8.7	4.4	2.6	2.3	2.2
	第二产业	43.4	38.1	36.4	38.0	38.6
	第三产业	47.9	57.5	61.0	59.7	59.2
英国	第一产业	—	0.9	0.7	0.7	0.6
	第二产业	—	25.3	21.1	20.2	19.2
	第三产业	—	73.8	78.2	79.2	80.2

续表

国家	产业	1990	2000	2010	2015	2016
中国	第一产业	27.1	14.7	9.5	9.0	8.6
	第二产业	41.6	45.5	44.6	40.5	39.8
	第三产业	31.3	39.8	45.9	50.5	51.6

资料来源：根据《国际统计年鉴》(1995)、《国际统计年鉴》(2011)、《国际统计年鉴》(2016—2017) 整理而得。
注：由于四舍五入，三个产业占比总和不一定严格等于100%。

中国正处于工业化发展进程中，工业部门能源需求量占全国能源需求总量的比重曾长期保持在70%以上，虽然近年来工业能源需求比重有所下降，但直至2016年，工业部门能源需求量仍约为29.03亿吨标准煤，占全国能源需求总量的比重约为66.6%（国家统计局能源统计司，2017)。在工业部门内部，制造业的能源需求量最大，一直占全国能源需求总量的50%以上，其中，石油加工、炼焦及核燃料加工业，化学原料及化学制品制造业（化学工业)，黑色金属冶炼及压延加工业（钢铁工业)，以及非金属矿物制品业（建材工业）的能源需求比重较大，2016年分别占全国能源需求总量的5.2%、11.2%、14.2%、7.5%，能源需求量分别为2.27亿吨标准煤、4.87亿吨标准煤、6.21亿吨标准煤、3.29亿吨标准煤。电力、煤气及水生产和供应业的能源需求比重也较大，2016年占全国能源需求总量的7%。

除了工业部门以外，交通运输、仓储和邮政业的用能增长明显加快，需求比重从1995年的4.5%增长到2016年的9.1%。随着全面小康社会的逐步实现，家庭轿车保有量将迅速增长，交通部门的能源需求比重将进一步增长。中国各产业部门的能源需求比重见表3-9。

表3-9　中国各产业部门的能源需求比重(%)

行业	1995	2000	2005	2009	2010	2011	2012	2013	2014	2015	2016
农、林、牧、渔、水利业	4.2	2.9	2.6	2.1	2.0	2.0	1.9	1.9	1.9	1.9	2.0
工业	73.3	70.1	71.9	72.5	72.5	71.8	70.8	69.8	69.4	68.0	66.6
采掘业	7.6	7.0	4.8	4.9	5.8	6.1	6.1	5.7	5.4	4.5	4.0
制造业	59.7	55.1	60.5	61.5	60.3	59.2	58.3	57.3	57.5	57.0	55.6
其中：											
石油加工、炼焦及核燃料加工业	4.2	5.4	4.8	5.2	5.0	4.7	4.7	4.6	4.7	5.4	5.2
化学原料及化学制品制造业	12.1	9.6	11.0	10.0	10.2	10.5	10.6	10.6	11.2	11.4	11.2
黑色金属冶炼及压延加工业	14.1	14.0	17.1	19.4	18.5	16.7	16.8	16.5	16.3	14.9	14.2
非金属矿物制品业	10.0	7.8	10.0	9.1	9.0	9.9	9.4	8.8	8.6	8.0	7.5
电力、煤气及水生产和供应业	6.0	8.0	6.6	6.1	6.4	6.6	6.4	6.8	6.5	6.5	7.0
建筑业	1.0	1.5	1.3	1.4	1.5	1.6	1.6	1.7	1.8	1.8	1.8
交通运输、仓储和邮政业	4.5	7.8	7.3	7.3	7.5	7.7	8.1	8.4	8.5	8.9	9.1
批发、零售业和住宿、餐饮业	1.5	2.2	2.3	2.2	2.2	2.4	2.5	2.5	2.6	2.7	2.8
其他行业	3.4	4.2	4.0	4.1	4.2	4.4	4.6	4.7	4.7	5.1	5.3

续表

行业	1995	2000	2005	2009	2010	2011	2012	2013	2014	2015	2016
生活消费	12.0	11.4	10.5	10.5	10.1	10.2	10.5	10.9	11.1	11.7	12.4

资料来源：国家统计局能源统计司（2017）。

注：由于四舍五入，各大类行业比重总和不一定严格等于100%。

不仅不同部门能源强度相差较大，相同部门由于技术水平不同，能源强度也会差别较大，这就是3.2.5节中要谈的能源技术对能源需求的影响。产业结构不合理和偏高的能源强度使我国能源需求量一路走高，成为我国经济持续健康发展的一大障碍。

3.2.4 能源价格

与其他任何商品一样，能源价格也是影响能源需求的一个主要因素，且能源市场的市场化程度越高，能源价格对能源需求的影响也越大。在市场经济条件下，价格是稀缺资源配置最主要的市场机制，与其他经济产品类似，能源价格与能源需求二者之间为反向关系。即能源价格上涨，能源需求减少；能源价格下跌，能源需求增加。除对能源需求总量产生影响外，能源价格波动还会对单位产出能耗产生影响，能源价格上升引致众多高耗能产业的成本大幅上升，促使节能设备的研发和投入使用、单位产出的耗能量（能源强度）不断下降。

由于能源需求与机器设备（技术水平）有关，能源价格波动对当期能源需求的影响有限，这种影响通常有一个滞后期。如经历了1973—1974年和1979—1980年两次大的石油危机后，石油价格由最初的每桶3～4美元飞涨至每桶30多美元，此后世界能源需求一路走低，1986年降到了历史低点。

与能源资源的独特性相匹配，能源价格的不确定性比一般经济产品价格的不确定性更大。能源价格的不确定性除来自未来能源市场的可预期性外，还体现在能源价值的不稳定性上。一方面，随着资源日益稀缺，开发成本日益提高，能源作为经济发展的必要投入要素，其价值逐渐提高；另一方面，随着替代能源的开发，能源价值趋于下降（葛世龙，周德群，2007）。能源价格较高的不确定性，使得能源价格波动剧烈而频繁，一有风吹草动就会波动较大，甚至完全脱离供需基本面，这也使得能源价格对能源供需的调节作用大大减弱。

3.2.5 能源技术与管理

科技进步和管理是生产力，近年来的实践表明，依靠技术进步，加强管理，采用新技术、新工艺、新材料、新设备，以及逐步淘汰高能耗的低效设备，可以达到有效节约能源、降低需求的效果。

能源技术进步和管理创新对能源需求和供给均会产生积极的影响。如勘探开发领域内的能源技术进步，可以提高能源勘探能力，增加探明储量，提高已发现资源的采收率。但由于化石能源的可耗竭性在一定程度上抑制了能源技术和管理对化石能源供给的作用。能源技术和管理的作用更多地体现在需求结构的优化、能源使用效率的提高以及对可再生能源的开发上。

能源技术进步是能源需求结构优化调整的支撑。历史上两次重大的能源需求结构转换都是由于技术进步引起的。蒸汽机的发明和推广应用，以及有机化工的发展促成了第一次能源需求以薪柴为主转向以煤为主；第二次由煤炭向石油的转换主要是由于燃料汽车、飞机等技术进步促成的。为应对气候变化，世界能源结构正酝酿巨变，世界范围内正在大力发展可再生能源技术、碳捕获和封存技术（CCS），以及交通运输用能模式系统技术。一旦这些方面的技术有了实质性突破，人类将可能迎来第三次能源结构大转型。伴随着能源结构的升级，以及优质能源对劣质能源的替代，能源利用效率将得到提高。

能源技术进步是提高能源使用效率的核心和关键。能源技术进步可以通过直接减少能源需求来提高能源使用效率。如超临界火力发电技术，机组热效率能够达到45%左右。据测算，如果我国燃煤发电厂热效率都达到45%的水平，按2006年全国火电发电量计算，相当于全年可以少烧约2亿吨标准煤，减少二氧化碳排放约5.4亿吨。此外，节能灯的使用及建筑中的保温外墙等由新技术生产的新材料、新产品都可以达到节约能源的目的。

管理制度创新通过对耗能产品制定科学的耗能标准，对办公场所、营业场所耗能设施进行管理制度建设等，来规范企业的生产行为，降低能耗，引导顾客树立节能意识，使他们主动使用高能效产品以节约能源。

美国“能源之星”项目是能源管理制度创新的一个很好的例子。为减少能源使用并有效保护环境，该项目鼓励开发高效、低耗、低污染的产品，引导广大消费者购买和使用节能环保设备。美国国家环境保护局（EPA）于1992年开始实施“能源之星”项目。该项目通过将产品的保证标识与信息、宣传推广活动，以及选择性的融资活动结合在一起来提高各种产品的能效。该项目并不具有强迫性，自发配合该项目的厂商可以在其合格产品上贴上“能源之星”的标签。

“能源之星”项目开始于1992年，执行两年后，就有超过50%的个人电脑和80%的打印机符合“能源之星”的高效标准。该项目在短短十几年内已取得了巨大的成功，具体表现在：(1) 美国居民的节能意识大幅提高，节能产品已成为市场的主导产品，“能源之星”已成为居民购买产品的重要参考依据之一；(2)“能源之星”无形中成了国外产品进入美国市场的技术壁垒，未获得“能源之星”认证的产品在美国无法取得市场份额；(3)“能源之星”认证正逐步由美国扩展到其他国家（彭红圃，朱惠英，2007）。

除上述几个主要因素外，季节与气温变化、能源政策、消费者的主观偏好、消费习惯及替代产品的价格等也都会在不同程度上影响能源需求。

虽然影响能源需求的因素有很多，且很复杂，全球实际能源消费量逐年也会有所变化，但正如前文所述，全球能源需求旺盛，几乎呈现刚性增长的趋势在短期内仍将继续，难以改变，主要原因来自两个方面。一是运输部门需求的增长。除非有重大技术突破，否则在未来一段时期内，路运、海运和空运等部门还几乎不存在其他有较强竞争力的燃料。运输业石油消费在全球一次石油消费中的比例，在1971年为33%，在2002年为47%，预计到2030年将达到54%（IEA，2006）。二是发展中国家需求的快速增长。据预测，2002—2025年，亚洲新兴经济体的石油消费年均增长将达到3.5%，为世界平均增速1.6%的2倍多（EIA，2006）。

3.3 能源要素替代

能源与资本、劳动、原材料等其他要素的替代弹性是开展能源-经济-环境（3E）系统研究的关键内容。对于不同的国家和地区、不同的经济发展阶段、不同的经济体制、不同的行业，要素间的替代弹性会有所不同，技术进步有偏性也可能不同。要素间的替代弹性还会随时间发生变化。

3.3.1 要素替代与能源需求

要素替代与能源需求的关系可以从全要素生产率的核算过程来分析。在相当长的一段时期内，生产部门是主要的能源直接消耗部门。能源是重要的生产要素，经济增长离不开能源投入。经济增长的源泉主要包括要素投入增长（资本、劳动和自然资源等）和全要素生产率增长（包括人力资本积累）等。因此，这里从全要素生产率核算的视角给出经济系统的分析框架，用于分析要素替代、能源需求、经济增长、经济结构、技术进步的关系。

在有关经济增长质量的理论讨论或者经济增长源泉的核算实践中，大多应用产出-资本-劳动的研究范式，即全要素生产率增速（广义的技术进步速度）等于经济增速减去资本（或者资本服务量）和劳动（或者劳动服务量）投入增速的加权和。这类核算方法一般较少考虑产业结构，投入要素中只包括资本和劳动，并隐含自然资源或能源对经济增长没有影响的假设。经济增长的过程也是部门结构演进的过程，它植根于现代技术所提供的生产函数的积累扩散中；这些发生在技术和组织中的变化只能从部门角度加以研究；离开了部门分析，就无法解释增长为什么会发生（Rostow，1959）。研究能源需求，离不开经济总量，更离不开经济结构。总量是形式，结构是内容。

为便于同时从技术进步和产业结构变化来讨论经济增长与能源需求的关系，与总和生产率核算方法不同，这里采用部门生产率核算方法（Jorgenson，等，1987；Jorgenson 和 Stiroh，2000）：Y-KLEM（产出-资本、劳动、能源、原材料①）。对于一定时期的某生产部门 i，总产出为 Y_i，需要投入四大类生产要素：资本（K_i）、劳动（L_i）、各类能源 $\{e_{i1}, e_{i2}, \cdots, e_{is}\}$、原材料（$M_i$），该部门的生产函数可以表示为：

$$Y_i = A_i \cdot f_i(K_i, L_i, M_i, e_{i1}, e_{i2}, \cdots, e_{is}) \tag{3-4}$$

其中，A_i 表示部门 i 的技术水平，这里认为技术进步是希克斯中性的（对于其他有偏型的技术进步，可以做类似推导）。函数 f_i 满足正则条件（正的、有限的、二次连续可微、严格单调、严格拟凹）和一次齐次条件。可以认为能源与其他生产要素是弱可分离的。

对于所有 $X_i \in \{K_i, L_i, M_i\}$，有

$$\frac{(\partial f / \partial e_{iu}) / (\partial f_i / \partial e_{iv})}{\partial X_i} = 0,\ (u \neq v) \tag{3-5}$$

① 这里的“原材料”是指除能源以外的中间投入，包括中间产品和服务。

于是生产函数可以表述为：

$$Y_i = A_i \cdot f_i(K_i, L_i, E_i, M_i) \tag{3-6}$$

其中，

$$E_i = g_i(e_{i1}, e_{i2}, \cdots, e_{is}) \tag{3-7}$$

设

$$Q_i = f_i(K_i, L_i, E_i, M_i) \tag{3-8}$$

函数 g_i 也满足正则条件。对式（3-8）求全微分，

$$\mathrm{d}Q_i = \sum_{X_i=K_i,L_i,E_i,M_i} \frac{\partial f_i}{\partial X_i}\mathrm{d}X_i = \sum_{X_i=K_i,L_i,E_i,M_i} \lambda p_i \cdot \mathrm{d}X_i \tag{3-9}$$

其中，p_i 为要素 X_i 的价格，λ 为拉格朗日乘子。

$$\lambda = \frac{\partial f_i/\partial X_i}{p_i} = \frac{Q_i}{\sum\limits_{X_i=K_i,L_i,E_i,M_i} p_i X_i} \tag{3-10}$$

式（3-9）可以变换为

$$Q_i \cdot \mathrm{dln}Q_i = \sum_{X_i=K_i,L_i,E_i,M_i} \lambda p_i X_i \cdot \mathrm{dln}X_i \tag{3-11}$$

根据式（3-10）和式（3-11），

$$\mathrm{dln}Q_i = \sum_{X_i=K_i,L_i,E_i,M_i} \frac{p_i X_i}{\sum\limits_{X_i=K_i,L_i,E_i,M_i} p_i X_i} \cdot \mathrm{dln}X_i \tag{3-12}$$

令

$$\alpha_{K_i} = \frac{p_i K_i}{\sum\limits_{X_i=K_i,L_i,E_i,M_i} p_i X_i}$$

$$\alpha_{L_i} = \frac{p_i L_i}{\sum\limits_{X_i=K_i,L_i,E_i,M_i} p_i X_i}$$

$$\alpha_{E_i} = \frac{p_i E_i}{\sum\limits_{X_i=K_i,L_i,E_i,M_i} p_i X_i}$$

$$\alpha_{M_i} = \frac{p_i M_i}{\sum\limits_{X_i=K_i,L_i,E_i,M_i} p_i X_i}$$

显然，这四个权数为各类要素的成本份额。

根据式（3-6）和式（3-12），可以得到该生产部门 Y 的增长核算方程：

$$\begin{aligned}\mathrm{dln}Y_i &= \mathrm{dln}A_i + \mathrm{dln}Q_i \\ &= \mathrm{dln}A_i + \alpha_{K_i}\mathrm{dln}K_i + \alpha_{L_i}\mathrm{dln}L_i + \alpha_{E_i}\mathrm{dln}E_i + \alpha_{M_i}\mathrm{dln}M_i\end{aligned} \tag{3-13}$$

$\alpha_{K_i}\mathrm{dln}K_i$、$\alpha_{L_i}\mathrm{dln}L_i$、$\alpha_{E_i}\mathrm{dln}E_i$、$\alpha_{M_i}\mathrm{dln}M_i$ 分别表示资本、劳动、能源、原材料投入对该部门总产出增长的贡献；$\mathrm{dln}A_i$ 表示部门 i 全要素生产率增长对该部门总产出增长的贡献。整个国民经济全要素生产率的增长率 $\mathrm{dln}A$ 等于各部门全要素生产率增长率的加权总和：

$$\mathrm{dln}A = \sum_i w_i \cdot \mathrm{dln}A_i \tag{3-14}$$

其中，权重 $w_i=\dfrac{P_iY_i}{PV}$。[①] P_iY_i 为部门 i 的总产出价值量（P_i 表示价格），PV 是全部增加值（即国内生产总值）。实现经济增长由粗放型向集约型转变，改善经济增长质量，就是要提高全要素生产率增长（$\mathrm{dln}A$）对经济增长的贡献。由式（3-13）可以看出，$\mathrm{dln}A$ 既包括各部门全要素生产率增长（$\mathrm{dln}A_i$），也包括产业结构（w_i）调整。

对于一个具体的生产部门 i，能否降低单位产出能耗，取决于在实现一定产出增长的同时，能否尽可能多地用全要素生产率增长、资本增长、劳动增长和原材料增长去替代能源增长。而能否实现这种替代以及替代量有多大，除了该部门本身的技术约束以外（边际技术替代率），还取决于能源与其他要素的相对价格水平变化和替代弹性。如果能源价格上涨，其他要素价格相对下降，则有利于降低单位产出能耗，即节约能源优先于节约资本、劳动和原材料。

例如，在生铁生产中，需要同时消耗铁矿石和能源两类要素，这两类要素存在一定的替代关系（替代弹性大于零）。生产相同的一吨生铁，分别使用高品位和低品位的铁矿石作原料所消耗的能源是不同的。如果铁矿石的价格偏高，钢铁企业可能倾向于多消耗能源，少消耗铁矿石；如果铁矿石价格偏低，则可能倾向于少消耗能源，多消耗铁矿石。不仅能源与其他要素存在替代弹性，各类能源之间也存在一定的替代弹性，不同能源的产出弹性也是不同的。从能源效率的内涵来看，我们并不能简单地判断哪一种生产方案更优。

在一定的发展阶段内，由于各部门客观的技术经济约束，能源与资本、原材料等生产要素替代性比较弱。对于一些部门，能源与资本甚至可能是互补关系，资本深化的过程就是能源消费迅速增长的过程（例如工业化初期或中期阶段）。因此，对于一个具体的生产部门 i，要实现该部门单位产出能源消耗量（E_i/Y_i）下降，则应该更多地依靠全要素生产率增长对产出增长的贡献，更多地依靠全要素生产率增长对能源增长的替代，这也体现了经济增长质量的转变。各部门全要素生产率增长速度既包括具体的科技进步速度，也包括资源配置效率改善情况、政府职能定位情况等软因素。

需要指出的是，在不同的发展阶段，对于不同的部门，全要素生产率增长可能具有不同的有偏性。例如，生产同样数量和质量的产品，企业通过引进一项新的生产工艺，可以节约大量劳动和原材料，但节约能源较少，甚至不节约能源。在这种情况下，可以通过相关的政策激励措施鼓励企业加强节能方面的技术引进或者研发力度。在工业化进程中，技术进步往往是能源消耗型的（廖华，2008）。

3.3.2 能源与其他要素的替代性

能源与资本、劳动等要素的替代弹性、能源价格弹性对能源效率有重要影响。在不同

① 该权重之和一般大于 1（因为各部门总产出之和要大于全部增加值）。

的发展阶段及经济体制下，其弹性值也有所不同；甚至基于不同的假设，采用不同的模型与方法，得到的具体结果也有所不同。

假设总产出为Y，有三种生产要素（通常还有原材料M，这里不详细讨论）：资本K、有效劳动L和一次能源E，其价格分别为$P_i(i=K, L, E)$；T为时间趋势变量，表示技术进步，可以是有偏的。成本是产量、价格和技术水平的函数：$C=f(P_K, P_L, P_E, Y, T)$。

Translog 成本函数可以表示为：

$$\ln C=\alpha_0+\Big[\sum_i\alpha_i\ln P_i+\frac{1}{2}\sum_i\sum_j\alpha_{ij}\ln P_i\ln P_j\Big]+\varphi(Y)+\Big[\varphi(T)+\lambda_3 T\ln Y+\sum_i\lambda_i T\ln P_i\Big],(i,j=K,L,E) \tag{3-15}$$

其中，$\varphi(Y)$为规模效益情况，可以表示不同产出规模情况下有不同的规模效益特征，也可以是非线性的，通常$\varphi(Y)=\gamma_1\ln Y+\frac{1}{2}\gamma_2(\ln Y)^2$；$\varphi(T)$表示技术进步（无偏部分），可以是非线性的，通常$\varphi(T)=\lambda_1 T+\frac{1}{2}\lambda_2 T^2$；$\sum_i\lambda_i T\ln P_i$可以反映技术进步的有偏性。

成本函数满足以下条件：

（1）对于价格线性齐次，即$\forall\mu>0$，有

$$f(\mu P_K, \mu P_L, \mu P_E, Y, T)=\mu f(P_K, P_L, P_E, Y, T) \tag{3-16}$$

于是，对于所有i，$j=K, L, E$，有

$$\sum_i a_i=1, \sum_i a_{ij}=\sum_j a_{ij}=\sum_i\lambda_i=0 \tag{3-17}$$

（2）黑赛（Hessian）矩阵$[\partial^2 C/(\partial P_i\partial P_j)]_{i,j=K,L,E}$是对称的，即$\alpha_{ij}=\alpha_{ji}$。

Translog 成本函数可以被视为任意函数的二次对数近似。显然，如果$\varphi(T)=\varphi(Y)=0$，且$\alpha_{ij}=\lambda_3=\lambda_i=0$，$(i=K, L, E)$，则该 Translog 成本函数就是柯布-道格拉斯函数形式。

假设X_K、X_L、X_E分别为资本、有效劳动、能源的投入量；S_K、S_L、S_E分别为资本、有效劳动、能源在总成本中所占的份额。由谢泼德（Shephard）引理

$$X_i=\partial C/\partial P_i,\ (i=K, L, E)$$

可以得到各种要素的成本份额方程：

$$S_K=\frac{P_K X_K}{C}=\alpha_K+\alpha_{KK}\ln P_K+\alpha_{KL}\ln P_L+\alpha_{KE}\ln P_E+\lambda_K T \tag{3-18}$$

$$S_L=\frac{P_L X_L}{C}=\alpha_L+\alpha_{LK}\ln P_K+\alpha_{LL}\ln P_L+\alpha_{LE}\ln P_E+\lambda_L T \tag{3-19}$$

$$S_E=\frac{P_E X_E}{C}=\alpha_E+\alpha_{EK}\ln P_K+\alpha_{EL}\ln P_L+\alpha_{EE}\ln P_E+\lambda_E T \tag{3-20}$$

由于

$$\sum_i \alpha_{ij} = \sum_j \alpha_{ij} = 0$$

式（3-18）～式（3-20）变换为：

$$S_K = \alpha_K + \alpha_{KK} \ln \frac{P_K}{P_E} + \alpha_{KL} \ln \frac{P_L}{P_E} + \lambda_K T \tag{3-21}$$

$$S_L = \alpha_L + \alpha_{LK} \ln \frac{P_K}{P_E} + \alpha_{LL} \ln \frac{P_L}{P_E} + \lambda_L T \tag{3-22}$$

$$S_E = \alpha_E + \alpha_{EK} \ln \frac{P_K}{P_E} + \alpha_{EL} \ln \frac{P_L}{P_E} + \lambda_E T \tag{3-23}$$

因为 $S_K + S_L + S_E \equiv 1$，所以联立方程［式（3-21）～式（3-23）］的自由度为 2，有一个方程是冗余的。给定资本、有效劳动、能源的价格和成本份额，以及技术水平，就可以根据任意两个方程组成的联立方程组估计出所有参数。

在计算两种要素间的替代弹性时，通常采用艾伦偏替代弹性（Allen Partial Elasticity of Substitution，*AES*）。

$$AES_{ij} = \frac{\partial \ln (X_j / X_i)}{\partial \ln (P_i / P_j)} = \frac{CC_{ij}}{C_i C_j} = \begin{cases} (\alpha_{ij} + S_i S_j)/(S_i S_j), & (i \neq j) \\ (\alpha_{ii} - S_i + S_i^2)/(S_i^2), & (i = j) \end{cases} \tag{3-24}$$

其中，C_i 和 C_{ij} 分别为成本对价格的一阶和二阶偏导数。AES_{ij} 替代弹性是对称的，即 $AES_{ij} = AES_{ji}$。如果 $AES_{ij} > 0$，则表示要素 i 和 j 是 *AES* 替代的；如果 $AES_{ij} < 0$，则表示要素 i 和 j 是 *AES* 互补的。除了艾伦偏替代弹性以外，还有莫里西马（Morishima）替代弹性。

在研究要素替代弹性时，成本函数要比生产函数更具优势（Binswanger，1974）：（1）对于生产者而言，要素价格是外生的，而要素投入量是可以决策的；（2）使用生产函数法求替代弹性时需要求解逆矩阵，成本函数法则不需要；（3）使用生产函数时，要素投入量往往有较强的共线性，而成本函数以价格为自变量，一般不会出现严重的共线性问题；（4）生产函数中对要素投入量的线性齐次假设过于严格，而成本函数中对价格的线性齐次假设比较贴近实际；（5）Translog 成本函数还可以很好地处理技术进步的有偏性。Humphrey 和 Moroney（1975）还指出，采用生产函数得到的替代弹性值一般是有偏估计（虽然是一致的），而成本函数得到的替代弹性值是无偏的。此外，采用成本函数比较容易求替代弹性的标准差（廖华，2008）。

除了能源与资本、劳动、原材料等其他生产要素存在替代性以外，各类能源品种之间也存在替代性。其替代弹性的推导与上述类似。

近年来，国际能源价格巨幅波动，但与 20 世纪 70 年代相比，它对宏观经济的负面冲击较小。其主要原因之一在于能源与其他要素间的替代弹性增大了，整个经济系统的自适应能力或者灵活性增强了。要素替代弹性和价格弹性（代数值）上升，表明经济系统的灵活性和自由度增强，能源价格上涨（相对于其他要素）更有助于减少能源消耗。有关中国能源与其他要素替代弹性及其变化的实证研究，详见廖华（2008）。

3.4 能源需求预测建模

3.4.1 能源需求预测概述

能源需求预测是通过能源供需的历史和现状，预测未来的能源需求状况。能源需求预测是能源市场管理的重要组成部分，是能源企业编制企业生产规划，确定投资和进行经营活动的依据，国家能源需求预测是政府制定能源发展战略的基础，其预测结果的好坏直接与国家或地方经济发展息息相关，因此，做好能源需求预测对经济发展和社会稳定有着重要意义。

国内外目前从事能源需求预测的机构非常多。一方面，有很多从事全球能源需求预测的机构，它们会定期发布较大范围内的能源需求预测报告，比较典型的如国际能源署（IEA）、国际能源公司和石油公司（如英国石油公司）等。另一方面，很多国际机构和国内机构以及有关领域的学者也有针对单国进行的大量能源需求预测，主要目标是为各国的政策服务，如美国、日本等国的诸多预测机构。在这些对单国的预测中，对中国能源需求的预测在近些年变得越来越多，这主要是因为中国经济发展所拉动的能源需求不断快速增长，中国的能源需求变化对全球的经济、能源、环境体系都产生越来越重要的影响。

能源需求预测建模方法有很多，如时间序列方法，灰色理论方法、人工神经网络方法，投入产出法等单一模型方法和运用这些模型的组合模型方法。每种方法都有其优点，都有其适用的场合，但同时都有其不足或局限之处，不能简单地说哪个模型好，哪个模型不好。韩君（2008）对此做过比较全面的介绍。

（1）部门分析法。该方法是为了直接预测在一定经济发展速度以及一定技术进步条件下的能源需求量。根据实际情况把国民经济依部门划分，利用能源需求与经济发展速度之间的关系，使用单位产值能源消费量来综合反映各部门能源消费的技术水平和管理水平。模型把国民经济现状作为分析和计算的出发点，直接应用基期年份的产值水平与能源消费量等参数，在对各部门的产值增长速度与单位产值能耗变化率做出假设后，就可预测出各部门能源消费需求量、总能源需求量和增长趋势。部门划分越细，预测的准确率就越高；反之，预测的准确率就越低。

（2）传统时间序列趋势法。从能源消费量的历史统计数据出发，寻找能源消费量序列随时间变动的规律，并利用该规律对未来某时刻的能源需求量进行预测。该方法的基本思想是，能源消费量在将来随时间变化的规律同过去能源消费量随时间变化的规律一致。该方法适用于国家、地区或企业从事短期或中期的能源消费预测。当遇到历史数据起伏较大，或未来趋势可能会出现拐点等变化时，必须同其他预测方法相结合。Dahl 和 Sterner（1990）对 100 多个实证研究进行汇总，发现估计能源需求的最常用模型是以能源需求为被解释变量，以能源价格、能源需求滞后变量和收入为解释变量的模型形式。

（3）能源需求弹性系数法。一个国家和地区的能源需求弹性系数可以宏观地反映本国或本地区国民经济发展与能源需求的统计规律。在某一特定的历史发展阶段，能源需求弹性系数有一个大体上比较稳定的数值范围。根据历史上能源需求与经济增长的统计数据，计算出能源需求弹性系数，然后利用能源需求弹性系数预测今后年份的能源需求量，该预测法的基本思想是，假设一国或地区在未来预测年份的经济发展对能源的依赖程度与过去的经济发展对能源的依赖程度相比无明显的改变。

（4）投入产出法。能源投入产出分析是研究能源部门与整个国民经济的联系。它从国民经济这一有机整体出发，同时从能源生产消耗和分配使用两个侧面来全面反映能源产品在国民经济各部门间的运动过程。它不仅能反映能源产品的价值形成过程，而且能反映能源产品的使用价值运动过程。

（5）BP 人工神经网络模型法。神经网络是一种由若干互连处理单元组成的并行计算系统。前馈神经网络是神经网络体系结构中的一种，它是指一层中的所有权重直接指向下一个网络层的结点，权重不循环回来，而是作为前一层的输入；前馈神经网络通常使用反向传播（back propagation，BP）算法作为训练方法。BP 算法是通过从输出层开始修改权重，然后反向移动到网络的隐层来进行反向学习。

（6）情景分析法。该方法是从未来社会发展的目标情景设想出发，构想未来的能源需求，这种构想可以不局限于目前已有的条件限制，允许人们首先考虑未来希望达成的目标，再来分析达成这一目标所要采取的措施和可行性。

（7）灰色模型法。在控制论中，已知信息的系统被称为白色系统，未知信息的系统被称为黑色系统。若系统中既含有已知，又含有未知或不完全的信息系统，则被称为灰色系统。1982 年，我国学者邓聚龙教授创立了灰色系统理论，开辟了控制论的新的研究方法。概括来讲，灰色系统理论以“部分信息已知，部分信息未知”的“小样本”“贫信息”不确定性系统为研究对象，主要通过对“部分”已知信息的生成、开发来提取有价值的信息，对系统运行行为、演化规律进行正确描述和有效监控（韩君，2008）。

其中，传统时间序列趋势法、灰色模型法、BP 人工神经网络模型法等主要是根据历史数据之间的相互关系和规律，不考虑能源系统的相互作用和平衡规律，直接将历史趋势进行外推的建模方法。这些模型结构简单，使用起来比较方便，但由于这些模型对系统内的机理考虑较少，外推能力有限，比较适合短期预测。与单一模型预测相比，利用组合模型可以将各模型有机结合，综合各模型的优点，从而提供更精确的预测结果。

3.4.2 中长期能源需求预测

下面介绍以多地区投入产出方法结合情景分析法，对中长期能源需求进行预测的建模分析。情景分析的思想有助于全面考察影响能源需求的主要驱动因素（即技术进步、经济增长、人口增加及城市化推进）的各种可能的发展路径，从而把握这些因素发展在时间上的不确定性；多地区投入产出方法通过将预测总体划分为多个预测区域来把握空间上的复杂性。

（1）情景分析。

能源系统是一个复杂巨系统。影响能源需求的主要社会经济因素（如经济、人口、技术等）的变化具有不确定性。在能源需求分析方面，传统的趋势外推的预测方法只能预测当影响因素按过去的轨迹变化时的需求，无法考察过去未发生过的情况，如突发事件下的需求，因此该类预测结果具有片面性。

目前流行的情景分析法与一般的趋势外推的预测方法不同：它并不是要预报未来，而是设想哪些类型的未来是可能的，通过描述在不同的发展路线下各种“可能的未来”，从而可以考虑能源需求的各驱动因素的不确定性（Silberglitt，等，2003）。

（2）基本的投入产出模型。

投入产出模型是列昂惕夫（Leontief）教授于 20 世纪 30 年代末开发的一个分析框架。它的主要内容是编制棋盘式的投入产出表（见表 3-10）和建立相应的线性代数方程体系。

投入产出表展示了各经济部门之间的货币往来及其相互作用关系。表中的各行描述了各部门的产出在整个经济中的分配情况，即销售给生产部门作为中间使用，或者销售给消费者作为最终使用；而表中的各列描述了各部门的生产所需的投入情况，包括作为原材料的各项中间投入，以及劳动力和资本等要素投入（Miller 和 Blair，1985）。

表 3-10 投入产出表的基本结构

投入		中间使用			最终使用	总产出
		部门 1	…	部门 n		
中间投入	部门 1	x_{11}	…	x_{1n}	Y_1	X_1
	⋮	⋮	⋮	⋮	⋮	⋮
	部门 n	x_{n1}	…	x_{nn}	Y_n	X_n
增加值		Z_1	…	Z_n		
总投入		X_1	…	X_n		

模型中的线性代数方程体系同样从数学上描述了部门产出在经济中的分配情况，其矩阵表示形式如式（3-25）所示。

$$X = A \cdot X + Y \tag{3-25}$$

其中，设国民经济有 n 个部门，有：

X 为 n 维向量，其元素 X_i 表示第 i 部门的总产出；

Y 为 n 维向量，其元素 Y_i 表示第 i 部门的最终使用（最终使用包括居民和政府消费、固定资本形成总额、存货增加以及出口）；

A 为 $n \times n$ 维直接消耗系数矩阵，其元素 a_{ij} 表示第 j 个部门生产单位产品对第 i 个部门产品的直接消耗量。A 也被称为技术系数矩阵。a_{ij} 的计算方法如下。

$$a_{ij} = \frac{x_{ij}}{X_j}, (i, j = 1, 2, \ldots, n) \tag{3-26}$$

其中，x_{ij} 表示第 j 个部门对第 i 个部门产品的直接消耗量。

式（3-25）可被改写为：

$$X = (I - A)^{-1} \cdot Y \tag{3-27}$$

其中，

I 表示 $n \times n$ 维单位矩阵；

$(I-A)^{-1}$ 表示完全需求系数矩阵（又称列昂惕夫逆矩阵），其元素 b_{ij}（i，$j=1$，2，…，n）称为完全需求系数，表示第 j 个部门生产单位最终使用产品对第 i 个部门产品的完全需求量。

由式（3-27）可见，投入产出模型是由最终需求驱动的，通过完全需求系数矩阵将最终需求的变化传导到总产出的变化。

如式（3-28）所示，完全需求系数矩阵可分解为 n 个部门生产的单位最终使用矩阵 I、生产单位最终使用产品所产生的直接消耗矩阵 A，以及生产单位最终使用产品所产生的全部间接消耗矩阵 $A^2+A^3+\cdots+A^n$ 三个组成部分，由此可以全面地反映出由对任一部门产品最终需求的变化所直接及间接引起的该部门和其他各部门总产出的变化。

$$(I-A)^{-1}=I+A+A^2+A^3+\cdots+A^n\cdots \tag{3-28}$$

（3）面向多个地区的投入产出模型。

当研究对象为一个以上的地区时，就需要对基本的投入产出模型进行扩展，得到多个地区的投入产出模型。

面向多个地区的投入产出模型包括基本的地区间投入产出模型（inter-regional input-output model，IRIO）及一系列简化模型。最早关于地区间投入产出模型的陈述出现在 Isard 的著作中（Miller 和 Blair，1985）。基本的地区间投入产出模型对统计资料的要求很高，需要有完整的地区间投入产出表。在经济统计体系不够完善的情况下，编制这样的投入产出表需要进行大规模的调查工作，耗费大量人力物力，调查所得数据的可靠性有时也不能保证。目前只有日本和荷兰等极少数国家编制出了完整的地区间投入产出表。

由于数据来源的限制，直接运用基本的地区间投入产出模型是非常困难和复杂的，因而出现了一系列简化模型，主要包括：多地区投入产出模型（multiregional input-output model，MRIO 模型，也称列系数模型）、列昂惕夫模型和 Pool-Approach 模型。其中，MRIO 模型是目前公认的地区间投入产出模型的主流形式，它与其他模型相比，具有资料要求低、精度较高等显著特点（张阿玲，李继峰，2004；刘强，冈本信广，2002）。目前我国的区域间投入产出表也是采用 MRIO 模型方法编制的。因而，本节选择 MRIO 模型作为核心模型。

假设研究对象为 m 个地区，则在 MRIO 模型中，投入产出模型的基本方程［式（3-25）］变为：

$$C\cdot A\cdot X+C\cdot Y=X \tag{3-29}$$

其中，

$$X=\begin{bmatrix}X^1\\X^2\\\vdots\\X^m\end{bmatrix}$$

X^k 为 n 维第 k 个地区的总产出矩阵，其元素 x_i^k 表示第 k 个地区第 i 部门的总产出。

$C\cdot A\cdot X$ 描述了各区域各部门中间投入的来源和中间使用的去向。

$$A=\begin{bmatrix}A^1 & 0 & \cdots & 0\\0 & A^2 & \cdots & 0\\\vdots & \vdots & & \vdots\\0 & 0 & \cdots & A^m\end{bmatrix}$$

A^k 为$n\times n$维第k个地区的技术系数矩阵，其元素a_{ij}^k表示第k个地区第j个部门生产单位产品对第i个部门产品的直接消耗量。

C为区域间贸易系数矩阵，

$$C=\begin{bmatrix} \hat{C}^{11} & \cdots & \hat{C}^{1m} \\ \vdots & & \vdots \\ \hat{C}^{m1} & \cdots & \hat{C}^{mm} \end{bmatrix}$$

其中，

$$\hat{C}^{kl}=\begin{bmatrix} c_1^{kl} & 0 & \cdots & 0 \\ 0 & c_2^{kl} & \cdots & 0 \\ \vdots & \vdots & & \vdots \\ 0 & 0 & \cdots & c_n^{kl} \end{bmatrix}$$

c_i^{kl} 为第l个地区使用的所有第i个部门产品中来自第k个地区的比例。

$$Y=\begin{bmatrix} Y^1 & & \\ & \ddots & \\ & & Y^m \end{bmatrix}$$

Y^k 为n维第k个地区的最终使用矩阵，其元素 y_i^k 表示第k个地区对第i个部门产品的最终需求量。

（4）能源需求模型。

本小节介绍如何基于上述MRIO模型预测未来的能源需求。需要说明的是，这里预测能源需求时只考虑一次能源需求，二次能源“由于部门间相互的需求结构已经自动被考虑了”（Cruz，2002）。

1）能源需求量。

首先计算一次化石能源，即煤炭、原油和天然气的需求量，如式（3-30）所示：

$$Q^{Fossil}=Q^{Produce}+Q^{Resident} \tag{3-30}$$

其中，

Q^{Fossil} 为3×1维矩阵，表示一次化石能源需求总量，其元素 Q_j^{Fossil} 表示对第j种化石能源（煤炭、原油、天然气）的需求量。

$Q^{Produce}$ 为3×1维矩阵，表示生产过程中的一次化石能源需求量，其元素 $Q_j^{Produce}$ 表示生产过程对第j种化石能源的需求总量。

$Q^{Resident}$ 为3×1维矩阵，表示居民生活中的一次化石能源需求量，其元素 $Q_j^{Resident}$ 表示居民生活对第j种化石能源的需求总量。

$Q^{Produce}$ 和 $Q^{Resident}$ 的求法分别如式（3-31）和式（3-32）所示：

$$Q^{Produce}=\sum_k^m Q^{Produce,k}=\sum_k^m\sum_i^n\sum_j^3 g_{i,j}^k\cdot x_i^k \tag{3-31}$$

其中，

$Q^{Produce,k}$为第 k 个地区的生产活动对一次化石能源的需求总量；

$g_{i,j}^{k}$为第 k 个地区第 i 部门单位产出对第 j 种能源的需求量（实物量）。

$$Q^{Resident}=\sum_{k}^{m}Q^{Resident,k}=\sum_{k}^{m}\sum_{j}^{3}\left[h_{Urban,j}^{k}\cdot\eta^{k}\cdot P^{k}+h_{Rural,j}^{k}\cdot(1-\eta^{k})\cdot P^{k}\right]\quad(3-32)$$

其中，

$Q^{Resident,k}$为第 k 个地区的居民生活对一次化石能源的需求总量；

$h_{Urban,j}^{k}$为第 k 个地区城镇居民对第 j 种能源的人均生活用能需求量；

$h_{Rural,j}^{k}$为第 k 个地区农村居民对第 j 种能源的人均生活用能需求量；

P^{k} 为第 k 个地区的人口数；

η^{k} 为第 k 个地区的城市化率，即城镇人口占地区总人口数的比例。

设 β 为化石能源占一次能源的比重，则一次能源需求量 Q^{Total} 为：

$$Q^{Total}=\frac{\sum_{i=1}^{3}Q_{i}^{Fossil}}{\beta}\quad(3-33)$$

2）能源强度。

由能源强度的定义可得到其计算方法如下所示：

$$D_{Q}=\frac{Q^{Total}}{\text{GDP}}=\frac{Q^{Total}}{\sum_{j=1}^{n}Z_{j}}\quad(3-34)$$

其中，

D_{Q} 为能源强度；

Z_{j} 为第 j 个部门的增加值。

（5）将驱动因素的影响引入模型。

由式（3-30）～式（3-34）可知，为了预测未来的能源需求量，首先需要获得未来的最终需求、技术系数矩阵以及能源效率进步矩阵。获取这些变量的过程也就是将各主要驱动因素的变化引入模型的过程。

以下统一用上标“f”表示终端年份 f 的变量，用上标“c”表示基年的变量。同时为了简单起见，以下计算过程中省略了描述区域的上标“k”。

1）终端年份 f 的最终需求 Y^{f}。

对终端年份的最终需求 Y^{f} 的计算包括以下 3 个步骤。

①计算终端年份的居民人均消费量。终端年份的居民人均消费量的变化可通过收入弹性系数求出（Hubacek 和 Sun，2001）。收入弹性系数度量的是收入每变化一个百分点时，居民对各种商品需求量的变化，见式（3-35）。

$$\varepsilon=\frac{\dfrac{K^{f}-K^{c}}{K^{c}}}{\dfrac{L^{f}-L^{c}}{L^{c}}}\quad(3-35)$$

其中，

ε 为收入弹性系数；

K^f 为终端年份 f 的居民人均消费量；

K^c 为基年 c 的居民人均消费量；

L^f 为终端年份 f 的居民人均收入；

L^c 为基年 c 的居民人均收入。

改写式（3-35），就可得到终端年份的居民人均消费量，如式（3-36）所示：

$$K^f=\left(1+\varepsilon\cdot\frac{L^f-L^c}{L^c}\right)\cdot K^c \tag{3-36}$$

按类似的方法可获得 K^f_{Urban} 和 K^f_{Rural}。其中，K^f_{Urban} 为终端年份 f 的城市居民人均消费量；K^f_{Rural} 为终端年份 f 的农村居民人均消费量。

②计算终端年份的居民消费总量。居民消费总量可通过将人均消费量和人口总数相乘得到。由于城市与农村在消费模式、生活水平上的差异较大，因而这里将两者的居民消费总量分别计算。

$$T^f=T^f_{Urban}+T^f_{Rural}=K^f_{Urban}\cdot P^f\cdot\eta^f+K^f_{Rural}\cdot P^f\cdot(1-\eta^f) \tag{3-37}$$

其中，

T^f 为终端年份 f 的居民消费总量；

T^f_{Urban} 为终端年份 f 的城镇居民消费总量；

T^f_{Rural} 为终端年份 f 的农村居民消费总量；

P^f 为终端年份 f 的人口数；

η^f 为终端年份 f 的城市化率。

③估计终端年份的最终需求。终端年份的最终需求 Y^f 利用相应年份的居民消费总量的结果估计得到：

$$Y^f=\frac{T^f}{\theta^f} \tag{3-38}$$

其中，θ^f 为居民消费总额占最终使用的比例。

2）终端年份 f 的直接消耗系数矩阵 A^f。

终端年份的直接消耗系数矩阵运用 RAS 法（Miller 和 Blair，1985）确定。

RAS 法是在更新投入产出系数矩阵中普遍使用的一种工具，它旨在通过所研究年份的三组数据获取该年份的 $n\times n$ 个技术系数。这三组数据所需的信息为：

①终端年份第 i 部门的总产出 X^f_i。

②终端年份第 i 部门的中间使用合计 U^f_i，它等于 $\sum_{j=1}^{n}x_{ij}$，也等于该部门的总产出 X^f_i 减去部门的最终需求 Y^f_i。

③终端年份第 i 部门的中间投入合计 V^f_i，它等于 $\sum_{i=1}^{n}x_{ij}$，也等于 X^f_i 减去部门增加值 Z^f_i。

RAS 法的基本目的是：根据技术变化的代用假定和制造假定，利用 X_i^f、U_i^f、V_i^f 等控制数据，找出一套行乘数（$\hat{R}$）和一套列乘数（$\hat{S}$），分别用于调整基年直接消耗系数矩阵 A^c 各行和各列元素。这两套乘数可以通过图 3-2 所示的 RAS 迭代算法获得。获得两套乘数之后，利用式（3-39）可得到未来的直接消耗系数矩阵：

$$A^f = \hat{R} \cdot A^c \cdot \hat{S} \tag{3-39}$$

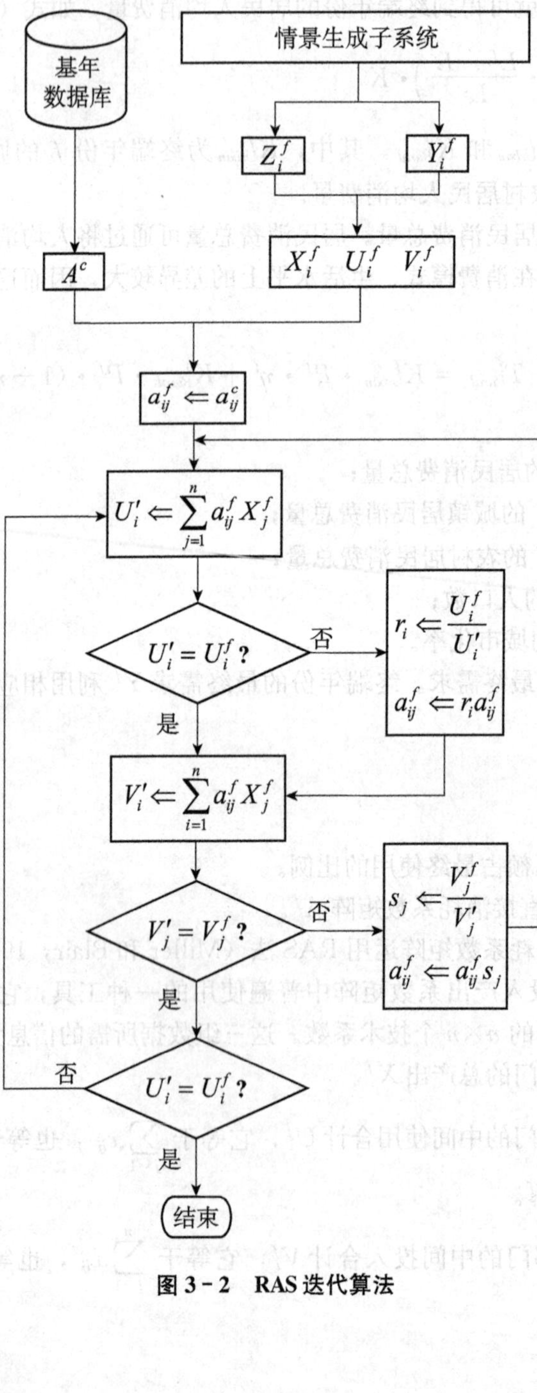

图 3-2　RAS 迭代算法

3）G^f 和 H^f。

终端年份的单位产出能耗矩阵 G^f 和人均生活能耗矩阵 H^f 通过对基年相应的能耗系数调整得到：根据相应的能源规划可以设定能源效率进步情景，假设 $3\times(n+1)$ 维矩阵 O 为技术进步矩阵，其元素 $O_{ij}(1\leqslant j\leqslant n)$ 表示第 j 个部门单位产出对第 i 种能源的耗用量的年变化率，$O_{i,n+1}$ 为与第 i 种能源的人均生活耗用量的年变化率，则有

$$g_{i,j}^f=g_{i,j}^c\cdot(1+O_{i,j})^{f-c} \tag{3-40}$$

$$h_i^f=h_i^c\cdot(1+O_{i,n+1})^{f-c} \tag{3-41}$$

需要注意的是，由于假设了各种投入品之间不可相互替代，以及没有引入能源相对价格变化的影响，因此这里没有考虑能源利用效率提高过程中潜在的回弹效应。

3.4.3　能源需求预测模型的应用

（1）相关软件的开发。

运用 Visual Basic 6.0，梁巧梅（2007）开发了基于上述模型的用于预测中国中长期能源需求量、能源强度的软件系统，并将其命名为 CEDAS 1.0。

1）主要模块的特点。

如图 3－3 所示，CEDAS 软件系统由以下四部分组成。

①数据库及数据库管理子系统：对基年数据、各影响因素情景以及模型结果进行输入、存储、查询等维护和管理工作。

②用户界面：提供图形化的用户界面，使用户能方便地输入参数及查询结果。

③情景设置子系统：将各要素情景进行组合，形成综合情景。

④模型库子系统：利用能源需求模型分析各综合情景下终端年份的各项能源需求指标。

上述系统将能输出以下结果：按区域、部门或燃料分类的能源需求量；按区域或部门分类的能源强度。

2）数据库及数据库管理子系统。

①数据库。上述系统所用到的数据库由基年数据库、要素情景数据库和结果数据库组成。

基年数据库包括基年的投入产出表、社会经济数据以及技术数据。

要素情景数据库包括经济数据库、人口数据库、城市化情景库和技术情景库。各要素情景数据库的数据来源于政府及各权威机构的预测。

a. 经济数据库存储各阶段的 GDP 增长率、人均收入增长速度、收入弹性系数、产业结构变化等数据信息。

b. 人口数据库存储历年人口总数。

c. 城市化情景库存储历年城市化率。

d. 技术情景库存储单位产出能源消耗变化率、人均生活用能耗用量变化率等数据信息。

结果数据库用于分情景存储能源需求量以及其他结果。

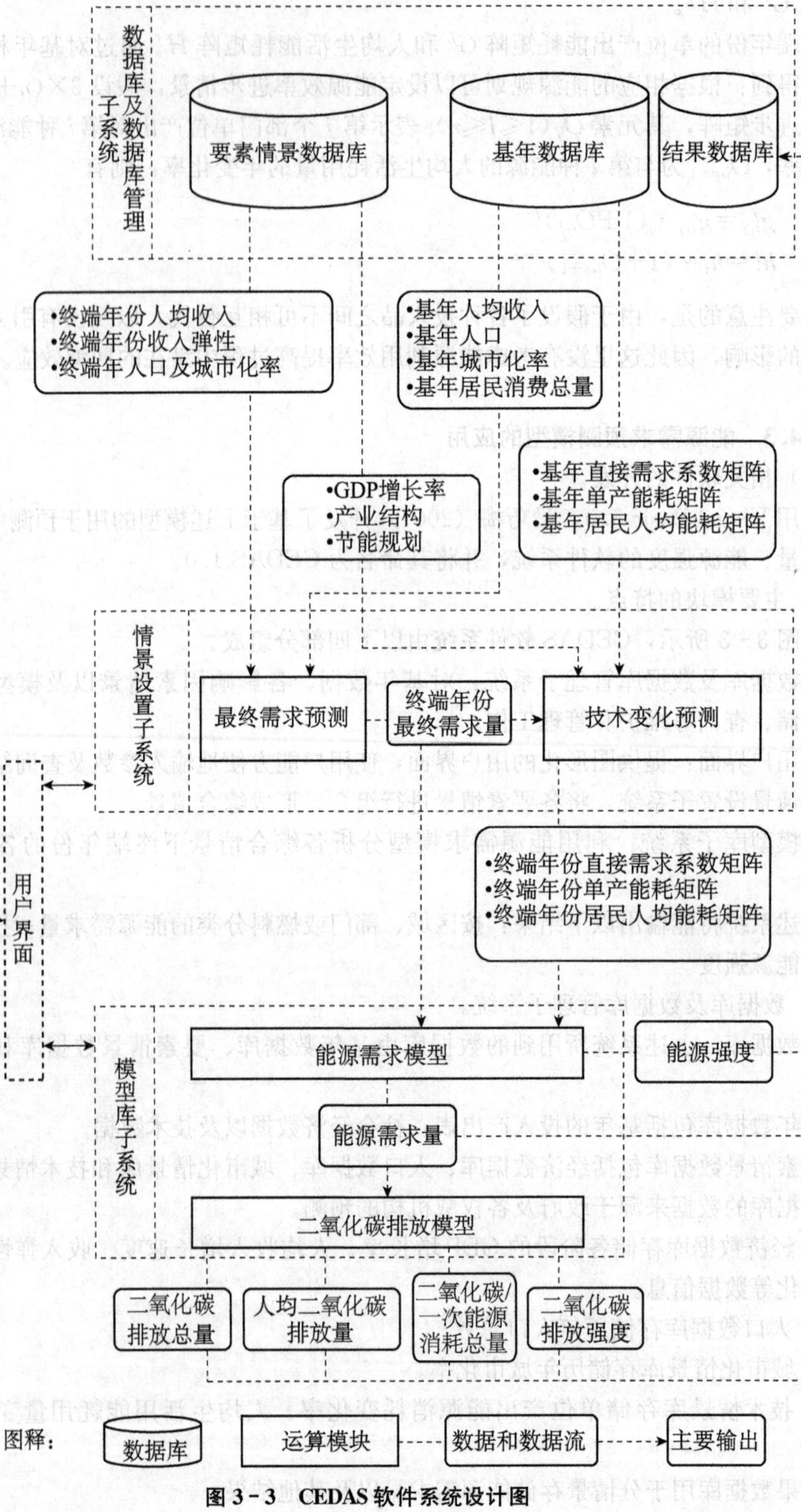

图 3－3　CEDAS 软件系统设计图

②数据库管理子系统。数据库管理子系统为用户提供对要素情景数据库和结果数据库进行添加、修改和显示的功能。

对要素情景数据库而言，用户可以在使用过程中实时添加自定义情景。但如不是通过管理员权限来确定添加，这些自定义情景在系统关闭时则会被数据库管理子系统自动删除，以维护系统的有效性和一致性。

对于结果数据库而言，用户可以通过数据库管理子系统对结果数据进行生成报表及打印等操作。

3）软件描述。

如图 3-4 所示，该软件的主界面分为左右两栏。主界面右栏为欢迎界面，在此界面上显示了用户的登录信息，若以管理员身份登录，界面上将显示登录用户的名称和用户的权限。欢迎界面下方是管理员快速登录入口。

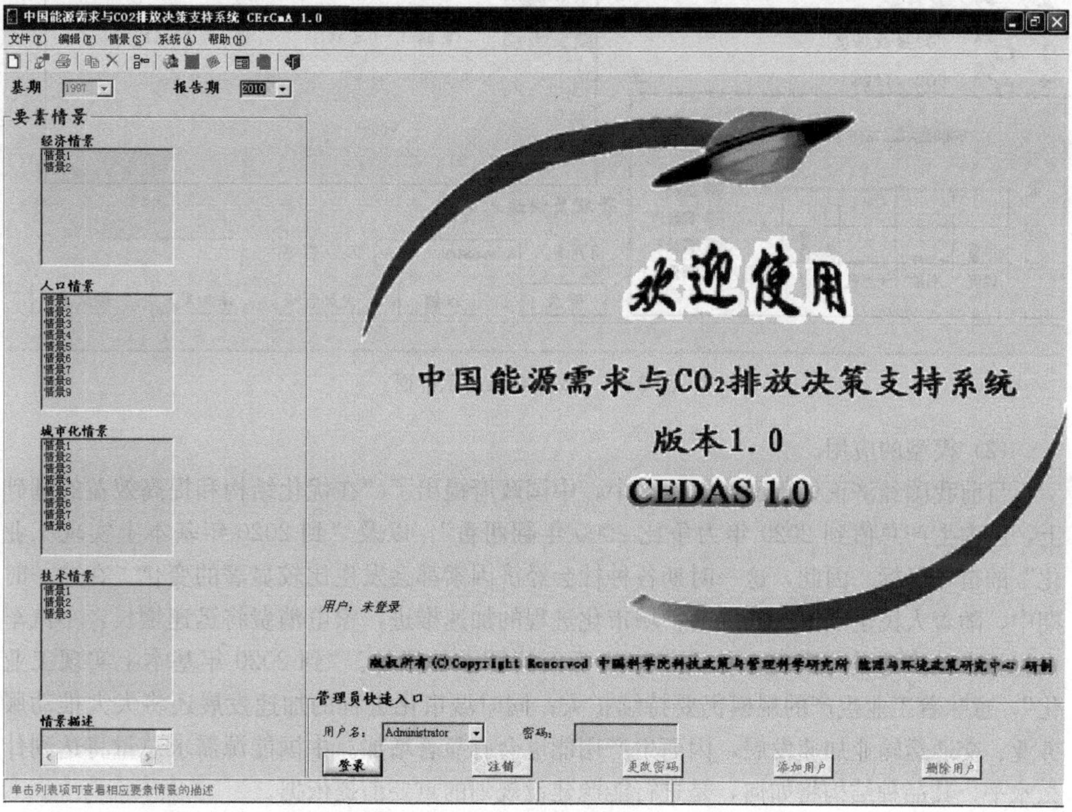

图 3-4 软件主界面

主界面左栏为各影响要素的情景库，单击情景库中各项目名称可查看该项目的数值及来源。用户设定好各要素情景后，点击工具栏上的“情景生成”按钮，就可以得到组合好的综合情景并在界面右方展示出来。当所有要考察的情景都生成后，点击工具栏上的“情景分析”按钮，就可以得到相应的分析结果，这些结果自动地以图表形式展示以方便用户直接利用，如图 3-5 所示。

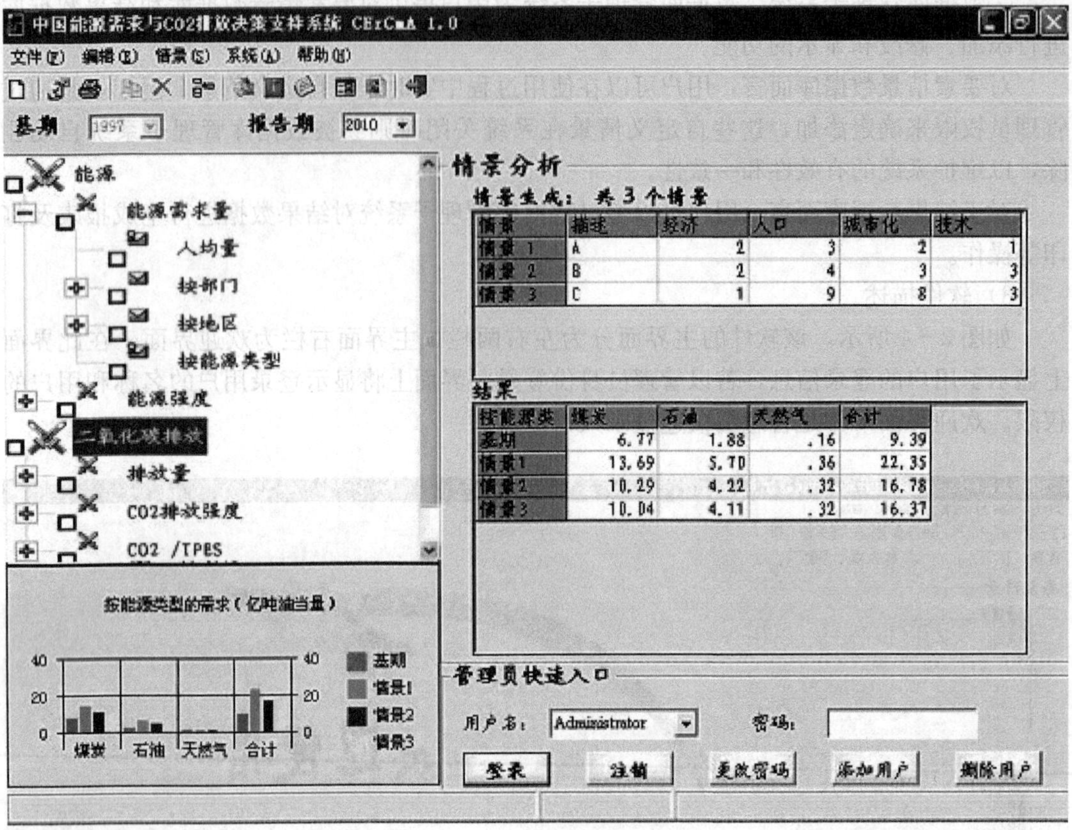

图 3-5 软件结果展示界面

（2）模型的应用。

目前我国经济正处于迅速发展之中，中国政府提出了“在优化结构和提高效益的基础上，国内生产总值到2020年力争比2000年翻两番”，以及“到2020年基本上实现工业化”的奋斗目标。因此，这一时期各种社会经济因素都会发生比较显著的变化。在这一时期中，随着人民生活水平的提高，城市化进程的加速推进，家电消费将迅速增长，小汽车也将越来越多地进入家庭，从而带来生活用能需求的增加。“到2020年基本上实现工业化”，意味着工业生产的规模仍要持续扩大；同时城市化进程的加速发展还将大大推动服务业、交通运输业加速发展，因而生产用能也会有显著增加。中国能源需求总量将达到什么水平，其品种结构将如何，是进行能源建设规划的重要前提依据。

我国幅员辽阔，各地区在自然地理条件、经济、人口、产业结构等方面都不尽相同，尤其是东部发达地区与中西部地区的社会经济发展水平之间存在着显著差异，从而使得这些地区的能源依赖程度、能源需求结构也存在着较大差异。为了促进各地区能源建设与经济建设的协调发展，避免仅考虑全国平均发展水平所带来的决策的片面性，有必要在预测全国能源需求的同时（Wei，等，2006），对地区水平的能源需求进行预测，以利于因地制宜地进行地区能源发展规划，也利于从国家层面上协调各地区的资源优势。

基于上述原因，目前国内的能源研究领域非常有必要建立我国自己的能源需求预测模型，以加强我国在能源需求方面的话语权，更好地为国家的相关政策服务。上述能源需求预测模型正好可以满足我国对不同经济发展情景、不同地区能源需求的中长期预测，为全面建设小康社会及实现可持续发展提供决策支持。有兴趣的读者请阅读文献（梁巧梅，2007）。

(3) 模型改进设想。

能源需求预测是一项非常复杂的工程，无论考虑得多么周密、细致，仍然会存在很多欠缺，因此在实际工作中，对能源需求的预测，尤其是中长期预测是一个动态调整的过程，这种调整既包括对预测方法的修正，也包括对问题或情景的描述等。比如上述预测模型在实际运用过程中，可根据需要和可能就以下三方面工作进行完善与改进。

1) 改进对直接消耗系数矩阵的调整方法。

到目前为止，动态投入产出模型的理论尚不成熟，仍在发展之中，因此上述研究选用了比较经典的静态投入产出模型。然而，一个完全静态的方法无法描述结构上的变化。为了解决这一问题，相关研究中运用 RAS 法对基年的直接消耗系数矩阵 A^c 进行了调整，以模拟在所研究的时间范围中部门间投入产出结构的可能变化。

然而，RAS 法也存在着一些缺陷，最主要的一个缺陷就是它的经济假设：替代效应和制造效应的部门一致性在很多情况下并不能满足。一种改进 RAS 法的方法是将其与对直接消耗系数矩阵中关键系数的个案研究结合。目前，这种改进方法已受到了很多关注。因此，进一步的工作可通过追踪该改进方法，以及其他可能的更有效的调整措施，来提高现有模型的精度。

2) 改进对技术情景的描述。

由于数据来源及方法等的限制，上述模型中的技术因素只考虑了能源利用效率的变化情景，没有考虑能源替代技术的影响。对于面向中长期的研究而言，这种设置方法有可能会在一定程度上削弱技术情景的合理性，从而限制了技术影响相关研究的深度。将来的研究可在引入能源替代技术、引入回弹效应系数等方面对技术情景的描述进行改进。

3) 引入对非商业能源的描述。

对于非商业能源，现有投入产出表或其他能源统计资料中的相关统计数据存在不足。另外，目前的能源政策主要关注商业能源，例如原油进口、电力部门能源效率等问题，因此在上述模型中只讨论了商业能源。

然而，这部分能源在包括中国在内的大多数发展中国家中仍将发挥着重要的作用。因此在未来的工作中很有必要进行这方面的相关研究，在数据可获得的基础上设法在现有模型中引入对非商业能源的描述。

本章小结

能源是人类社会发展和经济增长最基本的驱动力，是人类赖以生存的基础。能源需求是构成能源市场活动的一个重要方面，对能源资源配置、市场效率具有重要作用。

能源需求存在总量和结构之分。一国的能源需求总量由终端能源需求量、能源加工转换损失量和能源损失量三部分构成。世界一次能源需求以化石能源为主，结构已实现从煤炭向油气的转换，中国是为数很少的几个以煤为主的国家。经济增长、社会发展、产业结构、部门能源强度、能源价格以及能源技术与管理是决定一国能源需求总量和结构的主要因素。

由于能源产品的基础性，能源主要是作为生产投入中的一种基本要素，其对价格的相对变化反应不大，即能源需求价格弹性较小。短期内由于耗能设备技术等方面的制约，能源投入难以随价格波动迅速做出调整，因此短期能源需求价格弹性更小。

能源与其他要素的替代性研究，是现代能源经济研究与能源行业技术经济分析的一个重要区别。在传统的能源经济研究中，往往隐含着能源与其他要素不可替代及各类能源之间可完全替代的假设。本章从全要素生产率核算的视角介绍了要素替代与能源需求的关系、能源与其他要素替代弹性的计算方法。需要指出的是，对不同的国家和地区、不同的经济发展阶段、不同的经济体制及不同的行业，得到的结果可能会有所不同，技术进步有偏性也可能不同，更需要关注的是要素替代弹性的变化趋势。此外，在一些能源类期刊中，部分文献研究能源与其他要素的替代弹性时，在生产函数（或成本函数）中既把能源当作投入，也把能源当作产出，没有对二者进行区分，混淆了总产出（总产值）与增加值的区别。绝大部分相关文献忽视了劳动质量的变化，即忽视了不同时期下劳动的异质性（直接采用劳动人口数），而这对研究结果和结论将有重要影响。能源需求价格弹性（能源价格对能源需求的影响）是能源经济研究中的一个重要问题，也是能源政策制定与权衡的重要依据。大多数文献采用时间序列分析方法研究能源价格弹性，没有考虑到能源与其他要素的替代性，以及各类能源之间的替代性。

能源需求预测是各国制定能源发展战略的重要组成部分，对保障能源需求具有重要意义。能源需求预测方法有很多，有基于单一方法的预测模型，有基于若干方法的组合模型。其中，基于能源需求历史数据趋势外推的方法使用方便，比较适合短期预测；而组合预测模型比较适合对能源需求的中长期预测。投入产出法与情景分析法相结合的能源需求预测组合模型的基本原理是：首先将能源需求的主要驱动因素设置为技术、经济、人口及城市化水平；然后围绕这些因素构建代表未来不同技术、经济发展路径的情景；最后具体到各情景，运用多地区投入产出模型计算得到各终端年份的预测总体及各组成部分的能源需求量。该模型可用于中国未来全国和各经济区域水平上的能源需求情景分析，从而为国家及各区域的能源规划建设和相关能源环境政策改革等提供决策支持。

思考题

1. 世界能源史上发生过几次大的需求结构调整？其主要推动因素是什么？
2. 能源需求主要受哪些因素影响？这些因素如何影响能源需求？
3. 长期能源需求收入弹性与短期能源需求收入弹性有什么区别？
4. 什么是能源强度？能源强度与能源需求弹性有什么关系？
5. 能源需求预测的主要作用是什么？主要有哪些预测方法？各自的优缺点如何？
6. 我国当前的能源需求有什么特点？未来可能的发展趋势如何？
7. 如何测算能源与其他要素的替代弹性？

8. 能源与其他要素是否存在互补的情况（即能源弹性小于零）？若存在，举例说明。
9. 在开展能源需求总量预测时，通常要考虑能源替代的影响，为什么？

拓展阅读

从未来看，中国绝不会对世界能源安全造成威胁

中国是一个发展中国家，正处于实现工业化和推进现代化的历史时期。客观地讲，随着经济规模进一步扩大，工业化、城镇化进程加快，居民消费结构升级，中国能源需求会持续增加。国际经验也表明，就某一国家的能源消费而言，其消耗数量曲线呈倒U形，目前中国能源消费正处于倒U形的爬坡阶段。但是，我们有信心、有能力继续依靠自身的努力，主要通过增加国内供给和大力节能来解决能源问题。

我们国内能源供给的潜力仍然很大。中国在可预见的未来，煤炭在能源结构中的比重会有所下降，但其主体地位不会改变。煤炭储量丰富，地质理论资源量为5万多亿吨，保有储量为1万多亿吨，探明可采储量还有1 145亿吨，可开采上百年。石油还有一定潜力。根据《全国油气资源动态评价》，我国石油可采资源量为212亿吨，探明剩余可采储量为25亿吨，平均探明率为33%，处于勘探中期阶段。随着技术进步，增加产量仍有潜力。天然气储量产量有望快速增长，可采资源量为22万亿立方米，截至2005年年底，已探明可采储量为3.5万亿立方米，平均探明率为15.9%，尚处于勘探早期阶段，开发潜力大。非常规油气资源比较丰富。2005年，全国煤层气资源评价结果显示，埋深小于2 000米的煤层气资源量约为37万亿立方米，可采资源总量近11万亿立方米。作为常规油气资源补充的油页岩、油砂和沥青等也相当丰富。另据专家推测，我国东海地区和南海地区等海域蕴藏天然气水合物资源，也是未来可加以利用的能源资源。水电、风电、太阳能加快发展大有可为。全国经济可开发水电资源约为4亿千瓦，目前只开发了1/4；可开发利用的风能约为10亿千瓦，目前只开发了0.13%；太阳能开发利用潜力巨大，2/3的国土面积年日照时间在2 200小时以上。生物质能源前景广阔。我国每年生产农作物秸秆资源量约为7亿吨，其中可用于新能源开发利用的相当于1.5亿吨标准煤，林业剩余物资源量约为2亿吨标准煤，油料植物和能源作物潜在种植面积可满足年产5 000万吨生物液体燃料的原料需求。今后，我们将继续按照立足国内、多元发展的基本方略，加快能源工业发展，增强国内能源供给能力；有序发展煤炭，高效清洁地开发利用煤炭资源，加快大型煤炭基地和安全高效矿井建设，发展煤炭气化、液化，鼓励瓦斯抽采利用，促进煤层气产业化发展；积极发展电力，以大型高效环保机组为重点优化发展火电，有序发展水电，适度发展天然气发电，积极推进核电建设；加快发展石油、天然气，加大勘探力度，重点开拓海域、主要油气盆地和陆地油气新区，开展油页岩、油砂、天然气水合物等非常规油气资源调查勘探；积极实施燃油替代；大力发展新能源和可再生能源，加快开发风能，大力开发生物质能，积极开发利用太阳能、地热能和海洋能，到2020年，使可再生能源在能源生产结构中的比重从目前的7%左右提高到16%左右。

更为重要的是，我国节能降耗潜力很大。这些年，我国节能提效工作取得了积极成效，一些行业的能耗持续下降。但与世界先进水平相比，我国能源利用效率仍然较低。比

如，我国水泥行业综合能耗高出1/5，钢铁行业大中型企业吨钢可比能耗高出1/6，电力行业火电供电煤耗高出1/5。能源效率低既是我国能源发展中的突出问题，也是节约能源的潜力所在。从宏观层面看，经济结构调整、增长方式转变，将会极大地减少能源消耗。目前我国的经济增长过于依赖第二产业，低能耗的第三产业发展滞后、比重偏低。按照有关方面的测算，如果我国第三产业增加值比重提高一个百分点，第二产业中工业增加值比重相应地降低一个百分点，那么每年能源消费总量可减少约2 500万吨标准煤，相当于万元GDP能耗降低约1个百分点。如果高技术产业增加值比重提高一个百分点，而冶金、建材、化工等高耗能行业比重相应地下降一个百分点，那么每年能源消费总量可减少近2 800万吨标准煤，相当于万元GDP能耗降低1.3个百分点。从微观层面看，企业用能、居民消费都还有很大的节约潜力。就企业而言，通过技术改造和完善管理等措施，仅燃煤锅炉一项的节约潜力就有7 000万吨标准煤。再如照明节能，我国是全球第一大节能灯生产国，2005年产量达到17.6亿只，占世界总产量的90%左右，但国内使用的比例并不高，出口量占到生产总量的70%以上。如果把现有普通白炽灯全部更换成节能灯，全国一年可节电600多亿度。这样的例子还有很多。只要我们真正重视起来，节能降耗的路子是有很多的，潜力也是很大的。我们将把节能摆在更加突出的战略位置，作为解决国内能源问题的根本出路，采取综合的、更加有力的措施，进一步强化节能工作。要通过调整结构节能，通过技术进步节能，通过加强管理节能，通过深化改革节能，通过强化法治节能，通过动员全民节能，实现2010年单位GDP能源消耗比2005年降低20%左右的目标，努力把我国建设成为节约型社会。

中国在坚持立足国内解决能源问题的同时，将继续适度进口一部分石油资源作为我国能源的必要补充，但不会因此对世界能源安全构成威胁。随着经济全球化的深入发展，能源问题已经不是一个国家、一个地区的问题，而是全球性问题。绝大多数国家都不可能离开国际合作而获得能源安全保障，需要互通有无，加强合作。全球石油安全的关键，不在于今后一个时期中国和其他国家的石油消费会不会增长，而在于世界石油市场总供给和总需求的格局会有什么样的变化，在于人类是否能够通过开发替代石油和新能源来满足对能源的需求。据美国能源部能源信息署测算，2020年，全球石油需求将达到52亿吨，比2005年增加13.4亿吨，而同期石油供给能力将达到53.8亿吨，增加14.8亿吨，世界石油市场供略大于求的格局不会改变。在此期间，中国石油进口虽然有所增长，但由于人均进口量依然相对较少，且进口规模的增加又是一个渐进的过程，国际市场完全有能力消化。据测算，到2020年，中国的人均石油进口量不会超过0.2吨，仍低于目前世界人均石油进口0.4吨的水平，更低于发达国家的水平。即使随着石油资源递减，到2020年之后的某一时期，国际石油市场供求格局发生变化，这也将只会是一个渐进的过程，人类不会坐以待毙。自从20世纪70—80年代两次石油危机之后，特别是进入21世纪后，国际市场受到石油价格暴涨的冲击，国际社会加强了替代能源和新能源的研究开发，并取得了积极进展。随着科学技术的进步，煤制油、生物质燃料油，以及水能、核能、风能、太阳能、氢能等都会有令人振奋的发展，人类将满怀信心地迎接后化石能源时代的到来。

资料来源：马凯．驳“中国能源威胁论”．求是，2006-11-03.

拓展阅读

要素替代弹性实证研究及其争议

自从 Hudson 和 Jorgenson（1974），Berndt 和 Wood（1975）应用 Translog 成本函数研究能源（*E*）、资本（*K*）、劳动（*L*）、原材料（*M*）替代弹性以来，出现了大量的实证研究，具体的研究方法、数据来源与处理方式、研究结论也不尽相同。Berndt 和 Wood（1975）的研究发现，1947—1971 年美国制造业的资本与能源是互补关系（即替代弹性小于零），劳动与能源是替代关系，如果提高能源价格，则有利于减少能源和投资需求、增加就业。而 Griffin 和 Gregory（1976）根据 9 个工业化国家（含美国）的数据研究发现资本、劳动、能源之间均是替代关系，由此引发了涉及替代弹性测度方法、数据选取（截面或时序）、估计方法等方面的争议和讨论（Berndt 和 Wood，1979；1981；Griffin，1981；Hisnanick 和 Kyer，1995；Olson 和 Jonish，1985；Pindyck，1979；Solow，1987）。替代弹性也不是一成不变的，Debertin 等（1990）的研究表明，1970—1979 年美国农业部门 *K-E* 的替代弹性有增大的趋势，由 20 世纪 50 年代的互补变为 20 世纪 70 年代的替代。

20 世纪 90 年代以来，越来越多的能源与其他要素替代弹性研究针对美国以外的其他国家。Cho 等（2004）分别从动态和静态的角度研究了韩国的情况，发现要素间的替代/互补关系在 1989 年前后有明显的变化，能源的短期价格弹性为正。Welsch 和 Ochsen（2005）考虑了技术进步因素，发现资本与能源是互补的，技术进步有偏，且是能源节约型的，对外贸易则是能源消耗型的。此外，还有对加拿大（Jaccard 和 Bataille，2000），韩国（Cho 等，2004），意大利、葡萄牙、西班牙（Medina 和 Vega-Cervera，2001）等其他国家的研究。Roy 等（2006）用面板数据联合计算了美国和几个发展中大国的替代弹性，结果显示弹性值要普遍小于采用各国单独数据的回归结果。大多数研究采用宏观统计数据，鉴于这些数据可能造成的核算误差，Woodland（1993）采用微观企业调研数据进行了研究。受数据获取、经济体制等条件的约束，目前对于发展中国家和地区能源、资本、劳动替代弹性的实证研究相对较少。Burki 和 Khan（2004），Christopoulos 和 Tsionas（2002），Roy 等（1999），Saicheua（1987），Shankar 等（2003）分别对泰国、印度、匈牙利、巴基斯坦、希腊做了研究。

在替代弹性理论探讨方面，Frondel 和 Schmidt（2004；2001；2002）研究发现，*K-L-E-M* 的替代弹性受到要素成本份额绝对值的影响，并认为替代弹性指标值的意义不大。Apostolakis（1990）、Chung（1987）、Frondel（2004）对各国 *K-L-E* 替代弹性实证研究结果做了比较，大部分研究结论认为 *K-L* 是替代的，但对于 *K-E*、*L-E* 是替代关系还是互补关系，则存在较多争议。早期的研究文献大多假设技术进步是希克斯中性的，且只估算艾伦（Allen）偏替代弹性。

不同学者的研究结论不尽相同，但绝大多数采用了参数计量模型，Serletis 等（2008）首次采用半参数计量方法中的傅立叶模型和渐进理想模型来计算各类能源替代弹性。Koetse 等（2008）对 34 篇文献所计算的 317 个交叉价格弹性和 314 个莫里西马（Morishima）替代弹性结果进行了回归分析，发现这些结果差异大部分可以被模型设定、技术进步有偏性、规模报酬、基础数据、投入要素选取、时期、地区等因素解释。

我们认为，对于不同的国家和地区、不同的经济发展阶段、不同的经济体制、不同的行业，得到的结果可能会有所不同，技术进步有偏性也可能不同，更需要关注的是要素替代弹性、价格弹性的变化趋势。

资料来源：廖华．能源效率的计量经济模型及其应用研究．北京：中国科学院研究生院博士学位论文，2008.

第 4 章 能源效率

能源效率与节能是能源经济学的一项重要内容。能源效率问题不仅是科学技术问题，而且是经济、社会、环境和发展问题，是高度复杂性、综合性和系统性的能源经济问题。我国正处在工业化、城镇化的快速发展进程中，人均能源资源储量相对不足，能源消耗规模巨大、增速较高且不确定性较多，能源开发和利用造成的环境污染和二氧化碳排放问题日益突出。在保持经济快速发展、居民生活质量不断提升的条件下，大幅改善能源效率、减缓能源需求增速是我国当前和未来能源发展中一个极端重要的努力方向。

本章主要介绍以下内容：

(1) 能源效率的内涵是什么？

(2) 在测度能源效率时需要注意什么？

(3) 能源效率有哪些测度指标？其理论基础或假设条件及适用范围是什么？

(4) 如何对能源宏观效率进行分解？

4.1 能源效率的内涵

效率通常是指产出量与投入量的比值。世界能源理事会（WEC，2006）认为，能源效率是能源的服务产出量与能源使用量（或投入量）的比值。在实际工作中，有时采用相对效率概念，对评价对象之间进行横向比较，或者将评价对象自身进行历史比较；有时也采用目标能源消费量与实际能源消费量的比值，该比值越接近于1，则表明效率越大。改善能源效率就是要以尽可能少的能源投入来获得尽可能多的服务产出量。目前各界对能源效率概念的认识基本上是一致的。但是，能源效率的内涵仍然是值得深入讨论的问题。

能源效率不是一个孤立的度量结果，它与经济、社会、环境、技术等密切相关。有时简单地把"减少能源消耗"或"降低单位产出能耗"作为追求目标，可能导致从静态和局部上看，能源消耗减少了，而从长远、全局或系统的角度看，能源效率并未得到实质性改善，还可能造成经济社会其他方面的损失，出现"得不偿失"的局面。由于对能源效率内涵的理解和认识不一致，导致了"回弹效应""杰文斯悖论"等一系列讨论和争议，有关这方面的论文发表在《科学》(*Science*)等著名期刊上（Cherfas，1991；Madlener 和 Alcott，2009；Sorrellet，等，2004）。

能源是一种必需的生产资料和生活资料，也是一种战略物资，化石能源还是不可再生的；能源开发和利用可能带来环境污染、生态破坏、气候变化等公共问题。因此，需要从不同层次分别依据成本或利润原则、支出或效用原则、供应保障原则、可持续利用原则等来看待能源效率。能源效率的内涵在于所消耗的能源量对于维持或促进整个经济、社会和环境系统可持续发展的贡献量。在不同的发展阶段，对"贡献量"的理解和度量也会有所不同。

(1) 在宏观层面上，能源效率的含义不仅包括它在工程技术或热力学方面的效率含义，而且包括它在经济、社会和环境系统可持续发展方面的含义。生产者主要从成本或利润的视角来看待能源效率，利润是目的，能源效率是手段；尽管生活习惯、认识水平相当重要，但消费者主要是从支付能力、用能开支和效用视角看待能源效率；政府则需要依据能源的各类功能及其相互关系，制定相适应的能源效率政策。能源利用带来了日益严重的全球气候变化问题，这赋予了能源效率更多的含义。

(2) 改善能源效率，不仅可以体现在用能设备的改进方面，而且可以体现在其他诸多方面，即便在一些常用的能源效率统计指标中未能体现出来。有些能源活动，尽管多消耗了能源，但为人们提供了更多的有用服务，也有可能改善了能源效率。例如，对于同样距离的运输，航空运输通常要比水运消耗更多的能源，但并不意味着航空运输不利于改善能源效率，因为航空运输提供了更快捷的服务。交通道路或交通网络的改善，使得汽车燃油经济性即使不变也可能减少燃油消耗量；使用新型材料降低飞机机身重量，从而减少了航空煤油消耗量；居民住房窗户由一层玻璃改为两层隔温玻璃，减少了空调耗电量；物流企业应用信息和通信技术降低了汽车、轮船的空载率，减少了能源浪费；用低能耗、低成本、轻便的塑料代替部分高能耗的钢材产品；降低产品的废品率，可以减少生产这些废品整个生产生命周期的能源。上述行为，从广义上来讲，都可以被视为改善了能源效率，即便在一些常用的能源效率统计指标中未能体现出来。

(3) 有些能源活动，尽管直接带来的服务产出量没有变化，消耗的能源量（物理量）也没有变化，但是对于维持或促进可持续发展做出了更多贡献，也可以被视为改善了能源效率。改善能源效率的重要原因之一在于能源资源的稀缺性。目前人类所使用的能源大多数是化石能源，储量有限。如果科学技术发展到可以非常轻易地获取太阳能，那么虽然人类还需要消耗大量能源，但能源效率问题可能就不存在了，至少没那么严重了。因此，如果能以较低的成本大规模开发可再生能源或新能源，用来代替化石能源，而且不对生态环境带来负面影响，则也是改善了能源效率，即便在一些常用能源效率统计指标中也未能体现出来。

4.2　能源效率的测度

能源效率指标在能源效率政策制定和评估中扮演着重要角色。当前的或历史的能源效率水平是一个客观存在，但通常不可能用一个指标或数值把能源效率各方面的信息完全涵盖。在实践中，为了研究或分析的方便，通常力图采用一个一维指标来刻画能源效率。这个指标尽管不能涵盖所有的能源效率信息，但如果能涵盖大部分信息、不会出现较大的偏误、且能满足通常的应用需要，则是可以接受的。但是，在有的情况下是不可接受的。由于站在不同的视角，采用了不同的测度方法或指标，对能源效率的度量值可能会有所不同，特别是在进行国际或区域比较时。在很多情况下，采用单位产值能耗或单位增加值能耗等指标，只是从统计核算上得到能耗水平结果，所获取的信息量也很有限，并不具有决策支持的功能。采用不恰当的测度指标，还可能会导致不同的用能行为，在《科学》等刊物上也有较多讨论（Larrick 和 Soll，2008）。

（1）每种能源效率测度指标都是隐含了一定的假设条件，都有其优缺点和适应范围。简单地从算术定义上看，能源效率的度量就是服务产出量除以投入量。但是，无论是产出量，还是投入量，往往是多维向量，其各项元素是不同质的。有的时候，服务产出还无法用货币度量，例如居民生活。向量是不能直接做除法运算的。如果要进行除法运算，就需要采用一定的处理方法来核算能源的服务产出量和投入量。比较简单且常见的方法是对各元素加权求和，而这个处理过程必然会造成信息损失。例如，有 n 种能源投入，在核算能源投入总量 E 时，通常隐含依据热力学第一定律的假设，依据各类能源 i 的含能量作为权重系数 λ_i 进行加总。如果不只是依据热力学第一定律，还依据了热力学第二定律，则权重系数 λ_i 会有所不同，这就是通常的“火用分析”。

$$E=\sum_{i=1}^{n}\lambda_i e_i \tag{4-1}$$

不同的应用领域会有不同的核算方法，由此会有不同的能源效率测度指标。每种指标都是基于一定的假设条件，都有其优点，也有其局限性。如果这些假设条件远未满足，则可能对能源效率测度造成较大偏差，形成错误或者有偏误的判断，从而可能造成决策失误。在实践中，具体采用什么方法，还依赖于数据的可获得性。目前常用的能源效率指标有单位 GDP 能耗、单位总产值能耗、单位增加值能耗、单位产品能耗、工序能耗等，这些指标也都基于一定的假设。

（2）能源的服务产出包括有益成分，也可能包括有害成分。从能源效率的内涵来看，服务产出不仅要核算有用量，也要核算有害量，关键是看对于维持或促进整个经济、社会和环境系统可持续发展的贡献量。理论上讲，可以核算净服务产出量。产出或服务的内容很多，而且各部分内容是异质的，它是一个多维向量，即存在产业结构、产品结构或服务结构。在可用货币度量的情况下，通常采用价格作为权重进行加总。在一国或地区的宏观测度中，服务产出一般用国内（地区）生产总值指标；对于一个行业或部门，一般采用总产值或增加值指标；对于一个具体的产品，一般采用产量指标。由于各国的服务产出结构不同，即使总产值或增加值数值相同（暂不考虑货币换算问题）、技术发展水平相同，对能源的消耗量也会大不相同。在很多情况下，客观条件的制约也可能导致服务产出量差别较大。

（3）能源投入是异质的，各类能源还是不完全替代的。从能源投入的角度来看，能源效率的大小或者优劣取决于如何度量能源投入量。要提供同样能源服务量，可以有不同的能源投入结构。同样一个单位的能源服务量，如果分别使用煤炭和天然气，消耗的能源量可能也会有所不同（按热当量计算）。在处理水电等可再生能源发电量时，有时采用热当量法作为换算系数，有时采用发电煤耗法。更为重要的是，各类能源是不完全替代的。在市场经济环境下，各类能源的差异在一定程度上可以通过相对价格来体现，优质能源边际产出量较高，因此其单位能量的价格通常要比劣质能源的高；各类能源存在一定的替代弹性，这种替代弹性往往也不是恒定的，随着时间的推移或者技术的进步，替代弹性也会发生变化。在核算能源投入量时，更加科学的方法是不仅要考虑各类能源所蕴含的能量，而且要考虑它们的相对价格、成本和不完全替代性。否则，得到的能源投入量数据有时候存在较大偏误，这将影响到有关能源经济系统研究的结论。

（4）各国的资源禀赋、基础条件和发展阶段不同，很难准确地、定量地判断我国的单位 GDP 能耗是发达国家的多少倍。目前在单位产出能耗的国际比较方面，结论存在较多差异。按照世界银行（World Bank，2009）和国际能源署（IEA，2009）的数据，依据汇率法，2007 年我国的单位 GDP 能耗是美国的 4 倍多；而依据购买力平价（PPP）法，则仅比美国高出 70%（采用新调整的购买力平价系数）。现有研究结论存在差异，有基础数据质量、统计口径、能源及原材料质量、数据可获得性等方面的原因，也有研究方法不尽科学合理的原因。耶鲁大学的 Nordhaus（2007）对能源-环境-经济（3E）建模中的货币转换问题提出了 Superlative - PPP 法。

4.3 能源效率的测度指标与方法

能源效率的内涵在于所消耗的能源量对于维持或促进整个经济、社会与环境系统可持续发展的贡献量。能源效率通常用能源服务产出量与能源投入量的比值来度量，但是如何确定或核算能源投入量、服务产出量，不同的应用领域会有不同的方法，由此会有不同的能源效率测度指标。

这里对目前较常见的能源效率测度指标做了全面的总结和系统剖析，讨论了这些指标的理论基础或假设条件、相互关系、优缺点或适应范围，以及在使用时需要注意的方面。这里所要讨论的指标包括：能源宏观效率、能源实物效率、能源物理效率、能源价值效率。

4.3.1 能源宏观效率

在测度一个国家、地区或行业的总体能源效率水平时，目前最常用的宏观指标是单位 GDP 能耗（或者单位增加值能耗、单位总产出能耗、单位总产值能耗），通常也被定义为

"能源强度"，这里将其倒数定义为能源宏观效率（energy macro-efficiency）e_m。单位增加值能耗越低，能源宏观效率就越高。能源产出（或者能源服务）用经济活动产出量表示（例如，增加值或总产出），能源投入用各类一次能源消耗量表示（采用热值法或者发电煤耗法）。单位增加值能耗的高低与发展阶段、经济结构、技术水平、能源价格、社会文化、地理位置、气候条件、资源禀赋等多种因素有关。过去200年来，英国、美国等发达国家在工业化进程中的单位GDP能耗出现了一个上升的过程，直到一个峰值后再下降；越晚进入工业化进程的国家，其单位GDP能耗峰值就越低甚至不存在，这主要得益于技术进步和后发优势。

在有些文献中，有时把单位GDP能耗的倒数定义为"能源生产率"。严格来讲，二者是略有区别的（口径不同）。在计算单位GDP能耗时，包含了居民生活直接用能；在计算能源生产率时，从生产法GDP核算的角度来看，不包括居民生活直接用能（如同人均GDP与劳动生产率的区别一样，前者是指全部人口，后者的计算只包括劳动从业人员数量）。在我国，由于居民生活直接用能所占比重较小，能源生产率与单位GDP能耗倒数的差别很小，在地区的横向或纵向比较中，通常不会造成较大偏误。

在能源投入结构不发生较大变化时，用单位GDP能耗来测度能源效率比较简单易行，而且受人为干扰的可能性相对较小。当能源投入结构发生较大变化时，则需要注意各类能源之间的不完全替代性会导致一些结果偏差，有关这方面的讨论详见廖华（2008）、Liao和Wei（2010）。另外，能源宏观效率隐含经济增长主要是依靠能源消耗和技术进步来推动的这一假设。而实际上，经济增长还需要其他要素，而且各类要素之间存在不同程度的替代性。因此，能源宏观效率是一个有偏的（partial）测度指标，没有考虑到能源与其他要素的替代弹性，有关这方面的讨论见廖华（2008）。为了克服或减少上述局限性，有时需要采用其他能源效率指标。从微观经济学的视角来看，有的文献把能源宏观效率（或单位GDP能耗）称为"能源经济效率"有些不恰当（后面将给出能源经济效率的概念及测度方法）。

从生产法GDP核算的视角来看，GDP是各行业增加值的累计值，能源消耗总量也是各行业能耗的累计值（暂不考虑生活用能），而且各行业还可以进一步分解，直到产品层次。因此，只要数据可获得，能源宏观效率的变化必然可以分解为产业结构（或行业结构）的变化和各行业内部宏观能源效率的变化，即通常所指的结构份额和效率份额。Divisia方法是迄今为止最好的一种指数分解方法。Törnqvist指数法是其离散化的处理形式之一。Diewert（1976）在研究指数理论时已严格证明，对于线性齐次超对数生产函数和单位成本函数，Törnqvist数量指数和价格指数均是准确的（exact）。根据定义，在只考虑生产用能时，能源宏观效率满足线性齐次性假设。尽管Divisia方法可以对能源宏观效率进行逐层分解，但在很大程度上只是对由下而上的汇总数据进行再次由上而下的分解，得到的信息量有限、决策支持功能较弱，获得的节能降耗启示无非是众所周知的两个方面：降低能源密集型行业比重（或能源密集型产品比重），以及加快技术进步。然而，产业结构和技术水平在很大程度上都是内生的，它们是结果，不是原因。

在国际比较中，由于国际货币体系的原因，经济产出量要换算成同一货币单位进行度量。通常的转换方法有市场汇率（MER）法（简称汇率法）和PPP法等。理想地讲，

PPP 法更合适，但是其测算比较困难（当然，还存在方法本身的问题）。简单地直接把国内外数据放在一起进行比较，得到的结论有时并不科学或者全面。例如，依据汇率法，2007 年我国的单位 GDP 能耗为 5.78 吨标准油/万美元（当年价格），是 OECD 国家的约 3.8 倍；而如果依据世界银行的 PPP 数据，则为 2.75 吨标准油/万美元，是 OECD 国家的约 1.8 倍。图 4－1 是两种不同货币转换方法下“金砖五国”和部分 OECD 国家在 2016 年的单位 GDP 能耗，发达国家多数是在 45°对角线附近，但中国、印度等发展中国家与对角线距离较远。另外，我国全国和部分地区的单位 GDP 能耗降低率见表 4－1。

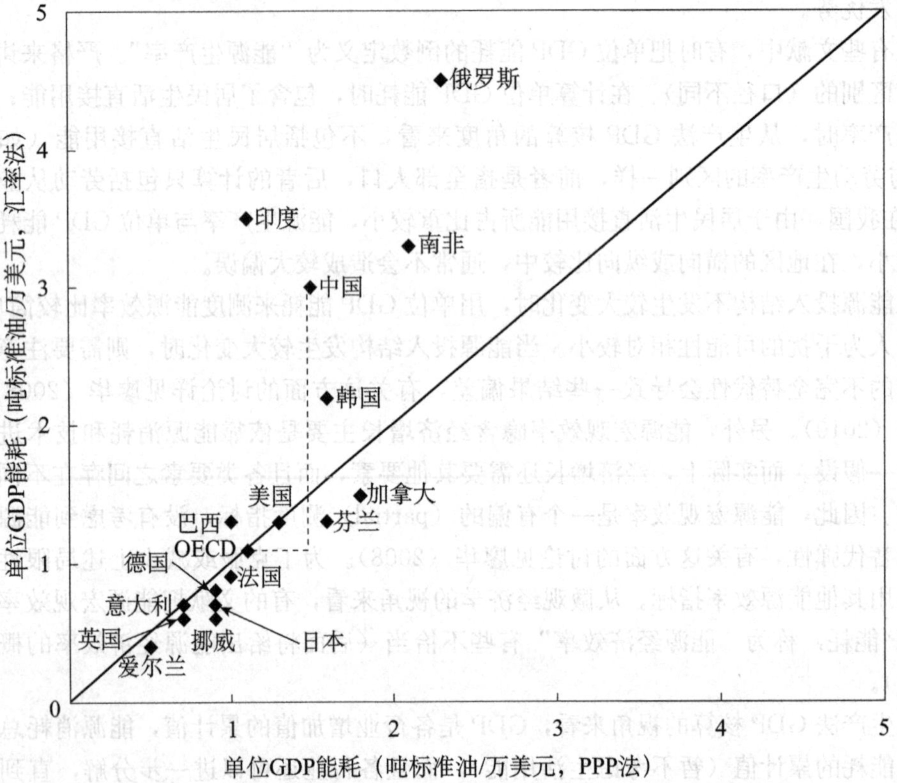

图 4－1 “金砖五国”和部分 OECD 国家在 2016 年的单位 GDP 能耗

资料来源：IEA（2018b）。

表 4－1 我国全国和部分地区的单位 GDP 能耗降低率（%）

地区	“十一五”时期实际值	“十二五”时期指标值	2006—2015 年累计指标值	地区	“十一五”时期实际值	“十二五”时期指标值	2006—2015 年累计指标值
全国	19.06	16	32.01	河南	20.12	16	32.9
北京	26.59	17	39.07	湖北	21.67	16	34.2
天津	21.00	18	35.22	湖南	20.43	16	33.16
河北	20.11	17	33.69	广东	16.42	18	31.46
山西	22.66	16	35.03	广西	15.22	15	27.94
内蒙古	22.62	15	34.23	海南	12.14	10	20.93
辽宁	20.01	17	33.61	重庆	20.95	16	33.6
吉林	22.04	16	34.51	四川	20.31	16	33.06

续表

地区	“十一五”时期实际值	“十二五”时期指标值	2006—2015 年累计指标值	地区	“十一五”时期实际值	“十二五”时期指标值	2006—2015 年累计指标值
黑龙江	20.79	16	33.46	贵州	20.06	15	32.05
上海	20.00	18	34.40	云南	17.41	15	29.8
江苏	20.45	18	34.77	西藏	12.00	10	20.8
浙江	20.01	18	34.41	陕西	20.25	16	33.01
安徽	20.36	16	33.10	甘肃	20.26	15	32.22
福建	16.45	16	29.82	青海	17.04	10	25.34
江西	20.04	16	32.83	宁夏	20.09	15	32.08
山东	22.09	17	35.33	新疆	8.91	10	18.02

耶鲁大学的 Nordhaus（2007）针对汇率法和基于世界价格（world price）的 PPP 法存在的问题，提出了一种介于二者之间的 Superlative-PPP 法，用于全球能源-经济-环境建模。2007 年 12 月，世界银行发布了 2005 年全球国际比较项目（ICP）的研究结果，对之前的 PPP 系数进行了修订。尽管此次修订后的数据相对早期的更准确，但受理论方法、基础数据条件等因素的制约，有关中国的 PPP 系数仍然存在较多问题，在使用时需要谨慎。发达国家市场的一体化程度较高、统计体系相对完善，使用 PPP 系数对发达国家的单位 GDP 能耗进行比较，结果相对可靠。但在使用世界银行的 PPP 系数对中国与发达国家的单位 GDP 能耗进行比较时，得到的序数值相对有意义，而基数值的意义相对较小。

4.3.2 能源实物效率

这里把通常所采用的单位产品能耗、工序能耗定义为能源实物效率（energy physical efficiency）e_p，例如吨钢综合能耗、吨钢可比能耗、吨炼铁能耗、发电煤耗、吨水泥能耗等。这是比较常见的一类技术指标，该指标不含价值量，有关这方面的介绍已较多，这里不做深入讨论。能源实物效率比较适合用于具有相同生产结构的企业的比较，以反映微观经济组织的技术装备和管理水平。目前我国很多企业或行业协会推广的标杆能效法即以单位产品能耗为基础。在“十五”期间，我国能源宏观效率出现了下降趋势（发电煤耗法），主要耗能产品的能源实物效率也在下降，特别是钢铁、铜、水泥、平板玻璃等产品。“十二五”能源规划中的能源实物效率改进目标见表 4-2。

表 4-2 “十二五”能源规划中的能源实物效率改进目标

指标	2010 年	2015 年
火电供电煤耗（克标准煤/千瓦时）	333	325
火电厂厂用电率（%）	6.3	6.2
电网综合线损率（%）	6.5	6.3
吨钢综合能耗（千克标准煤）	605	580
铝锭综合交流电耗（千瓦时/吨）	14 013	13 300
铜冶炼综合能耗（千克标准煤/吨）	350	300
原油加工综合能耗（千克标准煤/吨）	99	86

续表

指标	2010 年	2015 年
乙烯综合能耗（千克标准煤/吨）	886	857
合成氨综合能耗（千克标准煤/吨）	1 402	1 350
烧碱（离子膜）综合能耗（千克标准煤/吨）	351	330
水泥熟料综合能耗（千克标准煤/吨）	115	112
平板玻璃综合能耗（千克标准煤/重量箱）	17	15
纸及纸板综合能耗（千克标准煤/吨）	680	530
纸浆综合能耗（千克标准煤/吨）	450	370
日用陶瓷综合能耗（千克标准煤/吨）	1 190	1 110
铁路单位运输工作量综合能耗（吨标准煤/百万换算吨公里）	5.01	4.76
营运车辆单位运输周转量能耗（千克标准煤/百吨公里）	7.9	7.5
营运船舶单位运输周转量能耗（千克标准煤/千吨公里）	6.99	6.29
民航业单位运输周转量能耗（千克标准煤/吨公里）	0.450	0.428
公共机构单位建筑面积能耗（千克标准煤/平方米）	24	21
公共机构人均能耗（千克标准煤/人）	447	380
汽车（乘用车）平均油耗（升/百公里）	8	7

资料来源：《节能减排“十二五”规划》。

在进行单位产品能耗、工序能耗的国际或企业比较时，仍然需要统一口径。例如，我国与发达国家的工序吨钢能耗计算口径就存在较大差别，日本炼铁消耗项只计有固体燃料、气体燃料、电、氧、蒸汽，而我国还计有压缩空气、氮气、水等能源介质；如果高炉采用汽动鼓风机，其风量则也要计算到工序能耗中。按照热当量法，我国主要耗能产品单耗较高，除了技术装备水平的原因以外，原材料质量、能源消费结构也是重要原因。如果不考虑这些因素，则可能会高估我国的节能潜力。例如，在热当量法下，我国钢铁行业的单产能耗比发达国家高，其中铁矿石质量较差、用煤比重较高是重要原因。

4.3.3 能源物理效率

能源物理效率是指能源的热效率（energy thermodynamics efficiency）e_d，其计算的理论基础是热力学定律。根据能源流的不同环节，通常可以将其分解为能源开采效率、加工转换效率、贮运效率、终端利用效率。能源物理效率还可被划分为热力学第一定律效率、热力学第二定律效率。依据热力学第一定律（能量转换和守恒定律），过去 20 多年来我国的能源物理效率有了显著提高。2005 年，能源开采效率、中间环节利用效率、终端利用效率分别为 33.2%、68.4%和 52.9%，总的物理效率为 13.0%。2007 年，我国发电及电站供热效率为 40.24%，炼焦效率为 97.78%，炼油效率为 97.17%。

热力学第二定律指出，能量转换是有方向的。根据卡诺定理，由两个等温过程和两个绝热过程所构成的循环称为卡诺循环效率，即 $\eta_c=(T_1-T_2)/T_1$，由于现实中高温热源的绝对温度 T_1 不可能无穷大，低温热源的绝对温度 T_2 不可能为 0，因此 $\eta_c<1$，热能不可能全部转换为机械功，依据热力学第二定律计算的热效率要更低（通常用“有效能”来计

算）。能源物理效率的计算比较复杂，也涉及较多热力学知识，已有较多文献对此进行了介绍，这里不做深入讨论。

4.3.4　能源价值效率

由于各类能源的异质性或品质差异，即使是相同热当量的能源，其功效也会不同。在有的地区或企业，虽然耗能量较低，但消耗的大多为优质能源（如天然气、净调入的电力），其能源成本并不低。为了对各类能源进行加总，除了可以采用热当量系数作为权重，还可以采用价格作为权重，由此可以计算能源价值效率（energy value efficiency）e_v。如果能源服务产出量也用价值量测度，那么把能源价值效率 e_v 与其他效率指标（例如能源宏观效率 e_m、能源实物效率 e_p）结合起来进行国际比较，可以发现各国能源宏观效率或能源实物效率存在差异的部分原因（例如能源价格偏低、能源结构不同等）。在计算不同国家或地区的能源消费价值量时，需要统一价格口径（例如是否含增值税销项税额、运输成本等）。在对能源价值效率进行纵向比较时，由于能源价格的变化，有时效率值变化会很大。因此，能源价值效率更适用于横向比较。能源价值效率的优势还在于其国际比较不受各国汇率或 PPP 的影响。

从动态性来看，能源价值效率有时也可以被定义为设备全生命周期内的服务产出与能源成本比值。例如，在购置节能灯时，虽然在短期内需要一次性支付较多成本，但在灯泡的长期使用中节约了更多能源，实际上也提高了能源价值效率（相当于部分是通过资本对能源的替代来实现的）。

除了上述四类能源效率指标以外，还有能源要素利用效率、能源要素配置效率、能源经济效率等测度指标。这三类指标是依据微观经济学理论得到，感兴趣的读者可以阅读廖华（2008）。

4.4　能源强度的分解

近年来，在有关能源宏观效率（能源强度）的研究文献中，相当一部分是能源强度的分解研究，即把能源强度的变化分解为部门结构的变化和各部门能源强度的变化。在各类分解方法中，Divisia 方法最符合经济学内涵。

假设国民经济划分为 n 个部门，t 表示时期，Y_t、E_t、I_t 分别表示整个国民经济的增加值（即国内生产总值）、能源消费量和单位 GDP 能耗，$I_t=E_t/Y_t$；Y_{it}、E_{it}、I_{it} 分别表示部门 $i(i=1,\cdots,n)$ 的增加值、能源消费量和部门强度（为了区别表述，这里使用“部门强度”一词，实际上是该部门单位增加值能源消耗），$I_{it}=E_{it}/Y_{it}$；S_{it} 表示部门 i 的增加值占 GDP 的比重，$S_{it}=Y_{it}/Y$。I_{it} 主要反映了技术水平，S_{it} 反映了部门结构或产业结构。

单位 GDP 能耗 I_t 等于各部门能源强度 I_{it} 的加权平均值，权重就是各部门增加值占 GDP 的比重：

$$I_t=\frac{E_t}{Y_t}=\frac{\sum_i E_{it}}{Y_t}=\frac{\sum_i Y_{it}\cdot I_{it}}{Y_t}=\sum_i \frac{Y_{it}}{Y_t}\cdot I_{it}=\sum_i S_{it}\cdot I_{it} \tag{4-2}$$

式（4-2）两边对时间 t 求微分：

$$\begin{aligned}\dot{I}_t &= \sum_i \dot{S}_{it} \cdot I_{it} + \sum_i S_{it} \cdot \dot{I}_{it} = \sum_i S_{it} \cdot I_{it} \cdot \frac{\dot{S}_{it}}{S_{it}} + \sum_i S_{it} \cdot I_{it} \cdot \frac{\dot{I}_{it}}{I_{it}} \\ &= \sum_i \frac{E_{it}}{Y_t} \cdot \frac{\dot{S}_{it}}{S_{it}} + \sum_i \frac{E_{it}}{Y_t} \cdot \frac{\dot{I}_{it}}{I_{it}} = \sum_i I_t \cdot \frac{E_{it}}{E_t} \cdot \frac{\dot{S}_{it}}{S_{it}} + \sum_i I_t \cdot \frac{E_{it}}{E_t} \cdot \frac{\dot{I}_{it}}{I_{it}} \end{aligned} \tag{4-3}$$

由式（4-3）求线积分，得到

$$\int_\Gamma \dot{I}_t = \int_\Gamma \sum_i \frac{E_{it}}{Y_t} \cdot \frac{\dot{S}_{it}}{S_{it}} + \int_\Gamma \sum_i \frac{E_{it}}{Y_t} \cdot \frac{\dot{I}_{it}}{I_{it}} \tag{4-4}$$

Γ 为积分路径，表示在时间区间（0，T）内的曲线段（S_t，I_t）。根据 Hulten (1973)，在线性齐次条件下（依据单位 GDP 能耗的计算方法，这里满足这个条件），式（4-4）的线积分与积分路径无关。

$$I_T - I_0 = \underbrace{\int_0^T \sum_i \frac{E_{it}}{Y_t} \cdot \mathrm{dln}S_{it}}_{\text{结构效应}\Delta I_{str}} + \underbrace{\int_0^T \sum_i \frac{E_{it}}{Y_t} \cdot \mathrm{dln}I_{it}}_{\text{强度效应}\Delta I_{inc}} \tag{4-5}$$

式（4-5）是连续形式下的指数分解，在实际应用中，数据一般是离散的，因此，由积分中值定理，可以近似写成离散形式，可以采用 Törnqvist（1936）指数法或 Sato-Vartia 指数法（Sato，1976；Vartia，1976）。这里采用更精确的 Sato-Vartia 指数法。单位 GDP 能耗的绝对变化 ΔI 可以分解为结构效应 ΔI_{str} 和强度效应 ΔI_{int}：

$$\Delta I = I_T - I_0 = \Delta I_{str} + \Delta I_{int} + \Delta I_{rsd} \tag{4-6}$$

其中，$\Delta I_{str} = \sum_i \omega_i$，$\Delta I_{int} = \sum_i \varphi_i$，$\Delta I_{rsd}$ 是余值部分，一般情况下接近于零。

$$\omega_i = \frac{\frac{E_{iT}}{Y_T} - \frac{E_{i0}}{Y_0}}{\ln\frac{E_{iT}}{Y_T} - \ln\frac{E_{i0}}{Y_0}} \cdot (\ln S_{iT} - \ln S_{i0}) \tag{4-7}$$

$$\varphi_i = \frac{\frac{E_{iT}}{Y_T} - \frac{E_{i0}}{Y_0}}{\ln\frac{E_{iT}}{Y_T} - \ln\frac{E_{i0}}{Y_0}} \cdot (\ln I_{iT} - \ln I_{i0}) \tag{4-8}$$

部门划分的细化程度会对结果造成影响，按行业门类、大类、中类、小类划分，结果均有所不同，这也是当前大多数文献的研究结果存在较大差异的重要原因之一。一般而言，划分得越细，各部门的单位 GDP 能耗就越可以反映技术水平，得到的结果也越精确，但是所需要的数据量也越大。

从产业结构视角分析能源宏观效率或能源强度变化的原因，在一定程度上只是对统计数据的另一种表述，仅仅回答了“是什么”，未能回答“为什么”，得到改善能效的政策启示自然是优化产业结构和加强技术进步。但是，这对于宏观决策的支持作用并不是很大，因为产业结构变化、技术进步在很大程度上是内生的，仍然需要研究引导产业结构变化的内在原因。关于这方面的进一步介绍，可参考廖华（2008）。

本章小结

有关能源效率问题的研究仍在不断推进，为力求研究成果更具科学性和实用性，还可从多个方面进一步深化。(1) 在能源经济总量关系研究方面，需要注意结构异质性问题，特别是能源结构变化造成的影响。(2) 能源结构不仅可以采用物理量（热当量）来测度，而且可以采用经济量（成本）来测度。如果采用后者，则我国的能源消费是以石油为主的，而非煤炭。(3) 针对不同的具体问题和基础数据，应采用多类能源效率测度指标进行比较测算，以避免单一指标带来的信息显示偏误。

能源效率的内涵在于所消耗的能源量对于维持或促进整个经济、社会和环境系统可持续发展的贡献量。因此，促进经济社会可持续发展与改善能源效率，前者是目的，后者是手段，不能本末倒置。能源是重要的生产要素，能源与经济系统其他部分相互关联。在宏观经济工作中，不能单纯地把“单位 GDP 能耗”或“单位增加值能耗”下降多少作为唯一评判指标，而要把能源纳入整个经济系统中综合考量，综合考虑各地区的发展阶段、自然资源禀赋、劳动力基础等客观条件差异，把节约能源与降低成本或提高收益统一起来，避免采用“一刀切”的评价方式。

能源宏观效率、能源实物效率、能源物理效率、能源价值效率等各类描述能源效率的指标，具有各自的理论基础或假设条件、相互关系、优缺点或适应范围。任何单一指标都不可能完整地反映能源效率水平。

不同的指标，其应用领域不同，具体测度方法和所需要的数据也不同，能源宏观效率和能源实物效率是用得最普遍的。但是，有的时候，由于混淆了能源工作的目的与手段、内生变量与外生变量、原因与结果，社会简单地把“减少能源消耗”或“降低单位产值能耗”作为追求的目标。由此导致从静态和局部上看，能源消耗减少了；而从长远和全局的角度看，能源效率并未得到改善，甚至造成在经济社会领域的其他方面出现了损失，导致节能工作“得不偿失”的局面。因此，在应用能源效率指标时，应根据实际需要进行遴选，并对所采用的指标或数据可能造成的偏误有较为充分的估计。在使用能源效率指标时，还需要特别注意各类能源的异质性和不完全替代性对计算结果的影响（廖华，2008)。

不论何种指标，在进行横向或纵向比较时，都需要尽可能统一数据口径。尽管能源宏观效率是有偏的，但进行中长期研究仍然是比较合适的。在多数研究中，对能源效率指标绝对值的关注较少；更关注的是能源效率横向或纵向比较，以及不同主体能源效率的差距、能源效率的变化方向和速度。

思考题

1. 如何理解能源效率的内涵？
2. 为什么发达国家的单位 GDP 能耗比中国的低？
3. 单位 GDP 能耗下降得越快是否就越好？
4. 对能源强度进行分解时需要注意什么？

拓展阅读

日本的企业能源经理系统

日本的《节能法》规定所有重点耗能企业都应聘用具有合适资质的能源管理控制官员（能源管理士）。相关的要求及配套体系已实施了近30年。能源管理士由企业管理层的人员担任，且须持有由政府指定审查机构颁发的资质认证。这一要求适用于日本几乎所有的“一类”企业，约7 800家，其中包括绝大多数年消耗3 000千升油当量（kloe）能源（约4 300吨标准煤）的企业。此外有6 800多家年消耗1 500千升油当量（约2 150吨标准煤）的“二类”企业，也要求其任命能源管理士，但要求相对宽松。

法律规定能源管理士应监督和管理企业耗能设备的维护，完善和监督企业用能方式以及政府要求的其他节能事务。由于能源管理士的工作是所有节能事项的关键环节，其资料需要在政府备案。能源管理士负责监督和提交所需的能源利用报告，以及中长期节能方案，包括对于完成目标进度的评估。根据现有法律，企业还应指派其他部门员工协助能源管理士完成节能任务。对于大型企业，法律对协助能源管理士开展节能工作的人员数量也有相关规定。

工业企业中的能源管理士及其助理利用评判标准、《日本节能手册》及一系列特定技术指南和资料指导其工作。这些资料包括日本重点设备的特定能源利用标准以及各种针对性强的管理手册。能源管理士需要针对具体情况编写并完善管理手册，并在企业中加以运用，保证一些特殊设备或流程的高效运行。

所有能源管理士都应获得资质，证明其具有担任此岗位的能力。日本的《节能法》规定了成立指定审查机构的详细要求，该机构举行能源管理士的资质考试以及政府分配的其他任务。法律亦规定了指定培训机构的要求。自1983年以来，日本节能中心（ECCJ）具体负责这些事务的执行。

日本节能中心每年举行一次全国能源管理士认证考试。考试包括四门专业。每年约有9 000人参加考试，但只有约2 300人能通过考试（23%）。此外，日本节能中心每年举行为期六天的能源管理士培训课程。每年参与人数约为2 700人，最终约有1 700人通过考试（65%）。日本节能中心每年还为能源管理士开设两门课程，每年约有5 000人参与此课程。

资料来源：日本节能中心．能源合理利用法案．日本的企业能源经理系统．世界银行，2010.

第 5 章

能源供给

必要的能源供给是维持社会经济生产和人民群众生活有序运转的重要保证。当今世界，能源供给以化石能源为主，化石能源资源的绝对稀缺性、分布区域的高度不平衡性，以及能源需求近似刚性的增长趋势对能源供给形成了很大的压力，因此，增加能源供给成为全球各国非常关注的一个重要问题。本章将介绍能源供给的基本概念，影响能源供给的主要因素，最后就能源供给预测建模有关问题进行阐述和探讨。

5.1 能源供给的基本概念

5.1.1 能源供给的含义与性质

能源供给是指在一定时期内，能源生产部门在各种可能的价格下，愿意并能够提供的数量。如果由于价格太低，厂商不愿意出售，则即使有产品也不能在市场上形成有效的供给。

当今世界供应的主要能源为煤炭、石油、天然气等化石能源，这些能源是典型的自然资源，具有两个方面的显著特点。

(1) 有限性，指能源资源总量是有限的，这种有限是绝对的，不是相对人类无限需求欲望而言的相对有限，这种绝对有限性与人类社会不断增长的需求构成了供需结构上的矛盾。当然受认识世界能力的限制，人类对各类能源资源（即储量）的探明是一个逐步发现的过程（见 5.2.1 节），但无论人类是已经探明还是未探明，这些能源资源的总量都是有限的。

(2) 区域性，指能源资源分布上的不均衡性。能源资源存在数量或质量上的显著地域差异，并有其特殊分布规律。从已探明的石油资源储量看，约 2/3 集中在东半球，储量排名前10位的国家占全球86%的份额，中国以35亿吨列第13位；储量最多的国家是委内瑞拉，达480亿吨，占全球17.5%；中东地区占全球储量的48.3%，被称为“世界油库”。类似地，天然气和煤炭资源在全球的分布也具有高度地缘性。表5-1给出了石油、天然气和煤炭三大化石能源储量位居前10位的国家及其储量（BP，2019）。

表5-1　世界三大化石能源储量位居前10位的国家及其储量

位次	石油储量（亿吨）		天然气储量（万亿立方米）		煤炭储量（亿吨）	
1	委内瑞拉	480	俄罗斯	38.9	美国	2 502.2
2	沙特阿拉伯	409	伊朗	31.9	俄罗斯	1 603.6
3	加拿大	271	卡塔尔	24.7	澳大利亚	1 474.4
4	伊朗	214	土库曼斯坦	19.5	中国	1 388.2
5	伊拉克	199	美国	11.9	印度	1 013.6
6	俄罗斯	146	委内瑞拉	6.3	印度尼西亚	370.0
7	科威特	140	中国	6.1	德国	361.0
8	阿拉伯联合酋长国	130	阿拉伯联合酋长国	5.9	乌克兰	343.8
9	美国	73	沙特阿拉伯	5.9	波兰	264.8
10	利比亚	63	尼日利亚	5.3	哈萨克斯坦	256.1
比重	占世界比重为86%		占世界比重为79.5%		占世界比重为90.8%	

资料来源：BP（2019）。

正是由于能源资源的上述两个特点，使得能源供给一直面临着较大压力，能源供应安全成为全球关注的一个重点问题，各国都在积极努力，大力促进可再生能源、新能源的开发利用，力求能源供给尽可能多样化，保证供需平衡。

5.1.2　能源供给总量与能源供给结构

能源供给总量是指一定范围内所研究的各种能源供给量之和，如一次能源供给量为原煤、原油、天然气、水电、核电等供给量之和，化石能源供给量则为原煤、原油、天然气供给量之和等。

能源供给结构指能源供给总量中各类能源所占比例。如我国一次能源主要由煤炭、石油、天然气、水电、核电构成，其中煤炭占绝对主导地位，约占一次能源供给总量的70%。

与能源需求一样，能源供给也是能源经济学范畴内的一个基本概念，在实际应用中容易与能源供应量或生产量相混淆。能源供应量是有效能源供给在数量上的反映，当能源需求充足，且不存在库存时，能源供给在数量上等于能源供应量。一国的能源供应量通常包括本国生产量和进出口部分。在不引起混淆的地方，本书不严格区分能源供给与能源供应两个概念。

库兹涅茨（Kuznets）认为，现代经济增长不只是总量问题，如果不去理解和衡量生产结构的变化，经济增长则是难以理解的。也就是说，如果离开了结构分析，将无法解释增长为什么会发生和怎么发生，因而现代经济增长本质上是一个结构问题。对于能源也是一样，仅仅是能源供给总量的增加并不一定能满足经济增长的需要，能源供给结构合理才是经济增长和能源安全的重要保障。

表5-2列出了部分年份我国能源生产总量与构成。表5-3列出了部分年份我国能源产量及居世界位次。综合两表可以看出，经过约70年的发展，目前中国能源工业已经形成了以煤炭为主、多能互补的能源供给体系，从而保证了中国经济的稳定增长。但是由于近几年高耗能产业的迅速扩张，中国能源需求加速增长，一次能源生产也出现了高速增长。

可以发现，我国能源生产结构与需求结构不完全一致，相对来说，煤炭在能源生产结构中占的比重大于其在能源需求结构中的比重，石油则相反。我国能源生产基本上与需求平衡，近年来存在一些缺口，但自给率仍然在90%以上，按理说，不存在严重的能源供应安全问题，但正是由于生产结构与能源需求结构不匹配，使得我国石油供需缺口越来越大，石油供应安全成为我国能源安全最大的隐患。

表5-2 我国能源生产总量与构成

年份	能源生产总量（百万吨标准煤）	占能源生产总量的比重（%）			
		煤炭	原油	天然气	一次电力及其他能源
1978	627.70	70.3	23.7	2.9	3.1
1980	637.35	69.4	23.8	3.0	3.8
1985	855.46	72.8	20.9	2.0	4.3
1990	1 039.22	74.2	19.0	2.0	4.8
1995	1 290.34	75.3	16.6	1.9	6.2
1996	1 330.32	75.0	16.9	2.0	6.1
1997	1 334.60	74.3	17.2	2.1	6.5
1998	1 298.34	73.3	17.7	2.2	6.8
1999	1 319.35	73.9	17.3	2.5	6.3
2000	1 385.70	72.9	16.8	2.6	7.7
2001	1 474.25	72.6	15.9	2.7	8.8
2002	1 562.77	73.1	15.3	2.8	8.8
2003	1 782.99	75.7	13.6	2.6	8.1
2004	2 061.08	76.7	12.2	2.7	8.4
2005	2 290.37	77.4	11.3	2.9	8.4
2006	2 447.63	77.5	10.8	3.2	8.5
2007	2 641.73	77.8	10.1	3.5	8.6
2008	2 774.19	76.8	9.8	3.9	9.5
2009	2 860.92	76.8	9.4	4.0	9.8
2010	3 121.25	76.2	9.3	4.1	10.4
2011	3 401.78	77.8	8.5	4.1	9.6
2012	3 510.41	76.2	8.5	4.1	11.2
2013	3 587.84	75.4	8.4	4.4	11.8
2014	3 618.66	73.6	8.4	4.7	13.3
2015	3 614.76	72.2	8.5	4.8	14.5
2016	3 460.37	69.8	8.2	5.2	16.8
2017	3 590.00	69.6	7.6	5.4	17.4

资料来源：《中国统计年鉴2018》（国家统计局，2018）。

注：由于四舍五入，各构成比重总和不一定严格等于100%。后文中类似情况不再单独说明。

表 5-3　我国能源产量及居世界位次

	年份	1949	1980	1990	2000	2002	2004	2005	2010	2016	2017
一次能源	产量（百万吨标准煤）	23.7	637.4	1 039.2	1 069.9	1 383.6	1 846.0	2 290.4	3 121.3	3 460.4	3 590.0
	位次	13	3	3	3	2	2	2	1	1	1
煤炭	产量（百万吨）	32.0	620.0	1 080.0	1 384.2	1 550.4	2 122.6	2 365.1	3 428.4	3 410.6	3 524.0
	位次	10	3	1	1	1	1	1	1	1	1
原油	产量（百万吨）	0.12	106.0	138.3	163.0	166.9	174.5	181.4	203.0	199.7	191.5
	位次	—	6	5	5	5	6	6	5	7	7
天然气	产量（亿立方米）	0.07	142.7	153.0	272	326.6	408.0	497.0	965.0	1 379	1 492.0
	位次		12	20	19	17	16	14	7	6	6
电力	产量（亿千瓦时）	4.3	300.6	621.2	1 355.6	1 654.0	2 187.0	2 500.3	4 207.2	6 133.2	6 604.5
	位次	25	6	4	2	2	2	2	2	1	1

资料来源：《中国统计年鉴 2018》（国家统计局，2018）；BP（2019）；中国能源数据库 6.0 版（LBNL，2004）。

能源供给结构的调整可以考虑两个方面：一是提高优质能源所占比重。不同的能源品种具有不同的利用效率，据有关专家分析（陈权宝，等，2005），石油产出效益比煤炭高23%，天然气产出效益比煤炭高30%，此外，对于单位热值燃烧，煤炭产生的二氧化碳大于石油，石油大于天然气。二是提高能源品种多元化程度。一般来说，多元化程度越高，能源系统的安全性越高。一次能源供给结构多元化程度可以用香农-威纳指数（Shannon-Weiner index）或其他多样性指数来度量。香农-威纳指数也称为香农多样性指数（H'），计算公式如下（李连德，等，2008）：

$$H' = -\sum_{i=1}^{n} S_i \ln S_i$$

式中，n 为一次能源供给系统中能源品种数目；S_i 为一次能源品种 i 的供给量占一次能源供给总量的比例；H' 反映一次能源供给系统的多样性程度，$H' \geqslant 0$。

当只有一种能源品种时，$S_i=1$，$H'=0$；种类增加时，H'也相应增大。当一次能源供给中的各种能源所占比例趋于均等时，能源供给的种类越多（即 n 越大），一次能源供给多样性指数也越大。种类数 n 一定时，H'值变大，说明各种一次能源供给在所有一次能源供给中所占比例趋于均等、差距缩小；H'值变小，说明在所有一次能源供给品种中，能源供给相对集中在少数几个品种中，各种一次能源供给在所有一次能源供给比例的差距扩大。

比如，1949 年，中国一次能源供给结构多样化指数为 0.176，其中，煤炭占 96.3%，水电占 3%，原油占 0.7%，煤炭占有绝对主导地位，多样化指数偏低，一旦煤炭生产遭受重创，将严重危及我国能源供给。2017 年，煤炭比重下降了 26.7 个百分点，为 69.6%，原油上升为 7.6%，一次电力及其他能源上升为 17.4%，天然气从无到有，比重占到 5.4%，此时一次能源供给结构多样化指数增加为 0.910，表明 2017 年我国一次能源供给结构较 1949 年有了较大改进，但与 4 种一次能源所占比例均等时的多元化指数值

1.386还有较大差距，原因在于煤炭的比例仍然远高于其他能源品种的比例。

与能源供给总量和能源供给结构相对应，在电力的供给中，也存在电力供给总量和电源结构的概念。电源结构是指总发电量（或装机容量）中，不同燃料发电量（或装机容量）所占比例。除水电和核电外，其余的电力都是由一次能源转化而来的二次能源，因此，一国的电源结构与其一次能源供给结构密切相关，或基本上由一次能源供给结构决定。2018年世界电力的发电量结构的比例如下：煤电为38%，水电为16%，核电为10%，天然气发电为23%，油电为3%，可再生电力为9%，其他为1%。而中国煤电比例自1949年以来一直在70%左右，2018年达到了67%，超过世界平均水平一倍。与能源供给结构一样，电源结构中来自优质能源发电量所占比例越大，电力系统效率则越高，同时对环境产生的污染也越小。

另外，能源需求结构在很大程度上受制于能源供给结构，因此，要优化调整能源需求结构，还得从源头，从改善和优化能源供给结构做起。

从全球范围来看，世界能源供给正朝着多样化、清洁化、高效化、全球化和市场化的方向发展。

（1）多样化。可持续发展、环境保护、能源供给成本和可供给能源的结构变化决定了全球能源多样化发展的格局。未来，在发展常规能源的同时，新能源和可再生能源将受到重视。水能、核能、风能、太阳能也正得到更广泛的利用。

（2）清洁化。随着世界能源新技术的进步及环保标准的日益严格，未来世界能源将进一步向清洁化的方向发展，不仅能源的生产过程要实现清洁化，而且能源工业要不断生产出更多、更好的清洁能源，进而引导清洁能源在能源总需求中的比例逐步增大。洁净煤技术（如煤液化技术、煤气化技术等）、沼气技术、生物柴油技术等将取得突破，并得到广泛应用。

（3）高效化。世界各国能源加工转换效率差别很大，尤其是发展中国家能源技术效率提高的空间较大，世界各国都在积极采取措施，减少浪费，提高能源利用效率。

（4）全球化。随着经济的发展，世界上相当一部分国家越来越难以依靠本国资源满足其国内需求，越来越需要依靠世界其他国家或地区的资源供应，国际能源贸易量将越来越大，贸易额呈现逐渐增加的趋势，世界主要能源生产国和能源消费国将积极加入能源供需市场的全球化进程中。

（5）市场化。由于市场化是实现国际能源资源优化配置和利用的最佳手段，故随着世界经济的发展，特别是世界各国市场化改革进程的加快，世界能源利用的市场化程度越来越高，世界各国政府直接干涉能源利用的行为将越来越少，而政府为能源市场服务的作用则相应增大，特别是在完善各国和各地区的能源法律、法规并提供良好的能源市场环境方面，政府将更好地发挥作用（唐炼，2005）。

5.1.3　相关弹性系数

（1）能源供给价格弹性。

能源供给价格弹性是指在其他条件不变时，能源价格的相对变动所引起的能源供给量的相对变动，即能源供给量的变化率与能源价格变化率之比。根据定义知其计算公式为：

$$E_{sP}=\frac{\Delta Q_s/Q_s}{\Delta P/P}=\frac{\Delta Q_s}{\Delta P}\cdot\frac{P}{Q_s}$$

其中，

Q_s 为能源供给绝对量；

ΔQ_s 为能源供给变动量；

P 为能源价格绝对量；

ΔP 为能源价格变动量。

当 $\Delta P\to 0$ 时，

$$E_{sP}=\lim_{\Delta P\to 0}\frac{\Delta Q_s}{\Delta P}\cdot\frac{P}{Q_s}=\frac{\mathrm{d}Q_s}{\mathrm{d}P}\cdot\frac{P}{Q_s}$$

按照供给法则，供给量与市场价格正向变动，$\mathrm{d}Q_s/\mathrm{d}P$ 一般为正值，因此，E_{sP} 为正值，即能源供给价格弹性与一般产品供给价格弹性一样，一般为正值。

在技术一定的前提下，由于能源产业属于资本密集型产业，投资大，周期长，能源供给无法随市场价格的变化同步变化，短期能源供给总量和结构也难以随价格的变化做出大的调整，能源供给价格弹性一般较小，但在长期，如果能源价格持续偏高，能源生产企业利润增加，就会刺激能源企业增加投资，增加供给，能源消费企业则会增加研发投资，促进技术进步，提高能源使用效率和用相对便宜的能源品种替代较昂贵的能源品种，因此在长期，能源供给总量随着价格的调整，其变动幅度会增加，即长期能源供给价格弹性相对较大。可以用图 5-1 简单地描述能源的瞬时供给曲线 MS、短期供给曲线 SS 和长期供给曲线 LS 的变化情况。

因此，能源供给价格弹性由于调整产量的难度较大，加上化石能源产品受到储量的限制，决定了能源供给价格弹性一般较小，且通常情况下，能源供给价格弹性小于能源需求价格弹性。较小的能源需求价格弹性和能源供给价格弹性，以及能源供给价格弹性小于能源需求价格弹性的特点，导致能源供求关系出现小幅度的失衡就会产生较大的价格波动，即图 5-2 中，$\Delta Q<\Delta P$。

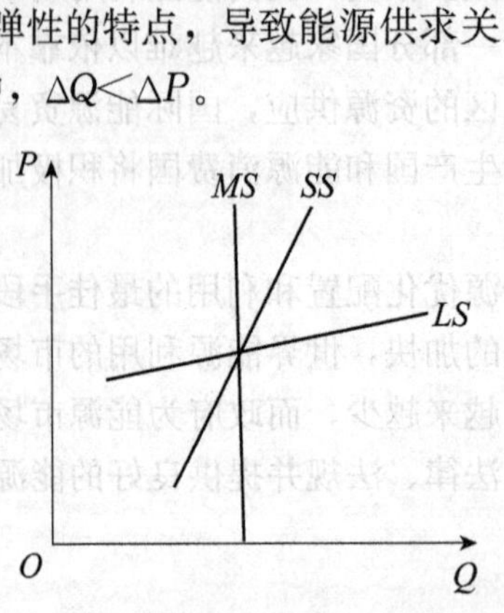

图 5-1 能源的瞬时、短期、长期供给曲线

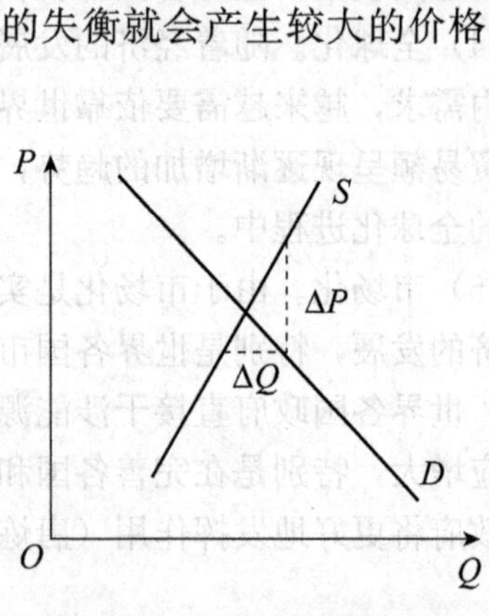

图 5-2 弹性对均衡的影响

(2) 能源生产弹性系数。

能源生产弹性系数是指能源产量增长速度相对于国民经济增长速度的比值。根据定义知其计算公式为：

$$能源生产弹性系数=\frac{能源生产总量年平均增长速度}{国民经济年平均增长速度}$$

当能源生产弹性系数小于1时，表明能源生产增速落后于经济增长的速度；当能源生产弹性系数大于1时，能源生产增速快于经济增长的速度；当能源生产弹性系数等于1时，表明能源生产增速与经济增速同步。类似地，电力生产弹性系数是指电力生产总量年平均增长速度与国民经济年平均增长速度之比。

表5-4反映了我国2000—2017年能源生产与电力生产弹性系数。18年来，我国仅在2003—2004两年出现了能源生产增长快于经济增长的现象，而在2015—2016年，能源产量甚至出现了负增长，其他年份均低于经济增长的速度。由于能源生产周期长，资金需求量大，因此，能源生产应该有所超前，但从能源生产弹性系数看，我国能源生产不仅没有超前，反而落后于经济增长的速度，这在长期将严重影响能源供给的保障能力。相比能源总量的生产，电力生产增速在多数年份中高于经济增长的速度，只在2008—2009年和2014年之后，电力生产增速显著低于经济增长的速度。

表5-4 能源生产与电力生产弹性系数

年份	能源生产比上年增长（%）	电力生产比上年增长（%）	国内生产总值比上年增长（%）	能源生产弹性系数	电力生产弹性系数
2000	5.0	9.4	8.5	0.59	1.11
2001	6.4	9.2	8.3	0.77	1.11
2002	6.0	11.7	9.1	0.66	1.29
2003	14.1	15.5	10.0	1.41	1.55
2004	15.6	15.3	10.1	1.54	1.51
2005	11.1	13.5	11.4	0.98	1.18
2006	6.9	14.6	12.7	0.54	1.15
2007	7.9	14.5	14.2	0.56	1.02
2008	5.0	5.6	9.7	0.52	0.58
2009	3.1	7.1	9.4	0.33	0.76
2010	9.1	13.3	10.6	0.86	1.25
2011	9.0	12.0	9.5	0.95	1.26
2012	3.2	5.8	7.9	0.40	0.73
2013	2.2	8.9	7.8	0.28	1.14
2014	0.9	4.0	7.3	0.12	0.55
2015	−0.0	2.9	6.9	—	0.42
2016	−4.3	5.6	6.7	—	0.84
2017	3.6	5.9	6.9	0.52	0.86

资料来源：《中国统计年鉴2018》（国家统计局，2018）。

5.2 能源供给的主要影响因素

5.2.1 资源禀赋

资源禀赋指的是一国或地区各种资源的储量。能源禀赋指的是一个国家或地区的各种能源资源的储备量。显然一个国家的能源禀赋在很大程度上决定了这个国家的能源供给总量和供给结构，能源禀赋是影响能源供给最主要的因素。虽然地球上的能源禀赋是一定的，但由于受技术、资金、人力、地质等因素的制约，地球上的能源储量是一个逐步发现的过程，另外有些储量虽然已被发现，但受一定因素制约，这些储量暂不具备开采的条件或开采的价值，因此，储量又分已探明储量和已探明可开采储量，通常已探明可开采储量具有更实际的意义，能在比较明确的条件下形成实际的供给。

(1) 世界石油资源探明可采储量及分布。

石油是经济和社会发展不可缺少的重要能源，随着经济的发展和城市化水平的不断提高，各国对石油资源的需求将继续保持强劲的增长。BP（2018）的数据表明，在过去的20年间，世界石油资源探明可采储量呈上升趋势。如图5-3所示，1997年世界石油资源探明可采储量约为11 621亿桶，2007年增加到14 271亿桶，2017年达到了16 966亿桶，20年间增加了5 345亿桶，增长了46.0%。其中，1997—2007年石油资源探明可采储量增长速度较大，增长了22.8%，主要集中在北美洲，10年间北美洲的石油资源探明可采储量从1 267亿桶增加到2 212亿桶。2007—2017年，世界石油资源探明可采储量增长速度相对缓慢，增长了18.9%，主要集中在中南美洲等地区。

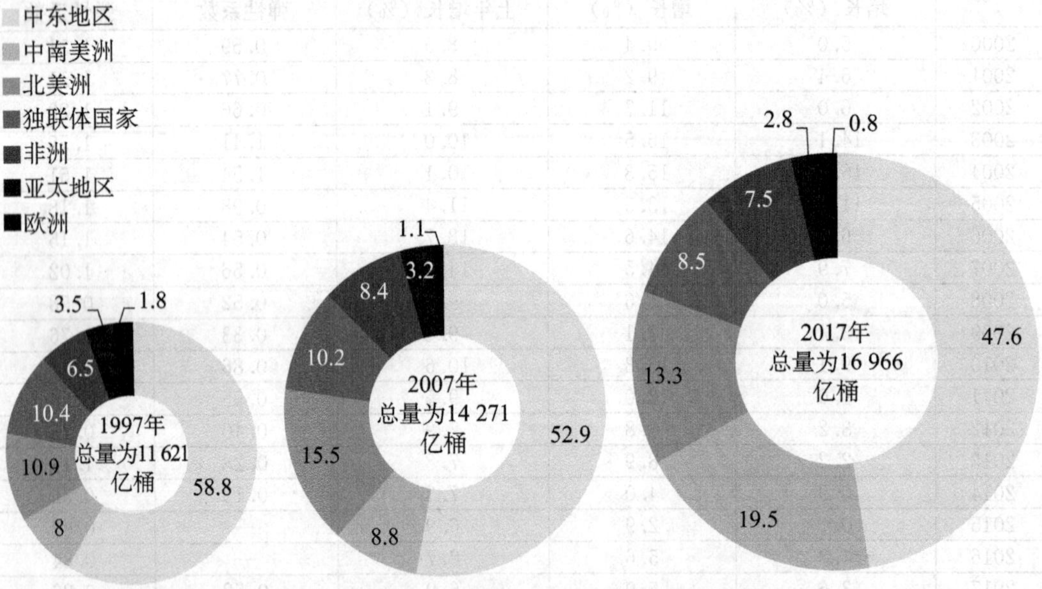

图5-3 世界石油资源探明可采储量变化及分布图（%）

资料来源：BP（2018）。

注：由于四舍五入，各图比重之和不一定严格等于100，后文中类似情况不再说明。

2017年年底，中东地区的石油资源探明可采储量约为8 076亿桶，约占世界的47.6%，是名副其实的“世界油库”。世界第二大“油库”是中南美洲，石油资源探明可采储量约为3 308亿桶，占世界的19.5%；北美洲、独立国家联合体国家（简称独联体国家，主要是俄罗斯）和非洲紧随其后，石油资源探明可采储量分别为2 256亿桶、1 442亿桶和1 272亿桶，分别占世界总量的13.3%、8.5%和7.5%；亚太地区和欧洲的石油资源最少，石油资源探明可采储量分别为475亿桶和136亿桶，分别仅占世界总量的2.8%和0.8%。由此可见，世界石油资源分布极具地域性和不均衡的特点。其中，由沙特阿拉伯、阿拉伯联合酋长国（简称阿联酋）、伊朗、伊拉克等国组成的石油输出国组织（OPEC）拥有约1/2的石油储量，其行为及政策变化会对国际石油市场供给产生一定影响。

（2）世界天然气资源探明可采储量及分布。

天然气作为一种清洁高效的能源，具有转换效率高、环境代价低、投资少和建设周期短等优势，积极开发利用天然气资源已成为世界能源工业发展的一个重要潮流。图5-4（BP，2018）的数据显示，20世纪90年代以来，世界天然气资源探明可采储量增长迅速，从1997年的128.1万亿立方米，增加到2007年的163.5万亿立方米。截至2017年年底，世界天然气资源探明可采储量约为193.5万亿立方米，在过去的20年间，天然气储量增加了65.4万亿立方米，增长了51.1%。

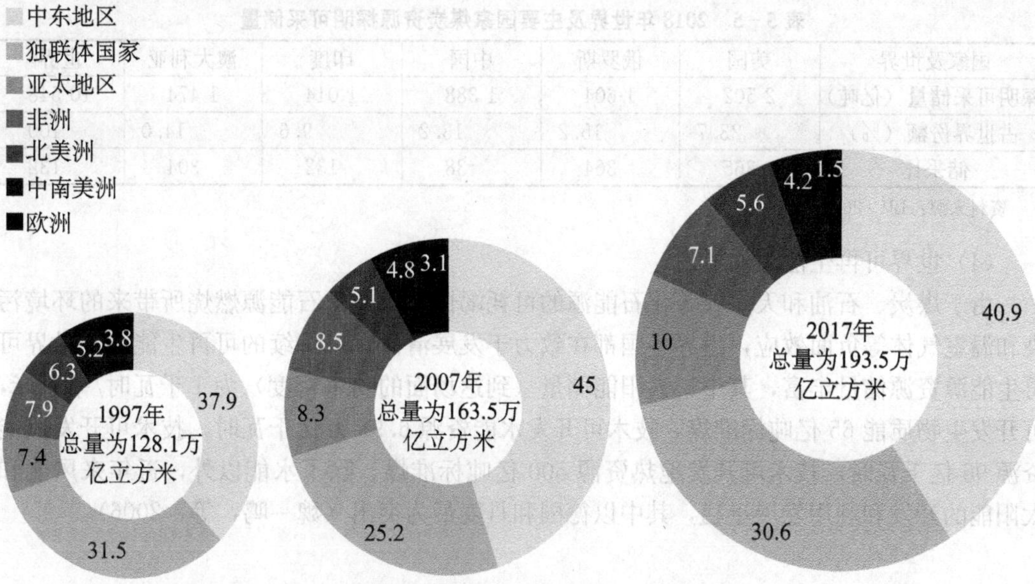

图5-4 世界天然气资源探明可采储量变化及分布图（%）

近10年世界天然气资源探明可采储量的增长速度略有下降，但是独联体国家的天然气资源探明可采储量增长速度依然较快。如图5-4所示，独联体国家（主要是俄罗斯）的天然气资源探明可采储量由2007年的41.2万亿立方米，增加到2017年的59.2万亿立方米，占世界总储量的30.6%。虽然世界天然气资源不像石油那样过度集中在中东地区，但仍具有分布很不均衡的特点。除了中东地区和独联体国家之外，其他地区的天然气资源探明可采储量相当有限，仅为55.0万亿立方米，占世界储量的28.4%。

（3）世界煤炭资源探明可采储量及分布。

煤炭是地球上蕴藏量最丰富，分布地域最广的化石能源，被誉为“工业的粮食”，至今煤炭资源仍然是钢铁、电力等工业部门的重要原料和燃料。煤炭资源分布于世界近80个国家和地区，其中有60多个国家进行了有规模的开采。根据BP（2011）的统计数据，

2010年年底世界煤炭资源探明可采储量为8 609亿吨。世界煤炭资源分布也不均衡，主要集中在亚太地区、欧洲和北美地区。如表5-5所示，美国、俄罗斯、中国、印度和澳大利亚的煤炭资源探明可采储量较大，五个国家的煤炭资源探明可采储量之和占世界总储量的75.7%。中国的煤炭资源探明可采储量相当丰富，而且煤质较好，但是人均储量仍然低于世界平均水平。

储采比又称回采率或回采比，是反映化石能源供给的一个重要的相对指标。国际通行的计算公式为：R/P，其中，R 为上年年末能源资源储量，P 为上年产量。其含义为，如果产量维持在目前水平，这些储量还可开采的年数。如2018年，世界煤炭资源的平均储采比为132年，美国为365年，中国只有38年（见表5-5）。需要说明的是，储采比是表示能源供给能力的一个近似指标。首先，前面已介绍，能源储量的探明是一个逐步的过程，真实储量是未知的、不确定的；其次，以后的年产量也不可能保持恒定。基于这两点，储采比只是反映能源供给的一个近似指标。

表5-5　2018年世界及主要国家煤炭资源探明可采储量

国家及世界	美国	俄罗斯	中国	印度	澳大利亚	世界
探明可采储量（亿吨）	2 502	1 604	1 388	1 014	1 474	10 548
占世界份额（%）	23.7	15.2	13.2	9.6	14.0	100
储采比	365	364	38	132	304	132

资料来源：BP（2019）。

（4）世界可再生能源储量。

由于煤炭、石油和天然气等化石能源的可耗竭性，以及化石能源燃烧所带来的环境污染和温室气体等负面效应，世界各国都在致力于发展清洁、可持续的可再生能源。世界可再生能源资源储量丰富，其中，太阳能储量（到达场面的功率密度）为1千瓦时/平方米，可开发生物质能65亿吨标准煤，技术可开发水能资源6.96万亿千瓦时，技术可开发风能资源96亿千瓦时，技术可开发地热资源500亿吨标准煤。除了水能以外，近年来风能和太阳能的开发和利用发展迅猛，其中以德国和丹麦最为突出（魏一鸣，等，2006）。

5.2.2　能源价格

与其他产品一样，能源价格也是影响能源资源供给的主要因素之一。一般来说，在其他条件一定的情况下，能源价格走高，意味着企业利润增加，追逐利润最大化的企业会增加供给；反之，利润减少，企业就会减少能源的供给。

与一般产品不同的是，首先，能源生产或供给在短期几乎不受价格的影响，因为能源生产前期的要素投入比重非常大，而生产过程中要素投入所占的比重较小。产量对生产过程中的要素投入是不敏感的，且要素投入对产出有一个明显的较长的时滞。其次，能源供给受到已探明可开采储量的限制，在技术不变的情况下，一定时期内可开采的数量是一定的，同时，能源投资期长，短期内调整产量的能力很有限，因此，能源价格对能源资源供给的影响比一般产品更小。短期内能源供给对价格的反应主要通过剩余产能来实现。比如，在国际石油市场上，石油供需一直比较紧张，非OPEC国家基本上已开足马力，按最大生产能力进行生产，这意味着其短期能源供给曲线为一条垂直线，供给价格弹性为0，只有沙特阿拉伯这样的OPEC成员大国才留有一定的剩余产能，当市场供不应求时，增加产出，平衡供需。图5-5显示，WTI原油价格与OPEC剩余产能总体上为负相关。2008年二季度国际原油价格达到126.6美元/桶的高位，此时OPEC剩余产能很低，只有1.28百万桶/天，随着剩余产能的增加，国际原油价格逐渐回落，2009年一季度剩余产能增加到3.32百万桶/天，国际原油价格降到了43.7美元/桶。2015年二季度国际原油价格达到53.1美元/桶，此时OPEC剩余产能较低，为1.32百万桶/天，随着剩余产能增加，国际原油价格逐渐回落，2016年一季度剩余产能增加到1.42百万桶/天，国际原油价格降到了30.5美元/桶。

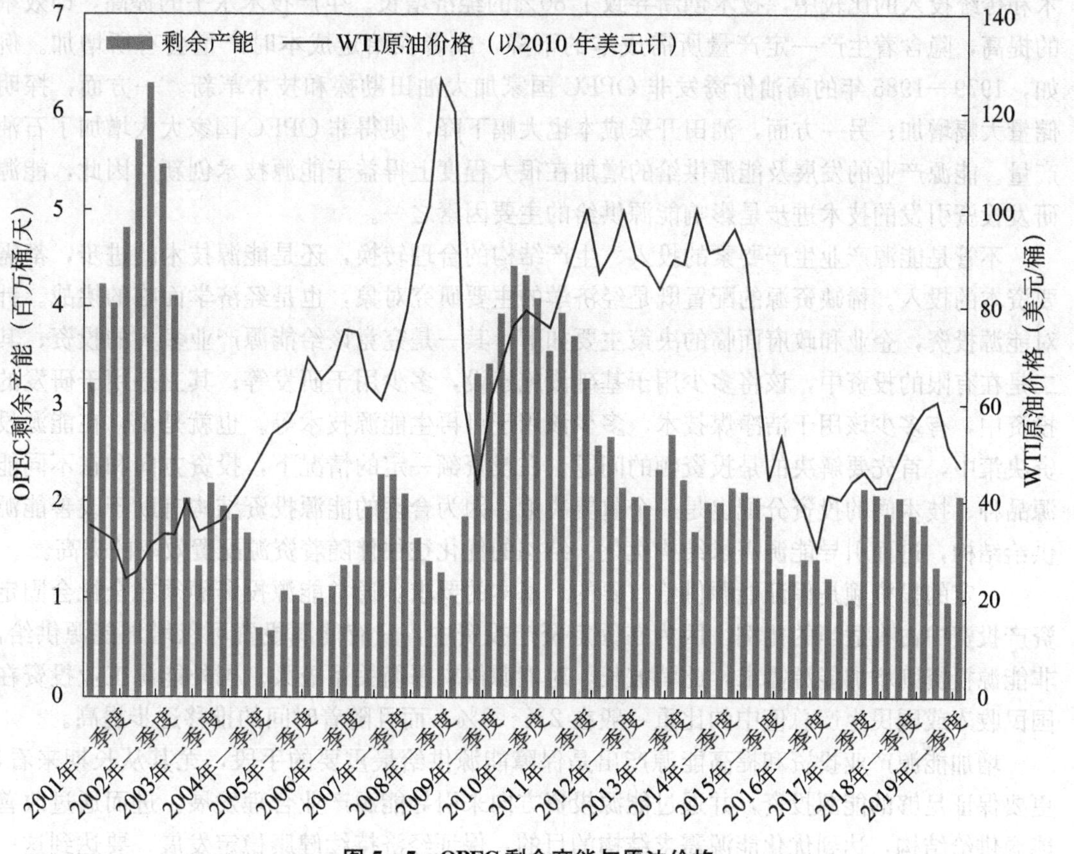

图5-5　OPEC剩余产能与原油价格

资料来源：EIA（2019）。

当今世界以不可再生的化石能源为主要能源。能源价格应当充分反映资源稀缺程度、市场供需状况，以及生态保护和环境治理成本，这样才能向各类市场主体传递正确的信号，从根本上促进能源供给朝着多元化、高效化、清洁化的方向发展，促进能源节约和合理利用。因此，应当维护能源市场稳定，完善能源定价机制，使能源价格更趋合理，以达到更充分、有效地配置能源资源的目的。

5.2.3　能源投资

能源投资对能源供给的影响主要体现在两个方面。

（1）能源投资是能源供给物质体系形成的基础，是能源能否稳定、经济、清洁供给的根本保障。能源投资供给主要是指能源产业交付使用的固定资产，既包括生产性固定资产，也包括非生产性固定资产。生产性固定资产的交付使用直接为能源产业的再生产过程注入新的生产要素，增加生产资料供给，为扩大再生产提供物质条件，促进能源部门产值的增长。非生产性固定资产则主要通过为能源产业部门劳动者提供各种服务和福利设施，间接地促进能源产业的增长。因此，能源投资的增加促进了能源产品供给的增加。

（2）能源研发投资是推动能源技术进步的主要因素。索洛的经济增长模型表明：在技术和传统投入的比较中，技术创新导致了80%的经济增长。生产技术水平的提高，即效率的提高，隐含着生产一定产量所需成本的下降，或者在给定成本时产量会有所增加。例如，1979—1985年的高油价诱发非OPEC国家加大油田勘探和技术革新。一方面，探明储量大幅增加；另一方面，油田开采成本也大幅下降，使得非OPEC国家大大增加了石油产量。能源产业的发展及能源供给的增加在很大程度上得益于能源技术创新。因此，能源研发投资引发的技术进步是影响能源供给的主要因素之一。

不管是能源产业生产要素的投入、生产结构的合理转换，还是能源技术的进步，都需要资本的投入。稀缺资源的配置既是经济学的主要研究对象，也是经济学面临的挑战。针对能源投资，企业和政府面临的决策主要如下：其一是究竟该给能源产业多大的投资；其二是在有限的投资中，该将多少用于基础设施建设，多少用于研发等；其三是用于研发的投资中，有多少该用于洁净煤技术，多少该用于可再生能源技术等。也就是说，在能源投资决策中，首先要解决的是投资额的问题。在投资额一定的情况下，投资方向和在不同能源品种、技术间的投资分配也是一个重要决策，因为合理的能源投资结构有助于改善能源供给结构，进而引导能源需求结构优化。结构的优化往往伴随着资源配置效率的提高。

一定的投资额是保证能源供给首要的、基本的要求。通常能源投资额须在全社会固定资产投资中占有适当的比例。因为在固定资产投资中，只有能源投资可以增加能源供给，非能源投资则增加能源需求，此消彼长，对能源供求平衡关系极大。国外能源工业投资在国民收入或国民生产总值中的比重一般在2%～8%，而且随着时间的推移逐步提高。

增加能源产业投资和提高能源产出是保障能源供给最重要的手段，尤其从长期来看，更要保证足够的能源投资，并通过能源投资方向来引导能源产业合理发展，进而通过改善能源供给结构，达到优化能源需求结构的目的，保证经济持续健康稳定发展。要达到这一目的，我国在能源投资决策中应注意以下四点。

（1）能源建设必须适度超前。国家能源规划要充分考虑到经济增长周期、产业结构变动、人民生活水平提高对能源需求总量的影响。能源生产和供给能力规划要能够满足在经济繁荣时期产业结构引致的能源需求增长。

（2）要从根本上解决可能出现的能源供给能力不足问题，在保证国家在能源领域占据主导地位的同时，适当放开能源产业的市场准入，允许外资、民营资本进入能源投资领域。我国经济发展和世界各国的经验表明，只有竞争的市场才能够解决“短缺”问题。同时注意到，能源产业的投资额巨大，特别是某些能源品种，如电力，具有一定的自然垄断特征，过度的竞争会造成重复建设，或规模偏小、不经济，导致效率低下和对资源的浪费，因此，国家应重点控制和管理能源行业的进入准则，对能源投资进行适当的引导。

(3) 通过引导能源投资的方向，促进能源供给结构的调整。通过研发资金支持、税收优惠等方面的措施，鼓励各种所有制类型的企业在风能、太阳能、地热能等可再生能源领域及传统能源清洁利用领域的投资热情，尽快提高我国在新能源、可再生能源和能源清洁利用领域的技术和装备水平，缩小与世界先进水平的差距。

(4) 将能源投资与节能减排结合起来。严格限制技术水平低、规模小、能耗高、排放大的投资，鼓励技术先进的能源设施先上马，并以此促进低水平能源设施的淘汰。引导投资进入能源装备领域，缩小我国在能源装备领域的技术差距，提高能源技术效率水平，为我国能源行业的节能减排奠定坚实的物质基础（李晓华，2008）。

综上所述，能源投资是保证能源稳定、高效、清洁供给的根本保障。能源投资不足必将导致能源供给短缺，从而阻碍经济发展。必须树立“经济发展，能源先行”的指导思想，大力推进能源投资和能源建设。由于能源投资资金量大，投资回收期长，因此，能源投资必须做好长期规划，同时，能源投资还必须注意投资的方向和结构。

除上述主要因素外，生产者未来的预期也会影响能源供给。若预期将来的价格上涨，则生产者宁愿现在少开采，使能源埋在地下增值；反之，则会增加当期开采。能源供给还受到国际政治、经济、军事，以及自然灾害、气候变化等事件的重大影响，如世界已发生的三次大的石油危机，以及与能源资源相关产品价格等因素的变动都会对能源供给产生影响。

5.3　能源供给预测

与能源需求预测一样，能源供给预测是进行能源发展规划的一个重要组成部分。可用于能源需求预测的趋势外推方法基本上都可以用于能源供给预测，同样地，这些方法仅利用历史数据信息，假设将来沿着历史趋势发展，外推能力有限，适合短期能源供给预测。不同于能源需求预测之处在于，能源供给很大程度上要受到资源禀赋的限制，对于不同的能源品种，资源禀赋和市场结构等因素也会有所不同，因此，分能源品种进行供给预测是必要的。能源供给预测方法主要有三大类，它们分别是基于历史数据的趋势外推法、基于能源系统的预测法和基于能源储量的预测法，下面分别对三类预测方法进行介绍。

5.3.1　基于历史数据的趋势外推法

该方法是根据各历史时期实际能源供给量的数据进行数据处理和统计分析，再结合能源储量的可能性和能源贸易等因素进行调整，推测未来的能源供给量。在该方法中，灰色系统理论建模由于所需历史数据相对较少，使用灵活方便而得到广泛应用，下面重点加以介绍。

灰色系统理论建模的主要任务是根据社会、经济、技术等系统的行为特征数据，找出因素本身或因素之间的数学关系，从而了解系统的动态行为和发展趋势。灰色系统理论认为：(1) 任何随机过程都可被看作在一定时空区域变化的灰色过程，随机量可被看作灰色量；(2) 无规的离散时空数列是潜在的有规序列的一种表现。因而，通过生成变换可将无规序列变成有规序列。能源系统是一个复杂系统，其影响因素有些是已知的，有些是未知的，因此，可以把能源系统作为灰色系统进行处理，灰色预测模型在能源预测中得到了广泛的应用。

灰色系统理论运用微分模型对系统的发展变化进行分析预测，GM（1，1）是最基本的，也是最主要的灰色预测模型。GM（1，1）将观测数据序列看成随时间变化的灰色过程，此预测模型需要的数据量少，可通过累加生成挖掘出系统潜藏的有序指数规律，模型通过多种检验判断其合理性和有效性，只有通过检验才能建立相应的预测模型（张丽峰，2006）。

灰色系统理论的具体计算步骤如下：首先，对所考察的原始时间序列 $\{x^{(0)}(k)\}$ 做一次累加生成，得 $\{x^{(1)}(k)\}$，其中，

$$x^{(1)}(k)=\sum_{i=1}^{k}x^{(0)}(i),\ k=1,\ 2,\ \cdots,\ n \tag{5-1}$$

其次，构造一阶常微分方程 $\frac{\mathrm{d}x^{(1)}}{\mathrm{d}k}+ax^{(1)}=b$，解该微分方程，得预测模型如下：

$$x^{(1)}(k+1)=\left[x^{(1)}(1)-\frac{b}{a}\right]\mathrm{e}^{-ak}+\frac{b}{a} \tag{5-2}$$

其中，a 为发展灰数，它反映由模型计算得到的数列值的发展态势；b 为内生控制灰数，其大小反映数据的变化关系。

再次，利用最小二乘法估计参数 a，b，它们的向量形式为：

$$\alpha=\begin{bmatrix}a\\b\end{bmatrix}=(B^{\mathrm{T}}B)^{-1}B^{\mathrm{T}}y_n \tag{5-3}$$

其中，

$$B=\begin{bmatrix}-1/2[x^{(1)}(1)+x^{(1)}(2)] & 1\\ -1/2[x^{(1)}(2)+x^{(1)}(3)] & 1\\ \vdots & \vdots\\ -1/2[x^{(1)}(n-1)+x^{(1)}(n)] & 1\end{bmatrix} \tag{5-4}$$

$$y_n=[x^{(0)}(2),\ x^{(0)}(3),\ \cdots,\ x^{(0)}(n)]^{\mathrm{T}} \tag{5-5}$$

最后，当 $k=1$，2，…，$n-1$ 时，由式（5-2）算得的数据为拟合值；当 $k>n$ 时，根据式（5-2）计算出预测值。然后用累减运算还原，即

$$x^{(0)}(k+1)=x^{(1)}(k+1)-x^{(1)}(k)=(1-\mathrm{e}^{a})\left[x^{(1)}(1)-\frac{b}{a}\right]^{-ak},\ k=1,\ 2,\ \cdots,\ n-1 \tag{5-6}$$

如以中国 1991—2008 年能源产量数据（国家统计局，2009）为原始序列，建立 GM（1，1）模型，对未来产量进行预测。

原始数据序列：

$$x^{(0)}(k)=(1\,048,\ 1\,073,\ 1\,111,\ 1\,187,\ 1\,290,\ 1\,326,\ 1\,324,\ 1\,243,\ 1\,259,\ 1\,290,\ 1\,374,\ 1\,438,\ 1\,638,\ 1\,873,\ 2\,059,\ 2\,211,\ 2\,354,\ 2\,600)$$

一次累加生成序列：

$$x^{(1)}(k)=(1\,048,\ 2\,121,\ 3\,232,\ 4\,419,\ 5\,709,\ 7\,035,\ 8\,359,\ 9\,602,\ 10\,861,$$

12 151，13 525，14 963，16 601，18 474，20 533，22 744，25 098，27 698)

根据式（5-4）求得：

$$(B^{\mathrm{T}}B)^{-1}=\begin{bmatrix}-1.896\,99\mathrm{E}-11 & -4.531\,83\mathrm{E}-06\\ -4.531\,83\mathrm{E}-06 & -0.082\,63\end{bmatrix}$$

$$y_n=[x^{(0)}(2),\ x^{(0)}(3),\ \cdots,\ x^{(0)}(n)]^{\mathrm{T}}$$

$$=[1\,073,\ 1\,111,\ 1\,187,\ 1\,290,\ 1\,326,\ 1\,324,\ 1\,243,\ 1\,259,\ 1\,290,\ 1\,374,\ 1\,438,\ 1\,638,\ 1\,873,\ 2\,059,\ 2\,211,\ 2\,354,\ 2\,600]^{\mathrm{T}}$$

由式（5-3）求得：

$$\hat{\alpha}=\begin{bmatrix}-0.058\,8\\ 841.572\,9\end{bmatrix}$$

即

$$a=-0.058\,8,\ b=841.572\,9$$

根据式（5-6）可得：

$$\hat{x}^{(0)}(k)=15\,352.325\mathrm{e}^{0.058\,8k}-14\,304.325 \tag{5-7}$$

根据式（5-7）对1992—2008年中国能源产量的拟合结果见表5-6。

表5-6　GM (1, 1) 模型拟合结果

年份	观测变量（个）	拟合值	绝对误差	相对误差（%）
1992	1 073	930.329	−142.670 683	−13.296 4
1993	1 111	986.706	−124.294 033	−11.187 6
1994	1 187	1 046.499	−140.501 039	−11.836 7
1995	1 290	1 109.915	−180.084 673	−13.960 1
1996	1 326	1 177.175	−148.825 364	−11.223 6
1997	1 324	1 248.510	−75.490 235	−5.701 68
1998	1 243	1 324.168	81.167 701	6.529 98
1999	1 259	1 404.410	145.410 403	11.549 68
2000	1 290	1 489.516	199.515 7	15.466 33
2001	1 374	1 579.778	205.778 257	14.976 58
2002	1 438	1 675.511	237.510 599	16.516 73
2003	1 638	1 777.044	139.044 187	8.488 66
2004	1 873	1 884.731	11.730 567	0.626 30
2005	2 059	1 998.943	−60.057 41	−2.916 82
2006	2 211	2 120.076	−90.924 299	−4.112 36
2007	2 354	2 248.549	−105.450 691	−4.479 64
2008	2 600	2 384.808	−215.191 763	−8.276 61

进行模型精度检验。从残差的相对误差的绝对值来看，平均相对误差为9.479 1%，

预测精度达到90%以上。后验差 $C=S_2/S_1=0.3736$，其中，S_2 为预测残差的标准差，S_1 为实际数据的标准差。根据灰色系统理论评定预测精度的要求，指标 C 小于 0.5 表明所建立的预测模型是合格的，能客观地反映我国能源产量的动态变化趋势，可以用该模型对我国能源产量进行预测。2013—2020 年能源产量预测结果见表 5-7。

表 5-7 GM (1, 1) 预测结果　　(单位：万吨标准煤)

年份	预测值	年份	预测值
2013	3 200.433	2017	4 049.607
2014	3 394.374	2018	4 295.007
2015	3 600.069	2019	4 555.279
2016	3 818.228	2020	4 831.322

5.3.2 基于能源系统的预测法

(1) 系统动力学模型。

基于能源系统的预测法是在综合考虑能源资源、能源需求、能源运输、能源投资、生态环境等因素的条件下，提出若干个可行方案，然后按照给定的评价准则，通过系统分析，优选出在技术上可行、经济上合理和社会上可接受的能源供给方案。该方法主要运用系统动力学理论。系统动力学是一门分析研究信息反馈系统的学科，也是一门认识系统问题和解决系统问题的交叉综合学科。从系统方法论来说，系统动力学是结构的方法、功能的方法和历史的方法的统一。它基于系统论，吸收了控制论、信息论的精髓，是一门综合自然科学和社会科学的横向学科。

系统动力学（system dynamics，SD）是由美国麻省理工学院福里斯特（Forrester）教授于 1956 年创立的。早期主要应用在工业企业管理上，之后几乎遍及各类系统。系统动力学着重于描述系统的结构，是一个结构仿真模型，强调系统发展过程中的行为和发展趋势，因此更适于中长期系统发展研究。

系统动力学建模步骤如下：1）确定系统分析目的。2）确定系统边界，即系统分析涉及的对象和范围。3）建立因果关系图和流图。4）写出系统动力学方程。5）进行仿真试验和计算等。

(2) 案例分析：中国煤炭供应能力的系统动力学预测模型。

根据对煤炭工业系统运行的主要影响因素，如国内煤炭保有储量、煤炭采选业投资、新建矿井投产以及国有煤炭生产能力情况等的分析，可绘制煤炭供应系统流图，如图 5-6 所示。煤炭供应系统是一个动态系统，国有煤矿生产能力随着新建矿井的投产而增大，又因矿井报废而减少。煤炭供应系统受煤炭需求量和国家宏观经济政策等外生变量的影响。

根据图 5-6，可建立以下系统方程。

1）国有煤矿生产能力方程：

$$GYSCNL[i]=GYSCNL[i-1]+\frac{TCL[i]-GBL[i]}{10\,000} \tag{5-8}$$

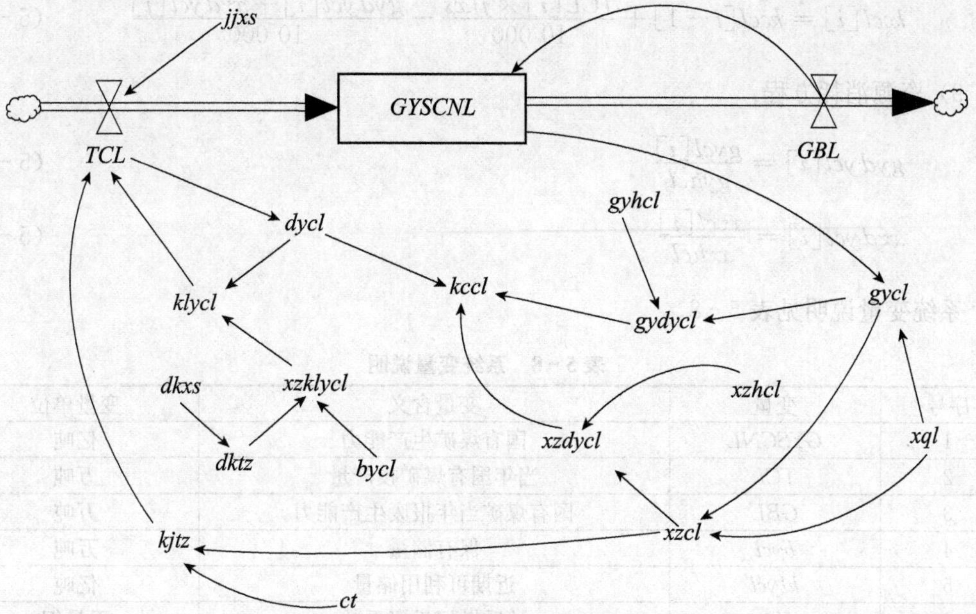

图 5-6 煤炭供应系统流图

2）近期可利用建井储量方程：

$$klycl[i]=klycl[i-1]+xzklycl[i]-\frac{dycl[i]}{10\ 000} \quad (5-9)$$

3）续建中矿井生产能力方程：

$$xjl[i]=xjl[i-1]+njl[i]-TCL[i] \quad (5-10)$$

4）新增可利用建井储量方程：

$$xzklycl[i]=\frac{\dfrac{dktz[i]-4\ 315.7}{261.8}}{10\ 000} \quad (5-11)$$

5）国有煤矿矿井建设投资计算方程：

$$kjtz[i]=18\ 274\ 855.73\times ct+11.178\ 381\ 98\times xjl[i]-369\ 583.035\ 2 \quad (5-12)$$

6）新开工矿井方程：

$$njl[i]=\min\left(\frac{kjtz[i]-29.18\times xjl[i]}{43.44},\ \frac{klycl[i]\times 10\ 000}{jjxs}\right) \quad (5-13)$$

7）投产方程：

$$TCL[i]=0.4\times njl[i-10]+0.3\times njl[i-9]+0.2\times njl[i-8]+0.1\times njl[i-7] \quad (5-14)$$

8）已利用建井储量的剩余可开采储量方程：

$$kccl[i]=kccl[i-1]+\frac{TCL[i]\times jjxs}{10\ 000}-\frac{gydycl[i]+xzdycl[i]}{10\ 000} \quad (5-15)$$

9）资源消耗方程：

$$gydycl[i]=\frac{gycl[i]}{gyhcl} \quad (5-16)$$

$$xzdycl[i]=\frac{xzcl[i]}{xzhcl} \quad (5-17)$$

系统变量说明见表 5-8。

表 5-8 系统变量说明

序号	变量	变量含义	变量单位
1	*GYSCNL*	国有煤矿生产能力	亿吨
2	*TCL*	当年国有煤矿投产量	万吨
3	*GBL*	国有煤矿当年报废生产能力	万吨
4	*bycl*	保有储量	万吨
5	*klycl*	近期可利用储量	亿吨
6	*dkxs*	地质勘探投资系数	无量纲
7	*dktz*	地质勘探投资	万元
8	*xzklycl*	新增可利用储量	亿吨
9	*jjxs*	建井系数	无量纲
10	*ct*	煤炭采选业投资因子	无量纲
11	*kjtz*	矿井建设投资	万吨
12	*njl*	新开工矿井生产能力	万吨
13	*dycl*	新建矿井动用储量	万吨
14	*kccl*	可开采储量	亿吨
15	*xjl*	续建中矿井生产能力	万吨
16	*xq1*	煤炭需求量	万吨
17	*gycl*	国有煤矿煤炭产量	万吨
18	*gyhcl*	国有煤矿回采率	无量纲
19	*gydycl*	国有煤矿动用储量	万吨
20	*xzcl*	乡镇煤矿煤炭产量	万吨
21	*xzhcl*	乡镇煤矿回采率	无量纲
22	*xzdycl*	乡镇煤矿动用储量	万吨

在应用所建的系统动力学模型进行模拟分析之前，需要对模型的真实性和有效性进行检验，只有检验合格后的模型才具有应用价值。系统动力学模型检验一般分两步：(1) 再次确定模型所包含的变量与反馈回路是否足以描述问题，以及是否符合预定的研究目的，各变量的量纲是否正确等。(2) 对系统参数进行赋值，然后选取系统中最有代表性的变量作为模型的检验变量。比如在上述模型中，可选择国有煤矿煤炭产量和矿井建设投资两个变量作为检验变量。将这两个变量的系统模拟值与历史实际值进行比较，计算二者的绝对误差和相对误差，若误差较小，则说明系统是有效的。

模型通过了检验后，即可根据研究目的设计不同的方案，运用模型进行模拟运算，比较方案的优劣，并做出选择。例如，在上述煤炭生产供应系统动力学模型中选择煤炭采选业投资因子（ct）和地质勘探投资系数（$dkxs$）作为调控参量，设计若干种不同的投资方案，并根据模型的模拟结果对不同情景下的投资方案进行选择（杨瑞广，等，2005）。

5.3.3 基于能源储量的预测法

基于能源储量的预测法指根据已经查明和未来可能发现的可供开发的能源储量，并考虑到能源生产的生命周期特点等进行预测的方法。基于能源储量的供给预测方法对石油供给探讨得比较多，但该方法也可用于对其他化石能源的预测。

（1）考虑市场结构。

1）在完全竞争市场上，厂商 t 期利润函数如下：

$$\pi_t = p_t Q_t - C(Q_t)$$

则该可耗竭能源最优开采策略应满足如下模型：

$$\max V = \sum_{t=0}^{n-1} \rho^t [p_t Q_t - C(Q_t)]$$

$$R_{t+1} - R_t = -Q_t,\ R_0 = Q,\ t = 0,\ 1,\ \cdots,\ n-1$$

其中，π_t 为厂商第 t 年利润；Q_t 为第 t 年开采量（供给量）；Q 为初始储量；R_t 为第 t 年资源储量；p_t 为第 t 年能源资源价格；$C(Q_t)$ 为第 t 年开采成本；n 为能源资源生命周期；ρ 为折现率；V 为厂商在整个开采期内的利润现值（张艺，郁义鸿，2009）。

2）在市场非完全竞争的条件下，假定 OPEC 作为卡特尔组织，在观察到其他竞争性厂商产量后，生产的产量与非 OPEC 国家的竞争性产量一起恰好满足世界石油市场需求，在此市场结构下，OPEC 最优的产出路径满足如下模型：

$$TD_t = f_1(P_t, Y_t, TD_{t-1})$$

$$S_t = f_2(P_t, S_{t-1})$$

$$D_t = TD_t - S_t$$

$$R_t = R_{t-1} - D_t$$

$$\max W = \sum_{t=1}^{N} [(1+\delta)^t]^{-1} [P_t - 250/R_t] D_t$$

其中，TD_t 为世界总的石油需求量；D_t 为世界对 OPEC 石油的需求量；S_t 为竞争性供给量；R_t 为 OPEC 石油储量；P_t 为（剔除通货膨胀后的）世界实际石油价格；Y_t 为世界经济活动水平变量；$250/R_t$ 为石油生产成本，同储量成反比；N 为能源资源生命周期；δ 为无风险利率；W 为 OPEC 在整个开采期内的利润现值（Pindyck，1978）。

除上述两种模型外，还可以考虑其他市场类型，或对市场供给主体的不同生产行为建立模型，对市场能源供给进行分析预测。这些方法有一个共同点，就是通过在整个资源储量开采期内实现现值最大化来获得最优供给路径。

（2）石油峰值理论。

石油峰值理论源于 1949 年美国著名石油地质学家哈伯特（Hubbert）发现的矿物资源

“钟形”曲线规律。哈伯特认为，石油作为不可再生资源，任何地区的石油产量都会在某个时刻达到最高点（峰值），达到峰值后该地区的石油产量将不可避免地开始下降。这是石油峰值理论的核心。爱尔兰地质学家坎贝尔（Campbell）发展了石油峰值研究。他继承了哈伯特的理论，继续研究石油峰值，并成立了石油峰值研究会（ASPO）。1998 年，他发表了“廉价石油时代的终结”一文，在油价还十分低迷的时候得出了廉价石油时代必将终结的结论。

石油峰值理论是研究石油产量的长期估计和折耗的理论，既适用于一个单独油田，也适用于一个地区。冯连勇等（2006）综合对比了国内外 10 多种关于石油峰值理论的定量研究模型，并对它们做了系统阐述。

1949 年，哈伯特提出了矿物资源“钟形”曲线问题。1953 年，哈伯特根据石油峰值理论预测美国本土 48 个州的石油产量在 1970 年前后达到峰值。后来，美国本土石油产量果然在 1970 年左右到达峰值。从此以后，石油峰值问题逐渐受到关注。1962 年，他利用实际资料拟合 logistic 曲线，得到可以用于预测累积产量和最终可采储量的哈伯特模型。美国学者阿尔-贾里（Al-Jarri）于 1997 年基于年产量与累积产量之间的一元二次方程完成了该模型的推导。其主要关系式为：

$$N_p = \frac{N_R}{1+a\mathrm{e}^{-bt}}$$

$$Q = \frac{abN_R\mathrm{e}^{-bt}}{(1+a\mathrm{e}^{-bt})^2}$$

$$Q_{\max} = 0.25bN_R$$

$$N_{pm} = 0.5N_R$$

$$t_m = \frac{1}{b}\ln a$$

其中，Q 为油田油产量或天然气产量；$Q_{\max}$ 为油田最高产油量或产气量；t 为相对开发时间；t_m 为最高年产量发生的时间；N_p 为累积年产油量或产气量；N_R 为可采油量或可采气量；a、b 为预测模型常数。

阿尔-贾里和斯塔兹曼（Startzman）在 1999 年将单循环哈伯特模型发展成多循环哈伯特模型，并在 2000 年利用多循环哈伯特模型对世界天然气供应进行了预测。该模型主要关系式为：

$$Q(t) = \sum_{i=1}^{n} Q(t,i) = \sum_{i=1}^{n} \frac{4Q_{\max,i}\mathrm{e}^{bt}}{(1+\mathrm{e}^{-bt})^2}$$

$$G_{pa} = \sum_{i=1}^{n} \frac{4Q_{\max,i}}{b_i}$$

$$G_p = \sum_{i=1}^{n} \frac{4\,(Q_{\max}/b)_i}{(1+\mathrm{e}^{-bt})_i}$$

其中，G_{pa} 为天然气最终可采量；G_p 为累积产量。

我国著名地球物理学家翁文波基于“任何事情都有‘兴起-成长-鼎盛-衰亡’的自然过程，油气的发现也有类似规律”的思想，提出了泊松旋回（Poisson cycle）模型。该模型是我国建立的第一个关于油气田储量和中长期产量的预测模型，又被称为翁氏模型。以陈元千为代表的一批学者继承并发展了翁文波的预测理论。1996 年，陈元千完成了翁氏模型的理论推导，并提出了求解非线性模型的线性试差法。由于翁氏模型是在模型常数 b 为正整数时理论推导结果的特例，故将此结果称为广义翁氏模型。该预测模型的基本关系式为：

$$Q = at^b e^{-(t/c)}$$

$$Q_{\max} = a\,(bc/2.718)^b$$

$$t_m = bc$$

$$N_R = ac^{b+1}\Gamma(b+1)$$

其中，$\Gamma(b+1)$ 为伽马函数，当 b 为正整数时，$\Gamma(b+1)=b!$，c 为常数。

根据 BP（2005），广义翁氏模型对世界石油峰值的预测结果为：世界石油产量的峰值为 40.3×10^8 吨，峰值出现时间大约在 2020 年，见图 5－7。

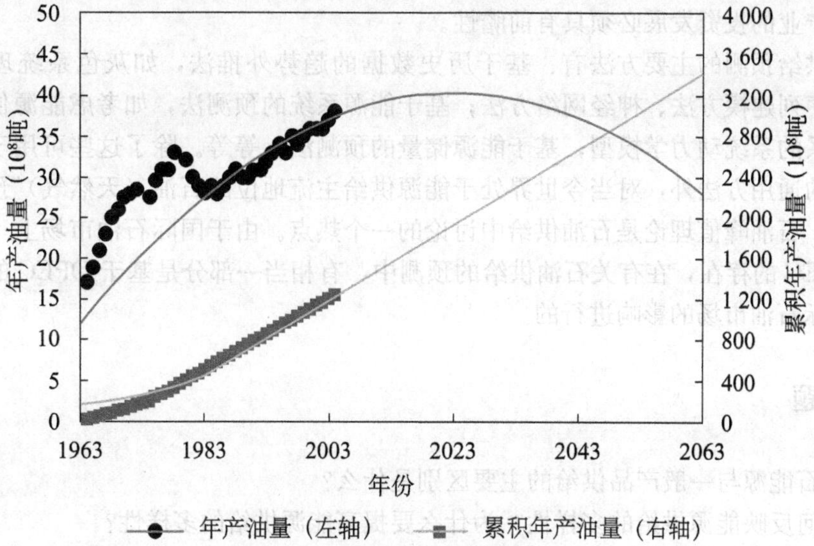

图 5－7　世界石油产量峰值预测

目前，不同机构和学者对何时达到石油峰值说法不一。以坎贝尔为代表的“悲观派”认为，石油峰值已经到来或即将到来。坎贝尔认为，石油峰值已在 2007 年到来。另一派是以剑桥能源研究会（CERA）为代表的“乐观派”，认为科技进步会显著地增加石油产量，将使石油峰值的到来推迟到 2030 年以后。“中间派”如世界著名油气研究专家、石油峰值研究会成员、道达尔石油公司前副总裁认为，石油峰值将于 2020 年左右出现；国际能源署（IEA）的预测也大约是 2020 年。针对石油峰值理论，一些石油业内人士进行了反驳。埃克森-美孚公司的高级主管马克-诺兰援引了美国地质勘探局（USGS）的数据，全球常规可开采原油超过 3 万亿桶，对重油等非常规石油的开采可使全球可开采原油量增至 4 万亿桶，而全球目前仅开采了 1 万亿桶原油，因此“石油末日”还很遥远（中国经济网，2010）。另有学者认为，石油产量峰值预测的数学模型是对处于一个没有明显储产量补充的封闭条件下的简单对象，以趋势外推法预测其产量变化。该方法不能正确预测复杂多变、不断发展，而又受社会因素影响巨大的大油区（如中东地区）、大产油国（如中国）和全球的石油储、产量变化（张抗，2008）。

本章小结

能源供给受能源资源储量限制，具有绝对稀缺性，同时能源资源分布的地缘性使得能源供给与旺盛的能源需求相比始终压力过大，因此成为提高能源资源配置的一大障碍。

能源供给不仅存在总量上的困扰，从长期来看，以化石能源为主的能源供给结构更是急需优化调整，当前世界范围内掀起的大力发展可再生能源既从总量上来保证能源供给，满足能源需求，又从能源供给结构优化角度来保证未来长期的能源需求。

由于能源供给方调整生产的灵活性受能源系统设施、资源储量、环保标准的约束，以及其他不确定因素的影响，同时，能源供给项目投资大，建设周期长，因此，能源供给的价格弹性较小，价格对能源供给的市场调节能力有限，且存在明显的滞后。或者反过来说，能源产业的投资发展必须具有前瞻性。

能源供给预测的主要方法有：基于历史数据的趋势外推法，如灰色系统理论建模方法、时间序列建模方法、神经网络方法；基于能源系统的预测法，如考虑能源供应系统内部相互关系的系统动力学模型；基于能源储量的预测法；等等。除了这些可用于各类能源需求供给的通用方法外，对当今世界处于能源供给主流地位的石油（天然气）预测相对较多，其中，石油峰值理论是石油供给中讨论的一个热点。由于国际石油市场上一个独特力量——OPEC 的存在，在有关石油供给的预测中，有相当一部分是基于 OPEC 的生产行为及其对国际石油市场的影响进行的。

思考题

1. 化石能源与一般产品供给的主要区别是什么？
2. 如何反映能源供给的多样性？为什么要提高能源供给的多样性？
3. 你认为能源供给的主要影响因素有哪些？它们如何影响能源供给？
4. 你是如何看待石油峰值理论的？

拓展阅读

石油无机成因说的源起

正当石油峰值理论在西方社会甚嚣尘上的时候，在 1994 年的一次国际会议上，俄罗斯科学家克拉尤希金（Krayushkin）提出了一个新的假设，彻底颠覆了西方传统石油生成和勘探理论。根据他的观点，石油和天然气的形成同古代的生物物质无关，石油的真正来源是距地面约 200 千米深处的地幔上层的无机物质。石油是由自然界的无机碳和氢经过化学作用而形成的。克拉尤希金还运用其石油非生物生成理论在乌克兰第聂伯河-德涅茨河盆地找到了 11 个大型油田，至少拥有 650 亿桶原油。俄罗斯科学家用详尽的科学检验证明，石油和天然气都来自更深的地下，即使埋藏在地球表面较浅地层里的石油，也和更深处的石油一样，来自同一个很深的源头。

因为石油是世界上最重要的能源，所以它的成因一直是一个科学之谜。西方地质学理论一直认为，石油是生物遗骸经历堆积、高压和化石花，经过几百万年的时间才生成数量有限的石油和天然气，这种能源被称作化石能源。而俄罗斯科学家的发现与西方石油生成理论大相径庭。他们指出，石油不是什么化石能源，根本不是来自浮游生物或恐龙的遗骸。石油来源于地壳之下，在地球深处的地幔上层生成。靠近地表的石油是被压力挤上来的。

如果石油无机学说成立，那么地球上潜在的石油和天然气资源至少也是“800万倍”于今天流行的化石能源的有限假设。那么，地球上有巨大的石油储量，足够满足未来几千年人类的需要。

若果真如此，那么对石油峰值的担忧似乎可以解除了。石油的新定义让我们认识到，人类发展所需的能源支持是可持续的。不乐观的石油供给面、石油产量的下滑、新油田发现率低、产能紧缩及供需缺口不断扩大或将引发新一轮的世界石油危机，而这些又将随着新的理论烟消云散。

对于石油非生物起源的新定义，也有科学家提出不同意见，他们认为其主要缺陷在于单纯从化学反应出发考虑石油的生成，脱离了石油生成的地质条件。自然界有非生物起源的石油，但具有工业价值的石油应当是有机成因的。石油勘探的大量实践表明，世界上99%以上的油气田分布在富含有机质的沉积岩区，而含有工业油流的火成岩、变质岩与沉积岩毗邻。油源对比的研究结果表明，这些火成岩或变质岩中储存的石油都是由附近沉积岩中生成的石油运移而来的。因此，石油无机成因说未能得到石油地质学界的普遍赞同和支持。

事实上，我们也没有数据反证，石油的枯竭与峰值是不存在的，这只是石油利益集团的战略布局。我们也希望石油价格一如之前的香料价格一样，随着稀缺性的消失变得廉价而取之不尽，但目前这似乎只是一个美好的愿望。

资料来源：潘宁．关于世界石油供给峰值理论的探讨．中国国情国力，2011 (12).

第 6 章

能源市场

能源作为一种重要的生产要素，其需求受社会经济发展、人口增长等因素推动，具有刚性增长的特点，而能源供给则受制于资源的有限性、分布的高度地缘性，以及能源投资等因素影响，因此，能源资源的配置问题较一般产品更加困难，更需要从市场角度对有关问题进行深入分析。同时，由能源短缺和能源利用产生的外部性等问题，使得能源市场成为一个典型的非均衡市场，政府的宏观调控成为提高能源市场运行效率，引导资源实现有效配置的重要手段。本章共分四节，依次分析能源市场均衡、非均衡有关问题，税收与能源配置，以及能源市场规制。

6.1 能源市场均衡分析

6.1.1 能源市场均衡的含义

能源资源的配置是通过能源市场来实现的。能源市场可以简单地理解为通过能源的供给与需求运动，实现能源资源配置的机制和形式。

经济学上的市场均衡指的是某一经济系统所受外力既定且相互平衡时的状态，即均衡状态。其包括两方面的含义：

第一，对立的力量（供求）在量上处于均等状态，即变量均等；

第二，决定供求的任何一种力量不具有改变现状的动机和能力。

因此，能源市场均衡就是能源市场上供给与需求在量上处于均等，且供给与需求任何一方不具有改变现状的动机和能力时的状态。能源市场的均衡分析是通过揭示能源市场中有关经济变量之间的关系，说明实现能源市场均衡的条件以及调整手段等。

能源市场均衡按照均衡市场覆盖的范围，分为单一能源品种市场均衡、多能源品种市场均衡及能源-经济-环境系统均衡。

6.1.2　单一能源品种市场均衡

单一能源品种市场均衡是用来分析单个市场、单个商品价格与供求关系变化的一种方法。它假定当其他条件不变时，一种商品（或一个市场）的价格只取决于它本身的供求状况，而不受其他商品（市场）的价格与供求的影响。例如，在考察石油市场时，假定石油市场价格由石油市场供需决定，而不考虑煤炭、天然气等其他能源品种的市场供求、价格变化的影响。

当某种能源品种（或某个局部能源市场）的供给与需求在量上相等时，该能源品种市场（或该局部能源市场）便达到了均衡状态。由于能源市场是由多能源品种构成，且各能源品种之间存在着相互替代性，因此，单一能源品种市场的均衡是短暂的、不稳定的，一旦与其相关的市场发生变化，均衡就有可能被破坏。

下面以国际原油市场为例，来分析国际原油市场均衡的形成（范英，焦建玲，2008）。

传统经济学中商品价格的形成如下：当该商品的供给等于需求时，市场达到均衡，由此供给（或需求）量所决定的价格就是该商品的均衡价格。在封闭的市场中，且不存在库存的条件下，商品的供给量为产量，需求量为消费量。但由于石油市场受战争、意外事件的影响较大，战争和意外事件可能造成石油供应中断，由此对全世界经济生产产生较大的影响。所以现在很多国家都建立了相应的石油储备。由于存货的存在，当年的石油消费量不等于当年的石油需求量。当以往的一部分储备转化为供给时，当年的石油产量也不等于当年的石油供给量。所以在考虑原油市场均衡时，不能直接利用产量等于消费量的关系式进行分析。如果将国际原油市场看作一个虚拟的商品市场，该市场的流入就是国际原油出口国的总出口，流出就是国际原油进口国的总进口，由于是虚拟市场，市场一定会出清，所以每年国际原油市场的总进口等于总出口。从这个角度来说，可将从国际市场的流出（进口）视为需求（包括当年的消费和储备），将流进（出口）视为供给。国际原油市场出清，则意味着进口等于出口，此时国际原油市场达到均衡，由此确定了均衡的国际原油价格。在供给与需求函数变量的选择上，需求（进口）设定为国际原油价格、世界经济活动水平（实际 GDP）和经济合作与发展组织（OECD）国家石油储备量的函数。供给（出口）方程的因变量为国际原油价格，设国际原油价格为原油出口量、OPEC 上期原油产量的函数。

根据上述分析，构建下述原油需求和供给的计量经济模型：

（1）原油需求函数。

$$\ln IM = a\ln PC + b\ln G + c\ln SO + d \tag{6-1}$$

其中，IM 为国际原油进口量；PC 为国际原油价格；G 为世界实际 GDP；SO 为 OECD 国家石油储备量；a、b、c 分别为国际原油需求（即国际原油进口量）关于国际原油价格、世界实际 GDP 和 OECD 国家石油储备量的弹性；d 为常数项。

根据市场价格机制和第二章分析可知，原油价格上升，需求减少，即进口量与原油价格为反向关系。当世界经济处于上升时期时，各部门扩大生产，从而增加对原油的需求，各进口国增大原油进口，即进口量与世界经济活动水平（实际 GDP）存在正向变动关系。同样，OECD 国家增加石油储备需要增加原油进口，而减少石油储备意味着要动用一定量的石油储备满足国内需求，这会导致原油进口量的减少，所以 OECD 国家石油储备量与国际原油进口量之间也存在着正向变动的关系。根据理论分析和弹性意义，可初步判断 $a<0$，$b>0$，$c>0$。

（2）原油供给函数。

$$\ln PC=\alpha\ln EX+\beta\ln QO(-1)+\gamma \tag{6-2}$$

其中，EX 为国际原油出口量；$QO(-1)$ 为 OPEC 上期原油产量；α、β 分别为国际原油价格关于原油供给和 OPEC 原油产量的弹性系数；γ 为常数项。

对供给方程而言，国际原油出口量越多，表明国际原油市场的原油供给量越多，从而油价走低；反之，国际原油出口量减少，表明供给减少，油价走高。所以国际原油价格与国际原油出口量为反向变动关系。基于 OPEC 在国际石油市场上的地位，OPEC 的产量政策通常作为油价变化的一个指标，增加产量会使油价下跌，减少产量会使油价上升，另外假设市场信息不完全，市场对 OPEC 产量变化有一个滞后期，从而 OPEC 上期原油产量与国际原油当期价格之间存在反向变动关系。从理论上分析，可初步判断 $\alpha<0$，$\beta<0$。

（3）市场均衡。

$$IM=EX \tag{6-3}$$

上式表明国际原油市场总出口量等于总进口量，即国际原油市场出清，供需达到了平衡，由此确定的价格为原油市场均衡时的价格。还可以进一步利用模型来分析各因素（自变量）变化对均衡价格和均衡数量的影响。

上述分析只是对问题的一种简单化处理，实际问题要复杂得多，诸如国际石油市场的结构、OPEC 的生产行为、OECD 国家石油储备的使用机制等可能都会对实际的均衡产生一定影响。如 OPEC 通过对成员国产量实行配额方式管理，进而对 OPEC 总产量加以限制的产量政策，会对国际石油市场的均衡产生一定影响，简单分析如下。

首先，供求定理表示，在其他条件不变的情况下，需求变动分别引起均衡价格和均衡数量的同方向变动；供给变动分别引起均衡价格的反方向变动和均衡数量的同方向变动。

其次，OPEC 采用配额制方式，在成员国之间分配产量，限制国际石油市场的总产量，因为它们很清楚，在石油需求既定的情况下，控制产量就可以达到控制均衡价格的目的，如果它们认为均衡价格偏低，就会减产，削减各成员国配额，使均衡价格回升。如果它们觉得市场均衡价格偏高，这样不利于 OPEC 成员国的长期利益，它们就会要求成员国增产，促使石油价格上涨。如图 6-1 所示，限制石油产量的政策使供给曲线由 S_1 向左平移至 S_2，均衡点由 E_1 移动到 E_2，价格从 P_1 上升到 P_2。

最后，由于石油为各国的重要能源，其需求价格弹性较小，需求量的下降幅度会小于价格的上涨幅度，使得价格上升所造成的销售收入的增加量必定大于需求量减少所带来的销售收入的减少量，OPEC 的总收益将增加。如图 6-1 所示，价格上升后，需求量由 Q_1 减少为 Q_2，但 $Q_2AE_1Q_1$ 小于 $P_1AE_2P_2$，即总收益增加。

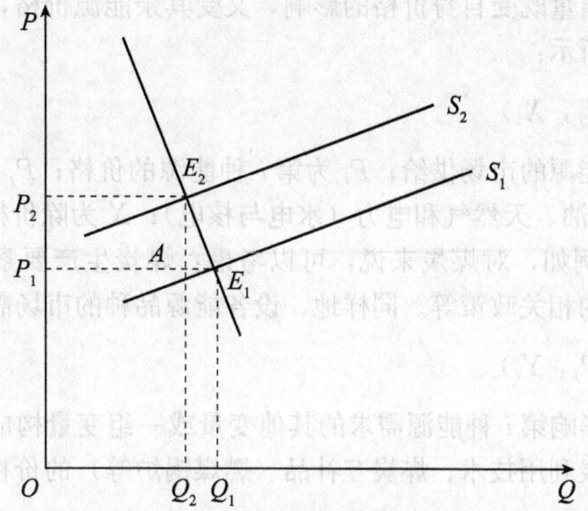

图 6-1 OPEC 限产政策对均衡的影响

因此，OPEC 可通过限制石油产量来影响和控制石油市场均衡价格和均衡数量，从而达到保证各成员国石油输出收入的目的。

6.1.3 多能源品种市场均衡

关于市场均衡分析比较经典与常用的方法是瓦尔拉斯（Walras）的一般均衡分析方法。瓦尔拉斯提出了一般均衡理论模型。该理论模型涵盖了整个经济体系中所有的商品及要素市场，并以各个市场同时达到均衡为目标，故称为一般均衡理论。瓦尔拉斯一般均衡模型只是理论模型，无法利用该模型对实际问题做具体明确的定量分析，后人在瓦尔拉斯的一般均衡模型的基础上发展起来的可计算一般均衡（CGE）模型是当前进行各种宏观均衡分析的常用数学模型。后文中将给大家简单介绍 CGE 模型，本节对能源市场的分析主要从供需平衡的角度进行。

多能源品种市场的均衡分析是就所有能源品种市场的供求和价格之间的关系，及同时均衡问题进行的一种分析。假设各种商品的供求和价格是相互影响的，一种能源市场的均衡只有在其他所有能源品种市场都达到均衡的情况下才可能实现。例如，国际石油市场达到均衡时，如果煤炭市场未达到均衡，假设供不应求，煤炭价格上涨，此时石油相对于煤炭来说变得比较便宜，由于煤炭和石油的互补性，必然有一部分煤炭需求转向石油，打破石油供需平衡，由于石油需求增加，从而导致石油价格上涨，均衡数量和价格将发生变化，只有当所有能源品种都达到均衡，且没有其他因素变化时，各能源品种的数量和价格才达到一种稳定状态。

多能源品种的一般均衡分析是指各单一品种能源市场同时达到均衡，满足一般均衡的前提条件主要包括：(1) 能源经济系统中只存在唯一的信号，即能源价格。经济行为人都唯一地根据能源价格信号做出自己的行为选择；(2) 每个经济行为人都能及时准确地获得完全信息；(3) 从非均衡状态到均衡状态的调整在瞬间完成，即分析过程不涉及均衡状态的变化过程和达到均衡状态所需要的时间，这种分析方法称为静态均衡分析。

假设某一能源市场由煤炭、石油、天然气和电力（水电与核电）这几种一次能源构成，各能源品种的供给量既受自身价格的影响，又受其余能源价格，以及价格以外其他变量的影响，公式如下所示：

$$S_i = f(P_i, P_j, X_i) \tag{6-4}$$

其中，S_i 表示第 i 种能源的市场供给；P_i 为第 i 种能源的价格；P_j 为第 j 种能源的价格，$j \neq i$，i，j=煤炭、石油、天然气和电力（水电与核电）；X_i 为除价格外的其他变量或由一组变量构成的向量。例如，对煤炭来说，可以考虑：煤炭生产要素的价格、煤炭生产技术、政府对煤炭供给的相关政策等。同样地，设各能源品种的市场需求量函数为：

$$D_i = g(P_i, P_j, Y_i) \tag{6-5}$$

其中，Y_i 为除价格外影响第 i 种能源需求的其他变量或一组变量构成的向量，比如对煤炭来说，可以考虑：煤炭利用技术、煤炭互补品（燃煤锅炉等）的价格、政府对煤炭利用的相关政策等。

只有当市场供需平衡，即满足 $S_i = D_i$，i=煤炭、石油、天然气和电力（水电与核电）时，由煤炭、石油、天然气和电力（水电与核电）这几种能源品种构成的多能源品种市场才达到均衡，由此决定的各能源品种价格为均衡价格，各能源品种供需量为均衡数量。只要影响这几种能源市场供需的任一因素发生变化，整个市场的均衡就会被破坏，市场参与主体根据各能源品种变化了的价格信号对自己的行为做出调整，使所有能源品种重新达到供需平衡，市场迅速从原均衡状态进入一种新的均衡状态。

另外，还可以在上述理论分析中引入时间因素，进而考虑市场的动态均衡分析。

6.1.4 能源-经济-环境系统均衡

对于能源市场而言，由于能源的资源属性、能源利用产生的外部性以及能源对经济生产的重要基础性，能源-经济-环境相互影响并构成一个复杂巨系统，全球能源-经济-环境系统的一般均衡分析是一项庞大的系统工程，其相互作用机制太复杂，影响因素太多，基本上无法达到各市场的全面均衡，即对全球能源-经济-环境系统进行一般均衡分析，从理论上来说几乎无法实现，从现实来说，这样分析的意义也不大，因此，关于能源-经济-环境系统的分析，主要是在能源-经济-环境系统框架内实现部分子系统均衡的分析。国际上一些大型的研究机构、组织和知名研究专家开发了大量的相关模型，这些分析大多数利用可计算一般均衡（computable general equilibrium，简称 CGE）模型。

(1) CGE 模型概述。

顾名思义，CGE 模型包括三层含义：首先，它是“一般”的，即对经济主体行为做了外在设定。在这个模型中，代表性家庭的特征是追求效用最大化，厂商遵循成本最小化的决策原则，此外还包括政府、贸易组织、进出口商等经济主体，这些主体对价格变动做出反应，因此，价格在 CGE 模型中扮演着极为重要的角色。其次，它是“均衡”的，意指它包括需求和供给两个方面，模型中的许多价格都是由供求双方决定的，价格变动最终使市场实现均衡。最后，它是“可计算”的，这是相对于瓦尔拉斯最初提出的一般均衡理论模型而言的，说明了模型分析的可量化性。

可计算一般均衡模型的理论始于瓦尔拉斯，他用一组方程式展示了该模型的思想，但他没有给出均衡解存在性的证明。一般均衡理论模型解的存在性、唯一性和稳定性等问题直到20世纪50年代由Arrow和Debru（1954）给予证明。1967年，Scarf（1967）给出了一种整体收敛的算法计算不动点，从技术上使均衡价格的计算成为可能。正是Scarf（1967）的这种开创性工作使一般均衡模型从纯理论结构逐步转化为实际应用模型，并大大促进了大型实际CGE模型的开发和应用。特别是20世纪计算机的迅速发展，为建立大型CGE模型对相关问题的模拟分析提供了求解工具。如今一些建模软件，如GAMS（general algebraic modeling system）、GEMPACK等使CGE模型的开发者不需要掌握计算机编程知识和相关的模型求解的数学知识等，就可利用这些软件的建模语言来实现自己的CGE模型。这不仅大大节省了开发者的时间和精力，而且使CGE模型的开发者、应用者的范围大大地扩大了。

一般均衡理论的基本思想是：生产者根据利润最大化或成本最小化原则，在资源约束条件下进行最优投入决策，确定最优供给量；消费者根据效用最大化原则，在预算约束条件下进行最优支出决策，确定最优需求量；均衡价格使最优供给量与最优需求量相等，资源得到最合理的使用，消费需求得到最大的满足，经济达到稳定的均衡状态。

从数学分析方法的相互承继关系来看，CGE模型以投入产出模型的内核为基础，因而它可以被看作对投入产出模型的拓展。但投入产出模型不属于CGE模型，因为投入产出模型并没有反映真实的经济运行关系，也没有体现经济主体的行为。

早期的一般均衡模型主要有Johansen（1960）和Harberger（1962）的两部门一般均衡模型，其中，挪威经济学家Johansen（1960）建立了第一个多部门内生价格的经验模型，用于分析挪威的资源配置。这是一个规模宏大、涵盖了20个成本最小化的产业和一个效用最大化的家庭部门的经济增长模型，其中包括投入产出关系、生产中的要素替代、收入形成、依赖于价格的消费需求关系等。该模型理论上的创新，在于该模型将内生价格和替代效应包含其中，因而约翰森（Johansen）被认为是最早从动态方面对一般均衡进行了经验总结并在付诸应用方面做出努力的经济学家。该模型数学分析上的创新，在于该模型首先把CGE模型中的所有方程线性化，然后通过简单的矩阵转换来求解这些线性的近似方程。Harberger（1962）构建了一个一般均衡模型，用以计算一般均衡体系中扭曲所造成的成本和收益，以便分析税收对整个经济的影响；他还以福利经济学的传统理论为基础，发展了一个严密的可用于对社会计划进行计算的评价体系。随后Shoven和Whalley（1973；1974；1992）建立了发达国家的税收改革模型和世界贸易模型，目前全世界几乎所有国家都建立了相应的CGE模型用于研究各种政策问题，如McFarland等（2004）、Willenbockel（2004）、Das等（2005）、Babiker（2005）。

CGE模型的优点是它具有清晰的微观经济结构，刻画了宏观变量与微观变量之间的连接关系，对因果关系和行为机制进行了描述；它以非线性函数替代传统的线性函数，将生产、需求、国际贸易和价格有机地结合在一起；CGE模型包含了通过价格激励发挥作用的市场机制和政策工具，可以刻画生产、需求和国际贸易的相互依赖性。这样当经济受到突发冲击时，就可以全面考察该冲击对经济总量、结构、相对价格等方面的影响，而不局限于局部。此外，CGE模型中主体具有优化决策的设定使得模型具有反馈调整和自发性决策两个本质特征（武亚军，宣晓伟，2002）。

CGE模型自从问世以来，已被广泛应用于各种问题的分析，其中包括分析税收、公共消费和社会保障支付、关税和其他国际贸易干预、环境政策、技术、国际商品价格和利率、工资设定和工会行为、资源探明储量和可开采量等变动，对宏观变量（包括对国内和世界范围内福利的衡量）、产业变量、区域变量、劳动力市场、收入分配以及环境等的影响，从而成为一种比一般均衡分析方法应用更广泛的实证分析工具。

近年来有关我国CGE模型的开发研究比较多，研究人员开发了一些反映中国特色的CGE模型，如国务院发展研究中心的DRCCGE模型（翟凡，李善同，1999；李善同，等，2000），社科院的PRCGEM模型（郑玉歆，樊明太，等，1999；汪同三，沈利生，2001）、Glomsrd和Wei（2005）建立的CNAGE模型，武亚军和宣晓伟（2002）建立的中国硫税CGE模型等，以及张中祥利用CGE模型分析我国二氧化碳减排所做的一系列工作（Zhang Z. X.，1998；2000a；2000b）。这些模型主要被应用于贸易、税收、环境（硫税与碳税）等政策的模拟分析。

（2）基于CGE模型的能源-经济-环境分析框架。

CGE模型继承了一般均衡模型分析的基本思想，因此，用于不同分析目的的CGE模型主体框架基本相同，只是经济系统中部门划分的细致程度、建模假设，如产品生产结构、生产函数形式、模型闭合法则以及市场出清的范围等具体细节方面有所不同。本节以梁巧梅（2007）建立的中国能源与环境政策分析（China energy & environmental policy analysis，CEEPA）模型为例，简单介绍利用CGE模型进行能源-经济-环境系统分析的一般思路。CEEPA模型考虑了16个生产部门（农业、钢铁工业、建材工业、化学工业、有色金属工业、其他重工业、造纸工业、其他轻工业、建筑业、交通运输业、服务业、煤炭采选业、石油开采业、天然气开采业、石油加工业、电力工业），2类居民（城镇居民和农村居民），以及政府的经济行为，包括生产模块、收入模块、支出模块、投资模块、外贸模块。模型的基本构架如图6-2所示。

生产模块用于描述各部门的生产行为。收入模块和支出模块用于描述国民收入的初次分配和再分配，居民收入主要来自劳动收入和企业的利润分配，企业收入主要来自企业资本回报，政府收入由各项税费（关税、生产间接税费、居民和企业直接税费）以及世界其他地区向各级政府的转移构成。外贸模块用于描述本国生产（消费）产品与进出口产品的优化组合。投资模块确定对作为资本品的各种商品的需求。环境模块确定二氧化碳排放量。模型的闭合法则与市场出清描述了CGE模型中的均衡条件。如在CEEPA模型中，政府预算平衡采用政府消费外生、政府储蓄内生的闭合法则，国际贸易平衡采取国外储蓄外生、汇率内生的闭合法则，储蓄-投资平衡采用新古典闭合法则，假设所有储蓄将转化为投资，总投资等于总储蓄。模型在均衡模块中只出清商品市场和资本市场。商品市场出清指在国内市场上各部门商品的总供给等于对该部门商品的总需求，资本市场出清要求各部门资本需求总和等于资本供给总量。对具体模型及实证分析感兴趣的读者请参阅文献（梁巧梅，2007）。

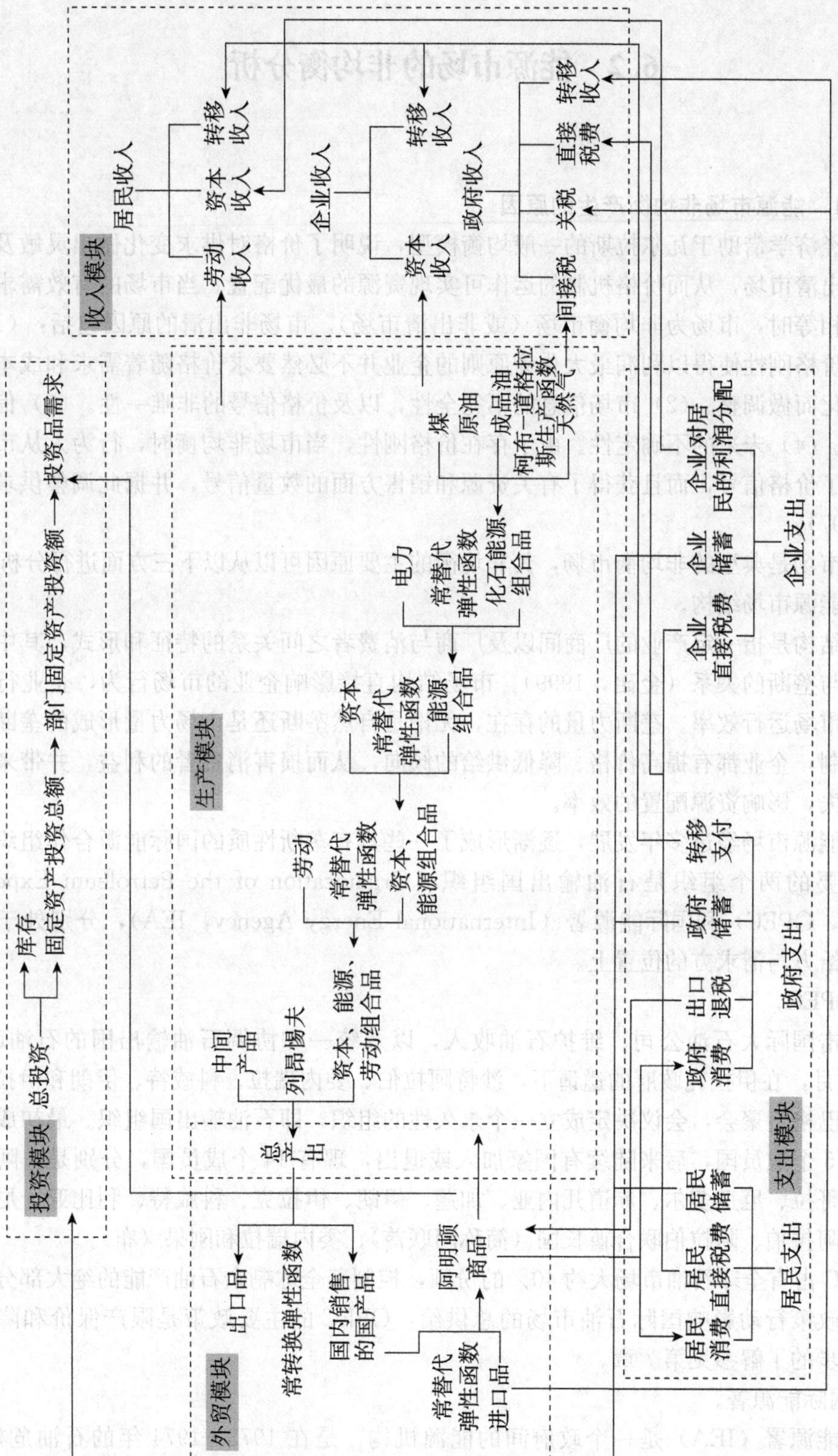
投资模块
总投资
库存
固定资产投资总额
部门固定资产投资额
投资品需求
收入模块
居民收入
劳动收入
资本收入
转移收入
企业收入
资本收入
转移收入
政府收入
间接税
关税
直接税费
转移收入
生产模块
总产出
列昂惕夫
中间产品
资本、能源、劳动组合品
常替代弹性函数
劳动
资本、能源组合品
常替代弹性函数
资本
能源组合品
常替代弹性函数
电力
化石能源组合品
常替代弹性函数
煤
原油
成品油
天然气
柯布一道格拉斯生产函数
外贸模块
出口品
常转换弹性函数
国内销售的国产品
阿明顿商品
常替代弹性函数
进口品
支出模块
居民消费
居民直接税费
居民储蓄
居民支出
政府消费
出口退税
政府储蓄
转移支付
政府支出
企业直接税费
企业储蓄
企业对居民的利润分配
企业支出

图6-2 模型基本架构

6.2 能源市场的非均衡分析

6.2.1 能源市场非均衡产生的原因

传统经济学借助于瓦尔拉斯的一般均衡模型，说明了价格对供求变化做出灵敏及时的反应足以出清市场，从而价格机制的运作可实现资源的最优配置。当市场的有效需求与有效供给不相等时，市场为非均衡市场（或非出清市场）。市场非出清的原因包括：（1）价格刚性。价格刚性使得以利润最大化为原则的企业并不必然要求价格随着需求和成本的每次微小变化而做调整。（2）市场信息的不完全性，以及价格信号的非唯一性。（3）信息成本的存在。（4）未来的不确定性。由于存在价格刚性，当市场非均衡时，行为人从市场上不仅获得了价格信号，而且获得了有关资源和销售方面的数量信号，并据此调整供求（黄钟苏，1997）。

能源市场是典型的非均衡市场，其非均衡的主要原因可以从以下三方面进行分析。

（1）能源市场结构。

市场结构是指一定产业的厂商间以及厂商与消费者之间关系的特征和形式，其中心内容是竞争与垄断的关系（金碚，1999）。市场结构直接影响企业的市场行为，企业行为又直接影响市场运行效率。垄断力量的存在，无论是自然垄断还是市场力量形成的垄断，如果不受限制，企业都有提高价格、降低供给的倾向，从而损害消费者的利益，并带来无谓的社会损失，影响资源配置的效率。

国际能源市场经过多年发展，逐渐形成了一些具有垄断性质的国际能源合作组织，其中，最重要的两个组织是石油输出国组织（Organization of the Petroleum Exporting Countries，OPEC）和国际能源署（International Energy Agency，IEA），分别处于能源市场上供给方与需求方的位置上。

1）OPEC。

为反击国际大石油公司、维护石油收入，以及统一和协调石油输出国的石油政策，1960 年 9 月，在伊拉克政府的邀请下，沙特阿拉伯、委内瑞拉、科威特、伊朗和伊拉克与会代表在巴格达聚会，会议决定成立一个永久性的组织，即石油输出国组织。最初成立时只有上述 5 个成员国，后来陆续有国家加入或退出，现有 14 个成员国，分别是：阿尔及利亚、安哥拉、厄瓜多尔、赤道几内亚、加蓬、伊朗、伊拉克、科威特、利比亚、尼日利亚、沙特阿拉伯、阿拉伯联合酋长国（简称阿联酋）、委内瑞拉和刚果（布）。

OPEC 占有全球石油市场大约 40%的份额，控制着全球剩余石油产能的绝大部分，并通过统一政策行动影响国际石油市场的总供给，OPEC 的主要政策是限产保价和降价保产。进一步的了解参见第 7 章。

2）国际能源署。

国际能源署（IEA）是一个政府间的能源机构，是在 1973—1974 年的石油危机后，于 1974 年 11 月成立的，它是隶属于经济合作与发展组织（OECD）的一个自治机构。国际能源署总部设在巴黎，拥有来自其成员国的190位能源专家和统计学家。1974年的创始成员国有16个，分别为：爱尔兰、奥地利、比利时、丹麦、德国、荷兰、加拿大、卢森堡、美国、日本、瑞典、瑞士、土耳其、西班牙、意大利、英国；之后加入的14个成员国分别为：澳大利亚、捷克、爱沙尼亚、芬兰、法国、希腊、匈牙利、韩国、墨西哥、新西兰、挪威、波兰、葡萄牙、斯洛伐克。国际能源署成立的目的是促进全球制定合理的能源政策，建立一个稳定的国际石油市场信息系统，改进全球的能源供需结构和协调成员国的环境和能源政策。

国际能源署要求其成员国必须建立至少90天的石油储备，并在国际石油市场出现明显的供不应求时采取统一行动，释放石油储备，对国际石油市场施加影响。

OPEC和IEA均具备一定的、在短时期内改变市场供求格局的能力，从而改变人们对能源价格走势的预期。

从国际能源市场整体来看，不同能源品种的市场化程度不同，市场结构差别较大。煤炭由于市场区域性较强，各区域市场中市场化程度相对较高，竞争比较充分。其市场结构可以被近似看作完全竞争市场。

国际石油市场发展只有100多年历史，市场结构演变大致经历了四个阶段。第二次世界大战以后到1960年，欧美石油公司利用国家殖民力量与石油资源国签订对石油资源的长期租用契约。这些代表西方国家利益的石油公司在国际石油市场上处于寡头垄断地位。1960—1973年，产油国纷纷建立石油公司，市场中生产者数量增加，同时，产油国石油公司在与西方大石油公司的谈判中逐步获得主动，最终OPEC获得石油标价控制权，这个阶段的国际石油市场结构为垄断性的竞争市场。1974—1986年，中东禁运后，OPEC进一步控制了国际石油市场和国际石油定价权，随着OPEC限产提价政策的实施，OPEC在国际政治经济中的影响显著增强，该阶段呈现出OPEC寡头垄断的市场格局。1986年后，由于前一阶段OPEC限产提价，刺激了非OPEC国家石油工业的长足发展，OPEC市场份额下降，市场影响力降低，加上1986年后石油期货市场兴起，以及现货与期货挂钩的定价方式，进一步削弱了OPEC对定价权的控制，国际石油市场再一次呈现垄断性竞争的市场格局。国际石油市场结构的演变历史基本上与OPEC在国际石油市场中的地位作用相一致。持OPEC具有控制和影响国际石油市场和石油价格观点的，倾向于认为国际石油市场为垄断市场；持OPEC不具备控制和影响国际石油市场观点的，倾向于认为国际石油市场为垄断性竞争市场（严琦，2009）。

电力和天然气由于产品及生产中的一些自然属性，形成了电力和天然气市场以区域性市场为主的格局，且垄断性相对更高，受政府管制较多，这部分内容将在6.4节专门介绍。

能源市场走向开放和竞争是世界性潮流，标志着能源商品的相对垄断性特征趋于弱化和消失。世界各国能源市场各有特点，在世界经济一体化的大环境下，能源市场的开放程度不同，但能源市场总的发展趋势是市场更开放，竞争更激烈。市场竞争将打破能源部门原先形成的自然垄断，有助于市场机制对资源配置作用的发挥。

（2）能源市场信息。

要求市场参与者具备市场完全信息是瓦尔拉斯的一般均衡分析的重要假设，供求双方中任何一方的信息变化都会以价格信号的方式传达给另一方，从而引起另一方的变化，后者的信息变化又会借助同样的价格机制反过来影响前者，经过充分的调整，最终达到均衡状态。显然，瓦尔拉斯的一般均衡的这个条件过于苛刻，很难在实际的市场中达到。在能源市场，一些市场主体为了保护自己的利益，人为地隐瞒一些市场信息，如OPEC对自己的产量、剩余产能不完全公开，甚至刻意隐瞒。除市场交易信息不完全外，私人企业在提供节能信息以及能源安全等具有公共品性质的信息方面明显不足，无法使市场参与者利用这些信息迅速对自己的行为进行调整，从而阻碍均衡的达成。

（3）能源市场的外部性。

能源供需活动对公共资源品——环境产生了非常大的影响，引起了环境资源的市场失灵问题。在没有政府和社会约束的条件下，私人企业没有动力和压力将外部成本内部化，从而提供超过社会最优化的产品，如能源消费所带来的污染问题。从理论上说，这种市场失灵可以通过明晰产权关系加以校正。当产权明确界定后，就可以将外部成本内部化，进而利用市场机制达到资源优化配置及实现均衡的目的。在大气等公共资源产权界定上存在不同观点，有学者认为，大气等资源具有不可分割性，是全体人类共有的资源，其产权的界定是相当困难的，甚至是不可能的。这种市场机制失灵只能运用市场外的机制加以校正，如通过征收碳税方式实现资源的最优配置。

能源市场竞争的不充分性、信息不完全性，以及能源市场的外部性问题是导致能源市场难以达到均衡状态的长期的、基本的原因。导致能源市场出现短期非均衡的主要因素通常是战争、自然灾害等突发事件，这些事件会对脆弱的能源市场产生剧烈冲击，引起能源市场大幅波动。

由于存在能源供给和需求两个方面的数量限制，并且能源价格作为价格信号存在局限性，能源市场几乎不可能出现瓦尔拉斯所描述的一般均衡。非均衡状态是能源市场的正常状态。促使能源市场趋向非均衡状态的机制是由许多方面的因素共同决定的，如经济的、政治的、宗教的、军事的因素等。能源市场的非均衡分析有助于我们更深入地理解能源市场的运行规律。

6.2.2 能源短缺危机

随着工业的迅速发展、人口的增长和人民生活水平的提高，能源尤其是作为主流消费能源的化石燃料短缺已成为世界性问题。能源短缺是由能源的稀缺性决定的。能源资源的稀缺性不同于经济稀缺性，经济稀缺性的假定是供给能力不足，但是在可预见的未来，它的绝对数量是不受限制的。能源的物质资源性决定着未来的绝对短缺和整个社会必须寻找新的能源替代品，但是目前没有看到突破。这样，人们的预期里将会存在一段能源短缺时期，并且这一预期很有可能在未来某个时刻发生（夏明高，2007）。

能源资源的绝对短缺、能源市场运行机制的不完善，以及一些意外事件的影响，极易将预期的能源短缺演变成实际的能源短缺。

能源短缺危机是指因为能源供应短缺或是价格过度上涨而影响经济增长的现象。在能源市场上，能源供应短缺常导致能源价格飞涨，最终影响经济增长。这通常涉及石油、电力或其他自然资源的短缺。如图6-3所示，历史上由于主要石油生产国发生战争、罢工甚至飓风，石油供应锐减，同时期石油需求并未出现同步减少，导致石油价格飞涨，并在其后多数年份出现经济衰退的现象。

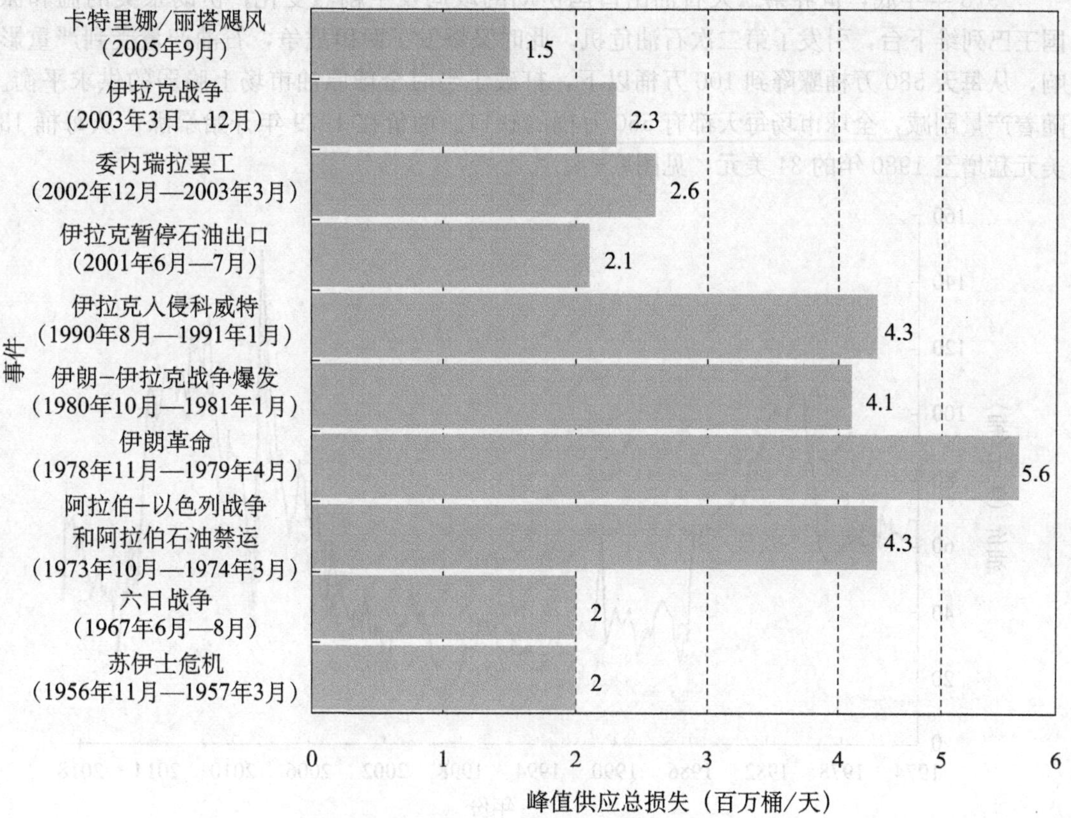

图 6-3 重大世界石油供应中断事件

资料来源：国际能源署官网。

能源短缺危机除了因一次能源中的煤炭、石油等化石燃料供给受资源储量限制外，能源市场的结构也是其产生的一个重要原因。

历史上出现过三次大的石油危机和一次电力危机，简述如下。

(1) 第一次石油危机（1973—1974 年）。

1973 年 10 月，埃及和叙利亚等国反对以色列的第四次中东战争爆发，阿拉伯产油国按照战前的约定，在外交领域发动了震动全球的石油斗争。战争爆发当天，叙利亚首先关闭了自己境内的一条输油管道。次日，伊拉克宣布将两大美国石油巨头在伊拉克石油公司中拥有的股份收归国有。不久，阿拉伯石油输出国组织（Organization of Arab Petroleum Exporting Countries，OAPEC）部长级会议决定，每月递减石油产量 5%，日产原油也由原来的 2 080 万桶减少到 1 580 万桶，石油价格则从每桶 2.59 美元上涨到每桶 11.65 美元，并按对阿拉伯-以色列问题（简称阿以问题）的态度将石油消费国分为“友好”(friendly)、“中立”（neutral）和“不友好”（hostile）三类国家，确定不同的石油供应量。其中，对“友好”国家的石油供应与原来一样，对“不友好”国家则实行石油禁运（杨泽伟，2006）。

（2）第二次石油危机（1979—1980 年）。

1978 年年底，世界第二大石油出口国伊朗的政局发生剧烈变化，伊朗亲美的温和派国王巴列维下台，引发了第二次石油危机。此时又爆发了两伊战争，石油产量受到严重影响，从每天 580 万桶骤降到 100 万桶以下，打破了当时全球原油市场上脆弱的供求平衡。随着产量剧减，全球市场每天都有 560 万桶的缺口。油价在 1979 年开始暴涨，从每桶 13 美元猛增至 1980 年的 34 美元，见图 6-4。

图 6-4　名义油价和实际油价

资料来源：EIA（2019）。
注：实际价格为 2019 年不变价。

（3）第三次石油危机（1990 年）。

1990 年 8 月初，伊拉克攻占科威特后，伊拉克遭受国际经济制裁，使得伊拉克的原油供应中断，国际油价因而急升至 42 美元/桶的高点（何虹等，2005）。国际能源机构启动了紧急计划，每天将 250 万桶的储备原油投放市场，以沙特阿拉伯为首的 OPEC 也迅速增加产量，很快稳定了世界石油价格。

（4）电力危机。

2001 年 1 月 17 日，美国加利福尼亚州（简称加州）遭遇了前所未有的供电危机，为防止输电网络瘫痪，加州北部的成百上千座住宅和商业设施实行轮流停电管制，范围包括旧金山、萨克拉门托、圣何塞以及硅谷的许多地区，受影响的人口达 100 多万人。这也是加州自第二次世界大战以来首次实行电力管制。

能源危机通常造成经济衰退。在 20 世纪 70 年代和 80 年代两次大的石油危机后，各主要工业国都出现了严重的经济萧条现象。其中，第一次石油危机使美国经济的联邦预算赤字从1974年的47亿美元增加到1975年的452亿美元；通货膨胀率从1972年的3.4%上升到1974年的12.2%；失业率从1973年的4.9%上升到1975年的8.5%；劳动生产率从1972年的6.6%降至1974年的1.9%。根据IEA于2004年的估计，如果石油价格从25美元/桶增加到35美元/桶并保持一年不变，会使美国经济增长速度减少0.3个百分点，欧元区国家减少0.5个百分点，日本减少0.4个百分点，OECD国家减少0.4个百分点。由于发展中国家产业结构仍以制造业为主，工业生产的能源消耗水平相对较高，因此油价上涨对发展中国家的冲击更大，亚洲国家经济增长率将平均减少0.8个百分点（IEA，2004a）。

6.2.3 可持续问题

能源市场非均衡的另一个重要表现是能源需求的可持续问题。可持续问题是指能源资源能否持续地满足人类社会生存和发展的需要。能源资源发展的可持续问题包括两方面内容：一是能源的供应从长期来看能否满足人类对能源的需求。二是人类在过去开发利用能源的活动中，已经对环境造成了极其严重的破坏。如何保证人类在将来开发利用能源的同时，不对人类赖以生存的地球继续产生毁灭性的影响，这就是能源-经济-环境的协调、可持续问题。

在新古典范式下运行的能源市场必然表现为“短视”行为。参与市场交易的主体追求的是各自行为的收益最大化，而未来参与市场交易的行为主体无法为自己争取合理的利益。所以，这样的市场机制不会考虑未来后代的持续发展问题（夏明高，2007）。

可耗竭的化石能源总有消耗完的那一天，以后该怎么办？能源的耗竭性时刻在考验着人们的神经，一有风吹草动，脆弱的能源市场平衡就会被打破，在短期供给和需求均无法进行有效调整的情况下，能源市场机制运行结果只能是能源价格的剧烈大幅波动。

能源消费给当代人的生活带来了极大的舒适和便利，与此同时，全球能源需求量持续增加的趋势不仅给世界能源供应带来了严峻的挑战，而且给全球减少温室气体排放带来了巨大的压力。据联合国政府间气候变化专门委员会的报告，如不尽快采取实质行动，未来100年全球平均气温将上升3～6摄氏度，海平面上升15～35米，导致接近一半的生物物种灭绝，并造成巨大的经济社会损失。当人类生存环境遭到严重破坏后，很难逆转。为确保能源发展的可持续性，21世纪以来，全世界都在努力转变以石油为主的能源经济，积极开发可再生能源。

必须说明的是，能源市场中的能源短缺危机和不可持续性两种非均衡现象主要是针对当今以化石能源为主的能源而言的，正是意识到这一点，世界各国都在积极优化能源结构，解决能源短缺和不可持续性问题。

可再生能源的重大特点是资源量极大且永不枯竭（前提是人类生存的环境未遭到毁灭性的破坏），世界各国都拥有足够子孙万代持续利用的能源。可再生能源的开发和利用只对环境有极小的影响，只有极小的污染物排放量。可再生能源的发展不仅可以解决全球性的能源短缺问题，而且可以有效解决未来面临的污染物减排问题。当前大力发展可再生能源还存在一些技术、经济等方面的问题，但德国、丹麦等国成功的经验表明，将大力发展可再生能源作为解决当今能源市场非均衡的两个主要问题的做法，其前途是光明的。

6.3 税收与能源配置

能源的供给与需求既有长期的，也有短期的。长期与短期能源供求分别受到不同因素的影响和制约。一般来说，市场因素对短期能源供给和需求起着重要的基础作用，但市场机制并非唯一手段，仅仅依靠市场机制是难以真正实现能源供需平衡的。第一，对于影响长期能源供给与需求的因素，市场机制的作用力很小，特别对有关能源安全和能源环境的外部性等因素，市场机制几乎无调节能力。第二，市场机制对能源供求结构的调整与调节往往存在滞后性，这种滞后性在下一个能源平衡调整周期中往往又表现为盲目性和新的失调现象。第三，对于一些重大的、严重的能源供求矛盾，市场机制的调节是缓慢而无力的。第四，市场机制的调节只涉及能源市场的供求数量和结构，对能源市场供求活动中的行为规范问题则难以奏效。因此，要调节能源市场供求、实现能源市场供需平衡，以及保证经济社会稳定健康发展，必须综合运用经济的、法律的和行政的手段共同调节（财政部财政科学研究所“可持续能源财税政策研究”课题组，2006）。

能源在经济发展中的重要地位以及能源行业特点决定了政府在能源市场中应发挥重要的调节作用。财税政策作为政府宏观经济政策的重要组成部分，必将对能源资源的配置产生重大影响。

财税政策有利于提高对资源的合理配置与环境保护，目前很多国家都采取了相应的税制办法，鼓励增加能源供给，约束人们对资源的浪费和对环境的破坏行为。

能源财税政策依据参与能源市场的主体，可分为针对能源生产与供应的财税政策和针对能源需求与消费的财税政策。如欧洲普遍使用的能源调节税，主要征税对象是居民及小规模能源用户，实行累进税制；对于能耗大户，则实行低税率政策，主要通过鼓励企业与政府签订自愿协议的方式来减少其能源消费量。依据财税政策实施的目的，可分为以下五种。

(1) 支持节能、促进能效提高的财税政策。如针对不同的节能项目和能源耗费行为，可以采取不同的、行之有效的财税政策，其中，财政补贴是国际上使用较为普遍的一种支持节能以及与能源有关的技术研发和示范推广的政策手段。

(2) 确保国家能源安全的财税政策。能源安全不是一个简单的产业安全问题，也不仅仅是经济安全问题，它实际上已经成为整个国家安全的重要组成部分。政府可以通过必要的财税政策措施，提高国内能源生产与供应效率，促进国外能源市场的开拓，建立国家战略能源储备体系等。

(3) 推动环境保护的财税政策。该类政策充分体现了污染者付费原则和使用者付费原则，通过经济手段来加强环境保护的责任和限制环境污染行为。

(4) 从需求侧调节能源结构的财税政策。如对消费者购买新能源汽车、节能产品给予补贴或税收优惠减免等。

(5) 支持能源研发及技术推广的财税政策。如对一些关键设备和技术的进口给予进口关税和进口环节增值税优惠、融资支持，以及节能技术研究开发和示范的拨款等（财政部财政科学研究所“可持续能源财税政策研究”课题组，2006）。

6.3.1 财税政策与能源供给

能源结构调整是保障能源供给和可持续发展的关键。正如前文所述，市场机制对能源结构的调整是缓慢而无力的，必须借助政府的宏观调控才会有比较明显的效果。为优化能源结构，促进可再生能源发展，各国都制定和采取了相应的政策措施，其中对可再生能源发电实施保护性电价就是一种重要的能源财税政策。

保护性电价政策是一种财政补贴政策，是对可再生能源发电进行的补贴，保护性电价政策在各国具体的实施中还有许多不同的变化。首先，上网电价的形式可以是一个固定的价格，也可以是市场基准价格加上一个溢价（premium）。例如，德国采用的是固定的上网电价，而在西班牙，投资商从两种形式中任意选择一种电价形式（Rowlands，2005）。其次，保证上网电价的期限也有所不同。德国的保证期是20年，而西班牙为5年。最后，上网电价还会根据上网电力所承担的负荷类型（如基本负荷、高峰负荷或季节负荷等）采用不同的电价，同时，基于技术（风能、太阳能等）的不同采用不同的电价。关于欧洲各国不同的具体政策设置，请参阅Cerveny和Resch（1998）。

保护性电价政策在欧洲实施的经验表明，它是促进可再生电力发展的一项非常有效的政策（IEA，2003c），这一简单的政策设置能够使一项技术得到迅速的发展，因为项目的收益是受到保证的，因而风险降低能够吸引较多的资本投入可再生电力的发展。在实施保护性电价政策的德国、丹麦和西班牙，其风电发展目标甚至已经提前几年实现了（Lauber，2004）。2001年年底，这三个国家的风电装机总容量占欧盟总装机容量的84%（Meyer，2003）。然而，采用其他政策的国家（包括欧洲风能潜力最大的英国），风电装机容量都明显较低，表6-1显示了不同政策措施下欧洲部分国家的风电装机容量。Lauber（2004）指出，实施保护性电价政策的国家的可再生电力发展水平都得到了较大的发展，而摒弃这一政策的国家（如意大利）则遭遇了可再生电力发展迟滞的困局。

表6-1 不同政策措施下风电装机量与价格对比

政策类型	国家	2000年年底累计装机量（兆瓦）	2000年装机量（兆瓦）	1998年风电价格（欧元/千瓦时）
保护性电价政策	德国	6 113	1 668	0.086
	西班牙	2 402	872	0.068
	丹麦	2 297	555	0.079
	合计	**10 812**	**3 095**	
竞价系统	英国	409	53	0.041
	爱尔兰	118	45	—
	法国	79	56	0.048
	合计	**606**	**154**	

资料来源：Menanteau等（2003）。

实施保护性电价政策的德国、丹麦和西班牙的风电装机容量居世界前列，它们的风机制造工业也处于世界领先水平，这得益于风力发电技术在其国内的迅速扩散（Ackermann，等，2001）。

Menanteau 等（2003）指出，在保证上网电价不变的情况下，设备制造商占有了技术进步引致的剩余，使得设备制造商能够更多地投资于研发活动，从而提升设备制造业的水平。如图 6－5 所示，当技术进步使得发电的边际成本由 MC 向下移动到 MC' 时，由于电价水平并没有发生变化，装机容量将由 Q 增加到 Q'，面积 $O'AB$ 所示的生产者剩余则被生产者和设备制造商共同占有，从而使得它们有更强的能力去进行技术创新。

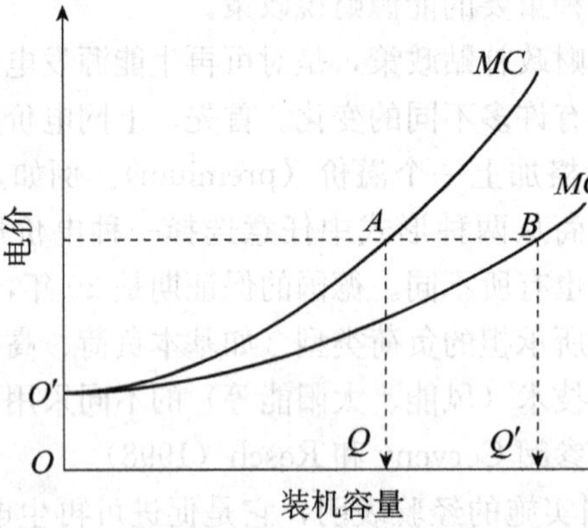

图 6－5　固定的上网电价对技术进步的影响

然而，现实中的情况是，虽然生产者剩余促进了可再生电力技术的进步，但是消费者所支付的电价并没有随着技术进步而降低，却由于固定的上网电价而一直居高不下，这正是保护性电价政策受到批评最多的方面。Meier 等（2002）比较了 1995－2002 年美国、英国、德国和西班牙的风电电价，发现竞争性市场（如英国、美国）的电价水平要比实施保护性电价的国家低得多。表 6－1 中所示的风电价格对比也说明了同样的事实。

保护性电价政策在欧美的实施说明该项财政政策的作用如下：(1) 迅速促进可再生电力的发展；(2) 生产者剩余能够促进技术进步；(3) 较强的技术扩散能够促进和强化可再生电力制造工业，并对其他相关产业产生拉动作用。同时，这一政策也受到较大的批评，主要集中于：(1) 不能够有效地降低消费者电价；(2) 巨大的财政补贴负担。因此，单纯的财政政策对市场早期的培育效果良好，到一定程度后还应该借助更具市场化的手段进行调节（张九天，2006）。

6.3.2　财税政策与能源需求

由于能源资源的高度稀缺性，能源供给增加难度会越来越大，为保证能源安全，进而保证经济安全和人民群众生活的需要，各国都实施了一系列财税政策，以鼓励和限制各个能源需求主体尽可能减少能源浪费，降低能源需求。

实证研究发现，居民的消费行为、消费习惯、偏好等对能源需求有较大影响。因此，各国政府专门出台了一些相关的财税政策，意在改变居民的某些行为习惯。如消费者选购终端耗能设备和器具时通常不将能源效率作为重要因素加以考虑，而是通过补贴消费者，以及刺激消费者对节能产品的消费，来引导消费者的消费偏向和消费习惯，以达到控制能源需求的目的。同时，这种补贴政策还会通过引导消费者的消费行为达到间接引导生产者的生产和投资行为的目的，最终达到节能环保、优化能源结构的目的。

概括起来，当今世界通过需求侧管理，达到促进节能的财税政策主要有以下几种。

（1）财政拨款和补贴。

该项政策主要包括对低收入家庭节能投资和支付能源费用的补贴、能效标志制定、财政支出、能源审计支出、节能宣传支出等。

能源审计是企业或项目能源核算、合理用能评价和用能状况审核机制。已有约 40 个国家实行节能项目补贴审计。美国、日本等国政府为中小企业提供无偿能源审计。美国能源部出资，由能源分析与诊断中心为制造业中小企业提供能源审计服务，迄今已完成 8 000 多个项目。

（2）各种基金。

1）公益基金：公益基金是在不能完全依靠市场竞争的领域提供公共服务、维护公共利益的一种基金，是一种新的节能激励机制。公益基金用来资助节能和可再生能源的技术研究开发的项目。此外，当低收入家庭无力进行节能投资时，政府可以利用公益基金对他们进行必要的帮助。2002 年，美国联邦政府向 450 万户低收入家庭发放了 17 亿美元补贴，用于节能投资和支付能源费用。

2）节能基金：节能基金通常是政府建立的一种循环基金，是一个长期、稳定的节能资金渠道。泰国政府于 1992 年创立的节能基金，目前已达 50 亿美元，是世界上最大的节能基金之一，主要用于泰国政府推行的需求侧管理计划。

3）创新基金：节能创新基金通过参股能源服务公司进行节能投资，使用担保基金、周转基金和风险基金提供节能贷款和贷款担保。已有约 29 个国家设立了创新基金。

（3）消费者补贴。

消费者补贴是指对于消费者购买节能产品给予一定数额的补贴。比如在美国加州，每台节能电冰箱补贴 75 美元～125 美元，空调每台补贴 50 美元，紧凑型荧光灯每只补贴 3.5 美元～5.5 美元。

（4）加速折旧。

在日本，企业在购置政府指定的节能设备时，可在普通折旧的基础上，按购置费的 30％提取特别折旧。在加拿大，购置节能和可再生能源设备可按购置费的 30％加速折旧。

（5）贷款优惠。

贷款优惠是指，购买符合规定的节能环保设备可以从政府指定的银行取得优惠贷款。这种贷款由于政府贴息以及通过专项基金提供担保，所以利率比商业银行低。

（6）相关税收。

从总体上看，发达国家一般都对能源课税，如日本的汽油税和石油液化气税政策，德国的能源消费税政策，法国的能源生态税、汽车税、道路使用税政策等（杨晓钰，2009；王庆一，2006）。

此外，低碳财税政策也是当前各国政府调节能源需求、促进节能减排所采取的主要措施之一。低碳财税政策体系包括两大组成部分：一是对市场主体的节能减排行为起激励作用的财政支出政策体系，如国债投入、财政补助、贷款贴息，以及政府采购等政策措施。

二是对市场主体的耗能排放行为起约束作用的税收政策体系，主要指与能源消费有关的各种税费征收措施，如碳税、能源税、电税等。其中，碳税已在欧洲国家得到了普遍实施，另有大量国家正在酝酿实施。碳税最早由芬兰在 1990 年开始征收，此后，瑞典、挪威、荷兰和丹麦也相继开征。Cansier 和 Krumm（1997）对这些国家的碳税制度做了综述性的介绍。在征税环节上，芬兰和荷兰没有对生产部门实行任何税收优惠政策，而瑞典、挪威和丹麦都考虑了对生产部门尤其是能源密集型部门的税收宽免。例如，挪威对造纸行业实行税率减半，而对空运和海运的重要环节完全免税；瑞典对生产部门实行的税率只相当于对居民所实行税率的约 1/4；丹麦的能源密集型部门在承诺采取节能减排措施的情况下，能享受到明显低于其他部门以及居民的税率。在碳税利用方式上，瑞典、挪威、芬兰和荷兰没有对碳税收入规定特别的用途，而是将其全部归入政府的一般性预算收入；丹麦则将各非免税部门所缴纳的碳税全部用于补贴该部门的劳动投入或节能投资。

6.3.3 财税政策对均衡的影响

在市场经济条件下，市场是资源配置的基本方式，但在市场不完善或有市场但运作效率低下从而产生市场失灵的情况下，就需要政府的干预和调节。尤其在能源结构调整和转换的过程中，政府宏观调控的作用更加重要。能源结构调整具有一定的社会性，市场无法确定其长远发展方向，加之不完全竞争、外部性等因素的存在，能源结构调整过程就不能不考虑政府的参与。政府一般需要根据国家社会、经济发展的战略性目标，对一些需要支持的重点产业和重点方向进行必要的引导和支持，包括政策支持和财力支持，以加速能源结构转换进程。实践经验表明，没有一个国家的政府没有参与当前世界性的能源结构调整进程中。

要提高能源市场资源配置的效率：一方面，要进一步规范市场竞争，完善能源价格形成机制，充分发挥价格对市场调节和资源配置的作用。另一方面，要充分发挥政府在以下两个市场机制失灵的领域的作用：（1）由于能源利用对环境产生的外部性；（2）由于化石能源可耗竭性引起的能源短缺。要利用财税政策及货币政策来引导用户节约能源，加大对可再生能源的开发利用，促进能源结构优化，保证能源-经济-环境协调发展，保证社会发展的可持续性。

6.4 能源市场规制

西方经济学认为在自由竞争的市场中，每一个消费者和生产者都以追求最大化利益为目的来选择商品和服务，同时也实现了社会福利的最大化，并认为市场有利于降低生产成本，有利于技术进步和发明。在市场可以正常运行的情况下，市场是有效配置资源的手段；但是在市场不能正常运行的情况下，可能出现市场配置资源的失灵。市场失灵为政府干预提供了机会和理由，市场失灵是政府进行市场规制的必要条件（丹尼尔·F. 史普博，1999；2008）。

规制通常被描述为对企业的控制，而企业既可以是商品的提供者，又可以是劳动和资源的雇用者。然而，对市场某一方——买者或卖者的控制，必将对另一方产生相应的影响。对能够被出售的物品的限制立即转化为对可能被购买的物品的限制。政府对市场配置机制的规制可能会改变商品和服务的生产、消费和分配行为，并影响到市场的特征和买卖双方的契约关系。

6.4.1 电力市场规制

电力产业投资巨大，投资回收期长。电力的生产需要大量的固定设备，固定成本非常高，而可变成本相对较低，平均成本在很高的产量水平上仍是下降的，所以一直以来，电力产业被视为自然垄断产业。

在电力行业管制的理论研究方面，对英国电力产业进行实证研究的结论为：受管制企业并不比无管制企业具有更高的效率和更低的价格。这一研究反响巨大，学者们纷纷把管制研究的重点转移到如何以最少的管制来最大限度地鼓励竞争上。直接针对电力行业放松管制的研究在 20 世纪 80 年代末开始逐渐增多。Joskow 等（1996）研究了管制放松后的产业绩效，认为在放松管制之后，由于竞争的引入，电力公用事业公司采用新型技术的速度发生了重要的变化，这使得整个发电设备的成本显著降低。

电力行业管制问题的研究成果表明，电力市场应当放松政府管制，然而放松管制并不是取消管制，电力产业管制体制改革的目标是确定一种新的合理的管制方式来构建一个适度竞争的电力市场。

传统的电力工业分为发电、售电、输电、配电四个环节。由于电能不能被大量储存，因此要求发电、售电、输电、配电各个环节实时保持平衡，同时对电网的稳定安全具有较高的要求。最初各国电力行业都采用垂直一体化垄断经营模式，整个电力工业被认为是完全垄断行业。垄断经营模式在一段时期内对电力工业的资金积聚、避免重复建设等起到了非常重要的作用。一方面，随着电力需求的增大，像任何垄断市场一样，电力市场逐渐呈现出经济效率低、运营效益低、投资回报低的弊端；另一方面，随着人们对电力工业和垄断认识的加深，技术改革特别是光缆的出现，使得四个环节中四个功能所具有的市场结构特点逐渐显现出来，并将竞争环节同自然垄断环节分离开来，推动了 20 世纪 80 年代以来世界范围内的电力行业改革的浪潮。

在发电环节中，根据其本身的技术特点，每个发电企业可以作为单独的竞争个体，不存在重复投资。因此，从理论上说，发电环节成为竞争环节是可行的，而且要提高发电效率也是必须的。但是，发电企业的进入壁垒很高，还要受输电环节的约束，所以发电市场不可能形成完全竞争的市场格局。目前许多国家打破电力工业的垂直一体化垄断，重组市场化结构（如中国形成五大发电集团公司、英国形成三大发电集团公司），形成寡头垄断或垄断竞争的发电市场。售电环节由于直接面对用户，从社会福利的角度来看最需要引入竞争，同时其不存在很强的规模经济，因此也属于竞争环节。输电、配电环节的自然垄断性在短期内不会动摇。因为这些环节的企业属于网络性企业，一个新企业的进入就意味着大量的重复投资和资源浪费。在巨大的规模效应和沉没成本下，其自然垄断的天然属性不能改变。

因此，在进行市场化改革后，电力工业中的发电、售电环节属于竞争环节，输电、配电环节属于垄断环节。

(1) 自然垄断的环节。

规模经济和沉没成本等经济特征的存在导致了某一行业或部门的自然垄断（natural monopoly）。在自然垄断条件下，如果允许竞争，那么破产和兼并将成为必然现象，其结果是只有一家企业能够生存，因此自然垄断行业中的竞争必然是破坏性的竞争。部门能源市场具有自然垄断性质（如电力、天然气等），对这类市场不能引入竞争机制，而必须由政府对其价格、服务质量和进入进行管制，这是当今世界的普遍现象和大多数经济学家的共识。

图 6－6 显示了一个自然垄断企业所面临的需求和其长期成本，由于存在规模经济，该行业如果由多家企业构成，将是没有效率的。因为每一企业的产量会更小，单位生产成本会显著提高。在这种情况下，为获得最低成本，只能由一家企业来生产。

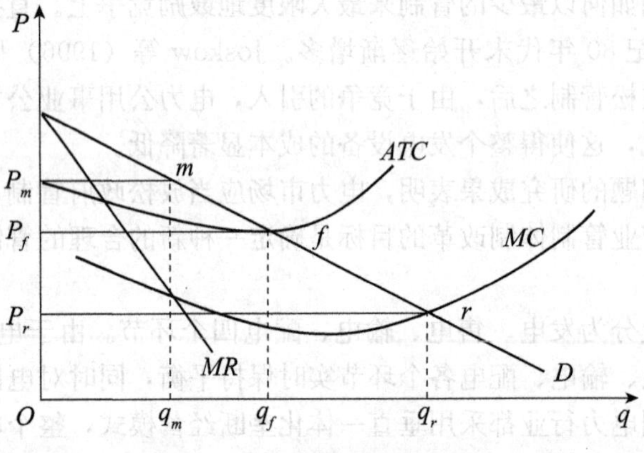

图 6－6 自然垄断与价格限制

资料来源：徐梅林（2006）。

通过利润最大化的规则，即 $MR=MC$，我们知道在不受规制的前提下，垄断企业所选择的利润最大化产量和价格分别是 q_m 和 P_m。由于在 q_m 下，价格高于平均总成本，垄断企业获得了高额的经济利润。不仅如此，价格超过边际成本表明，分配在该产品或服务上的资源过低。从公共利益出发，政府管制机构必须对自然垄断行业进行监管。监管可能是对自然垄断行业的最佳选择。由 D 线和 MC 曲线相交所决定的价格 P_r 是社会最优价格，资源达到最优配置 q_r，但是可能使自然垄断企业遭受亏损。自然垄断企业往往是公用事业，关系到国计民生，不能使它们长期亏损和破产。但又不能对它们进行公共补贴，来弥补边际成本定价过低招致的损失。在实践中，多数管制机构（如美国的管制机构）对社会最优价格原则做了适当调整，使得公平回报价格 $P_f=ATC$。垄断企业实现盈亏平衡，其代价是牺牲部分分配效率。从图 6－6 中可以看出，公平回报价格使产量从 q_m 增加到 q_f。尽管处于两难选择，但是从社会的角度来看，规制可以改善垄断的不良影响，纠正部分市场失灵。

(2) 引入竞争的环节。

人们一般直观地认为，引入竞争的环节可以取消监管，但是问题并非如此简单。

首先，尽管在发电和售电环节引入了竞争机制，但是只能构造出垄断竞争或寡头垄断的市场结构。其较高的垄断程度会造成一定程度的市场配置资源失灵。要提高市场效率，必须对这些环节进行一定程度的监管。

其次，由于发电和售电环节的企业数量不可能很多，因此有些企业占有很大的市场份额，拥有很大的市场支配力，可能操纵市场价格，而电力系统的输电阻塞加剧了这种市场支配力。电力监管机构需要防止这种市场支配力的滥用。

英国的电力市场一直被当作全世界的样板，但是1999年7月，由英国天然气和电力市场办公室（OFGEM）正式提出的新电力交易制度的相关文件指出：英国电力库（Pool）的价格被三家主要的发电商操纵，自1990年以来，发电成本（燃料费、资本费和运行费用）降低了近50%，而电力批发价格一直很少变化。竞争环节运行效率不能令人满意，导致监管机构取消电力库，引入新电力交易制度。

其实，竞争环节花费了英国监管机构的主要精力。1990年，英国电力管制办公室（OFFER）设计了电力库。1999年，英国在总结电力库经验教训的基础上，又设计了新电力交易制度（neta）。尽管英国监管机构不直接管制竞争环节的价格，但是有关竞争环节的规则和交易制度严格受到英国监管机构的修改和审批。其负责人的法定职责是推进发电和售电的竞争，对交易规则和市场运行负责。

最后，引入竞争机制的同时无疑也伴随着风险的引入。历史的经验教训表明，电力市场的风险主要集中在发电和售电环节，而不在输配电环节。电力市场的竞价机制使得电价的波动在严重时会造成市场主体的倒闭和破产。对竞争环节的监管，如设立价格上限等，在某种意义上是对风险的监管。目前各国对发电市场的监管是松散和不力的，美国加州的电力危机就是一个很好的例子。

总之，在竞争的环节需要监管。当然，这种监管没有达到对自然垄断环节监管的强度和深度。对竞争环节的监管，主要是披露市场信息，促进市场竞争，防止市场力量过度集中，规避市场风险。

环境问题是全球性问题之一。以矿物燃料为主的电力工业已经成为主要的污染源，造成了严重的环境污染和生态破坏。电力市场机制本身并不能消除其外部不经济性，反而使清洁能源和可再生能源在市场竞争中处于更不利的地位。因此，各国对电力市场监管的一项重要任务就是减少环境污染，鼓励清洁能源的发展，保护生态环境。

电力行业是主要的污染源之一。根据IEA（2010a），中国2008年电力和热力生产排放二氧化碳31.08亿吨，约占总体二氧化碳排放的47.8%。此外，电力行业还排放二氧化硫（SO_2）、二氧化氮（NO_2）、烟尘和工业废水等环境污染物。

客观上讲，电力行业成为污染大户，责任不完全在电力部门。长期以来，牺牲环境质量以发展经济的指导思想为电力部门治污不力提供了宽松的政策环境。公众对低电价的偏好刺激了常规煤电的过度发展，抑制了清洁能源和可再生能源等高价电力的开发利用。污染物环境成本意识的淡薄使消费者得不偿失，实际上付出了更沉重的环境损害作为代价。因此，电力监管必须加强对电力行业外部效应的监管。

电力市场规制的基本形式主要有价格规制、供给配额规制、质量规制、安全规制、环保规制等。

6.4.2 天然气市场规制

(1) 市场结构。

对于天然气行业的技术经济特点，存在着两种说法：垄断性和竞争性。当然，这不是绝对的，随着行业的发展，垄断性可能会演化为竞争性。总的来说，现阶段天然气行业是竞争性行业，部分环节具有自然垄断性。

1）垄断性。

认为天然气产业具有自然垄断性主要基于以下几点考虑。

①天然气资源是不可再生资源，随着勘探开发的不断深入，天然气总有一天会从地球上消失。另外，天然气的地理分布极不均衡。

②天然气的运输和配送依赖管道网络，随着需求和规模的不断扩大，其单位成本不断下降，因此具有网络规模经济效应。

③天然气产业具有明显的范围经济性，上下游一体化联合生产比各环节进行单独生产的成本低。

④油气资源的勘探开发成本投入大、风险大、回收期长，且资产专用性较强，沉没成本较大，形成了较高的进入壁垒。

2）竞争性。

认为天然气产业是竞争性产业主要基于以下几点考虑。

①天然气资源虽然稀缺，但资源潜力大，潜在市场大，有能力支撑多个企业进行竞争。

②天然气产业价值链包括勘探、开发、储运、配送、消费等环节，这些环节多数具有竞争特点。

③天然气产业面临着潜在进入者、替代能源、消费者、国外资本的竞争，天然气产业具有竞争性特点，应放松管制。

3）整体竞争，局部垄断。

综合分析整个天然气产业，可以得出结论：天然气产业整体具有竞争性，部分环节（如运输和配送环节）具有自然垄断性；并且，随着社会经济的发展和行业规模的不断扩大，自然垄断的范围将逐渐缩小。这为放松政府规制提供了现实依据。

(2) 规制的原则。

天然气不同于石油等能源，其本身具有特殊性，主要表现在以下三个方面。

1）天然气属于能源产业，是稀缺的不可再生的自然资源。当把一般商品的边际生产理论应用于天然气生产时，必须附加一个气田产量自然递减规律。对于一个滚动开发的气田，则表现为综合递减率。因此，当我们应用边际理论时，如边际产量、边际成本、边际效益等，都必须用合理的自然递减率和综合递减率来修正，否则就可能出现误导结论。

2）管道输送是天然气陆上运输的唯一选择，具有强自然垄断特征；液化天然气是跨洋运输的唯一方式，离岸前、到岸后仍然需要依托管网；天然气存货由井口能力、输气管存和储气库容三个容量空间构成，表现出与原油的很大差异。

3）可支配收入与天然气消费水平相关程度很高；天然气短期供给与需求都缺乏弹性，

长期弹性较大。

国外经验表明，政府在天然气行业的发展过程中扮演着重要角色，政府对该行业的规制对促进行业的顺利健康发展起着重要作用。由以上天然气产业的三个特性，可以概括出天然气产业中政府规制改革的基本原则。

1）政府规制要有利于保护资源，减少浪费。天然气是一种可耗竭的稀缺资源。由于天然气价格比石油等替代能源的价格低，以气代油、以气代煤的天然气利用方式开始盛行，造成了一定程度上的天然气浪费。因此，政府规制的一个主要原则就是要保护资源，避免出现资源浪费现象。

2）政府规制要注重天然气产业链的上下游协调发展。天然气产业是一个上下游各环节紧密联系的统一系统，脱离了哪个环节都不能实现天然气的社会价值。天然气的生产、运输、销售和消费几个环节紧紧相连，生产、运输和销售要相互协调，才能达到产业的规模经济和降低经营风险。

3）政府规制要照顾大多数，保证社会公平。对于当今社会，能源已是支撑社会经济发展的重要物资，是各国都在尽力争夺的主要战略资源。随着我国逐渐走向市场化，天然气消费将会成为真正意义上的“贵族商品”，天然气消费也是有钱人的事情。但是，我国中等偏下消费水平的人群占多数，因此，政府规制要考虑社会公平，以照顾大多数人群为原则。

（3）规制的模式。

从国外经验来看，政府对天然气市场的规制模式主要有以下几种。

1）市场结构规制与进入规制。

①市场结构规制。天然气产业的市场结构规制应本着既有利于企业实现规模经济和范围经济，又有利于加强市场竞争的原则，对现有市场结构进行重组或调整。从天然气的行业特点和发展所处阶段看，市场结构的重组和调整有以下三个层面的含义：从企业层面看，对纵向一体化企业进行适当拆分；从地区层面看，在同一区域允许新企业的有条件进入；从行业层面看，引导并鼓励企业进行跨行业、跨区域的重组与合作。

整个天然气产业不仅包括天然气的生产、净化、供应，而且包括天然气的运输、分销及消费。从规模经济和范围经济的角度来看，实行纵向一体化经营具有一定的合理性。但是，从自然垄断的实质来看，整个天然气产业链中只有运输和分销具有自然垄断性。可竞争市场理论认为，在自然垄断行业，如果企业可以自由进入和退出，且不发生成本，就可以进行竞争。随着勘探开发技术的不断进步，天然气的供应具有可竞争性，在这一环节实行竞争无疑有利于提高效率和实现资源的高效配置。

从理论上讲，将天然气的生产和供应与运输和配送分拆对整个产业链的有效运行是有好处的。其主要表现在以下几个方面：一是降低垄断利润和政府补贴。非自然垄断业务的分离使得垄断范围缩小，竞争领域相应扩大。这样可以避免非垄断业务“搭便车”获取垄断利润和政府补贴而造成利益分配不均。二是可以促进竞争，降低成本。天然气的终端价格是由上游生产价格加一定的利润、运输成本形成的，上游价格的降低直接影响终端价格的变化。上游形成竞争局面有利于成本降低，进而促使价格降低，提高生产效率。三是有利于规制者和消费者掌握更多的信息，实现信息共享。天然气的生产供应实现竞争后，通过市场配置资源，有利于政府有关部门和消费者获取信息，进而做出决策。

②进入规制。在市场准入方面，为了保证天然气行业的资源高效利用，以及为了环境保护和社会大众稳定的生产生活，政府主要采取批准和许可的手段对天然气生产企业的市场进入进行限制。天然气行业具有投资大、回收期长、资产专用性较强、具有沉没成本效应的特点。如有众多企业进行激烈竞争，势必造成某些竞争力较弱的企业被迫退出市场，从而导致资源浪费和损害公众利益。因此，对天然气行业进行必要的进入规制是必须的。

但是，随着市场经济的不断成熟，以及市场规模的扩大，由一家或几家企业提供产品或服务已不能满足市场需求。天然气产业发展到新阶段，最突出的表现就是消费量明显增加。现有的生产企业已不能满足目前市场的需求，并且随着时间的推移，缺口越来越大，这就要求政府在准入方面适当放松，尤其是在天然气勘探开发和储运上。这两个环节需要巨大投资，具有技术密集和资金密集的特点。降低上游进入门槛有利于资金的筹集和竞争局面的形成，进而提高效率，降低成本。

2）价格规制。

价格规制是政府对天然气行业进行规制的核心内容，是实现其他规制目标的最基本手段。天然气价格规制主要有四个方面的目标：优化资源配置、提高社会分配效率、激励天然气生产企业进行生产、保障天然气企业利益。但是，与电信、铁路等自然垄断行业相比，天然气行业属于依赖非再生自然资源的基础性能源行业，受资源短缺性约束更为显著，从而对实现优化资源配置目标的要求更为强烈。

①政府价格规制应考虑的问题。对天然气行业进行价格规制的主要理由是：天然气行业具有区域性自然垄断特点，目前的定价机制使得价格不能及时反映供需关系。这就要求在价格规制过程中，定价要符合经济原理，遵循经济规律，避免主观性和随意性。事实上，不遵循价值规律的定价现象在实践中很容易发生，因此，对天然气行业的价格规制应充分考虑以下几个方面。

第一，注重市场机制在价格形成中的作用。天然气行业虽然属于区域性垄断行业，但并非理论上的完全垄断，市场竞争机制在一定程度上发挥作用是可能的。一方面，天然气具有众多的可替代产品，如石油、液化石油气、煤、电等，随着技术经济条件的变化，其替代性还会加强，它们的价格会影响到天然气的价格；更重要的是，政府可以采取激励机制，如特许投标竞争、直接竞争等手段来强化竞争机制，从而影响天然气价格的形成。另一方面，竞争可以使天然气企业的产品质量等信息更加透明，公众可以获得更多的关于天然气产品的信息，以得到更多经济实惠的产品或服务，这对天然气生产企业也是一种鼓励。

第二，价格规制要考虑成本约束，使价格规制能够对降低成本起到激励作用。天然气行业作为公用事业，具有自然垄断特点，政府往往对这种行业实行财政补贴，以促进其健康发展。但是，政府补贴会使天然气生产企业失去降低成本的动力，而只是想方设法从政府补贴中获得利益。

第三，加强价格规制的法制化、科学化和程序化建设。法制化使得政府或规制部门可以“依法”规制和“以法”规制，提高规制效率。天然气工业起步较早且发展较成熟的美国、法国等国家的政府均制定了相关的法律、法规，对价格规制的相关条款进行了科学严谨的规定。另外，相关条款还对政府或规制部门和相关天然气生产企业进行了严格规定，避免了价格规制的随意性、主观性，加强了科学性。

第四，充分考虑天然气价格的波动对其他产业以及整个中国社会经济的影响程度。天然气作为一种高效、清洁的能源资源，其价格的变化会对其他行业以及整个社会经济产生很大影响。如天然气价格的上升会影响到化肥生产企业，因为化肥生产企业所用原料几乎全部是天然气。化肥的价格随之上升，化肥的使用大户——农民的负担就会加重。我国农民人数众多，这会带来很多社会经济问题。

第五，政府对天然气生产企业的财政补贴应合理适度。在中国，一直以来，天然气的定价较低，远远低于其价值。较低的天然气价格及较高的生产成本使得政府财政补贴变得很重要。但是，随着天然气需求量的增加，按经济学原理，随着价格的不断提高，补贴应该越来越少。另外，补贴会使天然气生产企业对政府具有很强的依赖性，弱化了其降低生产成本的动力。因此，政府补贴应合理适度，力求保证社会利益分配公平。

第六，构建科学的天然气价格规制模型和价格体系。对天然气行业进行价格规制模型的设计，应充分考虑成本、质量、利润、物价指数等因素（许月潮，2006）。由此，天然气价格规制模型可设计为：

$$P=\frac{C_0\times[1+(RPI-X)]}{1-r}\times Q$$

其中：

P 表示天然气规制价格；

C_0 表示基期平均成本；

RPI 表示零售价格指数；

X 表示生产效率和增长率；

Q 表示天然气质量指数；

r 表示销售利润率。

因为天然气属于不可再生自然资源，而且天然气的勘探开采会对环境造成一定的污染，在天然气价格规制模型中可以加上资源税和资源补偿费项。

②价格规制原则。在价格规制改革中除了要考虑以上几方面的问题外，还应遵循以下几点原则。

第一，积极稳妥，有序有别，分步推进。天然气价格的变动几乎对所有行业和人民生活都会产生很大影响，因此，在天然气价格改革过程中，应循序渐进，充分考虑价格变动对社会经济的影响。

第二，坚持油、气合理比价。天然气和原油等能源的替代性很强。我国天然气消费结构失衡、供需矛盾紧张的直接原因之一是天然气与其他可替代能源比价过低。未来的天然气定价应当按国际通行的热值来计算。目前我国天然气价格仅为原油价格的30%左右，而国际比例则在84%～121%。

第三，差别定价。天然气定价应实行差别定价机制：一是以保护农民和城镇居民为原则实行分类定价；二是按照工业、商业、服务业等多种类型用户区别定价；三是按不同季节和不同用气高峰来定价。

第四，按成分或燃烧值定价。从国外经验来看，天然气定价是采用热值定价的，如美元/英热单位（Btu）。这是因为：一方面，不同油田所产的天然气所含成分不同，甚至同一口井在不同的生产时段所产天然气也可能会含有不同的组成成分。另一方面，天然气的利用有两种。一种是作为燃料用其热值，另一种是作为原料用其所含化学成分。因此，按热值或所含成分定价才能真正实现天然气的价值。

3）法律规制。

法律是政府或监管机构及企业，甚至所有的市场参与者进行经济行为的依据，是约束市场行为和避免发生经济纠纷必不可少的前提条件。根据天然气工业历史悠久且已经很发达的国家的发展历程，有关天然气类的法律、法规在天然气工业发展过程中起到了很重要的作用，是保证其健康发展的必要条件。

法律规制改革的基本原则包括以下几个方面的内容。

①以市场为指导，引入竞争机制，在自然垄断环节用法律约束代替市场，以免市场力量被滥用。由于自然垄断行业的自身特点，为避免经营者滥用垄断权利，为营造公平竞争的市场环境，法律应在一定程度上限制经营者，以保护消费者的利益。

②应确定现代化的监管机构，将政府的政策制定职能和监管职能分开，并在法律中做出明确规定。天然气相关法律应使得监管机构的监管更加公平、公正、透明。

③同时兼顾经营者和消费者的权利，力求保证社会分配公平，维护经营者和消费者的利益。

④天然气相关法律、法规应涵盖天然气产业链的各个环节，建立使上、中、下游能够协调发展的统一监管框架。

4）质量规制。

质量规制是对天然气生产企业的市场行为进行规制的重点，包括产品质量规制和服务质量规制两个方面。

①产品质量规制。在天然气质量方面，存在严重的信息不对称问题。天然气的热值、杂质含量、压力等指标需要专业技术人员借助相关仪器设备进行检测，方可准确测知。天然气消费者大多为普通用户，在消费前对产品的质量无法得知，并且在消费中及消费后也对其质量知之甚少。另外，天然气的质量对其使用效果有很大影响，与燃气具的寿命和安全都有很大关系。因此，在存在进入规制和价格规制等时，天然气质量规制必不可少。

在天然气产品的质量规制方面，应重点把握以下两方面的内容。

第一，天然气作为燃料，生产企业在出售天然气前应告知用户其热值范围，如有变动也应及时通知用户。

第二，天然气作为原料，在出售天然气前，生产企业应告知用户其成分，在发生变化时也应及时通知用户。

总而言之，产品质量规制应该使消费者随时获悉天然气的成分或热值，以及时调整价格。

②服务质量规制。天然气产业属于公共事业行业，其服务在整个产业链中占据很重要的地位。天然气服务主要包括以下几个方面：保障天然气管道等设施的完好，及时检查、更换和维修；及时处理天然气泄漏等突发事件，处理结果要令用户满意；保证产品供应的稳定性，对于由非突发性事件引起的供应中断，应提前通知用户；为用户提供经常性的安

全检查，日常养护服务等。由于天然气服务与社会大众的日常生活息息相关，服务的及时与否以及顾客的满意程度直接关系到天然气行业的健康发展。天然气服务质量规制在天然气市场将发挥越来越重要的作用，尤其是在逐步引入竞争后，服务的质量将是决定企业存在与否的关键。

总之，质量规制是和进入规制、价格规制同等重要的规制内容。进入规制、价格规制会慢慢使符合条件的公司或企业进入这个行业，为了保证大量的竞争者的存在不对社会大众的利益造成损害，质量规制也应是政府规制改革的重要内容。

本章小结

能源市场是实现能源资源配置的场所。能源市场既包括单一能源品种市场，也包括多能源品种市场，还包括更广泛意义上的能源-经济-环境这样的复杂巨系统，这些市场和系统的运行对能源资源配置效率均具有重要影响。

由于能源供给总量不足，能源供给结构以化石能源为主，不具备可持续性，能源市场竞争的不完全、能源市场信息的不完全以及能源利用引致的外部性等一系列问题，使能源市场成为一个典型意义上的非均衡市场，能源短缺危机时有发生，再加上能源的可持续利用问题，严重干扰了能源市场的有效运行。为提高能源市场运作效率，政府的宏观调控成为必然，其中，财税政策成为政府调控能源市场的有力工具，当前世界各国纷纷出台各种能源财税政策，既有从供给出发针对能源生产者的，也有从需求出发针对能源消费者的。针对生产者的财税政策主要包括大力发展可再生能源、改善能源结构、保障能源供给；针对消费者的财税政策主要包括节约能源、提高能源的使用效率等政策。这些财税政策从各个角度、各个方面，全方位参与能源市场的调节，试图使能源市场朝着更有效的方向发展。

对于不同的能源品种、不同的能源资源属性，能源的市场结构和运行模式也存在较大差别。总体来说：煤炭市场竞争比较充分；石油市场国际化程度较高，主要为竞争性的垄断市场；相比较而言，电力和天然气市场，尤其是电力市场，由于自然形成的垄断性成分较高，目前主要在政府规制下运营。虽然世界范围内都在对电力和天然气市场进行改革，力争通过引入市场竞争机制来提高市场运营效率，但完全放松管制在短期内难以实现，因此政府将继续发挥重要作用。

思考题

1. 你认为能源市场非均衡产生的主要原因是什么？
2. 影响能源供给的主要财税政策有哪些？
3. 影响能源需求的主要财税政策有哪些？
4. 你如何看待能源财税政策对能源市场的调控作用和效果？
5. 电力行业的特点是什么？电力行业在哪些环节具有自然垄断性，哪些环节适合引入竞争机制？

6. 政府对天然气市场规制的主要内容是什么？

拓展阅读

一个简化的垄断框架分析

由于石油危机造成的短期供给缺口远远小于 OPEC 国家的石油生产能力，为简单起见，我们假设石油危机是外生冲击，并过滤掉国际能源署等影响因素，同时将石油出口国分为 OPEC 国家和非 OPEC 国家。在 20 世纪 70 年代的两次石油危机时期，OPEC 国家始终占有市场垄断力量，因此我们可以用垄断模型进行分析，见图 6－7。

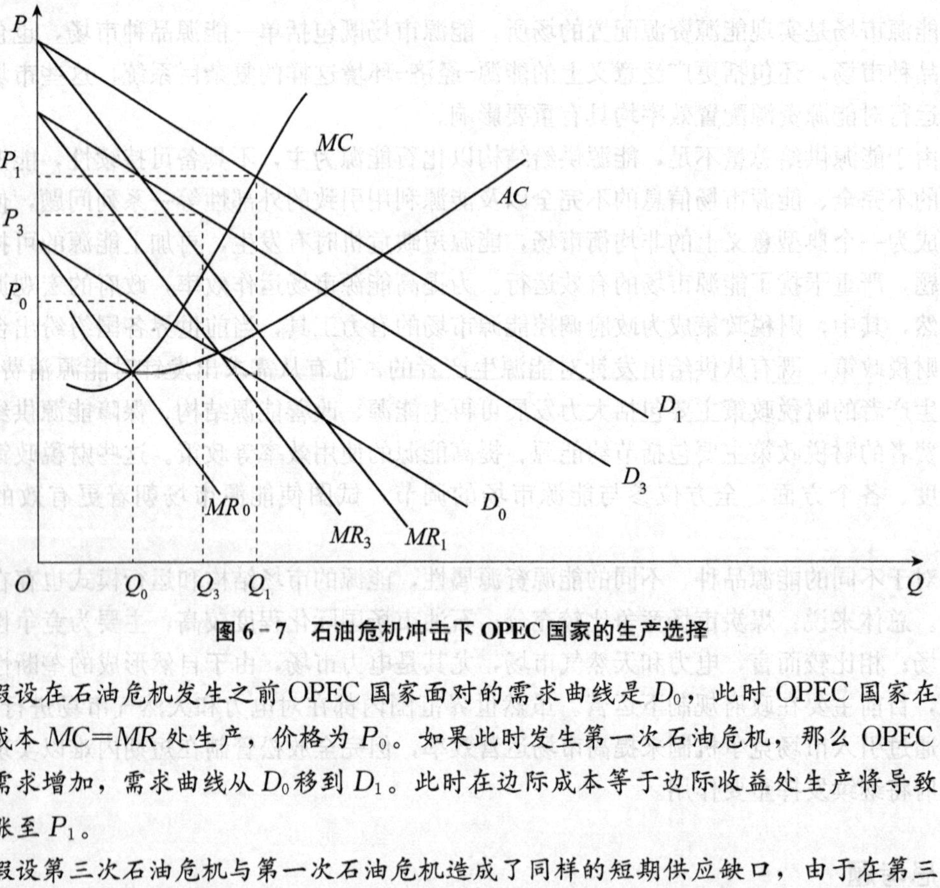

图 6－7　石油危机冲击下 OPEC 国家的生产选择

假设在石油危机发生之前 OPEC 国家面对的需求曲线是 D_0，此时 OPEC 国家在均衡边际成本 $MC=MR$ 处生产，价格为 P_0。如果此时发生第一次石油危机，那么 OPEC 国家面临需求增加，需求曲线从 D_0移到 D_1。此时在边际成本等于边际收益处生产将导致石油价格涨至 P_1。

假设第三次石油危机与第一次石油危机造成了同样的短期供应缺口，由于在第三次石油危机时期，OPEC 国家在石油市场的份额减少，此时对 OPEC 国家来说，需求曲线只能移动到 D_3，价格只能上升到 P_3。1989 年，OPEC 国家市场力量的减弱导致议价能力下降，从而减小了 OPEC 国家单方面抬高石油价格的可能性。而此时 OPEC 国家在市场中仍占有“领导者”的优势，因此，如果 OPEC 国家提价不高，其他分散的生产者——非 OPEC 国家提价也不会过高。

从上面的分析可以看出，作为行业领导者的 OPEC 国家的市场份额的减小，可以导致整个行业在石油短缺时的提价能力下降，这在一定程度上降低了石油价格的涨幅，进而减小了对世界经济进程的影响。

为了更好地分析这两次石油危机对经济的影响，我们开始对国际能源署这一关键因素进行分析。地缘政治因素造成石油市场短期供给不足，此时由国际能源署每天将一定数量的石油投入国际市场，在一定程度上改善了石油短期供不应求的局面，稳定了石油价格。国际能源署也通过另外一条途径减小了第三次石油危机的影响。

令 S 为国际石油市场的总供给曲线，D 为总需求曲线，假设本来国际石油市场处于均衡状态 E 点，如图 6-8 所示。此外，如上文分析的那样，假设石油危机为石油短缺的外生冲击。如果国际能源署不存在，则在石油危机的情况下，由于工业结构的刚性，石油输出国会预期短期石油需求也表现为刚性，于是趋势改变自己的供给曲线，也就是从原来的供给曲线 S 移到 S'，而价格从 P^* 飞涨至 P'。

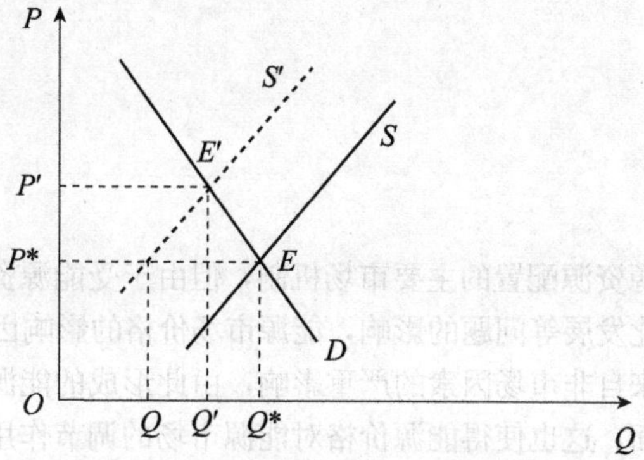

图 6-8　石油危机下世界石油的供给分析

而在国际能源署存在的情况下，假设石油出口国同样改变自己的供给曲线至 S'，在此前提下，国际能源署会采取行动以均衡价格 P' 来补给短期石油缺口，从而石油出口国的出口量会减少：从 Q' 减少到 Q，造成一定的损失。这时石油输出国会预期自己提高价格可能并不会获得利润，反而会造成损失，而且会恶化与石油需求国的长期合作关系，于是并不会改变自己的供给曲线，并在原来的均衡价格上补足由于外部政治冲击导致的石油短缺以赚取利润。

因此，国际能源署即使不采取任何措施，也会因为其存在而影响其他石油输出国在石油危机发生情况下的预期，从而在一定程度上熨平石油价格波动，减小石油危机带来的影响。

资料来源：严琦．第一次石油危机与第三次石油危机的比较分析——基于市场结构的视角．中国科技论文在线，2009.

第 7 章

能源价格

能源价格是调节能源资源配置的主要市场机制，但由于受能源资源的特殊性和能源市场结构、能源与金融一体化发展等问题的影响，能源市场价格的影响因素非常复杂，尤其在短期，能源价格受到大量来自非市场因素的严重影响，由此形成的能源价格有时甚至完全脱离了能源市场供需的基本面，这也使得能源价格对能源市场的调节作用大大减弱。能源价格除了作为能源市场的调节机制发挥作用外，能源作为基本生产要素，其价格变动还可能通过产业链产生成本推动型通货膨胀，进而对宏观经济和群众生活产生影响。本章内容共分五节：7.1 节阐述能源定价的基本理论；7.2 节介绍 OPEC 的产量与定价机制；7.3 节分析能源价格对能源资源配置的调节作用；7.4 节介绍能源价格上涨对一般价格水平的影响；7.5 节介绍可计算一般均衡（CGE）模型，分析能源价格波动对宏观经济、居民福利等的影响。

7.1 能源定价理论

能源定价理论的早期研究主要沿用经济学的资源稀缺论或边际学说理论，如马歇尔(Marshall）的竞争论、弗兰克尔（Frankl）的寡头控制理论等，由于理论的局限性，这些研究都未能很好地把握国际市场能源价格波动的内在规律。从理论上系统研究能源定价的开山之作当推 Hotelling（1931）的著名的可耗竭资源模型，霍特林（Hotelling）的这个模型是论述可耗竭资源的，在众多可耗竭资源中，自 20 世纪 70 年代以来，石油价格的波动最频繁且最剧烈，因而最引人注目。他把资源当作一种埋藏在地下的资产，目标是寻找一种最优的定价方法使得净现值最大。模型分析得出，当不考虑开采成本时，资源最优配置下的均衡价格将以市场利率的增长率连续上升。设 t 时期的资源价格为 P_t，r 为市场利率，则 $(P_{t+1}-P_t)/P_t=r$，这就是霍特林法则。当考虑开采成本时，资源价格是指扣除边际开采成本后的净价格，也称为资源租金率，资源租金率也满足上述霍特林法则。霍特林的可耗竭资源模型对研究能源定价具有开创性的意义。

如果资源所有者开采资源的资本所得的收益增长率低于利率，他就偏向于把资源埋藏在地下让它增值；如果高于利率，则偏向于开采，以期得到更高的净现值。在论述可耗竭资源的价格波动时，考虑到不同的市场结构对价格的影响不一样，霍特林分别就自由竞争和垄断市场进行了研究。在自由竞争的情况下，厂商在不同时期开采相同数量的资源所获收益的贴现值应该相等，否则他将选择在贴现值最大的时期把资源都开采出来。如果能源开采不集中在一个时期，能源价格的上升必然等于利率，因为如果预期能源价格上涨幅度大于利率，厂商就会减少当期能源开采，让它在地下增值，而当期能源供给减少会推动现期价格上涨；如果预期能源价格上涨幅度小于利率，厂商则会增加当期的能源开采，使收益加速变现，这样一来，本期供给增加促使价格下降，这又会增加未来能源价格上涨的幅度，如此反复。在垄断市场上，由于厂商可以控制价格，因此厂商会选择一个最优产出路径使自己总收益的现值最大化，由最优产出路径确定最优价格路径。根据最优化一阶条件可确定，最优开采量就是使不同时期能源开采量的边际收益上涨速度等于利率的开采量。

霍特林的资源定价理论隐含了这样的前提条件，即资源初始存量是已知的，且开采成本固定不变，但实际上，能源资源储量总是随着世界范围内的技术进步及投资勘探活动不断变动。对于特定时期的定价者来说，未来储量的变动是不确定的，同时，科技进步使得开采成本不断降低，因此，霍特林的资源定价理论是对储量确定情形的讨论。此后，人们又进行了一些在储量不确定的条件下的资源定价理论的研究，这部分内容比较复杂，本书不做介绍。

沿着霍特林的研究思路，除一部分针对储量不确定的条件下的能源定价理论研究外，另一部分则通过设定能源市场的不同结构或参与能源市场的行为主体的不同行为，来建立各类理论模型，分析能源价格的形成，并通过对各类相关参数的模拟分析，力求把握能源价格波动的规律，如后来的 Pindyck（1978）、Gately（1983；1984）等。

7.2 石油输出国组织与国际石油价格

石油输出国组织（OPEC）是国际石油市场上一个不容忽视的力量，在国际石油定价理论研究中，相当一部分都将 OPEC 视为一个卡特尔组织。比如以垄断市场结构为基础解释国际石油价格形成的研究，都把国际石油市场看作由 OPEC 这个卡特尔组织定价的垄断市场，石油价格的波动是由 OPEC 国家的定价原则决定的。这些研究中关于 OPEC 定价原则的假设主要有两种：财富最大化型和生产能力利用目标型。

财富最大化型基本上是霍特林模型中垄断部分的改进。生产能力利用目标型是从垄断者不可能拥有完全信息，进而也不可能知道最优价格路径的角度出发，假设 OPEC 通过产能利用目标来摸索隐含的最优价格路径。若实际的产能利用率高，则说明生产供应紧张，从而抬高价格；反之则降低价格（Gately 和 Kyle，1977；Gately，1983）。

关于 OPEC 对国际石油价格影响的研究有很多，结论不完全统一，甚至有时是完全相反的。本节不对 OPEC 生产行为进行假设，只介绍 OPEC 的产量、定价机制等基本事实，通过这些事实对其在国际石油价格形成中的地位、作用进行直观判断与分析。

7.2.1　OPEC 石油储量

根据 BP（2019）的统计数据，截至 2018 年年底，OPEC 已探明储量占世界石油储量的 71.8%。其中，OPEC 成员国探明石油储量位居前三位的是：委内瑞拉为 3 033 亿桶，占世界份额的 17.5%；沙特阿拉伯为 2 977 亿桶，占世界份额的 17.2%；伊朗为 1 556 亿桶，占世界份额的 9.0%。其次是伊拉克和科威特，分别为 1 472 亿桶和 1 015 亿桶，占世界份额的 8.5%和 5.9%。这五个国家的总份额接近世界总量的 60%。由于 OPEC 拥有丰富的石油资源储量，它的产量政策和价格政策对国际石油价格具有重要影响力。因此，国际社会一直将 OPEC 视为石油市场的一个卡特尔组织。

OPEC、非 OPEC 与 OECD 的石油探明储量见表 7－1，它们平均每年的储采比分别为 86.5、24.1、26.4（BP，2019）。

表 7－1　OPEC、非 OPEC 与 OECD 的石油探明储量　　（单位：10 亿桶）

年份	OPEC	非 OPEC	OECD
2013	1 206.0	488.1	249.2
2014	1 206.3	490.9	253.7
2015	1 207.7	476.6	244.3
2016	1 214.4	477.2	243.8
2017	1 240.2	487.3	254.4
2018	1 242.2	487.5	254.0

7.2.2　OPEC 产量政策及其市场份额

目前 OPEC 的产量约占世界总产量的 40%，图 7－1 为 OPEC 在 1965—2018 年的石油产量占世界石油产量的份额变化情况。OPEC 作为一个石油市场的卡特尔组织，主要是通过产量控制来达到影响国际石油价格的目的。OPEC 产量政策是实行内部成员产量配额制，每次 OPEC 会议都会根据市场需求和各国情况，确定各成员国今后一段时间内的石油产量。如 OPEC 在 2003 年 1 月 23 日第 123 次会议上通过的产量协议规定，今后一段时间 OPEC 总产量为 2 450 万桶/天，其中，沙特阿拉伯产量为 796.3 万桶/天，伊朗产量为 359.7 万桶/天，其余详见该协议（OPEC，2003）。但由于 OPEC 组织各成员国本身的石油资源富存条件不一样，富存条件好、人均石油储量较丰富的国家，如沙特阿拉伯、科威特、阿联酋等，主张温和的油价政策，不主张减产提价，而人均石油储量相对较少的国家，如委内瑞拉、尼日利亚等，为了提高短期石油收入而极力主张减产提价（袁瑛，2007）。

OPEC 市场份额的高峰出现在 1973 年，占世界石油产量的 52%。此后，石油危机引起的高油价导致世界经济萧条及石油消费量锐减；替代能源和节能技术被开发利用，能源使用效率不断提高；墨西哥、英国北海油田、北阿拉斯加等许多大油田相继被发现；高油价诱使非 OPEC 国家增加产量。因此，OPEC 的市场份额不断下降，20 世纪 80 年代中期跌到最低时只为 30%左右，但 1986 年后的低油价刺激了世界石油消费的增长，抑制了对高成本油田的投资和石油勘探投资，此外，20 世纪 90 年代初，苏联解体使得对 OPEC 的石油需求大增。世界新增石油需求主要由 OPEC 来满足，OPEC 的石油市场份额开始缓慢上升，近年来由于非 OPEC，特别是俄罗斯等国不断增产，OPEC 的市场份额略有下降，但基本上稳定在 40%左右。虽然目前只有 40%左右的产量份额，但 OPEC 还留有约 600 万桶/日（或 3 亿吨/年）的机动生产能力，这是其他石油生产国无法提供的。世界上有 50 多个非 OPEC 产油国，它们以不足 1/4 的已探明储量，生产着占世界 60%的年产量。因此，这些非 OPEC 石油生产大国，如俄罗斯、挪威等，基本上都已开足马力在生产。凭借巨大的剩余生产能力，OPEC 可以在国际原油价格超过市场承受能力，从而对主要石油进口国的经济生产产生不利影响时增加产量，缓解供不应求的局面，以阻止油价的上涨，并进一步降低油价。当油价过低对石油出口国的收入和经济生产产生不利影响时，OPEC 可以减少产量，缓解供过于求的局面，阻止油价的继续下滑，进一步促使油价回升。OPEC 根据市场状况通过剩余生产能力对世界石油市场的供给进行调节，力争将世界石油价格稳定在一个合理的范围内。从目前阶段来看，虽然有很多不确定因素限制了 OPEC 对国际石油价格的影响和控制能力，但它对国际石油市场的影响力仍然是不容忽视的，有时甚至能够操纵国际油价的涨落。尽管非 OPEC 国家的石油总产量占世界石油总产量的 60%，但各国均按自己的行为方式生产，没有统一的组织和行动，所以单一非 OPEC 国家的产量通常无法对国际原油价格产生实质性的影响。此外，由于 OPEC 有大量的已探明石油储量，许多长期预测都表明将来世界对 OPEC 资源的依赖性会越来越大，从长期来看，OPEC 的石油份额有增大的趋势。因此，OPEC 对国际石油价格的影响不仅不会降低，而且可能会进一步增大。如果 OPEC 能够协调好各国的利益，做到行动一致，那么将油价控制在给定的范围内应当是一件较有把握的事情（赵农，危结根，2001）。

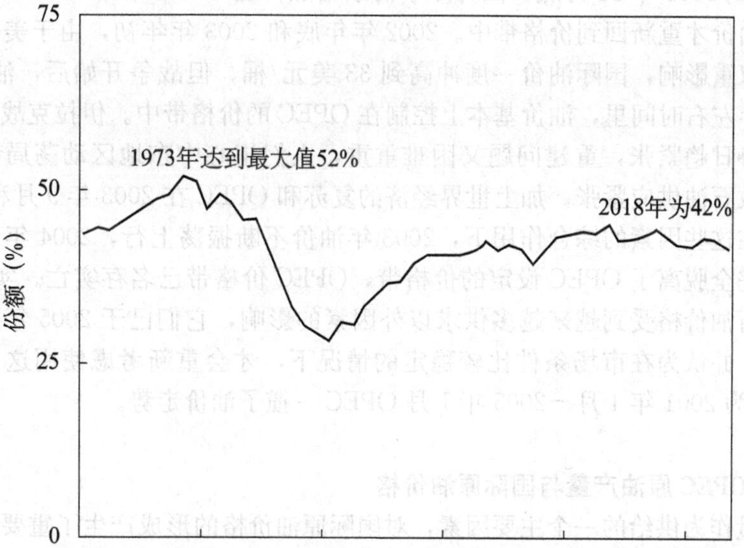

图 7－1　OPEC 石油产量份额（1965—2018 年）

资料来源：BP（2019）。

与 OPEC 相比，非 OPEC 的石油储量不足前者的 1/3，储采比仅为前者的 1/5，石油勘探、开发和生产的综合成本约为前者的 4～5 倍，新增石油储量大幅增长的可能性较小。一些非 OPEC 国家，例如美国和中国，虽然是石油生产大国，但同时也是石油消费大国。总体上来看，非 OPEC 的石油消费不能自给，还有 1/3 以上依赖 OPEC 的供应。非 OPEC 的生产能力的升降在很大程度上受制于国际油价的周期性波动，而其对国际油价的影响只是一种有限的市场效应。

7.2.3 OPEC 定价机制

OPEC 原油价格指的是沙特阿拉伯轻油、阿尔及利亚撒哈拉混合油、印度尼西亚米纳斯油、尼日利亚邦尼轻油、阿联酋迪拜油、委内瑞拉蒂朱纳轻油、墨西哥依斯莫斯轻油七种原油市场监督价格的平均价格。OPEC 利用这个价格监督国际石油市场的原油价格，OPEC 成员国在这一价格的基础上按原油的质量和运费价进行调整。OPEC 从 1999 年 9 月以后开始研究价格带机制，并从 2000 年 3 月起开始正式实施这一机制。价格带机制就是事先设定一个价格幅度，如果实际价格超过或低于这个幅度一定时间，就通过调整产量使价格回到设定的幅度内。OPEC 进行的尝试和各国货币当局为回避外汇大幅波动而介入外汇市场的做法相似。

2000 年 10 月开始，OPEC 启用石油产量调整机制，使油价在 2001 年 9 月之前都维持在 OPEC 设定的价格带（22 美元/桶～28 美元/桶）中。2001 年 9 月，美国发生"9·11"事件，油价一度大幅上涨，但随后因国际石油市场担心美国经济将受重挫，带来石油需求大幅减少，加上产油国为了维持国际稳定而暂停启用石油产量调整机制，未在需求降低时进行减产，因此，油价在 2001 年 10 月跌至低于 20 美元/桶，甚至到 2001 年 11 月接近 16 美元/桶。直到 2001 年 12 月底，因为冬季需求增加，且 OPEC 和非 OPEC 产油国也确定进行减产，油价才重新回到价格带中。2002 年年底和 2003 年年初，由于美伊战争和国际投机力量的双重影响，国际油价一度冲高到 33 美元/桶，但战争开始后，油价迅速回落，在此后的半年左右时间里，油价基本上控制在 OPEC 的价格带中。伊拉克战争结束后，伊拉克安全形势日趋紧张，重建问题又困难重重，人们担心中东地区动荡局势将进一步加剧，从而导致石油供应紧张，加上世界经济的复苏和 OPEC 在 2003 年 9 月和 2004 年 4 月两次减产，在这些因素的综合作用下，2003 年油价不断振荡上行，2004 年 4 月以后更是一路上涨，完全脱离了 OPEC 设定的价格带，OPEC 价格带已名存实亡。实际上，OPEC 认为当前的石油价格受到越来越多供求以外因素的影响，它们已于 2005 年决定暂时中止价格带机制，并认为在市场条件比较稳定的情况下，才会重新考虑使用这一油价调控体系。图 7-2 为 2001 年 1 月—2005 年 1 月 OPEC 一揽子油价走势。

7.2.4 OPEC 原油产量与国际原油价格

原油产量作为供给的一个主要因素，对国际原油价格的形成产生了重要的作用。世界原油产量由 OPEC 和非 OPEC 原油产量两大块构成，OPEC 和非 OPEC 的产量波动引起了世界原油总产量的波动，进而影响国际原油价格。图 7-3 和图 7-4 分别反映了 1960—2002 年 OPEC、非 OPEC 和世界总的原油产量的变化趋势和波动状况。

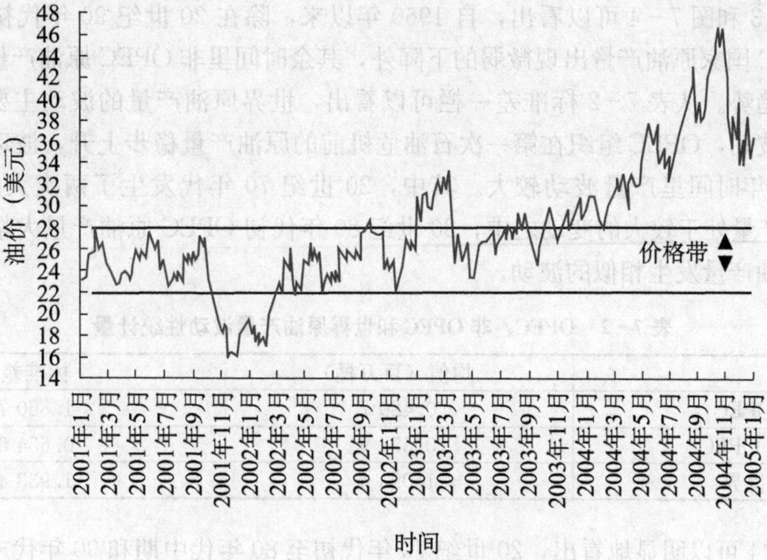

图7-2 OPEC一揽子油价走势

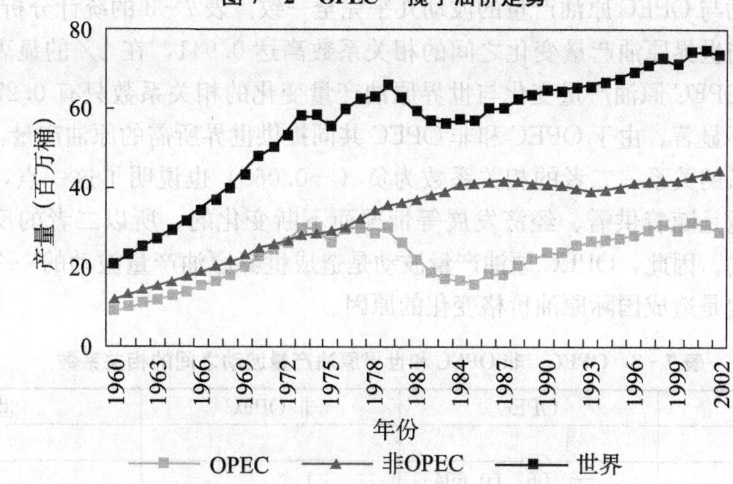

图7-3 原油产量（1960—2002年）

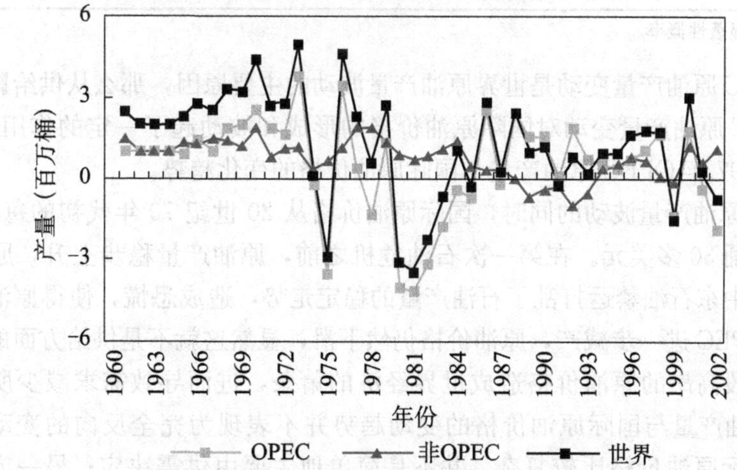

图7-4 原油产量波动（1960—2002年）

从图 7-3 和图 7-4 可以看出，自 1960 年以来，除在 20 世纪 90 年代初由于苏联解体，非 OPEC 国家原油产量出现微弱的下降外，其余时间里非 OPEC 原油产量基本上呈现稳步上升的趋势。从表 7-2 标准差一栏可以看出，世界原油产量的波动主要来自 OPEC 原油产量的波动，OPEC 组织在第一次石油危机前的原油产量稳步上升，波动较小，但在随后的 10 多年时间里产量波动较大。其中，20 世纪 70 年代发生了两次大的石油危机，OPEC 原油产量处于较大的变动之中；20 世纪 80 年代初 OPEC 原油产量大幅下降，从而导致世界原油产量发生相似的波动。

表 7-2　OPEC、非 OPEC 和世界原油产量波动性统计量

	均值（百万桶）	标准差
OPEC	0.420 7	1.860 7
非 OPEC	0.672 9	0.654 0
世界	1.093 6	1.933 4

从图 7-4 可以明显地看出，20 世纪 70 年代初至 80 年代中期和 90 年代末，世界原油产量的剧烈波动与 OPEC 原油产量的波动几乎完全一致。表 7-3 的统计分析显示，OPEC 原油产量变化与世界原油产量变化之间的相关系数高达 0.941，在 1%的显著性水平上是显著的，而非 OPEC 原油产量变化与世界原油产量变化的相关系数只有 0.278，在 5%的显著性水平上不显著。由于 OPEC 和非 OPEC 共同提供世界所需的原油产量，所以二者之间具有此消彼长的关系，二者的相关系数为负（－0.062）也说明了这一点，但由于世界所需的原油产量是随着供需、经济发展等情况而不断变化的，所以二者的反向关系很微弱，是不显著的。因此，OPEC 原油产量波动是造成世界原油产量波动的一个最主要和最直接的原因，也是造成国际原油价格变化的原因。

表 7-3　OPEC、非 OPEC 和世界原油产量波动之间的相关系数

	OPEC	非 OPEC	世界
OPEC	1		
非 OPEC	－0.062（0.694）	1	
世界	0.941（0.000）	0.278（0.074）	1

注：括号里为显著性概率。

既然 OPEC 原油产量变动是世界原油产量波动的主要原因，那么从供给影响价格的角度推测，OPEC 原油产量变动对国际原油价格的形成和波动起了一定的作用。图 7-5 反映了 1970—1997 年 OPEC 原油产量与国际原油价格的变化趋势。

在 OPEC 原油产量波动的同时，国际原油价格从 20 世纪 70 年代初的每桶 2 美元～3 美元上涨到每桶 30 多美元。在第一次石油危机之前，原油产量稳步上升，原油价格基本上保持稳定，中东石油禁运打乱了石油产量的稳定走势，造成恐慌，使得原油价格迅速上涨，但随后 OPEC 进一步减产，原油价格仍然下滑，显然这就不是供给方面的原因，而主要是由前一阶段高昂的原油价格造成世界经济的萧条，进而导致需求减少所造成的。所以，OPEC 原油产量与国际原油价格的变动趋势并不表现为完全反向的变动关系。一方面，这说明国际原油价格比较复杂，并不是简单地主要由供需决定；另一方面，这说明

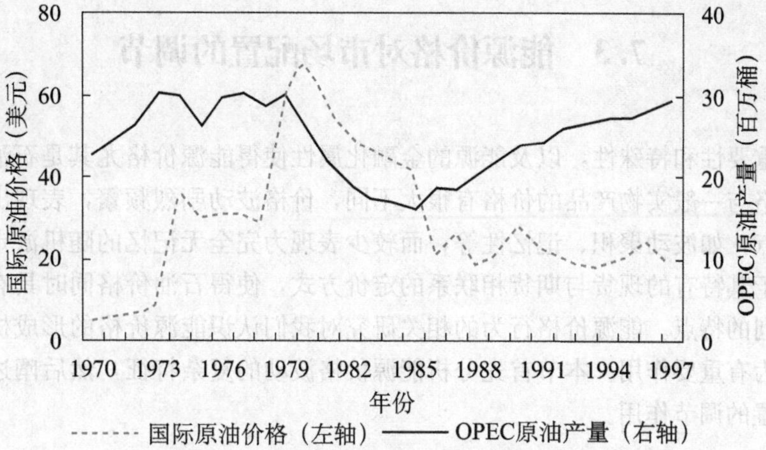

图7-5 OPEC原油产量与国际原油价格

OPEC虽然可以通过调整产量对国际原油价格的形成产生一定的影响，但并不能完全反映或左右国际原油价格。

7.2.5 OPEC对国际石油价格影响简评

关于OPEC在国际石油市场上的作用和影响力，大家的看法不完全一致。有人认为，过去的历史表明OPEC拥有左右国际石油市场的能力。OPEC未来的作用如何要看该组织如何发挥其实力。他们也认为，OPEC应选择稳妥的方式寻求价格的稳定。价格能否稳定取决于OPEC能否更多地考虑、尊重和理解生产的其他要素，包括需求要素、非OPEC要素和石油期货市场金融投机的要素（单卫国，2000）。另有人认为，OPEC定价策略的可行性是存在的，但有效性对于仅依靠原油出口获取收益的成员未得到理论上的证明（赵农，危结根，2001）。还有人认为，OPEC在国际石油市场上的作用被夸大了，实际上它已成为石油市场的稳定者和价格的被动适应者（梅孝峰，2001）。

总体而言，OPEC对国际石油市场究竟能发挥多大作用，与三方面的因素密切相关：(1) 产量政策：是限产保价，还是增产保份额；(2) 剩余产能：剩余产能是OPEC短期调控市场最有力的武器；(3) 内部协调机制。由于各国资源储量、生产成本和经济发展状况存在差异，出于维护本国利益，一些成员国违反配额限制，超额生产。卡罗·A. 达哈尔（2008）整理了1984—2003年OPEC平均产量与配额的历史数据，结果显示，几乎在整个20世纪90年代，OPEC的实际产量均超出其配额，平均每天多生产100多万桶。

目前，OPEC成员国中主张较为温和的油价的一派的储量约占OPEC总储量的51%；而主张减产提价的一派的储量约占OPEC总储量的30%；其余为中间派。这种成员国之间的利益矛盾极大地削弱了OPEC的控制力。另外，沙特阿拉伯储量占OPEC总储量的28%左右，具有举足轻重的地位，代表了OPEC的主流石油政策。OPEC内部协调机制的运行结果成为影响OPEC发挥作用的重要因素。

7.3 能源价格对市场配置的调节

能源的重要性和特殊性，以及能源的金融化属性使得能源价格尤其是石油、电力等能源产品的价格与一般实物产品的价格有很大不同，价格波动剧烈频繁，表现出金融时间序列的很多特点，如波动聚积、记忆性等，而较少表现为完全无记忆的随机游走序列。国际石油价格由于其特有的现货与期货相联系的定价方式，使得石油价格同时具有金融和期货市场时间序列的特点。能源价格行为的相关研究对我们认识能源价格的形成机制和交易主体的交易行为有重要作用。本节首先分析能源价格波动的复杂特征，然后阐述能源价格对能源资源配置的调节作用。

7.3.1 能源价格波动特征

在能源市场上，参与市场交易的各方主体根据获取的市场信息，并结合对未来市场的预期、判断，来做出实际交易行为。这些实际交易行为将对最终价格的形成产生一定影响，并反映在最终价格中。能源市场中参与市场交易的主体大致包括：生产方、需求方和由于能源金融化发展而加入进来的投机方。由于信息不完全和信息获取是有成本的，各方只能根据自己所获取的决定能源价格的信息来决定自己的交易策略，各方交易策略的实施最终决定市场价格。因此，通过能源价格波动特征分析，可以大致了解各方交易主体的交易行为特征及对价格形成的影响。

（1）Zipf 技术简介。

Zipf 技术最早由 Zipf（1949；1968）提出，主要运用于自然语言课程，用于计算某一篇给定的文章中每个单词出现的频率 f。作者根据每个单词出现的频率对单词进行分类，发现可以给每个单词赋一个秩 R，令出现频率最高的那个单词的秩 $R=1$，对自然语言可以观察到下面的幂律成立：

$$f \sim R^{-\xi}$$

对任意语言，指数 ξ 接近于 1。

Zipf 技术的一个简单扩展是考虑严格由 n 个字母构成的单词（不包括空格）。在这种情况下，Czirok 等（1995）、Troll 和 beim（1998）提出猜想 $\xi=|2H-1|$，其中，H 是用于度量存在于符号间的长程记忆性的 Hurst 指数。

目前，Zipf 技术除主要运用于自然语言研究外，还被广泛地运用于生物遗传、化学、地理等领域，近年来，Zipf 技术开始被应用于金融时间序列的分析。如 N. Vandewalle 和 M. Ausloos（1999）利用 Zipf 技术研究了股票价格指数，Ausloos（2000）还利用 Zipf 技术研究了外汇市场结构。因为一个随机波动的序列可以很容易地转换为用字母“u”和字母“d”表示的序列，其中，“u”表示向上或涨（即“up”），“d”表示向下或跌（即“down”）。对于真正的随机游走序列，ξ 等于 0，因为任意长度为 n 的单词出现的概率都相同；但对于有偏的随机序列，ξ 不会等于 0（Vandewalle 和

Ausloos，1999）。

（2）模型方法。

实际市场交易是有成本的，因此只有当价格的涨跌超过某一个阈值时，交易主体才会进行交易。将交易成本这一信息反映到 Zipf 技术里时可以设定一个阈值。当实际价格涨幅超过这个阈值时，我们认为价格上涨（"u"）；当实际价格跌幅超过设定的阈值时，我们认为价格下跌（"d"）；当实际价格变动幅度不超过阈值时，我们认为价格没有发生变化，交易主体不进行交易。为便于量化分析和处理，我们将"u"记为1，"d"记为−1，价格变化幅度不超过阈值时记为0，则价格序列可以转换为取值为−1、0、1的序列，该序列反映了价格涨跌的动力学信息。具体表述如下（Jose 等，2002）。

设 $P_n=\{p_0, p_1, \cdots, p_n\}$ 是样本阶段为 T 的 n 维有偏价格序列。即 $p_i=p(iT)$，τ 为一给定的时间标度，假设 $\tau/T=k$ 是整数。如果每天采样，则 $T=1$。上下波动的 $(n-k)$ 维序列 $D_{n-k}(k, \varepsilon)=\{d_1(k, \varepsilon), d_2(k, \varepsilon), \cdots, d_n(k, \varepsilon)\}$ 可以用字母 $A=\{-1, 0, 1\}$ 按下面的形式与 P_n 建立联系。

$$d_j(k,\varepsilon)=\begin{cases}-1 & 若 \quad p_{j+k}-p_j\leqslant -\varepsilon \\ 0 & 若 \quad -\varepsilon < p_{j+k}-p_j < +\varepsilon \\ 1 & 若 \quad p_{j+k}-p_j \geqslant +\varepsilon\end{cases} \tag{7-1}$$

这里，$\varepsilon\geqslant 0$ 是价格变化的阈值。$p_{j+k}-p_j=p(jT+\tau)-p(jT)$ 是在时间标度 τ 内的价格变化（收益）。按这种方式，$d_j(k, \varepsilon)=-1$［相应地，$d_j(k, \varepsilon)=1$］表示从 $t=jT$ 到 $t=jT+\tau$ 价格至少下降（上升）了 ε。$d_j(k, \varepsilon)=0$ 表示价格的绝对变化量不大于 ε。如果 $d_j(k, \varepsilon)=0$，我们就说相应于门槛 ε，价格未发生变化。

$D_{n-k}(k, \varepsilon)$ 序列包含了价格动力学最基本的涨跌信息。事实上，$D_{n-k}(k, \varepsilon)$ 只包含了关于时间标度 $\tau=kT$ 的方向性（向上与向下）的信息。参数 ε 表示考虑交易成本后，交易主体在交易中获得的最小收益。

设 $n_-(k, \varepsilon)$、$n_0(k, \varepsilon)$、$n_+(k, \varepsilon)$ 表示在给定序列 $D_{n-k}(k, \varepsilon)$ 中向下（负的）、不变（0）和向上（正的）变化出现的次数。$n_-(k, \varepsilon)+n_0(k, \varepsilon)+n_+(k, \varepsilon)=n-k$，定义绝对变化频率如下：

$$\begin{aligned}f_-(k, \varepsilon)&=n_-(k, \varepsilon)/(n-k)\\ f_0(k, \varepsilon)&=n_0(k, \varepsilon)/(n-k)\\ f_+(k, \varepsilon)&=n_+(k, \varepsilon)/(n-k)\end{aligned} \tag{7-2}$$

它们分别表示−1、0、1出现的频率，也就是价格下跌、不变和上涨的绝对变化频率。

类似地，引进相对变化频率如下：

$$\begin{aligned}\varphi_-(k, \varepsilon)&=n_-(k, \varepsilon)/n_\pm(k, \varepsilon)\\ \varphi_+(k, \varepsilon)&=n_+(k, \varepsilon)/n_\pm(k, \varepsilon)\end{aligned} \tag{7-3}$$

这里，$n_\pm(k, \varepsilon)=n_-(k, \varepsilon)+n_+(k, \varepsilon)$，所以 $\varphi_-(k, \varepsilon)$、$\varphi_+(k, \varepsilon)$ 分别为价格向下和向上的运动变化次数相对于价格变化总次数的频率。

如果价格上涨与价格下跌的变化是随机的，则上涨与下跌的概率都约为 0.5；如果涨跌不均衡，则上涨（或下跌）的概率将明显大于（或小于）0.5。如果观察到 $\varphi_-(k,\varepsilon)$ 和 $\varphi_+(k,\varepsilon)$ 有一个明显大于（或小于）0.5，我们就称它相应的状态是不对称的。在这个意义上，不对称状态是指对市场价格向上和向下变化的不同预期。

（3）案例分析：利用 Zipf 技术分析国际汽油价格波动的动力学行为。

图 7-6 为根据 1986 年 1 月 2 日至 2003 年 11 月 4 日纽约期货交易所汽油 1 个月期货日价格，利用式（7-3）计算的汽油价格涨跌的相对变化频率。

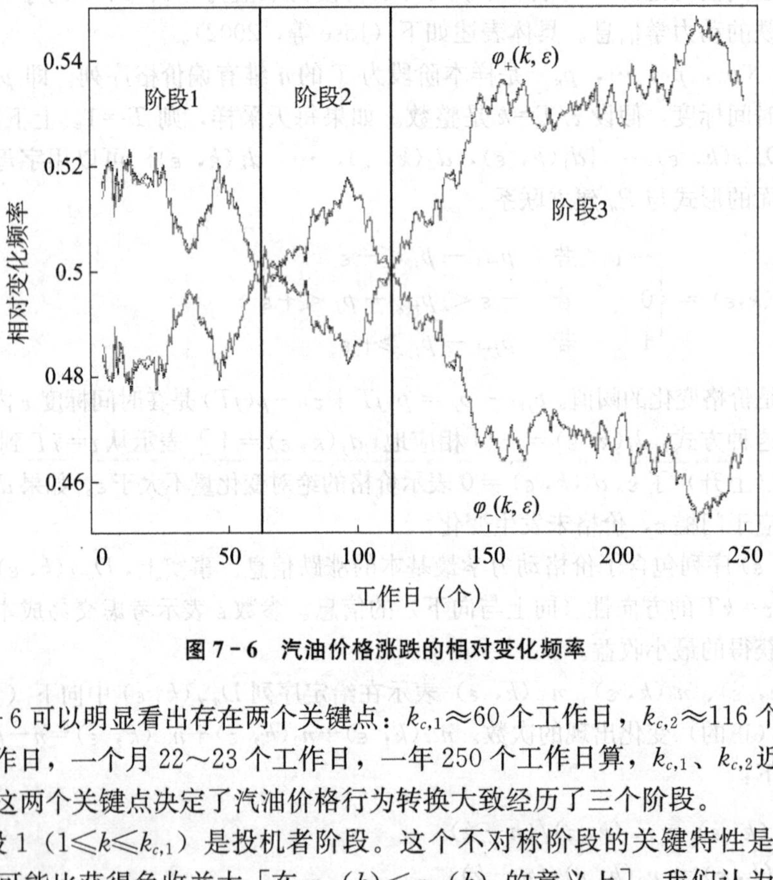

图 7-6　汽油价格涨跌的相对变化频率

从图 7-6 可以明显看出存在两个关键点：$k_{c,1}\approx 60$ 个工作日，$k_{c,2}\approx 116$ 个工作日。按一周 5 个工作日，一个月 22～23 个工作日，一年 250 个工作日算，$k_{c,1}$、$k_{c,2}$ 近似为一个季度和半年。这两个关键点决定了汽油价格行为转换大致经历了三个阶段。

1）阶段 1（$1\leqslant k\leqslant k_{c,1}$）是投机者阶段。这个不对称阶段的关键特性是，在短期获得正收益的可能比获得负收益大［在 $\varphi_-(k)<\varphi_+(k)$ 的意义上］。我们认为阶段 1 的价格动力学行为模式是由汽油市场投机者的行为造成的。他们利用价格期望的不对称性买入今天和卖出 $k\in[1,k_{c,1}]$ 个工作日后的期货合同，即投机者将汽油视为一种商品，可以独立于季节、政治事件等进行买卖。此外，汽油贸易与另外一些（高频）商品和股票市场紧密联系，如石化、电（热力发电）等。这样，汽油市场日价格波动有一个反馈作用，投机者在一个投资组合框架内交易汽油，导致高噪声且有偏的价格动力学行为。

2）阶段 2（$k_{c,1}<k\leqslant k_{c,2}$）是消费者阶段。阶段 2 与中等时间标度的价格动力学行为相联系，时间标度为 60～116 个工作日，这个阶段的市场行为有助于消费者，因为价格趋向于下降［在 $\varphi_-(k)>\varphi_+(k)$ 的意义上］，汽油市场的这种不对称行为似乎是由消费者导致的。消费者发出交割时间在［$k_{c,1}$，$k_{c,2}$］的期货交易合同，在这个时间标度内价格下跌的可能性较大。

3）阶段3（$k>k_{c,2}$）是生产者阶段。阶段3与时间标度超过半年的长程价格动力行为相联系，由于生产者从生产到销售需要一个过程，因此生产者行为应该产生比金融投机者行为更低频的价格模式。这个阶段的市场行为有利于生产者，因为价格趋于上涨［在 $\varphi_{-}(k)<\varphi_{+}(k)$ 的意义上］。这样，生产者发出交割时间超过 $k_{c,2}$ 的远期合同，价格上涨的可能性较大。

总的来说，汽油市场价格波动的短期行为主要由投机者的行为支配，而中期和长期价格行为分别由消费者和生产者行为控制。

根据上面的讨论，我们能够勾画出如下总的汽油价格形成机制图：政治和社会事件产生中等时间标度的价格动力学，它受消费者消费行为的强烈影响。生产者的生产活动受几个主体（例如消费者和投机者）的行为和季节性的商业周期的影响，因此它会产生长时间标度价格行为。与这种行为共存的是一个由投机者产生的（高频）动力学行为，投机者利用汽油市场的不对称结构，通过买入今天和卖出期限不长于60个工作日的期货赚钱。

7.3.2 能源价格波动对能源市场均衡的影响

（1）影响能源价格形成的主要因素。

1）能源价格波动表现出复杂性特征，其主要原因在于能源产品的价格并不是简单地由能源供需决定的。由于能源产品的特殊性，能源价格的影响因素很多，除供需基本面因素外，经济的、政治的、军事的、自然的、现实的与预期的——各种各样的因素错综复杂地交织在一起，综合地影响能源价格的形成。例如，大量实证研究发现，国际投资基金已对国际能源价格的形成产生实质性的影响。其中，Jose等（2002）用分形理论发现世界三大基准原油现货月价格表现为非高斯白噪声过程，作者认为这主要是由市场投机者的投机行为造成的，价格波动的一些非对称特点似乎也与投机行为有某种程度的契合。2006年年初，一位高盛前石油生产策略分析师估计，当时每桶60美元的油价中，大约有1/3是由投机造成的，即每桶原油有18美元～20美元的溢价由投机因素造成。国际油价是按美元定价的，因此美元贬值，导致石油出口国石油收益大大缩水。一些OPEC国家认为，美元贬值已经导致以美元计价的石油的实际价格下降。

2）地缘政治。恐怖活动频繁发生及对能源生产设施的可能破坏引起全球市场对能否保证正常的能源供给的担忧，从而有可能在国际市场能源价格中形成“恐怖溢价”，并通过投机活动进一步放大。有分析认为，在目前世界市场每桶石油价格中，大约有10美元是由对恐怖袭击的担忧等因素造成的风险溢价。能源生产国的政治局势是影响国际能源市场价格的另一个重要因素。

3）天气因素。化石能源的生产大多属于野外作业，恶劣的气候条件会影响到开采，最严重的是，像飓风这类自然灾害对能源生产设备的损毁会导致产量在短期内遭受重大损失。能源的需求则呈现明显的季节性。夏季是用电的高峰时期，在西方国家，夏季是驾车出游的高峰时期，也是汽油需求量最旺盛的时期，冬天是取暖用油的高峰时期，因此，需求量受到气温的显著影响。我国春季农忙是柴油需求量的高峰时期。

除上述因素外，经济周期、运输能力、市场竞争的规范程度等因素也都会显著影响能源价格。

(2) 能源价格对市场的调节作用。

从长期来看，决定能源价格的主要因素仍然是能源的供需。能源价格特殊的地方表现在影响能源价格的因素比一般商品复杂得多，加上能源金融化发展趋势，能源价格波动甚至出现混沌等复杂动力学特征。但无论其变化多么复杂，能源价格作为市场最主要的调节机制，其价格变动仍然是实现能源资源优化配置最主要的市场调节者。

此外，能源价格的市场调节效应还表现为促进能源消费结构，转化产业结构，进而降低行业能源强度。例如，实证研究发现，能源价格上涨通过优化经济产业结构降低了能源强度（胡宗义，等，2008），即能源价格成为提高能源效率的一个驱动力，成为市场体制中调节能源强度的重要因素和手段。

但正如前文所述，由于决定能源价格形成的因素太复杂，很多时候，特别是在短期，受某些突发事件的影响，形成的能源价格根本没有合理地反映市场供需状况，甚至完全脱离了供需基本面，这样的能源价格就失去了调节市场的能力和作用。

如我国煤炭行业集中度低，进入门槛低，小煤窑泛滥，市场过度竞争，形成的价格偏低。偏低的价格（低于边际机会成本）进一步刺激过度开发利用，恶化环境，并造成资源的大量浪费。有数据显示，我国煤矿资源平均回收率仅为30%左右，而美国、澳大利亚、德国等发达国家的资源平均回收率高达80%左右。价格偏高（高于边际机会成本）则抑制合理消费，影响经济发展和居民福利。能源资源的稀缺性决定了必须将能源视作一种生产要素，并力求使能源的价格真正地、充分地反映市场供求和它们的稀缺程度，让资源开发和使用者承担能源资源耗竭的真实成本，以便充分发挥能源价格的市场调节作用（刘明慧，2009）。

7.4 能源价格与一般价格水平

能源价格一方面作为能源市场的调节机制，发挥能源资源配置作用；另一方面能源作为一种基本生产要素，能源价格的变动意味着企业原材料成本的变动，尤其是当能源价格大幅上涨时，追逐利润最大化的企业就会尽可能将产品成本上涨的压力通过产品价格或其他方式向其下游使用者转移，如果这种转移比较顺畅，最终将发生大面积产品价格上涨的现象，即一般价格水平的上涨。

7.4.1 能源价格波动的传导

根据价格学理论，市场经济条件下各种商品价格的有机联系构成了统一的价格体系，表现出价格链的系列衔接性。在价格链上任何一个环节商品价格的变动都会通过成本推动或需求拉动向其他环节传导，这是价格运行的一般规律。

能源是一种生产要素，处于价格链的最前端，因此，它对其他产品价格水平的影响主要通过成本推动形式进行传导。

能源价格上涨首先会对耗能密集型原材料行业产生影响。如油价上涨会使钢铁企业的运输成本增加；钢铁企业的生产离不开电力，平均而言，我国钢铁企业耗电在450千瓦时/吨左右，因此，电价上涨将导致钢铁企业的生产成本增加。这些耗能密集型产品又被当作原材料广泛地投入下游产品的生产中。例如，汽车业是钢材消费的主要行业之一，在汽车生产过程中，钢材消耗占原材料消耗的60%～70%。交通工具成本的上涨将使运输成本面临上涨的压力，进而使购买运输服务的消费者面临涨价的压力。能源价格上涨通过产业链逐级传导，并最终到达消费领域，影响一般价格水平。

7.4.2 能源价格上涨对一般价格水平影响的测算

能源价格上涨最直接的影响是推高产品生产成本，产生成本推动型的通货膨胀。能源价格波动通过产业链以投入成本变化的方式影响与其直接相连的部门，这些部门又根据自己投入成本的变化以不同形式影响与其相关联的部门，各部门投入成本的变化必然影响这些部门最终产品的价格，进而影响总体价格水平。如原油价格上升，石油炼制部门原材料将大幅上涨；炼制部门投入成本的上涨使其利润减少，对利润最大化的追求迫使其尽可能将投入成本的上涨以各种方式、通过各种渠道转嫁给其下游化工部门或终端消费部门，下游化工部门依照上游炼制部门做法，也会将炼制部门转嫁给它的成本上涨压力进一步向下游释放，最终传导到消费领域，引起物价水平的普遍上涨。

研究能源价格波动对通货膨胀的影响的方法主要是时间序列中的向量自回归（VAR）模型和向量误差修正模型（VECM），如Fabio和Claudio（2003）利用VAR分析了美国1960—2000年油价、工业指数、名义货币变化量与总消费价格指数（通货膨胀率）之间的关系。Chang和Wong（2003）建立了一个VECM来研究油价波动与新加坡宏观经济变量GDP、通货膨胀和失业率之间的关系。类似的还有Quah和Vahey（1995）、Cunado和Fernando（2003），他们的研究都显示油价波动会对通货膨胀率产生一定的影响。首先，与利用时间序列的方法相比，利用投入产出法研究能源价格与通货膨胀之间的关系不需要较长的历史数据，只需要一张详细的投入产出表，因此数据比较容易获得；其次，利用时间序列方法要求各研究变量是协整的，这个条件不是任意变量组都能满足的；最后，利用本节的投入产出法可以考虑不同情景下能源价格与通货膨胀率之间的关系，模拟不同情景下通货膨胀率的变化轨迹，这是用时间序列方法以及CGE模型不容易实现的。

表7-4是根据我国1997年投入产出表，通过行业合并与分拆后得到的直接消耗系数矩阵，下面使用迭代方法而不是列昂惕夫的逆方法来计算当能源价格上涨时一般价格水平的变化情况。使用迭代方法有两个主要原因：一方面，对工资、利润等增加值因素的调整可能会导致投入产出表不再是正定的，因此单位矩阵减投入产出矩阵可能不可逆；另一方面，在考虑多次累积连锁反应时要反复计算逆矩阵，运算量比这种在投入产出表上直接迭代要烦琐得多（Berument和Tasc，2002）。本节中间部门的投入、工资和其他收入因素都是按名义价格计算的。表7-4的最后一列是每个部门的总消费，最后一行代表各部门的总投入。可计算总产出中各部门所有投入所占的份额。

表 7-4 直接消耗系数矩阵

	石油开采	煤炭采选	天然气开采	石油加工	化工	农业	交通运输	建筑	其他工业	非物质生产部门	总消费
石油开采	0.004	0	0.005	0.503	0.011	4.00E−04	0.001	0	0.001	4.00E−05	0.001
煤炭采选	0.006	0.028	0.001	0.04	0.015	9.00E−04	0.004	0.001	0.016	0.004	0.011
天然气开采	2.00E−05	2.00E−05	0.028	7.00E−04	0.003	0	2.00E−06	0	0	3.00E−05	0
石油加工	0.019	0.014	0.042	0.04	0.018	0.008	0.079	0.029	0.013	0.012	0.017
化工	0.028	0.034	0.057	0.021	0.365	0.074	0.015	0.021	0.056	0.037	0.073
农业	9.00E−07	0.011	2.00E−06	9.00E−06	0.046	0.161	0.002	0.004	0.085	0.021	0.067
交通运输	0.011	0.028	0.013	0.027	0.023	0.012	0.044	0.037	0.024	0.043	0.028
建筑	0.002	0.002	0.002	0.001	9.00E−04	0.002	0.019	0.001	0.001	0.020	0.005
其他工业	0.145	0.299	0.27	0.089	0.181	0.103	0.203	0.537	0.440	0.210	0.337
非物质生产部门	0.034	0.071	0.038	0.057	0.067	0.041	0.074	0.085	0.069	0.161	0.083
劳动者报酬	0.138	0.35	0.173	0.047	0.101	0.526	0.219	0.199	0.123	0.266	0.208
折旧与盈余	0.545	0.143	0.295	0.081	0.106	0.054	0.294	0.023	0.125	0.154	0.120
税收	0.069	0.021	0.076	0.093	0.062	0.018	0.046	0.065	0.048	0.072	0.051
总投入	1	1	1	1	1	1	1	1	1	1	1

注：E 表示一种科学计数法，其他类似数据不再单独说明。

第一次迭代时，考虑能源价格上涨，如原油价格上涨20%。这意味着各产品中原油投入部分的成本上涨20%，反映在表7-4上，即将石油开采部门对各产品部门投入这一行的所有数都乘以1.2，可观察到各部门投入成本和总体价格水平的上涨幅度，各部门成本增长最大的是石油加工部门，达10.6%。第二次迭代时，假设每个部门都通过提高其投入价格来调整由于油价上涨所导致的投入成本上涨的压力，反映在表7-4上，即将第一次迭代后最后一行的数字分别乘以对应的各行数字。第二次迭代后总消费价格水平上涨0.87%。第三次迭代时，所有部门都受到了油价的影响。这可以在投入产出表（表7-4）的最后一行看到。三次迭代后总消费价格水平上涨了1.1%，如此反复共迭代10次。除上述考虑的各部门每次都将自己成本变化的部分全部转嫁出去这种情景外，依据投入产出表增加值部分的构成（劳动者报酬、生产税净额等），以及企业、社会和政府对原材料价格上涨可能的反应，还可考虑其他情景，例如，表7-5给出了另外几种可能的情景。它们分别反映：油价上涨，代之以向外全部转嫁，各部门通过减少利润来吸收成本上涨的压力；成本上涨的压力部分被转嫁出去，部分以利润吸收；各部门在将自己成本上涨的压力全部转嫁出去的同时，劳动工资也按前一次总消费价格水平上涨的幅度调整，并且国家为稳定经济发展，根据油价波动后各部门成本上涨的幅度适当降低各部门的税收。表7-5所述情景经10次迭代后的各部门价格水平如表7-6所示。

表7-5 情景设定描述

情景	特征描述
情景1	以涨价的形式将成本上涨的压力全部向外转嫁
情景2	以压缩利润空间的方式吸收成本上涨的压力
情景3	同时运用涨价和压缩利润空间的方式消化成本上涨的压力
情景4	成本上涨的压力全部以涨价的形式转嫁的同时，工资按上次总价格水平上涨的幅度调整
情景5	同时运用涨价、压缩利润空间和减少税收的方式吸收成本上涨的压力

表7-6 各情景经10次迭代后的各部门价格水平

情景	石油开采	煤炭采选	天然气开采	石油加工	化工	农业	交通运输	建筑	其他工业	非物质生产部门	一般价格水平
情景1	118.66	130.12	136.75	152.66	152.08	121.60	145.16	146.28	140.56	130.97	156.63
情景2	99.92	99.98	99.94	109.21	100.16	100.00	99.77	99.99	100.00	99.98	100.02
情景3	100.12	100.28	100.37	102.91	100.57	100.25	100.56	100.61	100.36	100.28	101.62
情景4	147.51	144.90	159.65	182.86	170.10	129.53	169.73	160.34	156.96	146.61	172.25
情景5	100.17	100.33	100.47	102.74	100.62	100.27	100.73	100.60	100.40	100.32	101.67

注：情景2只迭代一次。

根据上述结果知情景2的结果最好，一次迭代后基本上完全吸收了油价波动所产生的影响，达到了新的平衡，且对一般价格水平没有产生影响。情景3和情景5的结果也是可以接受的，经过10次迭代后的累积效应为：一般价格水平上升了约1.6个百分点，各部门的投入成本上涨幅度都较小，只有石油加工部门的涨幅稍高，但也都没有超过3个百分点，其余部门的投入成本上涨幅度都没有超过1个百分点。情景1和情景4是我们应尽量避免的，这种毫无限制的原材料和劳动投入成本的转嫁会引起各部门投入成本的大幅上涨，引起奔腾式的一般价格水平上涨，将对中国经济生产和居民生活造成极为严重的危害。

上述模拟分析的一个重要的假设前提是，价格传导机制是完全畅通的。实际情况可能不完全如此，如我国对成品油价格实行政府管理，这就将原油经成品油的传导机制人为地掐断了，即使不实行政府管制，市场也不是完全畅通的。如有些产品，需求价格弹性大，一旦涨价，产品需求量将大幅减少，这就大大限制了企业向外转移成本上涨压力的能力。所以，在实际中，能源价格对一般价格水平的影响要比上述分析小得多。

7.5 能源价格与经济增长

高昂的能源价格经常和经济恶化联系在一起。在第二次世界大战后的 9 次经济萧条中，有 8 次经济萧条之前曾出现了油价上涨，只有 20 世纪 60 年代的经济萧条是一个例外，在 1970 年发生经济萧条之前，油价一直处于较平稳的状态，只出现过较少的几次涨幅不大的油价上涨。

7.5.1 能源价格对经济生产的直接影响

虽然除能源价格变化外，还有很多因素影响 GDP 的变化，如过去几年的发展情况，世界经济趋势、制度与结构改革的成效和金融改革的次序等，但估计油价上涨对我国的直接影响可以让我们清醒地认识我国今后几年面临的宏观经济发展的困难。

除能源价格上涨对经济产生的直接影响外，其间接影响也是非常重要的，但是估计能源价格上涨对一国经济的间接影响非常困难，目前从世界范围来看，只有一般均衡模型能进行比较准确的刻画。我们在下一节将建立一个我国多部门一般均衡模型，用以模拟国际原油价格变化对我国经济的影响。这里我们利用一个简单的净进口模型（Davis，等，2005）来反映油价高企对一国经济的直接影响，模型如下：

$$\%\Delta \mathrm{GDP}=\%\Delta PI\cdot(1-E)\cdot(-NI/\mathrm{GDP}) \tag{7-4}$$

其中：

$\%\Delta\mathrm{GDP}$ 表示 GDP 变化的百分比；

$\%\Delta PI$ 表示原油进口价格变化程度；

NI 表示原油净进口量；

E 表示原油进口需求价格弹性（绝对值）。

下面我们利用该模型，估计 2003—2005 年原油进口价格上涨对我国 GDP 产生的直接影响。其中，原油进口价格根据同期原油进口外汇支出和原油进口量折算而得，原油进口需求价格弹性采用文献（范英，等，2008）中的估计值 0.66，估计结果见表 7-7。我国原油进口价格在 2003 年平均上涨了 19.08%，在 2005 年平均上涨了 32.34%，虽然与 2004 年相比，2005 年的进口原油增幅明显减小，但由于进口原油价格涨幅较大，导致 GDP 受损从 2004 年的 1.15%增长到 1.80%。在我们的估计中没有考虑油价上涨对煤炭等其他能源价格的影响，没有考虑经济对油价变动的自动调整，因此在正常情况下，估计值应该比实际值更大。

表 7-7 2003—2005 年进口原油价格上涨对实际 GDP 的直接影响

	$\%\Delta PI$	NI	GDP	%ΔGDP
2003	19.08	8 289	65 033	−0.68
2004	26.52	11 723	71 591	−1.15
2005	32.34	11 875	78 678	−1.80

7.5.2 能源价格对经济生产的综合影响

经济系统中各部门之间具有密切联系，构成了一个复杂系统。如果将国际能源价格作为一国经济系统的一个外生变量，那么该外生变量的变化将对一国经济系统产生冲击，这个冲击首先影响与能源密切相关的部门的生产，然后通过产业链影响能源产业的下游产品部门的生产，最后对经济系统的各项宏观经济指标产生影响。这种综合影响可以利用可计算一般均衡（CGE）模型进行分析。CGE 模型不仅可以在总量水平上模拟能源价格不同程度的冲击对一国各项经济指标的影响，而且可以对产业层次进出口、增加值变化和相关部门生产技术进步对一国抵抗能源价格风险的作用进行模拟分析。

（1）能源价格冲击影响的 CGE 模型结构。

国内利用 CGE 模型来研究能源价格冲击对宏观经济影响的文献有很多，比如国务院发展研究中心（侯永志，宣晓伟，2003）建立了一个单一部门的 CGE 模型来模拟、分析油价波动对我国宏观经济的影响，魏涛远（2002）运用开发的 CNAGE 模型对国际原油价格不同程度的上涨进行了模拟。本节介绍的 CGE 模型源自文献（范英，等，2008），并做了一些改动。该模型由价格模块、生产模块、收入与消费模块、贸易模块、投资模块、模型闭合模块及福利模块等子模块组成。

1）价格模块。

价格模块是 CGE 模型关于各种价格的定义，其中包含 Armington（1969）的“小国假设”。即假设我国经济对于世界经济而言只是很小的一部分，我国国内产品的市场价格不影响国际市场价格，在进出口贸易中只能是国际市场价格的接受者。反映“小国假设”的方程为：

$$P_{m,i} = P_{wm,i} \cdot (1 + t_{m,i}) \cdot E \tag{7-5}$$

$$P_{x,i}(1 - e_i) = P_{wx,i} \cdot E \tag{7-6}$$

其中：

$P_{m,i}$为第 i 种进口品的国内价格；

$P_{x,i}$为第 i 种出口品的国内价格；

E 为汇率；

$P_{wm,i}$为第 i 种进口品的国际价格；

$P_{wx,i}$为第 i 种出口品的国际价格；

$t_{m,i}$为第 i 种产品进口关税税率；

e_i 为第 i 种产品出口补贴率。

式（7－5）表示进口品的国内价格是由国际市场的进口价格加进口税，再通过汇率换算为国内价格的。式（7－6）表示出口产品的国内价格是由国际市场的出口价格通过汇率换算后，加上出口补贴而成的。

复合商品价格表示进口商品价格与国内所提供的商品价格的复合。假设二者满足常替代弹性函数（CES）关系，则复合商品的价格 $P_{z,i}$ 由进口品的国内价格与由国内生产并在国内销售的第 i 种商品的价格 $P_{d,i}$，分别以进口量和国产内销量占复合商品总供给的比例加权平均而得。国内产品产出价格表示用于出口的商品价格与用于国内消费的商品价格之间的复合，假设它们满足常转换弹性函数（CET）关系。这表明消费者在进口商品与国内生产的商品所组成的复合商品之间最小化其支出，而生产者则在国内与国外两个市场上最大化其利润。即

$$P_{z,i}=\frac{P_{m,i}\cdot M_i+P_{d,i}\cdot D_i}{Z_i} \tag{7-7}$$

$$P_{q,i}=\frac{P_{x,i}\cdot X_i+P_{d,i}\cdot D_i}{Q_i} \tag{7-8}$$

其中：

$P_{z,i}$ 为第 i 种复合商品的价格；

Z_i 为第 i 种复合商品的总供给；

M_i 为第 i 种商品的进口额；

$P_{d,i}$ 为由国内生产并在国内销售的第 i 种商品的价格；

D_i 为由国内生产并在国内销售的第 i 种商品的总需求；

$P_{q,i}$ 为第 i 种商品的国内产出价格；

Q_i 为第 i 种商品的总产出；

X_i 为第 i 种商品的出口额。

各部门产品增加值价格是指其产品的产出价格扣除间接税后，再扣除其他部门中间投入的复合商品价格，即

$$P_{va,i}=P_{q,i}\cdot(1-i_{tax,i})-\sum_j(a_{ji}\cdot P_{z,j}) \tag{7-9}$$

其中：

$P_{va,i}$ 为第 i 部门产品增加值价格；

$i_{tax,i}$ 为第 i 部门的间接税费率；

a_{ji} 为投入产出系数（第 i 部门生产单位产品所需第 j 种商品的数量）。

2）生产模块。

在模型中我们考虑两层嵌套的生产函数关系，模型的生产结构见图 7－7。

化石能源合成品由煤炭、原油、成品油、天然气四种化石能源按柯布-道格拉斯生产函数（Cobb 和 Douglas，1929）形式组合得到，如式（7－10）和式（7－11）所示。

$$Fossil_i=A_{Fossil,i}\cdot\prod_{fe}FoF_{fe,i}\ \beta_{FoF,fe,i} \tag{7-10}$$

$$FoF_{fe,i} = \beta_{FoF,fe,i} \cdot \frac{P\_Fossil_i}{PQ_{fe}} \cdot Fossil_i \tag{7-11}$$

其中：

$FoF_{fe,i}$为第 i 部门对第 fe 种化石能源的需求量；

PQ_{fe}为第 fe 种化石能源的国内销售价格；

$A_{Fossil,i}$为第 i 部门化石能源合成品下的转移参数；

$\beta_{FoF,fe,i}$为第 i 部门化石能源合成品下第 fe 种化石能源的份额参数。

这里的一个特例是石油加工业的生产函数。参照 MIT-EPPA 模型（Paltsev，等，2005）的假设，由于原油是石油加工业的重要原材料，因此在该部门的生产函数中，将原油从化石能源合成品中提出来，放在生产函数的第一层作为一种原材料与其他中间投入品及资本-能源-劳动合成品进行组合。模型的生产结构如图 7-7 所示。

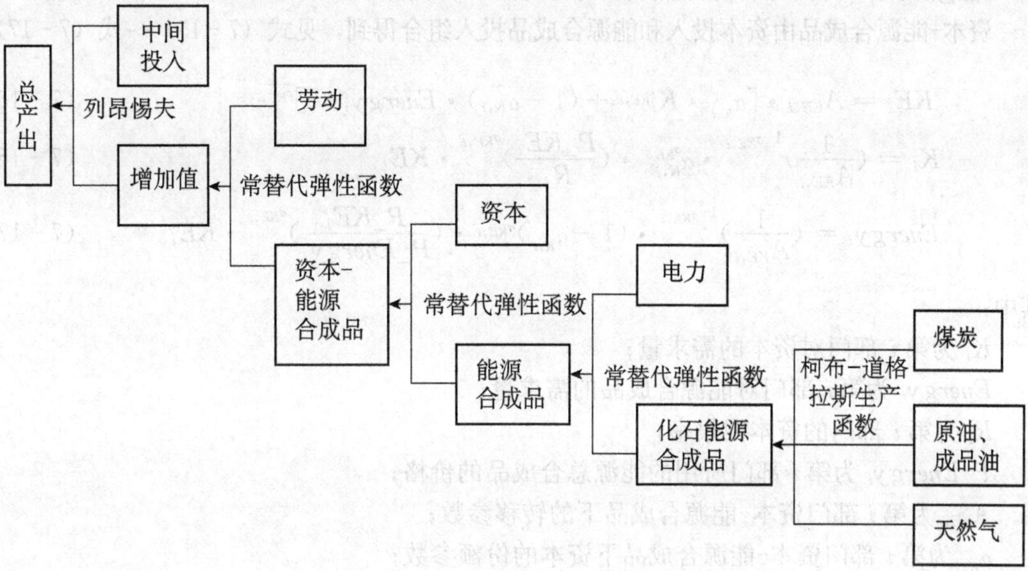

图 7-7 模型的生产结构

在能源合成品中，由于电力的生产通常要消耗化石能源，电力与化石能源之间的替代弹性应小于化石能源内部的替代弹性（武亚军，宣晓伟，2002）。因此，能源合成品由电力投入和化石能源合成品投入组合得到，见式（7-12）～式（7-14）。

$$Energy_i = A_{Energy,i} \cdot \left[\alpha_{Fossil,i} \cdot Fossil_i^{\rho_{Energy,i}} + (1-\alpha_{Fossil,i}) \cdot Electric_i^{\rho_{Energy,i}}\right]^{\frac{1}{\rho_{Energy,i}}} \tag{7-12}$$

$$Fossil_i = \left(\frac{1}{A_{Energy,i}}\right)^{1-\sigma_{Energy,i}} \cdot \alpha_{Fossil,i}{}^{\sigma_{Energy,i}} \cdot \left(\frac{P\_Energy_i}{P\_Fossil_i}\right)^{\sigma_{Energy,i}} \cdot Energy_i \tag{7-13}$$

$$Electric_i = (\frac{1}{A_{Energy,i}})^{1-\sigma_{Energy,i}} \cdot (1-\alpha_{Fossil,i})^{\sigma_{Energy,i}} \cdot (\frac{P\_Energy_i}{PQ_{Electric}})^{\sigma_{Energy,i}} \cdot Energy_i \tag{7-14}$$

其中：

$Fossil_i$ 为第 i 部门对化石能源合成品的需求量；

$Electric_i$ 为第 i 部门对电力的需求量；

P_Fossil_i 为第 i 部门所用的化石能源合成品的价格；

$PQ_{Electric}$ 为电力的国内销售价格；

$A_{Energy,i}$ 为第 i 部门能源合成品下的转移参数；

$\alpha_{Fossil,i}$ 为第 i 部门能源合成品下化石能源合成品的份额参数；

$\rho_{Energy,i}$ 为第 i 部门化石能源合成品与电力之间的替代参数；

$\sigma_{Energy,i}$ 为第 i 部门化石能源合成品与电力间的替代弹性系数。

资本-能源合成品由资本投入和能源合成品投入组合得到，见式（7-15）～式（7-17）。

$$KE_i = A_{KE,i} \cdot [\alpha_{K,i} \cdot K_i^{\rho_{KE,i}} + (1-\alpha_{K,i}) \cdot Energy_i^{\rho_{KE,i}}]^{\frac{1}{\rho_{KE,i}}} \tag{7-15}$$

$$K_i = (\frac{1}{A_{KE,i}})^{1-\sigma_{KE,i}} \cdot \alpha_{K,i}^{\sigma_{KE,i}} \cdot (\frac{P\_KE_i}{R_i})^{\sigma_{KE,i}} \cdot KE_i \tag{7-16}$$

$$Energy_i = (\frac{1}{A_{KE,i}})^{1-\sigma_{KE,i}} \cdot (1-\alpha_{K,i})^{\sigma_{KE,i}} \cdot (\frac{P\_KE_i}{P\_Energy_i})^{\sigma_{KE,i}} \cdot KE_i \tag{7-17}$$

其中：

K_i 为第 i 部门对资本的需求量；

$Energy_i$ 为第 i 部门对能源合成品的需求量；

R_i 为第 i 部门的资本回报率；

P_Energy_i 为第 i 部门所用的能源总合成品的价格；

$A_{KE,i}$ 为第 i 部门资本-能源合成品下的转移参数；

$\alpha_{K,i}$ 为第 i 部门资本-能源合成品下资本的份额参数；

$\rho_{KE,i}$ 为第 i 部门资本与能源合成品之间的替代参数；

$\sigma_{KE,i}$ 为第 i 部门资本与能源合成品之间的替代弹性系数。

各部门利用资本-能源合成品 KE_i 与劳动要素 L_i，按照常替代弹性函数关系进行生产，产品为各部门的增加值 V_i，即

$$V_i = A_i [g_i KE_i^{(\sigma_i-1)/\sigma_i} + h_i L_i^{(\sigma_i-1)/\sigma_i}]^{\sigma_i/(\sigma_i-1)} \tag{7-18}$$

其中：

V_i 为第 i 种产品的增加值产出；

KE_i 为第 i 部门资本-能源合成品需求（投入）量；

L_i 为第 i 部门劳动要素需求（投入）量；

A_i 为第 i 部门生产技术参数；

g_i 为第 i 部门资本-能源合成品需求的份额参数；

h_i 为第 i 部门劳动需求的份额参数；

σ_i 为第 i 种产品劳动-资本-能源合成品之间的替代弹性参数。

$$KE_i = A_i^{\sigma_i - 1} g_i^{\sigma_i} \cdot \left(\frac{P_{va,\ i}}{P_{KE,\ i}}\right)^{\sigma_i} \cdot V_i \tag{7-19}$$

$$L_i = A_i^{\sigma_i - 1} h_i^{\sigma_i} \cdot \left(\frac{P_{va,i}}{W_i}\right)^{\sigma_i} \cdot V_i \tag{7-20}$$

其中：

$P_{KE,\ i}$ 为第 i 部门资本-能源合成品的价格；

W_i 为第 i 部门工资率。

各部门资本-能源合成品的价格与工资率是在社会平均资本-能源合成品价格回报率和社会平均相对工资率的基础上，通过各部门资本-能源合成品价格回报率扭曲系数与工资扭曲系数调整所得，即

$$P_{KE,i} = k_{dist,\ i} \cdot R \tag{7-21}$$

$$W_i = l_{dist,i} \cdot W \tag{7-22}$$

其中：

R 为社会平均资本-能源合成品价格回报率；

W 为社会平均相对工资率；

$k_{dist,i}$ 为第 i 部门资本-能源合成品价格回报率扭曲系数；

$l_{dist,i}$ 为第 i 部门工资扭曲系数。

各部门利用自己的增加值和其他部门对它的中间投入按照列昂惕夫函数生产出自己的总产出，即

$$Q_i = \sum_j (a_{ji} \cdot Q_i) + V_i \tag{7-23}$$

$$V_{d,i} = \sum_j (a_{ji} \cdot Q_i) \tag{7-24}$$

其中，$V_{d,i}$ 为生产部门对第 i 种商品的中间需求量。

3）收入与消费模块。

该模块表示居民（农村与城镇）、政府、企业的收入及它们对商品和劳务的需求。居民收入来自劳动的要素收入，资本收入，政府、企业和世界其他地区的转移支付，即

$$Y_h = l_h \sum_i W_i \cdot L_i + k_h \cdot k_H \sum_i P_{k,i} \cdot K_i + e_h \cdot T_{E,H} + g_h \cdot T_{G,H} + w_h \cdot T_{W,H} \tag{7-25}$$

其中：

Y_h 为第 h 类居民总收入；

$T_{E,H}$ 为企业对居民的转移支付；

$T_{G,H}$ 为政府对居民的转移支付；

$T_{W,H}$ 为世界其他地区对居民的转移支付；

l_h 为第 h 类居民在劳动报酬上的分配参数；

k_h 为第 h 类居民在资本报酬上的分配参数；

k_H 为资本收入对居民的分配系数；

e_h 为第 h 类居民在企业对居民的转移支付上的分配参数；

g_h 为第 h 类居民在政府对居民的转移支付上的分配参数；

w_h 为第 h 类居民在世界其他地区对居民的转移支付上的分配参数。

$$T_{E,H}=e_H\cdot k_E\cdot\sum_i P_{k,i}\cdot K_i \tag{7-26}$$

$$T_{G,H}=g_H\cdot G \tag{7-27}$$

$$T_{W,H}=\delta_h(\sum_i P_{wx,i}\cdot X_i-\sum_i P_{wm,i}\cdot M_i) \tag{7-28}$$

其中：

G 为政府总收入；

k_E 为资本收入对企业的分配系数；

e_H 为企业对居民的转移支付参数；

g_H 为政府对居民的转移支付系数；

δ_h 为世界其他地区对居民的转移支付参数。

居民总收入扣除个人所得税后为居民可支配收入，即

$$Y_{d,h}=Y_h-H_{tax,h} \tag{7-29}$$

$$H_{tax,h}=h_{tax,h}\cdot Y_h \tag{7-30}$$

其中：

$Y_{d,h}$为第 h 类居民可支配收入；

$H_{tax,h}$为第 h 类居民向政府缴纳的税费；

$h_{tax,h}$为第 h 类居民向政府缴纳的税费率。

居民储蓄为居民可支配收入乘以边际储蓄倾向，即

$$H_{sav}=\sum_h S_h\cdot Y_{d,h} \tag{7-31}$$

其中：

H_{sav}为居民总储蓄；

S_h 为第 h 类居民储蓄率。

居民对各种商品的消费函数用扩展线性支出系统（extended linear expenditure system，ELES）来刻画，即

$$C_{ih}=\frac{c_{ih}\cdot(1-S_h)\cdot Y_{d,h}}{P_{z,i}} \tag{7-32}$$

$$C_{d,i}=\sum_h C_{ih} \tag{7-33}$$

其中：

C_{ih}为第 h 类居民对第 i 种商品的消费；

c_{ih}为第 h 类居民对第 i 种商品的消费份额参数；

$C_{d,i}$为两类居民对第 i 种商品的总消费需求。

企业的资本收入加上政府对企业的转移支付，扣除企业向政府缴纳的税费和企业对居民的转移支付，剩余部分构成了企业储蓄，即

$$E_{sav} = k_E \cdot \sum_i P_{k,i} \cdot K_i + G_E - E_{tax} - T_{E,H} \tag{7-34}$$

其中：

E_{sav}为企业储蓄；

G_E 为政府对企业的转移支付；

E_{tax}为企业向政府缴纳的税费（直接税）。

$$G_E = g_E \cdot G \tag{7-35}$$

$$E_{tax} = e_{tax} \cdot k_E \cdot \sum_i P_{k,i} \cdot K_i \tag{7-36}$$

其中：

g_E 为政府对企业的转移支付率；

e_{tax}为企业向政府缴纳的税费率。

政府收入来自企业的直接税与间接税、居民收入所得税、关税和世界其他地区对政府的转移支付。即

$$G = A_G + I_{tax} + \sum_k H_{tax,k} + E_{tax} + W_G \tag{7-37}$$

其中：

A_G 为政府的关税收入；

I_{tax}为政府的生产间接税费收入；

W_G 为世界其他地区对政府的转移支付。

$$A_G = \sum_i (t_{m,i} \cdot P_{wm,i} \cdot M_i \cdot E) \tag{7-38}$$

$$I_{tax} = \sum_i (i_{tax,i} \cdot P_{q,i} \cdot Q_i) \tag{7-39}$$

$$W_G = \delta_g (\sum_i P_{wx,i} \cdot X_i - \sum_i P_{wm,i} \cdot M_i) \tag{7-40}$$

其中：

δ_g 为世界其他地区对政府的转移支付参数。

政府收入扣除政府对企业、居民的转移支付，对出口的补贴和政府对商品的消费支出后的剩余部分为政府储蓄，即

$$G_{sav} = G - G_E - T_{G,H} - E_{sub} - G_{total} \tag{7-41}$$

其中：

G_{sav}为政府总储蓄；

E_{sub}为政府对出口的补贴；

G_{total}为政府对各种商品的消费支出总和。

$$E_{sub} = \sum_i e_i \cdot P_{x,i} \cdot X_i \tag{7-42}$$

$$G_{total} = G_c \cdot G \tag{7-43}$$

$$P_{z,i} \cdot G_i = G_{c,i} \cdot G_{total} \tag{7-44}$$

其中：

G_i 为政府对第 i 种商品的消费支出；

G_c 为政府消费支出占政府总收入的份额参数；

$G_{c,i}$ 为政府对第 i 种商品消费的份额参数。

居民储蓄、政府储蓄、企业储蓄和国外净储蓄四部分构成了社会总储蓄，即

$$T_{sav} = H_{sav} + G_{sav} + E_{sav} + F_{sav} \tag{7-45}$$

价格指数用 GDP 平减指数定义，即由名义 GDP 除以实际 GDP 获得，即

$$\text{GDP} = \sum_i (P_{k,i} \cdot K_i + W_i \cdot L_i) + A_G + I_{tax} - E_{sub} \tag{7-46}$$

$$G_{r\text{GDP}} = \sum_i (C_{d,i} + G_i + X_{v,i}) + \sum_i (1 - e_i) \cdot X_i - \sum_i (1 - t_{m,i}) \cdot M_i \tag{7-47}$$

$$P_{index} = \frac{\text{GDP}}{G_{r\text{GDP}}} \tag{7-48}$$

其中：

GDP 为名义国内生产总值；

$G_{r\text{GDP}}$ 为实际国内生产总值；

P_{index} 为 GDP 平减指数。

4）贸易模块。

根据阿明顿（Armington）假设，国内消费者将选择一组由进口品与国产品[①]按照常替代弹性函数所组成的复合商品，生产者选择一组由出口品与国产品按照常转换弹性函数所组成的复合商品。进口需求函数通过对常替代弹性函数形式的成本最小化推导而来，出口供给函数通过对常转换弹性函数形式的收入最大化推导而来。式（7－49）和式（7－50）反映了上面描述的进口贸易关系。

$$Z_i = \psi_i \cdot [\mu_i \cdot M_i^{\zeta_i} + (1 - \mu_i) \cdot D_i^{\zeta_i}]^{\frac{1}{\zeta_i}} \tag{7-49}$$

$$M_i = \left(\frac{\mu_i}{1 - \mu_i}\right)^{\Phi_i} \cdot \left(\frac{P_{d,i}}{P_{m,i}}\right)^{\Phi_i} \cdot D_i \tag{7-50}$$

其中：

ψ_i 为进口需求函数中复合商品的转移参数；

μ_i 为进口需求函数中复合商品的进口份额参数；

$\zeta_i = \dfrac{\Phi_i - 1}{\Phi_i}$，为进口与国内生产之间的价格替代弹性参数。

式（7－51）和式（7－52）反映了出口贸易关系为：

---

① 即由国内生产且用于国内消费的商品。

$$Q_i = \Phi_i \cdot [\nu_i \cdot X_i^{\varphi_i} + (1-\nu_i) \cdot D_i^{\varphi_i}]^{\frac{1}{\varphi_i}} \tag{7-51}$$

$$X_i = (\frac{1-\nu_i}{\nu_i})^{\eta_i} \cdot (\frac{P_{x,i}}{P_{d,i}})^{\eta_i} \cdot D_i \tag{7-52}$$

其中：

Φ_i 为出口供给函数中复合商品的转移参数；

ν_i 为出口供给函数中复合商品的出口份额参数；

$\varphi_i = \frac{\eta_i - 1}{\eta_i}$，为出口与国内消费之间的价格替代弹性参数。

5）投资模块。

总投资等于总储蓄，各部门投资假设为总投资的一个固定比例，即

$$X_{v,i} = \lambda_i \cdot \frac{H_{sav} + G_{sav} + E_{sav} + E \cdot F_{sav}}{P_{z,i}} \tag{7-53}$$

其中：

$X_{v,i}$ 为第 i 部门的总投资；

F_{sav} 为国外总储蓄；

λ_i 为各部门投资需求份额参数。

6）模型闭合模块。

模型闭合模块包含四个市场均衡：商品市场均衡、要素市场均衡、资本市场均衡和外汇市场均衡。

商品市场均衡指各部门的复合商品总供给等于各部门的国内总需求。各部门国内总供给来自国内厂家的生产和进口的复合。国内总需求分为四块：作为各部门对该部门产品的中间投入需求（即中间使用）、政府和居民消费、政府消费及投资。即

$$Z_i = V_i + C_{d,i} + G_i + X_{v,i} \tag{7-54}$$

要素市场均衡意味着各部门对劳动和资本两种要素的总需求等于这两种要素的总供给。本模型假设要素市场在外来冲击下可以通过要素的相对价格进行充分的调整。比如在劳动市场，劳动总供给由外生给定，各部门的相对工资由内生决定，劳动供给在部门间的配置由相对工资率决定。即

$$\sum L_i = L_s \tag{7-55}$$

$$\sum K_i = K_s \tag{7-56}$$

其中：

L_s 为劳动的总供给量；

K_s 为资本的总供给量。

资本市场均衡指总储蓄等于总投资，即

$$I = T_{sav} \tag{7-57}$$

其中，I 为总投资。

外汇市场均衡意味着外汇总收支平衡。外汇支出由各部门进口支出和资本收入对世界其他地区的转移两部分构成；外汇收入由各部门出口收入，世界其他地区对居民、政府的转移支付和国外净储蓄三部分构成。即

$$\sum_i P_{wm,i} \cdot M_i + k_W \cdot \sum_i P_{k,i} \cdot K_i = \sum_i P_{wx,i} \cdot X_i + T_{W,H} + W_G + F_{sav} \quad (7-58)$$

在瓦尔拉斯的一般均衡中，如果存在 n 种市场，那么当 $n-1$ 种市场达到均衡时，最后的第 n 种市场也会达到均衡。故在表达 n 种市场一般均衡的方程组中，只有 $n-1$ 个方程是独立的，只能求解出 $n-1$ 个独立的内生变量（即求解出的是 n 种商品的相对价格）。所以在 CGE 模型的方程组中，需要去掉一个方程（通常是去掉总投资等于总储蓄的方程）。

根据上述对模型的描述，可画出如下各部门的商品流向，如图 7-8 所示。

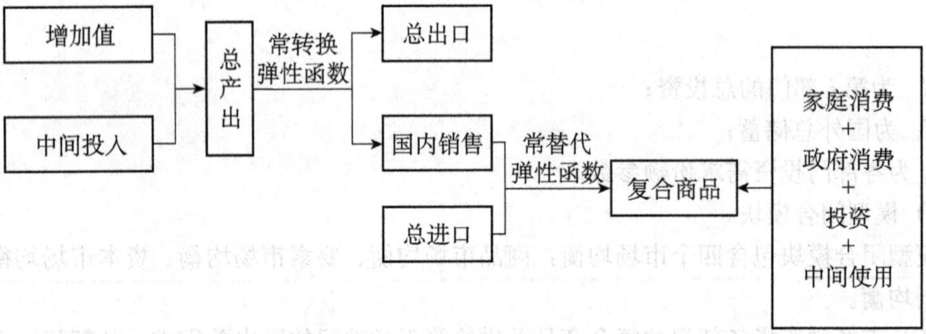

图 7-8 CGE 模型的商品流向

7）福利模块。

为考虑国际原油价格上涨对两类居民福利的影响，可以采用希克斯等价变动（Hicksian equivalent variation）来测算油价变化前后居民福利的变化。希克斯等价变动是以实施某项政策前的各种商品价格为基础，用支出函数来测算该项政策实施前后的效用变化（Varian，1992）。在本模型中，就是以国际原油价格变化前各部门的商品价格为基础，用支出函数来测算油价变化前后居民福利的变化情况。即

$$\begin{aligned} E_{v,h} &= E[U^s(h), P_z^b] - E[U^b(h), P_z^b] \\ &= \sum_i P_{z,i}^b \cdot C_{ih}^s - \sum_i P_{z,i}^b \cdot C_{ih}^b \end{aligned} \quad (7-59)$$

其中：

$E_{v,h}$ 为第 h 类居民的福利变动；

C_{ih}^b 为油价变动前第 h 类居民对第 i 种商品的消费；

C_{ih}^s 为油价变动后第 h 类居民对第 i 种商品的消费。

（2）模型数据与参数确定。

1）社会核算矩阵表。

CGE 模型的数据基础是社会核算矩阵（social accounting matrix，SAM）。运用 SAM

表中的资金流概念，可以清楚地呈现模型中各变量数值的来源与去向，以便于了解在一般均衡理论下，所有市场同时达到均衡的互动连带关系，并借此分析经济体系中所有的交易行为，以及各部门之间的关联程度。

社会核算矩阵是以矩阵形式反映的国民核算体系（system of national accounts，SNA），是一定时期内（通常为一年）对一国（或一个地区）经济的全面描述。它是投入产出表和国民收入账户的一个综合（Robison，等，1999）。投入产出表描述了国民经济各部门生产的投入来源和使用去向，揭示了各部门间经济技术的相互依存、相互制约的数量关系，侧重于对生产活动的刻画。国民收入账户描述了各部门（政府、居民、企业、世界其他地区）的收入来源和支出，侧重于对经济中收入分配的刻画。SAM 表把两者结合起来整合到一张表上，以全面反映整个经济系统内部生产和收入分配之间的关系。

SAM 表的基本结构包括以下六个部分：活动账户、商品账户、要素账户、机构账户、投资账户和国外账户。其中，要素账户包括原始要素投入，如本模型有两种基本投入要素，分别为劳动与资本；机构账户一般包括居民、企业和政府三个部分。

①活动账户用于描述经济体系中各部门的生产活动，以及各部门生产活动之间的相互联系。如表 7-8 所示，横行表示各部门总产出以及总产出的流向，其流向可分解为两个部分：一部分用于出口；另一部分用于国内销售。纵列反映各部门为进行生产活动所需要的投入构成，包括中间投入、劳动报酬、营业盈余、生产的间接税费和资本折旧。

活动账户中的每种商品都满足：总产出＝总投入。

表 7-8 2002 年中国宏观 SAM 表 （单位：亿元）

总控制表	活动	商品	劳动	资本	居民	企业	政府	投资	国外	汇总
活动		281 884					1 150		30 943	313 977
商品	191 572				52 571		19 120	45 565		308 828
劳动	58 950									58 950
资本	45 446									45 446
居民			58 950	3 388		12 552	1 147		1 058	77 095
企业				40 845			389			41 234
政府	18 008	704			4 957	5 747			−6	29 410
投资					19 567	22 936	7 604		−4 542	45 565
国外		26 240		1 213						27 453
汇总	313 976	308 828	58 950	45 446	77 095	41 235	29 410	45 565	27 453	

资料来源：梁巧梅（2007）。

②商品账户描述国内市场商品的供需状况。如表 7-8 所示，横行表示组成国内市场商品总需求的各个部分：中间投入需求和最终消费需求，最终消费需求由居民消费、政府消费和投资形成。纵列表示国内市场商品总供给的构成：一部分为国内生产且用于国内消费的商品，另一部分为进口商品。

商品账户中的每种商品都满足：总需求＝总供给。

③要素账户描述生产要素的收支状况。要素部分横行表示要素的各项收入，纵列表示要素的各项支出。也可将横行理解为要素的需求，纵列理解为要素的供给。

要素账户中的每种要素都满足：总需求＝总供给。

④机构账户描述居民、企业和政府的收支状况。机构账户横行表示机构各项收入，纵列为各项支出。比如，居民账户收入主要来源为劳动收入、资本收入以及各项转移支付；支出主要是对商品的消费支出和应交的各项税费；收入与支出之差为居民储蓄。

机构账户中的每个机构都满足：总收入=总支出。

⑤投资账户描述社会总投资的形成与去向。横行表示总投资的形成，主要由居民、企业、政府及国外储蓄构成；纵列表示总投资去向，主要是对国内商品的需求。

投资账户满足：社会总投资=社会总储蓄。

⑥国外账户描述外汇市场的均衡状况。横行表示世界其他地区各项收入的来源；纵列表示其各项支出；收入与支出之间的差值为世界其他地区在我国的储蓄。

梁巧梅（2007）给出了一个可以作为上述模型数据基础的 SAM 表（见表 7-8），在这个总控制表的基础上进一步详细区分不同的生产部门和居民类型，就可以得到分解的 SAM 表。分解的 SAM 表包括除外生参数外的所有数据。其中，SAM 表中的中间需求、居民消费、投资及劳动与资本（要素）收益等数据可以直接从投入产出表中获取。其余数据均可通过一些正规出版的渠道，如《中国统计年鉴》《中国金融年鉴》等，经简单计算便可获取。

2）参数估计。

模型的参数分两类：一类参数的值可以利用社会核算矩阵，通过校准的方法求得；另一类参数的值需要外生给定。

①参数的校准。参数的校准是指将已经构造好的社会核算矩阵中的数值代入模型方程，求得方程中未知参数的数值，使 CGE 模型确实反映 SAM 表所代表的基准年的实际经济运行状况。在上述 CGE 模型参数中，投入产出系数、劳动和资本要素的份额、各种税率、各种消费比例、投资比例等参数可通过校准的方式求得。如生产模块中的劳动-资本-能源合成品份额参数、生产规模参数，可利用式（7-18）～式（7-20）运算求得。

$$h_i = \frac{1}{1+(KE_{i0}/L_{i0})^{\frac{1}{\sigma_i}}},\ g_i = \frac{1}{1+(L_{i0}/KE_{i0})^{\frac{1}{\sigma_i}}} \tag{7-60}$$

$$A_i = \frac{VA_{i0}}{\left[g_i KE_{i0}^{\frac{(\sigma_i-1)}{\sigma_i}} + h_i L_{i0}^{\frac{(\sigma_i-1)}{\sigma_i}}\right]^{\frac{\sigma_i}{(\sigma_i-1)}}} \tag{7-61}$$

其中：

KE_{i0} 为基年（1997 年）第 i 部门资本-能源合成品投入量；

L_{i0} 为基年（1997 年）第 i 部门劳动投入量；

VA_{i0} 为基年（1997 年）第 i 种商品的增加值；

σ_i 为第 i 部门劳动-资本-能源合成品的替代弹性（外生给定）。

由于在一般均衡条件下，求解而得的商品和要素的价格只是相对价格，因此在基年可以调整商品和要素的单位，将所有商品和要素的价格都假定为 1，这样就可以利用 SAM 表中基年相应的数据求解上述参数了。完全类似地，利用 SAM 表中的数据可以求得贸易模块的有关参数 ψ_i、μ_i、φ_i、υ_i 等。

其余参数可以利用基年数据和相应的方程直接求出，如：

$$k_E=\frac{\text{基年企业的资本收入}}{\text{社会总的资本收入}}$$

$$e_H=\frac{\text{基年企业对居民的转移支付}}{\text{基年企业的资本收入}}$$

②外生参数。在外生给定的参数中最重要的是各种弹性参数。虽然有不少模型给出了弹性估计的各种方法，但这些模型并没有给出一个统一的，甚至是大致相似的范围。且由于数据的缺乏，大多数CGE模型中弹性的取值是通过主观估计的，即在参考以前各种模型所做估计的基础上，结合当前模型的结构特点和实际经验加以调整。这也是CGE模型在实际应用中受诟病的一个主要原因。

(3) 模型求解。

CGE模型中含有大量非线性联立方程式，使得模型的求解过程变得比较复杂，有一定难度。国际上主要利用GAMS软件，其中的一些解法器（solver）适用于解CGE模型，如MINOS，可用于CGE模型的非线性规划法的求解运算。利用校准后的参数值和给定的外生参数值对模型求解，求得的均衡解与基年实际数据相吻合，则表明模型中方程式的设定确实可以反映当年经济的实际运行状况。此时，便可以利用建立的CGE模型进行各种相关的外生冲击和政策效应的模拟分析，以观察外生冲击和政策变动对整个经济体系以及各产业部门所产生的影响。

在对基准情景下的模型求解后，给模型一个外生冲击，如国际原油价格发生不同程度的上涨，比较该冲击下我国各项经济指标与基准情景下的相关指标值，判断国际油价冲击产生的影响大小，还可以利用模型对产业层次进出口、增加值变化和相关部门生产技术进步对我国抵抗油价风险的作用进行模拟分析，具体模拟分析可参阅文献（范英，焦建玲，2008）。

7.5.3 能源价格对相关部门生产的影响

能源波动除影响本行业的利润走向外，还会对其他相关行业产生重要影响，其影响大小受各工业行业的主要原材料在产业链上距能源的远近、相互间的关联性等因素的制约，影响程度上存在差异。与其他几种能源品种相比，石油价格波动相对剧烈频繁，所以下面主要分析石油价格波动对相关部门的影响。受油价影响的行业主要集中在石油、炼化类中，主要为上游石油开采行业、中游炼油行业和石油化工（简称石化）行业，在石油的下游产业中，农业、交通运输业和汽车行业也会受到一定程度的波及。

(1) 石油开采行业。

石油开采行业是国际油价上涨最直接的受益者，因为1998年后，我国原油价格与国际原油价格接轨，国际、国内价格实现了联动。因此当国际油价上涨时，石油开采类企业在生产经营过程中处于较为主动的地位，行业盈利能力及资金收益达到历史最好水平。2005年1—6月，中国石油开采行业共实现利润1 327.4亿元，同比增长73.7%，占全部工业利润总额的21.2%；新增利润563.2亿元，占全部工业新增利润的56.1%。2006年上半年，我国石油和天然气开采行业实现销售收入3 316亿元，同比增长40.9%；实现利润总额1 981亿元，同比增长48.8%（黄美龙，2006）。

但我国目前多数油田已进入开发中后期，产量下降，成本增加，油田产量递减和生产成本上升是很难逆转的趋势，随着国际原油价格逐渐回落，石油开采行业中长期存在风险。

(2) 炼油行业。

原油成本通常占炼油企业主营业务成本的80%以上，该行业消耗了原油消费总量的72%左右。原油价格上涨，将直接增加炼油企业的成本。根据目前我国石油定价机制，成品油价格涨幅滞后，并小于原油价格涨幅，因此石油加工及炼焦业的利润空间应该明显缩小，近几年原油价格大幅上涨，我国炼油行业总体处于亏损状态。

但是，我国石油行业主要由少数几家企业垄断经营，它们大都是上下游一体化经营企业，企业内部上下游之间结算价格通常低于市场原油价格。另外，政府根据国际成品油价格上涨幅度对国内成品油价格进行过几次上调，因此，炼油企业的利润虽然受到一些影响，但作为上下游一体化经营的石油企业的利润处于历史高位。这也是2005年政府专门拿出100亿元对中国石油化工集团有限公司（简称中石化）因炼油企业亏损进行补贴引起非议的原因所在。对于那些单纯经营炼油业务而并非上下游一体化经营的公司，原油价格上涨的影响非常大，因为它们在当前国内市场上不仅面临原油高成本的压力，而且存在没油可炼的风险。

(3) 石油化工行业。

虽然国际原油价格上涨对石化行业成本影响较大，但石化产品的特性决定了石化行业主要受经济形势的影响，而不是国际原油价格的影响。这几年国际原油价格大幅波动和上涨，世界经济形势良好，石化产品需求旺盛，使得石化产品很容易将原油价格上涨的成本压力较为“通畅”地转嫁到石化产品价格上，事实也说明近几年石化产品的价格一直处于高位。例如，2006年，聚乙烯平均价格与2005年相比上涨5.25%，聚丙烯平均价格与2005年相比上涨11.25%，聚氯乙烯平均价格与2005年相比下降8.09%，聚酯切片平均价格与2005年相比上涨1.80%，天然橡胶平均价格与2005年相比上涨48.28%，顺丁橡胶平均价格与2005年相比上涨12.20%，乙醇平均价格与2005年相比上涨4.18%。化学纤维制造业、橡胶制品业和塑料制品业在2006年前11个月的利润总额分别为63.69亿元、95.67亿元、234.99亿元，同比增长44.78%、4.69%、32.34%（中国电力企业联合会，2007）。

(4) 农业。

石油价格的上涨给农业带来了较大的负面影响，加重了农业生产和农民生活负担。石油价格上涨导致农用生产资料，如化肥、农药、塑料薄膜等涨价，增加了灌溉、耕田、运输等农机具用油的成本。尽管政府为减轻油价上涨对农业的影响，采取了一系列措施来控制农资涨价，延缓或小幅调高柴油价格，但这些行政手段在执行、监督上都比较困难，实施效果不是很好，将来政府应更多地借助经济手段进行调控，世界上不少国家的政府通过对农用柴油实行减税或补贴的方式来降低农机作业成本，以减轻农民使用农业机械的负担。

(5) 交通运输业。

交通运输业是耗能大户，其能源消费量仅次于工业。油价上涨对航空、铁路、公路、水路运输的影响程度不一，影响最大的是公路，航空其次，铁路和水路影响较小。

航空燃料油消费占我国民航运营总成本的20%左右，是民航运输成本中最大的一块。航空燃料油的涨价明显加大了民航的运输成本，而目前各航空公司竞争异常激烈，机票竞相打折，航空燃料油价格上升的成本难以转嫁出去。

公路运输因为进入门槛低，竞争最为激烈，成本上涨的压力难以转嫁，因此公路运输大多以超载、利润吸收的方式进行化解，油价冲击最为严重。城市公交和出租车行业的票价由政府确定，因此大部分影响自行消化，所以受油价冲击的影响也很大。

油价上涨直接造成铁路和水路运输的利润下滑，但由于铁路和水路运输具有规模效益，进入门槛比公路运输高，竞争没有公路和航空运输激烈，这两方面因素使得铁路和水路运输受油价冲击比公路和航空业要小。

虽然交通运输业受到油价上涨的冲击较大，但是机场、港口和高速公路等子行业带有政府垄断色彩，具有资源垄断性质，它们在短期内受油价的影响较小。另外，由于中国目前处于快速增长时期，这些行业能够充分享受需求快速增长带来的产业机会，只有当原油价格持续或永久性上涨，对这类企业的影响才会慢慢体现，但受影响的程度仍然远远小于民航、水运、市内公共交通等子行业。

（6）汽车行业。

1）对汽车制造业的影响。

能源价格上涨不仅造成汽车制造业本身的成本增加，同时拉动了汽车制造业上游，如钢铁、有色冶金、零部件等部门成本的上升。由于产能增长远远高于实际需求，汽车行业竞争异常激烈，汽车公司竞相降价以争夺客户，因此难以将成本上涨的压力向消费者转移，利润率大幅下滑，由2003年的9.11%急剧下降到2004年的6.85%和2005年的4%，低于整个制造业4.46%的平均水平。

2）对汽车销售市场的影响。

能源价格的持续上涨会加剧市场对未来汽车消费环境恶化的担忧，从而产生抑制消费的负面作用。使用汽车将消耗大量的石油、天然气等，由于目前我国经济稳步快速发展，汽油价格上涨对家用轿车销售不会产生太大的影响，但调查显示，不少即将买车的人士都表示，由于汽油涨价，因此会更加青睐节油型汽车。高油价通过对消费者的购车选择产生影响，进而对汽车制造业产生较大影响，节油型汽车将成为未来汽车市场上的新宠（程军，赵娟，2006）。

能源价格波动对宏观经济以及相关产业的影响是一个非常复杂的问题，上述讨论只是从一个角度、一种方法所进行的分析，对于该问题，国际、国内均存在大量研究，不同时期、不同国家，甚至采用不同的研究方法，最终的研究结果可能差别很大。比如，Bjrnland（2000）的研究发现，油价波动对当时同为石油净出口国的挪威和英国的经济产生了完全相反的影响。一般认为，发达国家由于能源强度比发展中国家小，经济增长对能源的依赖程度相对较低，因此抗能源价格波动风险的能力比发展中国家强。总之，对该问题的研究探讨仍将会是能源经济学的一个重点问题，而对于我国这样正处于快速发展中的国家而言，意义则更加巨大。

本章小结

能源价格是调节能源资源配置最主要的市场机制，但由于能源的基础性，在决定能源价格的因素中，除供需外，还存在大量经济的、社会的、政治的、军事的，甚至自然的一系列错综复杂的因素。尤其是能源金融化发展，能源价格的波动越来越表现出金融时间序列复杂的特征，有时甚至完全脱离供需基本面，这也使得能源价格对能源市场的调节作用大大减弱。

能源价格可作为能源市场的调节机制。能源作为一种基本生产要素，其价格波动通过价格链，可极易产生成本推动型通货膨胀，进而对宏观经济各个方面产生影响。本章通过投入产出法来分析能源价格波动对一般价格水平的影响，同时利用可计算一般均衡（CGE）模型来分析能源价格波动对宏观经济各方面的影响。

能源价格对通货膨胀以及宏观经济的影响机制非常复杂，对于不同时期、不同国家，其影响是不一样的。一般来说，在发展中国家，经济增长以能源的大量投入的粗放式增长为主，比较容易受到能源价格波动的影响，抗能源价格波动风险的能力相对较弱；而发达国家抵御能源价格波动风险的能力则相对较强。因此，研究能源价格波动对通货膨胀以及其他宏观经济指标的影响对我国的发展具有重要意义。

由于能源价格对能源市场运作效率以及宏观经济两方面具有重要作用，因此必须规范能源价格形成机制，使能源价格更加充分地反映能源资源价值，更好地调节能源供需，减少能源价格的不合理波动，避免能源价格频繁剧烈波动对经济增长和居民生活产生的不利影响。

思考题

1. 能源价格波动的主要特征是什么？
2. OPEC 的主要行为特征是什么？你如何看待 OPEC 在国际石油市场中的作用？
3. 能源价格波动是如何传导的？
4. 能源价格大幅下跌可能会造成什么不利影响？
5. 你如何分析能源价格对经济增长的影响？简述你的研究思路。

拓展阅读

世界石油交易价格

国际市场常用的石油交易价格主要有七种，分别是 OPEC 官方价格、非 OPEC 官方价格、现货市场价格、期货市场价格、以货易货价格、净回值价格和价格指数。下面对其中六种进行分别说明。

(1) OPEC 官方价格。20 世纪 60 年代，OPEC 为了与西方跨国公司降低“标价”的行为做斗争，从20世纪60年代后期特别是20世纪70年代初以来，在历次部长级会议上都公布标准原油价格。这种标准原油价格是以沙特阿拉伯API度［由美国石油学会（API）制定的用以表示石油及石油产品密度的一种度量］为34的轻油为基准，公布的价格就是当时统一的官价。

20世纪80年代，受高油价刺激，非OPEC石油产量迅速增长。到1986年年底，OPEC看到“官价”已不起多大作用，又改成以世界上七种原油（沙特阿拉伯轻油、阿尔及利亚撒哈拉混合油、印度尼西亚米纳斯油、尼日利亚邦尼轻油、阿联酋迪拜油、委内瑞拉蒂朱纳轻油和墨西哥依斯莫斯轻油）的平均价格（七种原油的一揽子价格）来决定该组织成员国各自的原油价格。其中，七种原油的平均价格为参考价，然后按原油的质量和运费价进行调整。

（2）非OPEC官方价格。非OPEC官方价格是非OPEC石油生产国自己制定的石油价格体系，一般参照OPEC油价体系，结合本国实际情况上下浮动。

（3）现货市场价格。目前世界主要有四个大的石油交易市场，它们分别是美国的纽约、英国的伦敦、荷兰的鹿特丹和新加坡。在20世纪70年代石油危机前，石油现货贸易只占世界石油总贸易量的5%以下。石油危机以后，石油现货交易量在世界石油总交易量中的比重有所增加，但国际市场石油交易量仍然以期货交易为主。虽然如此，由于现货市场价格比期货市场价格更加准确地反映了原油的生产、炼制成本和利润加成，因此，现货市场价格也逐渐成为石油公司、石油消费国政府制定石油政策的重要依据。一些长期贸易合同也开始采用不同方式与现货市场价格挂钩，如按周、按月或按季度通过谈判商定价格，或通过计算现货市场价格平均数（按月、双周、周）来确定合同油价。石油现货市场有两种价格：一种是实际现货交易价格；另一种是一些机构通过对市场的研究和跟踪而对一些市场的价格水平所做的估价。

（4）期货市场价格。买卖双方通过在石油期货市场上公开竞价，以对未来时间的“石油标准合约”在价格、数量和交货地点上优先取得认同而成交的油价为期货市场价格。石油期货交易所的公开竞价交易方式形成了市场对未来供需关系的信号。石油期货交易所向世界各地实时公布交易行情，石油贸易商可以随时得到价格资料，这些因素都促使石油的期货市场价格成为石油市场的基准价。

（5）净回值价格。该价格又称倒算净价格，是以消费市场上成品油的现货价格乘以各自的收益率为基数，扣除运费、炼油厂的加工费和炼油商的利润后计算出来的原油离岸价格。这种定价体系由于事先锁定炼油商的利润，而把价格下降的风险全部转移给原油销售方，因而适于原油市场相对过剩的情况。

（6）价格指数。一些著名的机构利用自己的信息优势，即时采集世界各地的石油成交价格，形成自己对于某种油品的权威报价。目前国际上广泛采用的报价系统和价格指数有：普氏报价（Platt's）、阿各斯报价（Petroleum Argus）、路透社报价（Reuters Energy）、美联社报价（Telerate）、亚洲石油价格指数（APPI）、印度尼西亚原油价格指数（ICP）、远东石油价格指数（FEOP）、瑞木（RIM）。原油现货市场的报价大多采用离岸价，有些油种采用到岸价。

资料来源：世界石油价格体系简介．油气世界，2006（1）．

第 8 章 国际能源贸易与能源金融

能源分布的高度地缘性和能源供需在空间上的分离，使得国际能源贸易的蓬勃发展成为必然。能源贸易由最初固定价格的长期供货合同，逐步发展为现货贸易，随着能源贸易规模的进一步扩大，能源价格决定因素日益复杂，能源价格波动变得越来越剧烈和频繁。为规避价格风险，现货价格与期货价格挂钩，期货价格在能源价格发现中的作用和地位逐步得到加强，能源期货市场得到迅速发展。能源产业发展的另一显著特点是，能源与金融的日益融合为能源产业的发展注入了新的活力。能源金融的发展一方面使得能源价格风险管理越发显得重要，另一方面也为能源价格风险管理提供了更加有效的管理工具。本章分为四节：8.1 节介绍了国际能源贸易特征和能源贸易对经济发展的促进作用；8.2 节介绍了能源的金融化发展趋势及能源期货市场的发展；8.3 节讨论了能源期货市场的有效性问题；8.4 节介绍了能源价格风险的度量，以及如何利用能源期货市场进行能源价格风险的管理。

8.1 国际能源贸易

8.1.1 国际能源贸易特征

由前面的章节已经知道，一次能源尤其是化石能源具有高度的地缘性，世界主要能源消费地与能源资源拥有者存在严重的失衡现象。如北美、西欧、亚太三个地区的石油探明储量不超过世界总量的 22%，而其石油需求占世界石油需求总量的近 80%，这使得国际能源贸易在各国发展中具有特殊的战略意义。

(1) 世界石油贸易。

1) 世界主要石油出口国的出口贸易特征。

世界石油贸易主要交易品种是原油，原油贸易占石油贸易的 70%以上。自 20 世纪 60 年代世界石油中心由墨西哥湾转向中东地区以来，中东地区一直是国际市场最主要的石油出口来源地，BP（2018）的数据显示，2017 年全球原油出口贸易为 21.84 亿吨。中东地区（除沙特阿拉伯外）占当年全球原油贸易的 23.2%；其次是俄罗斯，占 12.7%；沙特阿拉伯占 12.2%。这三大地区占比超过 48%。图 8-1 给出了 13 大原油出口国（地区）在 2015 年和 2017 年的贸易份额。总体而言，受资源禀赋制约，世界石油出口贸易格局相对比较稳定。

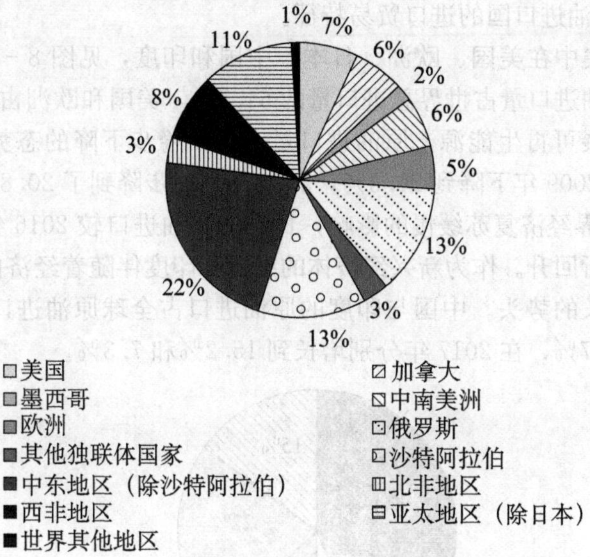

(a) 2015年主要石油出口国（地区）份额

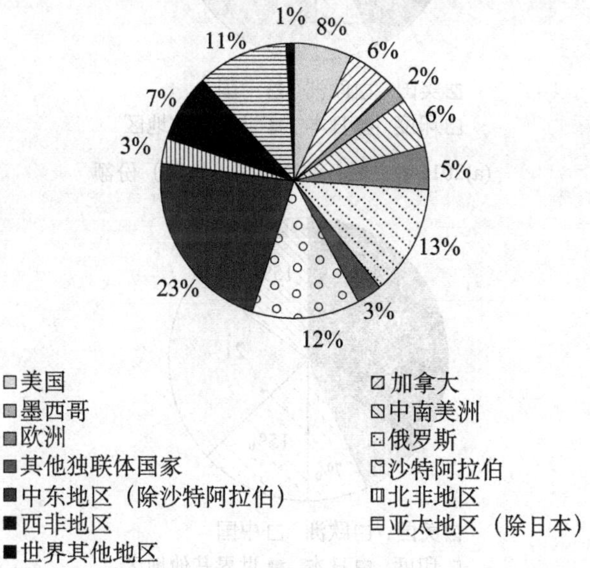

(b) 2017年主要石油出口国（地区）份额

图 8-1　世界石油贸易分布

资料来源：BP（2018）。

2008 年，由次贷危机引发的金融危机全面爆发，由于石油市场与金融市场具有联动关系，石油市场也受到巨大冲击，WTI（West Texas Intermediate，美国西得克萨斯轻质油）原油的 1 月合同从 2008 年 7 月 3 日收盘最高价 145.29 美元/桶一路狂跌，仅在 2009 年 2 月就下跌超过 70%。受油价下跌的影响，前苏联地区在 2009 年增产 3 000 万吨以弥补石油收入的减少，OPEC 则减产保价，从近几年的出口行为来看，OPEC 更像是在充当一个油价稳定器的角色。

2）世界主要石油进口国的进口贸易特征。

原油进口主要集中在美国、欧洲、日本、中国和印度，见图 8－2。2017 年，这五大国家（地区）的原油进口量占世界总进口量的 64.3%，美国和欧洲占总进口量的 35.7%。欧洲近年来大力发展可再生能源，原油进口量表现出稳步下降的态势，2015 年占全球进口总量的 22.2%，2009 年下降到 21.3%，2010 年进一步降到了 20.8%。

2017 年，受世界经济复苏缓慢的影响，日本的石油进口较 2016 年有所下降，但欧洲和美国的进口量有所回升。作为新兴经济体的中国和印度伴随着经济的高速增长，石油进口也表现出强劲增长的势头。中国与印度的原油进口占全球原油进口贸易的份额在 2015 年分别为 13.3%和 7%，在 2017 年分别增长到 15.2%和 7.3%。

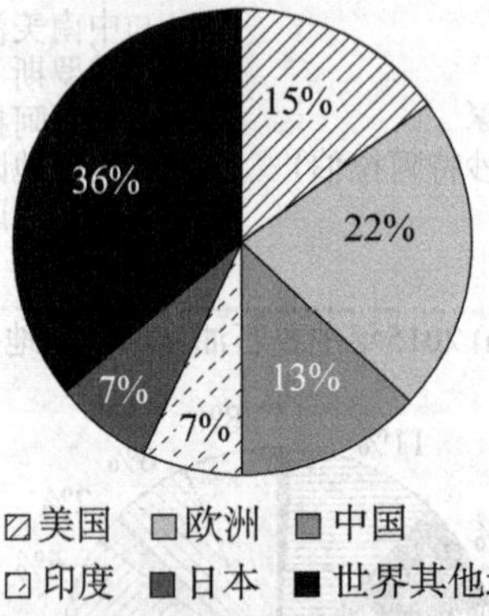

(a)2015年主要石油进口国（地区）份额

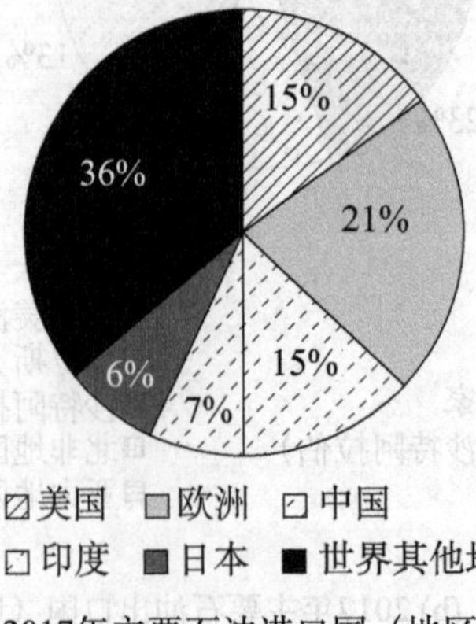

(b)2017年主要石油进口国（地区）份额

图 8－2　世界石油进口贸易分布

资料来源：BP（2018）。

中国主要原油进口来源地为中东地区、西非地区、前苏联地区以及中南美洲，近两年加强了与前苏联地区和西非地区的石油贸易，减少了对中东地区的依赖。2017年，中国从中东地区进口的石油占总进口量的43.59%，比2015年下降了约7.15个百分点；从前苏联地区进口了6 360万吨，占总进口量的15.07%；从西非地区进口了7 230万吨，占总进口量的17.13%；从中南美洲进口了5 720万吨，约占13.55%，见表8-1。目前中国石油的进口来源地更加合理化，在今后若干年，中国的石油需求将仍然增长强劲，新增石油需求主要都将通过国际石油贸易来满足，开拓新的、安全的进口贸易渠道仍将是一项艰巨的任务。

表8-1 2015—2017年中国原油进口来源构成（%）

年份	中东地区	西非地区	前苏联地区	中南美洲	其他
2015	50.74	15.57	14.2	12.42	7.07
2016	48.12	15.55	14.82	13.33	8.18
2017	43.59	17.13	15.07	13.55	13.66

资料来源：根据BP（2016；2017；2018）整理得出。

（2）全球天然气贸易的特点。

1）世界主要天然气出口国的出口贸易特征。

与石油贸易相比，全球天然气贸易量小得多，但由于近年来石油价格在高位剧烈波动，天然气贸易呈现显著增加的趋势。2018年，全球天然气贸易量为9 434亿立方米，较2017年增长4.3%，2017年较2016年增长7.9%。天然气贸易国际化程度不高，区域性特点非常显著，无论进口还是出口，贸易集中度较石油都小得多。世界主要的天然气出口国为俄罗斯、挪威、卡塔尔和美国，它们的出口贸易占全球天然气贸易的一半左右，其中，2018年俄罗斯天然气出口占全球总量的26.3%（BP，2019）。

2）世界主要天然气进口国的进口贸易特征。

天然气进口主要集中在德国、日本、美国和中国等国。2018年，德国、日本、美国和中国的天然气进口贸易量占全球贸易量的43.9%，中国最多，占比为12.9%。从来源看，德国的天然气主要从俄罗斯、挪威、荷兰进口，这三大来源占其总进口贸易量的95.0%；日本主要集中在印度尼西亚、马来西亚、卡塔尔、澳大利亚及俄罗斯，这五大来源占其进口贸易量的74%；美国主要集中在加拿大，这一来源占其进口贸易量的97%。

中国在2016年进口天然气735亿立方米；2017年增加到928亿立方米，年增幅超过26%；2018年进口量进一步增加到1 213亿立方米，年增幅超过了30%。中国的天然气进口来源主要为土库曼斯坦、澳大利亚、卡塔尔、马来西亚和乌兹别克斯坦。2018年，中国从土库曼斯坦进口333亿立方米，占比27.45%；从澳大利亚进口321亿立方米，占比26.46%。在过去10年中，中国的天然气消费量年均增长13%，与此同时，中国的天然气产量也呈现快速增长的趋势，但增速低于消费，受资源禀赋和开发利用水平的限制，中国在未来会越来越依赖国际天然气市场，因此，中国应尽早着手开拓周边贸易资源。

（3）全球煤炭贸易特点。

1）世界主要煤炭出口国的出口贸易特征。

与天然气贸易类似，煤炭贸易的国际化程度也不高，区域性特征比较显著，目前国际主要有两大煤炭贸易圈：太平洋贸易圈和大西洋贸易圈（吴丽壹，2009）。太平洋贸易圈是世界煤炭贸易最活跃的地区，该地区的主要煤炭出口国为澳大利亚、俄罗斯、印度尼西亚，其中，澳大利亚是全球最大的出口国，其出口量占全球贸易的30%左右（王书伟，2010）；大西洋贸易圈的主要煤炭出口国为哥伦比亚和南非。

2）世界主要煤炭进口国的进口贸易特征。

2003年以前，中国一度是除澳大利亚外的全球第二大煤炭出口国，此后由于强劲的国内需求，净出口量逐年减少，并于2009年转变为净进口国。2009年，中国累计进口煤炭1.26亿吨，比2008年增长211.9%；出口2 240万吨，下降50.7%；全年净进口1.03亿吨。2018年，我国出口煤炭493万吨，比2017年下降39%；进口煤炭2.81亿吨，比2017年增长3.9%；净进口2.76亿吨（中国煤炭工业协会，2019）。

日本、韩国由于资源短缺，因此一直是最主要的煤炭进口国。中国和印度近年来的煤炭进口需求不断增加，随着人们对煤炭资源战略重要性的认识不断加深，以及跨国企业重组对国际煤炭市场格局的影响，主要煤炭进口国都加紧了海外煤炭资源的开发，未来国际煤炭市场的进口贸易竞争将趋于激烈，中国应从能源安全战略高度出发，尽早布局，争取主动。

8.1.2 国际能源贸易与经济发展

能源贸易不仅是国家对外贸易的有机组成部分，而且是一国参与国际能源流通与再生产的重要形式，也是各国参与世界范围内能源再分配的主要方式。对于全球能源短缺危机和在可持续发展方面遇到的问题，能源的输入与流出活动将关系到国家的能源安全乃至经济安全。

现代经济学理论认为，进口对一个国家的国民经济来说是一种“漏出”行为。进口增加，国民收入减少。但能源是一种特殊产品，它既可作为一种产出物，计入国民经济账户，又可作为一种基本生产要素，是其他产品和劳务得以形成的基础和动力源泉。一般认为，能源产品的进口对一国经济来说也是一种“注入”，有助于国民收入的增加。

能源贸易对经济增长的影响机理如图8-3所示（张生玲，2007）。

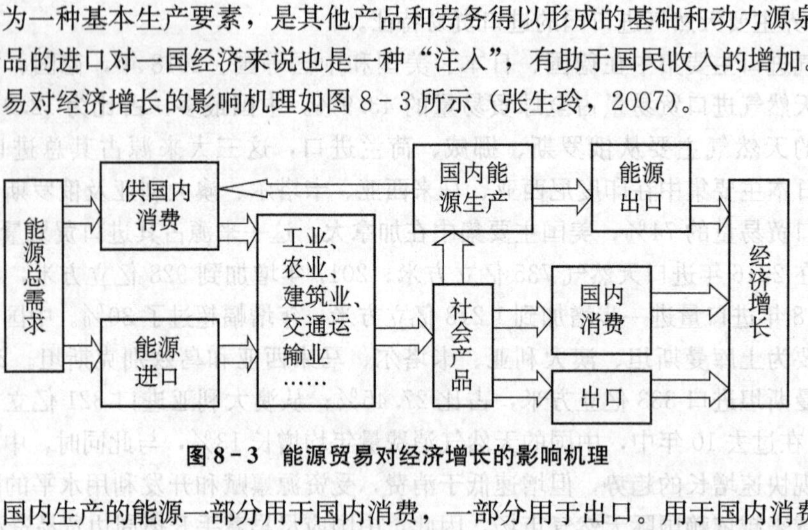

图8-3 能源贸易对经济增长的影响机理

首先，国内生产的能源一部分用于国内消费，一部分用于出口。用于国内消费的能源一部分用于能源行业的再生产，即能源行业的自耗能；另一部分用于满足国民经济其他部门的生产和服务需求。根据现代经济学的观点，出口是一种“注入”行为。出口增加，国民收入增加。若考虑乘数的作用，国民收入会成倍增加。由于一定时期内，国内生产的能源产品总量是一定的，因而用于出口与用于国内消费两部分之间具有此消彼长的关系。

其次，国内总的能源需求量一部分来源于国内，一部分来源于进口，二者之间也存在着此消彼长的关系。根据前述分析可知，能源进口通过满足各部门必要的投入要素需求来增加这些部门产品的增加值，从而增加了国民收入。

最后，能源进口和出口对国民经济都有促进作用，但相比较而言，能源进口的作用更大。原因在于，能源是一种基本生产要素，处于产业链最前端，属于初级产品，附加值不大，而进口则通过产业链，大大增加了中间产品和最终产品的附加值，乘数效应明显，对经济增长的拉动作用大大增强（张生玲，2007）。

8.2　能源金融化与能源期货市场

20 世纪 80 年代以来，国际能源市场发展迅速，能源期货及衍生品层出不穷。在以纽约商品交易所（COMEX）和伦敦国际石油交易所（IPE）的原油期货为主导的国际能源定价体系确立以后，能源工业的定价权逐步让渡给投资基金。金融行业开始大规模介入国际能源市场的投资活动，能源与其他商品一样成为投资基金追逐利润的对象，使能源从一种单纯的套期保值工具发展成为新兴的金融投资载体，能源与金融一体化发展的时代已来临。

8.2.1　能源金融化

（1）能源金融的内涵。

当今能源产业发展的一个显著特点是能源市场与金融市场的日益融合，由此产生了一个新的名词——能源金融。能源金融可以简单地概括为能源与金融相互融合而形成的一种新的金融形态（贺永强，等，2007）。金融市场的发展给世界能源工业带来了动力，能源工业的发展则促进了世界经济的繁荣。金融资本向能源领域的渗透，使得能源已不再是一种纯粹的资源型商品，其金融属性日渐加强。能源金融的一体化给世界各国的能源、金融战略带来了新的挑战。

美元作为最主要的国际性货币，一直以来是世界各国主要的外汇储备币种，也是外汇市场主要的交易品种。国际石油贸易以美元计价和结算的体制决定了石油的准金融属性。20 世纪 70 年代以后，能源定价机制、能源投融资决策，以及能源供应引起的汇率变化及其风险等问题越来越引起国际社会的普遍关注。西方国家开始将金融理论的成果应用在能源领域，并且在更深、更广的范围内深化和发展了能源与金融各自的内涵，形成了能源金融自身固有的含义。

从形态上看，可以将能源金融分为能源虚拟金融与能源实体金融。能源虚拟金融一般指交易者在能源商品期货市场、期权市场、国际货币市场以及与能源相关的资本市场上，进行能源实物、期货、期权等衍生工具，以及债券、汇率、利率和股票等的套期保值或投机的操作，以规避现货市场的风险或获取投机利润。能源实体金融一般指能源产权与效率市场和资本市场的有机联络，即利用资本市场的融资、监督、退出机制，来培育、发展和壮大能源产业资本。能源金融一体化对能源资源的获取与开发、能源价格信号的产生与传递、能源市场风险的规避与管理有着重要的意义（王漫雪，2009）。

随着能源与金融的纵深发展，目前已逐渐形成能源市场和货币市场、外汇市场、期货市场包括大宗衍生品市场之间的相互联动，形成了一个庞大的复合金融体系。

（2）能源金融化的发展趋势。

虽然早在1886年，在威尔士的卡迪夫就出现了世界上最早的能源交易所——煤炭交易所，它运用金融交易的管理模式对当时的煤炭交易商的交易进行管理与运作。但能源与金融在真正意义上的融合，并获得前所未有的发展是在20世纪70年代石油危机以后。随着能源金融化的进一步发展，能源金融的一体化在能源与金融市场实践中有了更多的表现，具体反映在以下几方面。

1）金融支持在能源工业发展上发挥了重要的作用。

能源行业的资金需求量巨大，勘探开发活动中不确定性因素有很多，导致资金投资风险很高，能源行业投资高风险、高回报的特点要求能源项目融资规模大、融资渠道广、融资机制灵活。传统的融资方式主要为证券融资和银行信贷，这些融资方式已经不能完全满足能源行业的投资需求。政府或金融机构建立能源产业基金越来越成为国际上的通行做法。在欧洲，挪威每年从国家财政收益以及税收中提取一定比例的资金存入石油基金。阿塞拜疆和墨西哥等产油国也都建立了石油基金。建立石油基金，一方面可以支持企业在国内外的资源勘探开发，另一方面也可以支持企业参与国际石油风险市场的运作，以及为推动能源结构转型和能源的可持续发展而建立的各类能源基金。

2）大型金融机构日益成为能源领域举足轻重的投资者。

能源行业存在着巨大的资金缺口，另外，能源行业蕴藏的巨大机遇也吸引着金融投资机构的进入。它们的投资领域既包括能源产权市场，以享有能源资源的稀缺性，战争、突发事件带来的溢价，也包括能源期货市场。由于能源实物资产有限，且大部分优良资源已被瓜分，因而越来越多的资金被投向能源虚拟金融资产，如石油期货、天然气期货。在全球流动性过剩的背景下，大量热钱在国际金融市场间快速流动。据《对冲基金情报》在2006年公布的调查，2006年，全球对冲基金总资产超过1.5万亿美元，而1994年，全球对冲基金总资产为1 900亿美元。大约有200只基金控制着400亿美元～500亿美元的资产。参与国际能源，特别是石油期货交易的对冲基金主要有两类：宏观对冲基金（macro-hedge fund）和能源对冲基金（energy-specific hedge fund）。前者不仅在不同的商品期货市场（如金属、能源、农产品等）之间套利，还在商品期货市场和金融证券市场之间跨市套利。能源对冲基金则专注于能源市场投资。然而，能源实物金融资产及能源虚拟金融资产只是这些金融机构投资组合的一部分，资本的逐利性决定了巨额资金在不同的市场间流动，对冲风险或寻求投机利润，使得能源与金融加速融合。

3）能源效率市场是新出现的能源金融模式。

20世纪70年代中期以来，一种基于市场的全新节能新机制——合同能源管理在市场经济国家中逐步发展起来，而基于这种节能新机制运作的专业化节能服务公司的发展十分迅速，尤其是在美国、加拿大，合同能源管理已发展成为一种新兴的节能产业。合同能源管理的实质是一种以减少的能源费用来支付节能项目全部成本的节能投资方式。节能服务公司是一种基于合同能源管理机制运作的、以盈利为直接目的的专业化公司。在传统的节能投资方式下，节能项目的所有风险和所有盈利都由实施节能投资的企业承担。在合同能源管理机制下，节能服务公司与愿意进行节能改造的用户签订节能服务合同，为用户的节能项目进行投资或融资，向用户提供能源效率审计、节能项目设计、施工、监测、管理等“一条龙”服务，并通过与实施节能企业分享项目实施后产生的节能效益来盈利和滚动发展。这种风险共担、盈利共享的运营模式有助于推动节能项目的开展（贺永强，等，2007）。

4）碳金融是未来极具发展潜力的能源金融创新模式。

碳金融（carbon finance）是随着低碳经济的兴起而出现的一个全新的金融概念，它是指与碳，特别是与限制温室气体（GHG）排放有关的金融活动，包括银行贷款、直接投融资和碳指标交易等。服务于限制温室气体排放等技术和项目的直接投融资、碳权交易和银行贷款等金融活动，是温室气体排放权交易及与之相关的各种金融活动和交易的总称。2005年以后，在清洁发展机制（CDM）、联合履约（JI）及国际排放贸易（IET）三种碳交易机制的推动下，全球碳交易的配额市场和项目市场逐步形成，并出现了爆炸性增长。联合国和世界银行预测，2012年全球碳交易市场容量将超过石油，成为世界第一大交易市场，而碳排放额度也将取代石油成为世界第一大商品。在碳交易机制下，碳排放权具有商品属性，其价格信号功能引导经济主体，把碳排放成本作为投资决策的一个重要因素，促使环境外部成本内部化。随着碳市场交易规模的扩大和碳货币化程度的提高，碳排放权进一步衍生为具有流动性的金融资产（段治，2010）。

在目前的各个碳交易市场中，排放权以及与排放权相关的远期、期权是最主要的交易工具。随着金融机构越来越多的介入，各种金融衍生产品也有了相当的发展。这些衍生工具为碳排放权的供求双方提供了新的风险管理和套利手段。目前，主要的碳金融衍生产品包括：应收碳排放权的货币化、碳排放权交付保证、套利交易工具、与碳排放权挂钩的债券等。

国际上对节能减排的高度关注加速了金融市场上碳配额交易的发展，利用金融市场的重要媒介作用，完成了碳配额及减排投资，可见金融业在新能源开发、能源升级换代、支持节能减排等方面将发挥越来越重要的作用（李忠民，邹明东，2009）。

能源工业是高投入、高风险的行业，投资风险涵盖了能源资源勘探开发的风险、能源市场及能源金融工具的交易风险。目前，全世界80%的石油与天然气的勘探、开发、生产、加工、销售主要由不超过20家的国际大型能源企业控制，这些跨国巨头无不与金融市场保持着密切联系，背后拥有强大的金融支持。它们在金融市场获得资本支持，然后在全球范围内占有与开发资源，以能源实物的生产和消费为基础进行金融工具的交易。这种多形式、多方位的整体运作，既保证了对资源的占有，获得了利润，又控制了风险，保证了所在国家的能源安全。

如何满足能源工业发展所需的大量资金，是世界各国面临的紧迫问题。能源金融化有利于社会资本向能源部门流动，借助金融的支持，能源企业可以实现产业资本和金融资本的融通。我国能源产业的发展急需大量资金，能源工业多年来一直受政府管制，企业管理和控制市场风险的能力很低，在能源金融化的国际潮流下，应逐步建立起我国能源企业与银行、外汇储备机构、投资基金等方面的联动机制，建立起以借贷市场、期货市场、股票市场为核心的能源金融体系，为我国能源工业的发展保驾护航。同时必须注意到，能源与金融的联结产生了新的风险，必须掌握并运用新的手段来防范这些风险（贺永强，等，2007）。

（3）能源金融化发展所蕴含的风险。

能源金融化发展可以极大地完善能源市场，促使市场主体多元化，为能源产业投融资带来新的机遇。但任何事物都有利有弊，能源金融化发展也是一把双刃剑，在推动能源产业发展的同时，也给能源市场带来了新的更大的风险。

1）能源价格波动性加大，不确定性增强。

能源金融化发展使能源价格决定因素复杂化，供需因素对能源价格形成的作用减弱。虽然在国际能源市场以及全球经济、资本、金融、商品市场运行平稳时，能源金融化发展有利于价格发现，有利于生产者和消费者进行有效避险，但在任何一个市场出现异常时，由于资本的逐利性，能源金融化发展会使得波动性被人为放大，并迅速波及其他市场。风险溢出效应检验显示，存在WTI原油期货市场到现货市场的单向的显著风险溢出效应（Fan，等，2008），股市风险对石油市场的冲击呈现明显的时变特征，且波动显著（Zhang和Wei，2011）。

流动性过剩是近年来全球资本市场的一个重要问题，流动性过剩加大了金融风险。2008年金融危机爆发后，各国政府通过联手注入流动性以制止经济下滑，对危机后暴跌的能源价格的快速上涨起到了推动作用。流动性过剩使得国际投机资本规模迅速扩大，其中，对冲基金的发展速度最快，规模最大。2000—2006年，对冲基金每年以20%的复合增长率增长，2007年达到2.15亿美元，2008年金融危机后规模有所减小。在全球流动性过剩的背景下，能源市场成为流动性的重要出口（管清友，2007）。据不完全统计，2008年年中，进入国际大宗商品市场的投机资金达到2 600亿美元，为2003年的20倍，其中约一半在石油市场（Cho，2008）。与共同基金不同的是，对冲基金较多地使用杠杆借贷，交易活跃，交易风格多元化，较少受到监管约束。在正常的市场条件下，对冲基金增加了交易的流动性，有利于金融创新，但在动荡的市场条件下，对冲基金可能使广泛的金融市场发生波动（麦肯锡全球研究院，2007）。

2）能源产业实体投资的潜在风险加大。

在流动性过剩的背景下，资本的逐利性、有效监管的缺乏，以及过度投机造成了石油市场的不稳定，也会影响到石油产业的实体投资，使产业持续健康发展受到不良影响。美国安然（Enron）公司在创立初期是一家典型的电力和天然气配送企业，同时它也是能源金融交易的开拓者和践行者，但由于资本的逐利性，很快就从风险规避者转变为投机者。为逃避监管，安然公司联合其他大型能源企业为争取和扩大豁免商品期货贸易范围奔走游说，最终以法律形式将包括贸易合同和场外交易等能源期货方式置于联邦监管之外，还允许能源交易商成立自己的交易所，并在其中履行上述合同和交易时也无须受到政府监管。安然公司利用自己一手促成的“漏洞”导演了令人震惊的“安然风暴”。2000—2002年，安然公司的能源交易商通过操纵能源期货市场，制造了加利福尼亚州电力恐慌。在没有监管的情况下，仅在2000年，安然公司的投机炒作就造成了整个加利福尼亚州对电力的开支上涨了277%，贪婪的欲望最终葬送了安然公司（王晓薇，2009）。

3）金融体系的风险增加。

能源金融化发展趋势迫使各国积极参与石油期货及其衍生品市场运作，对于我国这样的石油消费和进口大国而言，为了保障本国石油安全，争取石油定价权，开展以本币交易的石油期货及衍生品交易就显得尤为迫切。但若交易设置不合理，或者监管不力，尤其是在我国金融体系本身不完善的前提下贸然行动，则极易使整个金融体系受到游资的攻击，造成难以想象的后果。

(4) 能源期货市场投机与价格波动。

能源金融化的一个重要表现是，能源期货价格正逐步取代现货价格，成为国际能源市场价格发现的预先指标，从而使得供需因素对能源价格的影响尤其是短期影响减弱，而非供需面因素甚至一些金融投机力量的影响则得到加强。在这样的背景下，如果监管存在明显漏洞，能源金融化在促进能源市场发展的同时，就可能使得能源价格风险加大，企业管理和控制价格风险的难度也增加。

近年来，国际能源价格暴涨暴跌，由价格波动引发的能源安全问题引起了广泛关注，在对能源期货投机活动是否为本轮能源价格暴涨暴跌的主要原因进行探讨时产生了两种不同的观点。一方持肯定态度，如美国参议院常务调查委员会（US Senate Permanent Subcommittee on Investigations）于2006年6月27日发布的一份调查报告认为，投机因素造成的原油溢价每桶高达20美元～25美元（Senate Permanent Subcommittee on Investigations，2006）。

另一方持否定态度，该方认为，期货市场主要的功能是价格发现和套期保值，这两个功能的实现依赖于市场投机活动（Cox，1976）。投机活动能够把市场预期的变化转化为市场价格的变化，最终实现期货市场价格发现的功能。正是基于此，反对投机活动推高能源价格论者认为，投机行为增加了市场流动性，是能源期货市场效率的来源。原油期货市场投机活动不仅没有推高油价，反而降低了国际油价的波动。

为了证明自己观点的正确性，两方都进行了相应的调查与实证检验，调查和检验所依据的数据主要来自美国商品期货交易委员会（CFTC）公布的持仓报告数据。美国商品期货交易委员会将期货市场上的投机者定义为：那些既不生产也不消费，仅以其自有资本买卖期货并通过期货价格变化牟利的主体。它包括大型金融机构、对冲基金、养老基金和其他投资基金，主要是对冲基金和投资银行。例如，以国际上最主要的原油期货市场纽约商业交易所（NYMEX）为例，2002年以来，纽约商业交易所原油期货市场上的非商业持仓呈现增长态势，并于2004年年初首次超过20%。商业持仓一直为原油期货市场的主要力量，基本上处于60%以上，这股力量主要是套期保值。尽管非商业持仓的份额较小，但力量不容小觑。经过对历史数据的统计分析发现，非商业净多头寸基本上与纽约商业交易所原油价格波动为正相关关系，非商业净多头寸增加与价格上涨基本为同步变化。但Haigh等（2007）研究发现，对冲基金并不像其他交易者那样频繁改变仓位，对冲基金会造成能源期货价格波动的假设被拒绝。Milunovich和Ripple（2006）采用动态条件相关系数和增广EGARCH模型评价不同交易者对于原油期货市场的波动影响，实证检验也发现，以对冲基金为代表的投机交易对价格波动没有显著影响。宋玉华等（2008）的实证研究表明，对冲基金的投机活动既不是国际原油价格长期上涨的原因，也没有放大国际油价的短期波动。

之所以运用同样的数据，得出的结论不一致甚至相反，一个很重要的原因在于美国商品期货交易委员会对投机商和套期保值者的划分。美国商品期货交易委员会将原油生产者、中间商、重要的消费者如航空公司等，视为商业性持仓者（又称为套期保值者），认为这些持仓的主要目的是利用期货进行套期保值交易。实际上，相当多的商业性持仓者，如拥有大量炼油厂和石油储存设施的大型投资银行、石油公司等，并不仅仅将期货市场作为套期保值的场所，还期望从石油资产的价格变动中获得资产收益而成为投机者，如上文提到的安然公司以及下文的维多（Vitol）能源集团。相反，非商业性持仓者中的养老基金、管理基金等虽然不是套期保值者，但其操作手法与一般的投机者有较大的差别，它们更像是长期投资者。

针对该问题的探讨，管清友（2010）的观点值得一提。他首先认为，当前检验投机活动推高油价的方法沿用了股票市场和商品现货市场的方法，而没有考虑期货市场的特殊性；其次对检验计算中数据的可靠性进行了质疑，进而明确提出以下结论，即投机不可能长期和显著地推高油价，但监管漏洞可能导致大投行和大石油公司在期货和现货两个市场对油价进行一定程度的操纵。不过由于操纵方式的不透明，他们暂时还没有办法给出推理和证明，只能有待于事后检验。类似地，孙泽生（2009）也认为，以投行和大型石油公司为代表的部分商业交易者要么设法影响公众的一致性预期，要么通过不对称信息和串谋先行调整库存和持仓量，引导油价预期的自我实现，并借机牟取暴利，这也是油价波动的本源。摩根士丹利在 2008 年场外市场的日均交易量大于 2 500 万桶，相当于沙特阿拉伯原油产量的 2.5 倍。2008 年 8 月 21 日，美国《华盛顿邮报》（*The Washington Post*）在援引两位不肯透露身份的行业内“深喉”的观点时称，前不久美国商品期货交易委员会在修改数据报告时透露，持仓量高达 4.6 亿桶原油的“超级庄家”，其真实身份是一家注册在瑞士的综合性能源公司，名为维多能源集团。其原油持仓量相当于 2008 年中国一年原油产量（1.9 亿吨）的 1/3。也就是说，仅维多能源集团就为整个原油期货市场增加了中国 1/3 的需求量。实际上，仅轻质石油一项产品，该交易商就持有 3.3 亿桶，占整个纽约商业交易所期货市场总仓位的 11%。对其身份的不同界定将导致商业性与非商业性持仓数据的显著变化，进而可能影响量化研究结果。

8.2.2 能源期货市场的形成与发展

20 世纪 70 年代初发生的石油危机给世界石油市场带来了巨大冲击，石油价格剧烈波动，直接导致了石油期货的产生。石油期货诞生以后，其交易量一直呈现快速增长之势，目前已经超过金属期货，是国际期货市场的重要组成部分。

随着全球市场化进程的加速，能源的价格波动越来越难以把握。能源期货作为一种有效的规避能源风险的工具开始引起人们的重视，众多的期货交易所相继成立，新的交易品种不断涌现，能源期货市场进入了一个高速发展的时期。

目前推出能源衍生性金融商品的交易所，主要包括纽约商业交易所（New York Mercantile Exchange，NYMEX）、伦敦国际石油交易所（International Petroleum Exchange,

IPE)、新加坡交易所（Singapore Exchange，SGX)、东京工业品交易所（Tokyo Commodity Exchange，TOCOM，又称东京商品交易所）四大交易所，其中，以纽约商业交易所及伦敦国际石油交易所最为成熟，得到了各国现货商和投资者的广泛认同，新加坡交易所和东京工业品交易所则为区域性避险市场。

纽约商业交易所推出的轻质低硫原油期货合约是目前流动性最大的原油交易平台，也是目前世界上成交量最大的商品期货品种之一。其良好的流动性和透明的价格促使该合约价格成为全球原油定价的基准价格。此外，纽约商业交易所还推出了一系列提供其他风险控制和交易机会的产品：期权交易、期权差价交易、取暖油和原油间的炼油毛利期权交易、汽油和原油间的炼油毛利期权交易以及平均价格期权交易等。WTI 原油现货仅限于在美国本土交易，但其期货合约价格成为中东地区供应美国出口原油，以及整个美洲地区原油交易的价格参照体系，其价格也已经成为国际原油价格最重要的晴雨表。

伦敦国际石油交易所成立于1980年，由一批能源公司和期货公司牵头，是非营利性机构，2000年4月完成改制，成为一家营利性公司，伦敦洲际交易所（Intercontinental Exchange，ICE）在2001年收购伦敦国际石油交易所。1988年6月，伦敦国际石油交易所推出了国际三种基准原油之一的布伦特（Brent）原油期货合约。此合约旨在满足石油工业对国际原油期货合约的要求，是一个高度灵活的风险规避和交易工具。此合约上市后取得了巨大的成功，使伦敦国际石油交易所成为国际原油期货交易中心之一。如今，北海布伦特原油价格已经成为世界原油价格的一个参照价，其中，西北欧地区、北海地区、地中海地区、非洲以及部分中东国家都以布伦特的价格作为参考（渤海商品交易所，2009）。

欧美老牌的能源交易所在不断强化能源定价优势地位的同时，加快了向亚太地区能源期货市场扩张的步伐，并在客观上对亚太地区形成独立的能源交易机制产生了一定的牵制。例如，纽约商品交易所（COMEX）在欧洲分部上市了俄罗斯乌拉尔原油，与迪拜商品交易所合作上市了阿曼原油期货合约，与新加坡国际金融交易所合作上市了燃料油合约，通过这些举动进一步影响亚太地区和远东地区。

迪拜商品交易所是迪拜控股公司旗下的 Tatweer、纽约商品交易所以及阿曼投资基金三方于2007年6月建立的。该交易所成为中东首个国际能源期货及商品交易所，它推出了三个新期货品种，包括阿曼原油期货合约以及两个非实物交割的期货合约（WTI-阿曼价差合约、布伦特-阿曼价差合约）。阿曼原油期货合约是中东第一个，也是唯一的可以进行实物交割的能源期货合约。

2007年5月，伦敦国际石油交易所上市中东高硫原油期货。该合约是在期货电子平台上进行交易的，以普氏迪拜合约现货股价为基础进行现金结算，与纽约商品交易所原油期货合约的实物交割形成竞争局势。总体上来看，尽管伦敦国际石油交易所的中东高硫合约的交易量还不是很活跃，但它标志着伦敦国际石油交易所在中东产油国市场上迈出了第一步，为其进一步争取在亚太地区石油定价系统中赢得一席之地奠定了基础（庄青，李国俊，2007)。

根据交易契约种类及交易量来看，纽约商品交易所目前仍为各项能源期货商品交易的主要市场，商品流动性较高，最适宜能源企业进行避险操作。然而近年来，伦敦国际石油交易所交易商品契约大幅增加，其后续发展相当值得避险投资者关注。

亚太地区也相继成立了一些区域性能源期货交易所。比如，日本于1999年上市了成品油期货，2001年上市了原油期货；新加坡上市了燃料油和中东原油期货合约；印度于2005年在大宗商品交易所上市了原油期货；俄罗斯出产的乌拉尔原油的期货在纽约商品交易所进行交易。

2004年，中国为国际能源市场价格的剧烈波动付出了沉重的代价。从国际能源定价机制来看，中国必须建立自己成熟而完善的期货市场，才有可能谋求国际能源定价权，完全摆脱自己在能源进口上"高买低卖"的尴尬局面。在这种形式下，上海期货交易所（SHFE）应运而生。上海期货交易所于2004年8月25日成功推出燃料油期货合约，还致力于原油期货、成品油期货、液化石油气和沥青期货等交易品种的研发。虽然国内期货市场还不足以满足企业规避风险的需求，但上海期货交易所燃料油期货合约自上市以来，比较真实地反映了国内现货市场的供需情况，与国际燃料油价格的关系已从过去的"被动接受""亦步亦趋"，逐步发展为"紧密联动""积极影响"。上海燃料油期货的成功运行为我国企业规避风险搭建了平台，为我国进一步推出更多的石油期货品种，完善国家石油战略安全体系积累了有益经验。

世界主要石油期货交易所如表8-2所示。

表8-2　世界主要石油期货交易所

交易所	上市合约	交易量
纽约商业交易所	1978年11月上市取暖油期货合约；1982年上市含铅汽油期货合约；1986年被无铅汽油期货合约取代；1986年上市西得克萨斯中质原油（WTI）期货合约；1990年上市天然气期货合约。	2001年交易量为7 254万手，日均交易量为27万手。
伦敦国际石油交易所	1981年上市轻柴油期货合约；1988年上市布伦特原油期货合约；1997年上市天然气期货合约。	2001年交易量为2 641万手，日均交易量为17万手。
东京工业品交易所	1999年7月上市汽油、煤油期货合约；2001年9月上市原油期货合约。	2001年交易量为2 560万手。
新加坡交易所	1989年，新加坡国际金融交易所上市高硫燃料油期货合约；2002年4月，新加坡交易所与东京工业品交易所签署合作协议，交易中东原油期货合约。	
上海期货交易所	1993年推出大庆原油、90＃汽油、0＃柴油和250＃燃料油四个期货合约。	总交易量为5 000万吨。

注：新加坡交易所（SGX）是新加坡国际金融交易所（SIMEX）与新加坡证券交易所（SES）于1999年合并后成立的。

由于国际能源贸易以石油为主，因此，能源期货也主要集中在石油品种上，随着能源-经济-环境协调发展问题日益受到全球重视，能源期货市场也将向更深、更广泛的范围发展，如表8-2所示，纽约商业交易所和伦敦国际石油交易所已于20世纪90年代先后推出了天然气期货合约，国际碳金融市场将成为未来一个重要的与能源有关的期货市场。

8.3　能源期货市场的有效性

期货市场功能的充分发挥依赖其市场的有效性。从市场有效性的角度考察能源期货市场的发展现状，将有助于认识和深入理解包括能源价格风险等一系列能源经济中的关键问题，对探讨我国能源市场价格风险管理和争取能源定价话语权等问题也具有一定的理论和现实指导意义。广义的有效市场经常用于描述市场的运行特征，包括市场运行效率和市场定价效率。前者指市场本身交易营运的效率，即市场的内部效率；后者则指市场价格是否在任何时候都充分反映了与资产定价相关的所有可获得信息，即以资产价格能否根据所有有关信息做出及时、快速的反应为标准。这里的有效被看作市场的外部效率。一般而言，狭义的市场有效性仅包括后者，即市场的外部效率。

8.3.1 有效市场假设

(1) 能源期货有效市场理论的内涵。

早期的有效市场理论主要研究证券价格对有关信息反应的速度及敏感程度。Fama (1965；1970；1998) 认为，在一个有效的证券市场中，信息会完全反映在价格之中，证券价格既充分反映了该证券的基本因素和风险因素，也表现了该证券的预期收益，其即时市场价格是该证券真实价值的最优估计。有效市场理论同样适用于能源期货市场。在有效的能源期货市场中，能源期货投资者无法通过利用某一信息集合来形成买卖决策以赚取超过正常水平的利润，从经济学意义上讲，就是指没有人能持续获得超额收益。有效市场是能源期货市场成熟的标志，也是能源期货市场建设和发展的目标。

从理论上看，能源市场的定价机制是否有效有如下两个标准：1) 价格是否已经充分反映了资产的所有信息；2) 对于新信息，价格是否能做出迅速的、准确的调整。由于上述标准无法直接观察，在实践中，通常通过以下标准来检验能源市场是否有效：1) 价格能否根据有关信息而自由变动；2) 有关信息能否被充分披露和均匀分布，使每个投资者在同一时间内得到等量等质的信息。

有效市场理论的经济学含义是：期货市场能够对连续的、不可预期的信息流做出迅速、合理的反应，期货价格曲线上的任一点的价格都最真实、最准确地反映了该期货在该时点的全部信息，每个期货的内在价值均通过其市场价格得到合理体现，市场各交易者的边际投资收益率趋于一致，投资者收益率与市场平均收益率之间只能存在较小的随机差，且其差异范围通常包含在交易费用之中。实际上，有效市场理论集中体现了竞争均衡这一经济学中的理想状态，反映了以芝加哥学派为代表的许多经济学家对于“看不见的手”这一理念的坚定信念。

(2) 能源期货有效市场理论的三种假设形式。

在能源市场上，不同的信息对价格的影响程度不同，从而反映市场效率的层次因信息的不同而不同。具体说来，充分反映于价格中的信息（见图 8-4）包括如下三个层次：第一层次包含资产的历史信息，如价格、成交量、持仓量等，这是最容易获得的信息；第二层次包含所有公开的信息，如相关能源企业的资产负债表、各种能源经济组织公告等；第三层次包含所有关于该资产的可用信息，包括企业内部的或市场参与人的私有信息。

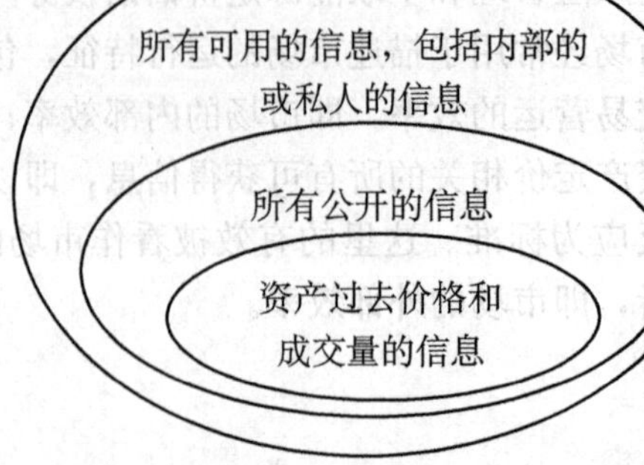

图 8-4　价格中充分反映的不同信息的集合

1970 年，芝加哥大学教授 Fama（1970）在其文章中，在三个不同层次信息的基础上正式提出了市场有效性的三种假设形式，即有效市场假设（efficient market hypothesis，EMH，也称有效市场假说）。对于能源期货市场而言，上述三个市场的有效性层次如下。

1）弱式有效。这是资产市场效率的最低程度。如果有关能源资产的历史信息对资产的价格变动没有任何影响，则资产市场达到弱式有效。反之，则能源期货市场尚未达到弱式有效。如果有关能源资产的历史信息与现在的和未来的资产价格或收益无关，则说明这些历史信息的价值已被投资者充分利用，即历史信息已经被充分披露、均匀分布和被完全使用。任何投资者都不可能通过使用任何方法来分析这些历史信息以获取超额收益。因此，坚信历史会重演的技术分析方法在弱式有效市场中失效。需要注意的是，在一个弱式有效市场上，并不意味着投资者无法获取收益；而是说就平均而言，任何利用历史信息的投资策略所获取的收益都不可能超过简单购存策略（buy and hold）所获取的收益。购存策略是指投资者购买资产后长期持有该资产，着眼于长期的资本增值，而不是进行短期买低卖高的交易。

2）半强式有效。在半强式有效市场上，价格不仅充分反映了历史信息，而且充分反映了所有过去的和现在的公开信息（public information），如企业公布盈利报告，或者投资专业机构公开发表资料等。在该假设下，有关资产的公开信息对资产价格变动没有任何影响；除非投资者了解内幕信息并从事内部交易，否则不可能依靠分析任何公开信息而获取超额收益。在半强式有效的市场上，不仅技术分析失效，基本分析也失效。

3）强式有效。在强式有效市场上，资产价格已充分、及时地反映了所有的公开信息和内部信息；有关资产的任何相关信息（除了历史信息和公开信息之外，还包括私有信息和内幕信息等）均无法影响资产的价格变动。在强式有效市场下，无人可以依赖所谓的“小道消息”来赚钱，资产价格的变化是独立的随机变量，投资者即使拥有信息的垄断权，也不可能找到一种好的方法来使用已获取的信息而取得超额收益。换句话说，如果存在内幕交易，市场就不是强式有效的。

(3) 有效市场假设的检验。

检验弱式有效市场的方法有两类：一是检验资产价格的变动模式；二是设计一个投资策略，将其所获收益和简单的购存策略所获收益相比较。实际上，这两类方法可以说是一个问题的两个方面，它们之间具有互补性。常用的检验方法有随机游走模型、非参数游程检验、相对强度法、过滤检验、条件异方差检验等。以下简要介绍前两种方法。

1）随机游走模型（又称序列相关检验）。

当所有投资者及时获得同一信息时，资产价格将超于其内在价值，投资者对信息分析方法和资产价格的评估可能各不相同，有高有低，但无论如何不可能系统地偏离其内在价值，换言之，当新的信息出现时，投资者开始测定资产的内在价格，并根据内在价格调整资产价格。因此，资产价格总是沿着内在价值线呈现随机波动状态。所以，若资产价格的时间序列呈现随机行为，根据这一原理，资产价格的随机游走模型则被设定为 $P_t=P_{t-1}+\varepsilon_t$，其中，$E(\varepsilon_t)\ =0$，$var(\varepsilon_t)=0$，$P_t$ 为资产在第 t 天的价格，P_{t-1} 为资产在第 $t-1$ 天的价格，ε_t 为随机扰动项。

显然，若价格为随机游走过程，则 P_t 与 P_{t-1} 之间是相互独立的，即其相关系数应等于0；反之，P_t 与 P_{t-1} 之间的相关系数不等于0。但是，由于资产后期价格是在前期价格的基础上递减或递增，从而对前期的价格存在依赖性。为了克服这一问题，一般采用收益指标，而不采用价格指标，因此，实际问题变成要检验前期的收益率与后期的收益率之间是否相关，或者说，检验资产收益率是否具有随机游走特征，因此，模型改为 $R_t=R_{t-1}+\varepsilon_t$，其中，$R_t$ 为资产在第 t 天的收益率，R_{t-1} 为资产在第 $t-1$ 天的收益率，ε_t 为随机扰动项。如果 ε_t 是白噪声序列，即 $E(\varepsilon_t)=0$，$var(\varepsilon_t)=\sigma^2_.$，则所建模型具有稳定性，市场是弱式有效的。

第一步，建立假设检验。

H_0：ε_t 是白噪声序列；H_1：ε_t 不是白噪声序列。即 H_0：随机游走过程，市场为弱式有效；否则，市场为非弱式有效。

第二步，计算检验统计量。

$$Q=n\sum_{k=1}^{m}\rho_\varepsilon^2(k)\sim X^2(m) \tag{8-1}$$

其中，$\rho_\varepsilon(k)=\dfrac{r_\varepsilon(k)}{r_0}$，表示 ε_t 的 k 阶自相关系数；$r_\varepsilon(k)\ =\dfrac{1}{n-k}\sum\limits_{t=1}^{n-k}\varepsilon_t\varepsilon_{t+k}$，为自协方差系数，描述 t 与 $t+k$ 之间自我线性相关的强弱；$r_0\ =\dfrac{1}{n}\sum\limits_{t=1}^{n}\varepsilon_t^2$，$k=0$，1，…，$m$，且 $|\ r_\varepsilon(k)\ |\leqslant r_0$，$n$ 为样本数，m 为最大滞后长度，$m<n$。

第三步，若 $Q\leqslant X^2(m)$，接受 H_0，ε_t 是白噪声序列，模型呈随机游走状态，市场为弱式有效；$Q>X^2(m)$，拒绝 H_0，ε_t 不是白噪声序列，模型不呈随机游走状态，市场是非弱式有效。

对于序列相关检验，还有一些其他检验方法，如皮尔逊（Pearson）相关系数、斯皮尔曼（Spearman）秩相关系数和 Q 值检验等。其中，当样本服从正态分布时，用皮尔逊相关系数进行检验比较合适。而当样本的分布完全未知时，则用斯皮尔曼秩相关系数更为有效。斯皮尔曼秩相关系数是一种非参数检验方法（Lehmann 和 D'Abrera，1998)，其计算公式如下：

$$r_k = 1 - \frac{6}{n(n^2-1)}\sum d_i^2 \tag{8-2}$$

其中，d_i 为 R_i 与 R_{i+k} 之间秩的差值。当样本量比较大时（例如大于 50），可用 t 检验来构造统计量：

$$t_s = r_k\sqrt{\frac{n-2}{1-r_k^2}} \tag{8-3}$$

查表得出 $t_{d(\frac{\alpha}{2})}$。当 $t_s \geqslant t_{d(\frac{\alpha}{2})}$ 时，否定原假设 H_0：$r_k=0$。取不同 k 值，分别计算出对应的 t_s 进行检验。

2）非参数游程检验。

由于随机游走模型会受到一些异常值或极值的影响，因此在研究股票价格变化时，除了随机游走模型之外，还可以运用非参数游程检验。股票价格连续性地上升或下降，被称为一个游程。一般存在两种方向的游程：上升游程或下降游程。价格停滞不变的情况在实践中出现的机会较少，故排除在外。以收益率为例，如果 $R_{j-1}<R_j$，$R_j>R_{j+1}>\cdots>R_{j+l}$，$R_{j+l}<R_{j+l-1}$，那么称（$R_j$，…，$R_{j+l}$）为一个游程，$l+1$ 为一个游程长度。总游程数为 s，均值为 $E(s)$，标准差为 σ_s，其定义为：

$$E(s) = \frac{N+2N_AN_B}{N} \tag{8-4}$$

$$\sigma_s = \sqrt{\frac{2N_AN_B(2N_AN_B-N)}{N^2(N-1)}} \tag{8-5}$$

其中，N 为股价变动的总天数；N_A 为股价上升的天数；N_B 为股价下降的天数。当 N 足够大时，s 趋向正态分布：

$$Z = \frac{S-E(s)}{\sigma_s} \tag{8-6}$$

若 $|Z|<Z_\alpha$，则说明市场弱式有效，股票价格的变动无自相关性；若 $|Z|\geqslant Z_\alpha$，则说明市场非弱式有效，股票价格的变动有自相关性。

前文中介绍了弱式有效市场的检验方法。而半强式有效市场假设检验则着重于检验公共信息是否被价格充分反映。公共信息种类有很多，不可能一一检验，只要检验一种公共信息的市场有效性即可。最著名的检验方法是一些学者于 1969 年提出的事件研究方法（Fama，等 1969）。

$$E(r_j/r_{m,t}) = \alpha_j + \beta_j r_{m,t} \tag{8-7}$$

$$\varepsilon_{j,t} = r_{j,t} - E(r_j/r_{m,t}) \tag{8-8}$$

其中，$\varepsilon_{j,t}$ 为时期 t 的超额收益率，被定义为本期实际收益率 $r_{j,t}$ 与预期平均收益率 $E(r_j/r_{m,t})$ 之间的差额。而预期平均收益率由式（8-7）确定。为研究事件对资产价格的影响过程，计算累计超额收益率如下：

$$\sum_{t=-T}^{+T}\varepsilon_{j,t} = E_{j,T} \tag{8-9}$$

由于资产价格受各种信息的影响，为了剔除其他信息的影响而反映出某特殊事件对资产价格的影响，可以通过计算平均累计超额收益率（E_T^-）来反映资产对事件反映的灵敏度。

$$E_T^- = \frac{\sum_{j=1}^{M} E_{j,T}}{M} \tag{8-10}$$

其中，M 为所选的资产种类。由于 M 种资产都受某一特殊事件的影响，而影响它们价格的其他信息在平均的过程中被剔除，所以 E_T^- 的变化可以用来反映资产价格对某一特殊事件的反应速度和准确性。

强式有效市场的假设检验需要明确：超额收益是直接来自内部信息还是公共信息？市场参与者是否通过内幕交易行为获得了超额收益？一般而言，如果能够利用内部信息获得超额利润，则说明市场还未达到强式有效。由于各国法律都严禁利用内幕信息进行交易，因此对强式有效的研究较少，目前研究主要集中于半强式有效市场和弱式有效市场的检验。

对于遍布全世界的各类能源市场是否为有效市场，学术界存在较大争议，目前尚无定论。对于特定能源市场的有效性检验问题，应当具体问题具体分析。

（4）有效市场假设的进一步讨论。

随机游走假设是由 Osborne（1964）提出的。他认为市场价格是市场对随机到来的事件信息做出的反应，投资者的意志并不能主导市场，在此基础上他建立了投资者“整体理性”这一经典假设，并进一步假设期货合约的持有期收益率服从正态分布，从而可以用数理统计学工具来分析资本市场。

作为传统金融学的理论基石，随机游走假设（又称布朗运动假设）有如下隐含假设和成立条件。

1）当前价格收益率独立于历史收益率，即对历史信息是无记忆性的；

2）服从 $T^{\frac{1}{2}}$ 法则，即经过离散时间 T，资产价格预期随机游走的比例是波动率与时间长度平方根的乘积 $s\sqrt{T}$；

3）资产价格是连续的；

4）资产收益率服从均值等于漂移率、标准差等于波动率的正态分布。收益率在各个时期相同。

然而，自传统市场理论建立以来，对于随机游走假设的检验与争议就没有停止过，许多研究者发现，实证的研究结果并不支持这个假设。

①资产的收益率不仅具有尖峰、偏态和厚尾，而且存在显著的序列相关或自相关（Bouchaud 和 Potters，2001；Cajueiro 和 Tabak，2005；Christodoulakis 和 Satchell，2002；Kim 和 Yoon，2004；Kim 和 White，2004；Oswiecimka，等，2005）。当前价格收益率并非完全独立于历史收益率，而是对历史信息具有长期记忆性的（Kim 和 Yoon，2004；He，等，2007；Lo，1991；Lo 和 Mackinlay，1996）。价格波动更多地呈现出波动聚集效应，即一个方向（如涨或落）价格的波动往往伴随着该方向上更大幅度的波动（Lo

和 Mackinlay，1996；Pagan，1996）。

②价格的变化率并不服从 $T^{\frac{1}{2}}$ 法则，实证结果表明：这一变化率通常都要高于时间的平方根（Peters，1994；Peters，1996；Sherrington，等，2002；何凌云，郑丰，2005）。

③诺亚效应（Peters，1994），即真实市场中的价格变化倾向于突然的、不连续的变化，这完全不同与随机游走假设的成立条件。因此，价格变化并不能被认定为连续的、趋于收敛的（李红权，马超群，2006）。

④资产收益率并不服从正态分布（Kim 和 White，2004；Peters，1994；Peters，1996）。

鉴于随机游走假设严重偏离实际的现状（Mandelbrot，1963；1967；1971），Mandelbrot（1968）提出了分形布朗运动作为理论替代。Peters（1996）在大量实证工作的基础上，在综合考察了随机游走假设和分形布朗运动后，认为分形布朗运动才是更加符合实际的理论前提和出发点；并在分形布朗运动的基础上，提出了著名的分形市场学说（Peters，1994）。在 Fama（1970）提出的有效市场假设中，噪声交易是不存在的。因为非理性交易者会由于市场选择（market selection）（Fama，1970）而消失，最终由理性交易者主导市场。参与市场的投资者有足够的理性能够迅速对所有市场信息做出合理反应，从而否定了基本面分析和图表分析的理论基础。Sharpe（1970）给出了一个有效市场的定义：在一个市场中，如果无法通过利用某一信息集合来形成买卖决策以赚取超出正常水平的利润，那么该市场对这组特定的信息集合是有效的。相应地，该定义的前提条件为有效市场是完美市场（perfect market）：第一，整个市场没有摩擦，即不存在交易成本和税收，所有资产可完全分割，可交易，没有限制性规定；第二，市场充分竞争；第三，信息成本为零；第四，市场参与者都是理性的，并且追求效用最大化。在 Fama（1970）和 Sharpe（1970）的理论框架里，非理性交易者在价格形成过程中的作用是无足轻重的，因为他们不能长时间影响价格，投资者只有根据金融资产的基本价值进行交易才能获得效益最大化。

如前所述，有效市场的前提假设是过于理想化的。因此，以 Markowitz（1952）的资产组合理论、Sharpe（1970）和 Sheffrin（1983）的资本资产定价模型、Fama（1970）的有效市场假设，以及 Black 和 Scholes（1973）的期权定价模型为代表的传统市场理论显然并不符合实证的结论，不能准确地描述市场行为。这样就需要构造一个全新的理论和方法去重新解释、分析资本市场。在此情况下，Peters（1996）提出了分形市场假设（fractal market hypothesis，FMH）。分形市场假设的主要内容和观点有：

①市场上若同时存在大量具有不同投资起点的投资者，则可以确保市场的充分流动性，此时市场是稳定的。

②短期信息比长期信息更关注市场敏感性和技术性。只要存在不同的投资起点，长期的基本面信息将占据主导地位。短期价格变化信息可能仅仅对于特定投资起点是重要的。

③如果对基本面信息的正确性产生怀疑，长期投资者则可能停止交易，或成为短期投资者。如果所有投资起点收缩到同一个水平，长期投资者不再对短期投资者提供流动性以稳定市场，市场将失去稳定性。

④价格反映了短期技术交易和长期基本面交易的结合。短期价格变化比长期价格变化

有更高的易变性和市场噪声，因而更像是群体行为的结果。基本面交易则反映了宏观经济环境变化的长期趋势。

⑤假如证券与经济周期无关，那么就不会有长期交易，短期信息将占主导地位。

分形市场假设大大地突破了有效市场假设的理论界限，是对有效市场假设的拓展，是更普遍意义上的市场研究方法。实际上，有效市场假设不过是分形市场假设的一个子集和特例而已。目前，越来越多的研究者意识到分形市场假设的重要性，同时，大量的实证工作结果也在支持和强化这一假设（Ausloos 和 Ivanova，2002；Brachet，等，2000；Gorski，等，2002；Jiang，等，2007；Kim 和 Yoon，2004；Kwapien，等，2005；Oswiecimka，等，2005；Richards，2000；Turiel 和 Pérez-Vicente，2003；Turiel 和 Pérez-Vicente，2005）。

8.3.2 能源期货市场的价格发现

价格是市场信息的沉淀，价格的变化反映了市场信息的变化。价格发现功能是期货市场存在和发展的基础，也是期货市场套期保值功能发挥作用的前提，对于期货市场具有特别重要的意义。

第一个对不同市场价格发现过程进行研究的是 Garbade 和 Silber（1979），他们对同时在纽约证券交易所（NYSE）和地方性的股票交易所上市的股票价格之间是否存在共同的均衡价格进行了检验。提出了主导市场（dominant market）和卫星市场（satellite market）的概念，他们发现纽约证券交易所（主导市场）在股票价格的发现中起了主导性的作用。后来 Bigman 等（1983）对期货市场的简单有效性进行了研究，他们提出了一个检验模型，并对芝加哥期货交易所（CBOT）的大豆、小麦、玉米三个品种的期货价格发现功能进行了实证检验，但他们的检验方法没有考虑时间序列的平稳性，因此引起了广泛的争议。此后，期货市场价格发现功能的研究逐渐抛弃了传统的最小二乘法估计，而采用较新的统计分析方法如协整检验、误差修正模型和向量自回归模型等（Lai K. S. 和 Lai M.，1991；Quan，1992）。

价格发现研究的一个重要方面是测算不同市场的信息对同一资产（商品）的共同有效信息贡献的比例。比较重要的测算方法有两个：一个是 Gonzalo 和 Granger（1995）提出的永久-短暂模型，另一个是 Hasbrouck（1995）提出的信息份额模型。

（1）永久-短暂模型（Permanent-Transient model，PT 模型）。

考虑两个一阶协整的价格序列 $P_t=(P_{1t},\ P_{2t})'$，根据格兰杰表示定理（Engle 和 Granger，1987），它们之间的误差修正模型可以表示为如下形式：

$$\Delta P_t=\alpha\beta' P_{t-1}+\sum_{k=1}^{K}A_k\Delta P_{t-k}+e_t \tag{8-11}$$

其中，α 为误差修正向量；β 为协整向量；e_t 为残差项，其均值为零，序列无关。协方差 $\Omega=\begin{pmatrix}\sigma_1^2 & \rho\sigma_1\sigma_2\\ \rho\sigma_1\sigma_2 & \sigma_2^2\end{pmatrix}$，其中，$\sigma_1^2$、$\sigma_2^2$ 分别为 e_{1t}、e_{2t}的方差，ρ 为 e_{1t}、e_{2t}的相关系数。

Stock 和 Watson's（1988）将时间序列之间的共同趋势表示为：

$$P_t = f_t + G_t \tag{8-12}$$

其中，f_t 为永久影响部分；G_t 为暂时影响部分；G_t 对 P_t 不产生永久性的影响。Gonzalo 和 Granger（1995）定义永久影响部分为 $P_t=(P_{1t}, P_{2t})'$ 的一个线性组合，即 $f_t=\gamma_1 P_{1t}+\gamma_2 P_{2t}$，其中，$\Gamma=(\gamma_1, \gamma_2)$ 为共同要素系数向量，且 $\sum \gamma_i=1$。他们证明了 Γ 与误差修正向量 α 是正交的，并且用 γ_1、γ_2 来度量两个市场对价格发现的贡献。

（2）信息份额模型（information share model，IS 模型）。

Hasbrouck（1995）将式（8－11）转换为向量移动平均（vector moving average，VMA）过程：

$$\Delta P_t = \psi(L) e_t \tag{8-13}$$

式（8－13）可以进一步转换为

$$P_t = \psi(1)\sum_{s=1}^{t} e_s + \psi^*(L) e_t \tag{8-14}$$

其中，$\psi(L)$、$\psi^*(L)$ 是滞后算子 L 的矩阵多项式；$\psi(1)$ 为移动平均系数之和；$\psi(1)e$ 表示信息对每一市场价格的长期影响。信息对所有市场价格的长期影响是相同的，即 $\psi(1)$ 拥有相同的行向量，令 $\psi=(\psi_1, \psi_2)$ 表示 $\psi(1)$ 的共同行向量，则有：

$$P_t = l\psi\left(\sum_{s=1}^{t} e_s\right) + \psi^*(L) e_t \tag{8-15}$$

其中，$l=(1, 1)'$；两部分中来自第一部分的 $\psi \cdot e_t$ 为永久影响部分；$\psi^*(L)\ e_t$ 为短暂影响部分。

Baillie 等（2002）对永久-短暂模型和信息份额模型之间的关系进行了研究，证明了关系 $\frac{\psi_1}{\psi_2}=\frac{\gamma_1}{\gamma_2}$，因此，当误差修正模型的误差项之间不相关（即 $\rho=0$）时，信息份额可以利用下式计算得到。

$$IS_i = \frac{\gamma_i^2 \sigma_i^2}{\gamma_1^2 \sigma_1^2 + \gamma_2^2 \sigma_2^2}, \ i=1, 2 \tag{8-16}$$

当市场之间的价格信息存在显著的相关性（即 $\rho \neq 0$）时，上述公式不成立。Hasbrouck（1995）建议对 Ω 进行乔里斯基（Cholesky）分解，利用正交化的信息度量信息份额。将协方差 Ω 进行 Cholesky 分解为：$\Omega=MM'$，其中，M 为下三角矩阵，且满足：

$$M = \begin{bmatrix} m_{11} & 0 \\ m_{21} & m_{22} \end{bmatrix} = \begin{bmatrix} \sigma_1 & 0 \\ \rho\sigma_2 & \sigma_2 (1-\rho^2)^{\frac{1}{2}} \end{bmatrix} \tag{8-17}$$

则第 i 个市场的信息份额为：

$$IS_i = \frac{(\psi' M)_i^2}{\psi' \Omega \psi} \tag{8-18}$$

其中，$(\psi' M)_i$ 表示列矩阵 $\psi' M$ 的第 i 个元素。

Baillie 等（2002）证明了

$$\frac{IS_1}{IS_2} = \frac{(\gamma_1 m_{11} + \gamma_2 m_{21})^2}{(\gamma_2 m_{22})^2} \tag{8-19}$$

由于 $IS_1 + IS_2 = 1$，所以有

$$IS_1 = \frac{(\gamma_1 m_{11} + \gamma_2 m_{21})^2}{(\gamma_1 m_{11} + \gamma_2 m_{21})^2 + (\gamma_2 m_{22})^2} \tag{8-20}$$

$$IS_2 = \frac{(\gamma_2 m_{22})^2}{(\gamma_1 m_{11} + \gamma_2 m_{21})^2 + (\gamma_2 m_{22})^2} \tag{8-21}$$

从式（8-20）和式（8-21）可以看出，信息份额只与 α（或它的共轭 Γ）和 Ω 有关，此外，当 $m_{21} \neq 0$（即两个市场的价格信息不相关）时，上述分解给第一个市场价格分配了一个较大的份额。因此，根据上述模型计算出的信息份额与价格变量的次序有关。在二元的情况下，IS_i 的上（下）界通过将第 i 个价格排在第一（最末）的位置而获得。在 n 元的情况下，需对变量的所有排列进行全面验证（Hasbrouck，2002）。永久-短暂模型方法的一个优势是每个市场对价格发现的贡献是唯一确定的。信息份额模型和永久-短暂模型的本质区别在于对价格扰动的分解不同，以及如何将扰动所产生的影响分配到各个市场中。永久-短暂模型将共同要素（永久影响）分解为两个价格的线性组合，而 Hasbrouck（1995）对共同要素（永久影响）的方差进行分解。信息份额模型比永久-短暂模型更具一般性。

由于价格变动反映了市场对信息的作用，因此，如果一个市场所占的信息份额相对较大，则说明这个市场吸收了更多的市场信息，即在价格发现功能中发挥了更为重要的作用。

（3）案例分析：WTI 原油期货的价格发现功能。

下面利用永久-短暂模型和信息份额模型对原油期货市场的价格发现进行简单分析。采用的数据为纽约商品交易所上市的 WTI 原油 1 个月期货合同以及 WTI 原油现货价格日数据，时间跨度为 1986 年 1 月 2 日—2006 年 4 月 28 日。

协整检验结果显示，WTI 现货和期货价格之间存在长期协整关系，协整方程如下：

$$pf = 1.001 \cdot ps - 0.053$$

其中，pf、ps 分别为原油的期货价格和现货价格。

且这种协整关系经 Wald 系数检验，在统计意义上表现为差价关系。因此计算期货与现货价格的发现功能时，可以假设 WTI 期货与现货价格之间长期关系为差价关系，并记 $zt_t = pf_t - ps_t$。根据差价关系建立的短期向量误差修正模型如表 8-3 所示。

表 8-3　短期向量误差修正模型

	系数	标准差	t 统计量	概率
因变量 $D(PF)$				
$ZT(-1)$	−0.130 5	0.030 1	−4.332 0	0.000 0
$\Delta(PF(-5))$	−0.033 4	0.014 1	−2.372 1	0.017 7

续表

	系数	标准差	t统计量	概率
$\Delta(PS(-3))$	−0.032 8	0.013 5	−2.427 6	0.015 2
$\Delta(PS(-6))$	−0.038 5	0.013 5	−2.847 7	0.004 4
因变量 $\Delta(PS)$				
$ZT(-1)$	0.423 0	0.036 5	11.575 1	0.000 0
$\Delta(PF(-1))$	−0.087 5	0.037 0	−2.368 0	0.017 9
$\Delta(PF(-5))$	−0.046 7	0.014 5	−3.214 2	0.001 3
$\Delta(PS(-1))$	0.076 5	0.035 7	2.144 5	0.032 0
$\Delta(PS(-6))$	−0.037 2	0.014 0	−2.658 8	0.007 9

方程：$\Delta(PF)=C(2)\times ZT(-1)+C(3)\times\Delta(PF(-5))+C(4)\times\Delta(PS(-3))+C(5)\times\Delta(PS(-6))$

DW统计量=2.008 0

方程：$\Delta(PS)=C(8)\times ZT(-1)+C(9)\times\Delta(PF(-1))+C(10)\times\Delta(PF(-5))+C(11)\times\Delta(PS(-1))+C(6)\times\Delta(PS(-6))$

DW统计量=1.993 1

从短期动态调整模型可以看出，滞后一期的期货价格和现货价格对现货价格的短期波动有显著影响，而期货价格的短期波动受到滞后3期和滞后6期的现货价格和滞后5期的期货价格的显著影响，因此，现货价格的波动受到自身和期货价格波动的影响较大。

WTI期货和现货价格对长期均衡偏离的调整速度分别为$\alpha_1=-0.131$，$\alpha_2=0.423$。根据Gonzalo-Granger（1995）定义的共因子概念，可得国际原油期货市场与现货市场的共同有效价格（即共因子）$C_t=0.765\cdot pf_t+0.235\cdot ps_t$。

根据上述结果，可利用Hasbrouck（1995）信息份额模型计算WTI期货和现货价格的信息份额，$IS_1=0.548$，$IS_2=0.452$，这与王群勇和张晓峒（2005）利用信息份额模型对样本期间为1983年4月4日—2004年11月23日计算的结果$IS_1=0.543$，$IS_2=0.457$非常接近，表明国际原油期货市场在原油价格发现中占据主导地位，且作用比较稳定。

国际能源期货市场经过20多年的快速发展已接近成熟，具备了一定的价格发现功能。虽然一些实证研究结果显示，能源期货市场在价格发现中还不具有主导作用，但能源期货市场在价格发现中的作用是显著存在的（Tse和Xiang，2005；Foster，1996；Zhang和Wei，2010；王群勇，张晓峒，2005）。

8.4 能源期货市场的价格风险管理功能

8.4.1 能源价格风险概念

伴随着国际能源贸易的发展，尤其是能源金融化，以及能源期货价格取代现货，成为能源市场定价的依据等一系列变化大大促进了能源产业的发展，使国际能源市场的运行越来越规范、有效。但与此同时，相关的各种风险，如金融风险、价格风险等也应运而生，如何有效管理和控制这些风险，成为市场参与各方关注的问题。其中，在正常市场条件下，企业面临的最大、最频繁的风险就是价格波动风险，所以本节介绍能源价格风险的度量与管理。

能源价格风险是指能源价格的波动给能源生产者或消费者等各方带来的收益上的不确定性。能源价格风险的大小直接影响能源生产与消费的各种选择，因此有效地度量能源价格风险，并在此基础上进行有效控制和管理，对能源市场参与各方均具有重要意义。

8.4.2　能源价格风险的度量

（1）在险值。

度量价格风险最主要的工具是在险值（VaR）。在险值最先起源于 20 世纪 80 年代末交易商对金融资产风险的测量，作为一种金融风险测定和管理的工具，则是以 J. P. 摩根（J. P. Morgan）集团最早在 1994 年推出的风险度量模型为标志。与以往主要靠管理者的主观判断进行风险定性评价不同，在险值法是一种利用概率论和数理统计理论进行风险量化和管理的方法，具有坚实的科学基础。目前，以在险值法为基础的金融风险管理技术已成为国际范围内普遍使用的风险管理技术。

在险值意为处在风险中的价值。其定义为：在一定的持有期、一定的置信水平下可能的最大损失。对于在险值，要回答这样的问题：在给定时期，有 $x\%$的可能性，最大的损失是多少？严格的定义如下。

设 R 是描述组合收益的随机变量，$f(R)$ 是其概率密度函数，置信水平是 c，那么收益小于 R^* 的概率为：

$$Probability\,[R < R^*] = \int_{-\infty}^{R^*} f(R)\mathrm{d}R = c \tag{8-22}$$

在险值有绝对在险值和相对在险值之分。绝对在险值是指相对于当前头寸的最大可能损失，公式如下：

$$VaR\,(\text{绝对}) = -RW \tag{8-23}$$

相对在险值是指相对于收益期望值的最大可能损失，公式如下：

$$VaR\,(\text{相对}) = -RW + \mu W \tag{8-24}$$

其中，μ 是收益的期望值，W 是头寸大小。实践中通常使用相对在险值。

一个特定的在险值是相对于三个因素而言的：持有期；置信水平；基础货币。持有期是风险所在的时间区间，如一天或一个月。置信水平表示承担风险的主体对风险的偏好程度，一般取 90%～99.9%。在险值总是用某个国家的货币作为基准，所以，在险值依赖于基础货币的选取。因此，在险值对风险的度量具有本质的进步，开创了全新的风险管理阶段，它在风险度量的基础上，其技术可用于全面风险管理，包括机构的设置、部门的管理、绩效评估、报酬的分配、资本配置、金融监管等。

（2）在险值的计算。

在险值的计算有多种方法，适用于不同的市场条件、数据水平、精度要求等。大体上可归类为以下三种方法。

1）方差-协方差方法。

记 $\{P_t\}$ 为某金融工具的价格的时间序列，R_t 为收益，在金融市场价格的随机游走假设下，P_t 服从独立的正态分布。收益（R_t）的定义为：

$$R_t=(P_t-P_{t-1})/P_{t-1} \tag{8-25}$$

由此可知，当 P_{t-1} 已知时，收益序列 $\{R_t\}$ 服从独立的正态分布，设

$$R_t \sim N(\mu, \sigma_t^2) \tag{8-26}$$

令 $Z_t=(R_t-\mu)/\sigma_t$，则 Z_t 服从标准正态分布，

$$Z_t \sim N(0, 1) \tag{8-27}$$

$$Probability[R_t<R^*]=Probability[Z_t<(R^*-\mu)/\sigma_t]=c \tag{8-28}$$

由式（8-22）可知，对于给定的置信水平 c，对应的标准正态分布的分位点为 α（查标准正态分布表可得），所以有：

$$(R^*-\mu)/\sigma_t=\alpha \tag{8-29}$$

简单推导可得：

$$R^*=\mu+\alpha\sigma_t \tag{8-30}$$

代入式（8-23）和式（8-24），我们得到以下结果：

$$VaR(\text{绝对})=-\mu W-\alpha\sigma_t W \tag{8-31}$$

$$VaR(\text{相对})=-\alpha\sigma_t W \tag{8-32}$$

正如上面讲到的，实践中经常用到在险值，即采用式（8-24）计算时刻 t 的风险值。以下我们谈到在险值时均指相对在险值。

当资产组合包括两种以上资产时，我们用向量形式来表示。假定组合中有 n 种资产，每种资产的收益为 $R_i(t)$，$i=1$，…，n，令向量 $R(t)=[R_1(t), R_2(t), \cdots, R_n(t)]^T$，并假定 $R(t)$ 服从多元正态分布，记向量 $F=(\rho_{i,j})_{n\times n}$ 为 n 种资产的相关系数矩阵，$\omega=(\omega_1, \omega_2, \cdots, \omega_n)^T$ 为每种资产投资占总投资的比重，显然有 $\omega_1+\omega_2+\cdots+\omega_n=1$。另记投资组合的收益为 $R_p(t)$，则有

$$R_p(t)=\omega_1 R_1(t)+\omega_2 R_2(t)+\cdots+\omega_n R_n(t) \tag{8-33}$$

因为正态分布的线性组合仍然是正态分布的，所以 $R_p(t)$ 服从正态分布，按照上面的推导，其在险值 VaR_p 为

$$VaR_p=-\alpha\sigma_p W \tag{8-34}$$

剩下的问题就是计算投资组合的标准差 σ_p 了。由数理统计的结果可知，由式（8-33）得到的正态变量的标准差 σ_p 同每种资产的标准差 σ_i 之间的关系为

$$\sigma_p^2=[\omega_1,\omega_2,\cdots,\omega_n]\begin{bmatrix}\sigma_1 & 0 & \cdots & 0\\ 0 & \sigma_2 & \cdots & 0\\ \vdots & \vdots & & \vdots\\ 0 & 0 & \cdots & \sigma_n\end{bmatrix}\begin{bmatrix}1 & \rho_{1,2} & \cdots & \rho_{1,n}\\ \rho_{2,1} & 1 & \cdots & \rho_{2,n}\\ \vdots & \vdots & & \vdots\\ \rho_{n,1} & \rho_{n,2} & \cdots & \rho_{n,n}\end{bmatrix}\begin{bmatrix}\sigma_1 & 0 & \cdots & 0\\ 0 & \sigma_2 & \cdots & 0\\ \vdots & \vdots & & \vdots\\ 0 & 0 & \cdots & \sigma_n\end{bmatrix}\begin{bmatrix}\omega_1\\ \omega_2\\ \vdots\\ \omega_n\end{bmatrix} \tag{8-35}$$

可用向量形式表示为：$\sigma_p^2=\omega^{\mathrm{T}}\sigma F\sigma\omega$，代入式（8－34），得到组合的 VaR_p 与每种资产的 VaR_i 的关系式为

$$\begin{aligned}VaR_p &= -\alpha\,\sigma_p W = -\alpha\,[\omega^{\mathrm{T}}\sigma F\sigma\omega]^{1/2}W\\ &= \sqrt{[-\alpha\omega_1 W\sigma_1,-\alpha\omega_2 W\sigma_2,\cdots,-\alpha\omega_n W\sigma_n]F[-\alpha\omega_1 W\sigma_1,-\alpha\omega_2 W\sigma_2,\cdots,-\alpha\omega_n W\sigma_n]^{\mathrm{T}}}\\ &= \sqrt{[VaR_1,VaR_2,\cdots,VaR_n]F[VaR_1,VaR_2,\cdots,VaR_n]^{\mathrm{T}}}\\ &= \sqrt{VaR\times F\times VaR^{\mathrm{T}}}\end{aligned} \tag{8-36}$$

其中，$VaR=[VaR_1,\ VaR_2,\ \cdots,\ VaR_n]$ 是由每种资产在险值构成的向量，$\omega_i W$ 正好是投资在第 i 种资产上的头寸。

由以上定义和推导可知，在正态假设下，只需要估计每种资产的标准差和它们之间的相关系数就可以得到任意组合的在险值。

2）历史模拟法。

简单模拟法是根据每种资产的历史损益数据计算当前组合的历史损益数据，将这些数据从小到大排列，按照置信度的水平找到相对应的分位点 R^*，从而计算出在险值。

当投资组合中的金融产品不存在历史数据或没有足够的历史数据时，则需要用历史模拟法改进简单模拟法。首先找出影响组合的基础金融工具或其他风险因素，通过分析它们的历史数据，得到风险因素未来的可能变化值，从而对现有组合进行估价，最后在一个给定的置信水平下，用组合价值的可能损益估计其风险值。

3）蒙特卡洛（Monte Carlo）方法。

与历史模拟法不同的是，蒙特卡洛方法并不直接利用每种资产的历史数据来估计在险值，而是得到它的可能分布，并估计分布的参数，然后用相应的“随机数发生器”产生大量的符合历史分布的可能数据，从而构造出组合的可能损益。在这样得到的大量的组合可能损益中，按照给定的置信水平得到在险值的估计。

J. P. 摩根集团从 1994 年开始公布名为风险度量（risk metrics）的方法和数据，其采用了方差-协方差方法，假定对数价格的变化服从独立异方差的正态分布：

$$r_t=\ln(P_t)-\ln(P_{t-1})\sim N(0,\sigma_t^2) \tag{8-37}$$

其中，P_t 表示某种金融工具在时间 t 的价格，时间间隔为 1 天。

当已知 P_{t-1} 时，假定 R_t 的分布是均值为 0，方差为 σ_t 的正态分布。这里考虑了方差的时变性。J. P. 摩根集团通过公布 480 种金融工具的在险值和相关系数，使得金融机构可以方便地计算任意组合的在险值。

（3）案例分析：基于带有预测的历史模拟法（HSAF）的原油价格风险。

1）历史模拟法优缺点分析。

历史模拟法的优点是显而易见的。首先，概念简单，操作方便，便于解释；其次，对收益的分布没有任何假定，也就是说，不依赖于收益分布的形式和参数，不必讨论是否独立及是否同分布等，也不必考虑是否有厚尾、瘦腰、高峰等现象；最后，历史模拟法作为一种非参数方法，使得我们不必估计波动性、相关性等参数，也就避免了参数估计的风险，即模型风险。这是历史模拟法明显优于方差-协方差方法和蒙特卡洛方法的地方。Mahoney（1996）发现历史模拟法能够在所有置信水平下（可以高达 99%）得到在险值的无偏估计，而方差-协方差方法在置信水平高于 95%时就开始低估在险值了。

历史模拟法在应用中也有一些问题。第一个问题是需要的数据量比较多，这一点在有些金融工具中是比较困难的，对一些经常调整的投资组合尤其困难。第二个问题是估计的结果完全依赖于历史数据集合的选取，隐含的假设就是：过去的信息能够充分描绘未来的风险水平。第三个问题是历史数据区间长度（T）的选择问题。一方面，我们希望有足够多的历史数据来反映我们关心的历史分布的尾部。置信水平越高，需要的历史数据则越多，例如，在 95%的置信水平下，极端事件（我们把损失超出在险值的那些天称为极端事件）平均 20 天发生一次，而在 99%的置信水平下，极端事件平均 100 天发生一次。在这个意义上，当然是历史数据越多，估计的精确度越高。另一方面，随着时间的推移，系统的本质特征在变化，例如波动性、相关性等都随时间在改变。为了反映系统的最新信息，我们希望更多地使用最新的数据，因为离预测当天越近的数据所包含的信息越有效，结果更可信。如果使用的历史数据太长，对最新数据的反映就越不敏感，不能及时反映系统的变化，Hendricks（1996）的研究表明，在长的估计区间（例如 1 250 天）下，这种情况确实存在。所以，在选择历史数据的长度上，我们面对一个两难的选择。

2）带有预测的历史模拟法。

基于上述对历史模拟法的认识，一种改进的思路是：不直接采用收益分布的历史数据，而是采用预测误差的历史数据，这里采用自回归滑动平均（ARMA）模型预测未来收益，所以这种由 ARMA 模型和历史模拟法相结合的方法叫作带有预测的历史模拟法（HSAF）。

带有预测的历史模拟法的计算过程包括以下四步：

①计算样本收益率的绝对值；

②建立 ARMA 模型；

③计算样本内的预测值和预测误差；

④计算在险值（预测值与误差对应的分位数的和）。

下面利用带有预测的历史模拟法计算布伦特原油的价格风险，设置信水平为 $c=99\%$，对应于不同的历史数据长度 T，我们分别应用带有预测的历史模拟法对未来的在险值进行预测，对于同样的时间区间（1999 年 1 月—2001 年 12 月），预测的结果见表 8－4。

表 8－4　不同时间长度的在险值预测效果

历史数据长度（天）	最大值	最小值	平均值	实际收益率超过在险值的比例
100	13.74%	4.51%	7.34%	1.96%
300	11.45%	5.92%	7.85%	1.70%
500	10.48%	6.78%	7.74%	1.31%
1 000	9.92%	6.24%	7.32%	1.44%

在表8-4中观察实际收益率超过在险值的比例，我们可以看到，当历史数据长度取为500天时，实际收益率超过在险值的比例与预设的99%的置信水平最为吻合。所以，我们在以后的预测中选择历史数据长度为500天。那么，对2002年1月—2003年6月的预测结果见图8-5，实际收益率的波动超过在险值的比例为0.54%，说明在99.46%的天数中，实际收益率的波动不会超过在险值。

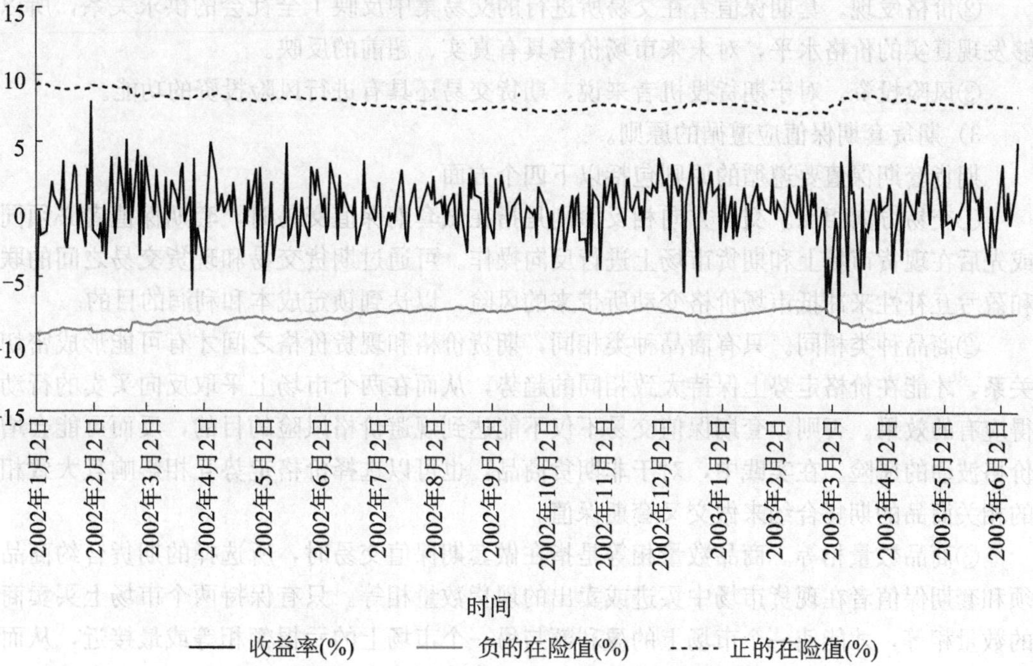

图8-5　对布伦特原油在险值的预测结果

注：预测区间为2002年1月—2003年6月。

欲了解该案例更详细的内容，请参阅文献（范英，焦建玲，2008）。

8.4.3　能源价格风险的管理

(1) 套期保值。

1) 能源期货套期保值的概念。

套期保值是把期货市场作为转移价格风险的场所，利用期货合约作为将来现货市场买卖商品的临时替代物。

能源期货套期保值就是指买入（卖出）与现货市场数量相当，但交易方向相反的期货合约，以期在未来某一时间通过卖出（买入）期货合约补偿现货市场价格变动带来的实际价格风险。套期保值分为买入套期保值（又称多头套期保值）和卖出套期保值（又称空头套期保值）两种。买入套期保值是在期货市场购入期货，用期货市场的多头保证现货市场的空头，以规避能源价格上涨的风险。卖出套期保值是在期货市场中出售期货，用期货市场的空头保证现货市场的多头，以规避能源价格下跌的风险。

2）能源期货市场的主要功能。

能源期货市场的功能主要体现在以下三个方面。

①规避价格风险。套期保值者可以在期货市场上通过期货交易进行套期保值转移价格风险。无论价格怎么变化，都能在一个市场亏损的同时，在另一个市场盈利，两者相抵，就可以规避能源价格波动的风险。

②价格发现。套期保值者在交易所进行的交易集中反映了全社会的供求关系，所以能够发现真实的价格水平，对未来市场价格具有真实、超前的反映。

③风险投资。对于期货投机者来说，期货交易还具有进行风险投资的功能。

3）期货套期保值应遵循的原则。

期货套期保值要遵循的原则包括以下四个方面。

①交易方向相反。交易方向相反原则是指在做套期保值交易时，套期保值者必须同时或先后在现货市场上和期货市场上进行反向操作。可通过期货交易和现货交易之间的联动和盈亏互补性来冲抵市场价格变动所带来的风险，以达到锁定成本和利润的目的。

②商品种类相同。只有商品种类相同，期货价格和现货价格之间才有可能形成密切的关系，才能在价格走势上保持大致相同的趋势，从而在两个市场上采取反向买卖的行动取得应有的效果。否则，套期保值交易不仅不能达到规避价格风险的目的，反而可能会增加价格波动的风险。在实践中，对于非期货商品，也可以选择价格走势互相影响且大致相同的相关商品的期货合约来做交叉套期保值。

③商品数量相等。商品数量相等是指在做套期保值交易时，所选择的期货合约商品必须和套期保值者在现货市场中买进或卖出的现货数量相等。只有保持两个市场上买卖商品的数量相等，才能使一个市场上的盈利额与另一个市场上的亏损额相等或最接近，从而保证两个市场盈亏互补的有效性。在实践中，由于主观和客观的原因，经常出现商品数量不相等的情形。成功的套期保值策略常依赖于合适的套期保值率。套期保值率用以解决相对应于1单位的现货，要用多少单位的期货才能实现较好的套期保值效果，即最优套期保值比的问题。

④月份相同（或相近）。这是指在做套期保值交易时，所选用的期货合约的交割月份最好与交易者将来在现货市场上交易商品的时间相同或相近。因为两个市场出现的盈亏金额受两个市场上价格变动的影响，所以只有使两者所选定的时间相同或相近，随着期货合约交割期的到来，期货价格和现货价格才会趋于一致，才能使期货价格和现货价格之间的联系更加紧密，达到增强套期保值的效果。

在国际能源贸易中，能源企业类型不同，应用套期保值理论规避价格风险时操作的方式也不同，主要有以下三种方式。

①能源生产企业的买入套期保值。如果担心未来能源价格上涨会造成能源生产企业的成本增加，利润减少，就可以利用能源期货对进口货物进行买入套期保值。这样的买入套期保值可使能源企业有效地锁定原料采购价格，从而规避原油价格变化带来的冲击。

②能源经营企业的卖出套期保值。对于能源经营企业来说，它所面临的市场风险是能源收购后尚未转售出去时的能源价格下跌，这会使它的经营利润减少甚至发生亏损。为回避此类市场风险，能源经营企业可采用卖出套期保值方式。

③能源加工企业的综合套期保值。对于加工企业来说，市场风险来自买和卖两个方面。它既担心原材料价格上涨，又担心成品价格下跌，更怕原材料价格上升、成品价格下跌同时出现的局面。只要该能源加工企业所需的原油及加工后的石油成品都可进入期货市场进行交易，那么它就可以利用期货市场进行综合套期保值，即对购进的原材料进行买期保值，对其产品进行卖期保值，便可解除后顾之忧，锁牢其加工利润，从而专门进行加工生产。

例如，某炼油生产商想为自己炼油所需的原油进行套期保值。假定炼油商在8月1日发现，当时的原油现货价格为55美元/桶，市场价格有继续上涨的迹象，预计到9月1日，企业的库存已经降至低点，需要补充库存10 000桶。由于前期原油收购价较高，炼油商利润越来越薄，因此多数炼油商减少了炼油，而相应原油的供给量也会减少。而同期各炼油商的库存较低，企业担心到9月后原油价格继续上涨。此时原油期货市场9月合约报价55美元/桶，该企业在8月1日以55美元/桶的价格买入10 000桶9月原油中远期合约。

9月1日，原油中远期、现货市场价格均出现上扬，并且中远期市场的涨幅大于现货市场，此时现货报价58美元/桶，中远期市场9月合约报价涨至59美元/桶。该企业在现货市场买入了10 000吨原油，采购价格为58美元/桶，同时在中远期市场以59美元/桶的价格卖出10 000桶9月合约平仓。

炼油商的套期保值效果为（不考虑手续费等交易成本）：

$$\begin{aligned}\text{盈亏变化状况}=\text{期货盈亏变化}+\text{现货盈亏变化}&=[(59-55)+(55-58)]\times 10\,000\\&=10\,000(\text{美元})\end{aligned}$$

从上述案例中我们发现，该炼油商采用套期保值完全规避了由原油价格上涨而导致原油采购成本增加30 000［=(58−55)×10 000］美元的风险。

上述案例中，期货市场价格上涨幅度大于现货价格上涨幅度，所以套期保值完全规避了现货价格上涨的风险，如果期货价格涨幅小于现货价格涨幅，比如在9月1日，现货报价为58美元/桶，中远期市场9月合约报价为57美元/桶，此时炼油商套期保值后的盈亏变化状况为：

$$[(57-55)+(55-58)]\times 10\,000=-10\,000(\text{美元})$$

即套期保值只规避了价格上涨的部分风险，炼油商仍然承担了部分价格上涨的风险。

以上是原油市场变化与炼油商预期一致的情况，如果预期错误，情况又如何？例如在9月1日，现货报价为53美元/桶，中远期市场9月合约报价为54美元/桶，此时炼油商套期保值后的盈亏变化状况为：

$$[(54-55)+(55-53)]\times 10\,000=10\,000(\text{美元})$$

比如在9月1日，现货报价为52美元/桶，中远期市场9月合约报价为53美元/桶，此时炼油商的套期保值后的盈亏变化状况为：

$$[(52-55)+(55-53)]\times 10\,000=-10\,000(\text{美元})$$

根据上述分析可知，对于炼油商同样的套期保值策略，在不同的市场变化下，套期保值的效果不完全相同，关键取决于套期保值末期现货价格与期货价格之差（即基差），如果一个期货市场是有效的，那么在临近期货合约交割期时，期货价格与现货价格应趋同，即基差趋于0。所以套期保值的目的不是完全消除价格风险，而是通过对价格风险的控制和管理，锁定其利润（或成本），使企业经营稳定。

（2）多品种期货套期保值。

1）单一品种最优套期保值比率的确定。

传统套期保值理论要求在期货市场建立一个与现货市场方向相反、数量相等的交易部位，而现代套期保值理论则从投资组合理论出发，认为交易者进行套期保值实际上是对现货市场和期货市场的资产进行组合投资，套期保值者根据组合投资的预期收益和预期收益的方差来确定现货市场和期货市场的交易头寸，以使收益风险最小化或者效用函数最大化。组合投资理论认为，套期保值者在期货市场上保值的比率是可以选择的，最优套期保值比率取决于套期保值的交易目的以及现货市场和期货市场价格的相关性，而在传统套期保值交易中，套期保值比率恒等于1，即遵循套期保值商品数量对等的原则。

Johnson（1960）在收益方差最小化的条件下，最早提出了商品期货最优套期保值比率的概念，并给出了最优套期保值比率的计算公式，即最小方差套期保值比率（minimizing variance hedge ratios），可通过普通最小二乘法（OLS）估计。

$$R_{st}=\alpha+\beta R_{ft}+\varepsilon_t \tag{8-38}$$

其中，R_{st}、R_{ft}分别为现货与期货的价格变化率；β为最小方差套期保值比率。

令 $var(R_{st})=\sigma_{ss}$，$var(R_{ft})=\sigma_{ff}$，$cov(R_{st},R_{ft})=\sigma_{sf}$，则①

$$h=\beta=\frac{cov(R_{st},R_{ft})}{var(R_{ft})}=\frac{\sigma_{sf}}{\sigma_{ff}} \tag{8-39}$$

随着时间序列建模技术的发展，人们逐渐发现利用普通最小二乘法进行最小方差套期保值比率的计算会受到残差项序列相关的影响，为了消除残差项的序列相关及增加模型的信息量，有学者提出利用双变量向量自回归模型（VAR）来估计套期保值比率。由于现货价格与期货价格有可能是协整的，基于此，学者们又进一步提出利用误差修正模型（ECM）以及分数协整模型（FIEC）来计算最优套期保值比率，以充分利用已有信息，提高套期保值的效果。由普通最小二乘法、双变量向量自回归模型和误差修正模型确定的最优套期保值比率为常数，基于期货价格波动所呈现的异方差的时变特征，人们再次将最优套期保值比率的确定从静态推广到动态，常用的方法是利用自回归条件异方差（GARCH）模型（刘和剑，2010）。

2）多品种套期保值的收益率。

期货市场运作中，投资风险可分为系统风险和非系统风险。系统风险的规避可通过参与套期保值交易，在现货市场与期货市场中对冲实现。非系统风险可以通过分散化投资实现。单一品种套期保值会带来很大的非系统风险。基于此，产生了多品种期货套期保值策

---

① *VaR* 和 *var* 都是固定表示。*var* 为方差，*VaR* 为在险值。

略。假设为一种现货资产进行 P 种期货资产的套期保值，第 i 种期货的套期保值比率为 h_i。在套期保值开始时，现货价格、第 i 种期货价格分别为 S_1 和 F_{i1}，$i=1$，…，p。在套期保值结束时，现货价格、第 i 种期货价格分别为 S_2 和 F_{i2}。

对套期保值买入者来说，单位现货套期保值组合的收益率如式（8-40）所示：

$$R_1 = -(S_2 - S_1) + \sum_{i=1}^{p} h_i (F_{i2} - F_{i1}) \tag{8-40}$$

对套期保值卖出者来说，单位现货套期保值组合的收益率如式（8-41）所示：

$$R_2 = (S_2 - S_1) - \sum_{i=1}^{p} h_i (F_{i2} - F_{i1}) \tag{8-41}$$

在式（8-40）和式（8-41）中，右边第一项是现货市场的收益率，第二项是期货市场的收益率。

令 $H=(h_1, \cdots, h_p)^{\mathrm{T}}_{p*1}$，$R_f=(R_{f1}, \cdots, R_{fp})^{\mathrm{T}}_{p*1}$，其中，$R_{fi}=F_{i2}-F_{i1}$，$i=1$，…，$p$。引入 $\xi=(R_s, R_{f1}, \cdots, R_{fp})^{\mathrm{T}}_{(p+1)*1}$，$\omega=(1, -h_1, \cdots, -h_p)^{\mathrm{T}}_{(p+1)*1}$，其中，$R_s=S_2-S_1$。则式（8-40）可写成：

$$R_1 = -R_s + H^{\mathrm{T}} R_f = -\omega^{\mathrm{T}} \xi \tag{8-42}$$

同理，式（8-41）可写成：

$$R_2 = R_s - H^{\mathrm{T}} R_f = \omega^{\mathrm{T}} \xi \tag{8-43}$$

（3）多品种能源期货最优套期保值比率模型。

1）分析思路。

本节以最小化在险值（VaR）为套期保值目的，且考虑在套期保值者手头资金量的约束下，如何定量分析最优套期保值比率。

分析思路为：假设套期保值组合的收益率服从某种分布，确定单位现货资产与第 i 种期货资产的套期保值比率为 h_i 时对应的套期保值资产组合的在险值；然后以最小化在险值为优化目标，得到最优套期保值比率。

2）目标函数。

以套期保值卖出者为例，假设 $\xi=(R_s, R_{f1}, \cdots, R_{fp})^{\mathrm{T}}$ 服从自由度为 n 的 $p+1$ 元 t 分布，即 $\xi \sim T_p(n, \mu, AA^{\mathrm{T}})$。$R_2=\omega^{\mathrm{T}}\xi$ 为一元函数，因为多元 t 分布的任意线性变化仍为多元 t 分布（张光远，1996），所以 R_2 服从一元 t 分布。下面首先根据多元 t 分布的性质将组合收益率转化成一元 t 分布的形式，然后结合在险值的定义将 t 分布标准化，最后得到在置信水平 $1-\alpha$ 下的在险值的表达式，如式（8-44）所示。

$$E(\xi) = \mu,\ cov(\xi, \xi) = \frac{n}{n-2} AA^{\mathrm{T}} = V,\ AA^{\mathrm{T}} = \frac{n-2}{n} V$$

$$E(R_2) = \omega^{\mathrm{T}} \mu,\ cov(R_2, R_2) = \frac{n}{n-2} \omega^{\mathrm{T}} AA^{\mathrm{T}} \omega = \omega^{\mathrm{T}} V \omega$$

$$R_2 \sim T_1(n, \omega^{\mathrm{T}} \mu, \omega^{\mathrm{T}} V \omega)$$

$$t=\frac{R_2-\omega^{\mathrm{T}}\mu}{\sqrt{\omega^{\mathrm{T}}AA^{\mathrm{T}}\omega}}\sim T_1(n)$$

$$\begin{aligned}P[R_2\leqslant -VaR(H)]&=P\left(\frac{R_2-\omega^{\mathrm{T}}\mu}{\sqrt{\omega^{\mathrm{T}}AA^{\mathrm{T}}\omega}}\leqslant\frac{VaR(H)-\omega^{\mathrm{T}}\mu}{\sqrt{\omega^{\mathrm{T}}AA^{\mathrm{T}}\omega}}\right)\\&=t\left(\frac{-VaR(H)-\omega^{\mathrm{T}}\mu}{\sqrt{\omega^{\mathrm{T}}AA^{\mathrm{T}}\omega}}\right)\\&=1-\alpha\end{aligned}$$

$$\frac{-VaR(H)-\omega^{\mathrm{T}}\mu}{\sqrt{\omega^{\mathrm{T}}AA^{\mathrm{T}}\omega}}=t_{1-\alpha}(n)$$

$$\begin{aligned}VaR(H)&=-\omega^{\mathrm{T}}\mu-t_{1-\alpha}(n)\sqrt{\omega^{\mathrm{T}}AA^{\mathrm{T}}\omega}\\&=-\omega^{\mathrm{T}}\mu+t_{\alpha}(n)\sqrt{\frac{n-2}{n}\omega^{\mathrm{T}}V\omega}\end{aligned}\tag{8-44}$$

以最小化在险值为优化目标，最优套期保值比率模型为：

$$\min VaR(H)=-\omega^{\mathrm{T}}\mu+t_{\alpha}(n)\sqrt{\frac{n-2}{n}\omega^{\mathrm{T}}V\omega}\tag{8-45}$$

当自由度 $n\to\infty$时，式（8-45）为：

$$\min VaR(H)=-\omega^{\mathrm{T}}\mu+t_{\alpha}(n)\sqrt{\omega^{\mathrm{T}}V\omega}\tag{8-46}$$

在不考虑套期保值者手头资金的情况下，基于在险值的多品种能源期货的最优套期保值比率模型是一个无约束的模型，如式（8-46）所示。

3）约束条件。

套期保值需要一定数量的资金，如保证金，以及付给经纪人、经纪公司的交易费用等。在实际从事套期保值交易时，由于资金的流动性问题，有时会遇到短期内筹集一定数量的资金比较困难的问题。如果这一问题发生，则会使套期保值者因保证金不足而不得不临时改变投资策略。目前，对套期保值所需资金量的研究并不多。Blank（1992）给出了套期保值短期资金需求量模型。袁象等（2002）通过介绍 Blank（1992）的短期资金需求量模型，给出了套期保值资金需求量模型，并简要分析了套期保值资金需求量对套期保值策略的影响。杨万武等（2007）以套期保值资金需求量为约束条件，建立了基于资金限制的单品种期货最优套期保值比率模型。

在忽略套期保值所需的交易费用，如交付经纪公司的佣金、手续费的情况下，单位现货套期保值的最小资金需求量为抵消一连串亏损交易日所需的资金。这里的亏损是指在期货市场上，期货价格相对于前一天的价格下降。在多品种期货套期保值中，第 i 种期货单位合约的最小资金需求量为：

$$H_{sp}=(P_1+M_1,\cdots,P_p+M_p)\tag{8-47}$$

其中，

$$P_i=\max\sum_{i=1}^{L}N_{ij}\tag{8-48}$$

在式（8-48）中，假设出现连续 L 天的价格下降，N_{ij} 表示第 i 个期货在第 j 天价格下跌的值，$\sum_{j=1}^{L} N_{ij}$ 表示连续 L 天价格下跌值之和。在套期保值中，可能会出现若干个价格连续下跌的情况，P_i 为它们中的最大值。$M_i=F_i k$ 表示第 i 个期货的维持保证金。F_i 为第 i 个期货合约平均价格。k 为常数，又称为维持保证金比率。

根据多品种期货套期保值比率的定义，单位现货套期保值的最小资金需求量 A 为：

$$A = HH_{sp}^{\mathrm{T}} \tag{8-49}$$

设 B 为套期保值者可以为单位现货提供的套期保值资金。如果资金不足，则会遭遇逼仓，从而导致套期保值完全失败或部分失败，套期保值者的资金须满足下面的约束条件：

$$B \geqslant A \tag{8-50}$$

4）基于在险值的多品种能源期货最优套期保值比率模型。

在套期保值者手头资金不足的约束下，基于在险值的多品种能源期货最优套期保值比率模型的目标函数如式（8-46）所示，约束条件如式（8-50）所示，因此，建立模型如下（鲍君洁，2010）。

$$\begin{aligned} &\min VaR(H) = -\omega^{\mathrm{T}}\mu + t_\alpha(n)\sqrt{\frac{n-2}{n}\omega^{\mathrm{T}}V\omega} \\ &B \geqslant A \\ &A = HH_{sp}^{\mathrm{T}} \end{aligned} \tag{8-51}$$

（4）套期保值效果评估。

对于套期保值效果的评估，根据其目的可从套期保值组合资产（例如，期货与现货的组合）的收益率均值、收益率方差或收益率均值与方差之比与现货对应指标进行比较判断，应用比较多的是采用套期保值有效性（HE）这个指标。

套期保值有效性被定义为采用套期保值可以降低风险的百分比，计算公式如下：

$$HE = \frac{var(R_s) - var(R_h)}{var(R_s)} \times 100\% \tag{8-52}$$

其中，$var(R_s)$ 为无套期保值时的收益率方差；$var(R_h)$ 为套期保值组合的收益率方差。

（5）动态套期保值。

由于能源投资生产周期长，在一个较长的套期保值时间内，采用固定的套期保值比率显然不能很好地应对能源价格的波动风险，因此需要根据价格变化对套期保值所需头寸进行一定的调整，即需要确定动态最优套期保值比率。动态最优套期保值比率决策模型较多，主要可分为两大类：一类以构建规划决策模型为主；另一类主要采用时间序列 GARCH 模型。下面介绍比较简单的二元 GARCH（BGARCH）类动态套期保值比率决策模型。

考虑一个包含 C_s 单位的现货多头头寸和 C_f 单位的期货空头头寸的组合，记 S_t 和 F_t 分别为 t 时刻现货和期货的价格，对于多头来说，该套期保值组合在（$t-1$，t）内的收益率 R_h 为：

$$R_h = R_{st} - h_{t-1} R_{ft} \tag{8-53}$$

其中，h_{t-1} 为套期保值比率；$R_{st} = \frac{\Delta S_t}{S_t}$、$R_{ft} = \frac{\Delta F_t}{F_t}$ 分别为现货和期货在 t 时刻的收益率。收益率的方差 $var(R_{ht} \mid \Omega_{t-1})$ 为：

$$var(R_{ht} | \Omega_{t-1}) = var(R_{st} | \Omega_{t-1}) + h_{t-1}^2 var(R_{ft} | \Omega_{t-1}) - 2h_{t-1} cov(R_{st}, R_{ft} | \Omega_{t-1}) \tag{8-54}$$

其中，Ω_{t-1} 为 $t-1$ 时刻的信息集，对式（8-54）中的 h_{t-1} 求一阶导数并令其等于零，可得到最优套期保值比率 h_{t-1}^* 为：

$$h_{t-1}^* | \Omega_{t-1} = \frac{cov(R_{st}, R_{ft} | \Omega_{t-1})}{var(R_{ft} | \Omega_{t-1})} \tag{8-55}$$

从式（8-55）可以看出，t 时刻的信息是随着 $t-1$ 时刻变化的，所以 h_{t-1}^* 是变化的。

为了得到式（8-55）中的 h_{t-1}^*，Bollerslev 等（1988）、Silvennoinen 和 Terasvirta（2008）运用二维 GARCH（BGARCH）模型进行估计，模型如下：

$$\Delta Q_t = \mu + \varepsilon_t \tag{8-56}$$

$$\varepsilon_t \Omega_{t-1} \sim BN(0, H_t) \tag{8-57}$$

其中，$\Delta Q_t = (\Delta S_t, \Delta F_t)^{\mathrm{T}}$，$\mu = (\mu_s, \mu_f)^{\mathrm{T}}$，$\varepsilon_t = (\varepsilon_{st}, \varepsilon_{ft})^{\mathrm{T}}$，$BN$ 表示二元正态分布。H_t 是随着时间 t 变化而变化的正定的条件协方差矩阵。

$$vech(H_t) = (h_{ss,t}, h_{sf,t}, h_{ff,t})^{\mathrm{T}}$$

H_t 的一般形式为：

$$vech(H_t) = C + Avech(\varepsilon_{t-1}\varepsilon'_{t-1}) + Bvech(H_{t-1}) \tag{8-58}$$

由于式（8-58）中包含参数过多，Bollerslev（1990）对上式进行了改进，他建议使用对角化来减少参数的个数，则 H_t 为：

$$H_t = \begin{bmatrix} h_{ss,t} & h_{sf,t} \\ h_{sf,t} & h_{ff,t} \end{bmatrix} \tag{8-59}$$

$$h_{ss,t} = c_{11} + a_{11}\varepsilon_{s,t-1}^2 + b_{11}h_{ss,t-1} \tag{8-60}$$

$$h_{sf,t} = c_{12} + a_{12}\varepsilon_{s,t-1}\varepsilon_{f,t-1} + b_{12}h_{sf,t-1} \tag{8-61}$$

$$h_{ff,t} = c_{22} + a_{22}\varepsilon_{f,t-1}^2 + b_{22}h_{ff,t-1} \tag{8-62}$$

Bollerslev（1990）提出，BGARCH 模型中的所有参数均采用最大似然估计法来估计，BGARCH 的对数似然函数为：

$$l(\theta) = -T \cdot \log(2\pi) - \frac{1}{2}\sum_{t=1}^{T}(\ln|H_t| + \varepsilon'_t H_t^{-1}\varepsilon_t) \tag{8-63}$$

其中，T 为样本总量；θ 为待估参数向量。由于 GARCH 模型的对数似然函数为非线性的，因此在估计过程中，我们将采用 BHHH（Berndt-Hall-Hall-Haus）算法。

根据周颖等（2008），可计算得出最优套期保值比率 h_{t-1}^* 为：

$$h_{t-1}^{*}\left|\Omega_{t-1}=\frac{cov\left(R_{st},R_{ft}\left|\Omega_{t-1}\right.\right)}{var\left(R_{ft}\left|\Omega_{t-1}\right.\right)}=\frac{h_{sf,t}}{h_{ff,t}}\right.\tag{8-64}$$

套期保值有效性是根据套期保值组合的方差相对于未进行套期保值组合的方差降低的百分比来测度的。未进行套期保值的方差即现货方差 $var(R_s)$ 为：

$$var(R_s)=h_{ss,t}\tag{8-65}$$

套期保值组合的方差 $var(R_h)$ 为：

$$var(R_h)=h_{ss,t}+h_{t-1}^{*2}h_{ff,t}-2h_{t-1}^{*}h_{sf,t}\tag{8-66}$$

式（8-64）和式（8-66）中的 h_{t-1}^{*} 为最优套期保值比率；$h_{ss,t}$、$h_{ff,t}$ 分别为现货和期货的条件方差；$h_{sf,t}$ 为现货与期货的条件协方差。

套期保值有效性的测度公式（Kroner 和 Sultan，1993）为：

$$HE=\frac{var(R_s)-var(R_h)}{var(R_s)}\times 100\%=\frac{2h_{t-1}^{*}h_{sf,t}-h_{t-1}^{*2}h_{ff,t}}{h_{ss,t}}\times 100\%\tag{8-67}$$

期货市场是一把双刃剑，通过短期和稍长期的能源期货进行套期保值是转移短期能源价格波动风险最好的办法。企业利用衍生品市场进行套期保值，既要积极稳妥，又要保持一份清醒，切不可因一时利益而舍弃套期保值初衷，由套期保值盲目转为投机，进而酿成不可挽回的损失。

本章小结

由于能源资源分布的高度地缘性，能源供需在空间上产生分离，使得国际能源贸易在各国的发展中具有重要的战略意义。能源贸易最主要的方式是长期供货合同，但随着贸易量的增加，能源价格波动加大，基于长期供货合同的能源贸易商承受着巨大的价格风险，能源期货贸易得到长足发展。

能源期货市场的发展促进了能源与金融的融合，能源金融化的发展使得金融支持在能源工业发展上发挥了重要的作用，大型金融机构正日益成为能源领域举足轻重的投资者，同时能源金融化发展对能源市场效率的提高，以及资源优化配置也起着积极的作用。

20 世纪 80 年代以后，能源价格波动日趋剧烈频繁，为有效控制与管理能源价格波动风险，能源期货市场得到迅速发展。价格发现和套期保值是期货市场的两大功能，期货市场这两大功能的发挥依赖其市场的有效性。对于期货市场有效性的研究，在传统研究中，资本市场价格遵循随机游走假设。大量实证研究发现，在很多情况下，资本市场价格不满足随机游走假设，在此基础上，研究人员提出了具有更加广泛意义的分形市场假设。国际能源期货市场经过几十年的发展已渐趋成熟，初步具备了价格发现功能，并可以利用能源期货市场进行相应的价格风险管理与控制。

能源价格风险常用的度量工具为在险值，在险值的计算方法有很多种，大体可以归结为方差-协方差方法、历史模拟法和蒙特卡洛模拟法三种，为提高预测精度，当前有一些对在险值的改进，如 HSAF 方法。能源价格风险最主要的管理手段是套期保值，传统的套期保值按期货、现货头寸 1：1 进行套期保值，根据套期保值的不同目的，可以对期货、现货头寸比（即套期保值比率）进行选择，套期保值比率的选择直接关系到套期保值的效率。本章最后介绍了利用多品种能源期货进行最优静态套期保值比率决策和构建 BGARCH 模型进行动态套期保值比率决策的问题。

思考题

1. 世界能源贸易的主要格局如何？该格局具有什么特征？

2. 能源与金融的融合具体体现在哪些方面？你认为能源金融今后的发展趋势如何？

3. 能源金融化对各国能源项目的融资、能源市场风险的规避与管理等具有重要意义，但这种创新也可能产生新的风险，你认为可能会产生哪些新风险？

4. 世界有哪些主要的能源期货市场？如何验证这些市场的有效性及其价格发现功能？

5. 什么是能源价格风险？如何度量能源价格风险？如何控制与管理能源价格风险？

拓展阅读

“安然”事件简介

安然公司成立于 1985 年，由美国休斯敦天然气公司和北方内陆天然气公司合并而成，公司总部设在美国得克萨斯州的休斯敦。首任董事长兼首席执行官为肯尼斯·雷，他既是安然公司的主要创立者，也是安然公司创造“神话”并在后来导致危机的关键人物。安然公司在肯尼斯·雷的领导下，经历了四大步跨越，从名不见经传的一家普通天然气经销商，逐步发展成为世界上最大的天然气采购商和出售商、世界最大的电力交易商、世界领先的能源批发做市商、世界最大的电子商务交易平台，一步一个高潮，步步走向辉煌。

安然公司在短短的 16 年内一路飞腾。在 1990 年到 2000 年的 10 年间，安然公司的销售收入从 59 亿美元上升到 1 008 亿美元，净利润从 2.02 亿美元上升到 9.79 亿美元，其股票成为众多证券评级机构的推荐对象和众多投资者的追捧对象。2000 年，安然公司总收入高达 1 000 亿美元，名列《财富》(*Fortune*) 杂志“美国 500 强”中的第 7 位，在“世界 500 强”中列于第 16 位，并在《财富》杂志的调查中连续 6 年荣获“最具创新精神的公司”称号。2000 年 8 月，安然公司的股票攀升至历史最高水平，每股高达 90.56 美元，与此同时，评级媒体对安然公司也宠爱有加。作为当时叱咤风云的“能源帝国”，安然公司在其最辉煌的年代，掌控着美国 20%的电能、天然气交易。安然公司不仅是天然气、电力行业的巨擘，而且是涉足电信、投资、纸业、木材和保险业的大户。2001 年 10 月 16 日，安然公司发布该年度第三季度的财务报告，宣布公司亏损总计 6.18 亿美元，引起投资者、媒体和管理层的广泛关注，从此拉开了“安然”事件的序幕。

2001 年年初，短期投资机构老板吉姆·切欧斯对安然公司产生了怀疑：一是安然公司与背后的合伙公司有着说不清的幕后交易；二是时任安然首席执行官的斯基林一方面抛出手中的安然股票，另一方面又宣称安然股票将会从当时的 70 美元左右升至 126 美元，而按美国法律，公司董事会成员如果没有离开董事会，就不能抛出手中所持有的公司股票。而其中到底有什么奥秘呢？只有斯基林知道。

吉姆·切欧斯的这些怀疑引发了人们对安然公司更多的怀疑，人们开始追究安然公司的盈利情况和现金流向。2001年8月9日，安然股价从2001年年初的80美元左右跌至42美元。2001年10月16日，安然公司发布2001年第二季度财务报告，宣布公司亏损总计6.18亿美元，即每股亏损1.11美元，并首次透露因首席财务官安德鲁·法斯托与合伙公司经营不当，使得公司股东资产缩水了12亿美元。

2001年10月22日，美国证券交易委员会开始关注安然公司。2001年11月1日，美林和标准普尔公司也开始关注安然公司。2001年11月8日，安然公司不得不承认自1997年以来，其虚报盈利共计近6亿美元。2002年12月2日，安然公司正式向法院申请破产保护，在申请破产保护期间，安然公司的股票价格由最高时的90.75美元跌至约50美分。安然公司破产清单所列资产达498亿美元，成为当时美国历史上最大的破产企业。

资料来源：刘刚．安然事件五周年回顾，中国会计视野，2006-09-13；雷家骕，杨建昆．股票期权制度缺陷与市场监管失效下的安然事件及次贷危机．国有企业管理，2009 (1)．

第 9 章

能源市场风险

化石能源具有可耗竭性、地缘性，以及能源产品的多样性和不完全替代性。能源在国民经济生产和人民生活中的重要地位，以及石油美元结算机制和能源金融化特征等使得能源市场的不确定性比一般产品市场更大。并且能源市场内部、能源市场与货币市场等其他市场之间形成密切的联动机制，一个市场的风险可能很快会传导到另一个市场。因此，有必要对能源市场风险、能源市场风险的传导等问题进行深入系统的研究，以便对能源市场风险进行科学合理的管理和控制。

本章分为四节：9.1 节简要介绍能源市场风险的概念、产生的原因及特征；9.2 节重点介绍风险溢出效应概念、风险溢出效应检验方法；9.3 节介绍能源市场有关的风险溢出效应，主要包括能源市场内部，即不同品种或相同品种不同交易市场之间的风险溢出效应，以及能源市场外部，主要指能源市场与外汇市场之间的风险溢出效应；9.4 节对能源市场风险管理工具——能源金融衍生品及其使用进行简要阐述。

9.1　能源市场风险概述

9.1.1　能源市场风险的概念

目前，学术界对风险的内涵还没有统一的定义。由于对风险的理解和认识程度不同，或对风险研究的角度不同，不同的学者对风险概念有着不同的解释。概括而言，风险是指事件发生与否的不确定性。在市场经济条件下，无论政府、企业还是个人，对事件发生与否的不确定性主要是指事件发生与否对收益产生的不确定性，也就是关注风险带来的损失。按此理解，能源市场风险——本书中主要指能源价格风险，是能源市场主体由于能源价格波动而导致的产、供、销等经济主体在收益上的不确定性。通常情况下，能源价格下跌，生产者会遭受损失；能源价格上涨，能源消费者则遭受损失。

9.1.2 能源市场风险产生的原因

能源价格变动是能源市场风险产生最主要的原因，而能源价格的变动是由能源价格形成的因素决定的，由于能源（主要指化石能源）资源的可耗竭性、地缘性以及战略重要性，能源价格的形成因素复杂多样且相互交织，逐一分析非常困难。概括而言，大致包括三类：供求因素、金融因素和突发因素。

和市场经济中的其他商品一样，供求因素是决定能源价格最根本的因素。从供给方面来说，主要包括市场格局，如国际石油市场中的OPEC产量政策、非OPEC产量政策、经济合作与发展组织（OECD）及其他主要能源进口国的能源储备等，从长期来说还有技术进步带来的新储量的发现、可替代能源的供给等；从需求方面来说，主要包括全球经济增长、经济结构的调整、技术进步和可替代能源价格等。

在当前世界能源市场，由于化石能源的不可再生性，以及在2008年金融危机之前世界经济繁荣，能源需求旺盛，虽然供需基本平衡，但由于需求增长是不容置疑的，而供给增加的能力有限，所以供需一直处于紧平衡状态，一有风吹草动，能源价格就可能完全摆脱供需因素的制约。如自2008年7月11日，WTI① 原油创下盘中价147.27美元/桶的历史最高纪录后，油价掉头向下，2008年12月19日的收盘价仅为33.87美元/桶。这段时间虽然由于金融危机的影响，石油需求出现了一定程度的疲软，但并没有出现明显的供需失衡，很明显该时期油价的剧烈波动不是由供需基本因素导致的。

决定能源价格的金融因素主要指美元汇率、通货膨胀和金融市场投机因素。由于国际能源贸易多以美元结算，以及能源金融化发展迅速，能源市场与汇率市场、股票市场等形成联动效应，一个市场的异常变动很快波及另一个市场。这些因素相互交织在一起，共同对能源价格产生影响，极易导致能源价格大起大落。2008年金融危机期间，油价暴涨暴跌，金融因素在其中起了很重要的作用。例如，2002年2月以来美元持续贬值，到2007年年底剔除通货膨胀因素后，美元兑欧元汇率的跌幅高达41%。美元贬值，意味着以美元结算的实际油价走低，该因素成为2002年以来名义油价持续走高的主要因素之一。石油衍生品市场的投机活动在石油价格波动中的作用也一直备受争议。

能源价格的不确定性，尤其是短期不确定性的主要诱因是突发因素，主要指地缘政治、战争、异常气候等因素。历次大的能源价格变动都是由该类因素引发的：如第一次石油危机是由于中东第四次战争爆发，产油国为报复支持以色列的西方国家而采取的石油禁运；第二次石油危机则主要由两伊战争中伊朗石油产量的锐减所致；第三次石油危机发生在海湾战争期间。

9.1.3 能源市场风险特征

能源市场风险首先具有一般产品市场所具有的风险特征，主要包括客观性、偶然性、动态性和可测性等。

---

① WTI即West Texas Intermediate（crude oil），美国西得克萨斯轻质原油，是北美地区较为通用的一类原油。

（1）客观性。

市场充满了不确定因素，不确定性是普遍客观存在的，不以人的意志为转移。能源资源受其战略重要性、资源耗竭性、高度地缘性等因素的综合影响，能源市场不确定因素更多更复杂，因此不确定性更大，也更普遍。

（2）偶然性。

风险事件的发生具有很大的偶然性。影响能源市场的因素有很多，既有供需市场因素，也有政治、宗教、军事方面的因素，还有自然灾害等方面的因素，这些因素发生与否、何时何地发生、严重性程度等都具有很大的偶然性。

（3）动态性。

风险与所处的时间阶段有关。时间变化了，风险也可能随之发生变化。一般来说，产生价格风险的事件有一个发生和发展的过程。伴随着事件的发生和发展，能源市场风险也有一个逐步变化的过程。如资源国国内政治局势的动荡，初期各方势力交织使局势变得越来越复杂，不确定性逐步增大，风险也随之增加，一定程度后随着局势的逐步明朗，要么爆发、要么寻求到一定的解决办法，事件的发展呈现某种转折。

（4）可测性。

虽然单个事件的发生具有很大的偶然性，但是大量同类事件的发生有一定的规律性，正是这种规律性的存在使得风险具备了可测性。

此外，由于能源产品和能源市场的特殊性，能源市场风险还具有以下两点特殊性。

（1）波动剧烈和复杂性。

能源市场尤其是国际化程度很高的主导能源——石油市场的风险不仅呈现动态性特征，随时间变化而变化，而且较一般产品而言，石油市场的波动更加剧烈，表现出的特征也更加复杂。主要原因在于石油产品和石油市场的特殊性，如石油产品在国民经济中的战略重要性、石油产品的高度地缘性、不可再生性、能源产品的金融化属性，以及石油市场的垄断-竞争性等。

（2）跨市场传导性。

在经济全球化的今天，信息技术日益普及且日新月异，任何一个市场中的新信息都可能以极快的速度向与其相关的市场中传播，进而引起市场间的联动效应。由于石油美元结算机制，以及能源金融化发展趋势，能源市场与汇率市场、股票市场等产生紧密的联动效应，一个市场的价格波动信息很快会波及与之相连的市场（钱瑞梅，杨星，2007）。

完全消除风险是不可能的，但若完全忽视风险的存在，又将会导致市场主体甚至整个国家在高度危险的情境下运作，随时可能发生因忽略风险而造成重大损失的危险。因此，市场主体必须对风险做适当的管理。

9.2 风险溢出效应

9.2.1 风险溢出效应概述

经济一体化、因特网的快速普及和发展使得不同市场之间的联系日趋紧密，单个市场的波动可能引起多个市场的共同波动。这种波动一方面会加剧市场波动，产生更大的市场风险；另一方面会削弱投资组合的系统风险规避功能（肖利平，2011）。Allen 和 Gale（2000）、Forbes 和 Rigobbon（2002）将这种市场间的共同波动定义为波动溢出效应。Ross（1989）在理论上证明了在一个无套利的经济中，波动溢出的方向代表了信息流动的方向，因此，波动溢出效应也称信息溢出效应。从经验层次来说，通常情况下，市场波动会造成某些特定的市场参与者收益上的损失，如价格上涨，消费者会遭受损失，从理论层次来说，波动通常用方差描述，也被用来度量风险，因此，波动溢出效应也称风险溢出效应。由于方差不是度量风险的唯一方法，因此，严格意义上来说，波动溢出效应不等于风险溢出效应，风险溢出效应是比波动溢出效应内涵更广的概念。

受能源市场金融化发展趋势的影响，能源产品市场、金融市场、外汇市场等相互之间的联动效应明显增强，能源市场的风险溢出效应成为能源风险管理和控制关注的对象。如国际石油贸易以美元计价和结算的体制，使得美元汇率市场与石油市场产生联动效应，美元在汇率市场的波动信息会以极快的速度传导到石油市场，产生美元汇率市场与石油市场之间的风险溢出效应。

早期的风险溢出效应主要指均值溢出效应和方差溢出效应：均值溢出效应是指一个市场收益不仅受到自身前期收益的影响，而且可能受到其他市场前期收益的影响，即存在收益条件一阶矩的格兰杰（Granger）因果关系；方差溢出效应是指一个市场的收益方差不仅受到自身前期收益方差的影响，而且可能受到其他市场前期收益方差的影响，即存在收益条件二阶矩的格兰杰因果关系（熊家财，2011）。收益率的波动与市场获得信息的速度直接相关，相对于收益率本身而言，收益率的波动包含更多的市场信息流（Ross，1989）。运用方差度量风险的优点在于其直观地反映了风险特性，计算简便，且具有良好的数学特性。主要缺陷在于：首先，方差是收益率相对于均值对称性离散程度的衡量，对于非正态分布的数据，用该指标衡量会产生偏差，偏差的大小与数据的分布密度函数有关（岳西泉，孔萍等，2009）；其次，相对于正收益而言，投资者更注重损失的规避，即在风险管理中，更关注收益率低于均值的情形，因此用方差衡量风险与投资者对待风险的态度不吻合。

方差以及对此改进的半方差等传统度量方法无法准确定义和度量金融风险，国际 30 人小组（G30）在研究衍生品的基础上，于 1993 年发表了题为《衍生产品的实践和规则》的报告，提出了基于分位数的度量市场风险的在险值方法，该方法因被 J. P. 摩根用于计算在险值的风险矩阵控制模型而被众多金融机构广泛采用。此后，在险值成为度量风险最主要的工具，风险溢出效应在更多时候指的是基于在险值的风险溢出效应。

能源市场内部风险溢出包括不同能源品种市场之间的风险传导，如原油市场与汽油市场之间的风险传导，以及不同能源交易市场之间的风险传导，如纽约商品交易所能源市场风险与伦敦国际石油交易所能源市场之间的风险传导。能源市场外部风险溢出指能源市场与其关联的外汇市场、金融市场、粮食市场等市场之间的风险溢出。研究能源市场内部以及能源市场与外部市场的风险溢出效应，可以定量了解这些市场之间的互动关系，认识市场间的相互作用机理，使相关市场主体更好地监控、预测能源市场风险，为相关市场主体提供更合理的资产组合选择，因此是能源市场风险管理的重要环节。

9.2.2 风险溢出效应检验

(1) 均值与方差溢出效应检验。

1) 均值与方差溢出效应检验的定义。

对风险溢出效应的检验主要是在 Granger（1969；1980）提出的均值-格兰杰因果关系以及方差-格兰杰因果关系的概念基础上进行的，也称均值-格兰杰因果检验和方差-格兰杰因果检验。

考虑一个二元平稳过程 (Y_{1t}, Y_{2t})，对于 $I_{(t-1)}=(I_{1(t-1)}, I_{2(t-1)})$，$I_{i(t-1)}=\{Y_{i(t-1)}, \cdots, Y_{it}\}$。定义 $\mu_{it}=E(Y_{it} \mid I_{t-1})$，其中，$Y_{it}$ 表示第 i 个市场 t 时刻的收益率，μ_{it} 为第 i 个市场 t 时刻的条件均值，I_{t-1} 为第 i 个市场 $t-1$ 时刻的信息集（周家生，2006）。

对于信息集 I_{t-1}，如果 $Y_{2(t-1)}$ 不是 Y_{1t} 均值的格兰杰原因，也就是说，不存在 $Y_{2(t-1)}$ 到 Y_{1t} 的均值溢出效应，则下式成立，

$$E(Y_{1t} \mid I_{1(t-1)}) = E(Y_{1t} \mid I_{t-1}) = \mu_{1t} \tag{9-1}$$

对于信息集 I_{t-1}，如果 $Y_{2(t-1)}$ 不是 Y_{1t} 方差的格兰杰原因，也就是说不存在 $Y_{2(t-1)}$ 到 Y_{1t} 的方差溢出效应，则下式成立，

$$E[(Y_{1t}-\mu_{1t})^2 \mid I_{1(t-1)}] = E[(Y_{1t}-\mu_{1t})^2 \mid I_{t-1}] \tag{9-2}$$

2) 均值与方差溢出效应的检验方法。

要对上述定义的均值溢出效应进行检验，首先需要对二元平稳过程 (Y_{1t}, Y_{2t}) 进行建模。早期主要采用线性向量自回归模型，一般形式为：

$$Y_{1t} = \sum_{i=1}^{p} a_i Y_{1(t-i)} + \sum_{i=1}^{q} b_i Y_{2(t-i)} + u_{1t} \tag{9-3}$$

$$Y_{2t} = \sum_{i=1}^{m} \alpha_i Y_{1(t-i)} + \sum_{i=1}^{n} \beta_i Y_{2(t-i)} + u_{2t} \tag{9-4}$$

其中，u_{1t}、u_{2t} 是均值为 0 且相互独立的白噪声。则检验式（9-1）转化为检验

$$H_0: b_i=0,\ i=1, \cdots, q \tag{9-5}$$

检验的统计量为

$$F=\frac{(SSE_r-SSE_u)/q}{SSE_u/(T-k)}=F(q, t-k) \tag{9-6}$$

其中，SSE_u 为式（9-3）的残差平方和；SSE_r 为式（9-3）当 $b_i=0$，$i=1, \cdots, q$ 时的残差平方和；T 为观测值个数；k 为无约束回归中带估计参数的个数。

上述对均值-格兰杰因果检验的方法称为线性格兰杰因果关系检验方法，此后还建立了一些非线性因果关系检验方法，有兴趣的读者可以参阅有关文献。

由于金融时间序列多数具有异方差、波动聚集等特点，所以对方差溢出效应的检验主要通过构建多元 GARCH 类模型来实现，一般常用的二元 GARCH(1，1)［简称 BGARCH(1，1)］模型为：

$$y_t = \mu + \varepsilon_t \tag{9-7}$$

$$\varepsilon_t \mid I_{t-1} \sim BN(0, H_t) \tag{9-8}$$

其中，y_t、μ、ε_t 为二元列向量。不同模型的区别在于条件协方差矩阵 H_t 的设定不同。Bollerslev 等（1988）提出的 $vech\ (H_t)$ 是一种常用的形式，要求 H_t 是随着时间 t 变化而变化的 $n\times n$ 正定矩阵，H_t 的一般形式为：

$$vech(H_t) = C + Avech(\varepsilon_{t-1}\varepsilon_{t-1}') + Bvech(H_{t-1}) \tag{9-9}$$

$vech(\cdot)$ 称为向量半算子，模型中系数矩阵 A、B 的非对角线元素反映不同变量的方差、协方差序列之间的相互影响，可以用于研究多个市场之间的方差溢出效应。

由于上述模型中参数过多，估计比较困难，Engle 和 Kroner（1995）在综合巴芭（Baba）、恩格尔（Engle）、克拉夫特（Kraft）和克朗（Kroner）等人工作的基础上提出了以四人名字的第一个字母命名的一类多元 GARCH 模型，即 BEKK 模型，令

$$H_t = C'C + B'H_{t-1}B + A'\varepsilon_{t-1}\varepsilon_{t-1}{}'A \tag{9-10}$$

通过检验 A、B 矩阵中非对角元素的显著性，可以检验不同市场之间的方差-格兰杰溢出效应。

由于上述检验都属于格兰杰因果检验，故又称均值-格兰杰因果检验和方差-格兰杰因果检验，它们被广泛用于考察金融市场间的波动溢出效应（Engle，等，1986）。

（2）在险值-格兰杰（*VaR*-Granger）因果检验。

Hong（2001）、Hong 等（2008）在上述均值-格兰杰因果检验和方差-格兰杰因果检验的基础上，提出了一种基于在险值（*VaR*）度量的风险溢出效应检验，现在很多文献上的风险溢出效应检验都是指这种基于在险值的格兰杰因果检验。

1）在险值。

在险值是指在给定的时间区间 τ 和置信水平 $1-\alpha$ 下，不超过概率 $1-\alpha$ 的最大损失。从统计学的角度来说，在险值是某一时间序列过程 Y_t（如能源价格收益率）条件概率密度函数的 α 分位数。金融产品投资者比较关注的是价格收益率下跌的风险。对于能源市场而言，价格大幅下跌，能源生产者遭受损失，价格大幅上涨，能源需求者则遭受损失，因此，价格收益率极端上涨、下跌的风险都具有比较重要的意义。记 $VaR_t = VaR(I_{t-1,\alpha})$，则能源价格极端下跌风险对应的在险值的定义为：

$$P(Y_t < -VaR_t \mid I_{t-1}) = \alpha \tag{9-11}$$

能源价格极端上涨风险对应的在险值的定义为：

$$P(Y_t > VaR_t \mid I_{t-1}) = \alpha \tag{9-12}$$

其中，$I_{t-1} = \{Y_{t-1}, Y_{t-2}, \cdots\}$ 是 $t-1$ 时刻可获得的信息集。

常用的在险值模型是 J. P. 摩根集团（1997）提出的风险度量模型：

$$\begin{cases} Y_t = \sigma_t \varepsilon_t \\ \sigma_t^2 = (1-\lambda)\sum\limits_{j=1}^{\infty}\lambda^j Y_{t-j}^2 \\ \varepsilon_t \sim \text{i. i. d } N(0, 1) \end{cases}$$

其中，参数 λ 控制当前波动对历史的依赖程度，满足上述条件的在险值为：

$$VaR_t = \sigma_t z(\alpha) \tag{9-13}$$

其中，$z(\alpha)$ 是单侧标准正态分布在 α 水平的临界值。

由于能源金融化发展，能源市场收益率序列越来越表现出金融时间序列的异方差及波动集聚等特点。传统的在险值模型对残差的假设都不能反映金融时间序列的这些特点，Engle（1982）提出的 ARCH 模型则专门用于刻画时间序列的波动集聚性。如果采用 Bollerslev（1986）提出的广义 ARCH 模型，根据在险值的定义，上涨和下跌风险的在险值计算公式分别为：

$$VaR_t^{up} = \mu - z_\alpha \sqrt{h_t} \tag{9-14}$$

$$VaR_t^{down} = -\mu + z_\alpha \sqrt{h_t} \tag{9-15}$$

其中，μ_t 为市场收益率的条件均值；z_α 表示收益率序列的 GARCH 类模型残差分布的右分位数，即 $F(z_\alpha)=\alpha$；h_t 为收益率的条件方差。z_α 值取决于残差的分布，一般假设残差服从标准正态分布。在残差明显不服从正态分布的时候，利用正态分布假设很可能降低在险值预测的准确度，此时一般采用 Neslon（1990）提出的广义误差分布（generalized error distribution，GED），其概率密度函数如式（9-16）所示：

$$f(z) = \upsilon \exp[-| z_t/\lambda | /2]/\lambda 2^{(1+\upsilon^{-1})}\Gamma(\upsilon^{-1}) \tag{9-16}$$

其中，$\lambda=2^{-(2/\upsilon)}\Gamma(1/\upsilon)/(3/\upsilon)^{1/2}$，$\Gamma(\cdot)$ 为 gamma 函数。参数 υ 控制着分布尾部的薄厚程度。当 $\upsilon=2$ 时，广义误差分布退化为标准正态分布；当 $\upsilon<2$ 时，尾部比正态分布更厚；当 $\upsilon>2$ 时，尾部比正态分布更薄。

假设残差服从标准正态分布和广义误差分布，根据 1987 年 5 月 20 日到 2006 年 8 月 1 日的 WTI 和 Brent 市场原油现货日价格数据，在置信度为 0.99 下预测的在险值结果见表 9-1（张跃军，等，2013）。

表 9-1 WTI 和 Brent 原油现货价格收益率的在险值预测结果（置信度为 0.99）

残差服从标准正态分布				
	类型	均值	失效率	LR 统计量
WTI	上涨	0.053 1	0.013 2	4.511 9
	下跌	−0.053 1	0.016 9	18.519 6
Brent	上涨	0.050 7	0.014 7	9.252 6
	下跌	−0.050 7	0.015 2	10.880 4
残差服从广义误差分布				
	类型	均值	失效率	LR 统计量
WTI	上涨	0.058 9	0.008 8	0.762 8
	下跌	−0.058 9	0.012 8	3.441 6
Brent	上涨	0.055 5	0.010 0	0.000 6
	下跌	−0.055 5	0.010 9	0.364 5

注：LR 为似然比检验。

从表9-1的结果可知，假设残差服从广义误差分布，在险值预测结果与实际值相比，实际值超出在险值预测值所占比例，即失效率比假设残差服从标准正态分布下的在险值预测结果的失效率明显要低，其原因在于95%的分位数与标准正态分布的1.645基本相同，但99%的分位数明显大于标准正态分布的2.326（见表9-2），广义误差分布显然更能反映国际油价收益率具有严重的厚尾特征（张跃军，等，2013）。

表9-2 WTI和Brent市场收益率残差服从广义误差分布时的右分位数

收益率	95%分位数	99%分位数
WTI	1.642	2.578
Brent	1.644	2.548

2）在险值-格兰杰（*VaR*-Granger）因果关系。

在险值-格兰杰因果关系用于检验一个市场发生大的风险，在Granger（1969；1980）因果关系意义下是否会引起另一个市场发生类似的大风险。

设 $\{Y_{1t}\}$ 和 $\{Y_{2t}\}$ 分别为两个市场的时间序列过程，令 $I_{t-1}\equiv\{I_{1(t-1)}, I_{2(t-1)}\}$，其中，$I_{1(t-1)}=\{Y_{1(t-1)}, \cdots, Y_{11}\}$ 和 $I_{2(t-1)}=\{Y_{2(t-1)}, \cdots, Y_{21}\}$ 分别是 $t-1$ 时刻的市场1和市场2的信息集。如果下式成立，

$$H_0: P(Y_{1t}<-VaR_{1t} \mid I_{1(t-1)})=P(Y_{1t}<-VaR_{1t} \mid I_{t-1})$$

则称时间序列 $\{Y_{2t}\}$ 关于信息集 I_{t-1} 在风险水平 α 下不是引起时间序列 $\{Y_{1t}\}$ 的格兰杰原因。反之，如果下式成立，

$$H_1: P(Y_{1t}<-VaR_{1t} \mid I_{1(t-1)})\neq P(Y_{1t}<-VaR_{1t} \mid I_{t-1})$$

则称时间序列 $\{Y_{2t}\}$ 关于信息集 I_{t-1} 在风险水平 α 下是引起时间序列 $\{Y_{1t}\}$ 的格兰杰原因。在这种情况下，$\{Y_{2t}\}$ 发生风险的信息有助于预测 $\{Y_{1t}\}$ 发生类似风险的有关信息。

3）在险值-格兰杰因果关系检验。

我们定义基于在险值的风险指标函数如下：

$$\hat{Z}_{it}=l(Y_{it}<-VaR_{it}), \quad i=1, 2 \tag{9-17}$$

其中，$l(\cdot)$ 为指标函数。当实际损失超过在险值时，风险指标函数取值为1，否则取值为0。

检验假设 H_0 和 H_1 等价于检验

$$H_0: E(Z_{it} \mid I_{i(t-1)})=E(Z_{it} \mid I_{t-1})$$

和

$$H_0: E(Z_{it} \mid I_{i(t-1)})\neq E(Z_{it} \mid I_{t-1})$$

设有 T 个随机样本 $\{Y_{1t}, Y_{2t}\}_{t=1}^{T}$，定义 $\hat{Z}_{1t}$ 和 $\hat{Z}_{2t}$ 之间的样本协方差函数如下：

$$\hat{C}(j)\equiv\begin{cases} T^{-1}\sum_{t=1+j}^{T}(\hat{Z}_{1t}-\hat{\alpha}_1)(\hat{Z}_{2(t-j)}-\hat{\alpha}_2), & 0\leqslant j\leqslant T-1 \\ T^{-1}\sum_{t=1-j}^{T}(\hat{Z}_{1(t+j)}-\hat{\alpha}_1)(\hat{Z}_{2t}-\hat{\alpha}_2), & 1-T\leqslant j<0 \end{cases} \tag{9-18}$$

其中，$\hat{\alpha}_l = T^{-1}\sum_{t=1}^{T}\hat{Z}_{lt}$。$\hat{Z}_{1t}$和$\hat{Z}_{2t}$之间的样本相关函数为：

$$\hat{\rho}(J) \equiv \hat{C}(J)/(\hat{S}_1\hat{S}_2)，J=0，\pm 1，\cdots，\pm(T-1) \tag{9-19}$$

其中，$\hat{S}_l^2 \equiv \hat{\alpha}_l(1-\hat{\alpha}_l)$ 为 $\hat{Z}_{lt}$的样本方差。基于核函数的单向在险值-格兰杰因果关系检验统计量（Hong，2001）为：

$$Q_1(M) = \left[T\sum_{j=1}^{T-1}k^2(j/M)\hat{\rho}^2(j) - C_{1T}(M)\right]/[2D_{1T}(M)]^{1/2} \tag{9-20}$$

其中，中心因子和尺度因子分别为：

$$C_{1T}(M) = \sum_{j=1}^{T-1}(1-j/T)k^2(j/M) \tag{9-21}$$

$$D_{1T}(M) = \sum_{j=1}^{T-2}(1-j/T)[1-(j+1)/T]k^4(j/M) \tag{9-22}$$

这里的 $k(\cdot)$ 为核权函数。关于核权函数的选取，Hong（2001）证明了丹尼尔（Daniell）核权函数 $k(z)=\sin(\pi z)/\pi z$，$z\in(-\infty，+\infty)$为最优核权函数，它能最大化检验效力。

基于核函数的双向在险值-格兰杰因果关系检验统计量（Hong，2001）为：

$$Q_2(M) = \left[T\sum_{j=1-T}^{T-1}k^2(j/M)\hat{\rho}^2(j) - C_{2T}(M)\right]/[2D_{2T}(M)]^{1/2} \tag{9-23}$$

其中，中心因子和尺度因子分别为：

$$C_{2T}(M) = \sum_{j=1-T}^{T-1}(1-j/T)k^2(j/M) \tag{9-24}$$

$$D_{2T}(M) = \sum_{j=2-T}^{T-2}(1-j/T)[1-(j+1)/T]k^4(j/M) \tag{9-25}$$

M为有效滞后截尾阶数，当核权函数 $k(\cdot)$ 有界时，M恰好是滞后截尾阶数，也就是说，当 $j>M$ 时，其权重为0。而丹尼尔的定义域是无界的，M不再是滞后截尾阶数，因为所有的 $T-1$ 个样本相关系数均被使用。当 $j=0$ 时，丹尼尔的取值为1，此时权重最大，随着 j 的增加，从函数的性质可知权重越来越小。

当原假设成立时，$Q_1(M)$ 和 $Q_2(M)$ 在大样本条件下均为渐进的标准正态分布。因此，可以通过判断 $Q_1(M)$ 和 $Q_2(M)$ 是否大于给定置信度下的标准正态分布右侧临界值来检验原假设，即检验两个时间序列之间的在险值-格兰杰因果关系。

9.3 能源市场风险溢出效应检验

当一个信息达到某市场后，市场交易主体对信息的了解、认识不同。各交易主体根据自己对信息的了解和判断来改变自己的交易策略。市场价格在交易主体的套利和投机行为中不断调整，套利和投机行为同时实现了信息在不同市场之间的流动。

随着金融衍生工具的发展和完善，跨市、跨产品等交易方式越来越普遍。这些市场交易者往往根据一个市场的价格变化推测其他市场的变化，并利用这些信息进行交易，使得某一局部市场或产品风险迅速扩散到其他市场，产生风险溢出效应。

能源市场风险溢出效应包括能源市场内部风险溢出效应，以及能源市场与相关市场之间的风险溢出效应。能源市场内部风险溢出效应检验包括两大类：一类是不同能源品种市场之间的风险溢出效应检验，如石油市场与天然气市场之间的风险溢出效应检验；另一类是不同交易市场之间的风险溢出效应检验，如纽约石油期货交易市场与伦敦石油期货交易市场之间风险溢出效应的检验。两类检验的方法相同，本书仅以 WTI 与 Brent 原油现货市场以及 WTI 原油期货与现货市场的风险溢出效应为例进行介绍。

9.3.1 WTI 与 Brent 原油现货市场风险溢出效应检验

本节以国际上最著名、影响最大的 WTI 原油和 Brent 原油两大基准原油为例，检验 WTI 原油现货市场与 Brent 原油现货市场之间的风险溢出效应（张跃军，等，2012）。

检验样本取自 1987 年 5 月 20 日—2006 年 8 月 1 日的 WTI 和 Brent 市场原油现货日价格数据，单位是美元/桶；数据来自国际能源署网站。

记 WTI 和 Brent 市场第 t 日原油现货价格为 $P_{W,t}$ 和 $P_{B,t}$，第 t 日价格收益率为 $Y_{W,t}=\ln(P_{W,t}/P_{W,t-1})$，$Y_{B,t}=\ln(P_{B,t}/P_{B,t-1})$。根据表 9-1 中的预测结果，运用基于核函数的在险值-格兰杰因果关系检验方法，对 WTI 与 Brent 原油现货市场风险溢出效应进行检验，检验结果见表 9-3。

表 9-3 WTI 与 Brent 原油现货市场风险溢出效应检验结果

置信度	原假设	上涨风险溢出			下跌风险溢出		
		$M=10$	$M=20$	$M=30$	$M=10$	$M=20$	$M=30$
95%	$WTI_s \nLeftrightarrow Brent_s$	100.54 (0.000 0)	70.87 (0.000 0)	57.98 (0.000 0)	119.19 (0.000 0)	84.37 (0.000 0)	68.78 (0.000 0)
	$WTI_s \nRightarrow Brent_s$	4.07 (0.000 0)	2.02 (0.021 7)	1.43 (0.075 8)	32.21 (0.000 0)	22.16 (0.000 0)	17.90 (0.000 0)
	$Brent_s \nRightarrow WTI_s$	−0.39 (0.653 2)	0.31 (0.378 3)	0.85 (0.198 7)	2.47 (0.006 8)	1.52 (0.063 9)	1.05 (0.146 7)
99%	$WTI_s \nLeftrightarrow Brent_s$	62.60 (0.000 0)	44.08 (0.000 0)	36.08 (0.000 0)	165.49 (0.000 0)	116.85 (0.000 0)	95.13 (0.000 0)
	$WTI_s \nRightarrow Brent_s$	3.51 (0.000 0)	2.28 (0.011 2)	2.45 (0.007 1)	6.73 (0.000 0)	3.99 (0.000 0)	2.72 (0.003 3)
	$Brent_s \nRightarrow WTI_s$	9.55 (0.000 0)	6.43 (0.000 0)	4.90 (0.000 0)	0.04 (0.482 2)	−0.04 (0.515 5)	−0.24 (0.593 0)

资料来源：张跃军等（2013）。

注："$\nLeftrightarrow$"表示两个市场之间不存在双向在险值-格兰杰因果关系，"$\nRightarrow$"表示不存在从前者到后者的单向在险值-格兰杰因果关系；小括号内是相应的显著性概率；WTI_s 表示 WTI 原油现货市场，*Brents* 表示 Brent 原油现货市场。

根据检验结果，可以得出：

(1) 在 95%和 99%的置信度下，不管是上涨风险还是下跌风险，WTI 和 Brent 市场都具有显著的双向在险值-格兰杰因果关系，即两个石油市场之间存在强烈的风险溢出效应。

(2) 利用单向在险值-格兰杰因果检验的统计量 $Q_1(M)$ 计算得到的结果可知，在置信度为 95%和 99%时，不管是上涨风险还是下跌风险，都存在从 WTI 到 Brent 市场的风险溢出效应。

从 Brent 到 WTI 市场的风险溢出情况稍微复杂一些，在 95%的置信度下，只存在收益率下跌方向的风险溢出，收益率上涨时不存在；在 99%的置信度下，情况刚好相反，只存在收益率上涨方向的风险溢出，不存在下跌方向的风险溢出效应。前者可能是由 95%的置信度下收益率上涨方向的在险值模型不够充分导致的，而在 99%的置信度下，在险值模型是非常充分的，因此后者更为可信。换言之，可以认为在 99%的置信度下，不存在从 Brent 到 WTI 市场的下跌风险溢出效应。这表明当市场出现利空消息，从而导致油价收益率下跌时，WTI 市场的风险状况有助于预测 Brent 市场的风险，反之不然。当市场出现利好消息，从而导致油价收益率上涨时，两个市场中有关风险的历史信息均有助于预测彼此未来的市场风险。

可见，就市场风险而言，WTI 油价在国际石油市场上的影响力更大。一方面，这是由于国际石油交易主要以美元计价，美元货币的优势使得美国的 WTI 石油市场引领国际石油市场的走向。另一方面，Brent 原油主要在伦敦交易。WTI 原油主要在纽约商业交易所交易。美国是世界上最大的石油消费国，再加上纽约商业交易所本身的影响力，使得 WTI 油价在国际石油市场上的地位更加显著。

9.3.2 WTI 原油期货与现货市场风险溢出效应检验

本节的检验方法仍然采用基于核函数的在险值-格兰杰因果关系检验方法，样本数据采用 WTI 原油市场的交易价格，区间为 1987 年 5 月 20 日—2005 年 7 月 29 日。考虑到纽约商业交易所最近月份交割的 WTI 原油期货合约的市场交易最活跃，市场关注度最高，因此原油期货价格数据采用最近月份交割合约的 WTI 原油期货价格。

研究人员通过反复试验，根据模型拟合效果，最后选择 TGARCH(1，1) 模型和 GARCH(1，1) 模型分别描述 WTI 原油期货和现货市场收益率的波动状况，然后分别建立上涨方向和下跌方向的在险值市场风险模型，再采用在险值-格兰杰因果关系检验方法，得到结果如表 9-4 所示（张跃军，等，2013）。

表 9-4 WTI 原油期货和现货市场之间的风险溢出效应检验结果

置信度	原假设	上涨风险溢出			下跌风险溢出		
		$M=10$	$M=20$	$M=30$	$M=10$	$M=20$	$M=30$
95%	$WTI_S \nLeftrightarrow WTI_F$	484.74 (0.000 0)	343.18 (0.000 0)	280.28 (0.000 0)	515.92 (0.000 0)	365.74 (0.000 0)	298.88 (0.000 0)
	$WTI_S \nRightarrow WTI_F$	−1.15 (0.875 6)	−0.42 (0.664 5)	−0.23 (0.592 9)	−0.55 (0.707 7)	0.31 (0.378 1)	0.54 (0.296 2)
	$WTI_F \nRightarrow WTI_S$	−0.36 (0.639 6)	0.15 (0.439 9)	0.21 (0.418 4)	5.29 (0.000 0)	4.05 (0.000 0)	3.20 (0.000 0)

续表

置信度	原假设	上涨风险溢出			下跌风险溢出		
		M=10	M=20	M=30	M=10	M=20	M=30
99%	$WTI_S \not\Leftrightarrow WTI_F$	392.41 (0.000 0)	276.76 (0.000 0)	226.73 (0.000 0)	624.69 (0.000 0)	441.88 (0.000 0)	361.38 (0.000 0)
	$WTI_S \not\Rightarrow WTI_F$	−0.25 (0.597 8)	−0.62 (0.732 6)	2.03 (0.021 2)	−0.89 (0.812 5)	−1.08 (0.860 5)	−0.69 (0.754 3)
	$WTI_F \not\Rightarrow WTI_S$	−0.28 (0.608 6)	−0.70 (0.759 5)	−1.09 (0.861 2)	5.29 (0.000 0)	3.48 (0.000 0)	2.50 (0.006 1)

注："$\not\Leftrightarrow$"表示两个市场之间不存在双向在险值-格兰杰因果关系，"$\not\Rightarrow$"表示不存在从前者到后者的单向在险值-格兰杰因果关系，小括号内是相应的显著性概率。WTI_S 表示 WTI 原油现货市场，WTI_F 表示 WTI 原油期货市场。

从表 9-4 中可以发现，WTI 原油期货和现货市场之间存在几个重要的风险溢出特征。

第一，无论市场收益率上涨还是下跌，在 1%的显著性水平下，WTI 原油期货和现货市场之间均存在显著的双向风险溢出效应。即它们之间要么存在至少一个方向的风险先导-滞后传递关系，要么存在同期的市场风险传递，这说明原油期货与现货市场之间存在密切的联系。

第二，当市场收益率下跌时，无论是在 95%还是 99%的置信度下，都存在从 WTI 原油期货市场到现货市场的显著单向风险溢出效应，而从 WTI 原油现货市场到期货市场的单向风险溢出效应并不显著。这说明当收益率下跌时，WTI 原油期货市场充分发挥了价格发现的功能，在市场风险变化的过程中充当了主导角色。

第三，当市场收益率上涨时，WTI 原油期货和现货市场之间的单向风险溢出效应基本上不具有显著的统计意义，根据 Hong（2001）对双向风险溢出效应的定义，它们之间存在显著的同期风险溢出效应，即 WTI 原油期货和现货市场之间的互动是非常迅速且直接的。

9.3.3　美元汇率与石油市场风险溢出效应检验

（1）石油美元体系的建立。

1969 年年底，为扭转美国低迷的经济形势，美国不得不采取扩张性的货币政策，大幅降低利率，结果导致净资本外流规模空前巨大。1971 年 5 月，美国出现了有史以来的第一次月度贸易逆差，并触发了世界范围内对美元的恐慌性抛售。1971 年，美国官方黄金储备不及官方负债的 1/4。1971 年 8 月，美国总统宣布美元和黄金脱钩，单方面撕毁 1944 年布雷顿森林体系的核心协定。布雷顿森林体系解体，使得支撑强势美元的金融支柱遭到毁灭性打击。为了寻找支撑美国经济发展的新的金融支柱，1974 年，美国与沙特阿拉伯货币当局达成了一项秘密协议。该协议规定沙特阿拉伯中央银行可以购买在竞拍机制之外的美国政府债券（美国政府保证这些资金的安全），而沙特阿拉伯必须确保以美元作为石油的计价货币，由于沙特阿拉伯在 OPEC 中的地位和影响力，该协议进一步拓展到整个中东地区，至此，美国在布雷顿森林体系解体后成功地将美元与石油捆绑，再次确立了美元在国际货币体系中的地位。

石油美元体系的建立，加之石油和美元分别是世界上最具影响力的实物资产与货币资产，使得石油和美元之间关系错综复杂，因此成为学术界、实业界等各方关注的焦点。

从经济学供需的理论分析可知，油价上涨，石油进口国对美元需求增加。在供给不变的情况下，美元价格上涨，即美元升值；反之，油价下跌，在其他因素不变的情况下，美元贬值。

美元升值，石油进口国需要更多的本国货币换取美元进口等量石油，石油成本增加，在其他因素不变情况下，石油需求减少，石油价格下降；反之，美元贬值，石油需求增加，石油价格上涨。

大量的文献对石油价格和美元汇率之间的关系进行了实证研究，虽然研究方法不同，研究结果也有差异，但完全否认二者之间关系的文献很少。Chaudhuri 和 Daniel（1998）认为实际油价与实际汇率存在单向因果关系。Amano 和 Norden（1998）发现油价上涨 1%，长期将导致 0.51%的美元升值。Agnes 等（2007）发现 10%的油价上涨能导致 4.3%的美元升值。而 Chen 和 Chen（2007）利用七国集团（G7）成员的月度面板数据发现，除了存在长期均衡关系外，实际油价上涨在长期将导致实际汇率的贬值（余升翔，等，2010）。

（2）美元汇率与石油市场风险溢出效应。

石油美元计价机制与石油的金融化发展趋势使得石油市场和美元市场形成了密切的联动机制。2008 年金融危机期间，石油价格的大幅波动就是一个很好的例证，因此有必要量化研究石油市场和美元汇率市场之间的风险溢出效应，为有效管理能源市场风险提供依据。

下面利用风险溢出效应检验方法，选取 WTI 原油现货日价格数据和欧元兑美元名义即期汇率日数据作为研究对象，样本取值区间为 2000 年 1 月 4 日—2005 年 5 月 31 日，共 1 342 个观察值。

构造相应的统计量 $Q_1(M)$ 和 $Q_2(M)$，检验石油市场和美元汇率市场之间的双向和单向风险溢出效应。计算结果如表 9-5 所示，其中，M 分别取 10、20 和 30。

表 9-5　国际油价与美元汇率价格基于在险值的风险溢出效应检验结果

置信度	原假设	上涨风险溢出			下跌风险溢出		
		$M=10$	$M=20$	$M=30$	$M=10$	$M=20$	$M=30$
95%	$P^O \not\Leftrightarrow P^E$	−0.629 4 (0.735 5)	−0.437 0 (0.668 9)	−0.236 0 (0.593 3)	2.701 4 (0.003 5)	1.996 0 (0.023 0)	1.599 9 (0.054 8)
	$P^O \not\Rightarrow P^E$	0.331 1 (0.370 3)	0.189 8 (0.424 7)	0.023 4 (0.490 7)	0.081 6 (0.467 5)	−0.344 5 (0.634 8)	−0.671 5 (0.749 1)
	$P^E \not\Rightarrow P^O$	−0.542 5 (0.706 3)	0.279 3 (0.390 0)	1.090 2 (0.137 8)	3.886 7 (0.000 0)	3.038 3 (0.001 2)	2.699 2 (0.003 5)
99%	$P^O \not\Leftrightarrow P^E$	−2.407 1 (0.992 0)	−2.734 9 (0.996 9)	−2.612 8 (0.995 5)	1.120 9 (0.131 2)	1.213 9 (0.112 4)	0.793 4 (0.213 8)
	$P^O \not\Rightarrow P^E$	−1.632 6 (0.948 7)	−2.253 7 (0.987 9)	−2.217 1 (0.986 7)	−0.158 1 (0.562 8)	−0.703 0 (0.759 0)	−1.362 9 (0.913 5)
	$P^E \not\Rightarrow P^O$	−1.378 8 (0.916 0)	−0.023 1 (0.509 2)	1.044 1 (0.148 2)	−0.559 0 (0.711 9)	−0.341 9 (0.633 8)	−0.516 2 (0.697 2)

资料来源：张跃军等（2013）。

注：“$\not\Leftrightarrow$”表示两个市场之间不存在双向在险值-格兰杰因果关系，“$\not\Rightarrow$”表示不存在从前者到后者的单向在险值-格兰杰因果关系，小括号内是相应的显著性概率。P^O 表示国际石油价格，P^E 表示美元汇率。

风险检验结果表明：一方面，从下跌风险角度（即油价下跌，美元升值）来看，国际石油价格与美元汇率之间存在双向风险溢出效应。进一步检验单向风险溢出效应，发现在95%的置信度下，存在从美元汇率市场到国际石油市场的风险溢出效应，但不存在从国际石油市场到美元汇率市场的风险溢出效应。可见，美元升值的风险对国际油价下跌的风险影响显著。而在99%的置信度下，国际油价和美元汇率之间不存在任何方向的风险溢出效应，因此可以认为，就下跌风险而言，两个市场之间的风险溢出效应比较有限，当准确性要求提高到一定程度时，美元升值对油价下跌的风险影响可以忽略。

另一方面，从上涨风险角度（即油价上涨，美元贬值）来看，不管是在95%还是99%的置信度下，两个市场之间都不存在任何方向的风险溢出效应。可见，近年来，虽然美元总体上持续贬值，但就市场风险而言，这种贬值并未给国际原油价格的上涨风险带来显著的推动作用。换言之，尽管国际油价高企导致国际石油市场的主要采购者（如中国和印度）的购油额外支出明显增加，但从风险的角度来讲，美元持续贬值并不是这些国家支出增加的显著原因。

这里要特别注意的是，虽然从基于在险值的风险溢出角度而言，美元汇率市场与石油市场之间联动效应不显著，但不等于这两个市场之间不存在联动效应，如针对上述两个序列运用均值-格兰杰因果检验发现（Zhang，2008），欧元兑美元汇率是国际油价的格兰杰原因，而国际油价变化不是显著引起美元汇率起伏的格兰杰原因（见表9-6），因此存在从美元汇率到国际油价的单向均值溢出效应，即国际油价的变化受前期美元汇率变化的显著影响。

表9-6 国际油价与美元汇率价格均值溢出效应检验结果

原假设	*F*统计量	概率
美元汇率不是国际油价的格兰杰原因	8.744 7	0.003 2
国际油价不是美元汇率的格兰杰原因	0.007 1	0.932 9

资料来源：张跃军等（2013）。

9.4 能源市场风险管理

能源市场风险管理是指利用金融衍生工具等技术手段，对石油、天然气、电力、煤炭等能源产品的生产、消费和流通企业的资本（包括有形资产、有形商品和衍生品等）在运营过程中的风险进行识别、评估、监控和管理，使风险化解到较小程度并能产生额外利润（Pilipovic D.，2007）。

9.4.1 能源金融衍生品市场

对于能源企业而言，首当其冲的风险便是能源市场风险，价格波动是市场风险最主要的来源。影响能源价格波动的因素极其复杂，如自然灾害、气候条件、经济发展、人口数量、能源储量、金融操作、环境政策、政治因素等。能源价格的变化幅度巨大，在“卡特里娜”和“丽塔”飓风袭击前后的 60 天内，纽约商品交易所的天然气价格上涨幅度超过 100%。电力价格涨落更是惊人，2005 年夏季，美国得克萨斯州的平均电价为每百万瓦小时 90 美元，但在 9 月中旬炎热的几天中，电价竟跃升到每百万瓦小时 500 美元。能源价格能及时反映生产和消费状况，有利于调动社会资源恢复和保持供需平衡。然而，价格的巨幅波动也会给能源企业的风险管理带来极大的挑战。不少企业借助于能源金融衍生品市场，把对冲交易作为控制价格风险的利器（李赛时，2005）。

能源金融衍生品是能源价格风险管理中应谨慎使用但又不可或缺的工具。能源金融衍生品市场是以石油、天然气、煤炭等能源产品为基本标的，通过金融工具进行即期和远期金融衍生交易的新型金融市场。能源金融衍生品合约主要有三种类型：期货合约、互换合约和期权合约。

(1) 期货合约。

期货合约是合法的标准化合约。即在有管制的期货交易所，在将来的某个固定日期，按交易达成的价格进行交付结算。期货合约的卖方（空头）持有期货合约至到期日，就必须交付标的实物能源，如石油、天然气、电力等；如果买方（多头）持有期货合约至到期日，就必须提取标的实物能源。但纽约商业交易所和伦敦国际石油交易所很少进行实物交割，一般实物交割的期货合约占未平仓合约总数的比例不到 2%。在这些市场上，大多数交易的目的都是套利或投机，能源生产商或消费者更倾向于在现货市场，而不是期货市场进行实物交易。

(2) 互换合约。

互换合约又称掉期合约（swap contracts），指交易双方约定在未来某一时期相互交换某种资产的交易形式。更准确地说，掉期合约是当事人之间签订的在未来某一时期相互交换他们认为具有相等经济价值的现金流（cash flow）的合约。通常情况下，一方按达成的固定价格执行，另一方取决于合约期间浮动价格的平均值。在互换合约中，没有基础标的能源的实际交付，仅用资金结算。互换合约一般都是非标准化的，不能像期货和期权合约那样上市交易。

(3) 期权合约。

期权合约是双方达成的给予期权合约买方某种权利，使其在将来某一确定日期或这一日期之前以确定的价格买进或卖出某种资产的协议。它们可应用于一个特定的期货合约（期货期权）或特定的现金流（场外期权），或者被用来买卖一个特定的互换合约。当执行期权时，期权买方必须以确定的价格交付标的资产或合约。确定的价格被称为执行价格，不管是买方还是卖方，它是期权开始获利的价格水平。

例如，炼油商时刻暴露在原油价格上涨的风险中，为了控制和管理原油价格上涨的风险，确保经营平稳进行，它们可以通过套期保值来有效规避原油价格上涨的风险。假设现有某炼油商从中东地区购进 500 000 桶原油，该批原油于 2011 年 12 月 1 日—2011 年 12 月 5 日抵达新加坡港，为对这批买入的原油现货保值，需买入 2012 年 1 月期货，每天买入 100 份合约（每份合约 1 000 桶），共买入 500 份期货合约。

这批原油买进后被储存在仓库，2011 年 12 月 21 日起开始以 5 000 桶/天的速度消耗，为保证炼油商现货头寸与期货头寸一致，达到保值的目的，炼油商需要每天售出 100 份合约，这样当现货消耗完时，其期货头寸也变为 0（汤姆·詹姆斯，2008）。

9.4.2 正确使用能源金融衍生品

能源金融衍生品是管理能源市场风险不可或缺的工具，但不正确的使用不仅不能起到管理和控制市场风险的目的，反而会给企业带来更大的风险。在使用能源金融衍生品管理市场风险时，一定要注意以下风险的控制（李赛时，2005）。

（1）现金流风险。对冲交易的基本原则是保持买卖平衡，以抵消市场价格涨跌对产品组合的影响。在正常条件下，期货市场具有价格发现和套期保值的功能，对冲交易是有效的风险管理工具。不过，一旦市场条件变化，能源的物质-金融二重性会在时间上发生脱节，市场的有效性受到严重影响，市场对冲交易可能衍生极大的现金流风险。

（2）信用风险暴露（简称信用险露）。近年来，能源市场价格扶摇直上，信用风险暴露水涨船高，一笔信用损失就可能冲销许多企业整年的利润。21 世纪初，美国能源巨人安然公司的崩溃不是由于其交易操作的失误，而是由于其策略性的账外金融操作和由此引发的信用崩盘。安然公司破产殃及数百个交易对家，这些公司所持有的对安然的应收款项大多付诸东流。

（3）持仓错位风险。这包括两个方面，即实物仓位的错位和金融仓位的错位。持仓错位偏离了风险控制的目的，转而成为投机者。因为能源价格波动剧烈，任何一种错位都可能酿成巨大损失。例如，特莉能源公司在美国新泽西州经营电力零售业务，向大约 10 万用户供应电力。2005 年 8 月 5 日，当地气温陡升，该公司因预测错误，对用户耗电量少估算了约 900 百万瓦小时，电价从每百万瓦小时 100 美元飞跃至 700 美元，公司被迫从现货市场上购电以供应用户，仅此一日的持仓错位就让该公司净亏 54 万美元。

9.4.3 能源市场风险管理系统

能源市场风险大，影响因素复杂，破坏速度快，传统的风险管理方法难以适应现代风险管理的要求。以计算机技术为核心的风险管理系统成为近年来能源风险管理必须借助的管理平台，成熟的能源市场风险管理系统应能实时提供以下功能（李赛时，2005）。

（1）准确记录逐项交易。交易的输入应是实时的，并且没有多重系统重复输入。交易记录须经风险管理部门独立确认，确认后的任何修改需要通过密码安检并记录所有原始内容。

（2）报告仓位。根据生产和交易量，能源市场风险管理系统应能计算出在每一个货物交割点上的净长仓（净供应盈余量）或净短仓（净供应短缺量），同时还应计算出在每一个期货交易点上的期货净长仓或净短仓。

（3）报告产品组合的市场实时价值（mark to market，MTM）。能源市场风险管理系统不但能计算市场实时价值，而且能根据生成来源将其分解为两部分。一部分可能来自当日新交易；另一部分则可能源于市场的波动。而市场波动部分又可进一步分解成市场价格影响分项、市场振荡分项、时间衰退分项等。市场实时价值的分解报告将产品组合的风险直接与不同的市场因素相连接，是跟踪和控制市场风险的有效工具。

(4) 报告在险值。能源市场风险管理系统根据历史价格和价格模型参数做出市场预测，进而计算出产品组合的价值概率分布，并依此报告在险值。在险值通常被用作交易员的风险控制额度。

(5) 计算信用险露。信用险露应以交易对家为序逐个计算，并随时与信用额度比较。在特定的市场环境下，如发生市场价格巨幅跳动或某个交易对家的信用降级，信用险露则应被实时重复计算。

(6) 预测现金流状况。市场风险管理主要关心交易保证金和抵押款陡升所引起的现金流短缺，而这两方面的现金需求都是由市场价格衍生的。能源市场风险管理系统应根据市场预测随时计算潜在的现金需求量。

(7) 风险溢出效应分析。高级的能源市场风险管理系统不但能对主要的市场因素进行风险管理，而且可以对相互关联的市场间的风险溢出效应进行分析。例如，汽油价格上涨20%可能拉动天然气价格上涨15%；而一个地区的电力需求下降不仅会抑制本地电力价格上涨，而且可能间接推动邻近区域的电价下降。市场多因素模拟的结果被用于计算市场实时价值和其他指标，作为风险度量和管理的依据。

本章小结

能源在国民经济中具有重要的战略地位，同时化石能源产品还具有高度的地缘性、耗竭性、不可再生性，以及能源金融化发展趋势。这些特点使得能源产品价格决定因素比一般产品复杂得多，波动频繁且剧烈，由此产生很大的市场风险。能源市场风险不仅具有一般产品市场风险的客观性、偶然性、动态性和可测性等特点，还具有波动剧烈性、复杂性，以及跨市场传导性等特殊性。

风险在不同市场之间的传导，一方面会加剧市场波动，引起更大的市场风险；另一方面会削弱投资组合的系统风险规避功能。因此，有必要研究能源市场内部各市场之间，以及能源市场和与它紧密相连的外汇市场、粮食市场等市场之间的风险溢出效应。风险溢出效应主要包括基于均值的风险溢出效应、基于方差的风险溢出效应和基于在险值的风险溢出效应。本章重点介绍了基于在险值的风险溢出效应检验，并利用该检验方法检验了WTI原油现货价格与Brent原油现货价格之间的风险溢出效应、WTI原油期货和现货市场价格之间的风险溢出效应，以及WTI原油现货和欧元兑美元名义即期汇率之间的风险溢出效应。

能源金融衍生品是能源市场风险管理不可或缺的工具，能源金融衍生品合约主要有期货合约、互换合约和期权合约三种类型。在使用这些合约管理能源市场风险时，一定要时刻注意控制现金流风险、信用险露和持仓错位风险，并借助于能源市场风险管理系统进行规范化管理。

思考题

1. 能源市场风险是什么？产生的原因有哪些？

2. 能源市场风险与一般金融市场风险有哪些异同？
3. 在险值是如何度量风险的？常用方法有哪些？
4. 原油期货和现货市场之间的风险溢出特征是什么？这些特征会保持不变吗？
5. 能源金融衍生品有哪些？应如何使用以规避风险？
6. 2013 年被批准的“沃克尔规则”为何反对商业银行拥有对冲基金和私人股权基金以限制衍生品交易？其对能源市场有何影响？

拓展阅读

能源市场与粮食市场的关联性

现代经济社会发展对化石燃料需求的快速增长导致了温室气体排放大幅增长、能源供应不安全等一系列问题。作为解决这些问题方法之一的生物能源备受青睐，全球生物燃料产量呈现明显上升趋势。2007 年，生物乙醇达到 52 百万升，约为 2000 年产量的 3 倍，生物柴油的生产也出现了类似的趋势，如图 9－1 所示（Ajanovic，2011）。

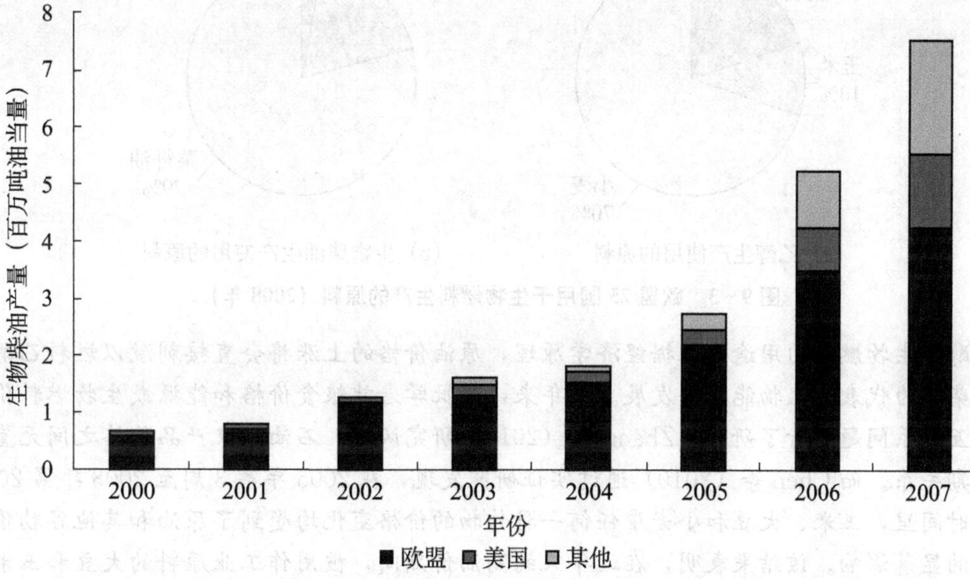

图 9－1　生物柴油的生产趋势（2000—2007 年）

生物燃料的主要原料为粮食作物，图 9－2 和图 9－3 分别给出了 2008 年美国和欧盟 25 国生产生物乙醇和生物柴油的原料构成情况。美国主要用玉米生产乙醇，玉米占原料的 97%；用大豆油生产生物柴油，大豆油占原料的 82%。欧盟 25 国主要的原料分别为小麦和菜籽油。自 2005 年年底石油价格大幅提高以来，美国建设燃料乙醇加工厂的项目投资也在飞速增长。根据美国地球政策研究所（EPI）的研究，2008 年，美国的乙醇加工厂需要 1.39 亿吨玉米作为生产原料。

伴随着油价走高，近年来国际粮食价格也出现了持续上涨的趋势，引发了全球对粮食安全的担忧。在探讨粮食安全问题时，人们很快将矛头指向了粮食被作为重要原材料以生

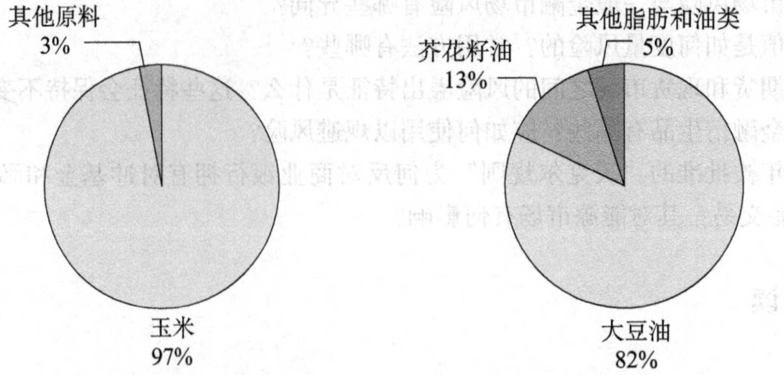

(a) 乙醇生产使用的原料　　(b) 生物柴油生产使用的原料

图 9-2　美国用于生物燃料生产的原料（2008 年）

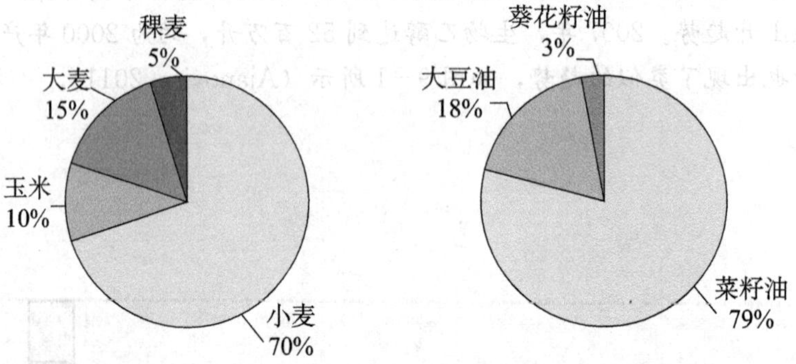

(a) 乙醇生产使用的原料　　(b) 生物柴油生产使用的原料

图 9-3　欧盟 25 国用于生物燃料生产的原料（2008 年）

产乙醇等生物燃料的用途。根据经济学原理，原油价格的上涨将会直接刺激以燃料乙醇和生物柴油为代表的生物能源的发展。近年来，一批学者就粮食价格和能源或生物燃料价格的相互关系问题进行了研究。Zhang 等（2010）研究认为，石油和农产品价格之间无直接的长期关系。而 Chen 等（2010）通过实证研究发现，在 2005 年第 3 周至 2008 年第 20 周这段时间里，玉米、大豆和小麦中任何一种作物的价格变化均受到了原油和其他谷物价格变化的显著影响。该结果表明，在近年来的高油价期间，被用作工业原料的大豆和玉米的需求与作为食物的需求之间存在竞争关系。Gohin 和 Chantret（2010）的研究也支持食品价格与油价之间存在正向关系。联合国粮农组织（Food and Agriculture Organization of the United Nations）估计，生物燃料在当前的粮食涨价中所起的作用约为 10%。

不过关于生物燃油发展有多种观点，有赞成的，也有反对的。2008 年 2 月，英国《独立报》上署名为 S. 康纳的一篇报道称，生物燃料使气候变得更糟糕。美国国家农业部和国力农业科学院实验室的科学家就种植玉米、大豆并生产为生物燃料需要的能源与生物燃料提供的能源孰多孰少问题给出了截然相反的意见，该分歧可能是由对生产中能源消耗的测量标准和方法不同导致的。律师出身并在普林斯顿大学做访问学者的 D. 瑟奇格（D. Searcninger）在 2008 年 2 月 7 日的《科学快讯》（*Science Express*）上发表了题为

《生物燃料会以改变土地用途的方式增加温室气体排放》的文章。文章认为，玉米等谷物在种植过程中需要消耗大量的水分，并且运输要消耗大量的化石燃料，而大面积种植同种植物会引起虫害、土壤变质等问题。

另外，虽然出现了上述对能源安全与粮食安全的矛盾担忧的观点，但也有人认为这种担忧不必要。在他们看来，生物能源发展不会影响粮食安全，因为生物能源的扩张不会无限膨胀。生物能源的发展除受各国优先保障食物安全的政策层面的干预外，还会受到经济利益的调节。随着生物能源部门对粮食消耗的增加，可供食用的粮食数量会减少，这将推高粮食价格，不断上涨的粮食价格会反过来抑制生物燃料的发展。生物燃料的发展将会在能源市场（原油市场）和粮食市场之间不断调整，以实现动态的平衡。

针对能源市场与粮食市场之间关系的研究以定性为主，定量研究不多。实证研究主要集中在能源价格与粮食价格之间的关系研究上，其中相当一部分是关于油价和农产品价格之间的因果关系。Yu 等（2006）、Zhang 和 Reed（2008）、Kaltalioglu 和 Soytas（2009）、Gilbert（2010）、Lombardi 等（2010）、Mutuc 等（2010）、Nazlioglu 和 Soytas（2010）支持中性假设，即油价和农产品价格之间不存在任何方向的因果关系。Hameed 和 Arshad（2008）、Cooke 和 Robles（2009）则发现存在从油价到农产品价格之间的单向因果关系。Nazlioglu（2011）对 1994—2010 年的周数据，运用 Toda-Yamamoto（1995）线性因果检验方法发现不存在任何方向的因果关系，而运用 Diks-Panchenko（2006）的非线性因果检验方法则发现存在从油价到玉米和大豆价格之间的一个持久的非线性因果关系。

总体而言，孰是孰非目前还很难判定，我们需要做更深入、更系统的研究。但在粮食用于生物质燃料的开发上，各级政府必须高度重视，保证在解决石油安全问题时，避免形成更为严重的社会、环境等问题，避免造成世界粮食经济的混乱。

资料来源：魏一鸣，等. 中国能源报告 2012：能源安全研究. 北京：科学出版社，2012.

第 10 章 能源投融资

能源的投融资问题十分复杂，受到多种因素的影响。为了科学、合理地规划能源工业投资策略和融资模式，构筑稳定、经济、清洁、安全的能源供应体系，减轻能源供需矛盾，争取以最低的投资成本满足国家安全和经济社会持续、快速、健康发展的需要，我们必须清楚地了解能源部门自身的融资特点、能源投资的效益与风险、影响能源部门投融资的主要因素和影响方式、能源融资需要遵循的原则、未来的融资环境，以及融资模式等问题。

本章共有六节：10.1 节简要阐述能源投融资概念和世界概况；10.2 节介绍能源投融资的特点；10.3 节重点分析能源投融资的主要影响因素；10.4 节阐述能源投资效益与风险；10.5 节介绍能源融资原则与融资环境；10.6 节以中国能源融资模式为例阐述能源融资战略。

10.1 能源投融资概述

10.1.1 能源投融资的基本内涵

以企业为例，投资是指投资者以自有的资产投入承担相应的风险，以期合法地取得更多的资产或权益的一种经济活动。融资是指企业从自身生产经营现状及资金运用情况出发，根据企业未来经营与发展策略的需要，通过一定的渠道和方式，利用内部积累或向企业的投资者及债权人筹集生产经营所需资金的一种经营活动。

能源投资和融资是对同一个问题的不同角度而言的。能源投资是指投资者对能源行业或企业的资产投入；能源融资是指能源行业或企业通过一定的渠道和方式筹集资金的活动。能源投融资方式是在资源配置过程中能源投融资的决策方式（谁来投资）、投资筹措方式（资金来源）和投资使用方式（怎样投资）的总称，它是能源投融资活动的具体体现。而能源部门的融资方式和资金来源是由能源部门的资金特征来决定的。

10.1.2 世界能源投资概况

能源的投融资不仅与能源生产的自身特征及消费特点有关，而且与能源资源的区域分布状况有关。本节将从不同能源品种和不同区域两个方面对世界主要国家的能源投融资状况进行回顾。

（1）不同能源品种的能源投资。

能源的投融资与能源生产的自身特征及消费特点有关，不同能源品种的投融资情况差异较大。本书主要对油气、煤炭、电力以及可再生能源的投融资情况进行回顾，并对不同能源投融资的一般特点进行归纳。

一般来说，在油气部门供应链的投资中，上游产业所占份额最大；民间和地方油气公司投资增幅较大，国际石油公司增幅放缓；名义投资大幅上升，油价上涨带动新设备和新技术的投资增长；油气勘探在上游投资中所占份额不断下降；炼化环节关注产能增长以及技术进步，发展中国家对炼化环节的投资不断加大。

煤炭投资主要用于维持现有产能及开采环节。全球尤其是电力部门对煤炭的需求不断增长，对煤炭相关产业的投资有所增加。项目融资在煤炭部门融资中占比较小。

长期以来，电力部门属于资本密集型行业，对不同能源的发电成本较为敏感。经济合作与发展组织（OECD）国家装机容量增幅放缓，发展中国家电力投资占GDP比重高于OECD国家。OECD国家电力市场化发展迅速，对于电力的投融资活动更加理性。发展中国家存在电力缺口，市场的不健全影响电力的投融资。

对于可再生能源行业来说，相比其他能源品种，融资比较困难，但政策支持、税收激励推动，以及可再生能源技术的不断成熟都可促进可再生能源的发展和加快其商品化进程。

（2）不同区域能源融资概况。

不同区域能源投融资有不同的规律，下面将分别对OECD北美、OECD欧洲、OECD亚太、俄罗斯和中东地区的能源投融资状况进行回顾。

1）OECD北美。

OECD北美政府限制国内开采，石油上游投资紧缩，非常规石油投资加大。OECD北美根据地区资源优势，加大对非常规石油的投资。在天然气投资方面，投资转向设备与基础设施。需求增长和地区内产量下降导致进口增长，投资转向进口液化天然气的接收终端；政府政策鼓励加大对输气管道的投资。煤炭产能增长趋缓，回报率过低导致投资减少；电力投资增长较快，投资重点转向供电系统的安全性和可靠性；电力市场的形成促进了发电部门的投资，但是输电网络投资相对滞后。

2）OECD欧洲。

OECD欧洲的国家石油投资增长减缓。石油储量有限并且集中，开发成本较高导致地区内投资增长放缓。在天然气方面，投资增长不明显，大部分投资用于勘探新气田。煤炭投资趋于停滞，主要原因为产量下滑，以及地区内的环境保护政策使得对煤炭的投资趋于停滞。在电力市场引入私人投资使得政策监管力度加大。

3）OECD亚太。

OECD亚太的石油投资主要投向勘探和炼化部门，同时向地区外拓展，加大了对非常规油田项目的投资。在天然气方面，投资主要用来进行勘探以及管道建设。煤炭方面，澳大利亚储量丰富，出口优势促使澳大利亚对煤炭的投资增加。在电力投资方面，日本电力市场由私人掌控，投资总量大但是逐年减少；澳大利亚电力市场运作良好，投资主要用来提高电力市场效率。

4）俄罗斯。

在石油投资方面，俄罗斯拥有巨大的石油储量，其投资主要用于上游工业以及输油管道的建设。政府加强了对能源行业的控制，着力监管国外对其石油行业的投资。政府重视天然气工业的发展，逐渐加大了对天然气管道的投资。国家战略驱动天然气垄断，逐步引入国外投资。在电力方面，俄罗斯装机容量可以满足电力需求，投资主要用来维护和更新现有设施。

5）中东地区。

中东地区由于石油出口量巨大，投资主要投向勘探与开发部门；且出于国家利益的考虑，石油输出国对国外投资限制较多。在天然气方面，新增投资主要来源于私人资本，国际融资能力受限；同时由于地缘政治紧张，天然气国际融资能力受限。

10.2 能源投融资的特点

10.2.1 能源部门的资金特征

能源企业的融资方式和资金来源是由能源部门的资金特征来决定的。通过对世界主要国家和地区的能源部门的资金来源进行分析发现：相比于其他工业部门，能源部门资金密集度高，债务期限长，产业链各环节具有风险积累、放大和传导效应，以及资金来源多样化等特点。具体来说，能源部门的资金特征包括以下几点：

（1）资金密集。

相比其他工业部门项目，能源项目的资金更加密集，而且在投产之前或具有供应能力之前就需要大量资金投入。如果以单位增加值所需资金投入来衡量，那么电力部门就是资金最密集的部门。平均来讲，电力部门的单位增加值所需资金投入是其他部门（例如，汽车生产）的2～3倍。石油和天然气加工、处理和精炼部门的资金密集程度也比其他部门大。

能源企业资金密集度越大，也就意味着面临的金融风险越多。同时，高的资金密集度也加大了投资周期变化带来的影响，以及与此相对应的资金能力过度或不足的风险。

（2）债务期限要求较高。

能源企业一旦建立，就不能迁移到其他地点。尤其是电力和天然气企业，和特定的国内市场紧密相关。能源产业中的企业通常都有较长的生命周期（大多数情况下超过30

年），长期利润很难预测。特别是对电力和天然气运输网络来说，长期利润更难预测。而核能发电和水力发电都需要较长的建设周期，因此，能源企业一般需要长期的资金保障。另外，出于成本的考虑，企业更愿意借贷短期资金，所以合理的债务期限对能源企业来说至关重要。

（3）风险具有累积、放大和传导效应。

能源部门的产业链非常复杂，其中不同的能源项目之间、能源项目与其他非能源项目之间都有很强的相互依存关系，而风险在产业链中具有累积效应。例如，煤炭生产企业为火力发电厂提供煤炭，火力发电厂的运营受到煤炭供应的直接影响，煤炭企业和电力之间具有相互依赖和制约关系等。

（4）收益不确定性大。

能源项目由于在地质风险、市场风险、原材料和劳动力成本上涨等方面存在较大的收益不确定性，因此在融资过程中必须考虑增加风险回报。

10.2.2　能源部门的资金来源特征

能源部门由于其生产特点和产品的特殊性，对资金的数量和期限都有很高的要求。对于绝大多数能源企业来说，随着各国能源产品市场化进程的加速和国家管制的放松，融资渠道逐渐多元化。除了传统的企业内部现金流之外，以各级证券市场为载体的债券融资和股权融资也越来越多。其中，国内储蓄、国际资本和金融市场是能源部门的主要资金来源和融资渠道，且三者在能源部门的资金来源中具有不同的地位。具体来说，包括以下几点。

（1）国内储蓄是能源部门的主要融资来源。

能源部门的资金主要来自国内储蓄。这是由于：一方面，国内储蓄在绝大多数国家都是主要的基本建设资金来源；另一方面，能源对国家的经济增长和社会发展起着支柱作用。因此，出于战略和安全的考虑，在能源部门的资金中，本国的国内储蓄始终处于较大比例。

国内储蓄量是否充足，很大程度上决定了能源部门的可用资金是否充足。OECD 国家的国内储蓄基本可以满足能源部门的资金需求；多数经济转型国家和发展中国家的国内储蓄量与能源部门资金需求量之间存在着缺口。

图 10－1 显示了国内投资和国内储蓄的平衡关系①，即 *IS* 平衡。*IS* 平衡通常作为经济体中所有投资类型资金资源的可用性指标。

因此，从国内储蓄、能源部门资金需求以及国家的整体投资-储蓄平衡来看，国内储蓄虽然构成了能源部门的主要资金来源，但是对发展中国家和转型国家来说，仅靠国内储蓄还不能满足能源部门的全部投资需求。

（2）国际资本是国内储蓄的重要补充。

由于国内储蓄不能完全满足能源部门的资金需求，或者由于资金来源多样化的需要，

---

①　此处应为国（地区、组织）内投资和国（地区、组织）内储蓄，为简单处理，统一表述为国内投资和国内储蓄。后同。

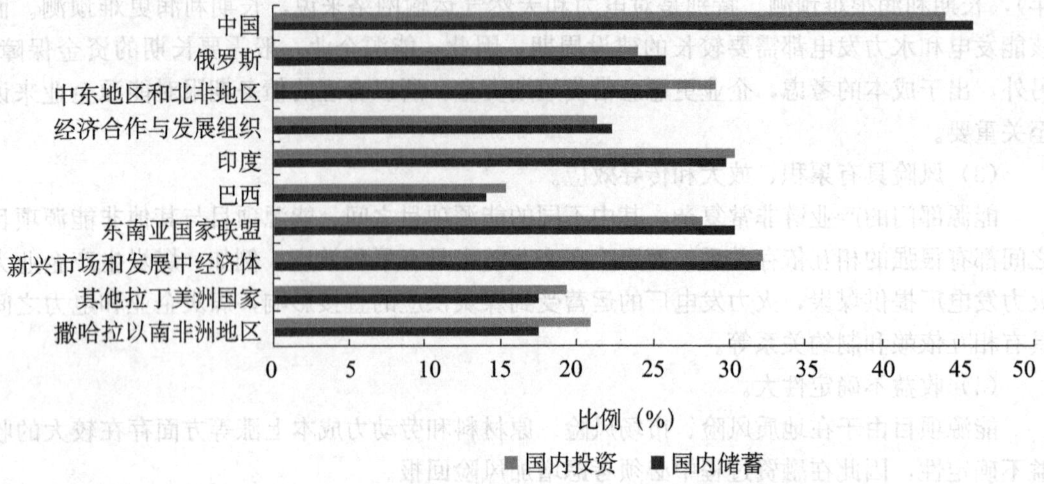

图 10-1 2016 年世界不同国家（地区、组织）的国内投资和国内储蓄占 GDP 的比例

资料来源：IMF（2018）。

国际资本就成为能源部门资金来源的重要补充。

利用外部资金有优势也有风险。一方面，从国外融资通常可以降低资金成本并具有相对长的债务期限，这是由于国际金融市场更具有组织性和竞争能力；另一方面，过于依赖外国投资流会削弱本国的经济稳定性。由于海外资本流动性较大，如果投资利润以本地货币计算（通常电力行业和下游天然气部门采取此种方法），货币贬值和汇率风险也会加重债务人的负担；另外，国家的外债水平［总外债占国民生产总值（GNP）的比例］对外部资本进入的影响也非常大。

(3) 金融市场是能源部门项目融资的重要渠道。

由于能源企业的特殊性和规模性，融资渠道一般都以项目融资为主。从能源部门融资渠道的分析可以看出，除了企业自有资金、政府官方贷款或援助机构贷款，以及来自特别机构的款项外，大部分能源部门融资是通过国内和国际证券市场（包括股票市场和债券市场）进行的。因此，无论对国内储蓄还是国际资本来说，证券市场都是能源部门进行融资的重要途径。

衡量金融市场发育程度的指标主要包括金融机构的绝对规模、银行部门的活跃程度、股票市场和债券市场的规模等。金融机构的绝对规模通常与收入相关；银行部门的活跃程度通常以银行提供的、与能源投资需求相关的国内信用水平衡量。从不同地区的能源投资需求和国内银行贷款的关系来看，OECD 国家和中国高于其他国家和地区，且在中国，国内银行信贷占 GDP 的比重大于 OECD 国家，且更为活跃，如图 10-2 所示。

10.2.3 世界主要国家的能源投资

以下介绍 OECD 国家、转型国家及发展中国家的能源投资特征，以及影响不同国家能源投资的关键因素。

(1) OECD 国家的能源投资特征。

OECD 国家大多经历了工业化的过程，无论是经济还是能源工业，都进入了相对稳定

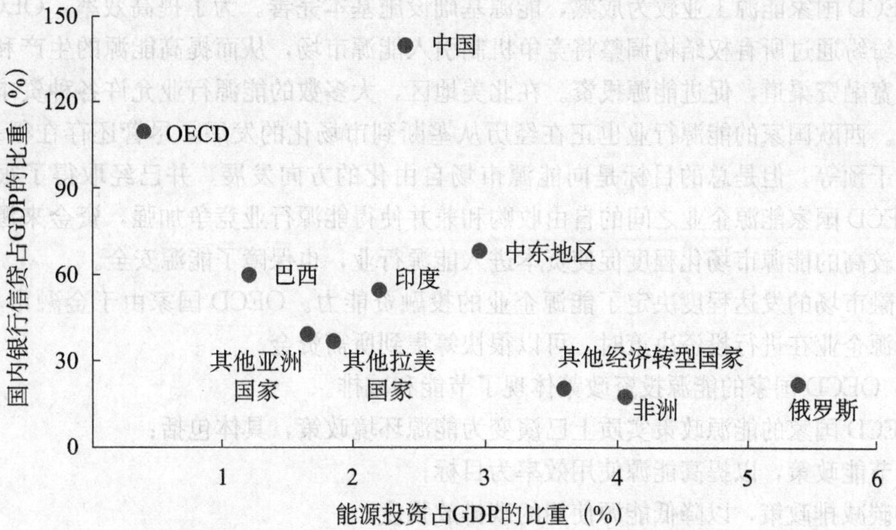

图 10-2　不同国家（地区、组织）的能源投资需求和国内银行信贷示意图

资料来源：IEA（2006）。

的时期，其能源投资表现出一定的共性特征。

1）世界能源贸易降低了 OECD 国家的国内能源投资需求。

由于全球化的发展，全球能源市场相互依赖，OECD 国家作为主要的能源消费国，与主要能源生产国、经济转型及发展中国家之间的关系正在向相互依赖、相互促进的方向发展。经济转型及发展中国家对能源产业的投资除了满足自身需求之外，也为 OECD 国家输出了能源。

由于经济转型及发展中国家的能源资源更加丰富、开发成本更低，国际资本大多数流入这些国家。OECD 国家通过能源贸易满足了国内部分需求，客观上降低了本地区对能源投资的需求。

2）能源基础设施的相对完善使得 OECD 国家的能源投资占 GDP 的比重较低。

OECD 国家为具有成熟资本市场的工业化国家，如美国、日本、加拿大、澳大利亚、新加坡和韩国等，人均 GDP 较高。其中，美国、日本、加拿大、澳大利亚的人均 GDP 高于 20 000 美元（1999 年不变价）。在世界银行 2006 年的研究报告中，1960—2005 年美国人均 GDP 和油气上游投资，以及美国历年 GDP 和油气上游投资占 GDP 的比重的数据显示：当人均 GDP 较低时，对能源投入的绝对数量（以对油气上游的投资为例）不是很大，但是占 GDP 比重较大；随着 GDP 和人均 GDP 的增加，尽管对能源的投资大幅增长，但这部分占 GDP 的比重是在减小的。

OECD 国家经过长期能源投资积累，已经有着大量的能源基础设施投资总量，能源基础设施已经相对完善。目前，由于 GDP 更大，OECD 国家在能源设施上的绝对投资额更高，但是投资压力相对较小。以电力部门为例，1991—2000 年，OECD 国家电力部门投资占 GDP 的比重约为 0.5%，明显低于发展中国家。

3）较高的能源市场化程度和发达的金融市场使得 OECD 国家的能源投资需求更容易满足。

OECD国家能源工业较为成熟，能源基础设施基本完善。为了提高效率，OECD国家的政府纷纷通过所有权结构调整将竞争机制引入能源市场，从而提高能源的生产和分配效率，放宽融资渠道，促进能源投资。在北美地区，大多数的能源行业允许各种资本无歧视地进入。西欧国家的能源行业也正在经历从垄断到市场化的发展，尽管还存在很多问题，如政府干预等，但是总的目标是向能源市场自由化的方向发展，并已经取得了很大的进步。OECD国家能源企业之间的自由收购和兼并使得能源行业竞争加强，资金来源日趋多元化。较高的能源市场化程度促使资本进入能源行业，也保障了能源安全。

金融市场的发达程度决定了能源企业的投融资能力。OECD国家由于金融市场完善，大型能源企业在进行投资决策时，可以很快筹集到所需资金。

4）OECD国家的能源投资政策体现了节能和减排。

OECD国家的能源政策实质上已演变为能源环境政策，具体包括：

①节能政策，以提高能源使用效率为目标；

②碳减排政策，以降低能源使用的碳排放强度。

在德国、日本、美国等OECD国家，由于政府采取给予补贴的扶持政策以鼓励投资，光伏发电产品已经开始大规模应用，市场前景非常好。目前在德国，以风能、太阳能为主的可再生能源的产量已占其全部能源需求量的6.4%，超过了核能5.7%的比例。

5）OECD国家的政府能源研发投资呈现多样性并集中于少数国家。

由于20世纪70年代两次石油危机的影响，为寻求石油的替代能源技术，OECD国家的政府能源研发投资大幅增加。虽然当石油危机结束后，伴随着国际油价下跌，能源研发投资总量开始缩减，但呈现出能源技术与研发技术投资多样化的趋势。在OECD国家的能源研发中，核能技术一直受到极大的关注，研发投资比例始终保持在50%以上。此外，对可再生能源的投资也在逐年增加。总体来看，OECD国家的政府能源研发投资的技术多样化趋势是明显的，这一趋势对于优化能源结构和保证供给起到了一定的积极作用，并且增加了应对气候变化的技术选择。

与技术多样性趋势相反的是，从20世纪80年代中期开始，政府能源研发投资越来越集中于少数OECD国家。美国、加拿大、日本和法国等国家的政府能源研发投资在不同技术上的投资比例保持了相对的稳定。而德国、英国、意大利、瑞士和荷兰等欧洲国家在各能源技术上的研发投资则趋于多样化。法国的能源系统锁定于核能技术，因此其能源技术研发的多样性受到限制，但是也可以看出其在2000年左右出现的技术研发多样化趋势。

1980年，各OECD国家都将核能作为最优先投资的研发领域，其次是化石能源。到了1990年，可再生能源和节能技术与化石能源一起受到关注。而2000年时，一方面多样性逐渐显现，另一方面核能的绝对优势地位受到挑战，在不少国家中，投入最多的技术领域不再是核能。各国之间出现了其优先发展的技术领域，如德国倾向于可再生能源，意大利倾向于电力技术，日本倾向于节能技术，英国和美国则倾向于其他非传统技术领域。

6）OECD国家对节能的投资逐渐增加。

提高能源效率成为OECD国家增强产品竞争力、保证能源安全、降低环境损害、减少温室气体排放的重要手段和各国能源战略的重要组成部分。很多OECD国家都以立法形式制定了国家级及地方级的节能法律、法规，如日本的《节能法》、美国的《国家节能政策法案》等。

美国制定了《2005国家能源政策法案》，其能源战略的核心是提高能源供应自主性。美国以政府和工业部门合作的方式促进节能产品的生产与开发，在商业活动中设定新的最低节能标准，并通过提供退税补贴来鼓励节能产品的生产和消费。

两次石油危机以后，日本加大了能源结构的调整和节能技术的开发投资，在世界上率先建立起节能型经济。目前，日本加速开发不依赖于化石燃料和节能的新技术，欲成为利用新能源和节能技术的出口国，通过产品和能源的融通循环实现节能和效益的最优化。在太阳能发电燃料电池、混合动力汽车等节能新技术方面，日本居于世界领先位置。由于资源和环保问题日益成为跨国界的全球性问题，日本提出要开展资源和节能方面的国际合作，尤其重视我国这一巨大的节能和环保市场。

(2) 经济转型及发展中国家的能源投资特征。

经济转型及发展中国家正在向工业化迈进，经济快速发展导致了能源需求增长迅速，使得能源投资压力更大。分析经济转型及发展中国家的能源投资特征有利于我们进行横向比较，从而更加全面地了解国际能源投资现状与趋势。

1) 能源资源禀赋决定了国际能源投资流入经济转型及发展中国家。

经济转型及发展中国家的资源相对丰富，具有很高的可开发前景。很多国家将能源资源出口作为发展经济的重要手段。中东地区和前苏联地区有着世界上最大的剩余油气储量，有望满足未来30年石油增长的需求。由于中东地区的石油生产成本仍然最低，这一地区将是油气投资的重点。

1991—2002年，外国直接投资（foreign direct investment，FDI）变动很大，大部分国际资本流入经济转型及发展中国家。流入中东地区的外国直接投资大多进入油气工业上游部门。1998年以前，外国直接投资一直上升，随后下降，但是它们在全球外国直接投资的份额仍然保持在1%左右。油气行业占俄罗斯的外国直接投资约为10%，在1998年，当金融危机对非能源行业投资造成很大冲击时，这一比例达到28%。在拉美地区，能源行业在外国直接投资中所占比重更高，这得益于国有电力和天然气设施公司的私有化，以及油气田开发对国外资本的开放。在巴西，电力部门的外国直接投资在20世纪90年代末达到顶峰。近年来，油气工业的外国直接投资发展迅速的国家主要有委内瑞拉、厄瓜多尔、哥伦比亚、智利和秘鲁，在这些国家中，进入能源行业的外国直接投资占70%～80%。剩余所有外国直接投资进入电力和天然气设施部门，特别在阿根廷、智利和哥伦比亚。从单个国家来看，能源行业的外国直接投资前景将取决于经济环境、收入、市场增长、劳动力素质和政府对国外资本的开放政策。

2) 经济的快速发展使得发展中国家的能源投资增长加快，在世界能源投资中的份额加大。

近年来，发展中国家经济增长最快，因而发展中国家对能源的需求更多，能源投资增长加快，因此在世界能源投资中的份额也加大。中国和印度作为最大的两个发展中国家，经济发展十分迅速，能源消费量也不断增加。

3) 市场化程度不高和金融市场不发达阻碍了发展中国家的能源领域投资。

发展中国家的能源市场化程度不高，很多能源品种，特别是石油、天然气和电力市场基本由国家垄断。亚太地区的大多数国家尚未建立统一的能源监管体系，难以有效监督并管理能源生产；同时，由于所有制大多数为国有，限制了能源行业市场准入的门槛，使得非国有资金难以进入能源行业。另外，国有能源企业的投资领域受到了一定的限制，这些企业一般只能从事某一能源领域的投资。能源价格不能反映市场供求关系，很多国家并未建立和形成有效的能源市场价格机制和透明的能源价格管理制度。

在经济转型及发展中国家，能源发展对资金的需求比例要远高于OECD国家，一般来说，其投资风险也更大，尤其是电力和天然气的下游项目。经济转型及发展中国家的金融市场不发达，约束了资金的可获得性，尤其是长期投资，很少有政府能够满足全部资金要求。不发达的金融市场限制了对国内债权人的借贷，汇率风险、经济和政治的不稳定带来的风险、政治制度和法律的不可靠也给非政府投资造成了障碍。

很少的经济转型及发展中国家有能力投资国内的电力和下游天然气市场，同时，汇率风险、立法和管理体系的低效率，以及对经济和政治稳定性的担心使得吸引国际资金也有一定的难度。

4）环境政策对经济转型及发展中国家的能源投资有抑制作用。

能源的生产、转换和消费会产生环境问题，如二氧化碳和地方污染物二氧化硫等的排放都日益受到世界范围内的关注。减少温室气体排放的新措施对许多国家能源投资的水平和模式将产生重要影响。例如，巴西针对提高能源效率和扩大可再生能源利用提出了12项国家能源政策，这些政策不仅大大地降低了排放量的增长，而且减少了能源部门的投资需求，从而降低了能源需求的增长速度。

5）新能源开发投资受政府鼓励。

国际石油、天然气等一次能源价格的快速上涨使得发展中国家的能源使用成本不断提高，很多发展中国家相继推出鼓励新能源开发的政策，新能源投资蓬勃发展。以可再生能源装机容量为例，2005年，发展中国家甚至高于欧盟成员国。

6）国家能源战略决定了经济转型及发展中国家的能源投资方向。

经济转型及发展中国家的政府对能源市场的干预能力强，能源投资方向由国家能源战略决定。在俄罗斯，能源出口在国家经济中占有重要地位。1992—1999年，俄罗斯相继出台了《新的经济条件下能源政策构想基本原则》等六份相关文件。这些文件的出台促使了更多的资本进入能源行业，增加了国家的能源出口，缓解了国家经济危机。随着经济形势的好转，2003年8月，俄罗斯政府正式出台了《2020年前俄罗斯能源战略纲要》。在此战略引导下，俄罗斯政府加强了对本国能源资源的控制，外国投资者对能源部门的投资将受限制，但对中型和小型油气田没有限制。

为了加强国家对能源的控制，俄罗斯有60%的石油资源和接近90%的天然气资源是国有的，其能源投资所需的资金也主要来源于国有油气公司的现金流，但是能源工业对资金的需求是十分巨大的，并且处于经济转型期的俄罗斯缺乏足够的资金来完成对国内能源的投资，所以俄罗斯近年来也引入了一些国外油气公司参与其国内的油气项目。

在拉美地区，加强对多元化的廉价能源投资正在成为许多拉美国家未来能源战略的重要组成部分。这些国家将目光投向当地盛产的各种油料作物，以及甘蔗、甜菜和动物脂肪等农副产品，以大力开发生物燃料，且成果显著。

10.2.4 世界主要国家的能源融资模式及特点

投融资体制是经济体制最重要、最核心的组成部分，既与经济活动的宏观管理体制，如计划体制、财政体制、金融体制直接联系，又与经济活动的微观管理，如单个建设项目或单个企业的管理密切相关。一个国家的投融资体制直接表现为该国对投融资模式的选择，具体说来，包括对直接融资和间接融资的选择和对融资渠道的选择。融资模式的选择受资本市场发育和金融体制的制约。

OECD国家企业融资主要有两种形式。一种是以英国、美国为代表的以证券为主导的融资模式；另一种是以日本、德国为代表的以银行为主导的融资模式。日本与德国虽然都是以银行为主导的融资模式，但二者仍有差别。对融资渠道的选择与经济环境、在国际金融市场的地位和活跃程度密切相关，同时也与能源行业的开放程度和市场化程度相关。

各国的经济发展历程以及社会文化形态和政治制度会影响其融资特征的形成。本节在分析主要融资模式特点及要求的基础上，以世界主要能源消费国为例，按照国家能源战略-能源部门融资特征-能源企业案例的结构来分析典型国家的能源融资特征。

（1）以证券为主导的融资模式。

以证券为主导的融资模式特点是，以直接融资为主，证券市场是其主要的融资渠道。以证券为主导的融资模式要求有发达的证券市场、明晰的产权制度和完备的法规与之配套。以证券为主导的融资模式的典型国家有美国和英国。

1）美国。

美国是典型的自由市场经济国家，资本市场非常发达，能源企业融资已实现高度市场化。因此，美国能源企业主要通过发行企业债券的方式从资本市场上筹集长期资金，证券融资成为企业外源融资的主导形式。监管当局从活跃市场，同时又要有效地防范风险的目标出发，制定了一套较为完整的规则。在制度所限定的范围内，融资交易完全由市场的参与者自发完成。在融资的资格上，特别的限定很少。而证券企业之间可以相互融资；证券企业与交易客户之间也可以进行融资融券的活动。由于法律上严格禁止银行成为工业企业的股东，企业与银行之间只是松散的联系，大部分股票和债券由企业直接发行。

政府通过法律、法规和财政金融等间接调控手段对经济发展趋势进行调节，从而间接对企业投资和融资活动加以引导和影响。企业投资和融资机制健全，行为规范，风险与利益、权力和责任相互关联，对市场信号反应灵敏；金融市场高度发达；中介机构功能完备，服务较为完善。

美国企业融资方式的选择一般遵循优序融资理论，即企业融资一般会遵循内部融资、债务融资、股权融资的先后顺序。也就是说，企业先依靠内部融资（留利和折旧），然后求助于外部融资。而在外部融资中，企业一般优先选择发行债券融资，资金不足时再发行股票融资。这一融资顺序的选择反映了在企业资本结构中，内部融资占最重要的地位，其次是银行贷款和债券融资，最后是发行新股筹资。

因此，对于美国的能源企业来说，尤其是大型跨国公司，除了绝大部分资金来自企业或集团自身的内部现金流，其他资金主要来自企业自主发行的债券。以埃克森-美孚公司为例，在2002年的集团财务报表中，资产负债率为51.12%，债务资本比为12.2%，而随着油价升高，经营好转，资产负债率在 2006 年下降至 48.02%，债务资本比也下降为 6.6%。此外，埃克森-美孚公司为了保证股权不被分散，已经从 2002 年开始有意识地缩减股东规模，至 2006 年，其流动股权比 2002 年减少了 16%。这样，在公司的股权集中度有所提高的同时，股东的利益也得到了保护。

2）英国。

英国能源企业的融资特征与美国类似，都是遵循优序融资理论，以建立在发达的金融市场上的债务融资为主。以英国石油公司（BP）2006 年的财务报表为例，其权益负债率始终保持在 35%以下，且呈现稳定下降趋势。英国石油公司在 2002 年的权益负债率为 34%，2006 年下降为 28%。同时，该公司的金融债务（证券）数量稳定在 11 亿美元左右，在 2006 年占净债务的 51.76%，这说明英国石油公司的直接融资以债券融资为主。此外，英国石油公司的资产负债率从 2002 年的 58.53%上升至 2006 年的 60.72%，这在某种程度上说明了该公司在开放和扩张的发展战略之下，其经营处于上升态势。

以证券为主的融资模式能够有效地发挥市场机制和法律监管的作用。证券市场易于分散、释放和化解金融风险，可以较好地避免金融危机的发生，避免引起整个金融乃至经济领域的动荡。

(2) 以银行为主导的融资模式。

以银行为主导的融资模式的特点是以间接融资为主，银行贷款是其主要的融资渠道。以银行为主导的融资模式适用于庞大的银行体系以及政府对经济领域的较强干预，典型国家有日本、德国。

1）日本。

日本石油公团是石油部门的金融活动代理，并负责有效协调银企关系。为了配合国家能源战略，日本在 1967 年成立了兼有政府职能和国家石油企业特点的石油公团。日本石油公团的成立对推动日本油气企业国际化、建设国家和民间两级石油储备，以及促进油气勘探开发技术的发展都发挥了重要的作用。

日本石油公团兼有国家石油企业和专业投资集团的性质，它自己并不拥有油气勘探开发企业和石油储备企业，其业务活动全部通过资金运作来完成。日本石油公团与政府资金账户、金融机构、油气勘探开发企业和石油储备企业的业务关系，全部遵循市场经济的投资、借贷和担保原则。业务活动的所有参与者都是市场独立法人，都要承担投资决策和经营的经济责任。这种以市场为基础的关系能最大限度地避免国有资本的低效或无效使用，从而保证国家目标的实现。

日本能源部门的融资以银行贷款为主要方式。与国家能源战略及相应的日本石油公团的组织结构相对应，日本能源部门的外部资金来源主要是从银行获取贷款，形成了特有的主银行融资模式。主银行是指对于某企业来说在资本筹措和运用方面容量最大的银行。

日本主银行信用贷款成为能源企业最主要的外源融资渠道。主银行融资模式是在经济高速增长时期形成的，是在企业自我积累能力低，而证券市场又不发达的情况下产生的。银行与企业的这种关系是比较稳定的，一旦结合就很难变动。主银行制度下的银企关系的特征表现在：

①主银行是企业最大的出借方。所有企业都有一个主银行，每个银行都是某些企业的

主银行。

②银行与企业交叉持股。

③主银行参与企业运作，是债务所有者法律上的托管人。银企关系建立在完善的监管制度上。

日本能源企业大部分由金融机构持股。日本并不禁止商业银行持有企业股份，但这些银行要受到反垄断监管。由于主银行参与企业运作，而且几乎掌管企业的一切金融业务，因此，日本能源企业的融资完全由专业化的证券金融企业完成。

以日本科斯莫（COSMO）石油公司为例，在2006年，该公司的财务报告显示，金融机构和证券公司持有该公司近一半的股份（48.6%），而个人投资者和国外投资者的股份仅为18.6%和20.4%。

日本能源企业股权集中度非常高，大量股份集中在极少数金融机构手中。尽管私人股份持有者占总股东数量的97.4%，但仅持有19%的股份，而金融机构和证券公司虽然只占股东数量的0.4%，其拥有的股份却占49%。

2）德国。

德国企业的融资模式基本上与日本相同，都是以银行贷款融资为主，不同的是，德国实行全能银行融资体制。银行可以自主地从事从商业银行到投资银行的广泛业务。并且，全能银行可以持有任何非金融企业任何数量的股票。

德国融资方式主要依靠自身积累再投资和银行贷款。与日本类似，德国的证券市场不够发达，规模较小。德国上市企业数量也较少，如在1990年年底，上市企业数量不到德国股份企业总数的1/4。从个人投资者来看，德国持有股票的家庭只有7%，而美国则高达30%以上。因此，德国能源企业的外部资金主要来源于银行贷款。从企业的股权结构来看，由于个人对企业的直接投资甚少，德国企业的持股结构多为法人持股以及企业家族持股。从2006年福斯（FUCHS）公司的股权结构和资产比例可以看出，私人投资者的资金仅占总股份的38.1%，而且股东大部分来自OECD国家。福斯家族内部股东占很大比例，为22.9%。

以银行为主导的融资模式有助于推动国民经济快速增长。这种模式可以形成技术与资本密集型的大型企业集团，使其成为国民经济复苏和崛起的支柱，为政府实施“赶超型”的经济政策提供一个载体。如日本和韩国等国家均在战后较短的时期内实现了经济复苏和持续增长。相比之下，英国与美国的以证券为主导的融资模式难以形成长期而又稳定的银企关系，在一定程度上削弱了政府对经济发展的推动作用。但是，从经济与金融稳定的角度来看，日本与德国的以银行为主导的融资模式由于银行与企业之间的相互持股而排斥了市场竞争，容易掩盖财务危机与各种矛盾，会导致金融风险的积聚和爆发。

10.3 能源投融资的主要影响因素

影响能源投融资模式和投融资成本的主要因素有国家能源发展战略、政策导向、宏观经济环境、能源市场化和金融市场发育程度等因素，且每个因素对能源投融资的影响方式和程度有所不同（马晓微，2010a）。

10.3.1 国家能源发展战略

一个国家的能源发展战略长期影响着能源的投资方向，进而影响着能源部门的资金来源和资本结构。如在美国，现行的能源战略规划主要体现在《2005 国家能源政策法案》中，这部新能源法的核心内容就是以优惠政策来辅助科研力量，达到节能降耗的目的。根据该法案，美国联邦政府在未来 10 年内将提供 145 亿美元的减免税优惠，以鼓励石油、天然气、煤气和电力等企业在节能降耗方面进行投资；与此同时，美国能源部还认为能效研发投资是最节约和有效的途径，能同时降低气候变化、石油进口中断和空气污染的风险，并且提高美国经济的生产率。实践证明，能效研发投资给美国带来了 300 亿美元的净收益，而过去 22 年的能效研发投资总共约为 70 亿美元。

在俄罗斯，国家能源发展战略由于受国内经济状况的影响一直在调整中，使得能源投资状况也随之发生了很大的变化。在苏联解体之初，俄罗斯经济濒临崩溃，能源出口是俄罗斯经济的重要支柱。1992 年以后，俄罗斯相继出台多部法令，确立了鼓励私人投资能源领域，增加能源出口的政策。2002 年，俄罗斯经济状况得到了根本性改善，进而对国家能源发展战略进行了调整，限制其能源领域的外国直接投资，以保护国家在能源出口中的利益。可以预见，在新的国家能源发展战略下，俄罗斯的国有能源投资将逐渐占主导地位。

10.3.2 政策导向

政策导向直接影响能源部门的资金来源和资本结构。政府对国家宏观经济结构的调整，以及政府制定的和能源有关的法律、法规都在不同程度上影响着能源部门的资金来源和投资回报率。如能源开采权利、资源获取方式（许可证发放和签订合同）、政府出于环境安全和资源合理利用等公众利益的考虑而进行的干预及政府监管、土地使用等能源项目的相关法规都影响着能源部门的资金来源和融资结构。

例如，环境政策促使了洁净能源投资的增加。随着世界各国日益加强对环境保护的重视，洁净能源技术投资迅速增加，将成为全球增长最快的市场之一。2005 年，全球风能市场投资达到 118 亿美元，比 2004 年增长了 47%；太阳能市场投资达到 112 亿美元，比 2004 年增长了 55%；生物燃料市场投资达到 157 亿美元，比 2004 年增长了 15%以上。可再生能源受政府政策支持，其投资潜力巨大。政府对于可再生能源的支持主要表现在对相关技术投入加大，以及对企业的政策扶持上。而经济发展程度不同的国家，其国家政策和经济环境对能源部门融资影响方式和影响程度存在很大的差异。OECD 国家主要通过相关政策和法规为能源企业提供平稳的市场环境以激励竞争；经济转型及发展中国家则通过对宏观经济的调控和对各类市场的指导进而对能源融资产生间接影响。

10.3.3 宏观经济环境

宏观经济环境会间接影响能源部门的资金来源和资本结构。能源部门的融资由于其长期性和密集性，通常高度依赖于东道国的经济环境，包括资金成本、经济增长速度、外汇汇率和财税制度等。

(1) 经济发展水平决定了能源投资强度。

能源投资是反映国家经济发展水平的关键指标。经济转型及发展中国家由于在能源领域的前期投资总量不足，基础设施有待完善；同时经济处于快速发展阶段，能源需求的增长高于GDP增长，因此能源投资占GDP的比重比OECD国家更高。

图10-3显示了几个典型国家中能源设施投资占GDP的比重与人均GDP的关系。数据表明，1980—2001年期间，随着人均GDP逐年上升，能源投资压力（占GDP比重）基本呈现下降趋势。

另外，尽管OECD国家的投资压力相对较小，但是，由于GDP更大，在能源设施上的绝对投资额更高，这一趋势在今后仍将持续下去。

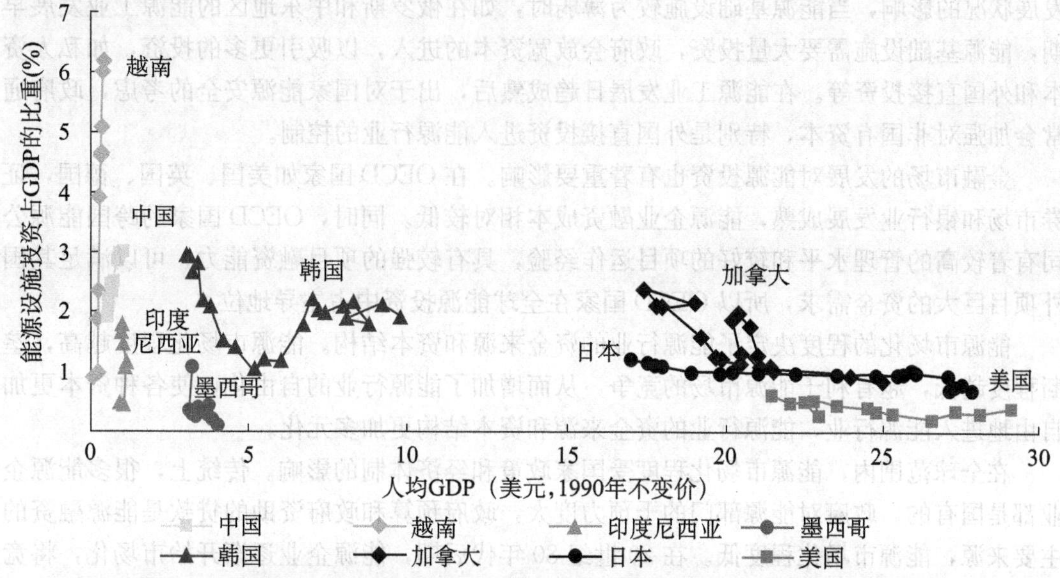

图10-3 能源设施投资占GDP的比重与人均GDP的关系（1980—2001年）

资料来源：《APEC地区能源投资展望2003》(Energy Investment Outlook for the APEC Region 2003)。

(2) 资金成本影响对投资地点和技术的选择。

宏观经济环境在很大程度上对一国的资本市场产生影响，进而影响能源投融资的资金成本，而一国的资金成本或贴现率是影响投资者预期现金流价值的最基本因素。由于能源项目一般具有很长的建设周期和相对较长的债务期限，因此，资金成本的微小变化都会对投资地点和技术的选择产生非常大的影响。例如，由于资金成本较高，核能发电和可再生能源电力对资金吸引力不足，相比之下，燃煤火电厂和燃气火电厂更能够吸引资金。如果能够降低资金成本，可再生能源电力和核能发电都将更具竞争力。例如，很多发展中国家的中央银行贴现率都有下降趋势，而低贴现率可以激励对资金密集型能源部门的投资。此外，投资者对高投资回报率的期望，也反映出了较高的政治和经济风险。

(3) 相对稳定的宏观政策环境影响融资水平。

相对稳定的宏观政策环境会大大降低能源投融资风险，提高融资水平。如稳定的宏观政策环境会使一国的汇率和税收政策趋于稳定。汇率的稳定性会影响项目现金流，如果某一项目的利润或成本是以两种或两种以上的货币结算，那么汇率就会影响该项目的现金流。若当地货币突然贬值，就会使利用国内项目利润偿还外部债务产生困难。汇率变化产生的风险可以通过互惠外币信贷进行规避。但是这种规避方式会增加项目成本，从而降低对资金的吸引力，而透明和稳定的税制是吸引融资的重要因素。稳定的税收政策可以为投资者提供稳定的投资环境，同时部分激励和优惠政策也可以通过税收规定来体现，对融资起到促进和推动的作用；相反，如果税收制度不够稳定，则会起到相反的作用。俄罗斯的萨哈林（Sakhalin）二期项目就是这方面的例子。

10.3.4 能源市场化和金融市场发展程度

能源市场化和金融市场发展程度影响能源行业的投资。能源市场化受到国家能源工业发展状况的影响，当能源基础设施较为薄弱时，如在俄罗斯和中东地区的能源工业发展早期，能源基础设施需要大量投资，政府会放宽资本的进入，以吸引更多的投资，如私人资本和外国直接投资等。在能源工业发展日趋成熟后，出于对国家能源安全的考虑，政府通常会加强对非国有资本，特别是外国直接投资进入能源行业的控制。

金融市场的发展对能源投资也有着重要影响。在 OECD 国家如美国、英国、德国，证券市场和银行业发展成熟，能源企业融资成本相对较低。同时，OECD 国家的跨国能源公司有着较高的管理水平和较好的项目运作经验，具有较强的项目融资能力，可以满足其国外项目巨大的资金需求，所以 OECD 国家在全球能源投资中占主导地位。

能源市场化的程度决定了能源行业的资金来源和资本结构。能源市场化程度越高，垄断程度越低，越有利于能源市场的竞争，从而增加了能源行业的自由化，使各种资本更加自由地进入能源行业，能源行业的资金来源和资本结构更加多元化。

在全球范围内，能源市场化程度受国家政策和经济体制的影响。传统上，很多能源企业都是国有的，政府对能源部门的干预力度大，政府预算和政府资助的贷款是能源融资的主要来源，能源市场化程度低。在 20 世纪 80 年代后期，能源企业逐渐开始市场化，将竞争机制引入能源市场，拓宽了融资渠道，促进了能源投资。

金融市场的发达程度决定了能源企业吸引投资的能力和融资成本。在一些金融市场成熟的国家，获得资金的渠道较为畅通，在能源行业具有良好的退出机制，相对金融市场不发达的国家，能源项目的投资和融资更容易迅速实现。如 OECD 国家由于其完善的金融市场，大型能源企业在进行投资决策时可以很快筹集到所需资金；且这些国家拥有较低的贷款利率及较低的融资成本，从而提升了 OECD 国家能源企业的竞争力，促进了 OECD 国家的能源投资。

10.3.5 资源禀赋和开放程度

资源禀赋和开放程度影响国际资本的流向。在经济转型及发展中国家，非洲的石油储量占全球储量的 9.5%，天然气储量占全球储量的 8%。但是非洲国家自身无力对油气资源进行开发，外国直接投资占非洲能源投资的比例很大，非洲较大的油气项目都是由国外油气公司运营。同时，能源投资对当地的经济发展起到了一定的促进作用。但是当地能源项目的成本比中东地区更高，且政治环境不稳定使得项目存在较大的风险，因此这在一定程度上增加了对非洲投资的资金成本。

OECD 国家能源依存度较高，这些国家主要通过进口能源的方式来满足国内对能源消费的需求。面对日益严重的能源安全问题，OECD 国家的跨国能源公司将目光转向了地区以外，将投资投向本地区以外能源储量相对丰富的经济转型及发展中国家，以保证其国内能源消费的需要。另外，在经济转型及发展中国家，石油和天然气产量增加的单位成本通常要低于 OECD 国家。由于能够得到更多的回报，国际能源投资正在流入经济转型及发展中国家。此外，外国直接投资受政府政策影响很大，一些资源型国家逐渐限制国外资本进入本国的能源行业，如中东国家和俄罗斯，使得外国直接投资近年在各国能源行业中所占比重下降。

10.3.6　能源企业的投资回报率、资本结构

投资回报率的高低是决定企业负债水平和能否吸引投资的关键因素。能源行业的融资风险就是能源行业在建设、管理、经营的资金融通活动中遭受损失的不确定性。能源融资中还存在市场风险、收入风险、利率风险、汇率风险，选择不同的融资方式也可能带来其他风险。一般来讲，投资回报率越高，风险越小，可选择的融资方式则越多。

获利能力是企业吸引投资的重要指标。投资回报的波动率是投资者和借贷者考虑的另一个重要因素。波动率越高，说明资金的风险越高。IEA（2006）分析了不同工业（包括 OECD 和非 OECD 的上市企业）在 1993—2002 年的平均投资回报率，可以发现，能源产业的投资回报率通常高于其他产业。在石油和上游天然气部门的不同生产环节，综合企业包括主要跨国企业的投资回报率最高，为 12%；独立勘探和生产企业的投资回报率相对较低；煤炭企业的平均投资回报率也较低，但是不同的企业有很大差异，特别是在 20 世纪 90 年代后期由于一些国家的工业重组而出现的企业。煤炭企业由于投资回报率低，因此其市场竞争力也较弱。

资本结构影响企业对金融风险的反应和抵抗能力。近年来，能源部门的债务资产净值比有缓慢增长。对于电力和下游的天然气企业来说，总债务通常超过其资产净值。这与其他工业的情况相反。这部分是由电力和天然气企业的资金密集型特点决定的。另外，近年来的低利息率也使能源企业提高了债务水平。综合油气企业的债务资产净值比高于其他工业。对债务的依赖性增强将会降低能源企业抵御金融风险的能力。同时，企业的债务达到一定程度时，其资金成本也会上升。

债务期限结构是能源企业资金稳定的重要指标。对于能源融资来说，其决定因素之一就是长期债务的可获得性。债务期限结构即短期债务占总债务的比例。对于能源企业来说，较低的债务期限结构反映了对资产生命周期和债务期限的平衡需求。对于某一项目，债务期限越长，越有助于降低对早期现金流的需求，从而降低与短期债务相关的金融风险。

10.4　能源投资效益与风险

10.4.1　能源行业效益的特征

煤炭、石油、天然气和电力行业是工业领域传统能源行业，由市场来主导其投资范

畴。行业投资效益主要体现为有形效益，通过投资收益率、资金息税前利润率等指标来体现。一般意义上，能源行业投资效益指净产出并考虑时间价值因素，市场化的能源行业投资反映投资效益和价值。基于现代投资理论和资本市场观点，其基本特征和变化机理主要体现在以下五个方面。

（1）能源投资效益水平体现基础产业特性。

石油天然气勘探开发、煤炭开采和发电归于基础产业，与此相关的管输、接卸、配电网归于基础设施，所提供的产品和服务构成了其他部门产品和服务的成本。能源部门的基础性特征决定了能源设施投资规模大、生命周期长、投资风险大、外部效益显著，以及具有公共品的特征，自然具有社会福利性。能源生产伴随着环境污染，且破坏生态环境，因此社会负担的成本较高。基于系统工程角度，能源投资活动是一项开放的活动，与国民经济活动紧密联系，能源投资效益体现了国民经济效益，或者可以说，能源投资效益总水平应由国民经济效益水平决定。

（2）能源投资效益内含资源性质特点。

石油、天然气、煤炭、核能、水电等能源资源具有稀缺性和垄断性，以及丰度上的差异性和位置上的固定性等特点，这些特点形成了能源投资效益的基础。一般来说，能源投资的社会经济效益，即能源投资项目社会折现率应不低于土地还原率，参照土地资源的使用机会成本，一般为6%左右；占用土地的项目至少等于土地还原率与土地收益率之和，一般为8%左右。

（3）能源投资效益基准反映社会预期。

从产业特征的角度来看，能源行业由油气开采、煤炭采掘、火力发电、水力发电、风力发电、管道运输、电网等20多个产业组成。相同产业受同一产业特征和统一产业政策等基本因素制约，在自由竞争的市场环境中，投资者的资金投入要求获得同行业其他投资者的平均收益水平，因此，同一产业投资效益平均水平存在期望基准，具有预期性。

（4）能源投资效益变化蕴含周期机理。

国民经济发展呈现周期性，能源需求与经济发展息息相关，国民经济的周期性决定了能源投资需求和能源投资效益的周期性。

（5）能源投资效益波动包含潜在供需缺口因素。

能源投资效益变化与同一时期内的能源供需缺口显著负相关。能源供需缺口是指一段时期内经济增长对能源的潜在需求与实际能源供给形成之间的差距。如果缺口比较大，能源供需关系趋紧，则能源企业盈利能力及预期能源投资效益水平会提升。

10.4.2 能源投资风险的内涵及主要影响因素

（1）能源投资风险的内涵。

能源投资风险是指能源投资效益的不确定性，包括系统风险和非系统风险。系统风险主要指能源企业外部发生的，企业自身不能控制的各种风险，如经济风险、国际政治风险、利率风险、市场风险和外汇风险等。非系统风险是能源企业或者某个能源项目所独有的，由经营能力和管理能力等可控因素造成的风险。本书重点阐述能源投资的系统风险。

能源投资的特征决定了能源投资势必存在较大的不确定性，伴随着不容忽视的风险。能源行业是国民经济发展的基础和命脉，经济持续快速增长，带动能源消费和能源投资的大幅增加，然而，能源投资一般具有投资周期长、前期投入大、资金强度高和金融属性显著的特征，这就决定了能源投资在创造各种巨大效益的同时，难免存在不容忽视的风险。另外，由于能源行业产业链长（石油部门在这方面最为突出，从上游勘探开发直到下游石油化工），各环节的风险具有累积效应，因此，某一环节的投资状况或生产稳定性受到的冲击可能会扩散到整个产业链，对整个能源投资收益形成巨大挑战（张跃军，2010）。

(2) 能源投资风险的主要影响因素。

能源投资是一个复杂的系统工程，其未来投资收益受到很多风险因素或不确定性条件的影响。结合我国目前经济社会发展的具体阶段和我国能源投资的客观特征，下面将从自然资源条件、经济发展、技术突破、能源市场化进程、价格波动、金融市场、国际政治环境、能源安全、全球气候政策、生态环境以及管理体制规范化进程等角度讨论能源投资收益的风险（张跃军，2010）。如果控制得当，能源投资将获得更大的效益；如果把握不准，则可能带来较大的损失。

1) 自然资源条件风险。

①认知水平。认知水平有限会影响对资源储量的判断。由于人类对地球认知水平的局限性，对能源资源储量的认识也存在一个不断深入的渐进过程，正是由于这个原因，在能源投资尤其是勘探投资的规划过程中，人类在能源资源的供应潜力、可获取量、资源的增加速度、资源的生产能力等方面面临着不确定性，从而对能源投资的成本预估及其未来收益增加了很大的不确定性。

另外，规模不经济是油气资源判断不准可能造成的另一种风险。规模不经济风险是指虽然在勘探井中发现了油气资源，但因为储量有限而达不到规模收益所形成的风险。这在我国石油企业“走出去”的过程中尤其突出，由于我国跨国石油投资起步较晚，国外比较有保障的优质油气资源大多已落入国外石油巨头手中，我国石油企业在海外的一些项目位于储量较小或储量日渐减少的地区，还有一些项目是西方大型石油公司不愿光顾的低回报的小油田，从而导致所投资的油气项目一般难以获得规模经济的投资回报。

此外，管网是连接资源区与消费区最便捷、最安全的通道，但是，在石油、天然气或者煤层气的管网建设方面，同样存在由于资源储量认识不足从而可能导致管网投资回报达不到预期目标的风险。

②地质条件。地质条件复杂导致重大能源投资项目的实施风险很大。由于能源开采地区往往地质条件复杂，勘探开发成本难以准确估计，而能源投资周期一般又较长，从而不仅使能源保有储量和探明可采储量之间存在巨大差异，给投资预估设置了阻碍，而且使得能源投资成本的预估在投资期内变化较大，难以把握，结果导致重大能源项目期望投资回报的风险陡增。

③自然灾害。能源产地自然灾害频发，投资收益面临巨大挑战。在能源开采过程中，由于自然环境复杂多变，自然灾害频发，如煤矿开采遇到洪灾或地震，海上开采石油遭遇台风甚至飓风等，尤其是在自然条件较为恶劣的地区，各种灾害层出不穷，而且往往速度

很快，让人措手不及。这些灾害破坏性非常大，往往造成能源基础设施的损坏甚至人员伤亡，额外增加了能源投资成本，影响投资收益如期实现。

2）经济发展风险。

①经济发展周期和能源投资周期不同步。经济发展周期又称商业循环，是指经济活动沿着经济发展的总体趋势而出现的有规律的扩张和收缩。能源投资也存在一定的周期性波动。在能源投资过程中，如果对经济发展周期和能源投资周期把握不准，从而出现两种周期不同步，那么能源投资收益不但难以如期实现，甚至会遭受巨大损失。主要表现为：在经济扩张阶段，经济发展需求驱动使得能源企业投资旺盛，但由于能源投资周期较长，等到能源项目建设完工，开始大量投产时，经济形势可能已经处于经济周期中的收缩阶段，此时经济的不景气导致能源需求减弱，从而使得不断增加的能源供给与逐渐下滑的能源需求之间形成巨大落差，形成能源产能过剩的局面，促使能源价格走低，能源投资回报率回落，预期投资收益难以实现，甚至遭受巨大损失。

②经济增长方式转变产生的能源投资格局不确定性。经济增长方式的转变通过有关经济政策和能源政策的变化来影响产业结构和能源结构，进而影响能源需求，引导能源投资格局发生变化，影响投资收益。这主要是由于经济增长方式的转变是一个缓慢的过程，投资者往往认识不足，而能源投资的回收周期较长，因此一旦把握不住未来经济增长方式转变的进程，势必造成对能源消费结构判断的失误，从而导致能源投资的损失。

③世界经济增长的周期性起伏。世界经济增长的周期性起伏可能导致能源产品出口波动。随着全球经济一体化进程加速，各国经济已经逐渐融入世界经济，出口导向型经济发展特征已经显现出来。世界经济周期性增长对各国能源产品的出口形成较大的不确定性，从而影响能源投资收益。

以我国为例，近几年来，世界经济发展强劲，我国高耗能产品的出口金额也逐年增加。一旦世界经济增速趋缓，能源产品消费需求减少，就将对我国能源产品出口形成阻力，加大出口难度，增加能源投资的风险，从而造成能源投资预期收益得不到保障。目前，我国工业部门能源消费占全国能源消费总量的70%以上，而高耗能行业的能源消费又占整个工业终端消费的70%以上，因此能源投资收益的实现很大程度上依赖于高耗能产品价值的实现。

3）技术突破风险。

①能源勘探技术突破与能源的供应状况和投资收益。能源勘探技术的突破将在开辟能源勘探领域、保障地质目标实现、发现能源资源储量等方面发挥无法替代的重要作用，从而导致能源供给量迅猛增加，改变现有能源供给状况，进而影响到能源投资收益。这在油气和煤炭行业尤为突出。如果油气勘探技术取得的突破促使石油供应量迅猛增加，而未来能源市场机制的作用导致石油价格走低，那么会出现以下影响。一方面，由于石油更加清洁，因此人们会增加使用石油，而减少消费污染更为严重的煤炭，从而使得煤炭先期投资的收益受到极大挑战。另一方面，如果油价降低幅度过大，甚至低于某些油田投资的预期油价，则会造成先期投资的损失。当然，若油价并未大幅降低，而且超过了预期油价，则其油田投资的收益会大幅上升。

②能源开发技术突破与能源投资变动。一旦能源开发技术取得实质性突破，就有可能

使原来技术上或者经济上不可行的储量变成实际产量，采收率大幅增加，投资成本降低，投资收益增加，而且能减少原有能源投资。这种情况在油气投资过程中显得尤为重要。

石油采收率是衡量石油开采效率的技术经济指标，与油气藏的地质因素、开发技术、经济条件等密切相关，对我国油气投资收益影响较大。

③能源转换技术与能源投资成本。如果能源转换技术取得了突破，就能提高能源转换效率，降低投资成本，实现更多的利润，从而提高能源投资回报率。但是，如果能源转换技术还不够成熟就被大面积推广，则额外成本的增加也是很大的，造成的损失不容忽视。这在煤化工和煤电方面至关重要。

④能源使用技术的突破与能源投资的预期收益。能源使用技术的突破同样会对能源投资形成较大影响。这主要表现为通过技术创新和广泛使用来节约能源、提高能效，并将影响到先期能源投资的收益。如果对能源使用技术的突破的情形把握不准，则先期的能源投资可能成为能源企业进一步健康发展的包袱。这在油气、煤炭和新能源行业中较为典型。

4）能源市场化进程风险。

①能源产业链中不同环节的市场化进程若不同步，则会影响能源投资的整体收益。能源行业普遍存在较长的产业链，涉及多个密切关联的环节。随着能源市场化进程加速，某些环节已经部分或完全实现市场化运作，而某些环节还主要由政府管制。这种市场化程度的不一致导致能源投资整体收益受限。尤其是在我国电力行业中，这种现象已经并将在未来长期存在。

②不同能源品种的市场化进程不协调也是影响能源投资收益的重要因素。目前，尽管能源产业的市场化进程已经开始，但其进展缓慢，尤为突出的是，不同能源品种的市场化进程不协调，因此难免导致能源投资收益受制于能源市场化的进程。其中，由煤炭和电力市场化进程的不协调导致的煤炭价格和电力价格之间的矛盾就是有力的例证。

5）价格波动风险。

①能源市场价格波动。能源投资的收益最终需要通过市场交易来实现，而价格是市场交易的集中体现，煤炭和油气投资中都存在明显的价格风险。

②原材料和劳动力价格上涨。能源是技术密集型和资金密集型的行业，原材料投入是能源投资的重要部分，而原材料价格上涨将给能源投资收益带来较大影响。能源投资主要是基础设施建设，而基础设施建设需要大量的钢铁、水泥等建筑材料，近年来，这些原材料的价格多次出现暴涨暴跌，并且存在总体上升的趋势。

6）金融市场风险。

①汇率波动。国际能源市场与国际金融市场的关系日益密切，相互影响程度不断加深，尤其是汇率波动的巨大风险势必影响到国际能源市场，从而给能源市场的投资收益带来较大压力。随着我国能源市场与国际接轨进程的加快，以及我国能源企业实施“走出去”战略的进一步深入，我国能源投资的收益将更多地承受国际金融市场在影响国际能源市场中所形成的挑战。这一点在我国油气投资中尤其突出。

②利率风险。央行利率是贷款、债券等融资定价的基准，利率风险是能源投资收益的重要风险因素，这在水电投资中格外突出。

7）国际政治环境风险。

①国际政治环境变化。近年来，在海外油气投资的国际合作中，国家主义倾向进一步加强，石油已经现实地成为中东等富油地区政治摩擦和冲突的重要原因。

国际能源市场的“软规则”正悄然变化，其突出表现是能源民族主义（主要是石油民族主义）抬头，能源国有化成为一种浪潮。目前，俄罗斯、委内瑞拉、玻利维亚和厄瓜多尔等国正处于能源公司国有化的浪潮中。国际环境尤其是政治环境的变幻莫测也将对能源的海外投资产生不可低估的影响和不容忽视的不确定性。

②周边国家政局和外交关系的稳定。随着海外能源投资规模逐渐加大，能源外交已经成为外交战略中继大国外交和周边外交之后的第三个重要环节。关注和推动与周边国家的能源外交工作是切实贯彻我国“走出去”战略，保证海外能源投资收益的重要举措。

8）能源安全风险。

①石油运输安全。海上石油运输通道的安全是决定海外油气投资收益的重要一环。一方面，随着我国“走出去”战略的进一步深入，我国在海外的份额油将逐步增加；另一方面，为了满足国内石油安全和经济安全的需要，我国将把大量的份额油运回来。因此，运输成了我国海外油气投资不得不面临的问题。

②核废料处置。核电虽然环保、安全，但核电发展也受到一些因素的限制，其中核废料的处置是核电发展的一个致命“软肋”。具体而言涉及两个方面的问题：第一，技术层面，即如何解决放射性废物的储存和管理问题；第二，公众认可度。这两个方面都将影响核电投资的收益。

9）全球气候政策风险。

全球气候变化形势严峻，国际社会纷纷制定气候和环境保护方面的限制政策和惩罚措施：一方面强制性地要求协议签署国履行有关国际环境公约，增加减排投入；另一方面通过碳排放权交易、增加税负等手段来加以约束和惩罚。

10）生态环境风险。

环境污染和生态破坏造成能源投资的环境成本逐步提升，影响投资收益。能源投资往往存在较大的负外部性，给当地造成了严重的环境污染和生态破坏。此外，公众对生态环境的意识逐步提高，要求补偿的环境成本可能不断增加，因此难以准确预估能源投资的成本，进而给能源企业的投资带来难以预见的风险。

11）管理体制规范化进程风险。

在能源投资中，投资环境直接影响着投资回报。而目前我国对能源投资的管理还较为薄弱，相关政策法规还不够系统，管理机制和体制也需要进一步完善和加强，在这种投资环境规范化程度与投资预期存在较大差异的情况下，由于能源投资本身存在周期长、数额大的特点，我国能源投资势必面临相当大的风险。

12）其他风险。

其他风险主要包括：

①事故赔偿成本是影响能源投资收益的重要阻碍；

②能源资源分布和消费分布不均使得能源投资回报受制于运输条件；

③能源投资的收益受到其他行业发展状况的影响。

10.5　能源融资原则与融资环境

10.5.1　能源融资模式选择的基本原则

能源行业作为国民经济的行业之一，具有与其他竞争性行业相同的市场化特征，即市场经济规律要自发调节该行业的投资和生产经营活动；但同时它又是具有高度自然资源垄断性特征的特殊行业，是国民经济的基础性行业和战略性行业。因而在确定能源行业的融资模式的时候，要确保国家能源安全、国家对国民经济命脉的控制以及经济运行的安全，符合全球经济一体化以及市场经济原则。在确定能源融资模式的时候，必须坚持如下几个方面的原则。

（1）与国家能源发展战略一致性原则。

能源融资要符合国家能源发展战略，确保国家能源安全，满足经济增长和社会发展对能源的需求。目前我国正面临着一系列的能源安全问题，能源需求持续增长对能源供给形成了很大的压力。我国正处于工业化、城镇化进程加快的时期，能源强度较高。随着经济规模进一步扩大，能源需求还会持续较快地增长，能源供需矛盾将持续长期存在，如：石油天然气对外依存度将进一步提高；能源资源相对短缺，以煤为主的能源消费结构不利于环境保护；可再生能源、清洁能源、替代能源等技术的开发相对滞后，节能降耗、污染治理等技术的应用还不广泛；国际能源市场变化对我国能源供应的影响较大等。

能源融资是实现国家能源发展战略的重要手段，必须服从国家能源发展战略的总体需求，确保国家能源安全，满足经济增长和社会发展对能源的需求。

（2）风险分散原则。

能源融资应充分利用资本市场，适当利用国际资金，通过引进技术和先进的管理理念等手段来分散风险，实现预期的回报率。未来中国能源产业将实现从面向国内市场到面向国内、国际两个市场的转变。中国既要从两个市场中获得资源，也要从两个市场中获取能源产品。中国能源企业不仅要在世界范围内经营产品，而且要在世界范围内配置资源，特别是配置资本。

能源企业要在全球范围内发展，市场因素选择在决策中所起的作用会加大。能源企业竞争向世界企业竞争转变，竞争会越来越激烈，提高中国能源企业竞争力特别是培育中国能源跨国公司就变得尤为重要。能源产业在未来经济发展中的作用和能源战略制定的重要性越来越强。能源产业是基础产业，各国对能源发展的重视程度不会减弱只会加强，能源作为战略产业在发挥市场基础性作用的同时，对我国的能源战略、能源储备、能源产业结构、能源发展政策具有重要作用。

因此，在经济全球化和我国加入世界贸易组织（WTO）的背景下，能源行业融资要充分利用国内、国际资本市场，适当利用国际资金，引进先进的技术和管理理念，分散风险，建立符合经济全球化和与 WTO 规则相适应的能源融资体系。

(3) 融资渠道多元化原则。

能源融资要使资金来源多元化，在融资过程中就要处理好政府监管和放松管制的关系。从世界范围来看，能源领域的市场化改革已经成为全球性趋势。无论是市场经济国家还是向市场经济体制转轨的国家，都应当放松政府管制，打破垄断，让竞争性的市场机制充分发挥作用，让竞争性企业真正独立地走向市场，这是世界能源行业选择的共同发展道路。

随着能源产业市场化和投融资体制改革市场化程度的深入，能源行业融资要继续坚持市场化的方向，拓宽能源产业融资渠道，充分利用资本市场，吸引外资和民间资本进入能源领域，同时要处理好政府监管和放松管制的关系。

在能源领域，政府的管制应该以不破坏市场竞争机制的基本功能为前提，放松经济性管制，加强社会性管制。有效的监管可以防止能源市场上垄断势力的强化，同时确保能源价格和能源市场不会发生大的波动，从而对经济和社会产生较大影响。而放松市场准入、充分利用民间资本，以及使资金来源多元化可以最大限度地发挥市场竞争机制，在降低成本、提高效率方面发挥不可替代的作用。

因此，未来能源融资应遵循市场经济条件下的理性合作、规模适当、风险和成本相结合、筹资和融资相结合的原则，尽量选择最佳融资机会，尽可能降低融资成本，选择合适的融资规模，使融资的总收益大于融资总成本，寻求最佳资本结构，选择有利于企业竞争力的融资模式。

(4) 能源企业控制权合理性原则。

企业在筹措资金时，经常会发生企业控制权和所有权的部分转移，这不仅直接影响到企业生产经营的自主性、独立性，而且会引起企业利润分流，使得原有股东的利益遭受损失，甚至可能会影响到企业的近期效益与长远发展。因此，在考虑融资的代价时，只考虑成本是不够的。

以我国能源行业的鲁能集团公司为例。鲁能集团总公司成立于1995年，是国有控股公司，其注册资本为1.5亿元，经营的资产为26亿元。1998年，鲁能集团总公司注销，原集团总公司与鲁能新源公司进行资产重组，成立新的鲁能集团公司，注册资本为5亿元，其间采用职工持股、国有参股方式。1999年6月，鲁能集团公司更名为鲁能发展集团公司。1999年9月，山东电力集团以“鲁能系”主要公司的国有股权作价8.6亿元出资成立鲁能控股。2000年5月，山东电力集团向鲁能控股增资，鲁能控股的注册资本达14.8亿元，随后对集团资产展开收购，并采用100%国有控股方式。2002年11月，鲁能有限公司成立（后改名为鲁能集团公司）。鲁能集团公司的注册资本为10.8亿元，山东电力工会持股92.88%，鲁能物业持股7.12%。2003年1月，山东电力集团的职工集资入股鲁能集团公司，鲁能集团公司股权变为山东电力工会持股31.52%，鲁能物业持股2.42%；随后鲁能集团公司开始收购“鲁能系”资产。2003—2006年，鲁能集团公司采用职工持股的方式。而到了2006年5月，首大能源和国源联合收购鲁能集团公司股权的91.56%。2006年6月，首大能源和国源计划联合对鲁能集团公司进行增资扩股，共同增资37亿元左右。至此，鲁能集团公司变为私人企业。

从上述案例可以看出，在企业融资过程中，如果不考虑融资的渠道、方式，以及结构比例，则会影响到企业的控制权和企业的发展。因此，能源行业在融资的过程中不仅要考虑融资的成本，而且要考虑对企业控制权的影响。

（5）风险管理和风险规避强化原则。

能源行业融资风险是能源行业在建设、管理、经营的资金融通活动中遭受损失的不确定性。按照融资主体自身原因和外部环境造成的融资活动的不确定性，可以把融资风险划分为内因性融资风险和外因性融资风险。能源行业内因性融资风险主要为由融资主体（如能源企业）自身的原因造成的融资活动的不确定性，该类风险导致在内部管理、融资结构、还债能力和融资主体内部运行机制等方面出现失误从而造成损失。能源行业外因性融资风险主要为由外部环境因素造成的融资活动的不确定性，该类风险导致在经营、借贷、股市、项目建设、自然环境和社会政治制度等方面出现失误，从而造成损失。外部政治环境的稳定性、法律体制的完善性、法规执行程序的完备性等不可控因素的不确定性也增加了融资的风险。此外，能源融资中还存在市场风险、收入风险、利率风险、汇率风险，以及选择不同的融资方式可能带来的其他风险等。

因此，在能源融资过程中，要对融资风险有准确的评估，进而从制度建设、内部管理、运作模式，以及市场完善等方面加强风险管理和风险规避。

10.5.2　能源融资环境分析及展望

在前面的章节中，我们介绍了世界主要国家和地区能源部门的资金来源，分析了国家能源发展战略、能源政策、宏观经济环境、金融市场发展程度，以及能源资源状况和行业本身的特点等对能源部门融资方式和融资成本的影响，那么未来能源行业和部门能否融到所需资金？这取决于未来能源融资环境是否可以满足能源投资的需要。一般来说，影响能源融资环境的主要因素包括制度法规保障、外资进入环境、国内储蓄、银行系统、证券市场等。

本书以我国为例，从制度法规保障、外资进入环境、国内储蓄、银行系统、证券市场等方面，对未来我国的能源融资环境进行展望。

（1）国家投融资体制改革和能源产业市场化改革为能源融资提供政策、制度和法规保障。

能源融资受政府政策和相关法律、法规的影响很大。能源项目的相关法律、法规主要涉及权利和资源的获取方式（许可证发放和签订合同），政府出于公众利益而进行的干预（环境安全、资源的合理利用）、披露和监管，土地利用，以及所属设施的建立与使用方面的条例等。影响能源部门融资的主要政策因素包括：能源政策法规框架是否长期稳定；相关的机制是否能确保开发商和运营商的投资回报率，并鼓励其进行竞争；其他方面的相关政策。比如，很多国家规定，在建立能源企业之前必须对当地的环境影响进行评价，而且要证明该投资是同类方案中成本最低的。

长期以来，能源一直是我国鼓励或者优先发展的行业。从国家投资政策和法规层面来看，鼓励各类投资主体包括民营经济和外商参与能源投资。同时，我国能源领域也先后进行了一系列市场化导向的改革，包括管理体制改革、价格改革、行业承包、现代企业制度改革、政企分开、引入外资和民营资本、打破垄断以构建全新的产业组织结构、组建市场、构建监管机构等。

我国能源产业市场化改革的深入及资本市场的深化都将有助于能源部门更多地参与国内证券和资产市场。因此，我国对能源部门和金融部门的有利的政策导向将有助于确保能源部门以适当的方式获取足够的资本来源和丰富的融资渠道。

（2）持续稳定的经济发展和政策导向，以及良好的信用水平和国际收支等为外国直接投资和国际组织贷款等资金进入能源行业提供良好的环境。

能源部门如果想吸引足够的资金，就必须为投资者提供良好的投资环境和相应的投资回报，这样才能够与其他经济部门相竞争。从国际融资经验来看，外国直接投资、国际组织贷款以及民间资本在能源部门资金来源中的作用变得越来越重要，而所有这些资本流对宏观经济条件、政府的政策导向和稳定性都非常敏感。

从最近十多年流向一些发展中国家的净外国直接投资数据（IEA，2006）可以看出：在发展中国家和转型国家中，中国在1991—2002年所拥有的外国直接投资流比例最大。1991年，中国的外国直接投资占全球总量的3%，2002年升至10%。这些数据在一定程度上可以说明中国的宏观经济发展稳定，投资环境较好。

从国家主权的信用评级来看，我国国家主权信用级别被全球主要评级机构评为正向和稳定。标准普尔将中国的长期主权信用评级由“A－”调升至“A”，评级展望稳定；惠誉将中国主权信用评级展望由稳定调高至正面。标准普尔预期中国在继续其经济改革的过程中，仍将保持宏观经济稳定；通过进一步深化市场和经济机制、提高非贸易领域的生产效率，投资的低效率状况将会有所改善，收入水平也会加速提升，中国的评级展望也将提升至正面。惠誉强调中国的外部信用水平目前无可媲美，国际收支的强劲、“硬着陆”风险的消除等直接推动未来我国国家主权信用级别调升。

（3）国内储蓄充足，可以保证未来能源行业的资金需求。

国内储蓄是能源部门的主要资金来源。国内储蓄是否充足可以通过投资率和储蓄率的比较、金融机构存贷差、外汇储备、企业利润、企业利用外资的比例和在本国股票市场的筹资能力等加以分析。

从我国近年来的投资率和储蓄率来看，2002—2008年，我国储蓄率一直大于投资率。而从中国金融机构存贷差上可以看出：2002—2008年，我国金融结构各项存款总额都大于其各项贷款总额，金融机构存贷差持续增长。2002—2005年，金融机构存贷差增长速度持续加快。2002—2003年，中国金融机构存贷差增长速度为23.8%。2004—2005年，中国金融机构存贷差增长速度为46.3%，约为2002—2003年的两倍。

2002年以来，我国外汇储备年末余额保持持续增长，由2002年的2 846亿美元增加到2009年的2万亿美元。从工业企业利润和资金来源变化也可以看出，2002—2006年，我国规模以上工业企业总利润持续增加；在企业资金来源中，企业实际利用外资额保持稳定增长，而从我国股票市场获得的资金也在快速增加，说明国内证券市场的融资能力持续增强。

目前，我国储蓄率大于投资率、金融机构存贷差持续增长、外汇储备持续增长；且规模以上工业企业总利润持续增加，企业实际利用外资额变化不大，而企业在证券市场的筹资能力持续增加。目前我国国内储蓄十分充足，可以保证能源行业的资金需求，未来我国经济发展态势良好的状态有望长期保持下去，国内储蓄可以保证未来能源行业的资金需求。

(4) 活跃的银行系统可以为能源融资提供保障。

银行部门的活跃程度通常用银行提供的、与能源投资需求相关的国内信用水平来衡量。IEA（2006）研究了不同地区的能源投资需求和国内银行信贷的关系：中国和OECD国家的信用水平最高，中国虽然收入不如OECD国家，但是在中国，与GDP相关的银行部门的比例大于OECD国家，且银行活动也更为活跃。因此，目前中国发达的银行机构、活跃的银行系统可以为未来的能源融资提供保障。

(5) 证券市场的发展可以为能源融资提供更大的金融市场。

近年来，我国能源产业在证券市场的融资规模逐渐扩大，股票市场发展迅速。相比股票市场，债券市场相对薄弱，未来证券市场还有很大的发展空间。

股票市场的规模可以用股票总市值与GDP的比值来度量。近十几年来，中国证券市场发展迅速。2007年4月2日，中国深、沪两市的股票总市值达到13.06万亿元。中国内地股市总市值超过中国港股总市值，意味着中国内地股市也开始跻身国际级规模。能源板块市值从1993年的33.3亿元快速增长到2006年的1 120.7亿元，增加了32倍多。这说明能源产业在股票市场中的筹资规模大大增加，证券市场在能源融资渠道中的作用逐渐加大。

相比股票市场的快速发展，我国债券市场的发育相对薄弱得多。一般来说，在一个成熟的市场，债券市场可以承受60%以上的融资总额，债券市场年发行规模应大于股票市场发行规模。比如，美国债券年发行规模约为股票年发行规模的6.5倍。但中国的情况恰恰相反，2006年年底，企业债余额仅为2 831亿元，占GDP的比例仅为1.35%，远远低于亚洲一些国家或地区30%的水平。与股票市场相比，我国于2006年发行的企业债和公司债仅相当于同期股票筹资额的44%。这意味着未来我国债券市场的筹资总量有极大的增长空间。随着金融体制改革的深化，未来我国金融市场的发育会越来越成熟，可以为能源融资提供完善的金融市场。

10.6　能源融资战略——以中国能源融资模式为例

我国未来能源融资的战略目标应该立足于我国金融市场和能源市场的发育程度，发挥我国银行体系规模大和支持能源工业的传统，以银行贷款和企业自有资金为主，逐步发挥金融市场的作用，形成直接融资和间接融资并重的融资模式。在相当长的时间内，新能源与可再生能源发展需要国家给予政策和财政支持。

10.6.1　中国煤炭行业融资模式

(1) 行业特点。

煤炭在我国一次能源结构中占主导地位。煤炭行业具有资源性产业的特点，要求规模化生产。煤炭行业从煤炭资源的勘探、开发到运营，整个投资周期很长，资金需求量较大。

对于煤炭企业，由于近年的行业重组，其财务表现有所改善；煤炭企业的多种经营，例如钢铁和电力，也会帮助企业为煤炭投资募集更多且成本更低的资金。煤炭企业逐渐实现业务多元化，如成立综合能源公司。

目前，我国煤炭企业众多，小煤矿数量大，且投资管理混乱；煤炭企业的安全、环境和资源利用的资金投入没有保障。

(2) 融资模式。

煤炭行业应选择市场化的多元融资模式，资金来源要多元化，以充分利用好民间资本。

煤炭行业的发展要紧密围绕能源战略。由于小煤矿在安全、环境和资源利用方面存在问题，因此应当利用市场配置对生产进行整合重组，关闭小煤矿，加快组建大型煤炭企业，提高产业集中度，保证煤炭工业的可持续发展。

在融资方式上，应充分利用市场化的融资方式，提高股权和债权的融资比例，建立和完善煤炭行业基金和风险投资机制，引导资金投向煤炭资源勘探及煤炭开发的新项目、新技术，并采取金融手段规避、转移、降低、分散资源勘探以及新技术开发过程中的风险。

10.6.2 中国油气行业融资模式

(1) 行业特点。

油气行业具有资源分布的不均匀性、不易储存性、利用的复杂性、资源的衰竭性、规模经济性等特点。油气投融资具有持续时间长、融资规模大、融资费用高等特点；油气利用的前期资金投入较高；石油、天然气工业具有竞争性，要求专业化经营（美国、日本、英国等国家都有10家以上的大型石油企业。如美国有数百家石油公司，国际性的大公司有约20家，此外还有10多家跨国石油公司）。

目前，我国油气行业垄断程度高，海外投资经验不足，经营管理水平与有效利用国际资本市场和国际规则的要求还有一定距离。

(2) 融资模式。

根据上述分析，油气行业上游可以适当引入风险勘探投资模式；中游采用政府干预下的市场融资模式；下游采用以市场化为主的融资模式。

基于油气产业的特点，需要根据不同时段、不同主体、不同产业链的特点灵活选取适当的融资活动和融资决策。

对于上游项目，我国目前投入的勘探资金是远远不够的，如果完全依靠贷款，则将面临极大的财务风险，这就要求建立新的风险勘探融资体制，拓宽融资渠道，分散风险。具体可以通过产品分成合同形式来吸引外资及内资，或者建立风险勘探投资基金。油气勘探是一项需要巨额投资并且风险极大的事业，但一旦成功就能获得巨额利润。这一特点使得其对急于寻找投资机会以获取高额回报的社会资金有很大的吸引力。

对于中游项目，管道作为连接上下游供需双方最便捷、相对唯一的渠道，具有某种天然的自然垄断性，需要政府一定的干预。管道建设可部分收回成本，从而达到保本微利经营，不必完全由政府投资，可采取国家控股和参股的方式进行。这部分投资实行财政信用投资、政策性银行贷款和政策性投资公司投资等方式，其他部分可以吸引外商直接投资。证券融资也是一种选择。以建设-运营-移交（bulid-operate-transfer，BOT）方式进行管道建设是另一种尝试和选择，既可以有效地吸引私人资本的加入，又可以在管网中引入竞争机制，提高效率。

下游是资金需求的巨大市场。油气项目对下游工业用户是准竞争性的，应主要由企业通过市场进行自主融资。城市管网建设属于基础设施建设，燃气企业从事的是公用事业，具有基础设施建设和环境保护效益两大特征，相对来说，它们从国际能源金融机构融资更容易；也可由政府提供有偿的财政支持，但主要应按受益范围由地方政府以地方财政承担投资。

10.6.3　中国电力行业融资模式

（1）行业特点。

电力行业是资本密集型产业。电力行业过去一直被视为具有自然垄断的行业特点，而利用规模经济又可以节约资源。从电力行业供应链的角度，电力行业可以分为发电、输电、供电（配电和售电）等环节，相应地可以划分为生产型发电企业、基础设施型电网企业、销售型配电（供电）企业。电力行业的不同环节有着不同的经济特征，所以在不同的环节应采取不同的融资模式。

目前，我国电力行业的特点主要有：电网企业大，包袱重；发电端效率有待提高；输电和配电管理有待引入市场机制等。

（2）融资模式。

发电和售电环节宜采取市场调节下的多元融资模式。电网企业宜坚持以市场为导向、国家控股的多元化融资模式。具体来说：

1）在发电环节（电源）引入竞争，采取市场经济条件下的多元化融资渠道。在厂网分开、竞价上网的电力市场条件下，电源的投资者主要关心政府政策的可信度、投资风险的大小、预期收益及成本回收等问题。国际经验表明，引入竞争可以达到明显的资源优化配置效果。因此，我国对发电企业应该适当放松管制，使电源企业可以采用市场体制下的多元化融资模式。

2）在输电环节，电网必须坚持国家控股原则，非国有资本可以适当介入。但同时还要坚持以市场为导向，通过经济利益进行调节，鼓励和支持民间资本介入电网投资领域。实行投资主体多元化，通过多方参股和建立多渠道的适应市场经济的投融资机制来解决自身发展所需资金。我国政府可以制定相应政策来规定单一股东持股电网企业的上限，进而保证国家控制力。具体份额要结合我国现实情况由政府决定。

3）供电行业具有可竞争的特点，可以采取与发电部门相似的市场经济条件下的多元化融资渠道。售电环节逐渐引入竞争机制，使终端用户能够自由地选择供电商。

10.6.4　中国可再生能源与新能源行业融资模式

（1）行业特点。

新能源和可再生能源属于高新技术，目前正处于产业化和商业化的转换阶段，开发成本相对较高，没有政府强有力的支持及政策导向，靠其自身能力是无法大规模发展的。

也就是说，新能源与可再生能源的发展必须得到政府的引导，以及国家法律和政策的支持；同时依靠市场的作用，尽可能降低成本，实现规模化发展，利用规模化带动产业化发展。

(2) 融资模式。

结合其他国家在新能源和可再生能源产业资金筹集方面的有益经验，我国新能源和可再生能源的融资模式应该采取政府扶持下的多元融资模式。其中，政府可采取直接投资补助、贷款和税收优惠政策、风险投资基金，以及开拓国际市场等方式，使得可再生能源产业获得投资回报，引入新的投资，从而进入良性循环（马晓微，2010b）。

本章小结

本章在简要阐述能源投融资概念及回顾主要国家能源投融资现状和特点的基础上，首先重点介绍了影响能源投融资的几大影响因素：国家能源发展战略，政策导向，宏观经济环境，能源市场化和金融市场发育程度，资源禀赋和开放程度，以及能源企业的投资回报率、资本结构；其次对能源投资效益与风险进行了总结与阐述，在此基础上归纳出能源融资应遵循与国家能源发展战略一致性原则、风险分散原则、融资渠道多元化原则等基本原则，并对未来的融资环境进行了展望；最后以中国未来能源融资模式为例，分析了中国不同能源品种的融资战略。

思考题

1. 能源部门的资金及来源有什么特点？
2. 世界主要国家的能源融资有哪些模式？不同融资模式的特点是什么？
3. 影响能源投融资的主要因素有哪些？这些因素是如何影响能源投融资的？
4. 能源投资风险主要受哪些因素的影响？如何影响？
5. 我国的能源融资面临哪些挑战？你认为应该如何应对这些挑战？

拓展阅读

能源投融资现状、机遇与挑战

长期以来，我国能源的融资无论是融资的规模，还是融资的来源渠道，都发生了很大的变化。但不同时期融资规模和融资渠道都发挥了积极作用，为能源工业和国民经济发展起到了重要的支撑作用。

从我国能源行业的投融资规模来看，能源融资规模快速扩张，能源事业取得了巨大成就。我国是世界上煤炭产量最大、增长速度最快的国家；油气工业实现跨越式发展，为国民经济的发展做出了重要贡献；电力工业长期持续高速发展，成为世界电力发展史上的奇迹。从融资渠道来看，我国能源行业长期以来资金来源渠道单一，国家预算内资金占主导地位。经过几十年的发展，我国不同能源行业的融资渠道有了很大变化。

根据我国投融资体制改革和能源工业管理体制改革进程，能源投融资改革与发展可以概括为1949—1978年、1979—1988年、1989—1996年和1997年至今共四个阶段，可相应归纳为财政主导型投融资机制阶段、能源投融资体制改革探索阶段、市场经济型能源投融资萌芽阶段、市场经济型能源投融资体制框架初步形成阶段。

当前经济全球化进程的加快，以及我国社会经济的快速发展对我国能源投融资提出了更新与更高的要求。为达到这些要求和实现能源可持续发展，当前我国能源投融资在投融资监管机制，法律、法规体系，金融市场发育程度，能源市场化程度，投资渠道和资金结构方面都存在很大的挑战。其中，煤炭行业面临培育大型企业和合理规范利用民间资本的挑战；油气行业面临海外投资政策、金融支持体系的完善和加强的挑战；电力投资还面临电厂与经济、电厂与电网协调发展等挑战。

资料来源：马晓微，魏一鸣．我国能源投融资现状及面临的机遇与挑战．中国能源，2009（12）．

第 11 章

合同能源管理

作为节能项目的一种创新合同模式和融资途径，合同能源管理机制在国外已经得到了成功的应用和推广。尽管合同能源管理机制引入我国的时间较晚，但在政府强有力的节能政策的支持下，特别是“十一五”约束性节能指标的首次提出，使得合同能源管理机制得到了快速的发展和推广。当前，支持开展合同能源管理项目已经成为我国推进节能工作、应对全球气候变化的重要手段，以合同能源管理机制为主要业务的节能服务产业有望进一步发展壮大。本章首先阐述合同能源管理的基本概念及国内外发展情况；然后对合同能源管理的商务模式、项目基本流程、关键环节、节能服务合同等相关内容进行介绍；最后分享几个项目案例。

11.1 合同能源管理概述

11.1.1 合同能源管理的基本概念

合同能源管理是由英文“energy performance contracting”翻译而来，是以节省的能源费用支付节能项目成本的一种节能融资运作方式。它允许用未来的节能效益为当前的能耗设施和设备进行改造、升级乃至更换，达到降低能源开支、提高能源利用效率的目的。根据《合同能源管理技术通则》，我国将合同能源管理定义为：节能服务公司与用能单位以契约形式约定节能项目的节能目标，节能服务公司为实现节能目标向用能单位提供必要的服务，用能单位以节能效益支付节能服务公司的投入及其合理利润的节能服务机制。

通常，按照合同能源管理模式实施的节能项目称为合同能源管理项目；按照合同能源管理模式为用能单位提供节能服务的专业化公司称为节能服务公司；节能服务公司与用能单位按合同能源管理模式签订的契约称为节能服务合同。

作为合同能源管理的实施主体，节能服务公司（energy services company）是指为用能单位提供包括节能咨询、能源审计、节能项目设计、融资、改造（施工、设备安装、调试）和运行管理等服务的专业化公司。合同能源管理示意图如图 11－1 所示。

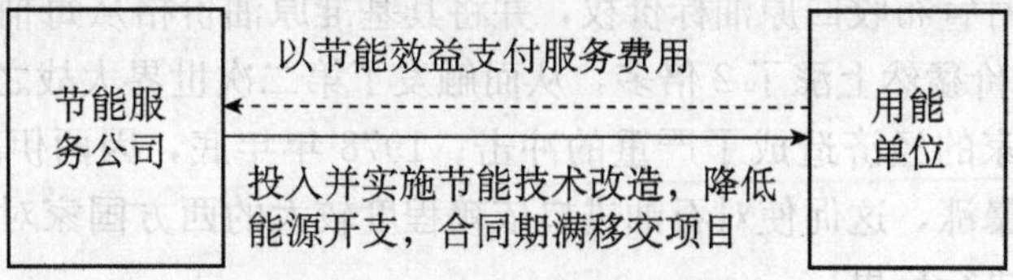

图 11－1　合同能源管理示意图

合同能源管理模式包括以下三部分含义。

（1）合同能源管理的手段：提高能效。提高能效手段包括提高能源使用效率、降低能源消耗总量、优化能源消耗结构这三种方式。这三种手段既相互关联，又有显著区别。在实施合同能源管理项目时，可综合使用其中的一种、两种或者三种。

（2）合同能源管理的目的：降低费用。合同能源管理的目的是减少能源费用，从而为客户带来经济效益。能源费用的减少是合同能源管理业务具有经济可行性的核心因素。能源费用的核算须综合各项主要的关联因素，真实或者大致真实地反映节能服务项目的实际效益。

（3）合同能源管理的模式：商业服务。合同能源管理是一种由节能服务公司提供的以盈利为目的，以市场为导向的商业服务。盈利预期是合同能源管理服务的动力来源，但由于不同的合同能源管理项目所承担的风险不同，技术含量也不同，盈利预期也存在较大的差异。通常来说，风险较大的、技术含量较高的项目，其盈利预期也较高。

在合同能源管理模式下，节能服务公司销售的不再是某种具体的产品或技术，而是特定的节能服务，其实质是向用能单位销售节能量（孙红，2012）。与传统销售模式相比，合同能源管理项目的收益与实际的节能效益挂钩。在投资方面，用能单位可以无须承担项目实施的成本，允许以未来的节能收益支付节能服务费用，把项目的风险转嫁给节能服务公司。因此，对用能单位来说，采用合同能源管理来实施节能项目的主要优点如下。

（1）项目实施的成功度高，节能风险较低。用能单位委托专业的节能服务公司实施节能项目，比自己实施同类项目更可靠、更高效。此外，合同能源管理项目的收益取决于节能效果，项目的成功实施是节能服务公司盈利的前提，因此，选择合同能源管理模式来开展节能项目可有效规避项目风险。

（2）用能单位不投资或少投资，有效改善现金流。合同能源管理项目主要由节能服务公司投资，用能单位不投资或少投资，因此，用能单位可将节省的投资投入其他方面，有效改善现金流。

（3）工作效率更高，工作成本更低。为了更快地实现收益，节能服务公司往往以最快的速度实施节能项目，提高了工作效率，用能单位同样可以更早地享受到节能效益。此外，节能项目可以完全被委托给节能服务公司实施并管理，用能单位只需要根据合同提供必要的配合，无须投入较多的精力，从而降低了人力资源等方面的投入。

11.1.2 合同能源管理的起源及国外发展情况

1973年10月，第四次中东战争爆发，为打击以色列及其支持者，OPEC的阿拉伯成员国于1973年12月宣布收回原油标价权，并将其基准原油价格从每桶3.011美元提高到10.651美元，使油价猛然上涨了2倍多，从而触发了第二次世界大战之后最严重的全球经济危机，对发达国家的经济造成了严重的冲击。1978年年底，因两伊战争引发第二次石油危机，油价再次暴涨，这促使对石油进口依赖程度较大的西方国家对传统的、以供应为主的能源发展路线进行反思。

为了应对能源价格高涨和供应压力，欧美国家政府要求公共事业大幅削减能源费用，节能服务商陆续出现，开始用节能的方案来解决供应不足和能源费用高的问题。较早进入这一市场的是能源供应商及一些工程咨询公司。它们针对那些对节能投资的风险心存顾虑而且资金又拮据的用能单位的需求，利用节能效益分享或能源费用托管的方式实施节能项目。这些公司精通能源审计、能源系统的优化和设备运行方式的改进，逐渐演变成专业的节能服务公司。这种新型的节能机制被称为合同能源管理。

最早的节能服务公司于1975年出现在瑞典，随后在20世纪70年代末到80年代，世界主要发达国家如美国、英国、加拿大、日本等地产生了一批节能服务公司。合同能源管理在当时是一项新型的节能机制，伴随越来越广泛的企业实践，其优势日益显现，市场接受度日益提高，因此迅速在北美地区、欧洲、亚洲等地传播，节能服务业作为一个新型的产业逐步引起各国政府的重视（谢仲华，等，2011）。

（1）北美地区。

20世纪70年代晚期，北美地区开始引入合同能源管理机制。如今，北美地区是世界上节能服务市场发育最为完善的地区，合同能源管理的市场接受度也是最高的。

自引入合同能源管理机制以来，美国政府大力推进节能服务产业的发展，在措施上，既制定强制性的法规和标准，也采用自愿协议和市场机制；既推进企业和社会节能，也重视政府自身节能，起着表率作用。在美国，联邦政府和各州政府对节能服务产业的发展十分支持，并把这种支持作为促进节能和环境保护的重要政策措施。美国有46个州通过对合同能源管理的立法，要求州内的政府建筑必须利用合同能源管理的方式进行节能改造，并以法律形式规定了合同能源管理的最长合同年限（一般各州都定为10年，个别可长达15年），从而有效地维护了节能服务公司的利益，促进了节能服务产业的发展。随着合同能源管理模式在政府部门的成功应用，美国接受节能服务的用能单位，也从政府、公用事业和工业企业，逐步发展到相当数量的私营部门。当前，美国的节能服务产业市场主要包括MUSH（municipal，university，supermarket，hospital，即地方政府、高校、超市、医院）、联邦机构、公共建筑、居民领域、工业领域以及商业领域。美国联邦政府部门和非联邦政府机构依然是美国节能服务产业的两大核心用户群，所占市场份额超过80%。通过几十年的发展与实践，美国是世界上节能服务产业发展最快的国家之一，也是节能服务产业最为发达的国家之一。

加拿大节能服务产业在早期的发展走了一条与美国不同的道路，典型的加拿大模式是公共部门融入节能服务产业之中。1981年，加拿大第一家节能服务公司Econoler在魁北克省成立，该公司是由魁北克电力局和当地一个工程公司共同发起的。在随后的 10 年里，Econoler 开展了大量合同能源管理项目，并取得了巨大的成功。为推动节能服务产业的快速发展，20 世纪 90 年代，加拿大启动了两大重要的项目。一个是 1991 年由加拿大能效办公室发起的联邦建筑节能促进（federal buildings initiative）计划，旨在支持联邦组织机构与节能服务公司开展合作，以推进办公楼宇节能工作，减少能源浪费和温室气体排放；另一个是 1996 年 6 月开始的能效建筑伙伴（better buildings partnership）计划，该计划由几个项目组成，包括居民建筑节能意识提升项目、办公建筑和商业建筑项目和一个贷款基金项目，目的是通过支持节能服务公司的项目减少二氧化碳的排放。目前，在加拿大活跃的节能服务公司有十几家，另有部分在各省内运作的小型节能服务公司。商业模式以节能量保证型为主，节能效益分享型和能源费用托管型也在一定范围内存在。加拿大的节能服务市场主要集中在公共部门和商业建筑领域。

（2）欧洲。

欧洲是合同能源管理概念的发源地。由于欧洲国家数量较多，各国情况较为复杂，因此，各国在节能服务产业发展的程度和路径上均存在明显的差异。

德国是欧盟中节能服务市场规模最大、最完善的国家。德国的节能服务产业出现于 20 世纪 90 年代早期，并且一直处于持续发展阶段。为促进节能服务产业的健康有序发展，德国政府制定了健全的法律体系，成立了相应的政府机构来保证法律政策的全面落实，建立了灵活的市场机制来引导企业和公众重视节能，并鼓励企业开发节能技术以提高能源利用效率。1995 年开始实施的节能伙伴（energy saving partnership）计划是德国能效市场在公共部门发展的重要一步，该计划将多座建筑组合集中外包。同时实施的另一个“节能伙伴+”（energy saving partnership Plus）计划则旨在将现有的建筑节能设备和系统改造范围予以扩展，涵盖建筑围护等多个单项建筑节能措施。除了私营的节能服务公司外，德国还有所谓的交互模式（interacting model），即公共机构内部节能服务部门（public internal performance commitments，PIPC），该部门承担公共机构内部节能服务职能，相当于一个节能服务公司自行组织实施节能措施，并自行融资。目前，德国从事合同能源管理的节能服务公司有 50 多家，包括市政电力设施公司及跨国公司，项目的平均回收期在 5～15 年，工业领域的项目以短期合同为主，回收期大约在 3 年。德国的节能服务合同类型主要以节能量保证型为主。

合同能源管理在英国被称为 CEM（contract energy management），在 20 世纪 70 年代初期的第一次石油价格冲击时诞生。英国第一家提供节能服务的公司是由国家煤矿局发起的，主要业务为经营和管理住宅锅炉的供热服务。直至 1984 年英国壳牌公司设立从事合同能源管理业务的子公司 EMSTAR（Energy Management Services Technology and Resources），需求侧能源管理服务才真正开始。与德国不同的是，合同能源管理概念在英国的发展首先是在私营部门。因融资渠道是非传统的方式，且有违反全民健康服务相关法律条款之嫌，因此合同能源管理模式在公共部门的发展过程中与英国财政部发生了冲突，遇到了很多障碍。经过长期而艰苦的“斗争”，目前，英国财政部不仅接受合同能源管理模式，而且鼓励所有公共机构在设立主要的资金项目之前优先考虑使用来自合同能源管理的私有资金。与其他国家不同，英国节能服务产业的发展更多的是依靠市场，政府层面并未予以额外的支持。在英国，根据客户的类型及项目的种类，节能服务模式主要有节能效益分享型、节能量保证型以及供热服务模式。融资模式也是多种模式并存，大部分的节能服务公司是使用自有资金或者从私营部门的借贷者那里贷得资金。

早在19世纪，法国的一些公共能源、供水服务就以外包的形式开展。法国公司Compagnie Générale de Chauffe（简称CGC，后被Compagnie Générale des Eaux公司并购）是较早从事公共供暖服务托管的公司，为供需双方提供能效改进服务。法国的节能服务公司主导的商业模式为运营模式（contract of operation），起初主要用于暖通空调系统，也就是当前较为普遍采用的三大合同能源管理模式之一，即能源费用托管型模式。该模式并没有明确能效改进投资，而是确保对现有系统的优化运行，以较低费用提供约定的舒适度水平。节能服务公司可以通过投资节能设备减少能耗或获得较低价格的燃料来减少成本，提高利润。法国的节能服务公司多为行业性的，在煤气、电力、供水等行业较为发达。法国节能服务公司所实施的项目主要是暖通空调系统运行、公共照明、压缩空气，以及建筑物的修缮、热电联产和对公共设施的管理。节能服务公司不仅提供节能方面的服务，而且承担相应的类似物业管理方面的服务，它们的收益不仅来自节能，而且来自与节能、能源供应有关的一系列服务。目前，在法国提供合同能源管理服务的公司有500多家，但由于市场集中度较高，市场份额主要为三大节能服务公司所占有。

奥地利是欧洲节能服务产业成功发展的另一个典范。奥地利的节能服务产业起步较晚。1998年之前，奥地利的节能服务市场还基本为零，但近十几年来，其发展非常迅速。如今，奥地利节能服务市场机制十分完善，节能服务公司有几十家，且不断发展壮大，其中五家大型节能服务公司占据整个市场份额的70%～80%。奥地利的合同能源管理项目主要是采取节能效益分享型模式，项目主要集中在公共部门，如联邦建筑及其他公共建筑。奥地利节能服务产业的快速发展离不开政府部门的大力支持，对于节能效益较为显著的投资，政府部门给予补贴、贴息贷款、住宅楼宇税收抵免等优惠政策。

（3）亚洲。

1992年以来，节能服务产业在亚洲也得到了发展。不同于北美地区庞大的居民和公共建筑的节能服务产值，在亚洲实施的合同能源管理项目大多在工业企业领域，而居民和公共建筑节能服务的产值只占整个节能服务业产值的一小部分。

韩国是亚洲最早开展合同能源管理的国家。早在1979年，韩国就出现了第一家节能服务公司。韩国节能服务公司的突出特点是市场准入严格，企业发展规范。由于政府设立了严格的准入门槛，到1992年全国节能服务公司还只有四家。随后，韩国节能服务产业在政府强有力的政策支持下获得了较快增长。为提高节能服务公司的积极性和抗风险能力，韩国政府按照节能项目投资的25%～35%给予补贴。1999年，韩国节能服务公司行业协会（KAESCO）成立，对推动节能服务产业的发展同样起到了明显的促进作用。至2004年，韩国节能服务公司的数量突破150家，主要实施高效照明、余热回收、高耗能工业的节能改造、提高工艺水平等方面的项目。

20世纪90年代，当节能服务产业在美国蓬勃发展，并被重新引入欧洲的时候，日本于1996年在经济产业省自然资源与能源局内成立了节能服务公司调查顾问委员会，就引入合同能源管理模式开展了相关的研究。1997年，日本出现了第一家节能服务公司。1999 年，日本成立了节能服务公司协会（JAESCO），对节能服务产业的发展起到了很大的推动作用。自节能服务公司协会成立以来，节能服务企业的数量增长迅速，该协会的会员由最初的 8 家发展到 2008 年的 137 家。日本节能服务产业在初期阶段，大部分项目采用的是节能量保证型模式。2000 年，节能效益分享型模式开始发展，2001 年占到了 48%的市场份额，如今节能效益分享型模式占到市场份额的 80%左右。日本在推广节能服务产业发展方面非常积极、全面，开展的工作包括能力建设、可行性研究、项目示范、标准及合同的制定、节能量检测、确认研究对象以及组织各种会议等。在政策规定及措施方面，节能服务产业已经成为日本应对全球气候变化的主要行业之一。如今，日本政府在支持和推动节能服务产业发展的做法和经验已经成为全球的新典范。

11.1.3 合同能源管理在中国的发展历程

1992—1994 年，中国政府在全球环境基金（GEF）和世界银行（WB）的支持下，完成了“中国温室气体排放控制问题及战略研究”。该项研究的一个重要结论是：中国存在着大量技术成熟、经济效益和环境效益都很好的节能项目，但由于各种市场障碍，这些项目未能普遍实施，造成了能源浪费和环境污染。经过一系列的研究和讨论，中国政府与世界银行一致认为，中国正经历从计划经济向市场经济过渡的社会变迁时期，节能工作的管理方式和运行机制也应随之改变以适应新形势。中国有必要引进和推广已在很多国家得到成功验证的节能融资及服务为一体的合同能源管理机制。

在这种情况下，中国政府与世界银行、全球环境基金合作引入了“世界银行/全球环境基金中国节能促进项目”（简称中国节能促进项目），旨在中国引进、示范、推广合同能源管理机制，建立基于市场的节能新机制，以克服市场障碍，促进各类节能项目的普遍实施，提高中国的能源效率，减少二氧化碳及其他污染物的排放，保护全球及地区的环境；推广节能新机制，组建各种类型的新的节能服务公司，形成中国的节能服务产业；吸引各类投资者，向节能项目进行商业性投资，促进节能产业的迅速发展。

中国节能促进项目一期于 1998 年 12 月正式开始实施，主要内容是支持成立三个示范性的节能服务公司，以及建立国家级的节能信息传播中心。三家示范性的节能服务公司——北京源深节能技术有限责任公司、辽宁省节能技术发展有限责任公司和山东省节能工程有限公司在中国拉开了引进、推广合同能源管理的序幕。截至 2006 年 6 月底，项目一期结束，三家示范性的节能服务公司的能效投资逐年稳步增长，累计为 405 家客户实施了 474 个节能项目，投资总额达 13.31 亿元，而客户的净收益是节能服务公司收益的 8～10 倍，并产生了良好的节能效益——形成节能能力 151 万吨标准煤/年（中国节能促进项目办公室，2006）。

在中国节能促进项目一期成功示范的基础上，我国政府与世界银行决定实施中国节能促进项目二期。中国节能促进项目二期成立了一个常设性的节能服务行业组织——中国节能协会节能服务产业委员会（简称 EMCA），旨在为新兴和潜在的节能服务公司提供切实可行的技术援助和服务，使它们能迅速地发展壮大，中国节能协会节能服务产业委员会是一个行业协会，其宗旨是在全国推广合同能源管理，扶持节能服务公司成长，促进节能服务产业发展。中国节能协会节能服务产业委员会的正式成立标志着节能服务产业进入全面推广阶段。此外，中国节能促进项目二期还实施了节能服务公司贷款担保计划，由中国投资担保有限公司实施。该担保计划的特点是利用少量的担保资金，为尚缺乏金融资信的节能服务公司提供贷款担保，为新兴节能服务公司提供有效的融资帮助，在帮助节能服务公司提供融资能力和资信的同时，鼓励金融系统介入节能服务事业。

在各方的共同努力下，2010年6月30日，中国节能促进项目二期顺利结束。2003—2010年，合同能源管理在中国得到迅速推广，特别是在“十一五”时期，在国家一系列政策的大力支持下，合同能源管理与节能服务产业在中国取得了快速的发展。据中国节能协会节能服务产业委员会统计，从2006年到2010年，中国节能协会节能服务产业委员会会员从89家递增到560家，增长了约5倍；全国运用合同能源管理机制实施节能项目的节能服务公司从76家递增到782家，增长了约9倍；节能服务行业从业人员从1.6万人递增到17.5万人，增长了约10倍；节能服务产业规模从47.3亿元递增到836.29亿元，增长了约17倍；合同能源管理项目投资从13.1亿元递增到287.51亿元，增长了约21倍；合同能源管理项目形成年节约标准煤能力从86.18万吨递增到1 064.85万吨，实现二氧化碳减排量从215.45万吨递增到2 662.13万吨。节能服务产业的快速发展有效地支撑了“十一五”时期我国节能工作的开展。

节能和提高能效是我国转变经济发展方式和应对全球气候变化的重要抓手，为促进合同能源管理的发展，进一步推动节能工作的广泛深入开展，2010年，我国相继发布《关于加快推行合同能源管理促进节能服务产业发展的意见》、《合同能源管理项目财政奖励资金管理暂行办法》、《合同能源管理技术通则》及《关于财政奖励合同能源管理项目有关事项的补充通知》等文件，支持发展合同能源管理的力度在全球范围内前所未有，节能服务产业有望得以进一步发展壮大。

11.2 合同能源管理商务模式与项目基本流程

11.2.1 合同能源管理主要商务模式

根据客户和节能服务公司各自承担的责任及义务以及客户向节能服务公司付款的方式，可以将合同能源管理分成不同的类型。通过几十年的实践和发展，合同能源管理机制主要有节能效益分享型、节能量保证型和能源费用托管型三大基本商务模式。在以上三种模式的基础上，根据各国实际情况及发展特色，也衍生出一些创新商务模式，例如，融资租赁等。当前我国合同能源管理项目大多以节能效益分享型为主要商务模式，部分优惠政策也只针对采取节能效益分享型模式的合同能源管理项目，如《合同能源管理项目财政奖励资金管理暂行办法》。

(1) 节能效益分享型（shared savings model）。

如图11-2所示，在此模式下，节能项目的融资主要由节能服务公司负责。在项目合同期内，客户和节能服务公司双方按照约定比例分享节能效益；合同结束后，节能项目所有权无偿转移给用能单位，此后产生的节能效益全归用能单位。

节能效益分享型模式的主要特点有：

1）项目的全部或者绝大部分资金由节能服务公司提供；

2）合同期内，双方按照各自的出资比例享有项目的产权；

3）节能服务公司提供项目的全过程服务；

4）合同规定节能指标及监测和确认节能量（或节能率）的方法；

5）合同期内节能服务公司与客户按照约定比例分享节能效益，合同结束后，设备和节能效益全部归客户所有。

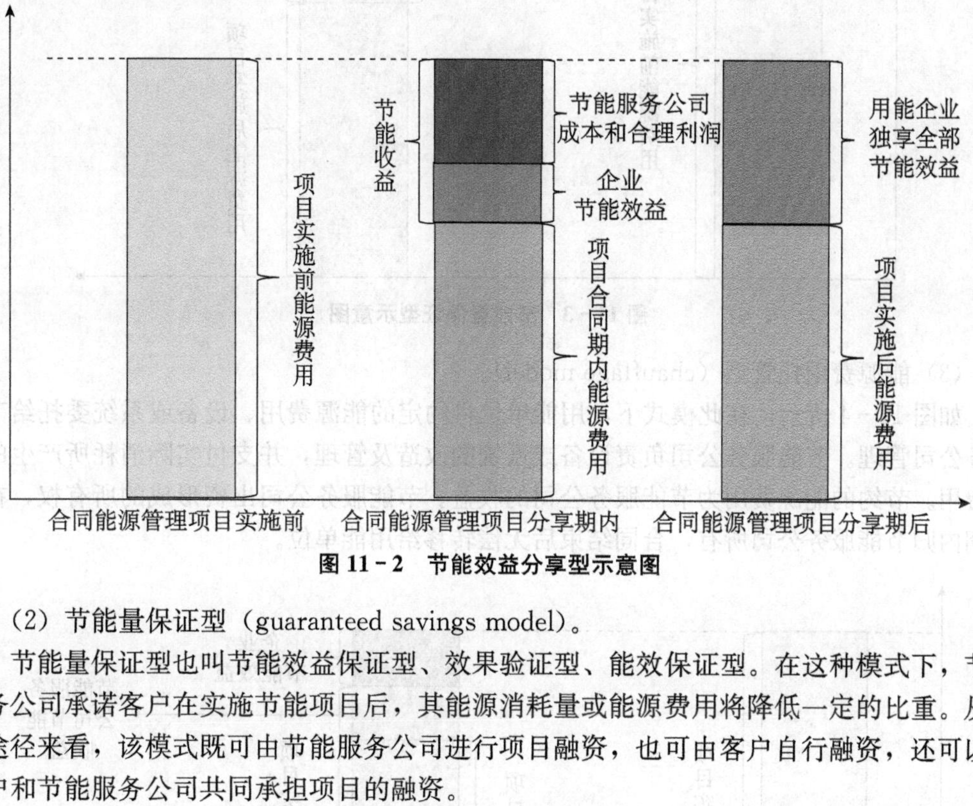

图 11-2　节能效益分享型示意图

（2）节能量保证型（guaranteed savings model）。

节能量保证型也叫节能效益保证型、效果验证型、能效保证型。在这种模式下，节能服务公司承诺客户在实施节能项目后，其能源消耗量或能源费用将降低一定的比重。从融资途径来看，该模式既可由节能服务公司进行项目融资，也可由客户自行融资，还可以由客户和节能服务公司共同承担项目的融资。

如图 11-3 所示，通常节能服务公司负责实施节能项目并承诺项目达到的最低节能量。项目实施完毕，经双方确认达到承诺的节能量（或节能效益），用能单位向节能服务公司支付约定的各项成本和费用；如未达到承诺的节能量（或节能效益），节能服务公司须赔付经济损失。

节能量保证型模式的主要特点有：

1）双方协商项目融资途径，可由节能服务公司融资，也可由客户融资，还可以由双方共同融资；

2）合同期内，双方按照各自的项目出资比例享有项目的产权；

3）节能服务公司提供项目的全过程服务；

4）合同规定节能指标及监测和确认节能量（或节能率）的方法；

5）合同规定，如果在合同期项目没有达到承诺的节能效果，则以未达到的节能量为依据，由节能服务公司赔偿全部或者部分经济损失；

6）客户向节能服务公司支付服务费和节能服务公司所投入的资金。

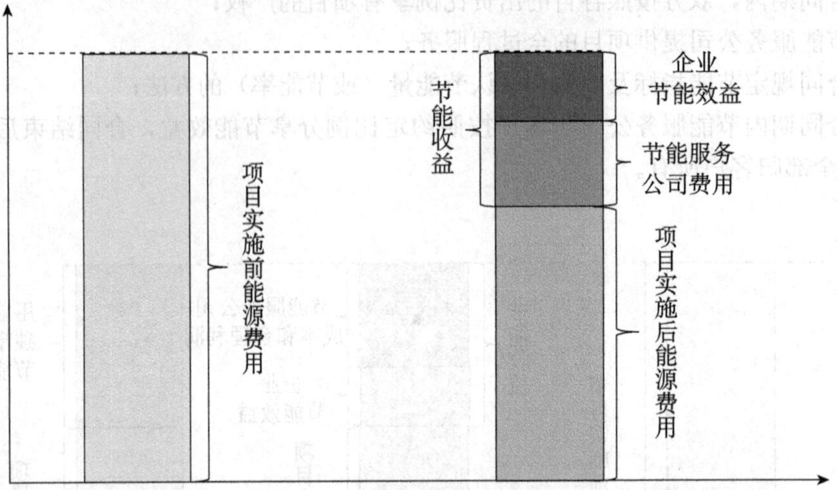

图 11-3　节能量保证型示意图

（3）能源费用托管型（chauffage model）。

如图 11-4 所示，在此模式下，用能单位将约定的能源费用、设备或系统委托给节能服务公司管理。节能服务公司负责设备或系统的改造及管理，并支付实际消耗所产生的能源费用。节约的能源费用为节能服务公司的收益。节能服务公司出资形成的所有权，在合同期内归节能服务公司所有，合同结束后无偿转移给用能单位。

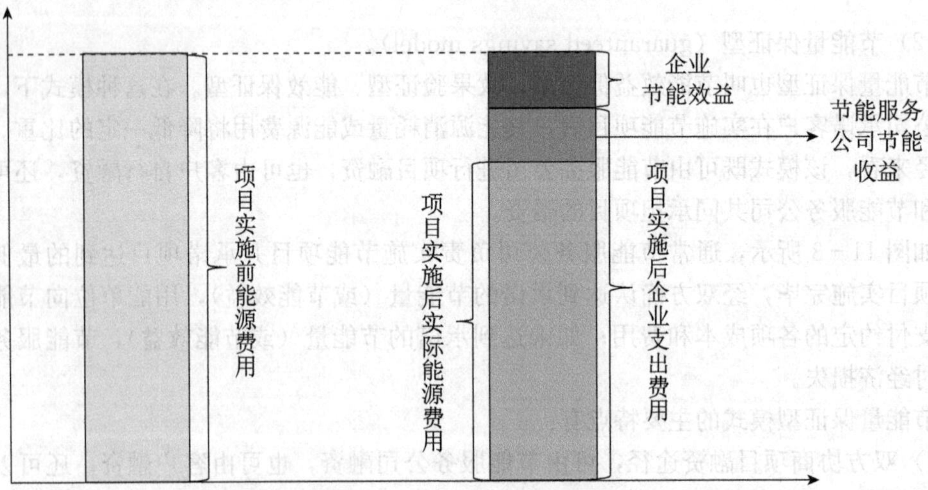

图 11-4　能源费用托管型示意图

能源费用托管型模式的主要特点有：

1）节能服务公司接管用能单位的能源供应设施、设备，承包能源费用；

2）节能服务公司自筹资金进行改造和更新，并负责对供能设施、设备进行管理和维护；

3）合同规定能源服务质量标准及其确认方法，若不达标，节能服务公司应按合同承担相应责任；

4）节能服务公司的经济效益来自相对于能源费用的承包额的费用节约，客户的经济效益来自能源费用的减少。

11.2.2　合同能源管理项目的基本流程

节能服务公司业务活动的基本流程是：项目调研与设计→合作方式协商→签约实施→项目运营管理。项目调研与设计的目的是为用能单位设计开发一个技术上可行、经济上合理的节能项目。合作方式协商是通过双方协商，节能服务公司与客户就该项目实施的商务条款进行协商，包括项目在合同期内实现的效果、节能效益分享方式或节能效果承诺方式、付款条件、违约责任等。签约实施是在各方达成一致的基础上，签订节能服务合同，并由合作各方按照约定实施节能工程（或/和介入节能管理）。项目运营管理指的是在节能工程（或/和介入节能管理）进入实质使用后，依据节能服务合同的约定方式确认节能效益，按照约定的运营责任通力合作，持续取得预期的节能效果，客户按照约定付款方式支付节能服务费，直到项目结束。

下面以节能效益分享型合同为例，具体说明基本的业务流程，主要包括：合同签约前和合同签约后两个阶段（EMCA，2012b）。

在合同签约前，主要是开展项目调研与设计和合作方式协商，工作内容包括以下几点：

（1）与客户接触。节能服务公司与用能单位进行初步接触，就客户的业务、所使用的耗能设备类型、所采用的生产工艺等基本情况进行交流，以确定客户重点关心的能源消耗问题。向客户介绍本公司的基本情况、业务运行模式、合同能源管理模式及可给客户带来的利益等。向客户指出具有节能潜力的领域，解释合同能源管理节能服务的有关问题，初步确定本公司可以介入的项目。

（2）初步审计。通过客户的安排，节能服务公司对客户拥有的耗能设备及其运行情况进行检测，将设备的额定参数、设备数量、运行状况及操作等记录在案。

（3）审核能源成本数据，估算节能量。利用客户保留的能耗历史记录及其他相关数据计算潜在的节能量。

（4）提交节能项目建议书。起草并向客户提交一份节能项目建议书，描述所建议的节能项目概况和估算的节能量。

（5）客户承诺并签署节能项目意向书。若用能单位接受项目建议，则双方签订合作意向书，以得到客户对该项目的明确认可。

（6）制订详细的改造方案。包括对客户的用能设备或生产工艺进行详细的审查、确定拟采用的节能技术改造措施、制订详细的改造方案、对项目预期的节能量进行更为精确的分析计算等。

（7）合同谈判/签订。与客户就节能服务合同的所有条款进行协商，包括融资途径、节能量计算与核定方法、合同期、节能效益支付方式以及双方的权利义务等。双方就所有条款达成一致后签订正式的节能服务合同。

节能服务公司获得节能服务合同后，便可按照合同的约定进入项目的实施和运营阶段，工作内容包括以下几点：

（1）对耗能设备进行监测。在某些情况下，须对要改造的耗能设备进行必要的监测工作，以建立节能项目的能耗“基准线”。一般而言，这一监测工作必须在更换现有耗能设备之前进行。

（2）工程设计。节能服务公司组织开展节能项目的工程设计工作，并请用能单位对设计进行确认。

（3）项目建设。节能服务公司按照项目设计的要求对项目予以建设，确保采购的设备、设备安装、工程施工和项目调试等工作达到设计的要求。

（4）项目试运行/验收。节能服务公司与用能单位按照项目设计要求和合同的有关规定对项目进行试运行和验收工作，并由双方对节能量进行确认。

（5）监测节能量。根据合同中约定的监测类型，完成需要进行的节能量监测工作。监测工作可能是间隔的、一次性的或连续性的。

（6）人员培训。节能服务公司对项目运行管理和维护人员进行培训。

（7）项目运行与维护。节能服务公司按照合同的规定对项目进行运行管理和维护。

（8）节能效益分享。合同期内，节能服务公司按照合同条款与客户分享项目产生的节能效益。

（9）合同结束。项目合同期满后，项目所涉及的设备和节能收益全部归客户所有。

11.3 合同能源管理项目的关键环节

11.3.1 节能诊断

（1）节能诊断的定义。

节能诊断通常是指组织有关专家，到用能单位现场进行深入调查，详细掌握工艺流程、技术、设备、措施等的现有情况、原始资料、运行历史记录等信息，并通过对用能系统或设备的监测，以企业或用能系统为研究对象，分析和发现节能机会，为用户提供提高能效管理和设备优化改进方案的咨询服务过程。

节能诊断等同于合同能源管理项目要素中的用能状况诊断。根据《合同能源管理技术通则》，用能状况诊断是指节能服务公司在对客户企业进行初步审计的基础上，针对能耗较高的系统（生产系统、供用电系统、热力系统、水系统等）、车间、设备，以及可能存在节能改造潜力的部位进行调查，采集现状数据和历史统计数据，并进行必要的现场测试，了解能源成本的管理和控制情况，对数据进行检查和能量平衡分析计算，查找用能不合理的环节并分析原因，制订切实可行的节能措施和具体方案，并综合考虑项目的投资成本、节能减排效果和经济效益。这个过程在一定程度上与能源审计的部分内容相一致。

（2）节能诊断的方法与内容。

对用能单位进行节能诊断首先要明确诊断的对象，即要划定用能单位能源系统的边界，并以此来确定用能单位能源系统和能源流程，如对于工业企业，要了解其主要产品的生产工艺及构成其生产线的主要工序，辅助生产系统、附属生产系统的构成等信息，以便开展后续的诊断、计算和分析工作。

开展用能单位节能诊断，须遵循物质守恒定律和能量守恒定律的基本原则。利用物质守恒定律和能量守恒定律对用能单位用能过程进行定量分析是节能诊断的一项重要工作内容。对用能单位进行能源统计、平衡、分析、计算一般是按能源流转过程中的购入贮存、加工转换、输送分配和最终使用四个环节进行的。对于每一个环节，都要嵌入能源利用效率低和能源浪费在哪里产生、为什么会产生能源利用效率低和能源浪费、如何解决能源利用效率低和能源浪费这三个层次的思考。在每一个层次中，都要考虑能源流入流出、技术工艺、设备、过程控制、管理、员工、产品、损失能①八个方面。节能诊断就是要从四个环节出发，利用三个层次，从八个方面入手弄清位置，找准原因，解决问题。任何一个节能方案都是依据这八个方面中的一个方面或几个方面确定的。

在进行能量平衡和物料平衡计算分析时，除了进行必要的数据收集、整理、计算、分析外，通常还要辅以必要的测试手段，以补充一些缺少计算的重要数据，以及对一些数据进行核实、验证。只有在数据完全准确可靠时，才能进行能耗指标、物耗指标的计算分析，进而查找节约潜力，提出合理化整改建议和措施。

节能诊断的基础是统计，统计的基础是计量。对用能单位进行节能诊断，必须要求用能单位具备较健全的计量设施，或在节能诊断前安装必要的计量器具仪表，这样才能保证节能服务公司能够全面地采集用能单位的用能数据。此外，用能设备的能效测试报告是用能单位能源统计数据校核和平衡的重要依据，也是节能诊断中一些重要指标计算（如设备有效能计算）的主要依据。

节能诊断的目的是要针对某一用能系统、工序、设备提出具体的节能技改方案。节能技改方案的提出主要是通过对用能单位综合能耗指标体系的计算和分析，尤其是对一些主要耗能工序或设备（工业企业）的综合能耗指标的计算和分析，并与行业内的相关指标进行对比来发现差距。一般来讲，差距即可视为节能潜力。节能技改方案的提出，一方面，要依赖于诊断人员或相关专家对行业内技术发展水平、节能技术和产品信息的充分了解，以及对相关系统、工序或设备运行参数指标的进一步测试分析。另一方面，通过与用能单位内部相关人员（如设备管理操作人员等）进行充分的沟通交流，也可以让诊断人员更快、更全面地了解有关设备和系统的运行情况，从而使提出的节能技改方案更具针对性和可操作性。

节能诊断参照执行的国家标准有《企业能量平衡通则》、《用能设备能量平衡通则》、《节能监测技术通则》及《企业能源审计技术通则》等。

---

① 即损失的能源量。

11.3.2 能耗基准的确定

(1) 能耗基准的定义。

能耗基准是指由用能单位和节能服务公司共同确认的，项目边界内用能单位或用能系统、设备在实施合同能源管理项目前某一时间段内（基期）的能源消耗量。对于合同能源管理项目来说，能耗基准的确定至关重要，它是计算节能量的基础，也是节能服务公司和客户最容易发生争议的地方，必须在节能服务合同中予以明确。

对于改造项目而言，通常是以项目实施前规定的时间段内，项目范围内所有用能系统、设备消耗的各种能源量折标准煤之和作为能耗基准。在某些情况下，可能需要对拟改造的耗能设备进行必要的监测，以建立改造项目的能耗基准。对于新建项目，能耗基准可根据产业结构调整指导目录、项目所属行业准入条件、标准能耗限定值要求、可比项目能耗水平或“有无”项目对比等来确定。无论对于何种项目，关键的一点是，能耗基准的确定方法必须得到合同双方的认可。

(2) 能耗基准的一般确定。

能耗基准的确定可参考以下几种方法。

1) 根据设备能耗性能估算能耗基准。

例如，对于工业锅炉改造项目，一般可用改造前的锅炉（系统）运行热效率，乘以锅炉年耗标准煤量（原煤折标系数采用实测值）作为锅炉（系统）改造项目改造前的能耗基准。在计算改造项目节能量时，可用改造后锅炉（系统）热效率减去改造前锅炉（系统）热效率，再乘以改造前锅炉年耗标准煤量。当然，针对具体项目，可能需要附带一些约束条件，以及运用一些必要的调整因子对能耗基准进行调整。其中，锅炉热效率依据《工业锅炉热工性能试验规程》确定。

2) 以产品（工序）综合能耗作为能耗基准。

将项目实施前一年单个产品（工序）范围内的所有用能环节消耗的各种能源的总和(按规定方法折算为标准煤)，确定为此产品（工序）的正常能耗状况。如果前一年能耗数据不能反映该产品（工序）的正常能耗状况，则采用前三年的算术平均值。对于工业窑炉改造项目、余热余压利用项目（发电除外）等，均可采用此种方法来确定基准能耗。

3) 利用实测方式得到能耗基准。

如对于电机系统改造项目，可将系统改造前实测的电机系统用电量作为能耗基准。当通过比较改造前、后电机系统的用电量变化来核算节能量时，如果改造后相关工序的生产情况变化较大，则选择生产情况与改造前相近的时间段（一般为一个月)，将此期间电机系统用电量换算为全年用电量。

4) “无”项目时能耗基准为零。

如对于余热余压发电工程，项目建设前即“无”项目时，能耗基准可视为零。此类项目节能量的计算可根据最终转化形成的可用能源量（年发电量扣除自用电量）来确定，同时约定改造后余热余压产生工序的单位产品能耗不大于项目实施前的能耗，否则须对计算的节能量进行适当的调整。

能耗基准的确定可委托合同双方认可的第三方机构进行监督审核。能耗基准的确定应按照《综合能耗计算通则》及《企业节能量计算方法》等相关标准执行，并得到合同双方的确认。

11.3.3　节能量的计算、测量和验证

（1）节能量的相关定义。

节能量通常是指在满足同等需求或达到相同目的的条件下，使能源消费减少的数量。企业节能量一般分为产品节能量、产值节能量、技术措施节能量、产品结构节能量和单项能源节能量等。合同能源管理项目中的节能量为技术措施节能量。

技术措施节能量是指对用能单位的生产设施、设备进行更新改造，以及采用新工艺、新技术等，通过间接降低单位产品（用能单元）能耗产生的节能效果。在产品产量或能源服务功能不发生变化的情况下，技术措施节能量可根据技术措施实施前后能源消耗量的变化直接计算出技术措施节能量，如图 11－5 所示。如果某项技术措施可对多能源品种、多个产品同时产生节能效果，应累计计算该项措施的节能量。

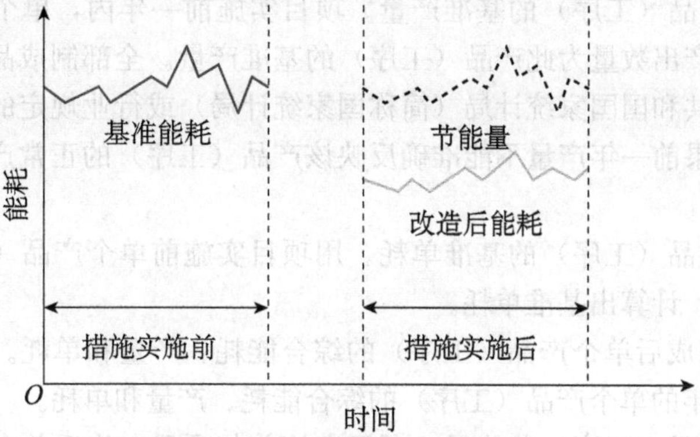

图 11－5　节能量计算示意图

节能量测量和验证（measurement and verification，简称 M&V）是指通过测试、计量、计算、分析等方法，确定项目能耗基准及项目节能量、节能率或能源费用节约的活动。能量是一种看不见摸不到的东西，节能量无法通过测量直接得出，为了对节能改造项目进行节能效益的评估，需要通过测量与验证将能量予以量化，从而计算节能量，即节能量是在分别测量项目实施前、项目实施后能耗变化的基础上，按照一定的规则和标准推算出来的。

（2）节能量的确定原则。

节能量只限于通过节能技术改造来提高生产工序和设备能源利用效率、降低能源消耗所实现的能源节约，不包括扩大生产能力、调整产业结构等途径产生的节能效果。若无特殊约定，比较期间为一年。

节能量确定过程中应考虑节能措施对项目范围以外能耗产生的正面或负面影响，必要时还应考虑技术以外影响能耗的因素，并对节能量加以修正。这些因素包括原材料的构成、产品种类及品种构成、产品产量、产品质量、气候变化、环境控制等因素的变化。

项目实际使用能源应以企业实际购入能源的测试数据为依据折算为标准煤，不能实测

的可参考权威推荐的折标系数进行折算。

对于利用废弃能源资源的节能项目（工程）如余热余压发电工程等的节能量，根据最终转化形成的可用能源量确定。

(3) 节能量的确定方法。

项目节能量等于项目范围内各产品（工序）实现的节能量之和扣除能耗泄漏。单个产品（工序）的节能量可通过计量监测直接获得，不能直接获得时，可以通过单位产量能耗的变化进行计算确定，步骤如下：

1) 确定单个产品（工序）节能量计算的范围。与此产品（工序）直接相关联的所有用能环节为单个产品（工序）节能量计算的范围。

2) 确定单个产品（工序）的基准综合能耗。项目实施前一年单个产品（工序）范围内的所有用能环节消耗的各种能源的总和（按规定方法折算为标准煤）为此产品（工序）的基准综合能耗。如果前一年能耗不能准确反映该产品（工序）的正常能耗状况，则采用前三年的算术平均值。

3) 确定单个产品（工序）的基准产量。项目实施前一年内，单个产品（工序）范围内相关生产系统的产出数量为此产品（工序）的基准产量。全部制成品、半成品和在制品均应依据中华人民共和国国家统计局（简称国家统计局）或行业规定的产品产量统计方法进行分类汇总。如果前一年产量不能准确反映该产品（工序）的正常产量，则采用前三年的算术平均值。

4) 计算单个产品（工序）的基准单耗。用项目实施前单个产品（工序）的基准综合能耗除以基准产量，计算出基准单耗。

5) 确定项目完成后单个产品（工序）的综合能耗、产量和单耗。按照相同方法，计算出项目完成后一年的单个产品（工序）的综合能耗、产量和单耗。

6) 计算单个产品（工序）节能量。项目实施前与项目实施后单个产品（工序）单耗的差值与基准产量的乘积为单个产品（工序）节能量。

7) 估算能耗泄漏。综合考虑其他因素对项目能耗的影响及项目实施对项目范围以外的影响，估算出能耗泄漏（扣除或增加）。

8) 确定项目节能量。将项目范围内各产品（工序）的节能量之和扣除能耗泄漏，得到项目所实现的节能量。

(4) 节能量的监测方法。

项目实施企业应建立与项目相适应的节能量监测体系、检测方法和档案管理制度，以确保项目实施过程中和建成后，可以持续性地获取所有必要数据，且相关的数据统计能够被核查。其中，监测方法应符合《节能监测技术通则》的要求，监测设备应符合《用能单位能源计量器具配备和管理通则》的要求。测量和验证工作可委托合同双方认可的第三方机构进行监督审核。

(5) 节能量测量和验证。

节能量测量和验证是指借助于测量手段来精确地确定某设施通过实施能源管理项目实现的真实节能量的过程。节能量不能直接测量，只能通过比较项目实施前后能源使用情况的变化，并根据条件的改变做适度的调整而确定。

节能量测量和验证包括以下部分或全部活动内容：

1）计量表的安装、校准和维护；

2）数据的收集和筛选；

3）计算方法和可接受的评估方法的开发；

4）测量数据的计算；

5）报告、质量保证和第三方对报告的核查确认。

节能量测量和验证工作可由节能服务公司和客户共同开展，也可委托双方认可的第三方机构承担（融资机构会倾向于第三方认证的项目）。但如果项目双方对项目形成的节能量没有太大的分歧，或者不需要向其他机构证明节能项目形成的节能量，则不必开展节能量测量和验证。

节能量测量和验证是通过仪器仪表测量，或通过约定用能系统或设备运行时的耗能参数，例如耗电率与运行时间等，并通过统一的节能量计算公式求得。

节能量计算通用公式如下：

$$节能量=(基准期能耗量-报告期能耗量)\pm调整量$$

其中，基准期能耗量代表系统或设备未实施节能措施时的能耗量；报告期能耗量可直接通过仪器仪表测量获得。

在上述通用公式中，引入调整量的目的是将基准期和报告期的能耗量换算到同样的运行工况条件下。通过引入调整量，而不仅仅是简单比较节能措施实施前后的能源成本或能耗量，将使节能量报告的结果更加合理。简单地比较账单费用只能体现能源成本变化，并不能真实反映改造项目的节能效果，所以要得出真正的节能量，必须引入调整量来剔除基准期和报告期的运行工况差别对能耗的影响。调整量由原材料的构成、产品种类与品种构成、产品产量、产品质量、气候变化、环境控制等因素决定。

节能量是由前述三者计算求得，而非直接通过测量获得。要计算节能措施实施产生的节能量，必须先确定基准能耗。若基准能耗无法在实施节能改造措施前以测量的方法获得，则必须通过数学模型预测或以协议的方式确定。

合理有效地进行节能量测量和验证，不仅可以有效地明确节能效果分享收益，降低节能项目实施风险，而且可以增加项目第三方融资信任度。目前全球范围内应用最广泛的、用于节能量测量和验证的规范是由国际能效评估组织（Efficiency Valuation Organization，EVO）开发的国际节能效果测量和验证规程（IPMVP）。国际节能效果测量和验证规程无论是在节能效益还是在温室气体减排效益的评估上皆具有国际公信力，是世界各国普遍采用的一项规范。根据测量方法与评估范围的不同，国际节能效果测量和验证规程包括四种测量与验证方式；同时根据评估精准度、资料收集、测量成本等的要求与限制，每一种测量方式皆有各自适用的场合。国际节能效果测量和验证规程通过严格完整的基本术语定义、灵活而全面的四种选项方法，为节能量的测量和验证工作提供了基础和指导，同时也为节能量测量和验证工作规范、科学、高效的开展提供了技术保证。

对于节能量的确定，国际节能效果测量和验证规程提供了四种选项方式（A、B、C和D），详见表 11-1。选择时需要考虑包括测量边界位置在内的多个因素。节能量的确定可以是针对整个耗能设施的，也可以是整个耗能设施的一部分，如果要确定整个耗能设施层面上的节能量，选项C或D是较合适的。如果仅关注节能措施本身的效果，则隔离改造（retrofit-isolation）的选项可能更加适合（选项A、B或D）。

表11-1 国际节能效果测量和验证规程选项概览（2010版）

国际节能效果测量和验证规程选项	节能量计算	典型应用
A. 隔离改造部分：测量关键参数。 通过现场测量关键性能参数来确定节能量，此关键性能参数决定了节能措施作用系统的能耗量，并决定了项目的成功与否。 可以是短期测量，也可以是连续测量，这取决于被测参数的预期变化以及报告期的长短。 其他参数通过估计得到，估值的根据是历史数据、设备制造商的规格表，以及工程技术判断。应记录估值来源或说明估值的合理性。还要评估用估计值代替测量值可能出现的节能量误差。	基准期和报告期能耗量的工程技术计算包括：对关键参数进行短期或连续测量及必要的常规和非常规调整。	照明改造项目，其中耗电功率是关键参数，需要对其进行周期性测量。通过建筑物的运行安排和入住者的行为特点来估计照明系统的运行时间。
B. 隔离改造部分：测量所有参数。 对实施节能措施的系统的能耗量进行现场测量以确定节能量。 可以是短期测量，也可以是连续测量，这取决于被测参数的预期变化以及报告期的长短。	对基准期和报告期的能耗量进行短期或连续测量，或测量决定能耗量的间接参数，通过工程技术计算得出能耗量。 必要的常规和非常规调整。	采用变速拖动和控制技术来调节水泵流量。在电机的电源端安装功率表来测量电功率，功率表每分钟测量一次。在基准期，用功率表进行一周的测量来证明是恒定负荷。在报告期，用功率表进行持续测量以跟踪功率的变化。
C. 整体耗能设施。 通过测量耗能设施整体或子耗能设施来确定节能量。 在报告期内对耗能设施整体的能耗量进行连续测量。	分析耗能设施整体在基准期和报告期的（市政）表计数据。 使用简单比较法或回归分析法进行必要的常规调整。 进行必要的非常规调整。	综合能源管理计划影响耗能设施中的多个系统。利用燃气和电力市政表进行为期12个月的基准期能耗数据测量，并在整个报告期进行能耗数据的测量。
D. 经校准的模拟。 通过模拟耗能设施整体或子耗能设施来确定节能量。 证明模拟程序可以充分模拟耗能设施真实的能耗性能。 此方案通常要求使用者在校准模拟方面具有高超的技巧。	模拟能耗状况，并利用小时或月度的能耗费用账单进行校准。（能源最终用户的表计可以用来提高输入数据质量。）	综合能源管理计划影响耗能设施中的多个系统，但在基准期没有计量表。 安装了燃气表和电表后，能耗测量值可用来校准模拟结果。 用经校准的模拟来确定基准期能耗量，并与模拟出的报告期能耗量进行比较。

资料来源：国际能效评估组织。

11.3.4 项目风险控制

(1) 项目风险的来源和类型。

项目风险主要是指节能服务公司开展合同能源管理项目所面临的风险。在开展合同能源管理项目之前，节能服务公司应当了解可能存在的各类风险。通常一个合同能源管理项目可能具有的风险根据来源不同可分为客户风险和项目风险两大类。

1) 客户风险。

①信用风险。信用风险是指用能单位不能按合同约定及时足额支付节能服务公司服务费的情况。如果用能单位在经营、财务、人员等方面发生变化，则出现信用风险的概率将大大增加。

②经营风险。如用能单位经营不善导致盈利能力下降；或者盲目投资导致资金链紧张，从而无力向节能服务公司支付服务费。

③项目运行风险。用能单位受市场的影响可能会压缩生产规模，这样节能改造后的设备就达不到预定负荷，项目节能量及效益就会下降，从而导致节能服务公司的收益下降。此外，用能单位相关设备运行不正常导致项目运行不正常的情况同样会对节能量及效益造成影响。

2) 项目风险。

①金融风险和财务风险。金融风险包括：宏观经济运行周期、银行贷款到位情况、合同期内通货膨胀率变化、银行利率变化等，部分项目可能还需要考虑汇率的变化等风险。财务风险则是因考虑不周致使项目节能效益测算有误等。

②设计及技术风险。技术措施或设计方案不完全适合用能单位的生产工艺或系统，或技术不可靠、不成熟，导致项目不能正常运行，甚至失败。

③工程施工风险。在项目予以分包的情况下，分包商能否按预定的进度和预算，保质、保量地完成合同中规定的各项工作将对整个项目的成败造成影响。

④节能量预估风险。节能效益预估不准确、项目成本预算超支等都会对项目的盈利情况造成风险。

⑤能源价格变化风险。能源价格的变化将直接影响节能项目的收益。

⑥投资回报风险。影响投资回报的因素有：节能效益分成或固定回报的具体比例和期限、客户的支付能力、政策变化、体制改革、客户领导更换等。

(2) 降低风险的方法。

降低风险的方法有以下几种。

1) 对客户进行详尽而客观的评价。通过多种渠道来收集客户的信息，对客户的基本情况、财务状况以及重大事项加以了解和评价，确保客户选择的质量。

2) 完善合同内容。力争将风险控制在合同上，通过合同的约束来保障项目的正常执行，维护双方应得的利益。

3) 分散风险。在有条件的情况下，应尽可能分散风险。如由合作各方共同投入资金，共同承担项目风险；邀请设备制造商共同参与节能项目，用节能效益分期偿还设备费用等。

4）降低建设风险。制订完善的工作计划，合理把控施工进度，确保项目按质、按量、按时地完成，杜绝工期延迟。此外，在项目建设过程中，确保不能影响客户的正常生产。

5）降低设备和技术风险。选择成熟度高的技术和设备，以及资信度高的设备供应商，确保项目顺利运转。

6）降低财务风险。节能服务项目的利润一方面取决于项目实际的节能效果；另一方面取决于节能服务公司对项目成本的把控。因此，节能服务公司可通过合理使用资金、合理控制成本的方式降低财务风险。

7）降低节能量风险。对设施开展节能项目前的状况进行详细实测，减少估算；对项目的节能量进行连续的监测，密切关注项目实施后的节能效果，若未达到预期节能量，应及时采取补救措施。在有条件的情况下，尽可能引入第三方，使其介入节能量监测和确认工作。

8）降低投资回报风险。制定合理的分享年限，并留有一定的应变余量，以保证在客户方面出现任何不利变化时，节能服务公司仍能收回投资；选择权威的能源审计部门或其他有资质的第三方节能监测机构来监测项目节能量，以保证能够公平合理地进行项目的能耗评估和节能效益分析。应注意有效地处理节能服务公司与客户的有限分歧，求大同存小异，避免可能导致的项目可持续运营风险。

11.4 合同能源管理项目合同

11.4.1 节能服务合同

合同能源管理项目合同通常称为节能服务合同。节能服务公司与用能单位之前签订的节能服务合同是节能服务公司对节能项目经营管理方式的具体体现，是节能服务公司与客户即用能单位之间最主要的法律文件。节能服务公司与用能单位签订有效的节能服务合同，并保证该合同的实际履行，是节能服务公司生存和发展的关键，是实施合同能源管理项目不可或缺的基础。

节能服务合同不属于合同法确定的任何一个有名合同的范畴，它与合同法确定的有名合同有着本质的区别，即合同价款由标的物（简称标的）产生的效益决定。但是，同其他合同一样，节能服务合同的订立也应当遵循《中华人民共和国合同法》（简称《合同法》）及相关法律、法规的要求。

11.4.2 节能服务合同与相关合同的关系

节能服务合同是合同能源管理项目中节能服务公司与用能单位签订的一个基本合同，也是最主要的合同。合同能源管理的节能服务机制就是利用节能服务合同确立各方的权利和义务，以达到节约能源、保护环境、提高能源利用效率、提高经济效益的目的。为了履行这个合同，节能服务公司与供货商、施工安装单位、设计单位、监测及服务机构、担保机构、银行等发生关系，在确定节能服务合同的条款时要给予充分考虑。

(1) 节能服务合同与项目相关合同的关系。

项目相关合同包括能源审计合同、供货合同、施工安装合同、设计合同、节能量监测合同、担保合同、项目融资合同等。其中，能源审计合同、供货合同、施工安装合同、设计合同、节能量监测合同等都是节能服务合同的下游合同，在节能服务合同的条款中要确定相关的内容，使能源审计合同、供货合同、施工安装合同、设计合同、节能量监测合同等相关合同在项目实施过程中与节能服务合同从逻辑上建立关联，构成一个有机的整体。避免在发生纠纷时合同与合同之间没有任何关联，从而导致证据之间不能形成证据链，解决争议时处于被动地位。

1) 节能服务合同与担保合同。有些项目投资额大，节能效益款回收期限长。针对这类项目，如果全部资金由节能服务公司投入，则需要考虑要求用能单位提供必要的履约担保，增强信用，以确保节能服务公司的收益能够实现。担保合同是节能服务合同的从合同，要依据《中华人民共和国担保法》(简称《担保法》) 的规定设计担保期间、担保责任的承担方式、担保范围等内容。担保的形式可以是抵押、质押、保证担保等。需要注意的是，提供保证担保的担保人必须有代偿能力。

2) 节能服务合同与项目融资合同。一般情况下，合同能源管理项目的融资要在节能服务公司签订合同能源管理项目合同后进行。对于融资合同的订立，投资人重点审查的是项目本身的质量，例如，项目合同内容的完备与否，投资收益率的高低，投资回收期限的长短，收益权实现的风险大小等。对于需要融资的项目，投资人所关心的问题都要在节能服务合同中约定清楚，为投融资打好基础。

(2) 节能服务合同与几种类似合同的比较。

1) 节能服务合同与项目总承包合同。《合同能源管理技术通则》中合同能源管理的英文缩写为 EPC，而项目总承包合同在国际上的英文缩写同样为 EPC (engineering, procurement, construction，即设计、采购、施工)。两种合同不仅英文缩写一致，在服务内容上同样具有相似之处。在项目总承包合同中，工程总承包企业按照合同约定，承担工程项目的设计、采购、施工、试运行服务等工作，并对承包工程的质量、安全、工期、造价全面负责；而合同能源管理同样是“一揽子”服务。二者主要的不同在于项目的融资方式和费用支付方式。与合同能源管理不同，总承包商在签署总承包合同后无须承担投融资责任；在费用支付方面，总承包商按照合同规定的方式和期限获取服务费用，而合同能源管理的服务费用更多地与节能效益挂钩。

2) 节能服务合同与 BOT (建设-运营-移交) 合同。BOT 合同与节能服务合同在合同方式、回收投资和利润方面十分类似。BOT 合同是在项目建成后依靠项目收费或销售收回投资和利润，节能服务合同是在项目建成并实际产生节能效益后收回投资和利润。二者的主要区别在于合同目的、运营主体、回收投资和利润的计算基础等不同。此外，BOT 合同主要是针对政府的基础建设类项目。

3) 节能服务合同与融资租赁合同。在融资租赁中，出租人根据承租人对租赁物件的特定要求和对供货人的选择，出资向供货人购买租赁物件，并租给承租人使用，承租人则分期向出租人支付租金，在租赁期内租赁物件的所有权属于出租人所有，承租人拥有租赁物件的使用权。资产的所有权最终可以转移，也可以不转移。鉴于节能项目的融资租赁合同与节能服务合同在项目目的、投资形式、节能效益分享方式、业务流程等方面存在很多共性，因此，融资租赁已逐步演变成合同能源管理机制的一种新型商务模式（孙红，2012）。

11.4.3 节能服务合同范本

节能服务合同是节能服务公司实施合同能源管理项目的重要载体，尽管合同能源管理有多种商务模式，但在合同的内容方面都是相通的。订立合同时，可参照《合同能源管理技术通则》中给出的合同能源管理项目合同（节能效益分享型）。详细内容请查看本章附录。

11.5 合同能源管理项目案例

11.5.1 节能效益分享型

案例名称：某钢铁集团公司动力拖动系统节能改造项目。

项目内容：针对全厂原动力供应系统存在的“大马拉小车”、手动阀门控制、挡板节流等问题，在保证系统安全可靠运行、满足工艺要求、不改变原有操作流程的前提下，可通过加装智能化节电设备来实现智能、实时、自动闭环控制，以优化运行工况，达到节能降耗的目的。同时采用智能化节电设备与水泵“一对一”的控制方式，既方便实现对单台设备的调节，又提高了整个系统的安全可靠性。

本项目涵盖全厂22个供水泵站的48个泵组，安装142台智能化节电设备，总功率达15 601千瓦。

项目节能量及节能效益：项目验收投产后，性能稳定，节电效果明显，平均节电率达34.78%。据测算，本项目每年可为业主节电近4 000万千瓦时，折合标准煤1.38万吨（供电煤耗按345克标准煤/千瓦时折算），按照当地工业电价0.56元/千瓦时计算，每年可为业主增加经济效益约2 240万元。

商务模式：本项目采用合同能源管理节能效益分享型模式，由节能服务公司负责项目融资，合同期限为四年，合同期内节能服务公司与业主的节能效益分享比例为8：2。在合同期内，项目的所有权属于节能服务公司，合同期满且业主付清所有合同款项后，节能服务公司向业主移交项目所有权，并将设备无偿赠予业主，之后的节能收益为业主所有。在项目合同期内，节能服务公司设专人长期值守，向业主提供所安装设备的维护服务，同时不断优化和改进所安装设备的运行性能，以提高项目的节能量及其效益。

融资渠道：本项目总投资为5 000万元，由节能服务公司筹集。

11.5.2 节能量保证型

案例名称：某煤矿矿井上段及中段钢缆运输皮带机改造。

项目内容：该煤矿上段及中段钢缆运输皮带机都是在20世纪80年代投运的，原采用

CLJ－200 型减速机传动，使用 ZD2－172－1B 型 400 千瓦时直流电动机驱动。由于设备较为陈旧，能源效率和运行效率相对较低，节能服务公司与业主达成协议对矿井的钢缆运输皮带机进行改造，将原 CLJ－200 型减速机更换为 SEW 公司生产的 ML3PSF140 型平行轴减速机，并将原 ZD2－172－1B 型 400 千瓦时直流电动机更换为型号 ZD2－172－1B 型 500 千瓦时的直流电动机。

项目节能量及节能效益：通过改造，提高了系统的传动效率，降低了运煤单耗，节电效果明显，产生了显著的经济效益。项目投产后，设备小时运煤量由原来的 240 吨/小时提高到 320 吨/小时，上段钢缆运输皮带机运煤单耗由 2.524 千瓦时/吨降为 2.333 千瓦时/吨，中段钢缆运输皮带机运煤单耗由 2.493 千瓦时/吨降为 2.28 千瓦时/吨，两台钢缆机每年可节电 52.25 万千瓦时，每年节省电费约 26.26 万元，同时，每年可增加煤炭运输量 20 万吨，创利 700 万元。

商务模式：本项目采用合同能源管理的节能量保证型模式，节能服务公司保证客户的能源费用将减少一定的百分比。节能服务公司提供项目的全过程服务，按照合同约定，客户向节能服务公司支付有关服务费用。本项目节能服务公司和业主按改造后实际节电量确定节电费用进行核算。服务费用一季度一结算，业主于次季度第一个月内付清节能服务公司应得款项。节能服务公司按业主要求开具技术服务费发票和付款收据后，业主应及时支付相关的款项。项目在双方确定的投资回收期终止，项目的所有权归业主所有。

融资渠道：本项目总投资为 700 万元，由业主筹集。

11.5.3　能源费用托管型

案例名称：某制药控股公司燃油锅炉替代项目。

项目内容：该制药公司在生产过程中需要大量的蒸汽，主要燃料为重油，有蒸汽锅炉 4 台，分别为 10 吨/小时两台、5 吨/小时一台、4 吨/小时一台，蒸汽压力 0.9 兆帕。本项目新安装 2 台 15 吨/小时生物质循环流化床锅炉，同时辅助采用局部富氧燃烧技术，原燃重油锅炉停用，将其保留作为生物质循环流化床锅炉检修时的备用锅炉。

项目节能量及节能效益：新建两台 15 吨/小时的生物质循环流化床锅炉，每年运行 8 000 小时，采用生物质燃料，节约重油 17 000 吨，折合标煤 2.4 万吨，产生直接经济效益 5 000 万元以上。

商务模式：本项目采用合同能源管理的能源费用托管型模式，合同期为 10 年。在合同期内，由节能服务公司负责项目设计、融资、建设和运营，并通过收取蒸汽使用费，回收成本并获取合理利润。合同期满后，所有权移交给用户并由客户自行经营。本项目确定的蒸汽服务价格为人民币 184 元/吨（回收冷凝水、含 17%增值税、不含水电），水电由用户免费提供。蒸汽费用每个月结算一次，每月 10 日前支付上月蒸汽费，延期一个月以上，用户须每日按应付金额的 1‰支付滞纳金。

融资渠道：本项目总投资为 3 680 万元，由节能服务公司筹集。其中，节能服务公司自有资金 680 万元，申请银行贷款 3 000 万元。

本章小结

合同能源管理是用节省的能源费用支付节能项目成本的一种节能融资运作方式。在该模式下，节能服务公司销售的不再是某种具体的产品或技术，而是特定的节能服务，其实质是向用能单位销售节能量。与传统模式相比，合同能源管理项目的收益与实际的节能效益挂钩，用能单位无须承担项目实施的成本，允许以未来的节能收益支付节能服务费用，将项目风险转嫁给节能服务公司。

自 20 世纪两次石油危机以来，合同能源管理模式率先在北美地区和欧洲的发达国家应用和推广，随后引入亚洲等其他地区。中国节能促进项目成功地将合同能源管理模式引入中国。在政府的大力支持下，合同能源管理模式在我国取得了积极进展，项目数量和总产值保持高速增长态势。当前，支持开展合同能源管理项目已经成为我国推进节能工作、应对全球气候变化的重要手段，以合同能源管理机制为主要业务的节能服务产业有望进一步发展壮大。

合同能源管理有三种基本商务模式，即节能效益分享型、节能量保证型和能源费用托管型，并且已根据各国特色衍生出多种创新模式。商务模式的选择取决于服务对象以及项目类型。节能服务公司是合同能源管理的实施主体，由于其盈利模式的特殊性，因此在开展合同能源管理项目的过程中，节能服务公司需要对与节能量核算相关的重点环节以及项目的风险予以额外关注，这些环节处理是否得当可能将直接影响项目的成败。当然，完善的节能服务合同才是规避双方风险、确保项目顺利实施的基础。

思考题

1. 合同能源管理主要商务模式有哪几种？各自有什么特点？
2. 节能服务合同与项目总承包合同有什么不同？
3. 节能服务项目风险的来源和类型有哪些？如何降低风险？

附录：合同能源管理项目合同（节能效益分享型）

甲方 （用能单位）	单位名称			
	法定代表人		委托代理人	
	联系人			
	通信地址			
	电话		传真	
	电子邮箱			
	开户银行			
	账号			
乙方 （节能服务公司）	单位名称			
	法定代表人		委托代理人	
	联系人			
	通信地址			
	电话		传真	
	电子邮箱			
	开户银行			
	账号			

鉴于本合同双方同意按“合同能源管理”模式就__________项目（以下简称“项目”或“本项目”）进行__________专项节能服务，并支付相应的节能服务费用。双方经过平等协商，在真实、充分地表达各自意愿的基础上，根据《中华人民共和国合同法》及其他相关法律、法规的规定，达成如下协议，并由双方共同恪守。

第 1 节　术语和定义

双方确定：本合同及相关附件中所涉及的有关名词和技术术语，其定义和解释如下：（略）

第 2 节　项目期限

2.1 本合同期限为____，自____始，至____。（根据附件一中的项目方案填写）

2.2 本项目的建设期为____，自____始，至____。（根据附件一中的项目方案填写）

2.3 本项目的节能效益分享期的起始日为____，效益分享期为____。（根据附件一中的项目方案填写）

第 3 节　项目方案设计、实施和项目的验收

3.1 甲乙双方应当按照附件一中的项目方案的要求以及本合同的规定进行本项目的实施。

3.2 项目方案一经甲方批准，除非双方另行同意，或者依照本合同第 7 节的规定修改之外，不得修改。

3.3 乙方应当依照第 2.2 条规定的时间及项目方案的规定开始项目的建设、实施和运行。

3.4 甲乙双方应当按照附件一中文件 13 的规定进行项目验收。

第 4 节　节能效益分享方式

4.1 效益分享期内项目节能量/率预计为____，预计的节能效益为____。该预计指标可按照附件一中文件 2 规定的公式和方法予以调整。

4.2 效益分享期内，乙方分享____%的项目节能效益。具体的分期分享比例如下：

（略）

4.3 双方应当按照附件一中文件 3 所规定的程序和方式共同或者委托第三方机构对项目节能量进行测量和确认，并按照附件一中文件 7 的格式填制和签发节能量确认单。

4.4 节能效益由甲方按照第 4.2 条的规定分期支付给乙方，具体支付方式如下：

(a) 在相应的节能量确认后，乙方应当根据确认的节能量向甲方发出书面的付款请求，叙明付款的金额、方式以及对应的节能量；

(b) 甲方应当在收到上述付款请求之后的____日内，将相应的款项支付给乙方。

(c) 乙方应当在收款后向甲方出具相应的正式发票。

4.5 如双方对任何一期节能效益的部分存在争议，该部分的争议均不影响对无争议部分的节能效益的分享和相应款项的支付。

第 5 节　甲方的义务

5.1 如根据相关的法律、法规，或者是基于任何有权的第三方的要求，本项目的实施必须由甲方向相应的政府机构或者其他第三方申请许可、同意或者批准，甲方应当根据乙方的请求，及时申请许可、同意或者批准，并在本合同期间保持其有效性。甲方也应当根据乙方的合理要求，协助其获得为实施本项目所必需的其他许可、同意或者批准。

5.2 甲方应当根据乙方的合理要求，及时提供节能项目设计和实施所需的资料和数据，并确保其真实、准确、完整。

5.3 提供节能项目实施所需要的现场条件和必要的协助，如清理施工现场、合理调整生产、设备试运行等。

5.4 根据附件一中文件 6 的相关规定，指派具有资质的操作人员参加培训。

5.5 甲方应提供必要的资料和协助，配合乙方或双方同意的第三方机构开展节能量测量和验证。

5.6 甲方应根据项目方案的相关规定，及时协助乙方完成项目的试运行和验收，并提供确认安装完成和试运行正常的验收文件。

5.7 甲方应根据附件一的规定对设备进行操作、维护和保养。在合同有效期内，对设备运行、维修和保养定期做出记录并妥善保存____年。甲方应根据乙方的合理要求及时向其提供该记录。

5.8 甲方应当根据项目方案的规定，为乙方或者乙方聘请的第三方进行项目的建设、维护、运营、检测、修理项目设施，并为设备提供合理的协助，保证乙方或者乙方聘请的第三方可合理地接近与本项目有关的设施和设备。

5.9 节能效益分享期间，如设备发生故障、损坏和丢失，甲方应在得知此情况后及时书面通知乙方，配合乙方对设备进行维修和监管。

5.10 甲方应保证与项目相关的设备、设施的运行符合国家法律、法规及产业政策要求。

5.11 甲方应保证与项目相关的设备、设施连续稳定运行且运行状况良好。

5.12 甲方应当按照本合同的规定，及时向乙方付款。

5.13 甲方应当将与项目有关的其内部规章制度和特殊安全规定要求及时提前告知乙方、乙方的工作人员或其聘请的第三方，并根据需要提供防护用品。

5.14 甲方应当协助乙方向有关政府机构或者组织申请与项目相关的补助、奖励或其他可适用的优惠政策。

5.15 其他：____________________。

第 6 节　乙方的义务

6.1 乙方应当按照附件一中项目方案所规定的技术标准和要求以及本合同的规定，自行或者通过经甲方批准的第三方按时完成本项目的方案设计、建设、运营以及维护。

6.2 乙方应当确保其工作人员和其聘请的第三方严格遵守甲方有关施工场地安全和卫生等方面的规定，并听从甲方合理的现场指挥。

6.3 乙方应当依照附件一中文件 6 的相关规定，对甲方指派的操作人员进行适当的培训，以使其能承担相应的操作和设施维护要求。

6.4 乙方应当根据相应的法律、法规的要求，申请除必须由甲方申请之外的有关项目的许可、批准和同意。

6.5 乙方安装和调试相关设备、设施，应符合国家和行业有关施工管理的法律、法规，以及与项目相对应的技术标准规范和甲方合理的特有的施工、管理要求。

6.6 在接到甲方关于项目运行故障的通知之后，乙方应根据附件一的相关规定和要求及时完成相关维修或设备更换。

6.7 乙方应当确保其工作人员或者其聘请的第三方在项目实施、运行的整个过程中遵守相关法律、法规，以及甲方的相关规章制度。

6.8 乙方应配合双方同意的第三方机构或甲方开展节能量测量和验证。

6.9 其他：____________________。

第 7 节　项目的更改

7.1 项目开始运行之后，甲方和乙方的项目负责人应当至少每____进行一次工作会议，讨论与项目运行和维护有关的事宜。

7.2 如在项目的建设期间出现乙方作为专业的节能服务提供者能够合理预料之外的情况，从而导致原有项目方案需要修改，则乙方有权对原有项目方案进行修改并实施修改的方案，但前提是不会对原有项目方案设定的主要节能目标和技术指标造成重大不利影响。除非该情况的出现是由甲方的过错造成，所有由此产生的费用由乙方承担。

7.3 在本项目运行期间，乙方有权为优化项目方案、提高节能效益对项目进行改造，包括但不限于对相关设备或设施进行添加、替换、去除、改造，或者是对相关操作、维护程序和方法进行修改。乙方应当预先将项目改造方案提交甲方审核，所有的改造费用由乙方承担。

7.4 在本项目运行期间，甲方拆除、更换、更改、添加或移动现有设备、设施、场地，以致对本项目的节能效益产生不利影响，甲方应补偿乙方由此节能效益下降造成的相应的损失。

第 8 节　所有权和风险分担

8.1 在本合同到期并且甲方付清本合同下全部款项之前，本项目下的所有由乙方采购并安装的设备、设施和仪器等财产（简称“项目财产”）的所有权属于乙方。本合同顺利履行完毕之后，该项目财产的所有权将无偿转让给甲方，乙方应保证该项目财产的正常运行。项目财产清单见附件一中文件 9。

8.2 项目财产的所有权由乙方移交给甲方时，应同时移交本项目继续运行所必需的资料。如该项目财产的继续使用需要乙方的相关技术和/或相关知识产权的授权，乙方应当无偿向甲方提供该授权。如该项目财产的继续使用涉及第三方的服务和/或相关知识产权的授权，该服务和授权的费用由____方承担。

8.3 项目财产的所有权不因甲方违约或者本合同的提前解除而转移。在本合同提前解除时，项目财产依照第 11.6 条的规定处理。

8.4 在本合同期间，项目财产灭失、被窃、人为损坏的风险由____方承担，或依照附件一的相关规定处理。

第 9 节　违约责任

9.1 如甲方未按照本合同的规定及时向乙方支付款项，则应当按照每日____的比率向乙方支付滞纳金。

9.2 如甲方违反除第 9.1 条外的其他规定，乙方对由此造成的损失有权选择以下任意一种方式要求甲方承担相应的违约赔偿责任。

(a) 按照以下标准延长节能效益分享的时间：______________；

(b) 按照以下标准增加乙方节能效益分享的比例：______________；

(c) 直接要求甲方赔偿损失；

(d) 依照第 11.5 条的规定解除合同，并要求甲方赔偿全部损失。

9.3 如果乙方未能按照项目方案规定的时间和要求完成项目的建设，除非该延误是由不可抗力或者甲方的过错造成，则乙方应当按照每日____的比率向甲方支付误工的赔偿金。

9.4 如果乙方违反除第 9.3 条外的其他规定，那么甲方有权对由此造成的损失选择以下任一种方式来要求乙方承担相应的违约赔偿责任。

(a) 按照以下标准降低乙方节能效益分享的比例：________；

(b) 按照以下标准缩短乙方节能效益分享的时间：________；

(c) 直接要求乙方赔偿损失；

(d) 依照第 11.5 条的规定，解除合同，并要求乙方赔偿损失。

9.5 本条规定的违约责任方式不影响甲乙双方依照法律、法规可获得的其他救济手段。

9.6 一方违约后，另一方应采取适当措施以防止损失的扩大，否则不能就扩大部分的损失要求赔偿。

第 10 节　不可抗力

10.1 本合同下的不可抗力是指超出了相关方合理控制范围的任何行为、事件或原因，包括但不限于：

(a) 雷电、洪水、风暴、地震、滑坡、暴雨、其他自然灾害、海上危险、航行事故、战争、骚乱、暴动、全国紧急状态（无论是实际情况或法律规定的情况）、戒严令、火灾或劳工纠纷（无论是否涉及相关方的雇员）、流行病、隔离、辐射或放射性污染；

(b) 任何政府单位或非政府单位或其他主管部门（包括任何有管辖权的法院或仲裁庭以及国际机构）的行动，包括但不限于法律、法规、规章或其他有法律强制约束力的法案所规定的没收、约束、禁止、干预、征用、要求、指示或禁运。但不得包括一方资金短缺的事实。

10.2 如果一方（受影响方）由于不可抗力事件的发生，无法或预计无法履行合同下的义务，受影响方就必须在知晓不可抗力的有关事件的 5 日内向另一方（非影响方）提交书面通知，提供不可抗力事件的细节。

10.3 受影响方必须采取一切合理的措施，以消除或减轻不可抗力事件的有关影响。

10.4 在不可抗力事件持续期间，受影响方的履行义务暂时中止，相应的义务履行期限相应顺延，并将不会因由此造成的损失或损坏对非影响方承担责任。在不可抗力事件结束后，受影响方应该尽快恢复履行本合同下的义务。

10.5 如果因为不可抗力事件的影响，受影响方不能履行本合同项下的任何义务，而且非影响方在收到不可抗力通知后，受影响方的不能履行义务持续时间达 90 个连续日，且在此期间，双方没有能够谈判达成一项彼此可以接受的替代方式来执行本合同下的项目，那么任何一方可向另一方提供书面通知，解除本协议，而不用承担任何责任。

第 11 节　合同解除

11.1 本合同可经由甲乙双方协商一致后书面解除。

11.2 本合同可依照第 10.5 条（不可抗力）的规定解除。

11.3 当甲方迟延履行付款义务达____日时，乙方有权书面通知甲方后解除本合同。

11.4 当乙方延误项目建设期限达____日时，甲方有权书面通知乙方后解除本合同。

11.5 当本合同的一方发生以下任一种情况时，另一方可书面通知对方解除本合同：

(a) 一方进入破产程序；

(b) 一方的控股股东或者实际控制人发生变化，而且该变化将严重影响该方履行本合同下主要义务的能力；

(c) 一方违反本合同下的主要义务，且该行为在另一方书面通知后____日内未得到纠正。

11.6 本合同解除后，本项目应当终止实施，除非双方另行按照附件二的规定处理，项目财产由乙方负责拆除、取回，并根据甲方的合理要求，将项目现场恢复原状，费用由乙方承担，甲方应对乙方提供合理的协助。如乙方经甲方合理提前通知后拒绝履行前述义务，则甲方有权自行拆除相关设备，并就因此产生的费用和损失向乙方求偿。

11.7 本合同的解除不影响任意一方根据本合同或者相关的法律、法规向对方寻求赔偿的权利，也不影响一方在合同解除前到期的付款义务的履行。

第 12 节　合同项下权利、义务的转让

双方约定，合同项下权利、义务的转让按照以下方式进行：

（略）

第 13 节　人身和财产损害和赔偿

13.1 如果在履行本合同的过程中，因一方的工作人员或受其指派的第三方人员（侵权方）的故意或者过失而导致另一方的工作人员或者任何第三方的人身或者财产受损害，侵权方应当为此负责。如果另一方因此受到其工作人员或者第三方的赔偿请求，则侵权方应当负责为另一方抗辩，并赔偿另一方由此而产生的所有费用和损失。

13.2 当受损害或伤害的一方对损害或伤害的发生也有过错时，应当根据其过错程度承担相应的责任，并适当减轻造成损害或伤害一方的责任。

第 14 节　保密条款

双方确定因履行本合同应遵守的保密义务如下：

14.1 甲方：

14.1.1 保密内容（包括技术信息和经营信息）：____________。

14.1.2 负有保密义务的人员范围：____________。

14.1.3 保密期限：____________。

14.1.4 泄密责任：____________________。

14.2 乙方：

14.2.1 保密内容（包括技术信息和经营信息）：____________________。

14.2.2 负有保密义务的人员范围：____________________。

14.2.3 保密期限：____________________。

14.2.4 泄密责任：____________________。

第 15 节　争议的解决

因本合同的履行、解释、违约、终止、中止、效力等引起的任何争议和纠纷，本合同各方应友好协商解决。如在一方提出书面协商请求后 15 日内双方无法达成一致，则双方应同意选择以下第____种方式解决争议。

（1）调解/仲裁/诉讼。

（a）任何一方均可向____（双方同意的第三方机构）或双方另行同意的第三方机构提出申请，由其作为独立的第三方就争议进行调查和调解，并出具调解协议，另一方应当在____日内同意接受该调查和调解。双方应根据第三方机构的要求提供所有必要的数据、资料，并接受其实地调查。

（b）如果双方无法对第三方机构的选择达成一致，或者在一方书面提起调解申请后的 45 日内无法达成调解协议，则双方应同意采取以下第____种方式最终解决争议：

a）向________仲裁委员会申请仲裁；

b）向________人民法院提起诉讼。

如双方无法达成调解协议，调解的费用则由双方平均分摊。

（c）如果调解的被申请方不依照上述（a）段的规定接受调解，或者任何一方对达成的调解协议拒不执行，则无论依照（b）段选择的争议解决方式达成的结果如何，拒绝接受调解或者拒绝履行调解协议的一方都应承担对方为解决争议所产生的所有费用，包括律师费、调解费以及仲裁费/诉讼费。

（2）仲裁/诉讼。

双方同意不经由调解程序，可直接采取以下第____种方式最终解决争议：

（a）向________仲裁委员会申请仲裁；

（b）向________人民法院提起诉讼。

第 16 节　保险

16.1 双方约定按以下方式购买保险：

（略）

16.2 双方应协商避免重复投保，并及时告知对方已有的或准备进行的相关项目、财产和人员的投保情况。

第 17 节　知识产权

本合同涉及的专利实施许可和技术秘密许可，双方约定如下：

（略）

第 18 节　费用的分担

18.1 双方应当各自承担谈判和订立本合同的花费。

18.2 除非本合同下的其他条款另有规定，否则双方应当各自承担履行本协议下义务的费用。

18.3 受限于第 18.2 条的规定，除非本合同下的其他条款或附件另有规定，则____方应当负责本项目的投资，并承担本项目的方案设计、建设、运营、监测的所有费用，包括项目所需设备、设施、技术购置、更换的费用。

第 19 节　合同的生效及其他

19.1 项目联系人职责如下：

（略）

19.2 一方变更项目联系人的，应在____日内以书面形式通知另一方。未及时通知并影响本合同履行或造成损失的，应承担相应的责任。

19.3 本合同下的通知应当用专人递交、挂号信、快递、电报、电传、传真或者电子邮件的方式发送至本合同开头所列的地址。如该通知以口头发出，则应尽快在合理的时间内以书面方式向对方确认。如一方联系地址改变，则应当尽快书面告知对方。本合同中所列的地址为甲乙双方的收件地址。

19.4 本合同附件是属于本合同完整的一部分，如附件部分内容与合同正文不一致，则优先适用合同附件的规定。

19.5 本合同的修改应采取书面方式。

19.6 本合同可由双方通过传真签署，经授权代表签字的合同的传真件具有与原件同样的效力。

19.7 本合同自双方授权代表签署之日起生效。合同文本一式____份，具有同等法律效力，双方各执____份。

19.8 本合同由双方授权代表于____年____月____日在____签订。

甲方（盖章）	乙方（盖章）
授权代表签字：	授权代表签字：
通信地址：	通信地址：
电话：	电话：
传真：	传真：
开户行：	开户行：

附件一：项目方案文件

1. 项目内容、边界条件、技术原理描述；

2. 能耗基准、项目节能目标预测及能源价格波动及调整方式（调价公式和所依据的物价指数及其发布机关）；

3. 节能量测量和验证方案；

4. 项目性能指标和安全检测认证书；

5. 节能目标达标认证书；

6. 培训计划（包括人员资质要求等）；

7. 项目进度阶段表和节能量确认单；

8. 技术标准和规范；

9. 项目财产清单（设备、设施、辅助设备和设施的名称、型号、购入时间、价格及质保期等）；

10. 项目所需其他设备材料清单；

11. 施工条件约定；

12. 项目投资分担方案；

13. 项目验收程序和标准；

14. 设备操作规程和保养要求；

15. 设备故障处理约定。

附件二：合同解除后项目财产的处理方式

（略）

拓展阅读

绿色供应链管理与合同能源管理

20世纪90年代以来，越来越多的企业正在改变传统的管理模式，逐渐向供应链管理方向发展，企业之间的竞争已经演变为供应链和供应链之间的竞争。企业为了保持自身的竞争力，向上联合原材料供应商、向下联合产品分销商，形成了一条从原材料供应商起、经由产品制造商、再到产品分销商的供应链，供应链已经成为企业寻求长远发展、增强竞争力的有效途径。虽然供应链在当今市场竞争越来越激烈的环境下可以提高企业的市场竞争力，但这种传统的供应链存在不少问题。第一，忽略了供应链企业行为对生态和环境的影响。传统供应链企业追求利益最大化，很少考虑供应链对人类社会环境所带来的负面影响，从而导致生态环境恶化。第二，妨碍社会资源的合理利用和配置。传统供应链以企业内部效益为标准，而不是以社会效益为标准，使得生态型企业因此失去了联盟的机会，造成这些企业生存困难，其他以牺牲社会效益为代价的企业却迅速发展。第三，易遭遇政策红灯和绿色贸易壁垒。环境的恶化和自然资源的枯竭越来越受到各国人民和政府的关注，各国纷纷出台相关政策和法律、法规来限制破坏环境的行为，支持环保企业和产品。

从长远角度看，如果在传统供应链管理中对资源和环境的重视不够，则它不仅不能够带来显著的环境效益和企业内部效益，反而将削弱企业的竞争力和战略管理能力。这时就需要在传统供应链的关键业务流程的重组和管理活动中综合考虑环境影响和资源优化利用，进而构建绿色供应链（green supply chain，GSC），并实施绿色供应链管理（green supply chain management，GSCM）。

绿色供应链管理是1996年由密歇根州立大学的制造研究协会（MRC）在进行“环境负责制造”（ERM）研究时首先提出的。研究人员认为，绿色供应链是环境意识、资源能源的有效利用和供应链各个环节的交叉融合，其目的是资源利用效率最高、对环境影响最小和系统效益最优。绿色供应链管理目前没有一个统一的定义，综合国际、国内专家和学者的研究，总体来看，绿色供应链是这样一个链条：产品从原材料购买、生产、消费，直到废物回收再利用的整个过程中，供应商、制造商、分销商、顾客、运输商、回收商应该考虑环境保护和节约资源的因素，最终实现经济、社会、环境三重目标的统一。简言之，绿色供应链就是在供应链的基础上加入环保和节能减碳的因素。绿色供应链管理的核心思想就是以大型采购方为纽带来推动全产业链绿色升级。

当前节能服务公司在采用合同能源管理机制进行节能项目改造的过程中，面临很多问题和挑战。特别是在市场开拓、资金回收和融资等方面。首先，用能企业缺乏自主节能意识，特别是中小企业，很难说服其主动采取节能项目改造。其次，即使是节能服务公司利用合同能源管理为用能企业进行了节能改造，但在后期与用能企业进行节能效益分享的过程中普遍存在资金回收困难的问题。最后，由于在采用合同能源管理模式进行节能项目改造时，节能服务公司须先期垫付大量的投资资金，随着市场的拓展，节能服务公司有着大量的融资需求，但合同能源管理业务没有抵押物或抵押物很少，且国内从事合同能源管理业务的公司经营时间短，大多数公司尚处于发展初期，存在注册资本较小、财务制度不规范等问题，不少银行出于风险控制考虑，常常会拒绝放贷，使得节能服务公司存在融资困难的问题。

就绿色供应链管理模式来说，大型核心企业与供应商之间的利益相关性，以及大型核心企业在信誉、融资方面的优势使其能够与合同能源管理模式形成明显的互补。一方面，大型核心企业与其供应商存在直接的利益关系，较易对其进行绿色发展的引导或要求；且利用合同能源管理模式为供应商进行节能改造，使得资金回收的风险变小。另一方面，大型核心企业规模大，银行信用评级较高，也更容易进行项目融资。在利用绿色供应链管理模式推进节能减碳的过程中，可以将合同能源管理模式完美地融入其中。这样既有效应对了合同能源管理模式在市场开拓、融资等方面所面临的问题，又能够发挥合同能源管理模式的优势，从而为用能企业有效实施节能服务。二者融合可形成优势互补，带来双赢局面，从而有效推进企业节能减碳。

具体而言，“绿色供应链管理＋合同能源管理”模式即在政府相关节能减排政策的推动下，以大型核心企业为主导，以合同能源管理模式为核心商务模式，通过整合供应链企业的市场资源、节能服务公司的技术资源、银行等金融机构的资金资源，共同推进供应链企业节能减碳的模式。

第 12 章

能源安全

自工业革命以来，能源安全问题就开始出现。1913 年，英国海军开始用石油取代煤炭作为动力时，时任海军上将的丘吉尔就提出了“绝不能仅仅依赖一种石油、一种工艺、一个国家和一个油田”，这一能源多样化战略迄今仍未过时。伴随着人类社会对能源需求的增加，能源安全逐渐与政治、经济安全紧密联系在一起。两次世界大战中，能源跃升为影响战争结局、决定国家命运的重要因素。法国前总理克里孟梭（Clemenceau）曾说，一滴石油相当于我们战士的一滴鲜血。随着社会的不断向前发展，能源安全的内涵越来越丰富，能源安全的重要性也越来越受到国际社会的普遍认可。如何评价能源安全情况，如何进行能源安全预警，也成为当今世界的热点话题。本章主要内容分为六节：12.1 节介绍能源安全的定义、发展及其影响；12.2 节介绍一种能源安全的综合评价方法，并对几个典型国家进行实证分析；12.3 节介绍能源安全预警的基本理论、构建方法，并提出我国能源安全预警系统的构建思路；12.4 节介绍为了提高能源安全而展开的国际能源合作；12.5 节介绍能源外交的目的和形式；12.6 节介绍我国能源安全的现状及预警，以及提高我国能源安全的政策建议。

12.1 能源安全概述

12.1.1 能源安全的定义

能源是经济增长和人类发展的基本要素，工业革命以后，煤炭、石油等化石能源取代薪柴成为能源消费的主体，受能源资源禀赋和分布的约束，国际能源贸易应运而生。在纷繁复杂的国际能源贸易中，如何保障能源持续稳定的供应，成为能源进口国普遍关注的问题。1973 年第一次石油危机的爆发给工业化国家造成了巨大的经济损失，全球经济增长率由1973年的6.8%下降到1974年的2.8%。1974年，经济合作与发展组织成立了国际能源署（IEA），首次明确了能源安全的概念。能源安全是指可获得的（availability）、买得起的（affordable）、持续的（uninterrupted）能源供应，即能源供应短缺量不应超过上一年能源进口的7%，而且没有出现持续的难以承受的高油价。

能源安全是一个现代社会的范畴，能源安全的概念自提出以来，经历了一个不断发展和充实的过程。狭义的能源安全主要是保障能源的持续稳定供应，尤其是石油的稳定供应。第一次世界大战后，英国前首相丘吉尔对能源安全的诠释为：石油的安全和可靠供应应取决于多样化。石油战略学家丹尼尔·耶金博士这样描述能源安全：能源安全的目标是指以不危及国家价值观和目标的方式，以合理的价格确保充足可靠的能源供应。约瑟夫·欧姆在1993年为能源安全增加了环境保护的约束：20世纪90年代能源安全的目标是通过增加经济竞争力和减少环境恶化，确保充足可靠的能源服务。《京都议定书》（Kyoto Protocol）的签订标志着世界各国重新界定了能源安全的概念，增加了能源的使用不应对人类自身生存与发展的生态环境构成大的威胁的要求。2007年，能源经济学家阿尔哈吉教授从经济、环境、社会、外交、技术和治安六个方面讨论了能源安全，认为能源安全是“以最低的社会成本、最小的价格波动，保障稳定可靠的能源供应，确保石油生产国和石油消费国的经济增长”。仅仅强调保障能源供应、减轻对进口能源依赖的传统能源安全观已经显得过于狭隘，《世界能源展望2010》对能源安全的描述为：广义的能源安全被定义为充足的（adequate）、买得起的（affordable）和可靠的（reliable）能源供应。短期来看，没有哪个能源系统是完全安全的，因为供应中断或短缺事件的发生是不可预料的，比如蓄意破坏、政治干预、罢工、技术失误、突发事故和自然灾害等。长期来看，能源生产和运输能力的投资不足会导致供应短缺，进而引发难以承受的高油价。实际上，能源安全可以被看作一个风险管理问题，也就是把供应中断风险和长期不利的市场趋势降低到可接受的水平。不过，由于能源生产和使用可能会造成环境影响和气候变化，因此必须重新调整对能源安全的忧虑和界定，任何以破坏环境来提高能源安全的行动都是无效的（IEA，2010b）。

基于对能源安全问题的长期关注和研究，本书将国家能源安全概括为两个层面，即能源经济安全和能源生态环境安全。其中，能源经济安全也就是传统的能源供应安全，而能源生态环境安全也就是能源使用安全。本书对能源安全的界定为：满足国家经济发展需求的可获得的、买得起的、持续的能源供应，同时能源的生产和使用不会破坏生态环境的可持续发展。

12.1.2 能源安全的内涵及演变

随着人们对环境保护、全球气候变化和可持续发展问题逐渐达成共识，以供应安全为目标的传统安全观正逐步向综合能源安全观转变，能源安全被赋予了越来越多的新内涵。

（1）可获得性和稳定性。

战争和冷战时期能源安全的内涵主要是可获得性和稳定性。能源安全最初是保障国家军事和经济发展所需的能源供应，尤其是石油的供应。石油的战略价值主要体现于它在战争中不可替代的作用，在第二次世界大战中，石油供应问题成为影响战局的一个极为关键的因素。20 世纪 70 年代以后的几次石油危机都是由于中东战争或局部武装冲突造成了世界石油供应中断或供应短缺，致使国际石油市场供不应求，油价飙升，能源安全保障失效，通货膨胀加剧，石油危机爆发，所以传统能源安全主要以防止中东地区石油供应中断为重心。因此，在相当长的一段时期内，战时石油安全成为许多国家能源安全战略关注的重点，由于战争状态下的石油供应问题有别于一般的供应安全问题，其不仅牵涉能源供应安全，而且关系到战局发展和国家安全。一些石油安全保障设施，如石油储备设施、生产基地、石油港口、跨国输油管线等，最易遭到袭击和破坏，所以战争和冷战时期国家能源安全的内涵主要是指能源的生产、加工、储备和运输的安全保障。

（2）经济性和多样性。

和平发展时期能源安全的内涵主要是经济性和多样性。随着贸易和经济的全球化，石油的战略价值已经逐渐转变成作为基础能源的经济价值。在现阶段，随着经济全球化进程的加快，石油这种战略物资的商品属性越来越明显。以石油安全为核心的传统能源安全正逐步转向化石能源、电力、核电和可再生能源并存的全面能源安全，能源多元化已经成为世界各国能源战略的必然选择。着眼全球，市场和价格等经济风险在一定程度上正取代战争和禁运等供应安全风险，成为许多国家能源安全的主要风险因素。虽然能源供应仍受国际政治事件的影响，但作为一种特殊商品，其供需仍主要取决于市场机制。因此，在和平发展时期，国家能源安全的内涵主要是指经济安全和使用安全，即能源安全的风险要素主要是市场和价格风险而不是供应中断风险，以及化石能源和核能的使用不应对人类自身的生存与发展环境构成任何大的威胁。

（3）持续性和经济性。

工业化建设时期能源安全的内涵主要是持续性和经济性。在工业化建设时期，发展是社会的主旋律，一切能源的消费和利用都是为满足经济和社会快速发展的需要，能源供应对经济发展具有很强的约束力，而且受技术水平和经济实力的限制，一次能源的替代技术还没有取得突破性进展，战略能源的储备等问题还未得到有效解决，国家和工业生产部门应对能源突发事件的能力还很有限，所以这一时期能源安全的内涵主要是保障能源的持续的、廉价的供应。

（4）多样性和环境兼容性。

工业化完善时期能源安全的内涵主要是能源的多样性和环境兼容性。国家能源安全的内涵在不同的社会发展阶段发生了很大的变化。在工业化完善时期，由于生产力已经达到了很高的水平，人们的物质生活较为殷实，能源利用效率相对于工业化阶段有很大进步，整个社会和工业生产部门的能源消费结构多元化，且以清洁优质能源为主，一次能源利用的替代技术取得了一定的进展，拥有较为完善的战略能源储备制度和具有应对一定突发事件能力的储备规模。由于能源结构的多样性，工业生产和居民消费等部门对短期的某种能源供应短缺具有一定的适应和调控能力，对生活环境的保护成为人们新的关注焦点，所以这一时期能源安全的内涵既包括保障能源的安全供应，又包括能源的使用不应对人类自身的生存与发展环境构成任何大的威胁。

（5）全球性和环境兼容性。

现代能源安全的内涵主要是全球性和环境兼容性。在经济全球化的背景下，任何一个国家或地区的能源安全都依赖于全球能源安全，国际能源贸易的中断或价格的剧烈波动都会或多或少地影响世界各国的经济和能源安全。2008 年，国际原油价格“过山车”式的暴涨暴跌使得石油进口国和石油出口国都蒙受了不同程度的经济损失，所以在能源贸易全球化的今天，任何国家都很难单方面保证自己的能源安全。工业革命以来，化石能源生产和消费对生态环境造成了一定的破坏和影响，随着全球气候变化的日益严峻，能源安全的内涵也正逐步由单独强调供应安全向供应和使用安全并重的方向转变。因此，如何实现能源安全和气候保护的双赢是人类面临的共同挑战。

12.1.3　能源安全对社会经济的影响

(1) 能源经济安全对社会经济的影响。

能源经济安全危机主要是通过能源供应短缺、能源价格高涨等形式影响世界各国的经济发展，进而影响国际社会的稳定。为了加强对能源（特别是石油）安全的管理与控制，1960 年 9 月，石油输出国组织（OPEC）成立，主要成员包括沙特阿拉伯、伊拉克、伊朗、科威特和南美洲的委内瑞拉等国，从此 OPEC 也成为世界上控制石油产量和价格的关键组织。20 世纪共发生了三次较大规模的石油危机。

从石油危机的历史来看，局部战争与动荡引起石油供应短缺是石油危机发生的主要原因。如图 12－1 所示，阿以战争（Arab-Israeli War）期间，世界石油出现 430 万桶/天的短缺；伊朗革命（Iranian Revolution）期间，世界石油生产出现 560 万桶/天的短缺；两伊战争（Iran-Iraq War）期间，世界石油缺口达到 410 万桶/天；海湾战争（Gulf Crisis）期间，世界石油缺口达到 430 万桶/天。

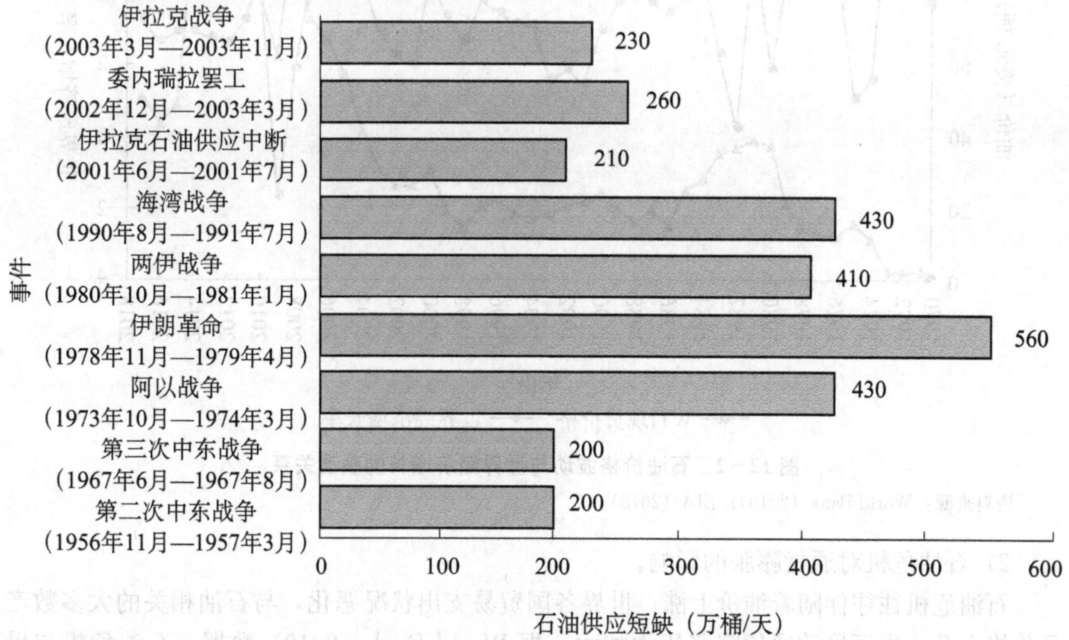

图 12－1　历次世界石油供应短缺对比

资料来源：世界经济论坛 2006（World Economic Forum，2006）。

石油危机对世界宏观经济的影响，主要是通过石油的供求和石油价格的波动这两个途径来实现的，而石油的供求与价格两者之间是紧密相连的。一般来说，石油危机首先从石油供应短缺开始，伴随着石油价格的跌宕起伏，对世界经济会产生重要影响，进而波及世界各国的政治、军事、外交等多个方面，影响国际社会的和平与稳定。石油危机对世界宏观经济的影响包含很多方面，下面将从经济发展、通货膨胀等方面对其进行分析。

1）石油危机对经济发展的影响。

历史上的三次石油危机对世界经济造成了重大影响，依据 World Bank（2011）、EIA（2011）的数据，石油价格波动与世界经济增长的联动关系如图 12 - 2 所示。第一次石油危机期间，世界经济增长率从 1973 年的 6.61%下降到了 1974 年的 1.61%和 1975 年的 1.09%；第二次石油危机期间，世界经济增长率由 1978 年的 4.38%下降到 1980 年的 1.95%；第三次石油危机期间，世界经济增长率从 1989 年的 3.76%下降到 1991 年的 1.56%。从历史数据中可以看出，第二次、第三次石油危机对世界经济增速的影响明显小于第一次石油危机的影响，主要原因包括第一次石油危机后，石油税收政策的调整、IEA 调控作用凸显、各主要进口国战略石油储备的建立，以及天然气等其他能源的替代作用显现等。

图 12 - 2　石油价格波动与世界经济增长的联动关系

资料来源：World Bank（2018）；EIA（2018）。

2）石油危机对通货膨胀的影响。

石油危机往往伴随着油价上涨，世界各国贸易支出状况恶化，与石油相关的大多数产品价格上升，进而导致通货膨胀压力加大。据 World Bank（2019）数据，石油危机与世界通货膨胀的协同关系如图 12 - 3 所示。

从图 12 - 3 可以分析得出，作为主要的大宗交易商品，石油供求关系和石油价格波动可能引起社会通货膨胀。20 世纪后半段的三次石油危机都在世界范围内造成了一定的通货膨胀，三次石油危机中对通货膨胀影响最大的是第一次石油危机，世界通货膨胀率从 1973 年的 6.3%上升到 1975 年的 16.2%，其后，由于各国政府社会调控能力的提高以及石油进口税收的增加，第二次和第三次石油危机对通货膨胀的影响明显低于第一次石油危机。此外，由于布雷顿森林体系的崩溃，发达国家产能过剩趋于严重，加上第一次石油危机、第二次石油危机的冲击，1970—1980 年出现了经济增长停滞与通货膨胀共存的现象。

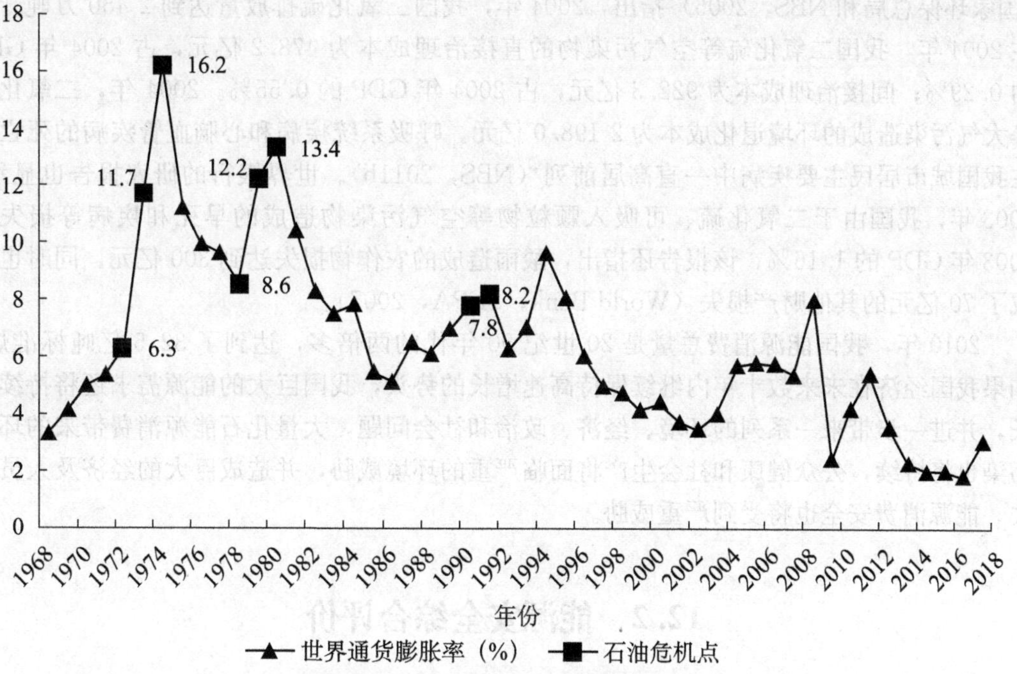

图 12－3　石油危机与世界通货膨胀

资料来源：World Bank（2019）。

（2）能源生态环境安全对社会经济的影响。

能源安全包括能源经济安全与能源生态环境安全。其中，能源经济安全也就是传统的能源供应安全，而能源生态环境安全主要是指能源使用安全。能源生态环境安全是指能源的使用不应对人类自身生存与发展的生态环境构成大的威胁。能源使用不安全将会带来严重的环境污染，导致生态环境的恶化，严重威胁到公众健康和社会生产，从而造成巨大的经济损失。

我国一次能源结构以煤炭为主，而以煤炭为主的化石能源消费造成了严重的大气污染，由此产生的城市环境问题和公众健康问题受到广泛的关注（Wilkinson，等，2007）。城市环境恶化、公众健康受到威胁，成为制约我国能源生态环境安全的重要因素。

以煤为主的化石能源支撑了过去几十年中国经济的高速发展，然而，大量的煤炭消费也带来了严重的环境问题。从世界范围来看，我国环境污染问题非常严重（Watts，2005）。我国的二氧化硫排放在 2001 年为 1 950 万吨，2006 年达到近 10 年来的峰值 2 590 万吨，2009 年降至 2 210 万吨。2007 年时，我国依然是世界上最大的二氧化硫排放国

(World Bank，SEPA，2007)。但“十一五”时期以来，随着更加严格的污染物减排目标的制定和实施，我国二氧化硫排放总量略微有所下降（NBS，2011a），但我国主要城市的颗粒物浓度远远超过了世界卫生组织和我国国内环境标准，环境污染也进一步带来了严重的疾病和健康问题（Wilkinson，等，2007）。

根据世界银行的估算，2003 年，我国空气和水资源污染造成的环境损失占 2003 年 GDP 的 3.5%～8%（World Bank，SEPA，2007）。2006 年，《中国绿色 GDP 核算报告》（国家环保总局和 NBS，2006）指出，2004 年，我国二氧化硫排放量达到 2 450 万吨。而在 2004 年，我国二氧化硫等空气污染物的直接治理成本为 478.2 亿元，占 2004 年 GDP 的 0.29%；间接治理成本为 922.3 亿元，占 2004 年 GDP 的 0.55%。2004 年，二氧化硫等大气污染造成的环境退化成本为 2 198.0 亿元。呼吸系统疾病和心脑血管疾病的死亡率在我国城市居民主要疾病中一直高居前列（NBS，2011b）。世界银行的研究报告也显示，2003 年，我国由于二氧化硫、可吸入颗粒物等空气污染物造成的早死和疾病等损失占 2003 年 GDP 的 1.16%，该报告还指出，酸雨造成的农作物损失达到 300 亿元，同时也造成了 70 亿元的其他财产损失（World Bank，SEPA，2007）。

2010 年，我国能源消费总量是 20 世纪 90 年代的两倍多，达到了 32.5 亿吨标准煤。如果我国经济在未来数十年内继续保持高速增长的势头，我国巨大的能源需求还将持续增长，并进一步带来一系列的环境、经济、政治和社会问题，大量化石能源消费带来的环境污染也将持续，公众健康和社会生产将面临严重的环境威胁，并造成巨大的经济及人员损失，能源消费安全也将受到严重威胁。

12.2 能源安全综合评价

12.2.1 能源安全评价指标体系

能源安全主要包括能源供应安全和能源使用安全两个方面。能源供应安全主要受能源储采比、自给率、进口来源、运输、效率、战略储备以及价格等因素的影响；能源使用安全主要受能源消费结构、能源生产事故、污染物排放强度、能源份额、可再生能源比例等因素的影响。为了定量研究各国能源安全综合指数的变化，下面从能源供应安全和能源使用安全两个层面来构建能源安全评价指标体系，如图 12-4 所示。

(1) 能源供应安全评价指标体系。

本书根据能源供应安全的定义，即持续的、稳定的、可靠的能源供应及合理的能源价格，从能源资源禀赋到生产、储备、市场、进口、消费等供应链环节，同时考虑到实证研究中数据的可获得性，确定能源供应的如下四类（八个）评价指标。

1) 可持续性评价指标：能源储采比、能源强度、人均能源消费量；

2) 稳定性评价指标：能源自给率、能源价格波动率；

3) 可靠性评价指标：能源储备率、能源进口的多元化指数；

4) 多样性评价指标：能源多样化指数。

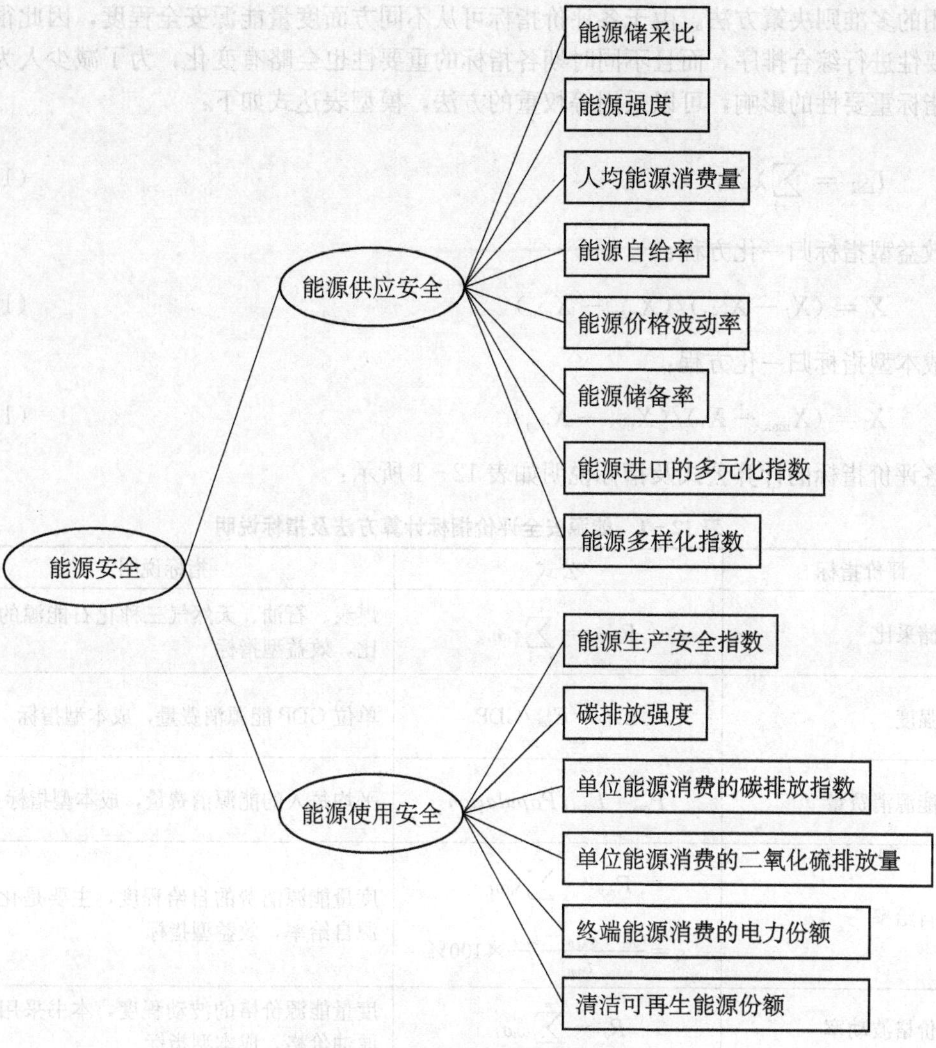

图 12－4　能源安全评价指标体系

（2）能源使用安全评价指标体系。

依据能源使用安全的定义，选取评价指标时应考虑能源生产、消费和清洁高效利用三个层面，同时考虑到实证研究中数据的可获得性，可确定能源使用安全的如下三类（六个）评价指标。

1）能源生产的安全性评价指标：能源生产安全指数；

2）能源消费的安全性评价指标：碳排放强度、单位能源消费的碳排放指数、单位能源消费的二氧化硫排放量；

3）能源消费的环保性评价指标：终端能源消费的电力份额、清洁可再生能源份额。

12.2.2　世界能源安全预警现状

本节利用层次分析法来评价能源安全指数，层次分析法（analytic hierarchy process，AHP）是美国运筹学家萨蒂（Saaty）教授于 20 世纪 70 年代初提出的一种简便、灵活而又实用的多准则决策方法。由于各评价指标可从不同方面度量能源安全程度，因此很难按其重要性进行综合排序，而且不同时期各指标的重要性也会略有变化，为了减少人为因素对各指标重要性的影响，可以采用等权重的方法，模型表达式如下：

$$I_{ESI}=\sum_{i=1}^{n}\lambda_i X_i \tag{12-1}$$

效益型指标归一化方程：

$$X=(X_i-X_{\min})/(X_{\max}-X_{\min}) \tag{12-2}$$

成本型指标归一化方程：

$$X=(X_{\max}-X_i)/(X_{\max}-X_{\min}) \tag{12-3}$$

各评价指标的计算公式及指标说明如表 12-1 所示：

表 12-1　能源安全评价指标计算方法及指标说明

评价指标	公式	指标说明
能源储采比	$R_{R/P}=\sum_{i=1}^{n}r_i\omega_i$	煤炭、石油、天然气三种化石能源的储采比，效益型指标
能源强度	$EI_{int}=E_{con}/\mathrm{GDP}$	单位 GDP 能源消费量，成本型指标
人均能源消费量	$P_{con}=E_{con}/Population$	平均每人的能源消费量，成本型指标
能源自给率	$R_{sup}=\sum_{i=1}^{n}s_i\omega_i$ $s_i=\frac{i_{con}+i_{exp}-i_{imp}}{i_{con}}\times 100\%$	度量能源消费的自给程度，主要是化石能源自给率，效益型指标
能源价格波动率	$R_\sigma=\sum_{i=1}^{n}\omega_i\sigma_i$	度量能源价格的波动程度，本书采用国际原油价格，成本型指标
能源储备率	$R_{ser}=\sum_{i=1}^{n}ser_i\omega_i$ $ser=\frac{E_{inv}}{E_{con}}$	度量能源战略储备规模，本书采用战略石油储备，效益型指标
能源进口的多元化指数	$I_{div}=1-\sum_{i=1}^{n}\omega_i\sqrt{\sum_{j=1}^{n}d_{ij}^2}$	度量能源进口的分散程度，本书采用原油进口多元化指数，效益型指标
能源多样化指数	$D_{div}=\sqrt{\sum_{i=1}^{n}D_i^2}$	度量能源供应的多样化程度，效益型指标
能源生产安全指数	$I_{pro}=N_{death}/E_{production}$	度量能源生产安全程度，本书采用煤炭产量的百万吨死亡率，成本型指标
碳排放强度	$CI_{int}=C_{emi}/\mathrm{GDP}$	单位 GDP 的二氧化碳排放量，成本型指标

续表

评价指标	公式	指标说明
单位能源消费的碳排放指数	$I_{carbon}=C_{emi}/E_{con}$	度量消费单位能源的碳排放程度，成本型指标
单位能源消费的二氧化硫排放量	$I_{SO_2}=SO_{2emi}/E_{con}$	度量消费单位能源的二氧化硫排放程度，成本型指标
终端能源消费的电力份额	$Share_{eic}$	度量电力在终端能源消费中的比例，效益型指标
清洁可再生能源份额	$Share_{rew}$	度量核能、可再生能源在终端能源消费中的比例，效益型指标

模型中各指标的变量说明如表 12-2 所示。

表 12-2　能源安全评价指标及其说明

变量	变量说明
I_{ESI}	能源安全指数
λ_i	指标 i 的权系数
X_i	指标 i 的特征值
r_i	第 i 种化石能源的储采比
ω_i	第 i 种化石能源的份额
E_{con}	能源消费量
s_i	第 i 种能源的自给率
i_{con}，i_{exp}，i_{imp}	分别是第 i 种能源的消费量、出口量和进口量
σ_i	第 i 种能源价格的方差
ser_i	第 i 种能源的战略储备率
E_{inv}	能源的战略储备库存量
d_{ij}	第 i 种能源从第 j 个进口来源的份额
D_i	第 i 种能源占一次能源消费的份额
C_{emi}	碳排放量
SO_{2emi}	二氧化硫排放量

12.2.3　典型国家能源供应安全比较

2000 年以来，世界能源供需格局发生了较大的变化，2003 年海湾战争的爆发打破了原有的世界能源地缘政治格局，国际能源价格尤其是石油价格一路飙升。随着中国、印度等发展中国家经济的快速增长，世界能源消费出现了新一轮增长；然而，2008 年的全球金融危机使得能源需求下降，价格暴跌，能源资源上游的勘探开发投资减少，新增储量有限。

为了了解世界能源供需变化及价格波动对各主要能源进口国的能源供应安全产生的影响，本节依据上节介绍的评价指标体系，选取几个代表性国家，对这些国家 2000—2010

年能源供应安全指数进行定量评价。

(1) 典型发达国家能源供应安全指数总体呈现波动上升趋势。

1) 发达国家能源供应安全体系日臻成熟。

评价结果表明，代表性发达国家能源供应安全指数总体呈现波动上升趋势，日本和美国的能源供应安全指数变化趋势基本一致，德国的能源供应安全指数波动更大，如图 12-5所示。主要是因为：

①2000—2010 年，美国、德国、日本的能源强度呈现快速下降趋势。2010 年，能源强度相比于 2000 年分别下降了 16.11%、10.42%、11.19%。能源强度的快速下降，在很大程度上减缓了能源消费增长速度，有利于能源供应安全的提高。

②人均能源消费量也呈现下降趋势，有利于保障能源供应安全。2010 年，美国、日本人均能源消费量相比 2000 年分别下降了 10.24%和 5.1%；由于德国的人均能源消费量出现了反弹，所以下降幅度较小，仅为 1.2%。

③能源多样化指数和能源进口的多元化指数均呈现上升趋势。作为老牌能源进口国，美国、德国、日本都饱受历次石油危机的影响，所以其能源供应的多样化和能源进口的多元化程度都越来越高，有利于提高能源供应安全。

④能源储备率稳步提高，随着各国对国家战略石油储备的重视，美国、德国、日本都建立了完备的战略石油储备体系，都拥有至少 90 天净进口量的国家战略石油储备，具有较强的应对石油供应短缺能力，所以能源储备率的提高有利于保障能源供应安全。

⑤德国、日本能源资源储量相对较低，木国能源产量有限，致使其能源储采比变化不大，2010 年两国能源储采比甚至出现了反弹。美国能源资源储量丰富，由于其产量增长相对缓慢，随着勘探开发技术的提高，新能源资源不断被发现，所以其在 2010 年的能源

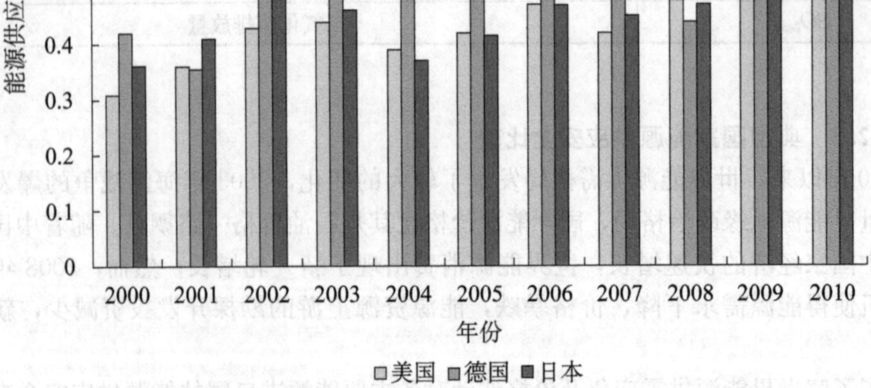

图 12-5 代表性发达国家能源供应安全指数变化（2000—2010 年）

储采比仅比 2000 年下降了 5.9%。

2003 年伊拉克战争的爆发致使国际石油市场出现恐慌，Brent 油价由 2002 年 11 月的 24 美元/桶迅速飙升至 2003 年 2 月的 33 美元/桶，又从 2004 年年初的 30 美元/桶飙升至 2004 年 10 月的 50 美元/桶，所以国际石油市场的价格风险骤增。为了保障能源供应安全，在伊拉克战争期间，美国大量释放国家战略石油储备。由于油价出现了高位震荡，为了降低国家战略石油储备成本，美国、德国和日本均未补充战略石油储备库存，所以 2004 年各国能源储备率明显偏低。受战争的影响，能源进口的多元化指数也出现了下降，而且人均能源消费量出现了反弹。因此，伊拉克战争的爆发导致 2004 年美国、德国、日本三国的能源供应安全指数出现了明显下降。

2）美国能源供应安全体系最完备。

美国能源资源储量丰富，2010 年煤炭资源探明可采储量为 2 373 亿吨，占世界储量的 27.6%，排在第 1 位，储采比高达 241；天然气探明可采储量为 7.7 万亿立方米，占世界储量的 4.1%，排在第 4 位，储采比为 12.6；石油探明可采储量为 309 亿桶，占世界储量的 2.2%，排在第 12 位，储采比为 11.3（BP，2011）。虽然拥有丰富的能源资源，但是美国依然是世界上最大的能源进口国。美国的人均能源消费量非常大，2010 年的人均能源消费量为 7.23 吨油当量，至少相当于世界人均能源消费量的 4 倍。因此，美国的能源安全战略一直是国家战略的重要组成部分，很多外交战略和政策都是围绕国家能源安全开展的。

能源供应安全评价指标体系的模型结果表明，总体上美国能源供应安全指数呈现波动上升的趋势，尤其是在 2009 年和 2010 年，美国能源供应安全指数呈现跳跃式增长，如图 12-6所示。主要是因为：

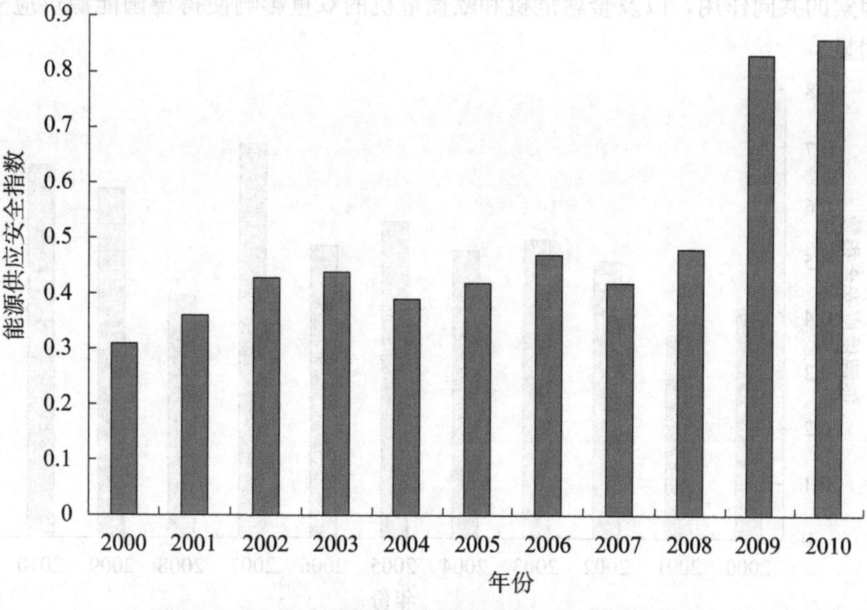

图 12-6　美国能源供应安全指数变化（2000—2010 年）

①由于 2008 年全球金融危机的影响，美国人均能源消费量快速下降。2009 年和 2010 年的人均能源消费量比 2000 年分别下降了 12.56%和 10.24%。

②能源强度大幅降低。2009 年和 2010 年的能源强度比 2000 年分别下降了 16.36%和 16.11%。

③能源自给率和能源储备率明显提高。2000 年，美国的能源自给率和能源储备率分别为 71.61%和 7.52%，2009 年两者分别增长到 76.56%和 10.61%，2010 年分别为 76.05%和 10.40%。

④能源供应的多样化和能源进口的多元化程度越来越高，而且在 2008 年金融危机之后，国际原油价格波动减弱，有利于能源供应安全。多因素的综合作用使得 2000 年以来美国能源供应安全指数呈现波动上升趋势。

3）受资源禀赋的制约，德国能源供应安全受外界影响较大。

德国石油、天然气资源贫乏，主要依赖进口，但是煤炭资源相对丰富，2010 年探明可采储量 407 亿吨，是 2009 年储量的 6 倍，占世界储量的 4.7%，储采比更是高达 233（BP，2011）。2000 年以来，德国能源消费量呈现下降趋势，能源供应安全指数呈现波动上升趋势，如图 12－7 所示。主要是因为：

①由于能源消费结构和产业结构的优化调整，德国人均能源消费量呈现下降趋势。尤其是受 2008 年全球金融危机的影响，2009 年德国能源消费量比 2000 年下降了 7.7%，人均能源消费量下降了 5.2%，但仍约为 4.0 吨油当量，是世界平均水平的 2 倍多。

②能源强度快速下降。2009 年和 2010 年德国的能源强度比 2000 年分别下降了 10.71%和 10.42%。

③能源供应的多样化和能源进口的多元化程度缓慢提高，所以德国能源供应安全指数不像美国那样增长明显，而且受金融危机和欧债危机的影响，尚未恢复到 2007 年的水平。多方面因素的共同作用，以及金融危机和欧债危机的双重影响使得德国能源供应安全指数波动更明显。

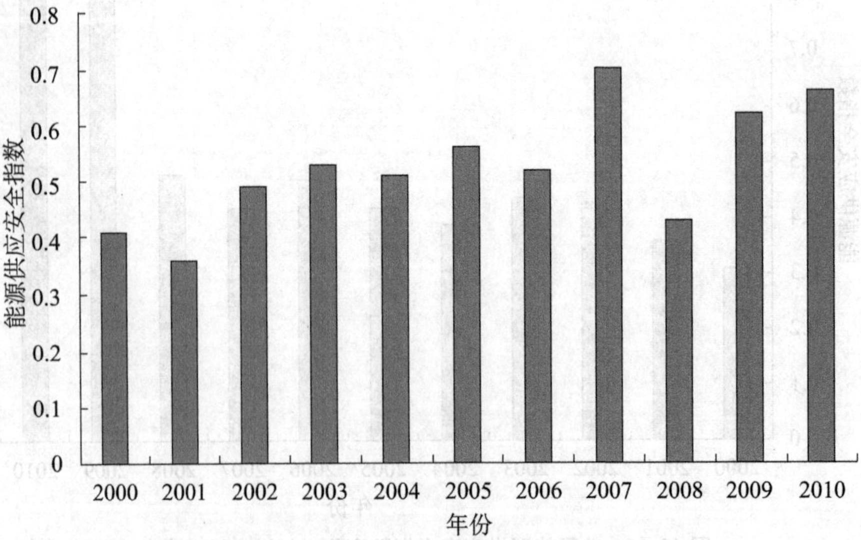

图 12－7　德国能源供应安全指数变化（2000—2010 年）

4）日本能源供应安全体系最完备，尤其是战略储备体系。

日本能源资源极为贫乏，化石能源主要依赖进口，能源自给率不足 20%，所以为了保障能源供应安全，日本非常重视战略能源储备。2010 年年底，日本战略石油储备约为 5.96 亿桶，日本石油进口量平均为 456 万桶/天，相当于至少 130 天净进口量的储备规模。与美国和德国不同，日本受本国能源资源分布的制约，可再生能源资源也非常有限，所以能源供应的多样化程度提高较慢，而且受地理位置的制约，周边邻国也都是油气进口国（俄罗斯除外），所以日本的油气进口也只能依赖中东地区，能源进口的多元化程度也很难进一步提高。2000 年以来，日本能源供应安全指数呈现波动上升趋势，如图 12－8 所示，这主要归功于能源强度和人均能源消费量的降低，以及能源储备率的提高。

①能源强度持续下降，但日本能源强度下降速度比较平稳。2009 年和 2010 年能源强度比 2000 年分别下降了 11.89％和 11.19％。

②人均能源消费量也呈现下降趋势。受金融危机的影响，2009 年日本人均能源消费量比 2000 年下降了 9.54％，2010 年出现反弹，仅相当于 2000 年人均能源消费量的 5.07％。

③能源储备率稳步提高。2010 年，日本能源储备率为 20％左右，比 2000 年提高了约 28.53％，这主要归功于国家战略石油储备量的稳步提高。

④虽然日本的能源自给率一直呈现下降趋势，但是下降幅度很小，所以对能源供应安全指数的上升没有构成大的影响。

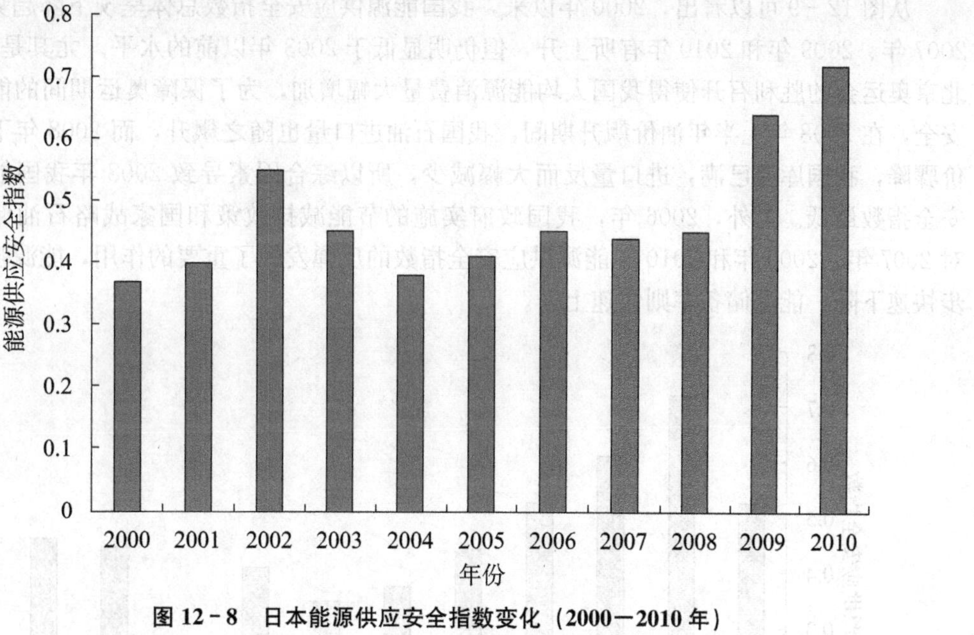

图 12－8　日本能源供应安全指数变化（2000—2010 年）

（2）典型发展中国家能源供应安全指数总体呈现下降趋势。

1）发展中国家能源供应安全体系任重道远。

与发达国家不同，2000—2010 年代表性发展中国家（中国、印度）能源供应安全指数总体呈现下降趋势，如图 12－9 和图 12－10 所示。这主要是因为发展中国家处于工业化阶段，经济结构主要依赖重化工等高耗能产业，随着经济的持续发展及能源消费量的快速增长，人均能源消费量和能源对外依存度迅速攀升，同时能源储采比迅速下降，具体原因如下：

①能源储采比快速下降。与发达国家不同，中国和印度的能源产量增长较快，所以能

源储采比大幅下降。2010 年，中国、印度的煤炭储采比比 2000 年分别下降了 69.8%和 52.5%；中国的石油储采比下降了 51.0%，天然气储采比也有一定的下降，但比煤炭和石油要小得多；印度的油气资源储采比略有小幅上涨。

②人均能源消费量快速上升。由于发达国家已实现城镇化，房地产和基础设施建设基本饱和，所以人均能源消费量呈现下降趋势，而发展中国家在快速的城镇化建设背景下，随着生活水平的提高，人均能源消费量也迅速增加。2010 年，中国、印度的人均能源消费量比 2000 年分别增长了 107.58%和 33.3%。

③能源自给率下降。受国内能源储量和产量的制约，随着能源消费的快速增长，中国和印度的能源自给率呈现下降趋势。2010 年，中国、印度的能源自给率比 2000 年分别下降了 0.5%和 12.2%。

④虽然中国和印度的能源进口多元化程度也在提高，但是无法阻止能源供应安全指数下降的趋势。

2003 年的海湾战争和 2008 年的全球金融危机对中国和印度的能源供应安全也有一定的影响，所以进一步加重了两国能源供应安全指数下降的趋势。

2）我国能源供应安全体系建设初见成效。

从图 12－9 可以看出，2000 年以来，我国能源供应安全指数总体呈现下降趋势，虽然 2007 年、2009 年和 2010 年有所上升，但仍明显低于 2003 年以前的水平。尤其是 2008 年北京奥运会的胜利召开使得我国人均能源消费量大幅增加，为了保障奥运期间的能源供应安全，在 2008 年上半年油价飙升期间，我国石油进口量也随之飙升，而 2008 年下半年油价骤降，我国库存已满，进口量反而大幅减少，所以综合因素导致 2008 年我国能源供应安全指数最低。另外，2006 年，我国政府实施的节能减排政策和国家战略石油储备建设对 2007 年、2009 年和 2010 年能源供应安全指数的反弹发挥了重要的作用，能源强度进一步快速下降，能源储备率则快速上升。

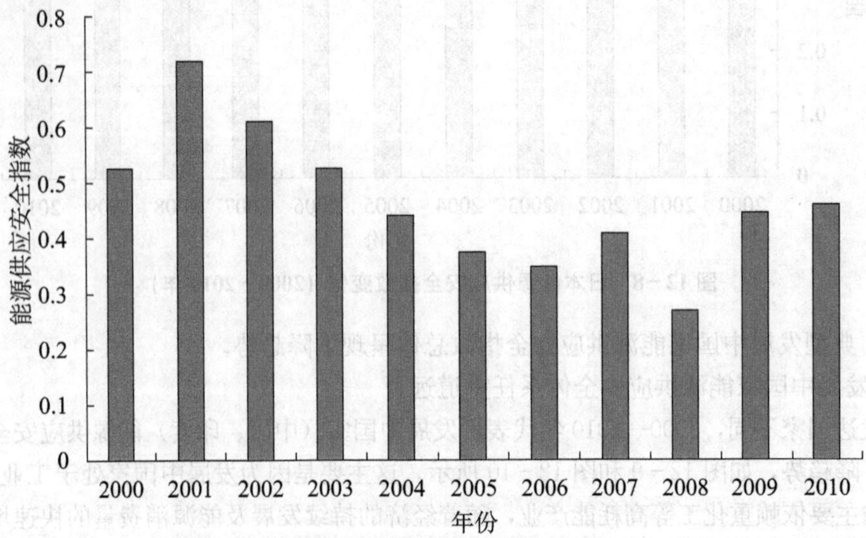

图 12－9 中国能源供应安全指数变化（2000—2010 年）

3）印度能源供应安全体系与发达国家差距明显。

印度煤炭资源较为丰富，2010 年探明可采储量为 606 亿吨，占世界储量的 7.0%，储采比为 107；油气资源相对有限，由于产量较低，2010 年石油储采比和天然气储采比分别为 30 和 28.5，所以印度化石能源储采比要高于中国。2000—2007 年，印度能源供应安全指数变化不大；2004 年和 2005 年受海湾战争的影响，印度能源供应安全指数出现了下滑。2008 年全球金融危机后，印度能源供应安全指数出现了新一轮下滑，如图 12-10 所示。主要是因为：

①2000—2007 年，印度人均能源消费量增长相对缓慢，从 2000 年的 0.45 吨油当量增长到 2007 年的 0.53 吨油当量，增长了 17.8%；而在 2007 年之后，人均能源消费量增长则相对较快，2010 年为 0.60 吨油当量，比 2000 年增长了 33.3%。

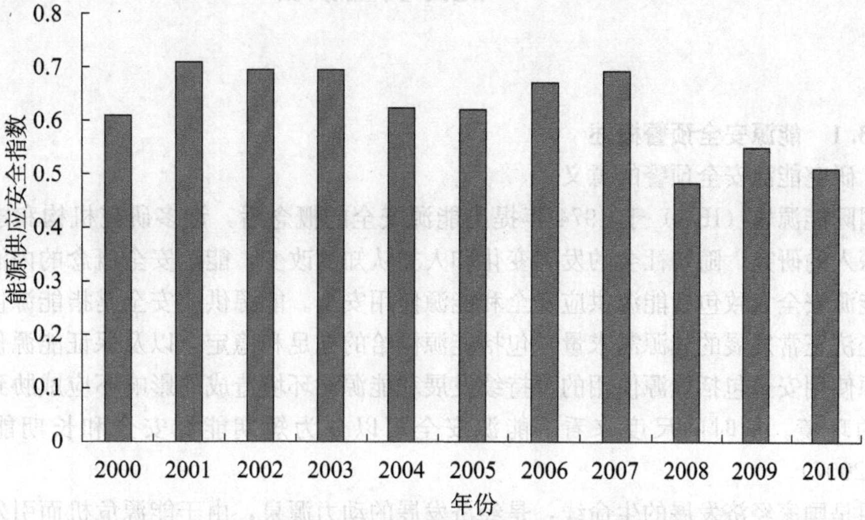

图 12-10 印度能源供应安全指数变化（2000—2010 年）

②2000—2007 年，能源自给率下降缓慢，从 73%下降到 2007 年的 70%；但在 2007 年之后则快速下降，2010 年印度能源自给率为 64%。

③2000—2006 年，印度能源储采比下降非常缓慢。印度的煤炭储采比、石油储采比、天然气储采比在 2000 年分别为 223、17.3、24.8，2006 年分别为 207、19.3、33.9，但是在 2010 年变为 106、30、28.5。各方面因素的综合作用使得印度能源供应安全指数呈现两阶段下降的变化趋势。

（3）2008 年全球金融危机后，多数国家能源供应安全指数大幅提高。

2008 年全球金融危机的爆发对美国和欧洲一些发达国家的冲击最为明显，金融、房地产等行业陷入低迷，投资减少，能源需求下降，国际原油价格暴跌。主要表现为：

1）金融危机缓解了全球石油供应的紧张局势。金融危机前，全球经济持续发展，石油需求不断增加，OPEC 剩余产能接近枯竭，国际油价一路飙升。金融危机爆发后，实体经济受到剧烈冲击，全球经济低迷，能源需求减少，国际石油市场也由卖方市场转为买方市场，有利于能源进口国的能源供应安全。

2）金融危机导致油价暴跌，价格风险降低。金融危机前，国际原油价格像脱缰的野马，从 90 美元/桶一路飙升至 147 美元/桶，国际石油市场的价格风险非常高，甚至一些国际权威预测机构都认为油价会达到 200 美元/桶。金融危机后，油价暴跌，迅速跌至 40 美元/桶，国际石油市场的价格风险也骤降，美国等战略石油储备国借机增加石油储备，所以储备率明显提高。

3）金融危机导致全球能源需求减少。美国等发达国家的人均能源消费量进一步降低。由于我国实施了“四万亿计划”，我国人均能源消费量反而快速增长。因为金融危机爆发后的相关政策缓解了能源供需压力，降低了能源价格，提高了能源储备规模，减少了能源消费，所以多数国家的能源供应安全指数明显提高。

12.3 能源安全预警

12.3.1 能源安全预警概述

（1）研究能源安全预警的意义。

自国际能源署（IEA）于 1974 年提出能源安全的概念后，许多研究机构和学者对其进行了深入的研究，随着社会的发展变化和人类认知的改变，能源安全概念的内涵越来越丰富。能源安全大致包括能源供应安全和能源使用安全。能源供应安全是指能源供应要满足国家经济正常发展的能源需求量，包括能源供给的充足和稳定，以及保证能源价格的稳定；能源使用安全包括能源使用的可持续发展和能源对环境造成的影响不应威胁到人类赖以生存的环境。从时间尺度来看，能源安全可以分为短期能源安全和长期能源安全（Creti，2007）。

能源是国家经济发展的生命线，是经济发展的动力源泉，由于能源危机而引发的经济危机带给世界各个国家的恐慌至今让人心有余悸。因而能源在保证一个国家经济运行的有序性、社会的稳定性方面的重要作用不言而喻。第一次石油危机后，石油从一些国家的经济依靠转化为政治武器，主要石油产地如中东地区、中亚地区及非洲成为大国进行地缘政治争夺的主要目标，通过影响和控制这些地区，不仅可以确保本国的石油供应，还可借此来钳制其他石油进口国的经济发展和外交政策。从经济和政治方面来看，能源无论对于发达国家还是发展中国家都具有极其重要的作用，能源安全问题已经被越来越多的国家纳入国家安全体系中，对能源安全领域的研究课题无疑具有非常重要的战略意义。

我国的能源供应受到以下现实情况的影响，主要有：

1）除煤炭外，我国其他能源资源并不丰富。到 2010 年年底，我国煤炭可探明储量位于世界第三位；石油资源和天然气资源相对比较贫乏，仅占世界总量的 1.1%和 1.5%。

2）随着我国经济的增长，我国对能源的需求和消费量也越来越大。自 2003 年开始，我国的能源消费总量持续大幅增长，仅 2008 年和 2009 年受到世界范围内经济危机的影响，增长率有所下降，国内的能源生产量远远不能满足能源需求，尤其是石油，我国石油的对外依存度已经达到了 55%。

3）在世界经济一体化的背景下，我国能源战略除了受自身条件的制约外，受国外经济政治环境的影响越发明显。随着社会的发展，国内外经济形势和政治形势更加复杂，因而能源供应的不可预期影响因素增多。

能源短缺是资源缺乏的产物，从我国的实际国情来看，能源缺乏已经是不可避免的实情，确保能源供应安全已经成为中国政治和外交政策的重要目标之一，未来中国面临着需求不断增大、能源对外依存度上升、国际石油市场变化加剧等方面的风险，不可控因素的增多导致能源安全出现危机的概率与过去相比大大增加。可以这么说，对于任何一个国家而言，能源短缺事件都是不可避免的，在不可控因素增多时，人们能够做的就是如何更好地识别风险和在风险不可避免时更好地应对风险。因此，建立完善的能源安全预警系统就是非常必要且非常重要的。一个性能优良的能源安全预警系统可以提早发现警兆，及时采取有效措施进行应对，避免警情扩大，从而降低危机对国家经济和人民生活的影响，对于保障能源安全具有非常重要的作用。

近年来，我国频频遭遇全国性的能源荒，如 2005 年的油荒、2008 年的电荒、2009 年的电荒和煤炭荒……虽然能源需求的增加是能源荒发生的主要原因之一，但这也暴露了中国能源安全的监测、预警和应急机制不够完善。在能源供应和需求全球化的背景下，一个国家所依赖的能源供应随时有遭遇到风险而中断的可能，这种中断可能是突发性的、无准备而让人措手不及的。因此，我们要对能源活动的未来演化趋势进行预期性的评价，及时监测到准确的预警信息，提前发现能源系统中的运行可能存在的风险及其成因，为提前实施一些防范措施提供科学理论依据，并科学系统地建立能源安全预警系统，从而实现防患于未然的目的。

(2) 能源安全预警的界定。

预警的概念来源于军事领域，后逐步扩展到灾害预警和经济预警领域。20 世纪 70 年代石油危机爆发后，世界各国开始重视能源安全的研究，进而将能源安全预警纳入研究体系。

能源安全预警是指对能源运行的各项活动进行监测，基于历史数据，对未来能源安全演化趋势进行分析评价和预测，当出现异常状况时，能够进行预报，并针对不同情况提供相应措施，以期达到保障能源供应安全和能源使用安全的目的。

进行能源安全预警的基本流程为首先要明确预警的目标，根据预警的目标设置度量指标；其次选取适当的方法建立预警模型，利用模型进行能源安全情况监测和预测。当出现警情后即追溯警源，进行警度预报，并最终提出解决问题的政策建议（李继尊，2007）。

警源是指能够影响能源安全的因素，比如能源的价格、储采比、对外依存度、国外政治环境等。

警情是指能源系统在运行过程中发生已出现的或潜在的各种非正常情况，即警源出现了异常状况，警情可能为单个警源作用或多个警源共同作用的结果。

警度描述的是警情处于什么状态，也就是警情的严重程度，能源安全预警的研究目标之一就是预报警度，而准确的预报警度就必须科学的分析警源对能源安全系统的影响。一般来说，可将能源安全预警警度分为正常、轻度危险、中度危险、重度危险、极度危险五个等级，警度的确认与警源指标的数量变化区间相对应。警源数量变化区间对应的五类警度分别为正常警限、轻度危险警限、中度危险警限、重度危险警限和极度危险警限，预测警度时，主要依据警源指标处于的警限范围来进行警度预报。

能源安全预警可以达到如下目的：

1）当能源安全出现警情时，可追溯警源，并在此基础上模拟警情可能导致的各种后果；

2）控制警源，并针对警情发生的强度和广度，提出相应的解决或缓解警情造成影响的政策建议。

能源安全预警系统应该具备监测、预测、预报、反馈和矫正的功能（迟春洁，2011）。监测是指系统能够实施监督能源运行中的各项指标变化情况，监控我国能源安全的综合情况，出现异常时能发现问题源头。预测是指能够对我国能源安全未来发展趋势进行预测，可以帮助决策者提早发现问题，在没有酿成大危机之前能够采取有效措施对其进行遏制。预报是指系统发布的警度能够显示危机发生的广度和强度，不同的广度和强度采用的应急预案不同。反馈和矫正是指当出现危机时，采用应急预案进行危机控制，措施实施后效果好坏可以通过指标值的变化显现，系统从而实现措施反馈功能，并且系统通过预警结果和实际结果进行对比，不断的修正系统的指标和参数标准，以确保系统预警结果的准确性和科学性。

12.3.2 能源安全预警研究框架

从系统性和逻辑性来说，能源安全预警的基本程序应该包括五个阶段：确立预警目标，制定预警指标体系，建立预警模型库，预报警情，制订预案措施及提出对策建议，如图 12-11 所示。

(1) 确立预警目标。

确立预警目标即确定预警的对象，对能源的哪些品种或哪些区域的安全进行预警。比如，对石油的安全状况进行预警，或者对煤炭安全状况进行预警，抑或对整体能源的安全状态进行预警。这一步工作是后续阶段工作的基础。

能源安全预警的最终目的是保证能源安全，能源安全包括能源供应安全和能源使用安全。能源供应安全是指国家经济发展所需能源供给具有有效的保障，具有免受供给中断或者价格暴涨等突然打击的能力，其散布于国内外的能源储量、市场和投资等商业利益不受影响，经济安全所依赖的能源供给不受国际政治、经济危机等负面效应的影响。保障能源供应安全是为了防止能源价格大幅波动、能源供应突然中断、国际能源地缘政治中心发生动荡对我国经济运行和社会稳定造成危害。能源使用安全是指能源消费和使用不应威胁到人类自身的生存，不应对人类生活环境构成任何威胁，也就是能源的可持续性发展。能源使用安全包括：提高能源的使用效率，节约能源，减少能耗；优化能源消费结构，尽量使用洁净能源；减少温室气体的排放。

能源的种类有很多，按照能源的基本形态可以将其分为一次能源和二次能源。一次能源包括石油、煤炭、天然气、水能、风能和太阳能等；二次能源是指一次能源加工转换的能源产品，包括电能、汽油、煤油、柴油及蒸汽等。影响不同种类能源的供应和使用的因素各不相同，因此在进行能源安全预警时，应采用先分后合的方式，对每个子系统进行预警，

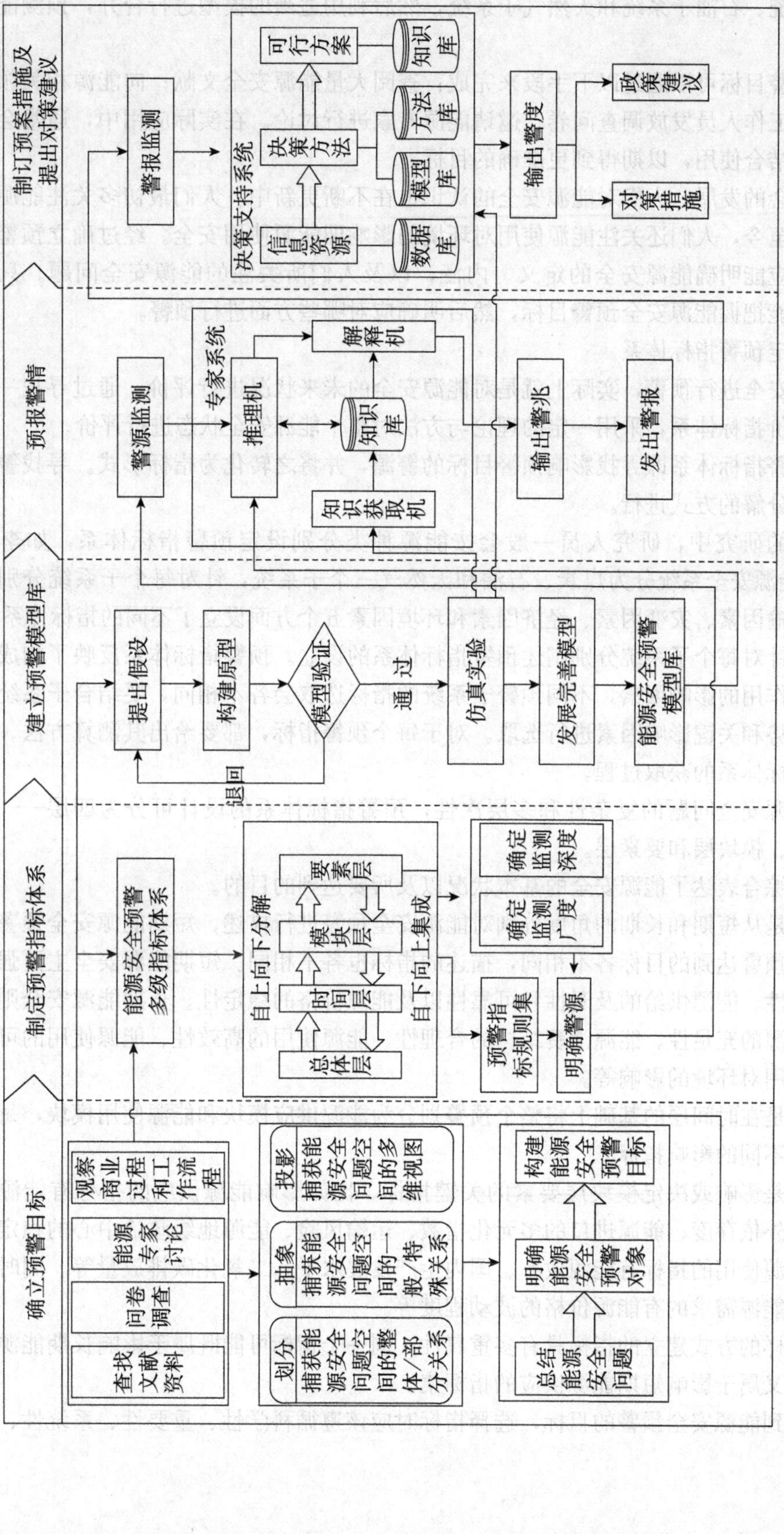

图 12-11 能源安全预警研究框架图

如煤炭子系统、石油子系统和天然气子系统，然后利用适当的模型进行合并，预测能源整体安全状态。

确立预警目标可以通过以下手段来完成：查阅大量能源安全文献；向能源相关领域的研究人员或工作人员发放调查问卷；邀请能源专家进行讨论。在实际应用中，通常会将以上几种手段结合使用，以期得到更准确的目标。

随着社会的发展，人们对能源安全的认识也在不断更新中。人们最初多关注能源供应安全，发展至今，人们还关注能源使用对环境的影响即能源使用安全。经过确立预警目标这一阶段，应能明确能源安全的定义、内涵，以及人们所关注的能源安全问题。只有这样，我们才能把握能源安全预警目标，然后明确应对哪些方面进行预警。

(2) 制定预警指标体系。

对能源安全进行预警，实际上就是对能源安全的未来状况进行评价，通过寻找一套可以量化的评价指标体系，采用一定的理论与方法对整个能源安全状态进行评价。

制定预警指标体系即寻找影响预警目标的警源，并将之转化为指标形式。寻找警源按照自上往下分解的方式进行。

在目前的研究中，研究人员一般会按能源种类分别设定预警指标体系，如李继尊(2007) 将能源安全系统分为煤炭、石油和天然气三个子系统，针对每个子系统分别从供需因素、运输因素、灾变因素、经济因素和环境因素五个方面设立了不同的指标体系。

我们也针对每个子系统分别阐述预警指标体系的设立。预警指标体系反映了构成要素中起到关键作用的影响因素，不同预警子系统的指标选取会各不相同，要结合子系统的特点、安全态势和关键影响因素进行选取。对于每个预警指标，都要给出其测算方法。以下简述预警指标体系的获取过程。

鉴于能源安全问题的复杂性和多层次性，预警指标体系的设计可分为四层——总体层、时间层、模块层和要素层。

总体层综合表达了能源安全的基本状况以及所要达到的目的。

时间层是从短期和长期的角度分别对能源安全预警进行描述，短期能源安全预警和长期能源安全预警达到的目标各不相同，描述的指标也各不相同。短期能源安全主要强调能源的可获得性、能源供给的及时性和可靠性以及能源价格的稳定性。长期能源安全则主要强调能源资源的充足性、能源消费结构的合理性、能源使用的高效性、能源使用的可持续性和能源使用对环境的影响等。

模块层是在时间层的基础上将整个预警划分为能源供应模块和能源使用模块，每一模块分别对应不同的影响指标。

要素层是影响或决定模块层要素的关键指标。比如影响能源供应的指标有能源储采比、能源对外依存度、能源进口的多元化指数、运输风险、能源地缘政治中心的稳定程度等。影响能源使用的指标有能源效率、国内生产发展水平、二氧化碳排放量等。同时影响能源供应和能源需求的有能源价格的波动程度等。

依照这样的方式建立的指标具有多重属性，同一个指标可能既属于影响长期能源供应的指标集，又属于影响短期能源供应的指标集。

为了达到能源安全预警的目标，选择指标时应该遵循科学性、重要性、系统性、可比性、动态性、简洁性和可得性的原则。

（3）建立预警模型库。

明确了关键指标，实际上就确定了能源安全预警的警源。下面以系统动力学理论为基础来介绍能源安全预警模型的构建，建模的基本思路是：将所有关键指标纳入仿真模型中，在一定的假设条件下，模拟现实情况，并利用历史数据校正模型的准确性和可靠性，得到要素层关键指标之间的关系，以及关键指标与能源供应和能源使用代表变量的关系。使用系统动力学建立模型的优势在于能够很清晰地了解影响能源安全预警的各因素之间的传导机制。

不同能源品种之间既具有一定的独立性，又相互影响，因此需要对能源分种类进行建模仿真，如煤炭子系统仿真模型、石油子系统仿真模型、天然气子系统仿真模型以及电力子系统仿真模型。如果加上时间维度，那么可进一步进行细化，如表 12－3 所示。

表 12－3　能源安全预警系统模型库

	煤炭	石油	天然气	电力
长期	长期煤炭安全仿真模型	长期石油安全仿真模型	长期天然气安全仿真模型	长期电力安全仿真模型
短期	短期煤炭安全仿真模型	短期石油安全仿真模型	短期天然气安全仿真模型	短期电力安全仿真模型

在指标构建过程中，本书已经介绍了不同的子系统所建立的指标体系各不相同，对应的实际能源活动各不相同，因而系统动力学仿真模型会有较大区别，最终建立的模型会形成一个预警模型库。

模型的建立并不是一劳永逸的过程，在使用过程中，根据预警和实际情况的对比，要对模型进行不断的修正和完善，这也是能源安全预警中反馈和矫正功能的体现。此外，随着能源活动流程的变化和影响因素的变化，模型也要随之发生改动。经过修正和完善的预警模型会使预警结果更加准确。

（4）预报警情。

在这一阶段主要完成的工作为根据模型输出结果，并结合警情判断准则库以确定警情级别。警情判断准则库的建立是本阶段的关键性工作，一般采用专家系统的思想来建立警情判断准则库。

警情判断准则库是根据国际通用的标准和以往的经验设定的，影响因素多，划分级别多，有的时候警情仅受一个因素影响，有时警情是几个因素共同作用的结果，而几种因素共同作用是较为常见的，因此会造成警情判断准则复杂而繁多。通过能源经济活动的发展、预警和实际情况的对比，以及未来能源预警情况的复杂化，警情判断准则库应当进行更新和补充，因此这里采用专家系统的思想来设计警情判断准则库。

专家系统是一种具有大量专门知识与经验的智能程序系统，它能运用能源安全领域专家多年积累的经验和专门知识来模拟专家的思维过程，解决能源安全领域中的问题（吴泉源，1995）。

知识库存放能源安全领域的基本知识和该领域问题的专家知识，主要是判断能源安全的警度准则和依据，包括警源指标的不同警度对应警限的上下限，以及如何联合指标进行警度预测等。

知识获取是专家系统的一种辅助功能，它可为修改知识库中的原有知识和扩充新知识提供相应手段。因此，知识获取的基本任务是把能源安全预警知识加入知识库中，并负责维持知识的一致性及完整性，建立性能良好的能源安全预警知识库。在警情判断准则库专家系统中，采用直接获取并输入能源安全预警知识，以及系统自身学习并通过归纳总结出新知识相结合的方式来更新知识库。

推理机是一组用来控制、协调整个专家系统的程序。它根据数据库当前输入的数据，利用知识库中的知识，按一定的推理策略去求解当前的问题，解释外部输入的事实和数据，推导出结论并向用户提示等。推理机所采用的推理方法可以是正向推理、逆向推理、正逆向结合的双向推理。这三种推理方式都包含精确推理和非精确推理。推理机工作的目的是由系统根据能源安全预警模型的输出结果，以及知识库中已有能源安全警度判断准则进行推理判断，得出警兆和警度。

解释机的主要功能是解释系统本身的推理结果，回答用户的提问，使用户能够了解推理的过程及所运用的知识和数据。解释机将给使用者提供话语解释警兆和警度判断的依据。

若存在状况，则经过专家系统推理后会发出警兆预报。警兆是警源在发生异常变化导致警情爆发之前出现的先兆。由警源到警情的产生和发展要经历一个过程，在这一过程中，必然会出现警兆，从而提醒我们要采取相应的安全措施，防止警情的发生。

(5) 制订预案措施及提出对策建议。

进行警兆分析后，明确警源和警兆的数量关系就可以确定警度，在发布警度预报之前，应结合专家意见进行综合判断。

预报警度并不是预警的最终目的，预警的最终目的是提出缓解警情的政策措施。在此处设计决策支持系统（DSS）作为提出政策建议的辅助工具。

在这一阶段的另一个重要工作就是提出能源安全预案，能源安全预案在发生能源危机时会起到缓解危机、遏制警情扩散的重要作用。在制订安全预案时应具有针对性，有的放矢。应在不断进行预警监测、应对危机的过程中来完善能源安全应急预案。每一次危机都会使人们对导致危机的因素有更深入的了解，对危机的应对之策也是对能源安全预案的一次补充和完善。

12.3.3 能源安全预警系统构建思路

要建立能源安全预警系统，实现对能源安全进行预警的目的，就必须对能源安全预警系统的内部组成结构、能源活动的运行机制以及能源安全的信息传递方式和渠道等问题进行深入的了解和研究。以下从能源安全预警系统内部横向结构和子系统之间的纵向结构两个方面对能源安全预警系统总体结构进行说明。

从横向角度看，能源安全预警的最终状态由能源供应和能源需求共同决定，如图 12-12所示，当能源供应和能源需求处于均衡状态时，能源安全处于无警状态，当能源供应与能源使用出现不均衡状态时，则根据具体情况判断不均衡程度的大小，利用警情规则库进行警情判定。

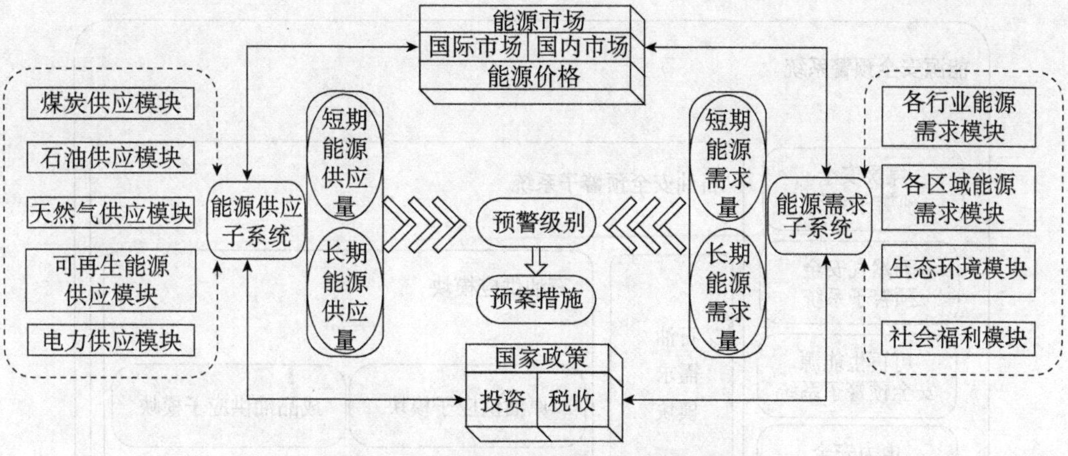

图 12－12　能源安全预警系统横向框架图

图 12－12 展示了能源安全预警系统完成预警预报的全过程。子系统的模块与模块间、子系统和子系统间、子系统和系统间，以及系统与外部环境间以不同的关系相互作用和影响。

能源供应子系统从能源品种的角度，可被划分为煤炭供应模块、石油供应模块、天然气供应模块、可再生能源供应模块和电力供应模块。该子系统主要用于评价从国内外的能源产地获取能源的能力，可得到每个模块短期或长期的能源供应量，也能通过汇总得到短期或长期的能源供应总量。

能源需求子系统包含各行业能源需求模块、各区域能源需求模块、生态环境模块和社会福利模块。按行业和区域统计能源需求，是通过不同视角看待相同数据，两者可以相互结合转化，反映区域经济发展所需的能源量以及行业调整的方向等。将生态环境和社会福利放到能源需求子系统，是用环境和福利作为对能源需求的负反馈，以期用相应的目标来控制和影响相应的能源需求量。

链接两个子系统的是市场和政策，能源市场通过能源价格等对供需进行调整，国家政策也可以通过投资和税收等来影响能源的供需。反过来，能源供应子系统和能源需求子系统也可以对市场和政策形成反馈。四个子系统相互影响，成为一个复杂的有机整体。

从纵向角度来看，能源安全预警系统可以依据能源种类分解为煤炭安全预警子系统、石油安全预警子系统、天然气安全预警子系统、可再生能源安全预警子系统以及电力安全预警子系统，如图 12－13 所示。

图 12－12 在一般意义上提出了能源安全预警的构建思路，但由于各种能源在能源消费中所占的比例不同，对外依存度不同，所以在整个能源安全中起到的作用和重要程度也不尽相同，因此不同的能源种类预警指标的建立以及其预警过程也具有各自的独特性，且要根据不同能源的特点选用不同的方法进行建模。我们并不能由某种能源的预警得到整个能源的安全状况，因此，从纵向的角度构建能源安全预警的研究是有必要的。

图 12－13 的纵向框架图中各子系统的关系为：每个子系统进行预警工作，每个能源

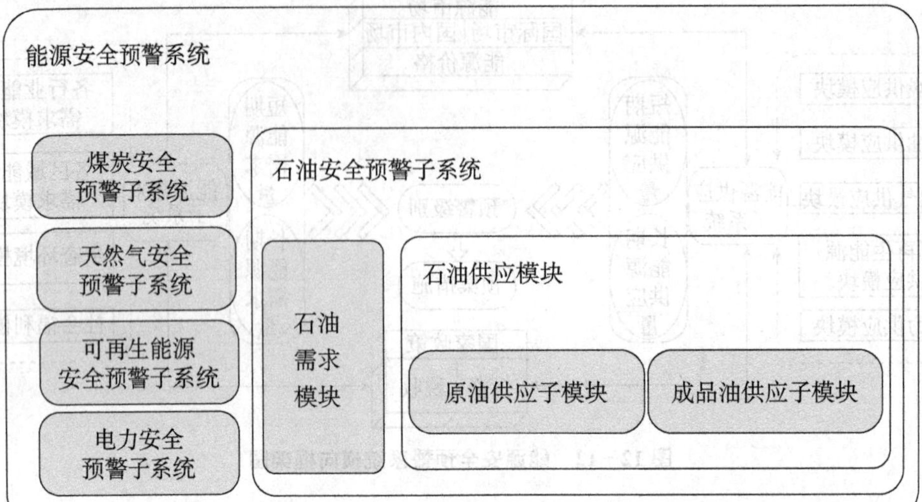

图 12-13　能源安全预警系统纵向框架图

子系统也是由供应和需求模块组成的，每个子系统可以作为一个独立的系统进行特定能源的预警，又可以在此基础上将各个子系统的预警结果按照一定的、适合的方式进行汇总，从而得到整个能源安全预警的结果。这样每个子系统可以发布相应的预警报告，并可依此制定相应的宏观调控政策；同时也可对能源安全的整体情况进行掌控。

12.4　国际能源合作

由于能源资源的特殊性，以及其对国家社会经济发展的重要性，能源已从一般商品转变为重要的战略商品，能源问题呈现出日益全球化的趋势。

12.4.1　国际能源合作的目的与意义

能源需求量的增长和能源价格的上涨加剧了国际能源竞争，同时进一步促进了国际能源合作。国际能源合作是国际行为体（国际组织、跨国公司等）为了实现各自的能源利益，通过国际协调，使得能源领域的利益相关者的行为一致，并采取可操作性的措施来实现在国际协调中达成共识和履行国际协议的行为（管清友，何帆，2007）。

开展国际能源合作的目的有三个：

(1) 分享能源技术创新，提高能源利用效率；

(2) 保障稳定的能源供需，保持能源价格的稳定；

(3) 降低全球温室气体排放，实现全球能源利用的转型。

因此，国际能源合作有助于增强能源生产大国之间以及能源需求大国之间的对话机制，将能源作为处理国际关系的重要战略因素，避免国家之间对世界有限能源资源的恶性竞争，在市场不能有效调节资源配置的情况下，通过国际合作使资源配置更加合理有效，达到尽可能满足各国对能源需求数量和种类的要求，因此发展国际能源合作具有重要意义。

12.4.2 国际能源合作的形式

依据合作的利益体，国际能源合作可分为能源出口国之间的合作和能源进口国之间的合作。能源出口国之间的合作目标在于保障能源供应，抵御能源供应和价格波动中的风险。能源出口国之间合作的目的在于保证本国的能源商品以合理而稳定的价格出售。

依据合作的手段，国际能源合作可分为实质性合作和非实质性合作。实质性合作包括共同投资开发或出现能源危机时启动应急预案，由成员国共同执行等。非实质性合作的主要方式是基于对话及协调机制。

依据合作的范围，国际能源合作可以分为公司层面、国家层面、区域层面和全球层面的合作。

(1) 公司层面的合作。该合作主要指跨国公司，以及生产国和能源消费国的能源公司为提高公司资本盈利水平，增强企业国际竞争力而进行的能源合作。2004 年，全球油气上游企业并购和资产并购总额超过 680 亿美元，比 2003 年增加了 50%以上，是自 1998 年以来的首次大幅反弹（Harrison Lovegrove Co. 和 John S. Herold，Inc，2005）。2005 年，全球能源企业并购活动仍在升温。美国石油巨头雪佛龙德士古（Chevron Texaco）石油公司收购了优尼科（Unocal）石油公司；美国第三大炼油企业瓦莱罗（Valero）公司收购了斐姆科（Premcor）石油公司，成为北美地区最大的炼油企业。中国的能源企业也积极参与了海外石油资产的并购活动。2005 年 11 月，中国石油天然气集团公司以 41.8 亿美元收购了哈萨克斯坦石油（Petro Kazakstan）公司，开创了中国石油企业整体收购海外油气公司的先河（魏一鸣，等，2006）。

(2) 国家层面的合作。该合作指能源进口国出于保证本国能源供应、抵御能源价格波动风险的目的，与主要能源出口国进行的能源合作。如我国与 30 多个国家签署了双边能源合作协议，取得了丰硕的成果。2005 年 6 月，中美双方能源主管部门在华盛顿进行了首次能源政策对话，双方深入讨论了包括在清洁能源、石油、天然气、核电、节能和提高能源使用效率等方面的合作。

(3) 区域层面的合作。各区域或国际组织以集团的身份与相应的国际组织进行谈判，协调和维护成员的利益，保障国际能源市场的稳定，尤其是维持国际能源市场价格的稳定。相应的组织有欧盟、北美自由贸易区、亚洲太平洋经济合作组织（简称亚太经合组织）等。

(4) 全球层面的合作。在全球范围内的国际能源组织主要是 OPEC 和 IEA，且 OPEC 和 IEA 之间的合作均为实质性合作。除此之外，还存在一些针对能源问题的对话机制，如八国集团（G8）议会、能源消费国与能源生产国之间的全球性定期对话，以及联合国的一系列机制等。世界能源理事会等在国际能源领域也发挥着重要作用（管清友，何帆，2007）。

当前国际能源合作颇为兴盛，但各合作国的利益分化仍是阻碍国际能源合作进一步发挥作用的主要因素。在国际油价将长期飙涨的预期下，能源生产国可通过合作寻求更大的能源发言权；能源消费国通过采取行动，争取降低能源价格。能源生产国和能源消费国经由各种形式的对话，推动从油气到新能源、可再生能源等领域的合作。但除非各国能真正践行能源多元化的战略，并寻求建立新的国际能源供需关系和秩序，否则将对全球能源形式带来极大的挑战。

主要能源大国（或组织）之间的关系将决定国际能源合作的走向，其中最重要的是美国、中国、俄罗斯与欧盟之间的关系。

国际能源合作需要能源消费国和能源生产国共同调整国内能源政策，达成国际共识并采取一致行动。虽然世界主要能源消费国和能源生产国在国际合作方面采取了一定的措施，但目前全球能源领域存在的价格剧烈波动、供需紧张、温室气体排放过度等问题仍然困扰着这些国家。各国要通过构建全球合作框架、建立碳排放市场、广泛实行清洁发展机制，以及加强国际协调等措施来解决人类共同面临的能源挑战。

12.4.3 国际能源合作项目风险控制

与一般项目相比，能源项目所需资金量大，投资回收期长，不确定因素和突发紧急情况多，因此，能源项目通常风险较大，难以管理。

国际能源合作项目主要有三个风险源：

(1) 来自项目本身的风险；

(2) 来自项目涉及的主要国家的外部环境方面的风险；

(3) 来自项目涉及的不同国家参与人员之间沟通、协调等方面的风险。

在上述三类风险中，第一类风险需要从项目风险管理和控制的一般理论方法出发，对项目每一阶段可能产生的风险进行有效控制和管理。第三类风险要引起大家重视。参与项目的主要人员可能来自多个国家，这些人员存在语言交流沟通上的障碍，有着不同的文化习惯背景和宗教信仰等，若处理不当，则有可能导致项目失败。尤其是对一些刚走出国门的跨国合作项目经理，缺乏处理不同文化之间差异的经验，对项目有关国家的了解可能还停留在表面，或者停留在书本知识上，在国际能源合作项目风险管理控制上最先碰到或碰到最多的就是这方面的问题。对于第二类风险，毫无疑问，这是国际能源合作项目风险中最大、最难控制和管理的风险。有些时候必须上升到国家层面才能协商解决，通常国际能源合作需要有可靠的能源外交做保障。

12.5 能源外交

能源外交指各国政府围绕能源问题制定的外交政策和展开的外交活动。一般认为，能源外交是由国家主导、能源企业及其他行为体共同参与，为维护国家能源利益或者以能源关系为手段谋求国家其他利益所进行的带有外交特色的国际活动。能源外交是国家总体外交，尤其是经济外交的重要组成部分。

12.5.1 能源外交的目的

不同国家的能源外交战略的目的不同，概括来说，主要包括以下几个方面。

(1) 保障本国长久的能源供应安全。由于能源资源禀赋存在差异等多方面的原因，当今世界上几乎所有国家都或轻或重地面临能源短缺问题。除了生产因素，能源供给波动更多是由政治因素导致的。与多个国家建立能源外交关系是保证国家能够获得长期、稳定、充足和价格合理的能源供给的重要手段。

(2) 提升本国在国际上的经济与政治地位。能源是国家经济发展的血液和命脉，同时是现代军事的重要保障，具有特殊的经济、政治意义。握有能源就可以以能源为手段来保卫国家利益，解决国际问题，从而提升本国在国际上的经济与政治地位，为国家争取更为广阔的发展空间。

(3) 形成与他国的能源开发合作关系。现今世界越来越注重国与国之间的共同合作，共谋发展。各国纷纷实施“走出去”战略。能源外交的目的有助于本国与能源产出国之间形成良好的合作关系，从而更好地抗击能源波动所带来的影响，提高本国能源企业的国际竞争力。

12.5.2 能源外交的形式

根据当前国际社会上主要能源产出国和能源消费国的外交战略，基本上可将能源外交分为以下两类。

一是指运用政治、经济等手段进行的以能源资源的获得和安全为最终目的的外交政策和行为。为保障能源供应和自身的能源安全，一国可依靠本国在国际社会中的经济、政治地位，实现对能源的获取或控制。

二是指以能源为手段而实现其他政治或经济目标的外交政策和行为。由于能源在国家安全中的重要作用，以能源为手段与别国进行交涉，可以实现政治、军事等目标。

第一类能源外交的实施者多为能源进口国，第二类则多为能源出口国。第一类侧重于经济目的，第二类凸显政治目的。能源进口国以能源外交保障能源供应安全，而能源出口国以能源外交提升国际影响力。无论是资源国、消费国还是过境国，都不会放弃利用资源优势和地缘优势来拓展国际政治空间和影响的历史机遇（赵庆寺，2010）。

12.5.3 我国能源外交基本状况

我国是典型的能源资源禀赋不均即“富煤、贫油、少气”的国家。自中华人民共和国成立以来，我国在世界能源界所扮演的角色发生过两次根本性的变化。第一次发生在 20 世纪 70 年代初，我国在摘掉“贫油”帽子后不久便加入了石油出口国的行列，那时正值两次石油危机时期，我国不但不用体会石油危机带来的切肤之痛，而且利用石油出口创造了大量的外汇储备；但不到 20 年，“石油换外汇”时代便告终结，在能源需求不断增长的过程中，我国逐渐由石油出口国转变为石油进口国。随着我国能源对外依存度的逐步攀升，为保障国家能源安全、保证国内市场供应，我国将能源外交思路定为不断寻求油气来源多元化，以降低某一来源地因为政治原因导致供应中断而产生的风险。任何一个国家，只要能以一个合理的条件向我国开放，即使利润很低甚至没有利润，我国都会毫不犹豫地进入。自此，我国海外油气拓展的步伐逐渐加大。到 2010 年年底，我国的海外油气产量已超过 1 亿吨，权益产量超过 7 300 万吨，并成功形成了以俄罗斯、中东地区、非洲、拉美地区和亚太地区为主的五大油气生产区。

俄罗斯是与我国最为接近的油气富集区，可以直接通过管道运输为我国提供稳定的油气供应，因此，近10年来，俄罗斯一直是我国能源外交的重点，并且在中东地区、北非地区持续动荡及美国重返亚太地区的多重背景下，我国与俄罗斯的合作趋势不断加强。

中东地区近100多年来一直都是西方国家争夺的焦点，再加上中东国家多半已完成油气资源国有化，我国不易获得该地区的油气资源开采权。整个20世纪90年代及21世纪的前几年，我国在中东地区复杂的地缘政治形势下，采取了"小步走"的战略，通过工程技术领域的合作，逐渐加强了我国与中东地区的石油合作关系，并扩大了从沙特阿拉伯、伊朗等国的石油进口，保障了国内需求。2003年之后，中东地区形势骤变，在伊拉克发生重大变化的同时，伊朗也出现了较大变化，由于伊核问题的升级，国际社会加大了对伊朗的制裁力度，西方石油公司纷纷撤出伊朗。为了维持国家石油工业的发展，伊朗把目光投向了我国，而我国同样不想错过这样一个机会，在双方多次洽谈之后，我国成为代替西方国家开发伊朗石油资源的最主要力量。到目前为止，我国在伊朗的项目仍在可控范围内推进。预计未来在伊朗和伊拉克将建成我国海外最大的油气生产基地。

我国通过对非洲国家农业、水利、交通、教育等方面的大量援助获得了与非洲多数国家良好的外交关系，并因此在非洲获得了大量合作项目和利益。在油气领域，我国从非洲第二大原油生产国——安哥拉进口大量石油，并在苏丹建成了目前海外最大的油气生产基地，目前还在乍得和尼日尔进行部署。

在拉美地区，我国则通过积极发展双边贸易关系，加大从拉美地区进口石油的力度，加强在拉美能源、采矿、制造和基础设施建设等领域的投资，并通过贷款、资金支持、货币合作、"贷款换石油"等方式拓展能源领域合作。我国在拉美地区能源外交的重点是委内瑞拉和巴西两个重要资源国。

一直以来，我国不断通过外交、经济等手段，巩固和加强与亚太地区各国的关系，增强自身的影响力。通过贸易和合作开发等方式大力争取马来西亚、印度尼西亚、澳大利亚、缅甸等油气资源国丰富的天然气资源；积极运用政治、经济、外交及军事等手段保护马六甲海峡运输通道的安全；加强与日本、韩国等石油消费国的对话与合作，实现共同利益。

总之，能源安全与国民经济和国家安全息息相关，能源安全是国家安全的前提和保障，政府应提高对能源安全的重视。在国际纷繁复杂的能源地缘政治背景下，我国作为能源消费和进口大国，应效仿日本把能源外交作为国家外交活动的重点，主动同主要能源生产国建立友好联盟和战略伙伴关系，加强高层互访和友好往来，积极吸取中国与俄罗斯（简称中俄）"安大线"的经验教训，从政治上为我国能源企业的境外投资与合作赢得筹码。把石油进口战略部署与独立自主的和平外交政策有机地结合起来，重视同俄罗斯、里海沿岸国家的关系，加强同这些国家石油管线的谈判与合作，增加管线石油运输和陆上石油运输在进口总量中的比例，提高本国船运公司的运输能力，实现石油进口渠道多样化，减少石油进口中的风险隐患，降低石油进口风险（魏一鸣，等，2012）。

12.6　我国能源安全现状及预警

12.6.1　我国能源安全现状

我国能源资源具有“富煤、贫油、少气”的特点，BP（2019）显示，2018 年，我国煤炭资源可探明储量为 1 388 亿吨，位居世界第四位，而石油与天然气可探明储量仅为 35 亿吨和 6.1 万亿立方米。改革开放以来，随着我国经济的持续快速发展，能源消费量迅速增加，我国对各类能源的消费都呈现快速上升趋势。

改革开放后，随着我国经济的持续快速发展，我国能源消费量以年均 5.0%左右的速度增长（1978—1995 年），1996 年开始再次成为石油净进口国。受亚洲金融危机的影响，1996—1998 年，我国能源消费量基本保持不变；1999 年，我国能源消费量相对于 1996 年仅增加了 7.0%。由于在亚洲金融危机期间，我国暂时停止了一些地方电厂的审批以及亚洲金融危机对经济的后续影响，1999—2001 年，我国能源消费增长相对缓慢，年均增速仅约为 3.0%，能源消费出现了“马鞍型”变化。2002—2005 年，随着一批新建电厂的投产和城镇化及基础设施建设的加快，我国能源消费量出现了第二次飞跃，年均增速高达 13.0%，尤其是煤炭消费量出现跳跃式增长。“十一五”期间节能减排政策的实施导致我国关停了一些小火电和小钢厂，能源消费量增速放缓，年均增速下降到 6.0%左右。2010 年，我国首次成为煤炭净进口国，能源供应安全问题凸显，而且随着“世界工厂”身份的确立，在粗放型发展模式彻底改变之前，我国能源消费量很难降低。因此在未来很长一段时间内，我国能源消费仍将保持较快的增长速度，能源供应和使用安全问题面临越来越严峻的挑战。

12.6.2　我国能源安全面临的挑战

（1）能源消费量快速增长的挑战。

我国仍处于工业化阶段，能源消费量持续增长。受国内能源资源储量和产能的制约，我国能源对外依存度也快速增长。2018 年，我国原油对外依存度达到 70%，煤炭也首次出现净进口，天然气进口量也增长迅速，所以我国能源供应安全形势严峻。改革开放后，我国煤炭消费量第一次翻番是 1992 年，用了 14 年的时间；2002 年，我国能源消费开始了新一轮的增长；2009 年，煤炭消费量相对于 2002 年翻了一番，仅用了 7 年的时间。同样，改革开放后，石油消费量第一次翻番是 1997 年，用了 19 年的时间；1996 年，我国成为原油净进口国之后，石油消费量开始快速增长；2006 年翻了一番，仅用了 10 年的时间。受存储能力、价格和自然灾害等因素的影响，2002 年以后我国局部地区的“油荒”时有发生。2010 年，我国天然气消费量相对于 2001 年翻了两番。由于经济的持续快速发展，我国电力消费增长非常迅速，受产能约束，局部地区经常出现拉闸限电和“电荒”现象。因此，我国能源消费量的快速增长势必增加能源持续供应、进口的多元化、进口风险的规避、进口来源的选择、煤炭安全生产、能源储运，以及战略石油储备的补仓等方面的困难，给能源供应安全造成较大压力。

另外，能源消费量的快速增长还会带来一系列能源生产和使用安全问题，为了满足能源消费快速增长的需要，政府逐渐放宽对小煤窑、小电厂的管制，进而造成能源生产和使用对生态环境破坏加重、能源生产安全事故频发，以及环境污染事件不断发生的现状。随着我国经济增长的高速发展，能源消费量势必进一步快速增长。因此，未来无论是我国的能源供应安全还是能源使用安全都将面临较大的挑战。

(2) 能源安全影响因素多样化的挑战。

能源安全最初主要是石油安全，在第一次石油危机之前，影响石油安全的主要因素是战争和地缘政治，所以英国前首相丘吉尔才会把石油安全归结为多元化，也只有多元化才能保障石油安全。1973年以前，原油价格基本维持在2美元/桶～3美元/桶，而且像其他商品一样价格相对稳定，所以在那个时期，油价并不是影响石油安全的因素。第一次石油危机爆发后，国际原油价格从3.01美元/桶迅速飙升到10.65美元/桶，之后呈现波动上升的变化趋势，甚至在2008年一度达到147美元/桶的历史最高价，石油价格的剧烈波动给石油贸易带来了巨大的风险，所以当前油价已经成为影响石油安全的关键因素。

2000年以前，世界石油市场属于买方市场，各主要石油生产国剩余产能相对充足，所以国际原油价格也一直在10美元/桶～20美元/桶徘徊。在亚洲金融危机爆发后，国际原油价格暴跌，产油国的勘探开发等上游投资大幅减少，直接影响了石油产能的增长。1999年之后，随着亚洲经济的复苏，石油需求增长迅速，所以世界石油供需出现了细微的变化，逐渐由买方市场向卖方市场转变，国际油价也从20美元/桶的相对低位迅速上升到30美元/桶的相对高位。而且2000年以后，很多产油国和油田的产量都达到了峰值，甚至出现了不同程度的下滑，所以勘探开发技术和上游投资也成为影响石油安全的因素之一。

另外，随着中东地区、北非地区政治局势的动荡，影响石油安全的传统因素，如地缘政治、局部武装冲突、海盗袭击等因素变得越来越关键。因此，由广义能源安全的定义可知，能源安全影响因素从传统的战争和政治因素向价格、运输、技术、投资、地缘政治、局部战争、安全生产、自然灾害等多样化趋势发展，保障能源安全也变得越来越困难。尤其是我国正处于工业化快速发展阶段，能源消费的快速增长给国家能源安全带来了较大的压力和挑战。

(3) 单一安全向多元安全转变的挑战。

1996年以前，我国的能源安全仅仅是煤炭生产和使用安全问题，因为所有化石能源满足自给的同时还大量出口，电力供应也基本稳定。我国在1996年成为石油净进口国之后，随着原油对外依存度的快速上升、进口来源政局的动荡、地缘政治的复杂多变，以及长距离海洋运输风险的变大，我国石油供应安全问题才日益凸显。随着能源消费的持续快速增长，继石油之后，我国又相继成为天然气、煤炭的净进口国，由于受国内资源储量和产能的约束，未来两者对外依存度也会像石油一样快速上升，所以天然气和煤炭的供应安全问题也形势严峻。

电力作为清洁、高效的二次能源，未来在终端能源消费结构中的份额必将越来越高。电力与工业生产和居民生活也息息相关，2003年美国加利福尼亚州电网大停电，在造成巨大经济损失的同时，也敲响了电力供应安全的警钟。而在我国，不仅仅是电力供应安全的问题，核电的安全生产及小水电、小火电的过度开发对生态环境的破坏和污染物排放的问题也不容忽视，所以保障电力供应和使用安全问题同样紧迫。

作为世界最大的煤炭生产国，由于开采技术和安全监管等原因，我国煤炭生产的安全事故频发，虽然近年来百万吨煤炭死亡率下降较快，但是相对于美国等发达国家，我国的该项指标仍然很高，相当于美国的几十倍，所以煤炭安全事故一直是悬在我国煤炭开采工人头上的剑。虽然石油、天然气安全生产事故相对于煤炭要少得多，但是中石油川东钻探公司“12·23”井喷特大事故曾造成多人罹难，而且小规模的油气生产安全事故也时有发生，所以油气的安全生产问题也不容忽视。

总的来说，我国正面临着从传统安全（煤炭生产安全、石油供应安全）向多元安全转变的挑战，如石油供应安全、煤炭供应安全、天然气供应安全、电力供应和使用安全、油气生产安全、煤炭使用安全等。

(4) 全球气候变化带来的挑战。

工业革命以来，在化石能源的大量使用中，排放的温室气体是全球气候变暖的主要原因之一，尤其是煤炭的消费。虽然《京都议定书》并未要求发展中国家承担减排目标，但我国二氧化碳排放量快速增长，我国作为世界第一大二氧化碳排放国，所面临的国际减排压力越来越大。我国一直积极配合国际温室气体减排行动，相继出台了一系列政策措施以应对全球气候变化，减缓温室气体排放，在 2009 年哥本哈根会议中，我国做出了承诺：2020 年我国单位 GDP 碳排放强度在 2005 年基础上下降 40%～45%。对于一个以煤为基础的能源消费大国，这一目标无疑对我国的社会经济发展和能源供应安全带来了严峻的挑战。

要实现 2020 年我国单位 GDP 碳排放强度在 2005 年基础上下降 40%～45%的目标，必须加快优化我国以煤炭为主体的能源消费结构，而煤炭恰恰是我国最丰富的能源资源，所以结构调整在一定程度上受到能源资源禀赋的制约，而且提高油气的消费份额势必加剧其能源供应安全风险。若大力发展核电，像我国这种地震灾害发生频率较高的国家，则要面临较大的核泄漏风险。风电、水电等可再生电力又受到地域差异的限制，长距离输配给电网供应安全提出了新的挑战。此外，全球气候变化会加剧飓风、洪涝、海啸等自然灾害的发生频次和强度。2008 年年初，我国南方地区的雨雪灾害给当地电力和交通运输设施造成了极大的破坏，多个城市和地区断电停水，直接经济损失达到 1 516 亿元。因此，全球气候变化将会给我国能源安全带来一系列新的问题和挑战。

12.6.3　提高我国能源安全的政策建议

(1) 增加能源科技投入，实现能源开采和使用技术的突破。

科技创新是提高能源安全的有力保障。传统能源和新能源的开发利用都离不开科技的强有力支持，因此应在能源勘探、生产和使用等各个方面，加大科技研发投入，提高能源产量和能源使用效率，加大新能源开发和使用的科技创新力度，大力发展节能产品和节能技术，优化能源消费结构。具体来说，政府应采取措施降低能源勘探和税收费用、支持具有复杂地质条件的煤炭和深海油气田的勘探和开发技术，注重科技研发，以提高国内煤炭和石油的勘探和开发技术水平及生产能力。能源企业应积极构建产、学、研一体化的科技创新体系，以科技推动企业的发展，同时又以企业发展带动科技进步，保障国内能源的正常生产能力，从而进一步保障我国能源的供应安全。

（2）实施能源进口贸易的多元化策略，分散能源进口风险。

目前我国能源进口主要为原油进口，随着我国能源对外依存度的不断升高，为降低能源进口风险，应积极推行能源进口来源多元化策略，以分散能源进口风险。从能源安全的角度来看，今后我国的能源资源外部供应必须是多元化的，能源贸易应采取进口来源的多元化、供应渠道的多元化、进口方式与品种的多元化，以及运输通道和运输方式的多元化。以原油为例，目前我国原油主要从中东地区进口，其次为非洲和俄罗斯，而中东地区的政局动荡对我国能源安全是极为不利的，为避免过度依赖中东地区的原油资源，应尽量扩大非洲、俄罗斯等地的石油来源，形成以中东地区原油为主，以其余地区原油为辅的格局，逐步降低中东地区原油来源比例，提高其他地区的原油进口量，形成互为补充的、稳定的原油供应来源。在运输通道方面，应建立多元化的原油运输网络，加紧建设油气管线。在进口方式上，除直接购买原油外，政府还应鼓励本国能源企业适度开拓、发展海外能源业务，对能源企业勘探、开发海外能源资源给予政策上的扶持和优惠，以降低本国的石油进口和供应风险。

（3）建立完善的能源战略储备体系，提高能源应急能力。

能源储备是应对能源危机、保障能源供应的最重要的手段，完善的能源储备体系不仅能够在危机时刻保障能源供应安全、经济的平稳运行和人民生活的安定，而且能够在国际政治的激烈竞争中立于有利地位，避免受制于人。西方各国从石油危机发生至今，均建立了相对完善的石油战略储备体系。对于我国来说，应针对不同能源种类选择适合我国国情的能源战略储备模式。以原油为例，我国应采取国家战略储备和商业储备相结合的方式，以国家战略储备为主，以商业储备为辅，原油储备量应尽量接近国际水平，即 90 天的石油净进口量。在储备基地的建设方面，要适当选址，统一规划，分阶段建设，尽快投入使用。在管理方面，国家战略储备应由国家统一管理调配，商业储备原则上由企业进行一定程度的调配，国家战略储备和商业储备达到有机结合。

（4）建立高效的能源安全预警机制，制定能源应急法律、法规。

防患胜于抢险，如果能在供应短缺事件发生前，或者在短缺事件初露苗头时发现并采取一定的措施进行控制，那么短缺事件波及的范围有可能缩小，不良影响将会降低。从我国近年来出现的能源短缺事件中可以看到，能源供应预警监控系统没有起到相应的预警作用，而警情发生后，并没有采取有力的控制措施，从而导致能源短缺事件波及范围不断扩大，对当地经济和人民生活造成了极大的不良影响，因此要注重能源安全预警机制的建立和能源应急法律、法规的制定。具体来说，首先，要加强能源安全预警监控，建立一套适合我国的合理的能源安全预警系统。其次，成立责权明确、运行高效的组织机构，建立以中华人民共和国国家能源局（简称国家能源局）为主，多部门、多级别、多层次协调的应急组织体系。再次，制定能源应急管理的法律、法规，以保证能源应急工作的顺利进行，做到有章可循，有法可依。立法应对各涉及主体的职责范围进行规定，对制订应急预案的范围进行规定，如各级能源主管部门、各级能源企业等均需制订能源安全应急预案。最后，应制订完备的能源应急预案，当危机来临时，应急预案可以确保工作的有序进行。

本章小结

自工业革命以来，能源安全问题就开始显现。但早期的能源安全主要是指单纯的能源供应安全问题，随着 20 世纪 70—80 年代石油危机的爆发，能源价格暴涨暴跌，对主要工业化国家的经济生产造成了巨大损失，能源安全演变为以稳定能源供应和价格为核心的国家能源安全，随着全球气候变暖和大气环境质量的急剧下降，能源安全的内涵不仅包括能源经济安全，而且包括能源生态环境安全。

各国积极制定相关的能源战略来保障其能源安全。能源的安全预警是实现能源安全的重要保障措施之一，长期的能源安全预警是制定能源安全战略的依据。能源安全预警是一项庞大的系统工程，其主要步骤包括：寻找警源、明确警情、分析警兆和预报警情。目前，国际上的一些能源组织，如国际能源署、欧盟、石油输出国组织等都对能源安全预警做了大量的实质性工作。

能源安全不是单个国家的问题，也不是凭借一国之力就可以解决的问题，因此，国际能源合作和能源外交也都是各国能源安全战略的主要组成部分。本章分别介绍了国际能源合作的主要形式以及国际能源外交的格局，并从进一步"走出去"、努力推动多元化和继续贯彻可持续发展三个方面对我国能源发展战略进行了展望。

思考题

1. 能源安全的内涵是什么？
2. 你认为对能源安全的综合评价应包含几个方面？有哪些指标？
3. 你认为当前和未来 20 年我国能源安全预警的警源包括哪些？
4. 能源外交、能源国际合作与能源安全之间存在怎样的关系？
5. 气候变化问题对我国能源安全的影响体现在哪些方面？

拓展阅读

从博弈角度看中俄能源合作

20 世纪 90 年代初，俄罗斯经济危机严重，生产大幅下滑，同时石油价格在国际市场不断下跌，石油出口国竞相寻找市场。1994 年 11 月，俄罗斯尤科斯石油公司向中方提出修建从西伯利亚到中国东北地区的石油管道（即"安大线"）的建议。然而，2002 年下半年，日本开始插手该地区的石油管道项目，提出修建安纳石油管线（即"安纳线"）。日本政府为此进行了大量的公关活动，展开了官、产、研三位一体的外交攻势。2003 年 1 月，日本首相在莫斯科与俄罗斯签署《日俄能源合作计划》，日本承诺从俄罗斯每天进口石油 100 万桶，同时准备提供 50 亿美元贷款，并协助俄罗斯开发油田及修建输油管线。2003 年，俄罗斯自然资源部否决了"安大线"和"安纳线"的修建计划，原因是：其一，"安大线”和“安纳线”分别靠近贝加尔地震多发地带；其二，这两条线路要横穿佟金国家公园；其三，这两条线路要绕过贝加尔湖，危害生态安全。俄罗斯官方还认为，中方的“安大线”沿途基本是边缘地区，投资这一庞大的工程只有输送石油的单一作用，无法推动远东地区的经济发展。2004 年，俄罗斯国家石油管道运输公司又在“安纳线”基础上提出了一个新方案。这条石油管道方案的起点是东西伯利亚的泰舍特，途经贝加尔湖北部，然后沿着贝加尔-阿穆尔大铁路和中俄边境地区，一直通往俄罗斯的远东港口纳霍德卡（简称“泰纳线”）。

在这个过程中，中国、日本、俄罗斯管线博弈结果使日本的要价从 100 亿美元增加到 130 亿美元，而日本在“安纳线”初始的报价是 50 亿美元。按照日本石油联盟的推算，使用这条油管的运油成本将是从中东地区使用油轮运输的两倍以上，这条输油管道已经成为世界上最贵的管道，管道的投资风险大幅上升。

2009 年 2 月，在全球金融危机的背景下，中国与俄罗斯签订了“贷款换石油”的合作协议。中国将向俄罗斯提供总计 250 亿美元的长期贷款，俄罗斯则以石油为抵押，以供油偿还贷款，从 2011 年至 2030 年按照每年 1 500 万吨的规模总计向中国供应石油 3 亿吨。2009 年 4 月，俄罗斯通往中国的石油管道终于开始了最后的 110 公里的修筑，以保证中俄石油长期合同的稳定供应以及中国大庆支线的开工。自 1994 年以来，中国和俄罗斯就西伯利亚地区石油管线建设所进行的合作终于有了新的进展。

从博弈论的角度看，中俄远东石油管线的合作取决于双方成本与收益的权衡。在不同时间和不同市场条件下，博弈双方的成本和收益也是变化的。有效的合作机制安排形成的合作均衡反映的是博弈方收益取值的变化。

在一个完全信息的静态博弈中，能否实现合作解取决于不同策略下中俄两国各自收益的取值。从总体收益角度看，“安大线”给俄罗斯带来的收益将是可观的生产者剩余：俄罗斯远东油气资源的生产找到了出口市场。俄罗斯在 2005—2010 年每年出口原油 2 000 万吨，并计划在 2010—2030 年每年出口原油 3 000 万吨。而作为能源消费大国，中国的收益则是自身现实的消费者剩余，即俄罗斯远东原油的输送弥补了自身能源消费的不足。因此，对于中俄双方而言，不合作的收益为 0。相比于“安大线”工程给双方长期合作所带来的收益，其沉没成本是微不足道的。对中国而言，石油还是一种特殊的稀缺性资源，而承担此项沉没成本的则是具有俄罗斯私营身份的尤科斯石油公司。因此，在“安大线”当时情形下的纳什均衡解是（合作，合作）。

随着时间的推移，影响俄罗斯政府博弈收益的若干因素发生了变化。其原因在于：一方面，俄罗斯面临包括中国在内的整个亚太地区出口市场的强烈能源需求，国际石油市场的变化使其预期获取的生产者剩余收益远非“安大线”方案当初设计所能满足的；另一方面，日本的加入使得俄罗斯的政府博弈收益发生了变化。

2009 年 2 月，中俄“贷款换石油”是一种典型的质押机制。由于金融危机的爆发，世界石油市场的石油价格急剧下跌，俄罗斯国内各方也资金吃紧，俄罗斯国内银行和一些重要的企业面临债务无法偿还的困境，等待政府的救助措施。中国贷款的引进大大改变了俄罗斯博弈策略的收益，从而使双边合作的空间加大了。这是因为在俄罗斯采取合作策略的前提下，采取不合作机会主义行为的另一方的收益减少了 250 亿美元（中方贷款额）。

中国、日本、俄罗斯石油管线争端案例凸显出有效多边机制建立的紧迫性和重要性，多边合作机制的目标是明确能源国家各方的利益集中点，确定收益分配的机制，减少国家间为选择特定结果进行复杂谈判的成本，同时也可以限制违约行为，有助于提高参与国的国际信誉。如何构建国际能源合作框架，形成相关国家间的合作博弈均衡解，中国政府在这方面应该采取更加积极有效的措施，最大可能地维护本国的经济利益和经济安全。

资料来源：徐斌，黄少卿．从双边博弈到多边合作——中日俄石油管线争端的案例研究．2010（3）．

第 13 章

能源战略储备*

在现代化社会，为了保证生产和生活的平稳性，任何商品都会保有一定量的库存。能源库存通常称为能源储备，就是为了保证能源生产和人民生活对能源的持续需求而保有的能源产品数量。由于能源产品的特殊性，能源库存不仅需要进行商业化的库存管理与运作，而且在特殊时刻需要政府甚至多国共同合作、协调运作与管理。这种有政府参与的能源库存又称为能源战略储备（strategic reserve）。能源战略储备是保障能源安全的重要措施，特别是对依赖国际能源市场的国家尤其如此。能源战略储备规模大，成本高，且面临较大的市场风险，因此，能源战略储备规模、补仓等决策，以及对能源战略储备的保障作用的认识非常重要。本章共分五节：13.1 节简要介绍能源战略储备的概念与作用；13.2 节介绍运用决策树法决定最优的能源储备规模，并通过案例形式分析我国 2020 年的最优石油储备规模；13.3 节利用不确定动态规划模型来分析战略石油储备的最优补仓时机和补仓策略；13.4 节运用动态规划模型来分析突发事件下战略石油储备的释放策略；13.5 节利用线性规划模型，从产业链角度分析战略石油储备对于能源需求和能源价格波动的价值。

13.1　能源战略储备的概念与作用

13.1.1　能源战略储备的概念

能源战略储备是指一国为了应付战争、进口受到限制以及其他意外情况时出现的能源供应不畅，保障本国经济正常运行和国防需求，在平时有计划地建立一定数量的能源储备，包括对石油、煤炭、天然气等不可再生能源的储备。其目的是缓解能源供应短缺对经济发展的影响，进而减少因能源价格骤涨造成的国家宏观经济损失。

当今世界能源体系以石油为主，石油消费占一级能源消费的34%左右。以石油为主体的世界能源体系面临需求刚性与供给不确定性、需求无限性与储量有限性，以及储量分布与消费不均衡性三大矛盾，使石油成为关系到国家安全的战略性商品，世界争夺最为激烈的资源，世界政治、经济乃至军事冲突的导火索。当代的国际政治、经济和军事斗争的背后大都矗立着石油的身影（王桂兰，2007）。因此，西方发达国家已经建立起较为完备的石油储备体系，发展中国家也在积极准备建立石油储备体系。

石油供应短缺会给石油进口国造成严重的经济损失，在第一次石油危机中，油价上涨了4倍，美国和日本的GDP分别下降了4.7%和7%，所以在第一次石油危机之后，发达国家成立了国际能源署（IEA），规定各成员国必须建立相当于90天净进口量的石油战略储备，并通过对石油供应的实际中断做出集体响应来促进其成员国的能源安全，降低发生石油危机或出现短期供应短缺给本国GDP带来的损失。在第二次石油危机中，油价最高上涨了35美元/桶，美国和日本的GDP分别下降了3%和1.8%，石油战略储备在应对石油供应中断中发挥了有效的作用，减缓了GDP的损失。如表13-1所示，美国、日本、法国、德国对石油战略储备尤为重视，都具有相当完善的石油战略储备制度和相当大的石油战略储备规模。我国的战略石油储备工程才刚刚启动，要建立相当规模的战略储备还要假以时日。

表 13-1　2011 年一些国家的石油储备规模

国家	石油储备规模	
	总量（亿桶）	战略储备占比（%）
美国	17.51	40
日本	5.89	—
法国	1.65	61
德国	2.83	64

资料来源：长江期货（2012）。

13.1.2　能源战略储备的作用

能源战略储备的主要经济作用是通过向市场释放储备，增加市场能源供给，减轻市场心理压力，从而降低能源价格不断上涨的可能，达到减轻能源供应短缺对整体经济冲击的程度。对能源进口国而言，能源战略储备是应付能源供应短缺而设置的头道防线，但其真正的作用不在于弥补损失的进口量，而在于抑制能源价格的上涨。

1990年8月，伊拉克入侵科威特，国际原油月平均价格暴涨58%。1991年1月17日，国际能源署启动了应急预案，在随后15天内向国际市场提供了总量相当于250万桶的石油，自启动之日起，国际原油价格从33.73美元/桶下降到18.35美元/桶，跌幅接近50%，基本上与上涨之前油价持平，从而起到了很好的平抑油价的作用（王柳青，冯连勇，2011）。

能源战略储备对市场作用的大小受很多因素的影响，如释放的规模（占当时能源消费量的比重）、释放的策略、释放前能源市场的供需状况等。

能源战略储备除了可以在特殊时刻达到缓解供应短缺、平抑能源价格的作用，在能源市场运行过程中还可以起到降低人为供应冲击发生频率的作用。能源战略储备的存在本身可以起到一种威慑作用，使人为的供应冲击不发生或降低其发生的频率。在OPEC交替实行“减产保价”和“增产抑价”的政策时，能源战略储备能够稳定进口国的经济和政治，不会受到人为石油供应冲击的影响。

13.2 能源战略储备规模

能源是商品，其具有生产的批量规模及消费的连续性的特点，为了保证持续的能源供应，必须保有一定量的库存。由于能源产品的基础战略性，能源产品不能像一般产品那样，仅进行商业性运作的库存管理，而应当提高到国家层面，甚至需要多国的共同合作，如国际能源署的应急响应机制，因此，能源库存又称能源战略性库存，或能源战略储备。库存的作用不同，则库存的主体及规模都有所不同。

13.2.1 能源储备的主体

由于能源在现代经济发展中所具有的重要地位，能源产品储备与一般产品储备有较大差别，能源战略储备的主体不仅包括企业，还包括各级政府，以及一些专门的组织机构，如国际能源署的一些成员国的政府或企业专门成立的独立机构，这些独立机构持有全部或者部分的强制性石油储备。这种机构的组织结构在不同国家的表现不一样，有的由政府发起，有的由企业联合成立，但所有石油储备的释放均需要政府授权（国际能源署，2010）。例如，法国成立了专门的石油战略储备行业委员会，筹建了专门的安全储备管理有限责任公司，石油战略储备行业委员会负责制定石油储备的各项具体政策，确定安全储备管理有限责任公司的采购和销售计划。建立石油储备库和购买储备的经费由国家财政负担并绝对控制。安全储备管理有限责任公司是特许经营机构，其主要任务是根据法律承担战略储备义务，几乎所有的石油生产和经营企业都是其股东。

对于不同主体的储备机制，运作方式和作用会有所不同。以企业为主体的能源储备，除政府强制规定的储备外，大部分按商业化机制运作，并可以根据市场情况灵活操作。以政府和机构为主体的能源储备，其运作要根据严格的法律程序，主要用于应付因战争等突发事件而导致的市场供应中断。以企业为主体的库存称为工业性库存，以政府和机构为主体的库存称为公共性库存。

目前西方发达国家的能源战略储备体系基本上保持企业的工业性库存和政府与专门组织机构的公共性库存并存的局面。各国/地区由于能源安全形势不同，不同主体在能源储备中的地位和作用也略有不同，其中，欧洲以工业性库存为主，美国、日本、韩国等则以政府公共性库存为主。近年来，公共性库存在国际能源署应急响应机制中占据越来越重要的地位：一是因为持有公共性石油储备的国家在不断增多，二是因为公共性石油储备的量也在不断增加。我国由于能源储备起步较晚，对于储备要求较高且国际化程度较高的石油储备，目前仍以政府的公共性库存为主，但随着运作水平的提高，逐步吸引多主体参与能源储备是发展的必然趋势。

13.2.2　能源储备现状

为了保障能源供应安全，第一次石油危机后，西方主要工业化国家纷纷决定建立国家石油储备，并成立了国际能源署（IEA）。国际能源署的核心使命是对石油供应中断做出应急响应。其应急响应机制是根据《国际能源规划协定》设立的。《国际能源规划协定》要求国际能源署成员国持有的石油库存要相当于至少 90 天的石油净进口量，而且在出现重大石油供应中断时，如有必要，必须释放库存、抑制需求、转用其他燃料、增加国内生产或分享可用的石油。为补充《国际能源规划协定》中确定的机制，国际能源署已经做出灵活安排，协调使用应急石油储备、需求抑制措施和其他可以应对石油供应中断的措施。实际上，国际能源署的集体响应行动旨在减轻突发性石油供应短缺的负面影响，具体方式是通过综合利用应急响应措施为全球市场提供额外的石油，包括增加供应和减少需求。

全球能源储备主要集中在国际能源署各成员国中，而且主要是石油储备。截至 2010 年 12 月底，国际能源署成员国的石油库存总量共计约 42 亿桶。其中，专门用于应急而持有的公共性库存达到了 16 亿桶，工业性库存为 26 亿桶。工业性库存包括商业库存和为履行政府规定的库存持有义务而持有的库存（IEA，2011）。

国际能源署的统计数据（IEA，2011）表明，其成员国的石油库存发展大体经历了五个阶段。

（1）成立伊始的快速补仓阶段（1974—1984 年）。

虽然建设国家战略石油储备仓库需要 3 年左右的建设周期，而且中间又发生了第二次世界石油危机，但是各成员国为了提高应对石油危机的能力，同时达到国际能源署要求的最低库存标准，因此都最大限度地补充石油储备，所以在 1984 年年底，各成员国的石油库存已达到 34 亿桶，增长非常快。

（2）库存达到一定规模后的徘徊阶段（1985—1989 年）。

由于石油库存高昂的运营维护成本，以及国际石油市场的相对稳定，各成员国达到国际能源署要求的最低库存标准后，继续提高库存的积极性越来越低，所以在这一时期，各成员国总的石油库存基本没有增加，维持在 34 亿桶左右，1985 年甚至出现了下滑。

（3）海湾战争后的新一轮增长阶段（1990—1998 年）。

海湾战争引发了第三次石油危机，为各成员国增加石油库存打了一针“强心剂”。各成员国总的石油库存从 1989 年的不足 35 亿桶，增加到 1998 年的 39.5 亿桶。

（4）亚洲金融危机后的快速下降阶段（1999—2002 年）。

亚洲金融危机的爆发使得世界石油需求锐减、国际油价暴跌。部分石油储备国在油价处于相对高位的时候选择了抛售石油储备的策略，所以在 1999 年年底，各成员国的石油库存比 1998 年至少下降了 3 亿桶。亚洲金融危机的影响使得 1999—2002 年国际能源署的总石油库存维持在 37 亿桶左右。

（5）“9·11”事件后的快速增长阶段（2003—2010 年）。

“9·11”事件后，美国大规模增加战略石油储备，而且国际原油价格从 2003 年年底开始持续上涨。国际能源署的大多数成员国开始增加石油储备，其总石油库存平均每年增加约1亿桶，2007年出现了一次下滑。

按国际能源署的规定，每个成员国维持的总体石油库存水平必须相当于至少90天的净进口量，但是在满足这一要求方面存在灵活性，储备原油和成品油均可。由于各成员国石油储量、产量、消费量和对外依存度存在较大差异，所以各成员国的石油储备规模差距较大。美国作为最大的储备国，2010年年底，其战略石油储备约为7.3亿桶，工业性库存约为10亿桶，总的石油库存约占国际能源署的41%（IEA，2011）。

国际能源署成员国的石油库存主要集中在北美地区（重点是美国），高达20亿桶，约占总量的48.89%，尤其是公共性库存，北美地区的公共性库存占国际能源署总公共性库存的47.06%。其中，原油公共性库存约占国际能源署总原油公共性库存的56.14%，这与各国采取的战略石油储备方式有很大关系。美国、日本和韩国都采取以政府为主体的储备方式，所以公共性库存明显高于工业性库存；而欧洲很多国家都参考德国"储油于民"的方式，所以国家战略石油储备以工业性库存为主，如图13-1所示。由于成品油不宜长期储存，所以其储备方式以工业性库存为主。

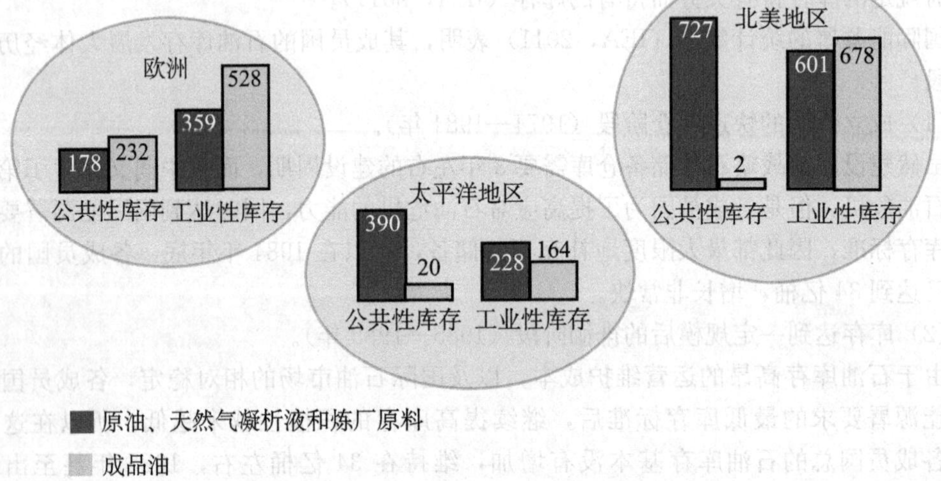

图13-1 2010年国际能源署各区域石油库存分布

资料来源：IEA（2011）。

注：数据截至2010年12月底，单位为百万桶。

13.2.3 最优能源战略储备规模

能源战略储备的储备成本非常高，加上近年来能源价格波动剧烈且频繁，能源储备面临着巨大的价格风险损失，因此，能源供应安全是一个不确定性问题。一个经济体需要多大的储备规模才能感到供应安全，要看供应短缺事件的发生概率和经济体可能受到的影响。另外，供应安全是相对的，任何经济体不可能不惜一切代价来追求绝对的供应安全，只能根据能源需求和经济的承受能力找到合适的均衡点，选择最优的储备规模，使综合储备成本最小。对于不同的经济体，相同的能源供应短缺所造成的 GDP 损失是不同的，因而各经济体的最优能源战略储备规模是不等的。各经济体需要综合考虑各方面的因素，确定对其能源安全最合适的储备规模。最优能源战略储备规模的确定不仅对保障主要能源进口国的能源安全，而且对维护整个世界的能源安全都具有重要的意义。

（1）能源战略储备规模的决定因素。

1）进口绝对量。能源战略储备的重要作用之一是防范国际能源市场出现供应短缺，从而造成本国进口不畅，进而影响本国供给。该事件对一国经济的影响在于该国对国际市场的依赖程度。进口量越大，对国际市场的依赖程度越大，所需的战略储备量则越大。国际能源署对各成员国要求的最低石油储备规模就是以各国净进口量为标准来确定的。

2）经济对能源价格的敏感性，通常用 GDP 对能源价格弹性来度量。国际能源市场对进口国经济的影响不是简单的进口量问题。Greene 等（2005）认为，一国经济对石油的依赖成本由财富转移、潜在经济损失和宏观调整成本三部分构成。其中，财富转移指由市场势力导致市场价格高于竞争性市场价格，所造成的进口国多支付的进口成本；潜在经济损失是指市场价格高于竞争性价格所造成的生产者剩余和消费者剩余的净损失；而宏观调整成本则是由于价格冲击使得经济失衡，工资和价格等不能迅速做出调整而产生的经济成本，该成本的大小主要由 GDP 对能源价格的弹性决定。

3）储备成本。这是决定储备规模最直接的因素。由于各国地质条件不同，能源储存方式也不同，不同储存方式的成本差别较大。例如，据估算，美国地面建设油库储油的每桶成本为 15 美元～18 美元；开凿山体岩洞储油的每桶成本高达 30 多美元；在墨西哥湾沿海地区的地下盐层储油的每桶成本则仅有 1.5 美元（长江期货，2012）。

确定能源战略储备规模时主要考虑进口绝对量、经济对能源价格的敏感性和储备成本等因素，同时还要考虑能源中断的可能性。

（2）能源战略储备规模的决策树模型。

最优能源战略储备规模的确定大多采用规划模型和决策模型进行研究。Samouilidis 和 Berahas（1982）建立了一个包括储备获得成本、维护成本、短缺成本的成本函数，基于该成本函数，作者定量分析了不同情景下的最优能源战略储备规模。Samouilidis 和 Magirou（1985）基于 Samouilidis 和 Berahas（1982）的研究，分析了小国战略石油储备的最优规模问题。Zweifel 和 Bonomo（1995）运用运筹学的线性规划理论研究了处理复杂供应风险的最优石油、天然气战略储备问题，通过数学模型的理论推导，证明了面对石油、天然气可能出现的供应中断，国际能源署各成员国均存在着最优的石油、天然气战略储备规模，而国际能源署规定的 90 天净进口量的储备规模并不是最优的。Zhang 等（2009）应用随机动态规划模型研究了中国战略石油储备政策，结果表明，未来中国最优储备规模是 3.2 亿桶。

下面利用决策树方法来确定最优能源战略储备规模。导致未来能源供应短缺的两个主要原因如下：一是政治和制度因素；二是垄断组织的任性行为，即战略冲击。当然也不排除两者同时导致供应短缺。能源价格骤涨对能源进口国经济的影响主要体现在以下几个方面：(1) 财富直接转移到能源输出国；(2) 降低国内生产潜力；(3) 降低 GDP 的增长率。财富转移是高出竞争价格的那部分成本，也就是说，垄断导致了财富转移，即（垄断价格－竞争价格）×进口量＝财富转移。而后文决策模型中的 GDP 损失是指这三类损失的总和。

由于决策者并不确切知道未来必定会发生何等规模的供应短缺，而只是根据已有的经验和供应短缺资料，来设定或推算出各个状态的发生概率，并据此做出决策。对于某个具体的决策而言，决策者是要冒一定风险的，因为建立较大规模的国家能源战略储备不仅要花费巨额的储备成本，而且要花费大量的运营和维护成本。然而一旦未出现能源供应短缺，就会造成巨额资金的浪费，所以未来国家能源战略储备最优规模问题属于风险型决策问题。我们可以利用期望值和决策树法来确定在未来不同能源价格情景下，经济体所需的最优能源战略储备规模。

用决策树进行决策分析的方法称为决策树法，它是期望值法的图解形式。决策点用小方框表示；决策点的出弧为方案枝，表示各种可行方案；方案枝的头为状态点，用圆圈表示；状态点的出弧为概率枝，上面标出状态发生的概率；概率枝的头为结果点，用小三角形表示，它后面的数字表示各种方案在某个状态下的报酬。

假设当能源供应短缺概率分布为 ρ 时，各种决策方案 α 的期望报酬值为 $E(\alpha,\rho)$，国家能源战略储备总成本的期望值简记为 $E(\alpha)$，由于状态变量 i 是离散型随机变量，所以 i 发生的概率为 ρ_i，则

$$E(\alpha)=\sum_{i\in S_2}\rho_i P(\alpha,i), \forall \alpha \in S_1 \tag{13-1}$$

其中，S_1 为决策集，S_2 为状态集。目标为总成本最小时，满足以下条件的方案 α^* 为最优方案。

$$\min_{\alpha\in S_1} E(\alpha)=E(\alpha^*) \tag{13-2}$$

13.2.4 案例研究：2020 年中国最优石油储备规模

根据石油储备常规决策思路，设 S_1＝{30 天储备规模，60 天储备规模，90 天储备规模}，S_2＝{低油价，相对较高油价，高油价}。其中，30 天储备规模等于净进口 30 天的量，其他依此类推。S_2 的三种状态参考国际能源署对油价的预测结果，分别对应油价为 20 美元/桶、35 美元/桶和 50 美元/桶。

本案例的基本假设如下：

(1) 中国石油储备投资中的石油进口成本、储备成本和运营成本的比例等同于美国从建立石油储备到现在的三种成本在储备投资中的平均份额。

(2) 当出现长期供应短缺时，60 天的储备和 90 天的储备对 GDP 损失的贡献率相同。

本案例的数据来源如下：世界石油价格、中国石油消费量和生产能力的历史数据来源于《BP 能源统计回顾》，中国 GDP 的历史数据来源于《中国统计年鉴 2003》，中国在 2005 年、2010 年、2020 年的 GDP 和石油需求量的数据来源于 Chen (2003)，石油供应短缺的历史数据来源于美国能源部能源信息署，石油战略储备对 GDP 损失的贡献率依据 David 等 (1998) 的模型结果，油价波动对 GDP 的损失主要通过油价对 GDP 的弹性

来计算。决策模型的结果见图 13－2，具体计算请参考魏一鸣等（2006）和 Wei 等（2008）。

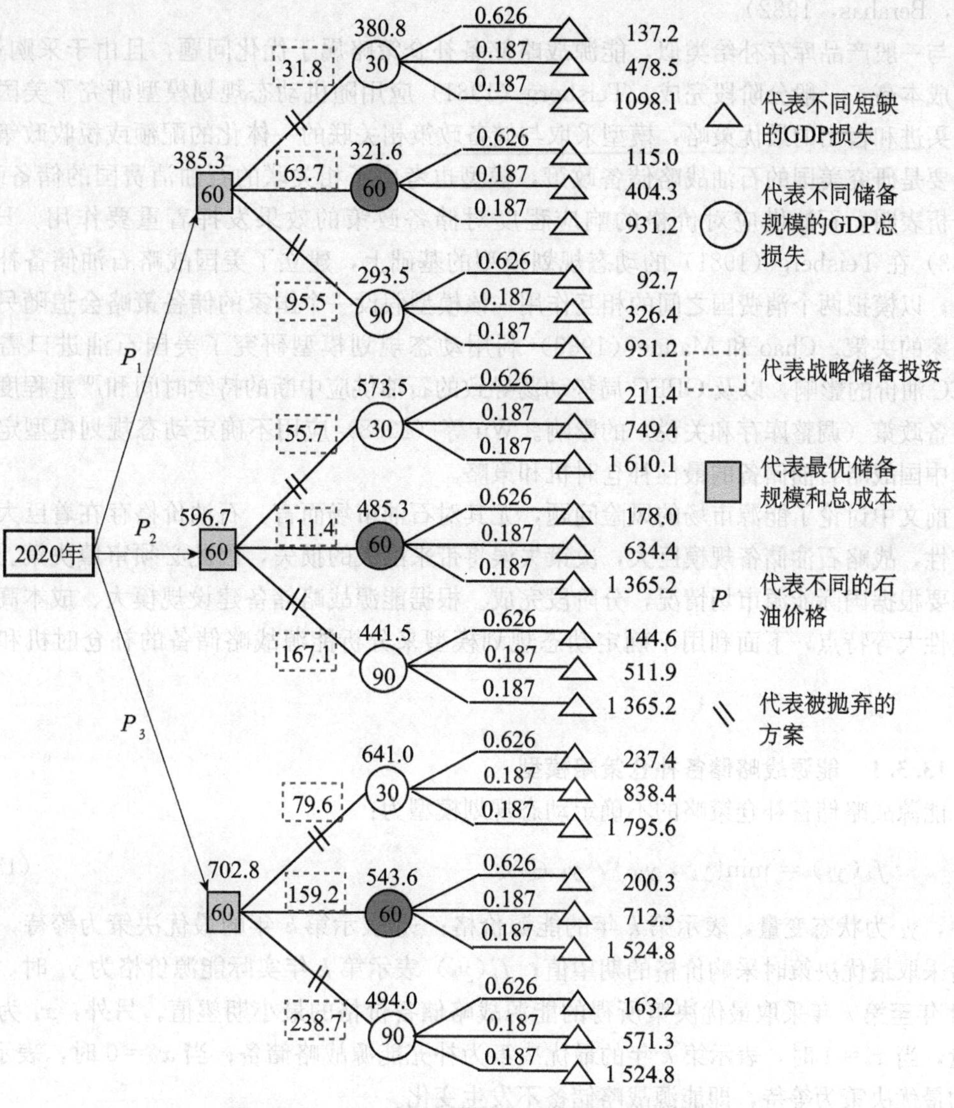

图 13－2　2020 年中国石油战略储备规模决策树

注：决策树中各数据除概率外，其余的单位均为亿美元。由于四舍五入，结果可能略有差异。

13.3　能源战略储备的补仓策略

除了与一般的商业储备相区别外，能源战略储备还要与投机储备区别开来。投机储备主要指利用定价机制缺陷或市场不完善，当预期价格上涨时，事先购进大量库存囤积，从而谋取暴利的储备。国家能源战略储备是在紧急或特殊情况下才动用的储备，主要是防止能源供应短缺的进一步恶化，保障短期的能源供应，为采取和制订解除能源危机的方案赢得宝贵的时间，同时降低消费者的心理恐慌和能源价格暴涨的影响（Samouilidis，Berahas，1982）。

与一般产品库存补给类似，能源战略储备补仓策略属于优化问题，且由于采购量大，库存成本高，一般分阶段完成。Teisberg（1981）应用随机动态规划模型研究了美国石油储备买进和售出的最优策略，模型采取与储备政策相关联的一体化的配额或税收政策，虽然主要是研究美国的石油战略储备政策，模型也考虑了相关联的石油消费国的储备政策。该分析表明，石油供应对价格的响应程度对储备政策的效果发挥着重要作用。Hogan（1983）在 Teisberg（1981）的动态规划模型的基础上，建立了美国战略石油储备补仓的模型，以模拟两个消费国之间的相互作用，该模型假设一个国家的储备策略会追随另外一个国家的决策。Chao 和 Manne（1983）利用动态规划模型研究了美国石油进口需求对 OPEC 油价的影响，以及 OPEC 局势动荡导致的石油供应中断的持续时间和严重程度对美国储备政策（调整库存和关税）的影响。Wu 等（2008）应用不确定动态规划模型定量研究了中国战略石油储备的最佳补仓时机和策略。

前文中讨论了能源市场的风险问题，尤其对石油市场而言，石油价格存在着巨大的不确定性，战略石油储备规模巨大，决策失误将带来巨大的损失，因此必须审慎决策。决策时需要根据国际能源市场情况，分阶段完成。根据能源战略储备建设规模大、成本高、不确定性大等特点，下面利用不确定动态规划模型来分析能源战略储备的补仓时机和补仓策略。

13.3.1 能源战略储备补仓策略模型

能源战略储备补仓策略的不确定动态规划模型为：

$$f_k(y_k) = \min\{y_k, y_{kE}\}, \ y_k \in s_k \tag{13-3}$$

式中，y_k 为状态变量，表示第 k 年的能源价格；y_{kE} 表示第 k 年的最优决策为等待，而在以后采取最优决策时采购价格的期望值；$f_k(y_k)$ 表示第 k 年实际能源价格为 y_k 时，从第 $k-1$ 年至第 k 年采取最优决策所得的能源战略储备价格的最小期望值。另外，x_k 为决策变量，当 $x_k=1$ 时，表示第 k 年的最优决策为补充能源战略储备；当 $x_k=0$ 时，表示第 k 年的最优决策为等待，即能源战略储备不发生变化。

由 y_{kE} 和 $f_k(y_k)$ 的定义可知：

$$y_{kE} = E[f_{k+1}(y_{k+1})] = \sum p_i \times f_{k+1}(y_{k+1}) \tag{13-4}$$

式中，p_i 为不同能源价格发生的概率。

$$C'[E(t), A, I, t] = A \times P(A, I, t) + v \times [E(t) + A] \tag{13-5}$$

最优决策为：

$$x_k = \begin{cases} 1, & 当\ f_k(y_k) = y_k \\ 0, & 当\ f_k(y_k) = y_{kE} \end{cases}$$

$$M'[E(t), A, I, t] = \min_{A}\{C'[E(t), A, I, t]\} \quad (13-6)$$

模型中的变量定义和说明见表 13-2。

表 13-2　模型中的变量定义和说明

变量	变量定义和说明
y_k	状态变量，第 k 年的能源价格
s_k	能源价格的变化范围
x_k	决策变量，当 $x_k=1$ 时，表示第 k 年的最优决策为补充能源战略储备；当 $x_k=0$ 时，表示第 k 年的最优决策为等待
y_{kE}	第 k 年的最优决策为等待，而在以后采取最优决策时采购价格的期望值
$f_k(y_k)$	第 k 年实际能源价格为 y_k 时，从第 $k-1$ 年至第 k 年采取最优决策所得的能源战略储备价格的最小期望值
p_i	不同能源价格发生的概率
$C'[E(t), A, I, t]$	能源战略储备的补仓成本
$E(t)$	t 时期能源战略储备的规模
A	能源战略储备的补仓量
I	国际能源市场的状态，正常或中断
$P(A, I, t)$	t 时期补充能源战略储备时的能源价格
v	单位能源战略储备的运营维护成本
$M'[E(t), I, t]$	能源战略储备补仓的最小成本

13.3.2　案例研究：2020 年中国战略石油储备最优补仓策略

假设 1：我国战略石油储备补仓行为对国际原油价格没有影响。该假设的合理性在于，我国战略石油储备主要来自本国石油产量和海外份额油。我国战略石油储备一期工程的总储备能力约为 1 200 万吨（约 8 760 万桶），如果都来自国际原油市场，相当于每天多进口 6.0 万桶，仅占 2006 年每天原油进口量的 15.1%。另外，美国能源部能源信息署署长表示：基于国际能源署已使用了多年的价格模型，日均约 10 万桶的采购量将只会对油价产生每桶 50 美分的影响，所以他认为补充战略石油储备对油价影响很小。

假设 2：假设 2011—2020 年的国际原油价格可能会出现的价位分别为 70 美元/桶、90 美元/桶、110 美元/桶、130 美元/桶，且这几种油价发生的概率分别为 0.25、0.25、0.25、0.25；其余情况可依此分析。

根据 Wei 等（2008）的研究结果，2020 年我国战略石油储备的最优规模为 60 天净进口量或 90 天净进口量，分别约为 2.4 亿桶和 3.6 亿桶，这里考虑满足最大储备规模的策略，所以模型中 2020 年的储备规模为 3.5 亿桶。因为我国目前刚刚补充国家石油战略储备，还没有单位储备成本数据，所以假设每年的单位储存成本等于美国每年的单位储存成本 0.32 美元/桶（Teisberg，1981）。依据不确定动态规划模型，得到 2011—2020 年我国战略石油储备最优补仓时机如表 13-3 所示。

表 13-3　2011—2020 年我国战略石油储备最优补仓时机

年份	y_k（美元/桶）	x_k	A（百万桶）
2011—2017 年	≤85	1	≥25
	＞85	0	0
2018 年	≤90	1	25～200
	＞90	0	0
2019 年	≤100	1	25～225
	90～100	1	25
	＞100	0	0
2020 年	当前油价	1	25～250

(1) 2011—2017 年，当国际油价不高于 85 美元/桶时，最优策略为补充战略储备，否则保持规模不变，等待合适时机。

(2) 2018 年，当国际油价不高于 90 美元/桶时，最优策略为补充战略储备，否则保持规模不变，等待合适时机。

(3) 2019 年，当国际油价不高于 100 美元/桶时，最优策略为补充战略储备，否则保持规模不变，等待合适时机。

(4) 为了保障国家能源供应安全，2020 年我国必须实现规划的储备规模，所以无论 2020 年的油价处于什么价位，都应该补充战略储备，达到预期的储备规模。

根据总成本最小的决策目标，应用不确定动态规划模型，得到 2011—2020 年最优补仓时机为购买时各阶段的最优补仓策略（魏一鸣，等，2012），如图 13-3 所示。

(1) 2011—2017 年，当国际油价不高于 85 美元/桶时，每年应该买进 2 500 万桶原油补充国家战略石油储备。如果上一年油价高于 85 美元/桶，那么下一年或接下来几年当油价不高于 85 美元/桶时，应该在买进当年 2 500 万桶的基础上，把上一年或前几年欠缺的补仓量填补上。

(2) 2018 年，当国际油价不高于 90 美元/桶时，应该至少买进 2 500 万桶原油使战略石油储备达到 3 亿桶的规模。

(3) 2019 年，当国际油价不高于 100 美元/桶时，应该至少买进 2 500 万桶原油使战略石油储备达到 3.25 亿桶的规模；当油价在 90～100 美元/桶时，应该最多买进 2 500 万桶原油。

(4) 2020 年，无论油价处于什么价位，都应该至少买进 2 500 万桶原油，使国家战略石油储备规模达到预期的 3.5 亿桶。

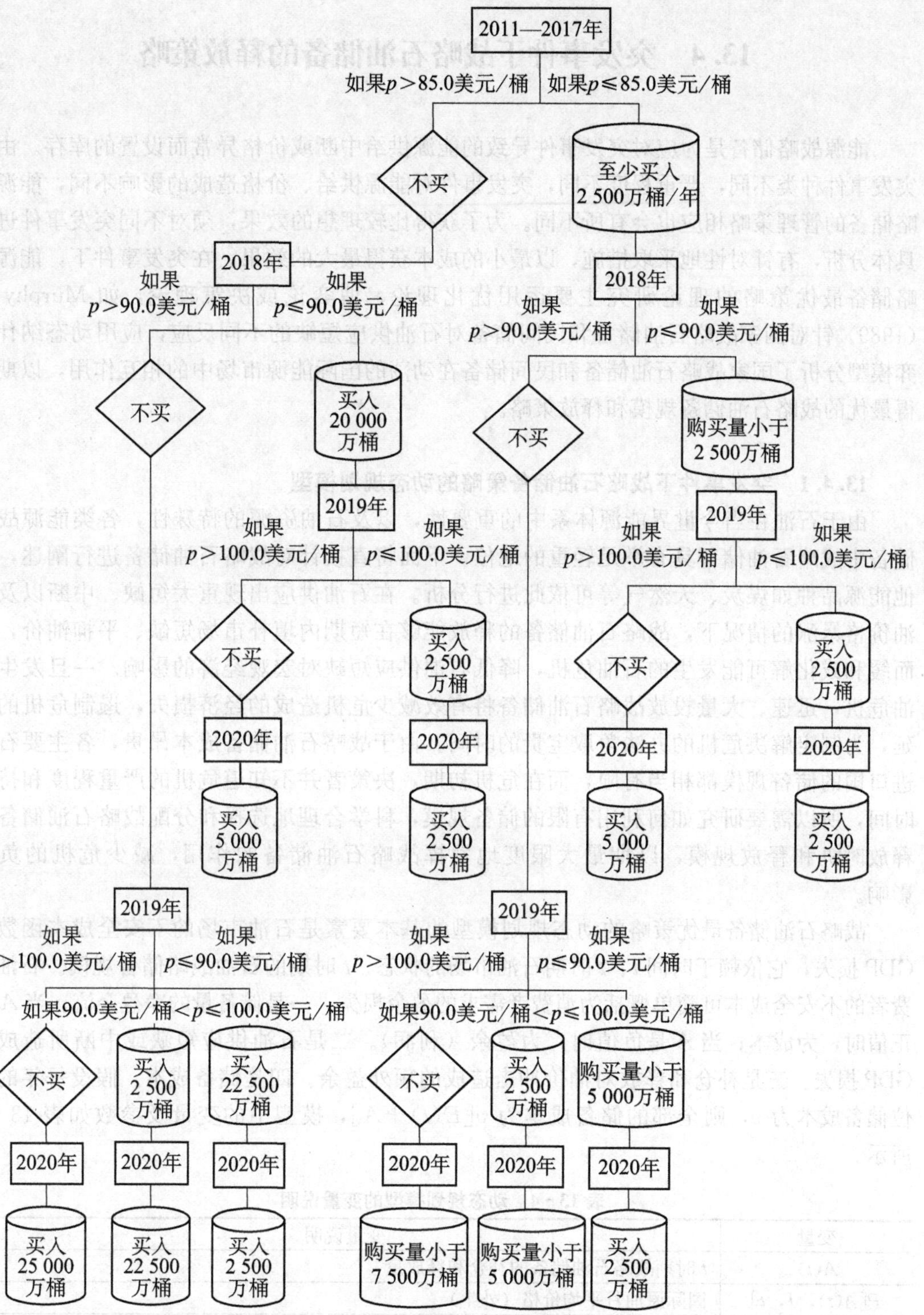

图 13-3 2011—2020 年我国战略石油储备最优补仓策略

注：p 为国际油价。

13.4 突发事件下战略石油储备的释放策略

能源战略储备是为应对突发事件导致的能源供给中断或价格异常而设置的库存。由于突发事件种类不同，严重程度不同，突发事件对能源供给、价格造成的影响不同，能源战略储备的管理策略相应也会有所不同。为了获得比较理想的效果，须对不同突发事件进行具体分析，有针对性地采取措施，以最小的成本获得最大的效果。在突发事件下，能源战略储备最优策略的理论研究主要运用优化理论、博弈论或决策理论，如 Murphy 等（1989）针对国家战略石油储备和民间储备对石油供应短缺的不同反应，应用动态纳什博弈模型分析了国家战略石油储备和民间储备在动荡的国际能源市场中的相互作用，以期获得最优的战略石油储备规模和释放策略。

13.4.1 突发事件下战略石油储备策略的动态规划模型

由于石油在当今世界能源体系中的重要性，以及石油资源的特殊性，各类能源战略储备中战略石油储备具有举足轻重的地位。下面将直接针对战略石油储备进行阐述，其他能源品种如煤炭、天然气等可依此进行分析。在石油供应出现重大短缺、中断以及原油价格暴涨的情况下，战略石油储备的释放能够在短期内填补市场短缺、平抑油价，从而缓和或化解可能发生的石油危机，降低石油供应短缺对宏观经济的影响。一旦发生石油危机，迅速、大量投放战略石油储备将有效减少危机造成的经济损失，遏制危机的蔓延，为制定解决危机的办法争取宝贵的时间。由于战略石油储备成本昂贵，各主要石油进口国的储备规模都相当有限，而在危机初期，决策者并不知道危机的严重程度和持续时间，所以需要研究如何利用有限的储备规模，科学合理地选择和分配战略石油储备的释放时机和释放规模，以期最大限度地发挥战略石油储备的作用，减少危机的负面影响。

战略石油储备最优策略的动态规划模型的基本要素是石油市场的不安全成本函数和 GDP 损失，它依赖于时间 t、t 时期石油市场的状态、t 时期的石油战略储备规模。石油消费者的不安全成本可简单概括为消费者需求的盈余损失：一是储备量的净盈余流。当 A 是正值时，为成本；当 A 是负值时，为盈余（利润）。二是石油供应短缺或中断所造成的 GDP 损失。三是补仓和释放对油价冲击造成的额外盈余。四是储备成本。假设每年的单位储备成本为 v，则全部的储备成本为 $v[E(t)+A]$，模型中的变量及参数如表 13－4 所示。

表 13－4 动态规划模型的变量说明

变量	变量说明
$A(t)$	t 时期战略石油储备的补仓和释放量
$P[A(t), I, t]$	国际原油月平均价格（外生）
$P(t)$	外生给定的预测油价（EIA，2009）
β	国际原油价格的需求弹性（IEA，2006）

续表

变量	变量说明
$EGL_{(t)}$	t 时期石油供应短缺或中断造成的 GDP 损失
I	t 时期石油市场的供应状态（$I=1$ 表示正常，$I=2$ 表示短缺或中断）
v	单位战略石油储备的月平均成本（0.026 美元/桶，美国的单位储备成本为 0.32 美元/桶）
$E(t)$	t 时期的战略石油储备规模
μ	中国石油需求占世界石油需求的比例（约为 10%）
b	参量，1.1（Samouilidis 和 Berahas，1982）
R	石油供应短缺比例
e	参量，1.91（Samouilidis 和 Berahas，1982）
r	实际折现率，0.05
n	储存问题的时间终点
R_i	第 i 年出现石油供应中断时的短缺量
$Pro_{i,j}$	第 i 年第 j 个月份的石油产量
$Im_{i,j}$	第 i 年第 j 个月份的石油进口量
C_i	第 i 年的石油消费量
m	石油供应短缺或中断持续的时间

战略石油储备的成本函数为：

$$C[E_{(t)}, A_{(t)}, I, t] = \mu\int_{P_0(t)}^{P[A_{(t)}, I, t]} \mathrm{d}(p, T)\mathrm{d}p + A_{(t)}P[A_{(t)}, I, t] + EGL_{(t)} + v[E_{(t)} + A_{(t)}] \tag{13-7}$$

石油供应短缺或中断造成的 GDP 损失函数为：

$$EGL_{(t)} = b\mathrm{GDP}_{(t)}R_{(I)}^{e} \tag{13-8}$$

$$P[A_{(t)}, I, t] = p_{(t)} + \beta A_{(t)} \tag{13-9}$$

因为对战略石油储备的补仓和释放是一个多阶段的动态过程，所以最优战略石油储备的补仓和释放策略可以转化成一个动态的总储备成本最小化的问题：

$$M[E_{(t)}, I, t] = \min_{A}\left\{C[E_{(t)}, A_{(t)}, I, t] + \frac{1}{1+r}\sum_{n-t}^{n} M[E_{(t)} + A_{(t)}, I, t+1]\right\} \tag{13-10}$$

动态规划起始于时间终点 n，逆推至时间起点，根据 $E(t)$、I、t，可求出最优的战略石油储备补仓量 $A^*[E(t), I, t]$。

出现石油供应短缺或中断时的短缺量 R_i 为：

$$R_i = \left[\sum_{j=1}^{m}(Pro_{i-1,j} - Pro_{i,j}) + \sum_{j=1}^{m}(Im_{i-1,j} - Im_{i,j})\right]/C_i \tag{13-11}$$

13.4.2 突发事件对国际油价的冲击

对国际能源市场而言，突发事件主要分为三类，分别为突发自然灾害、局部武装冲突，以及经济危机。前两种突发事件主要通过破坏能源生产设施或运输，使国际能源市场供给中断或减少，造成能源价格飙升。经济危机一般会使能源需求大幅下降，在供给没有大的变化下，能源价格一般会走软。

（1）三类突发事件。

1）突发自然灾害。

2005 年 8 月，"卡特里娜"飓风袭击墨西哥湾，造成其附近三分之一以上的油田被迫关闭，七座炼油厂和一座美国重要原油出口设施也不得不暂时停工。纽约商品交易所原油期货价格在 2005 年 8 月 29 日开盘时飙升 4.67 美元/桶，达到 70.8 美元/桶。2005 年 8 月 31 日，美国政府同意动用战略石油储备，从 2005 年 9 月 2 日至 2006 年 1 月 6 日共释放 1 620万桶，以缓解原油供应短缺，Brent 原油价格也从 65.95 美元/桶一度降至 52.84 美元/桶。国际能源署在 2005 年 9 月 2 日宣布，所有成员国一致同意每天向原油市场投放 200 万桶的战略石油储备，为期 30 天，以帮助解决因卡特里娜飓风造成的市场紧张局面。国际能源署释放6 000 万桶战略石油储备的消息使得纽约石油市场 WTI 原油期货价格当天大幅下跌。

2）局部武装冲突。

1990 年 8 月 2 日，伊拉克入侵科威特，导致全球石油供应下降，国际原油月平均价格暴涨 58%。1990 年 8 月 7 日，美国总统正式批准了采取针对伊拉克的大规模军事部署行动，为了保障美军战争期间充足的石油供应，美国总统签署了有史以来第一次大规模释放战略石油储备的命令——从 1990 年 10 月 26 日至 1991 年 4 月 5 日连续释放 2 114.1 万桶，在此期间，国际原油价格也从 33.73 美元/桶下降到 18.35 美元/桶。

3）经济危机。

为了缓解联邦政府财政预算赤字，美国政府决定在油价相对高位时出售战略石油储备，通过高抛低吸的市场化运作方式来降低储备成本。从 1995 年 10 月 13 日至 1998 年 11 月 6 日，美国政府总计出售了 2 825.7 万桶石油，在此期间，国际油价一度达到 25.18 美元/桶。由于受亚洲金融危机的影响，国际原油月平均价格暴跌 59%，1998 年年底一度跌至 10 美元/桶以下，从 1998 年 12 月开始，美国陆续补充战略石油储备 800 万桶，成功完成了一次"高抛低吸"策略，很大程度上降低了储备总成本。

（2）未来三类突发事件对国际油价的冲击。

为了解在不同历史时期中这三类突发事件对国际原油价格的影响，Wu 等（2012）应用小波模式匹配理论，从油价历史数据中分别找出波动趋势与预测结果相匹配的时间段，再按这个时期历史数据各月的变换规律来匹配预测数据各月的变换趋势，进而得到 2010—2020 年各月的国际原油价格的预测数据。

1）突发自然灾害对国际油价的冲击。

假设在 2015 年 1 月突然发生自然灾害，其对国际原油价格的影响等同于 2005 年卡特里娜飓风对油价造成的影响。在基准油价情景下，突发自然灾害对油价的冲击力最强，最高为 29.23%，但在突发自然灾害发生的后期，油价甚至会低于未发生突发自然灾害时的正常油价，最大冲击为－12.70%。在高油价情景下，突发自然灾害对油价的冲击力最弱，最高为 11.46%，最低仅为 2.10%，平均约为 6.40%，所以油价上涨幅度最小。在低油价情景下，突发自然灾害对油价的冲击力也相对较弱，最高为 25.24%，最低为 4.30%，平均约为 9.50%，如图 13－4 和表 13－5 所示。

2）局部武装冲突对国际油价的冲击。

假设在 2015 年 1 月突然爆发局部武装冲突，其对国际原油价格的影响如 1990 年 8 月 2 日的伊拉克入侵科威特事件，则局部武装冲突对油价的冲击最大，但持续的时间相对较短。主要是由于一旦发生局部武装冲突，势必造成国际石油市场的恐慌，同时由于战争使得石油需求增加，所以油价往往出现跳跃式上涨，但不同油价情景下的涨幅有一定的差异。在基准油价情景下，最高冲击为 88.14%，最低为 1.5%，平均约为 42.14%；在高油价情景下，最高冲击为 92.83%，最低为 2.23%，平均约为 52.28%；在低油价情景下，局部武装冲突对油价的冲击力最大，最高冲击甚至高达 102.72%，最低为 29.85%，平均约为 65.75%，如图 13－5 和表 13－5 所示。

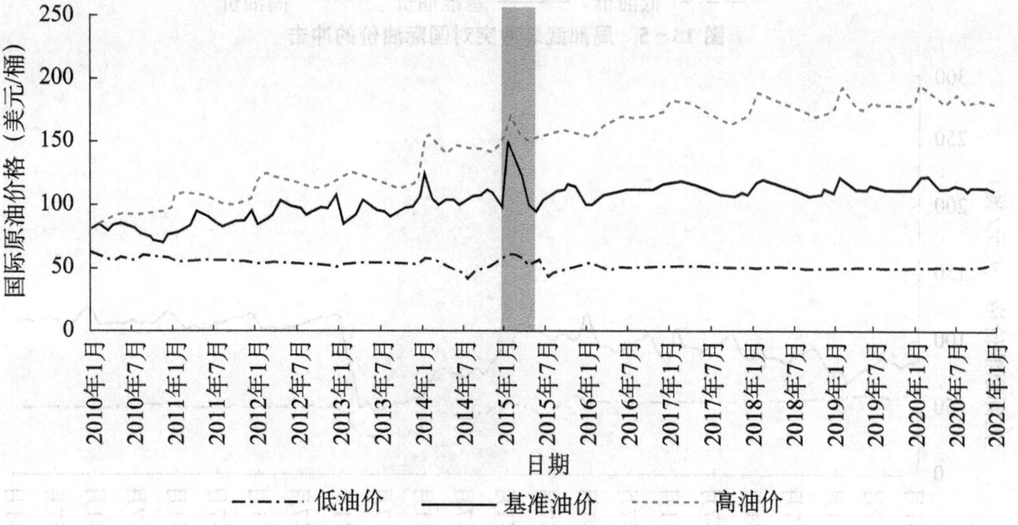

图 13－4　突发自然灾害对国际油价的冲击

3）经济危机对国际油价的冲击。

假设在 2015 年 1 月发生类似亚洲金融危机的事件，该事件导致的经济危机对油价的冲击持续时间最长，影响也相对较大。由于经济危机对实体经济产生影响，导致石油需求和投资下降，所以油价下跌。因为经济的复苏需要一定的时间，所以经济危机对油价的影响会持续较长时间。在基准油价情景下，经济危机对油价的冲击力最高为－66.10%，最低为－18.24%，平均约为－41.50%；在高油价情景下，经济危机对油价的冲击力也较大，最高为－66.90%，最低为－10.79%，平均约为－40.10%；在低油价情景下，经济危机对油价的冲击相对较小，最高为－55.63%，最低仅为－0.12%，平均约为－27.54%，如图 13－6 和表 13－5 所示。

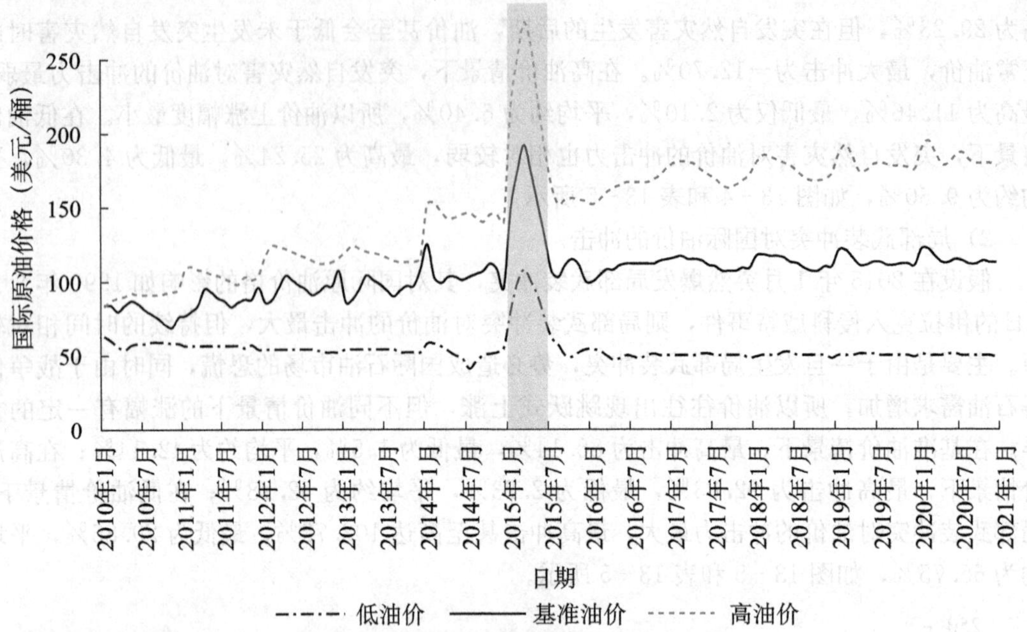

图 13-5 局部武装冲突对国际油价的冲击

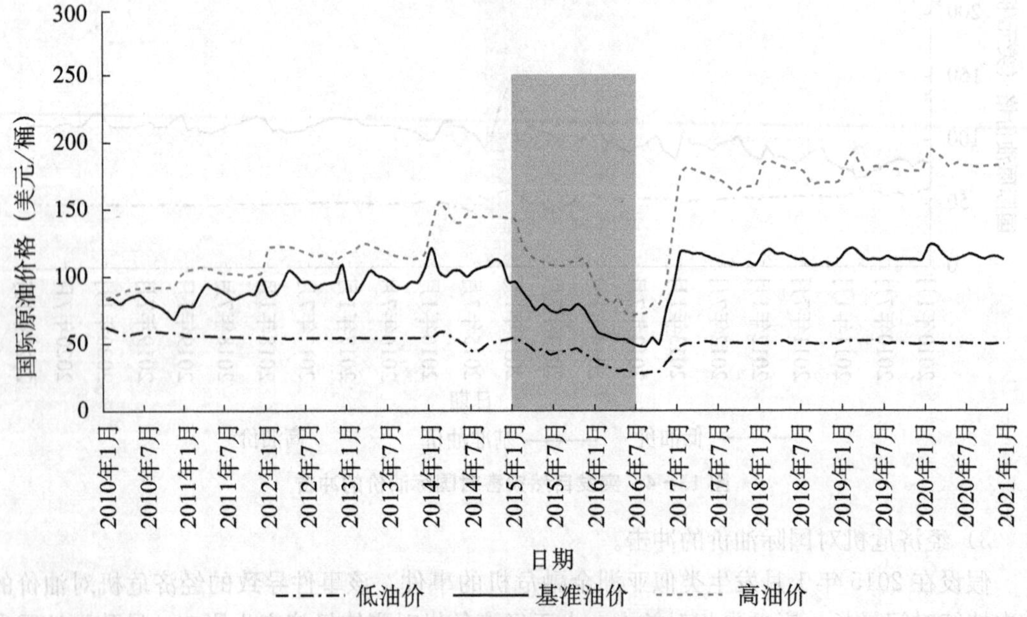

图 13-6 经济危机对国际油价的冲击

表 13-5 不同突发事件对国际油价的冲击（%）

情景	突发自然灾害			经济危机			局部武装冲突		
	最大	最小	平均	最大	最小	平均	最大	最小	平均
高油价	11.46	2.10	6.40	92.83	2.23	52.28	−66.90	−10.79	−40.10
基准油价	29.23	−12.70	—	88.14	1.50	42.14	−66.10	−18.24	−41.50
低油价	25.24	4.30	9.50	102.72	29.85	65.75	−55.63	−0.12	−27.54

其余情况的结果可依此进行讨论，有兴趣的读者可参阅魏一鸣等（2012）第5章。

13.4.3　案例研究：突发事件下中国战略石油储备释放策略

假设在 2015 年 1 月发生 13.4.2 节介绍的三类突发事件，且突发事件对国际油价造成的冲击也如 13.4.2 节所示，利用 13.4.1 节介绍的动态规划模型可以模拟中国应对这些突发事件时战略石油储备的最优释放及补仓策略。

(1) 应对突发自然灾害的最优储备策略。

当出现突发自然灾害时，应快速释放一定规模的原油 1 200 万桶～3 600 万桶（2005 年卡特里娜飓风袭击墨西哥湾，美国释放了 1 620 万桶），以弥补突发自然灾害造成的原油供应短缺，最大程度降低消费市场的恐慌心理。由于突发自然灾害会给国际石油市场和消费者带来恐慌，给投机者创造机会，油价短期会脱离供需因素的制约，迅速飙升，但是突发自然灾害对原油供应短缺造成的影响很有限，所以油价在短期快速上升后，随着战略石油储备的释放，油价会逐步回落。因此，这种情景下的最优策略是在快速释放一定规模的储备之后，根据油价的波动情况适时进行少量的补仓，总体仍以释放为主，如图 13－7 所示。

事实上，当发生突发自然灾害时，不同油价情景下的最优释放及补仓策略也略有差异。油价越高，释放的战略石油储备越少，释放的时间也越短，然而其补仓量也越多，如图 13－7 所示。主要是因为在不同的油价情景下，灾害对国际油价的冲击存在较大差异，如表13－5 所示；同时，释放战略石油储备对油价的抑制作用又有很大不同，如表 13－6 所示，所以导致最优释放及补仓策略有所差异。例如在高油价情景下，突发自然灾害对油价的冲击最弱，平均仅为 6.4%。而此时释放战略石油储备对油价的抑制作用又最明显，平均下降 3.78 美元/桶，所以释放相对较少的战略石油储备就能使油价发生较大幅度的下降，从而达到缓解危机的目的，而未来油价又呈现快速上升的趋势，所以在高油价情景下，危机过后是进行战略石油储备快速补仓的最佳时机，如图 13－7 所示。

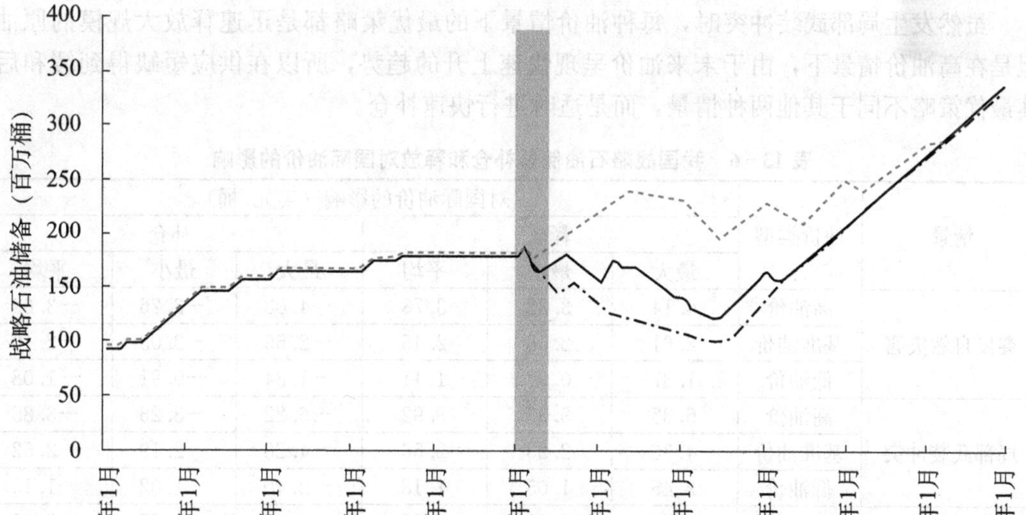

图 13－7　突发自然灾害情景下我国战略石油储备的最优策略

（2）应对局部武装冲突的最优储备策略。

当发生局部武装冲突时，应快速释放国家战略石油储备。局部政治局势的紧张和需求增加使得国际石油贸易可能被迫中断或出现恐慌，为了保证军事需求，应快速释放相当规模的原油（3 600 万桶～7 700 万桶）。海湾战争期间，美国战略石油储备释放了 2 114 万桶。因为局部武装冲突往往会导致油价的居高不下，所以这种情景下的最优策略以释放为主，如图 13－8 所示。

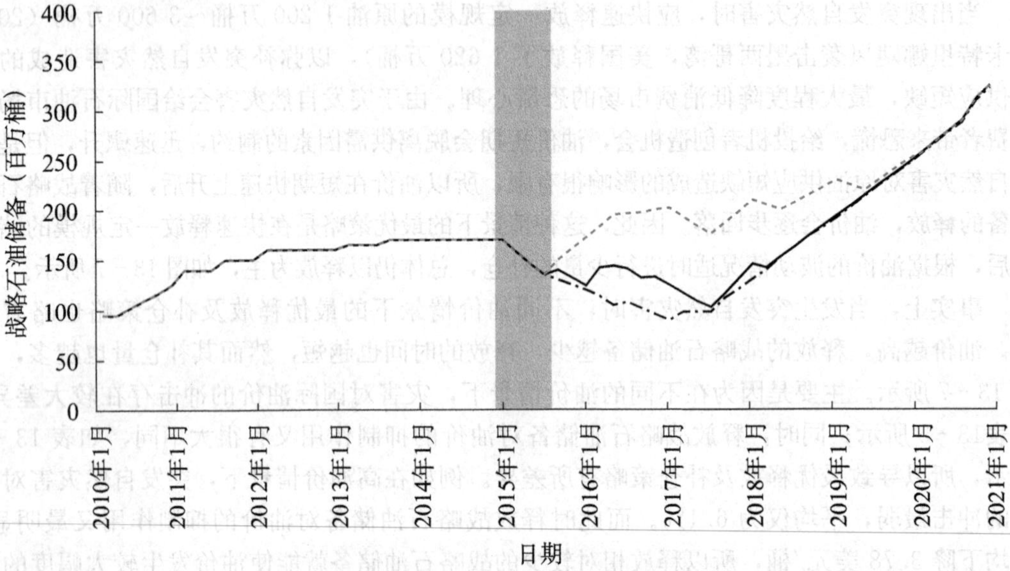

图 13－8 局部武装冲突情景下我国战略石油储备的最优策略

虽然发生局部武装冲突时，每种油价情景下的最优策略都是迅速释放大规模的原油，但是在高油价情景下，由于未来油价呈现快速上升的趋势，所以在供应短缺得到缓和后，其最优策略不同于其他两种情景，而是适时进行快速补仓。

表 13－6 我国战略石油储备补仓和释放对国际油价的影响

情景	油价类型	对国际油价的影响（美元/桶）					
		释放			补仓		
		最大	最小	平均	最大	最小	平均
突发自然灾害	高油价	4.14	3.32	3.78	－4.08	－3.26	－3.69
	基准油价	2.61	2.08	2.45	－2.56	－2.03	－2.40
	低油价	1.37	0.92	1.11	－1.34	－0.91	－1.08
局部武装冲突	高油价	6.35	3.33	3.92	－6.22	－3.26	－3.85
	基准油价	4.36	2.23	2.56	－4.28	－2.19	－2.52
	低油价	2.45	1.05	1.18	－2.40	－1.02	－1.15
经济危机	高油价	4.15	1.28	3.27	－4.07	－1.25	－3.21
	基准油价	2.61	1.06	2.12	－5.18	－1.73	－4.20
	低油价	1.22	0.49	1.01	－1.19	－0.48	－0.97

资料来源：魏一鸣等（2012）。

（3）应对经济危机的最优储备策略。

未来发生经济危机时，应在经济危机发生的初期趁油价还处于相对高位时快速抛售一定规模的战略石油储备（600 万桶～1 800 万桶），随着经济危机的蔓延，当油价下降到相对低位时，应迅速进行战略石油储备的补仓。在经济危机的初期阶段，决策者很难判断经济危机持续的时间和严重程度，所以在进行快速补仓时，不易满仓，因为未来油价有可能会进一步下降。随着经济危机影响程度的逐渐明朗，油价波动一段时间后会逐步回升。因此，这种情景下的最优策略应以适当的“高抛低吸”为主，以降低储备总成本，如图 13－9 所示。

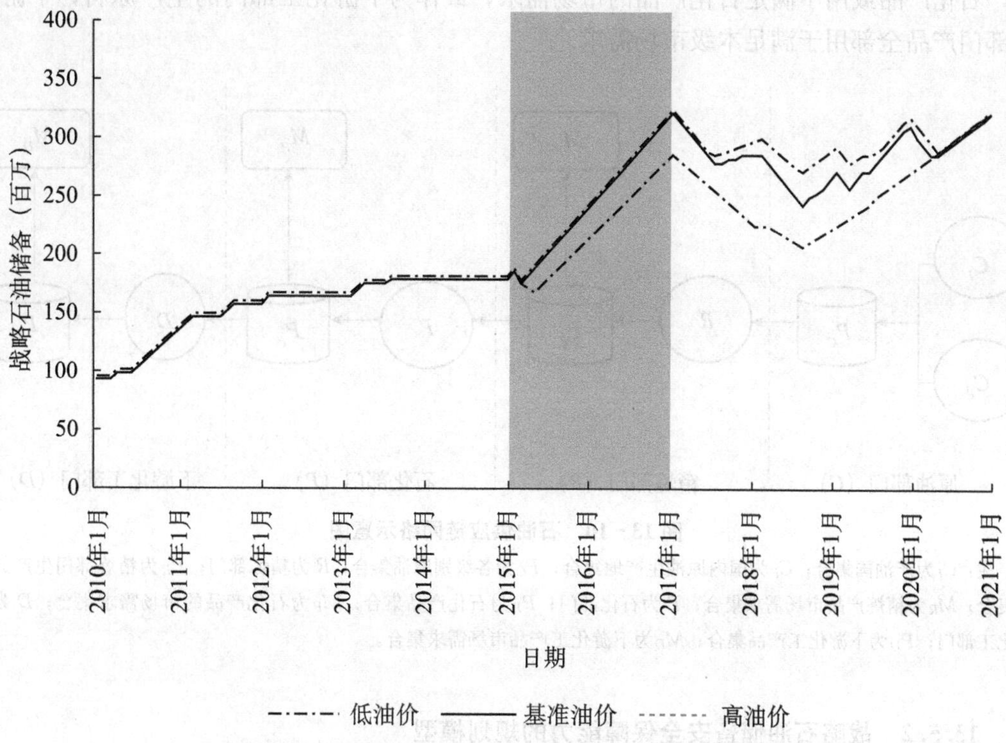

图 13－9　经济危机情景下我国战略石油储备的最优策略

13.5　战略石油储备的安全保障能力

战略石油储备是构成石油进口国能源战略的一个重要组成部分。由于石油储备规模工程浩大，如此建立起来的石油储备能否真正发挥优势以及担当起人们赋予的责任？也就是说，战略石油储备实际运行对能源安全的保障能力到底如何？这是一个很复杂的问题，该问题不仅涉及世界能源市场状况、经济发展状况等一系列问题，而且其效果与战略石油储备的运作密切相关，如战略石油储备的建仓时机、释放时机、量的选择等技术性很强的问题。

下面从石油产业链的角度，利用线性规划模型来简单分析战略石油储备对抵御能源供应风险和价格风险的效果。

13.5.1 石油供应链网络

图 13-10 是一个石油供应链网络示意图。整个石油供应链网络由四个部门构成：原油部门、精炼部门、石化部门和下游化工部门。原油有两个来源：进口自国外产油国和本国生产。生产/进口的原油按类别分为不同级别，所有原油将进入精炼部门进行精炼，生产出的精炼产品要么满足精炼产品市场需求，要么作为下一级石化部门的生产原料。同样地，石化产品或用于满足石化产品的市场需求，或作为下游化工部门的生产原料，下游化工部门产品全部用于满足本级市场需求。

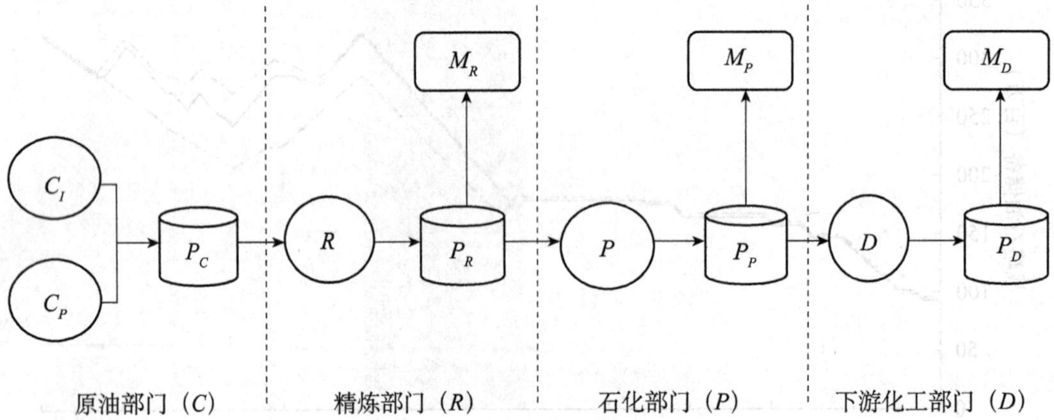

图 13-10 石油供应链网络示意图

注：C_I为产油国集合；C_P为国内原油生产地集合；P_C为各级别原油集合；R 为精炼部门；P_R为精炼部门生产的产品集合；M_R为精炼产品市场需求集合；P 为石化部门；P_P为石化产品集合；M_P为石化产品的市场需求集合；D 为下游化工部门；P_D为下游化工产品集合；M_D为下游化工产品市场需求集合。

13.5.2 战略石油储备安全保障能力的规划模型

（1）模型符号及说明。

战略石油储备安全保障能力的模型符号及说明如表 13-7 所示。

表 13-7 模型符号及说明

$CI_{i,t}^{C,K}$	t 时期末，原油部门从 K 地（国外）进口 i 类原油的单位进口价格
$QI_{i,t}^{C,K}$	t 时期末，原油部门从 K 地（国外）进口 i 类原油的数量
$CI0_{i,t}^{C,K}$	t 时期末，原油部门从 K 地（国外）进口 i 类原油的单位价格上限
$QI0_{i,t}^{C,K}$	t 时期末，K 地（国外）i 类原油的正常供货数量上限
r_t	t 时期末，美元兑换人民币的汇率
$CP_{i,t}^{C,K}$	t 时期末，原油部门从 K 工厂（国内）采购 i 类原油的单位采购价格
$QP_{i,t}^{C,K}$	t 时期末，原油部门从 K 工厂（国内）采购 i 类原油的数量
$QP_{i,t,max}^{C,K}$	t 时期末，K 工厂国产 i 类原油的最大生产能力

续表

$QP_{i,t}^{S,K}$	t 时期末，S 部门（$S\in\{R, P, D\}$）K 工厂产品 i 的产量
$CP_{i,t}^{S,K}$	t 时期末，S 部门（$S\in\{R, P, D\}$）K 工厂产品 i 的生产原料的单位加工成本
$M_{i,t}^{S,K}$	t 时期末，S 部门（$S\in\{R, P, D\}$）K 工厂产品 i 消耗的生产原料数量
$\lambda_i^{S,K}$	S 部门（$S\in\{R, P, D\}$）K 工厂产品 i 的加工转换效率
$CT_{i,t}^{S,K}$	t 时期末，S 部门（$S\in\{R, P, D\}$）K 工厂产品 i 的生产原料的单位运输成本
$CT_{i,j,t}^{S,K}$	t 时期末，需求 j 从 S 部门（$S\in\{R, P, D\}$）K 工厂运输产品 i 的单位运输成本
$T_{i,j,t}^{S,K}$	t 时期末，需求 j 从 S 部门（$S\in\{R, P, D\}$）K 工厂得到的产品 i 的出货量
$l_{i,j}^{S}$	S 部门（$S\in\{R, P, D\}$）需求 j 对产品 i 的缺货惩罚系数
$L_{i,j,t}^{S}$	t 时期末，S 部门（$S\in\{R, P, D\}$）需求 j 对产品 i 的缺货量
$D_{i,j}{}^{S}_{,t}$	t 时期末，需求 j 对 S 部门（$S\in\{R, P, D\}$）产品 i 的需求量
$S1_i^{C,K}$	原油部门 K 基地 i 类原油的储备量
$s1_i^C$	原油部门 i 类原油的储备成本
F^S	S 部门（$S\in\{C, R, P, D\}$）的产品进口地/工厂的集合
M^S	S 部门（$S\in\{R, P, D\}$）需求市场的集合
P^S	S 部门（$S\in\{C, R, P, D\}$）产品的集合
T	周期集合（每个计划周期可被分为多个短周期 t）

（2）目标函数。

1）无储备时的运作成本。

无储备时的运作成本即不存在石油储备时供应链的运营成本，包括原油采购成本、各级加工成本、运输成本和惩罚成本，其目标函数定义如下：

$$Z=\min\{Z_1+Z_2+Z_3+Z_4\} \tag{13-12}$$

其中，Z_1、Z_2、Z_3 和 Z_4 分别对应原油采购成本、各级加工成本、运输成本和惩罚成本。惩罚成本包括进口原油超限惩罚成本和各级部门缺货惩罚成本。各项成本定义如下：

$$Z_1=\sum_{t\in T}\sum_{i\in P^C}\sum_{K\in F^C}(r_t\cdot CI_{i,t}^{C,K}\cdot QI_{i,t}^{C,K}+CP_{i,t}^{C,K}\cdot QP_{i,t}^{C,K}) \tag{13-13}$$

$$Z_2=\sum_{t\in T}\sum_{i\in P^S}\sum_{K\in F^S}(CP_{i,t}^{S,K}\cdot M_{i,t}^{S,K}),\ S\in\{R, P, D\} \tag{13-14}$$

$$\begin{aligned}Z_3=&\sum_{t\in T}\sum_{i\in P^C}\sum_{K\in F^C}(r_t\cdot CT_{i,t}^{C,K}\cdot QI_{i,t}^{C,K})+\sum_{t\in T}\sum_{i\in P^S}\sum_{K\in F^S}(CT_{i,t}^{S,K}\cdot M_{i,t}^{S,K})\\&+\sum_{t\in T}\sum_{i\in P^s}\sum_{K\in F^s}\sum_{j\in M^s}(CT_{i,j,t}^{S,K}\cdot T_{i,j,t}^{S,K}),\ S\in\{R, P, D\}\end{aligned} \tag{13-15}$$

$$\begin{aligned}Z_4=&\sum_{t\in T}\sum_{i\in P^C}\sum_{K\in F^C}[r\cdot CI0_{i,t}^{C,K}\cdot(QI_{i,t}^{C,K}-QI0_{i,t}^{C,K})]\\&+\sum_{t\in T}\sum_{i\in P^s}\sum_{j\in M^s}g(l_{i,j}^{S},\ L_{i,j,t}^{S}),\ S\in\{R, P, D\}\end{aligned} \tag{13-16}$$

2）有储备时的运作成本。

①石油储备成本。石油储备成本由石油采购成本、储备基地投资成本和运营成本三部分构成。参考美国建立战略石油储备的经验数据，其成本构成大致为：石油进口采购成

本、投资成本和运营成本分别占总储备成本的 75.4%、22.9%和 1.7%（Wei，等，2008），因此可以根据石油采购成本来计算其储备成本。即石油储备成本（Z_5）约为相应规模石油采购成本的 1.3 倍，公式如下：

$$Z_5 = \sum_{i \in P^C} S1_i^C = 1.3 \sum_{i \in P^C} \sum_{K \in F^C} S1_i^{C,K} \cdot CI_i^{C,K} \tag{13-17}$$

②供应链的总运作成本。当供应链中存在战略储备时，总运作成本（Z'）为：

$$Z' = \min\{Z_1 + Z_2 + Z_3 + Z_4 + Z_5\} \tag{13-18}$$

(3) 约束条件。

1) 原料平衡。

原油部门（无战略储备）：

$$\sum_{K \in F^C} (QP_{i,t}^{C,K} + QI_{i,t}^{C,K}) = \sum_{j \in P^R} \sum_{K \in F^R} M_{j,t}^{R,K}, \ \forall i \in P^C, \ t \in T \tag{13-19}$$

原油部门（有战略储备）：

$$\sum_{K \in F^C} (QP_{i,t}^{C,K} + QI_{i,t}^{C,K} + S1_i^{C,K}) = \sum_{j \in P^R} \sum_{K \in F^R} M_{j,t}^{R,K}, \ \forall i \in P^C, \ t \in T \tag{13-20}$$

精炼部门：

$$\sum_{K \in F^R} QP_{i,t}^{R,K} = \sum_{l \in P^P} \sum_{K \in F^P} M_{l,t}^{P,K} + \sum_{K \in F^R} \sum_{j \in M^R} T_{i,j,t}^{R,K}, \ \forall i \in P^R, \ t \in T \tag{13-21}$$

石化部门：

$$\sum_{K \in F^P} QP_{i,t}^{P,K} = \sum_{l \in P^D} \sum_{K \in F^D} M_{l,t}^{D,K} + \sum_{K \in F^P} \sum_{j \in M^P} T_{i,j,t}^{P,K}, \ \forall i \in P^P, \ t \in T \tag{13-22}$$

下游化工部门：

$$\sum_{K \in F^D} QP_{i,t}^{D,K} = \sum_{K \in F^D} \sum_{j \in M^D} T_{i,j,t}^{D,K}, \ \forall i \in P^D, \ t \in T \tag{13-23}$$

2) 需求平衡。

$$D_{i,j,t}^S + L_{i,j,t-1}^S = \sum_{K \in F^S} T_{i,j,t}^{S,K} + L_{i,j,t}^S, s \in \{R,P,D\}, \forall i \in P^S, \forall j \in M^S, t \in T \tag{13-24}$$

3) 产品生产平衡。

$$QP_{i,t}^{S,K} = \lambda_i^{S,K} M_{i,t}^{S,K}, \ s \in \{R, P, D\}, \ \forall i \in P^S, \ \forall k \in F^S, \ t \in T \tag{13-25}$$

4) 原油生产能力。

$$QP_{i,t}^{C,K} \leqslant QP_{i,\max}^{C,K}, \ \forall i \in P^C, \ \forall k \in F^C, \ t \in T \tag{13-26}$$

在上述模型中，再做以下假定：第一，石油储备以原油形式存在；第二，石油供应危机通过供给能力不变及原油需求突增的方式表示；第三，石油价格危机通过原油价格上涨的方式表示。

依据上述假定，并根据产业链上各环节对石油需求满意度等确定缺货惩罚函数后，即可利用上述模型进行模拟分析。如可用该模型来分析当产业链遭遇不同程度供应短缺和价格波动，以及产业链中有不同规模石油储备和无石油储备时，整个产业链运作的总成本变动，从而得出战略石油储备对经济安全运行的保障能力。

本章小结

能源战略储备是保障能源安全最主要的措施之一，其主要作用是减轻因国际能源市场动荡而导致的进口供应中断或高能源价格对经济安全的威胁。能源战略储备规模巨大，建设成本高昂，本身还面临着巨大的价格风险，因此对各国战略石油储备而言，存在着最优战略石油储备规模、战略石油储备的补仓时机和补仓策略等问题。本章利用决策树方法确定了战略石油储备的最优规模；通过不确定动态规划模型确定了最优的补仓时机和补仓策略；从产业链的角度，利用线性规划模型分析了石油储备对需求波动和价格波动的抑制能力；以案例形式，运用决策树研究了在不同价格情景下，2020 年中国最优的战略石油储备规模；并研究了当未来油价分别为 70 美元/桶、90 美元/桶、110 美元/桶、130 美元/桶，且这几种油价发生的概率分别为 0.25、0.25、0.25、0.25 时，要达到 2020 年 3.5 亿桶的规模，2011—2020 年我国战略石油储备的最佳补仓时机。

思考题

1. 能源战略储备的作用是什么？除石油领域外，未来还有什么能源领域可能需要战略储备？
2. 能源战略储备的规模受哪些因素的影响？如何影响？
3. 你认为能源战略储备补仓和释放策略的决策依据包括哪些内容？
4. 如何衡量突发事件对国际油价的影响？
5. 如何衡量能源战略储备的保障作用？

拓展阅读

中国石油储备大事记

1993 年，我国成为石油净进口国，国家高层开始讨论战略石油储备问题。

2001 年，中华人民共和国国民经济和社会发展第十个五年规划（简称“十五”规划，后同）明确提出要建设战略石油储备。

2002 年，国家石油储备基地的建设工作开始启动。

2003 年 5 月，负责国家石油储备基地建设和管理的国家石油储备办公室正式运作。

2003 年 11 月，博鳌亚洲论坛深入探讨能源储备问题。

2004 年 3 月，我国第一个国家石油储备基地——镇海国家石油储备基地正式开工建设。

2004年4月，国家战略石油储备立法提上议事日程。

2004年6月，我国首批四个国家石油储备基地陆续开始建设。

2005年，我国四大国家石油储备基地公司成立。

2006年，“十一五”规划进一步明确要扩建和新建国家石油储备基地。

2006年10月，镇海国家石油储备基地开始注油。

2007年4月，《能源发展“十一五”规划》中明确了构建石油储备管理体系的设想。

2007年12月，经过一年试运行的镇海国家石油储备基地通过国家验收。

2007年12月，国家石油储备中心正式成立。

2008年11月，我国一期的四个国家石油储备基地全部相继建成投产。

2009年1月，我国二期的国家石油储备基地选址工作全面展开。

2009年9月，我国内陆地区第一个国家石油储备基地在新疆独山子开工建设，我国二期国家石油储备基地工程开建。

2009年12月，我国二期国家石油储备基地在兰州开工建设。

资料来源：中国新闻网，2010-02-10。

第 14 章

能源贫困*

能源贫困问题是社会、经济、环境和发展的综合性问题，能源消费品种的不可获得性、不安全性和不可持续性都在一定程度上加重了能源贫困。同时，能源贫困也是制约世界各国特别是发展中国家的可持续发展、阻碍社会公平体系的建立、加重社会环境压力、危害居民身体健康的不安因素。能源贫困与能源使用安全存在着相互制约、相互影响的紧密联系，减缓能源贫困工作将最终有益于提高能源使用安全。本章主要从能源贫困的概念及现状、影响、测度方法等方面介绍能源贫困问题。

14.1 能源贫困的概念及现状

14.1.1 能源贫困的概念

能源贫困的概念起源于 1982 年英国燃料使用权运动。欧洲学者根据发达国家居民家庭消费能源问题来定义能源贫困。Lewis（1982）将能源贫困人群定义为无力维持家中温暖的人群，Boardman（1991）将这一概念扩展为该人群居住的房屋能源效率较低，高比重的家庭能源花费也被认为是能源贫困的表现之一（Clinch 和 Healy，2001）。这一概念多应用于发达国家，也受到了发达国家的关注，能源贫困已经成为英国的立法项目之一，发达国家能源贫困问题的核心是家庭舒适度和能源消费负担。

对发展中国家而言，能源贫困问题关注的重点是能源的获取与消费品种。随着学者将更多的目标转向发展中国家，能源贫困被赋予了新的含义。Vijay 等（2005）将贫穷和无法获得现代能源的人群称为能源贫困人群。国际能源署认为该人群的特征是，主要依靠传统生物质能或无法获取和使用电力（IEA，2002；2010d）。其中，传统生物质能包括薪柴、秸秆、稻草、稻壳及其他农业生产的废弃物和畜禽粪便等。国际能源署关于能源贫困的定义在研究发展中国家能源贫困问题的工作中得到了最广泛的认同与应用。本章更多关注发展中国家的能源贫困问题。

14.1.2 全球能源贫困现状

2014 年，全球约 12 亿人口无法获取及使用电力。其中，53.5%生活在撒哈拉以南非洲地区，20.6%聚集在印度，见图 14-1。在没有专项政策支持的情况下，2030 年无法获取和使用电力的人群可能下降至 7.8 亿人，但仍占全球人口总量的 9%。无法获取及使用电力对居民生活及区域发展都造成了负面影响。

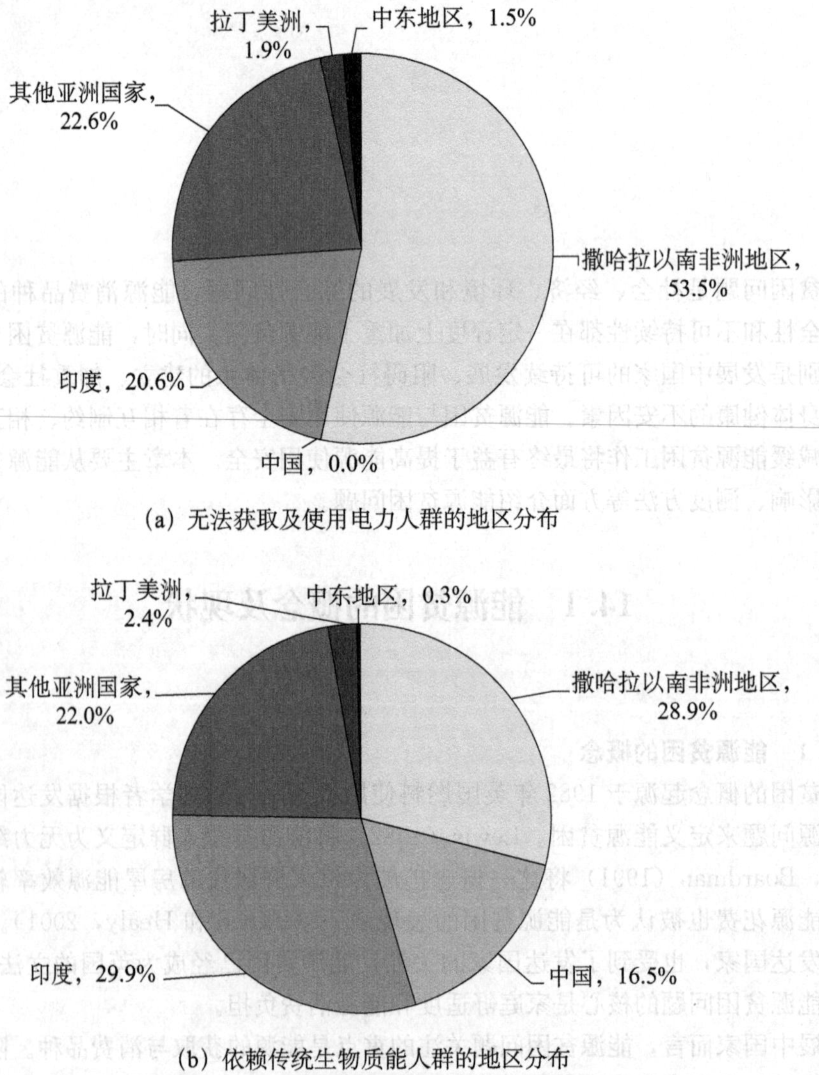

(a) 无法获取及使用电力人群的地区分布

(b) 依赖传统生物质能人群的地区分布

图 14-1 2014 年全球能源贫困人口区域分布

资料来源：IEA（2016）。

注：由于四舍五入，各比例之和不一定严格等于 100%。由于图 14-1（a）的中国数据极小，故在保留一位小数的情况下其值接近于 0。

全球炊事上依赖传统生物质能的人数就达 27 亿人，主要集中在印度、撒哈拉以南非洲地区、亚洲。在一些国家，传统生物质能消费量占家庭能源消费量的 90%以上。国际能源署（IEA）预计 2030 年该人群可能下降至 23 亿人。传统生物质能的过度消费在健康、环境、经济和社会发展方面造成了一系列问题。

就全球而言，撒哈拉以南非洲地区面临着最严峻的能源贫困挑战，该地区仅 35%的人口可获取电力资源，为全球最低水平，并且 81%的居民依赖传统生物质能生活（IEA，2016）。

14.1.3　中国能源贫困现状

我国是能源贫困人群聚集国家之一，但与其他国家相比，我国能源贫困人群组成具有一定的特殊性。首先，我国城乡二元化属性明显，城镇、农村居民能源消费结构存在较大差异，两者面临的能源贫困问题不尽相同；其次，我国政府重视城镇及农村的电网改造工程，并取得了显著的成绩，但我国仍有大量人口以传统生物质能为主要生活能源。因此，我国能源贫困人群以消费传统生物质能的农村居民为主。

目前，无法获取及使用电力已不是我国面临的能源贫困的主要特征。其中，我国城镇已不存在无法获取及使用电力的现象。而农村地区到 2006 年已有平均 98.7%的村庄实现了通电，北京、天津、辽宁、吉林、上海、江苏、浙江、安徽、山东、宁夏 10 个省份已实现农村地区全部通电，而西藏、青海、新疆三地享有电力服务的村庄比例相对较低，分别为 40%、85%和 94%。国际能源署估计中国目前约有 800 万农村居民无法获取及使用稳定的电力服务。

我国约有 4.23 亿人依赖传统生物质能生活，为我国能源贫困人群主体构成，其中约有 3.77 亿人生活在农村，约占农村人口的 40%，而这一比例在城镇地区仅为 8%（IEA，2010d）。我国农村能源贫困人群消费大量的传统生物质能以满足家庭炊事、取暖等生活需求。2004 年，我国农村平均每天消耗 57.8 万吨薪柴，高于整个非洲地区每天的薪柴消耗量（约 50 万吨）（Schirnding，等，2002）。

在我国农村地区，平均 60%的农村家庭将传统生物质能作为主要炊事能源，26%的农村家庭炊事以消费煤炭为主。图 14 - 2 为 2010 年中国部分省份农村家庭按主要炊事能源划分的比例图。吉林的 93%的农户炊事依赖传统生物质能，海南、黑龙江、广西、辽宁、安徽、湖北、四川、内蒙古等 20 个省份的能源贫困农户比例超过 50%。按地区划分，我国东部、中部、西部、东北地区分别有 53%、57%、66%、88%的农户依赖传统生物质能，相比较而言，东北地区、西部农村地区能源贫困人群比例较高。

目前，我国将煤气、天然气、电力，以及包含沼气、太阳能在内的其他非固体能源作为主要炊事能源的农村家庭仅为全国总量的 14%，上海、浙江、北京分别有 78%、59%、52%的农户炊事主要消费非固体能源，这一比例在吉林、山西不足 2%。就我国整体而言，清洁能源在农村的发展利用仍处于起步阶段，以沼气为例，尽管其作为清洁生活能源的重要性已得到了认同，并且我国从 20 世纪 70 年代就已开始在农村大力推广家用沼气池，但截至 2008 年，全国仅有 11.9%的农户拥有并使用家用沼气池。

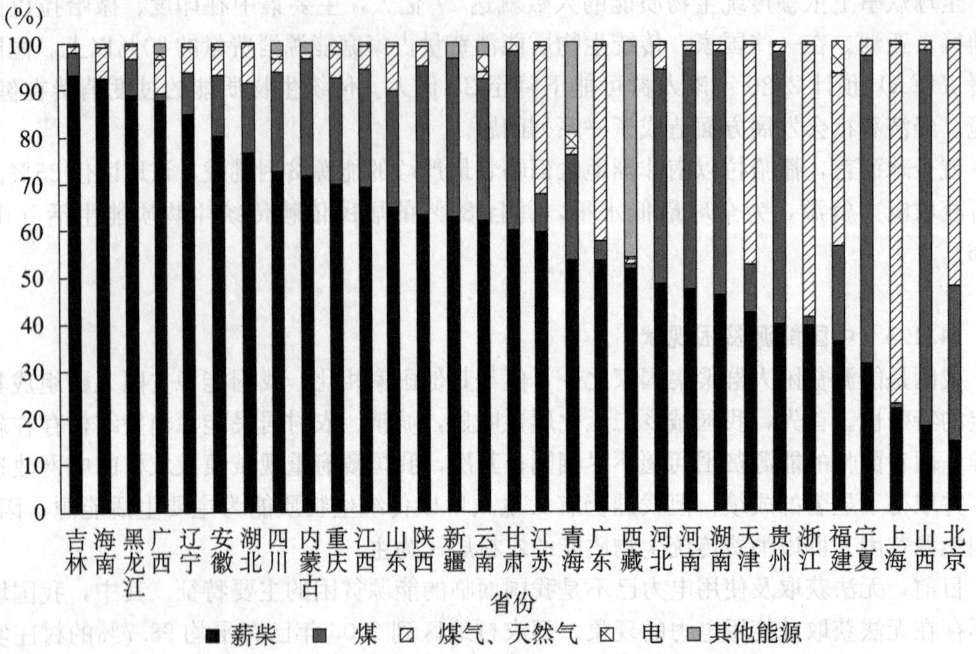

图 14-2　2010 年中国部分省份农村家庭按主要炊事能源划分的比例图

资料来源：《中国第二次全国农业普查资料汇编（综合卷）》（NBS，2010）。

14.2　能源贫困的影响

14.2.1　能源贫困阻碍千年发展目标的实现

UNDP（2007）报告指出，在不能同时确保能源的可获得性、安全性和可持续性的情况下，是不可能实现 8 个千年发展目标的。而能源的不可获得性、不安全性及不可持续性正是导致能源贫困问题的核心，因而能源贫困问题制约了千年发展目标的实现。

Takada 和 Fracchia（2007）对 112 个国家发表的关于千年发展目标研究的主题报告进行了分析，他们认为应该在已有目标中添加以下三个目标：

（1）确保 50%仍在使用传统生物质能的人使用现代能源；

（2）确保所有城镇及近郊获得稳定的电力；

（3）为所有农村地区提供能源服务。

而这三个目标的主要目的是减缓全球能源贫困问题。Vijay 和 Susan（2005）认为，应将“满足基本能源需求”添加到千年发展目标之中，倘若各国没有把对能源方面的思考列入国家发展战略之中，则将削弱全球实现千年发展目标的能力。UNDP（2006）通过三个发展中国家发展农村能源项目的成功案例，倡导各国开发微观层次的能源项目，他们认为有效减轻农村住户的能源贫困状况，可以更好地实现千年发展目标。Mehta 和 Gore（2006）认为，在衡量千年发展目标中提到的环境可持续发展一项时，应将居民使用固体能源的比例纳入考核体系当中。

减缓能源贫困有助于更好地实现千年发展目标，8 个目标的实现与能源贫困的减缓有着不可割离的关系，详见表 14－1。

表 14－1　减缓能源贫困与实现千年发展目标的关系

千年发展目标	减缓能源贫困，实现清洁能源的作用
消灭极端贫穷和饥饿	清洁有效的能源可以减少家庭在炊事、采暖及照明方面的成本
普及小学教育	电力可提供更好的教育条件；现代能源服务使孩子，特别是女童脱离劳务负担
促进两性平等并赋予妇女权利	可靠的能源服务可以降低妇女在劳务上的时间，使得妇女有更多的时间从事有意义的活动
降低儿童死亡率	室内空气污染造成呼吸道疾病；获取和准备传统生物质能的过程对儿童健康造成威胁
改善产妇保健	过多的重体力劳动（获取和使用传统生物质能）威胁产妇的健康
与艾滋病、疟疾及其他疾病对抗	电力服务有利于疾病知识的普及，使医疗设备得到有效利用
确保环境的可持续能力	传统生物质能的低效使用造成室内空气污染，薪柴砍伐损害环境可持续的能力
全球合作促进发展	可持续发展需要可获取的、可靠的及环境上可持续的能源服务

14.2.2　能源贫困导致严重的健康损害

以低效的方式燃烧传统生物质能会释放高浓度的可吸入颗粒物，可吸入颗粒物恶化室内空气质量的同时，也会危害公众的身体健康，特别是依赖传统生物质能生活的能源贫困人群的健康。传统生物质能燃烧释放的烟雾中含有一氧化碳、二氧化氮、甲醛及一些致癌物质（苯、苯并芘等）(Smith，等，2004)，人体吸收这些颗粒物后，易患急性下呼吸道感染、肺炎、慢性支气管炎、慢性阻塞性肺病、肺癌等呼吸类疾病（Schirnding，等，2002；Smith，2006；Almond，等，2009)。一些学者认为，新生儿出生体重低、产期死亡、哮喘、中耳炎、鼻咽癌、肺结核、白内障等疾病也与之相关（Boy，等，2002；Schei，等，2004；McCracken，等，2007)。固体燃料（包括传统生物质能和煤炭，以传统生物质能为主）燃烧导致的室内空气污染已成为全球十大健康风险之一。

非洲、亚洲、拉丁美洲的能源贫困家庭室内可吸入颗粒物浓度在 300～3 000 微克/立方米，炊事时可达峰值 10 000 微克/立方米，远超过其危险上限 150 微克/立方米。全球每年因燃烧传统生物质能产生的室内空气污染而死亡的人数约为 127 万人，长时间在室内活动的妇女及 5 岁以下儿童为主要受害人，每年约有 80 万儿童的下呼吸道感染是由室内空气污染引起的（WHO，2006)。

我国每年因燃烧固体燃料导致室内空气污染而死亡的人数约为 42 万人（Mestl，等，2007)。表 14－2 展示了 2000—2009 年我国农村居民呼吸道疾病死亡占疾病死亡的比例及排名。呼吸道疾病长期为导致我国农村居民死亡的前 4 位主要疾病之一，每年约造成 18%的农村疾病人口死亡。若我国农村炊事炉灶效率达到城市水平，则死亡率可下降 23%；若我国农村居民放弃传统生物质能而消费清洁能源，则每年农村儿童、成人患慢性支气管病的概率可分别下降80%和45%（Mestl，等，2006）。

表 14-2　2000—2009 年我国农村居民呼吸道疾病死亡占疾病死亡的比例及排名

年份	2000	2001	2002	2003	2004	2005	2006	2007	2008	2009
比例（%）	23.1	22.5	15.6	18.7	13.3	23.5	16.4	17.2	16.9	15.0
排名	1	1	3	3	3	1	3	3	3	4

资料来源：《中国统计年鉴（2001—2010 年）》。

14.2.3　能源贫困制约经济发展

获取常规的电力服务是一个地区在当下保持经济可持续发展的必要选择之一，获取电力服务在农村经济发展和减缓贫困中均扮演着重要的角色。首先，对于地区发展而言，电力供应的缺失减少了地区发展现代经济的机会，也缩短了劳动力创造收入的时间，低效且粗放的经济发展方式并不能给该地区及其居民带来有利且持久的经济收入；其次，对于家庭经济而言，在无法获取电力的情况下，基本的生存需求将花费更多的家庭收入，且受教育水平和效果会受到一定程度的影响，因此，无法获取及使用电力可造成家庭经济的恶性循环。

家庭收入水平与消费能源品种之间也存在着复杂的联系，家庭收入较低的家庭常选择更易获得且价位较低的传统生物质能作为主要生活能源，但仅仅依靠提高家庭收入的手段不能快速而有效地减缓能源贫困。

图 14-3 展示了部分发展中国家人均收入与消费固体能源之间的关系。其中，贫困线是指日收入低于 2 美元/人。可以发现，生活在贫困线下人口比例高的国家也常常存在高比例的依赖固体能源生活的人口。

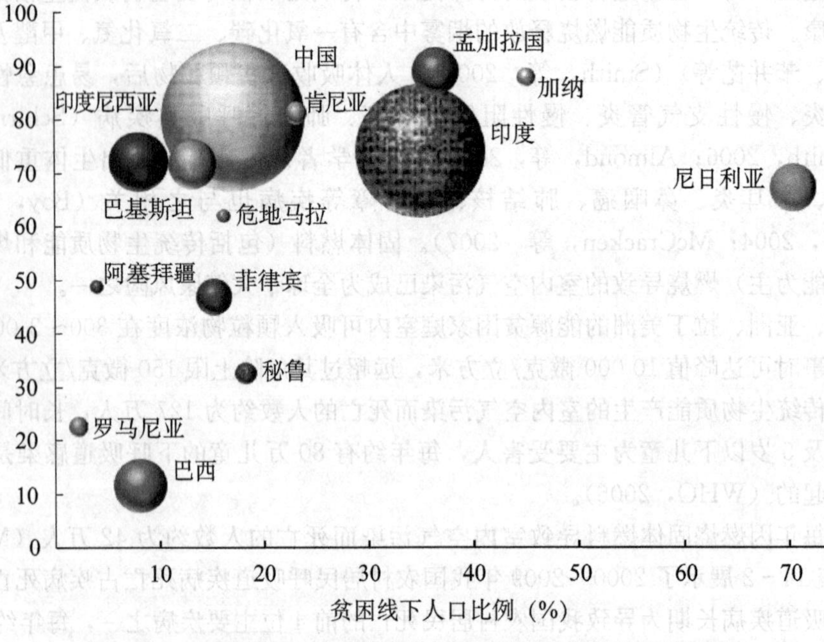

图 14-3　部分发展中国家人均收入与消费固体能源之间的关系

资料来源：WHO（2006）；Mestl（2007）；Mehta（2006）。

图 14-4 以中国的实例展示了提高家庭收入与缓解能源贫困间的关系。通过分析我国部分省份农村居民薪柴人均消费量与农村居民人均收入的关系发现，改善能源消费结构并非经济水平较低的农村居民的首要选择，但清洁能源发展水平可影响农村居民消费清洁能源的积极性。

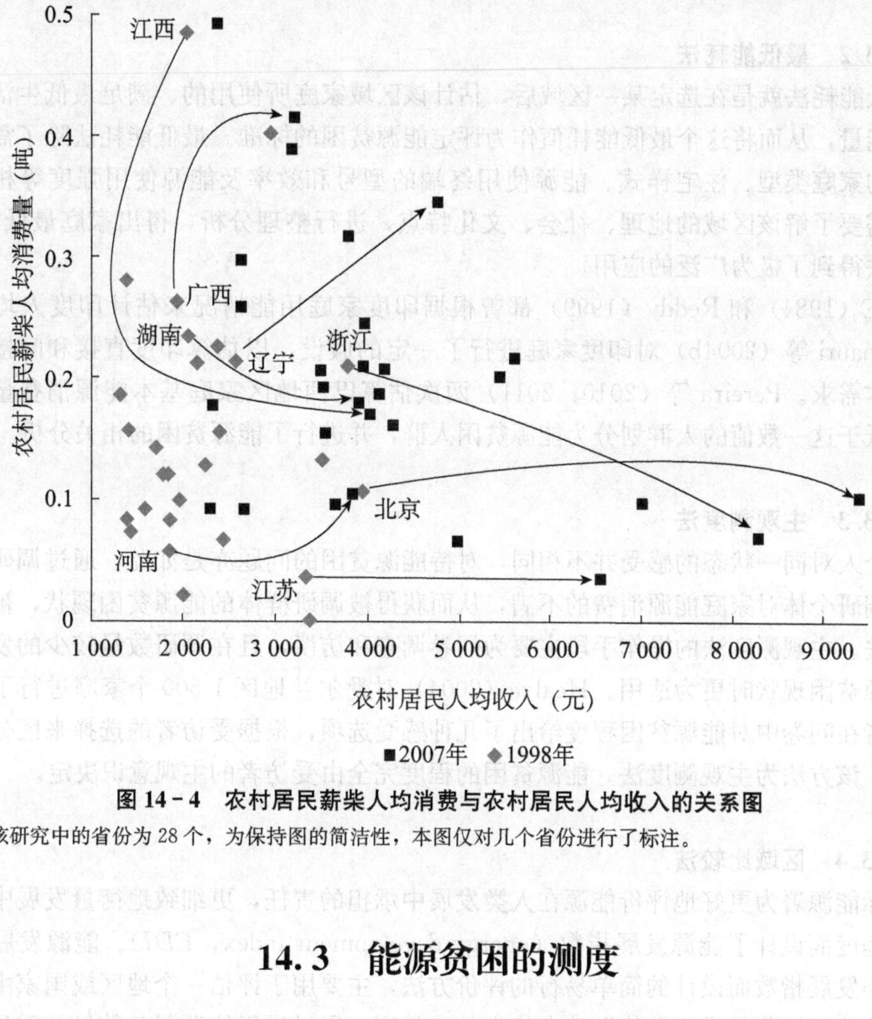

图 14-4 农村居民薪柴人均消费与农村居民人均收入的关系图

注：该研究中的省份为 28 个，为保持图的简洁性，本图仅对几个省份进行了标注。

14.3 能源贫困的测度

能源贫困是一个引起重视且急待解决的问题，但解决问题的前提是能够有效地测度能源贫困的范围和严重程度，从而制定相应的政策措施予以减缓。目前，各国学者采用多种方法来测度和评定能源贫困，但并没有国际认可的能源贫困测度的统一方法。下面分别介绍已被学者应用的四类测度能源贫困的方法，分别是设线法、最低能耗法、主观测度法及区域比较法，这里的能源贫困概念涵盖发达国家的燃料贫困和发展中国家的能源贫困。

14.3.1 设线法

如同通过设置贫困线测度贫困人口一样，也可以通过设置阈值的方法测度能源贫困人口。Boardman（1991）将能源贫困线设置为需要支付 10%以上的收入才能获得足够的能源服务，需要花费的支出占收入的比重大于10%的人群为能源贫困人群。该能源贫困线法得到了英国官方的认可，在英国官方报告中得到了应用（DTI，2002）。但随后，针对能源贫困线设置过程中出现的家庭收入计算范围问题、能源消费支出范围问题、实际消费还是理论消费问题等，各国学者展开了讨论。

14.3.2 最低能耗法

最低能耗法就是在选定某一区域后，估计该区域家庭所使用的、满足最低生活所需的人均用能量，从而将这个最低能耗值作为评定能源贫困的标准。最低能耗法除了需要掌握该区域的家庭类型、住宅样式、能源使用终端的型号和效率及能源使用强度等相关信息外，还需要了解该区域的地理、社会、文化特点，进行整理分析，得出家庭最低能耗值。这一方法得到了极为广泛的应用。

ABE（1984）和 Reddy（1999）都曾根据印度家庭用能情况来估计印度人均最低用能。Pachauri 等（2004b）对印度家庭进行了一定的假设，以估算印度直接和间接能源消费的基本需求。Pereira 等（2010；2011）两次估算巴西地区家庭基本能源消费量，将能源消费低于这一数值的人群划分为能源贫困人群，并进行了能源贫困的相关分析。

14.3.3 主观测度法

每个人对同一状态的感受并不相同，对待能源贫困的问题亦是如此，通过调研的方式获得被调研个体对家庭能源消费的不满，从而获得被调研群体的能源贫困现状，被称为主观测度法。主观测度法的操作手段主要为问卷调查和访谈，且在调研数量较少的发达国家家庭能源贫困现状时更为适用。Healya（2004）对爱尔兰地区 1 500 个家庭进行了问卷调查，作者在问卷中对能源贫困程度给出了几种感受选项，根据受访者的选择来区分能源贫困人群，该方法为主观测度法，能源贫困的程度完全由受访者的主观意识决定。

14.3.4 区域比较法

国际能源署为更好地评价能源在人类发展中承担的责任，更细致地衡量发展中国家能源贫困程度而设计了能源发展指数（energy development index，*EDI*）。能源发展指数是基于人类发展指数而设计的简单易行的评价方法，主要用于评估一个地区或国家由传统能源向现代能源转化的进度及能源消费终端的成熟度，通过进行能源服务数量及质量的对比来评估地区或国家的能源消费情况。国际能源署希望通过能源发展指数的发布与对比，加强国际社会对能源贫困问题的重视，并协助部分国家推动消费现代能源的进程。

国际能源署设计的能源发展指数如式（14-1）所示：

$$EDI=w_1I_1+w_2I_2+w_3I_3+\cdots+w_nI_n,\quad w_1+w_2+\cdots+w_i=1 \tag{14-1}$$

其中，I_i表示第 i 个指标；w_i表示指标 I_i的权重，由该指标在能源贫困中的轻重程度决定。国际能源署对各个指标采取了平均加权的方式，通过排名和比较来分析各国能源贫困状况。

国际能源署的能源发展指数的指标个数没有明确界定，可根据具体情况进行调整，指标也并非一成不变，指标在概念相关性、数据可得性原则的基础上可进行合理的变更，并在每个指标内部利用最大值和最小值（又称为"区间标杆"）做效益型标准 0-1 变换（朱成章，2006)。每个国家在该指标内可得到介于 0 与 1 之间的一个数值。

能源发展指数在《世界能源展望》系列报告中被多次应用。2004 年发布的能源发展指数使用了三个指标：人均商品能源消费、商品能源在能源消费总量中所占的比重及有电力供应的人口比例，并利用 2002 年的数据对 75 个发展中国家的能源发展进行了对比分析。被称为海湾地区银行和金融中心的巴林排名首位，能源发展进程良好，该国拥有丰富的石油、天然气资源，商品能源在能源消费总量中所占的比重达到 100%，且国内 99.9% 的民众可获取稳定的电力服务。排名末位的埃塞俄比亚深处能源贫困之中，国家居民能源消费安全面临严峻的挑战，埃塞俄比亚民众仅有 2.6%能获取电力，且非商品能源在能源消费总量中所占的比重为 92%。我国排名第 34 位，在发展中国家表现处于中等位置(IEA，2004b)。2007 年发布的评估报告使用人均电力生产、清洁能源在炊事取暖用能中占比及有电力供应的人口比例三个指标构建评估体系，对 44 个发展中国家的能源发展进程进行了对比分析。坦桑尼亚位列末位，该国 91%的居民能源消费为生物质能，9%的民众可以获取电力服务，两个指标值均为被评估国家中的最低值。中国位列第 6，其中 99% 的电力可获得性为评估各国的最高值（IEA，2007)。

2010 年，国际能源署的能源发展指数指标体系扩展为四项：人均商品能源消费、居民部门人均用电量、商品能源在居民消费中占比、有电力供应的人口比例（IEA，2010d)。指标体系中的人均商品能源消费表征国家整体经济发展水平，居民部门人均用电量表征该国电力服务可靠性和居民在电力服务中的能源支付，商品能源在居民消费中占比则是表征清洁的炊事用具的普及水平的指标。在此次评估分析中，利比亚的人均商品能源消费达到 2.88 吨油当量，综合能源发展排名在 64 个发展中国家中位列第一；刚果民主共和国各项指标均位于末尾，该国仅 11%的公民能够获取电力服务；中国排名第 21 位。国际能源署能源贫困评价如表 14-3 所示。

表 14-3　国际能源署能源贫困评价

年份	评价指标	评价结果		
		第一	末位	中国
2004	人均商品能源消费 商品能源在能源消费总量中所占的比重 有电力供应的人口比例	巴林	埃塞俄比亚	34/75
2007	人均电力生产 清洁能源在炊事取暖用能中占比 有电力供应的人口比例	马来群岛	坦桑尼亚	6/44
2010	人均商品能源消费 居民部门人均用电量 商品能源在居民消费中占比 有电力供应的人口比例	利比亚	刚果民主共和国	21/64

注：34/75 表示在 75 个发展中国家的能源发展指数排名中，我国位列第 34 位；6/44、21/64 含义类似。

14.4 中国区域能源贫困比较

为评估我国各省份能源贫困状况且更好地应用能源贫困测度方法，本节基于国际能源署针对发展中国家设计的能源发展指数来构建我国能源贫困指数（energy poverty index，*EPI*）。

14.4.1 指标构建

在国际能源署能源发展指数指标体系的基础上，本节在构建我国能源贫困指数时充分考虑了我国的特殊国情。由于我国城镇已不存在无法获取及使用电力的现象，而在我国进行大范围电网改造后，除青海、新疆以外，在其他省份的农村中，96%以上的村庄可获得电力服务，因此，我国不可获得电力人群比重甚微，在进行指标构建时不考虑国际能源发展指数中的"有电力供应的人口比例"这一指标。这里我们应用以下三类指标来构建能源贫困指数：人均电力消费、人均商品能源消费、非固体能源在商品能源消费中占比，并对三个指标取平均权重，即

$$EPI = 1 - EDI = 1 - (w_1 I_1 + w_2 I_2 + w_3 I_3),\ w_1 + w_2 + w_3 = 1, w_1 = w_2 = w_3 \tag{14-2}$$

人均电力消费指标是能源贫困问题的焦点，更是衡量居民能源消费水平的标准之一。完善的能源供应体系不仅应保障人人可获取电力服务，更应保障人人有足够的电力以满足生活所需。我国能源贫困指数中使用人均电力消费指标来表示电力服务水平，从而反映了各地区因电力服务不公平而造成的能源贫困。数据来源于《中国能源统计年鉴 2011》和《中国统计年鉴 2011》。

人均商品能源消费指标选自 2004 年国际能源署的能源发展指数。这里的商品能源主要包括原煤、洗精煤、其他洗煤、型煤、焦炭、焦炉煤气、汽油、煤油、柴油、液化石油气、天然气、其他石油制品、热力、电力和其他能源，而消费大量非商品能源，即薪柴、秸秆等传统生物质能、人畜粪便等就地利用的能源，则为某些省份能源贫困严重的表象之一。在假设各地区居民满足个人生活所需能源量相同的前提下，消费更多的商品能源意味着放弃消费非商品能源，因此应用此指标代表居民对于能源消费品种的选择，从而反映了该地区因消费传统生物质能而造成的能源贫困。数据来源于《中国能源统计年鉴 2011》和《中国统计年鉴 2011》。

非固体能源在商品能源消费中占比表征居民能源消费的清洁程度。这里的非固体能源是指焦炉煤气、汽油、煤油、柴油、液化石油气、天然气、其他石油制品、热力、电力。在商品能源中，非固体能源是较为清洁的能源，而固体能源在城镇居民中的广泛应用加剧了空气污染，危害着居民身体健康。由于西藏及香港、澳门、台湾地区数据缺失，所以排名中不包含这些地区。数据来源于《中国能源统计年鉴 2011》。

14.4.2 结果分析

2010 年我国能源贫困指数最小值和最大值见表 14-4，由此可知，上海人均生活用电

为最大值，约为 733.7 千瓦时，而甘肃人均生活用电量仅为 209.1 千瓦时，由此表征上海居民比甘肃居民可以获得和消费更充足的电力服务，即甘肃在电力服务方面承受着一定程度的能源贫困，其差距也表明我国省份间人均电力消费存在严重的不公平。内蒙古居民人均年消费 0.7 吨标准煤的商品能源，而江西人均年消费 0.2 吨标准煤的商品能源，这意味着更多的内蒙古居民选择消费商品能源以满足个人生活所需用能，而江西居民则更多地消费非商品能源。这说明内蒙古相对于其他省份而言，摆脱了由消费非商品能源导致的能源贫困。海南消费的商品能源中约有 100％为非固体能源，而甘肃这一比例仅达到 45.5％，由此表明甘肃相对于其他省份而言，消费的商品能源较不清洁，仍处于依赖固体能源以满足生活所需的状态，后两个指标值间的差距表明我国省份间能源消费安全性仍有巨大差距。

表 14－4　2010 年我国能源贫困指数最小值和最大值

指标	最小值	最大值
人均电力消费（千瓦时）	209.1（甘肃）	733.7（上海）
人均商品能源消费（吨标准煤）	0.2（江西）	0.7（内蒙古）
非固体能源在商品能源消费中占比（％）	45.5（甘肃）	100（海南）

图 14－5 展示了 2010 年我国部分（30 个）省份在 3 类能源贫困指标评估下的能源贫困状态。与其他省份相比较，北京、上海居民已基本摆脱能源贫困的束缚，生活能源向高效、清洁的方向发展，且居民能获得和享受到相对充足的电力服务，与其他省份保持了一

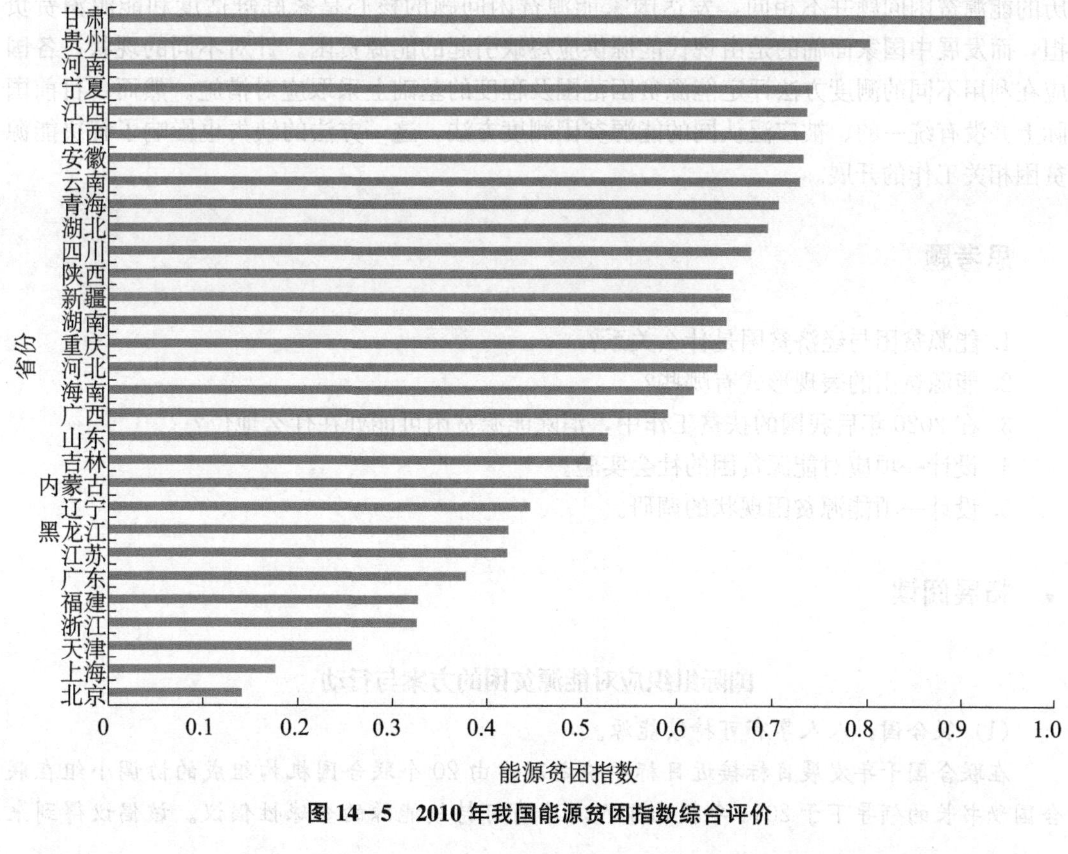

图 14－5　2010 年我国能源贫困指数综合评价

定的差距。如北京人均年用电量达到710千瓦时，人均年消费0.66吨标准煤的商品能源，且其中非固体能源占85%。甘肃居民正经受着多方面原因导致的能源贫困，居民尚不能享有充足的电力服务，人均年用电量为各省份最小值，生活能源倾向于消费非商品能源，且在消费的商品能源中以固体能源为主。甘肃居民人均消费0.25吨标准煤的商品能源，其中非固体能源仅占45.5%。能源贫困指数对各省份能源贫困状态做出了综合评价，如内蒙古，尽管其人均商品能源消费量高于其他省份，即该省份居民基本摆脱了由消费传统生物质能导致的能源贫困，但该省份人均年消费电力319千瓦时，且消费的商品能源中仅59%为非固体能源，由此说明内蒙古居民尚不能充分享有电力服务，且生活用能主要依赖并不清洁的固体能源，因此，其能源贫困指数排名第21位，并未摆脱能源贫困。

我国能源贫困状态具有一定的地域性。与其他区域相比，基本不受能源贫困束缚的省份多位于我国东部地区，而中西部地区则聚集着我国能源发展落后、能源贫困严重的省份，除西藏外的9个西部省份全部位于能源贫困排名的中前段，且青海、云南、宁夏、贵州及甘肃均位于能源贫困排名的前十位之中。

本章小结

能源贫困问题是世界各国可持续发展过程中都将面临的重要问题，能源贫困从经济发展、居民健康、教育水平等多个方面威胁着各国的发展。而发达国家与发展中国家正在经历的能源贫困问题并不相同，发达国家能源贫困问题的核心是家庭舒适度和能源消费负担，而发展中国家面临的是由现代能源供应短缺引起的能源贫困。针对不同的现状，各国应在利用不同的测度方法评定能源贫困范围及程度的基础上采取应对措施。然而，目前国际上并没有统一的、被广泛认同的能源贫困测度方法，这一方法的缺失也影响了解决能源贫困相关工作的开展。

思考题

1. 能源贫困与经济贫困是什么关系？
2. 能源贫困的表现形式有哪些？
3. 在2020年后我国的扶贫工作中，消除能源贫困可能处在什么地位？
4. 设计一项应对能源贫困的社会实验。
5. 设计一项能源贫困现状的调研。

拓展阅读

国际组织应对能源贫困的方案与行动

(1) 联合国：人人享有可持续能源。

在联合国千年发展目标接近目标年份之际，由20个联合国机构组成的协调小组在联合国秘书长的领导下于2011年提出了人人享有可持续能源的全球性倡议。该倡议得到来自政府、企业和民间社会等各阶层的积极响应，并促使全球范围内于 2030 年实现三大目标：①确保全球普及现代能源服务；②将提高能效的速度增加一倍；③全球能源消费中可再生能源的比例提高一倍。由于认识到能源对可持续发展的重要性，联合国大会在第 65/151 号决议中宣布 2012 年为人人享有可持续能源国际年。

人人享有可持续能源倡议正促使各国政府、私营部门和民间社会合作伙伴做出公开承诺，推进相关措施的实施，加快改造世界能源系统。为确保其三大目标的实现，该倡议制定了全球性的行动纲领。该行动纲领分为 11 个行动领域，为各国和利益相关方实现人人享有可持续能源的目标提供了一个统一的行动框架。来自非洲、中东地区、美洲、加勒比地区、亚太地区、欧洲和独联体的 80 多个经济体的政府正积极实施人人享有可持续能源的举措。

(2) 世界卫生组织：室内空气污染与健康。

世界卫生组织对能源贫困的关注主要集中于室内空气污染造成疾病负担的评估方面。在其发布的《世界卫生统计报告》中，多次公布了全球各地区使用固体燃料进行炊事的人口比例。该组织认为，固体燃料（生物质能和煤炭）利用造成的室内空气污染会对人体健康产生严重不良影响。为了使发展中国家更有效地对抗这一重大且日益严重的疾病负担，该组织制订了全面的行动计划，其中包括研发和评估、技术支持、相关政策制定及建立数据库等。

为降低固体燃料造成室内空气污染的健康风险，世界卫生组织提出了一系列有效的干预措施。依据干预措施的效用水平，世界卫生组织将它们分成三类：针对污染源的干预措施；针对居住环境的干预措施；针对用户炊事习惯的干预措施。

世界卫生组织是全球清洁炉灶联盟的主要合作伙伴，一直致力于推动生物质炉灶设计的改良，推广沼气灶的使用，以减少由固体燃料燃烧造成的室内空气污染，降低固体燃料健康风险。在对炉灶改良技术进行评估时，其向各国提供技术支持，协助各国自行开展评价，并且逐步扩大使用有益于健康的炉灶技术。

(3) 国际能源署：《世界能源展望》。

国际能源署的《世界能源展望》从 2002 年起，便专门开辟“能源贫困”一章。该组织认为，能源与贫困之间联系紧密，缓解能源贫困迫在眉睫。之后，每年发布的《世界能源展望》报告中都有相当篇幅内容展示了其对当前全球各地区能源贫困现状的评估，以及对未来能源发展状况的预测。

国际能源署主要是从电力的普及度，以及人们对传统生物质能等固体燃料的依赖度来衡量全球各地区能源贫困状况。为了更好地解释能源在人类发展中所起的巨大作用，国际能源署于 2002 年首次提出能源发展指数，并在 2004 年计算出了 75 个发展中国家的 2002 年能源发展指数。在 2012 年出版的《世界能源展望》中，国际能源署对能源发展指数的计算方法进行了改善。新的能源发展指数是一个多维度的指标，其主要从家庭和社区两个层面测量国家的能源发展状况。在家庭层面，其主要关注电力和清洁炊事设施的普及两个维度；在社区层面，其更多考虑公共服务和社会生产两方面的能源使用情况。国际能源署经研究发现，能源发展指数与人类发展指数之间存在着显著的正相关关系，这表明能源与发展之间存在着深层次的紧密联系。

(4) 世界银行：接力人人享有可持续能源倡议。

世界银行主要集中于家用燃料问题的研究，其一直致力于推广清洁炉具和清洁燃料的供应。因此，其开展了多项研究，并发布了一系列相关研究报告，如《我们从中美洲地区家庭使用生物质做饭中汲取了哪些教训?》《老挝通往家庭采用更清洁做饭用能方案之路》《印度尼西亚——致力于普及清洁做饭用能方案》《室内空气污染对健康的影响》《中国：加速居民清洁炊事和采暖普及》等。世界银行在其《能源部门发展方向》文件中明确承诺：加大在清洁做饭和供热用能方案方面的参与力度。此外，作为联合国人人享有可持续能源倡议的主要合作伙伴，世界银行提供了大量的资金支持，并牵头实施相关措施。

世界银行综合了15个国际组织的工作，并发布了《全球跟踪框架》。该报告说明了目前全球在能源普及、可再生能源和能源效率上离实现2030年目标还有多远。该报告呼吁各国政府、国际组织、私营部门投资者和民间团体专门针对这三个目标加大能源投资，在2030年之前每年至少增加6 000亿美元，使投资水平较目前估计的4 090亿美元增加一倍以上。

世界银行建立能源系统，重点支持水电、风能、太阳能和地热能等可再生能源应用的推广。其就石油和天然气开采、生产、加工、输送和配送等向有关国家提供贷款和咨询服务。其资助项目包括印度电网扩建项目、埃塞俄比亚农村电气化项目、塞内加尔和喀麦隆水电项目、肯尼亚和印度尼西亚地热发电扩容项目，以及孟加拉国和蒙古国离网型家用太阳能系统项目等。此外，还通过与国际金融公司合作实施“照亮非洲”计划，对非洲的离网照明项目提供了支持。

资料来源：唐鑫，廖华，魏一鸣，朱帮助．国际组织应对能源贫困的方案与行动．中国能源，2014，36（4）．

第 15 章

能源健康效应*

严重的城市大气污染在危害城市居民身体健康和加重国家医疗体系负担的同时，也影响了能源使用安全，进而成为威胁社会可持续发展的不安全因素。本章着眼于能源使用的外部性问题，探讨化石能源消费对公众健康造成的影响，分别从城市、部门及能源消费品种的角度定量分析能源消费与公众健康间的关系，识别受能源消费外部性影响严重的区域，以及造成能源消费外部性的重点部门和能源品种。由于我国城市地区是室外空气污染严重区域，我国能源消费与公众健康的关系也是重要的课题，因此，本章计算中因子的选择及数据以我国实际情况为基准。

15.1 城市环境健康效应经济评估

15.1.1 环境健康效应

大气污染物类型繁多，目前公认的大气污染物主要为颗粒物，如总悬浮颗粒物（TSP）、可吸入颗粒物（PM10）、细颗粒物（PM2.5）、二氧化硫（SO_2）和二氧化氮（NO_2）等。能源消费结构以一次能源煤炭为主的地区，煤燃烧后产生的悬浮颗粒物和二氧化硫会成为主要的大气污染物（阚海东，等，2002）。关于城市大气污染造成的健康效应研究由来已久，但目前的流行病学和医学统计研究结果不足以把大气污染造成的健康效应全部归因于某种大气污染物（阚海东，等，2002），现有的相关研究以 SO_2、TSP 或 PM10 为主。此外，许多研究表明，农村居民主要暴露于室内空气和水资源严重污染中，受大气污染的影响较小，城市人群是大气污染最主要的暴露人群，因此目前流行病学研究一般将城市居民作为暴露人群。

由于化石能源消费造成的大气污染成为影响城市环境、公众健康和长期科学发展的重要问题。因此，有必要对大气污染的健康效应开展定量研究，并评估相关的经济损失，从而为主管部门制定相应的能源环境政策，并对各项政策进行相应的成本-收益分析提供重要依据和决策参考。此外，通过评估环境健康效应，还可以提高政府和社会大众的环境保护意识，从而有利于相关政策的实施。

学术界对大气环境污染造成的健康效应估算也有两种观点：

(1) 分别估算每种污染物带来的健康危害和经济损失，为避免重复计算，选其高者作为最后的评估结果。

(2) 将不同污染物带来的健康效应相加，作为总的损失。

这两种观点各有利弊：前者在一定程度上能避免重复计算，但是会忽略其他污染物带来的损失；后者则不可避免地出现一些重复计算的问题。下面我们借鉴国际上的一些评估思路和方法（Wang X. D.，等，1999；Ho，Nielsen，2007），分别估算 PM10 和 SO_2 造成的城市居民的健康效应，并将其加总作为总的损失。

15.1.2 环境健康效应测度

要开展环境健康效应的经济评估，首先需要考虑大气污染造成的健康效应类型，并建立大气污染物浓度与各种疾病发病率等健康效应之间的关系，即剂量-反应关系。在相关研究中，不同研究人员选取的健康效应类型和剂量-反应关系并不完全相同。这里拟采用世界银行提出的大气污染造成的健康效应指标，包括由颗粒物导致的过早死亡、呼吸道疾病入院、急诊、大气污染造成的健康问题而导致的限制活动天数（简称受限活动天数）、下呼吸道感染及儿童哮喘、哮喘发作、慢性支气管炎、呼吸道症状，还包括由 SO_2 导致的过早死亡、胸部不适和下呼吸道感染及儿童哮喘。同时，本章采用由哈佛大学 Ho 和 Jorgenson（2007）在世界银行研究基础上修正后的剂量-反应关系表达式，如式（15－1）所示：

$$HE_{xrh} = DR_{xh} \times C_{rx} \times POP_r \tag{15-1}$$

其中，HE_{xrh} 为 r 地区由于污染物 x（SO_2、PM10）导致的 h 类型的环境健康效应；DR_{xh} 为污染物 x 的第 h 种环境健康效应的剂量-反应关系系数；C_{rx} 为 r 地区大气污染物 x 的浓度；POP_r 为 r 地区的人口数。

利用剂量-反应关系估算 SO_2、PM10 对城市居民健康效应的假设前提是，该城市全部市区人口暴露于这两种污染物的年均浓度下。但是由于个人暴露水平存在较大的时间和空间差异，不同人群对污染物的敏感程度也有所不同，因此基于剂量-反应关系测算仅仅是一种较为粗略的估算。

环境健康效应的经济损失则通过对每种健康经济损失的估值加总得到，计算方法如式（15－2）和式（15－3）所示：

$$HEV_{rxh} = V_{xh} \times HE_{xrh} \tag{15-2}$$

$$THEV = \sum_{r}\sum_{x}\sum_{h} HEV_{rxh} \tag{15-3}$$

其中，HEV_{rxh} 代表 r 地区由污染物 x（SO_2、PM10）导致的 h 类型的环境健康效应所造成的经济损失；V_{xh} 表示污染物 x 导致的 h 类型的环境健康效应的单位损失估值；$THEV$ 表示我国大气污染导致居民健康效应的总经济损失。

15.1.3 中国城市大气环境污染造成的健康效应评估

本节利用上述方法，以我国目前大气环境监测数据覆盖的 113 个主要城市的 PM10 和 SO_2 污染为研究对象，分析大气污染对城市居民健康及经济造成的损失。中国居民各种环境健康效应的剂量-反应关系系数及经济损失系数则在 Hammitt 和 Zhou（2006）以及 Ho 和 Jorgenson（2007）的系数基础上，用价格指数加以修正。Hammitt 和 Zhou（2006）以及 Ho 和 Jorgenson（2007）的系数是在 2002 年实地调研数据的基础上，通过支付意愿方法估算得到的。最终使用的剂量-反应关系和健康效应的系数估值如表 15-1 所示。

表 15-1 剂量-反应关系和健康效应的系数估值

	剂量-反应关系系数	健康效应和系数	
		Ho 和 Jorgenson（2007）的估算	修正后的估算
PM10 的健康效应			
过早死亡人数	1.95	370 000	413 272
呼吸道疾病入院次数	12	1 751	1 956
急诊次数	235	142	159
受限活动天数	57 500	14	16
下呼吸道感染及儿童哮喘病例数	23	80	89
哮喘发作病例数	2 608	2.5	2.8
慢性支气管炎病例数	61	48 000	53 614
呼吸道症状病例数	183 000	3.7	4
SO_2 的健康效应			
过早死亡人数	1.95	370 000	413 272
胸部不适病例数	10 000	6.2	7
下呼吸道感染及儿童哮喘病例数	5	6.2	7

基于剂量-反应关系和支付意愿方法，本节估算的 2007 年中国 113 个环境重点监测城市由于 SO_2 和 PM10 造成的健康效应的结果如表 15-2 所示。2007 年，受这两种大气污染物影响，在这 113 个城市中，约有 64 242 例过早死亡，其中 PM10 和 SO_2 分别导致 42 069 例和 22 173 例。从表 15-2 中还可以看出，PM10 已成为影响公众健康的最主要的污染物，会造成约 26 万次的呼吸道疾病入院次数，约 507 万例急诊、超过 12 亿天受限活动。此外，PM10 还能造成近 50 万例下呼吸道感染及儿童哮喘病发作，约 132 万例慢性支气管炎发作以及超过 39 亿例的呼吸道症状。与之相比，SO_2 造成的其他健康效应相对较小，除过早死亡外，还会带来约 1.1 亿例胸部不适和约 5.7 万例下呼吸道感染及儿童哮喘病。

表 15-2　大气污染的健康效应和经济损失（2007 年）

	发生数	经济损失
PM10 的健康效应		
过早死亡人数	42 069 人	17 385.96 百万元
呼吸道疾病入院次数	258 886 次	506.33 百万元
急诊次数	5 069 856 次	804.11 百万元
受限活动天数	1 240 496 778 天	19 398.06 百万元
下呼吸道感染及儿童哮喘病例数	496 199 例	44.34 百万元
哮喘发作病例数	56 264 619 例	1 571.12 百万元
慢性支气管炎病例数	1 316 005 例	70 555.92 百万元
呼吸道症状病例数	3 948 015 831 例	16 316.06 百万元
PM10 的健康经济损失合计		126 581.90 百万元
SO_2的健康效应		
过早死亡人数	22 173 人	9 163.48 百万元
胸部不适病例数	113 707 603 例	787.44 百万元
下呼吸道感染及儿童哮喘病例数	56 854 例	0.39 百万元
SO_2的健康经济损失合计		9 951.31 百万元
健康经济损失合计		136 533.21 百万元
113 个城市 GDP 的合计		11 255 978.54 百万元
健康经济损失合计占 GDP 的比重		1.21%

从具体城市来看，受 PM10 影响最严重的前 6 个城市分别为北京、上海、西安、天津和武汉，而北京也是 113 个城市中 PM10 日平均浓度最高的城市，达到 148 微克/立方米。比如，2007 年，北京市由 PM10 造成的过早死亡人数达到 3 297 人，约占 PM10 造成的总过早死亡人数的 7.8%。受 SO_2影响最严重的前 5 个城市则为上海、北京、天津、广州和成都。2007 年，SO_2给上海造成的过早死亡人数为 1 404 人，约占 SO_2造成的过早死亡人总数的 6.3%。总体来看，中国的重要大城市的居民是大气污染物最主要的受害者。一般而言，PM10 的形成主要有两个途径：其一，各种工业过程（燃煤、冶金、化工、内燃机等）直接排放的超细颗粒物；其二，大气中二次形成的超细颗粒物与气溶胶等。第一种途径是 PM10 的主要形成源，也是 PM10 污染控制的重要对象。因此，优化城市区域的能源结构尤其是工业用能结构、提高用能效率、优化产业结构、调整工业布局，以及限制高能耗、高排放产业是有效降低 PM10 的重要途径。

15.2　部门污染物排放对公众健康效应的经济评估

为了衡量真实发展水平，制定具体、切实、可行的能源环境政策，并评估这些政策对环境和公众健康的影响，有必要从不同行业的角度来研究部门能源消费所产生的排放对环境和公众健康的影响。

从部门和能源消费的角度来评估污染物排放的环境健康效应和相应的经济损失有助于评估具体的能源环境政策的实际效果。因此，本节需要估算各特定部门能源消费所产生的污染物排放，基于污染物的剂量-反应关系和暴露人群以及各污染物的吸入因子，得到每个部门由于能源消费带来的排放以及相应的健康效应。利用上节中所使用的各健康效应对应的经济损失，能够得到各部门能源消费排放所造成的公众健康损失，进而得到部门产出的边际健康效应和能源消费边际健康效应。具体评估框架如图 15-1 所示（Ho 和 Jorgenson，2007）。计算方法及计算实例分为部门污染物排放对公众健康效应的经济评估和边际健康效应的经济损失评估，后文中将对此进行具体介绍。

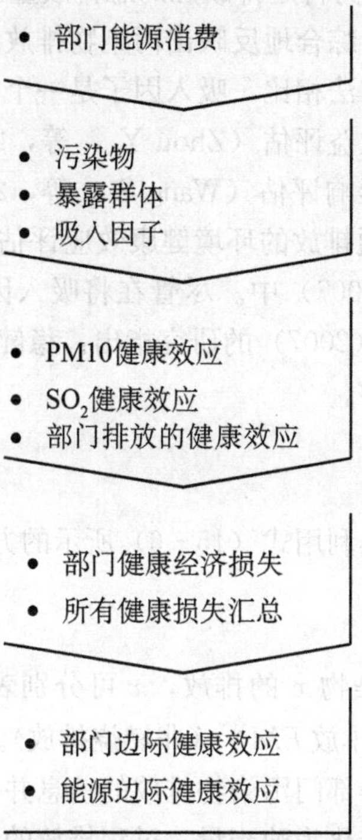

图 15-1　基于吸入因子的城市居民环境健康经济损失评估框架

15.2.1　吸入因子

吸入因子（iF）也被称为暴露效率或暴露因子，能够描述污染物排放和暴露人群污染物吸入量之间的数量关系，最早用来评估放射性物质释放后通过各种途径进入人体的比例，后来用于确定和控制有害化学物质排放的优先顺序。Smith 等（1990）意识到，暴露因子不仅能够确定这种优先顺序，还能成为不同环境评价的重要工具。Bennett 等（2002）统一了相关概念，提出了吸入因子的概念。根据 Bennett 等（2002）的定义，吸入因子指当某些特定排放源或某类排放源排放的污染物浓度增加时，在暴露时间内，所有暴露人群所吸收的污染物量占总排放量的比例关系，如式（15-4）所示。

$$iF = \frac{\sum_{\text{暴露人群,暴露时间}} \text{个人吸入的污染物}}{\text{总污染物排放量}} \tag{15-4}$$

对特定的排放源而言，其对应的吸入因子如式（15-5）（Ho 和 Nielsen，2007）

所示。

$$iF = \frac{\sum_{d=1}^{n} POP_d \times C_d \times BR}{EM} \tag{15-5}$$

其中，POP_d 指 d 区域的人口；C_d 为 d 区域的暴露浓度；BR 则表示暴露人群的平均呼吸率，通常为 20 立方米/日；EM 为特定排放源的总排放量。

吸入因子能够简单、透明、综合地反映出污染物排放和公众暴露程度之间的关系。与其他污染环境健康效应的评价方法相比，吸入因子是一个相对较新的评估工具，但是已经广泛地应用于电厂的环境健康效益评估（Zhou Y.，等，2003；Zhou Y.，等，2006；Hao J.，等，2007）、工业污染环境影响评估（Wang S.，等，2006）、室内污染评估（Nazaroff，2008；Russo，等，2010）、交通排放的环境健康效应评估（Marshall，等，2003）以及一些区域性评估（Stevens，等，2007）中。尽管在将吸入因子运用到大区域的分析中存在一些争议，但是 Ho 和 Nielsen（2007）的研究指出：稳健的气象模型表明可以将吸入因子扩展到大范围的健康评估分析中。

15.2.2 部门污染物排放

部门污染物排放的估算可以利用式（15-6）所示的方法：

$$EM_{jx} = EM_{jx}^{NC} + EM_{jx}^{C} \tag{15-6}$$

其中，EM_{jx} 表示部门 j 对于污染物 x 的排放，x 可分别表示为 TSP 和 SO_2，污染物排放包括燃烧排放 EM_{jx}^{C} 和工业过程排放 EM_{jx}^{NC}（非燃烧排放）。

为了从能源消费的角度获得部门污染物排放的信息并估算缺乏统计数据的部门排放信息，可以将能源消费的实物量转化为油当量。过程排放的计算如式（15-7）所示：

$$EM_{jx}^{NC} = \delta_{jx} OP_j \tag{15-7}$$

其中，δ_{jx} 表示过程排放率，单位为千吨/10 亿元；OP_j 表示部门 j 的产出。燃烧排放 EM_{jx}^{C} 则通过式（15-8）计算：

$$EM_{jx}^{C} = \sum_{f} (\psi_{jxf} F_{jf}) \tag{15-8}$$

其中，ψ_{jxf} 代表化石能源 f 的排放因子，单位为千吨/10 亿吨油当量；F_{jf} 为部门 j 化石能源 f 消费量，f 分别为用油当量表示的煤炭、石油、天然气。

15.2.3 健康效应和经济损失评估

本节研究中所涉及的环境健康效应和 15.1 节中的定义一致。部门排放产生的环境健康效应仍通过剂量-反应关系得到。然而，和 15.1 节不同，由于缺乏部门排放的浓度数据，需要通过吸入因子将部门的污染物排放转化为浓度，具体转化计算如式（15-9）所示：

$$DOSE_{xj} = iF_{jx}^{N} \times EM_{jx} = BR \sum_{d} C_{xdj} POP_{d} \tag{15-9}$$

其中，$DOSE_{xj}$ 为部门 j 排放的污染物 x 的浓度；iF_{xj}^{N} 为部门 j 排放的污染物 x 的吸入因子；BR 则表示暴露人群的平均呼吸率，通常为 20 立方米/日；C_{xdj} 为部门 j 在区域 d 内排放的污染物 x 的浓度；POP_{d} 为区域 d 的暴露人口。可以通过式（15－10）得到污染物 x 的环境健康效应：

$$HE_{h} = DR_{hx} \times C_{x} \times POP \tag{15-10}$$

其中，HE_{h} 为污染物 SO_2 或 PM10 导致的 h 类型的环境健康效应；DR_{hx} 为第 h 种环境健康效应的剂量-反应关系系数；C_{x} 为全国范围内大气污染物 x 的平均浓度；POP 则为全国暴露人口数。部门 j 排放产生的污染物 x 所造成的第 h 种环境健康效应 HE_{xhj} 可通过式（15－11）表示：

$$HE_{xhj} = \sum_{x}\left(DR_{hx} \times \frac{DOSE_{xj}}{BR}\right) = \sum_{x}\left(DR_{hx} \times \frac{iF_{jx}^{N} \times EM_{jx}}{BR}\right) \tag{15-11}$$

评估环境健康效应时是从 PM10 和 SO_2 的角度出发，但一些发展中国家仅监测和记录了当地的 SO_2 和 TSP 污染情况，因此需要把 TSP 转化为 PM10。参考 Ho 和 Jorgenson（2007）对历史数据的研究和分析，本研究提出 PM10 排放和 TSP 排放之间可以用式（15－12）表示：

$$EM_{j,PM10} = 0.54 \times EM_{j,TSP} \tag{15-12}$$

其中，$EM_{j,PM10}$、$EM_{j,TSP}$ 分别为部门 j 污染物 PM10 和 TSP 的排放量。

此外，由于 SO_2 以及一次颗粒物还会产生反应，形成二次颗粒物，而这些二次颗粒物也会转化为 PM10，因此，最终的 PM10 的浓度可以通过式（15－13）表示：

$$DOSE_{PM10,j} = DOSE_{primaryPM10,j} + DOSE_{sulfates,j} \tag{15-13}$$

其中，$DOSE_{PM10,j}$ 表示部门 j 最终排放的 PM10 的浓度，$DOSE_{primaryPM10,j}$ 代表部门 j 初始排放 PM10 的浓度，$DOSE_{sulfates,j}$ 代表部门 j 中二次颗粒物转化成的 PM10 的浓度。在测算出 SO_2 和 PM10 的基础上，根据 15.1 节中所使用的环境健康效应的剂量-反应关系，本节进一步测算出各部门对应的大气污染物健康效应。部门 j 排放导致的所有环境效应的经济损失由式（15－14）计算：

$$D_{j} = \sum_{x}\sum_{h} V_{xh} \times HE_{xhj} \tag{15-14}$$

其中，V_{xh} 为污染物 x 的第 h 种环境健康效应的经济损失系数。

15.2.4　我国 24 个部门污染物排放对公众健康效应的经济评估

本节利用部门污染物排放对公众健康效应的经济评估框架及上述计算方法，以我国 24 个部门的污染物排放对公众健康效应造成的人员及经济损失评估为例进行案例分析。

根据式（15－4）可知，暴露人口是影响吸入因子的因素之一，因此，实际评估时首先需要对暴露人口进行估计。现有研究 Zhou Y. 等（2003）和 Wang S. 等（2006）对中国城市空气污染吸入因子的测算主要是基于 1999 年的人口数据。因为 2000 年以来，中国城镇化进程明显加快，城市人口增长迅速，到 2007 年中国城市化率已达到 44.9%，而 1999 年中国城市化率只有 34.8%，增长了 10%左右。更高的城市化率意味着暴露于城市大气污染中的人群更为庞大，因此，本节参考前人研究得到的吸入因子，并利用 2007 年的城市人口数据对原有的吸入因子进行修正，即利用城市化率的变化来修正原有的吸入因子数据，修正数据如表 15-3 所示。

表 15-3　修正后的一次污染物和二次污染物的吸入因子

	全域的吸入因子		二次颗粒物
	TSP	SO_2	SO_2/SO_4
农业	1.99E-06	4.29E-07	5.69E-06
煤炭生产	1.36E-05	2.14E-05	5.69E-06
石油生产	1.36E-05	2.14E-05	5.69E-06
天然气生产	1.36E-05	2.14E-05	5.69E-06
铁矿开采	1.36E-05	2.14E-05	5.69E-06
有色开采	1.36E-05	2.14E-05	5.69E-06
建筑材料	1.34E-05	1.55E-05	5.69E-06
食品加工	1.36E-05	2.14E-05	5.69E-06
纺织业	1.36E-05	2.14E-05	5.69E-06
服装业	1.36E-05	2.14E-05	5.69E-06
木材加工	1.36E-05	2.14E-05	5.69E-06
造纸业	1.36E-05	2.14E-05	5.69E-06
成品油	1.36E-05	2.14E-05	5.69E-06
炼焦业	1.36E-05	2.14E-05	5.69E-06
化学工业	1.27E-05	2.56E-05	5.69E-06
金属加工	1.46E-05	2.34E-05	5.69E-06
机械生产	1.36E-05	2.14E-05	5.69E-06
其他制造业	1.46E-05	2.34E-05	5.69E-06
电力生产	5.58E-06	6.15E-06	5.69E-06
城市燃气	1.36E-05	2.14E-05	5.69E-06
水生产	1.36E-05	2.14E-05	5.69E-06
建筑业	7.48E-05	2.14E-05	5.69E-06
交通运输	4.86E-05	2.14E-05	5.69E-06
服务业	4.99E-05	2.14E-05	5.69E-06

表 15-4 展示了 2007 年我国 24 个部门 SO_2 和 TSP 排放、部门产出及能源消费数据，其中，大部分第二产业部门排放数据来自《中国环境统计年鉴 2008》。能源消费数据则来自《中国能源统计年鉴 2008》以及 2007 年中国投入产出表（彭志龙，2009）中对应的能源消费的价值量。部分没有排放统计数据的部门（如第一产业和第三产业）的排放因子则来自其他相关研究（Ho 和 Nielsen，2007）。通过这些部门的能源消费以及部门排放因子可以估算出相应的 SO_2 和 TSP 的排放。由于 Ho 和 Nielsen（2007）提供的排放因子是基于标准油当量的数据，因此本研究利用投入产出表的对应的能源消费的价值量和《中国能

源统计年鉴》上能源消费实物量的数据进行了转换，其中假设各部门购买同一种能源所支付的价格是相同的。

表 15-4 2007 年我国 24 个部门 SO_2 和 TSP 排放、部门产出及能源消费数据

	TSP（万吨）		SO_2（万吨）		产出（亿元）	能源消费（百万吨标准油）		
	燃烧排放	过程排放	燃烧排放	过程排放		煤炭	石油	天然气
农业	8.16	0.00	13.80	0.00	48 935.89	3.28	0.03	0.01
煤炭生产	9.20	13.91	16.51	1.02	9 654.91	127.65	0.21	0.04
石油生产	0.71	0.21	1.69	0.40	6 556.65	2.04	2.09	0.37
天然气生产	0.32	0.09	0.77	0.18	2 978.24	0.93	0.96	0.17
铁矿开采	1.98	3.52	2.93	2.44	3 622.98	1.79	1.41	0.25
有色开采	2.62	1.34	2.19	16.05	2 526.45	1.59	0.24	0.04
建筑材料	113.30	452.64	107.01	82.46	26 758.47	151.28	4.65	0.82
食品加工	26.95	1.01	42.10	0.38	41 861.08	11.03	0.96	0.17
纺织业	12.73	0.15	27.50	0.09	25 403.94	12.96	0.56	0.10
服装业	1.58	0.04	2.99	0.00	18866.78	5.39	0.37	0.07
木材加工	3.68	2.99	4.33	0.26	11 037.39	7.10	0.08	0.01
造纸业	23.77	0.80	49.04	0.47	14 960.47	10.07	0.17	0.03
成品油	7.83	17.71	9.01	33.43	17 915.04	5.70	279.64	49.48
炼焦业	33.19	3.12	17.10	5.90	3 161.49	142.87	2.77	0.49
化学工业	59.86	14.02	114.97	23.61	62 380.54	103.03	33.30	5.89
金属加工	86.01	113.82	91.83	144.20	79 218.09	162.92	4.85	0.86
机械生产	7.55	5.75	9.91	0.72	73 864.55	20.93	1.44	0.25
其他制造业	1.54	1.43	3.10	0.42	85 907.03	8.69	0.77	0.14
电力生产	297.39	1.19	1 146.90	0.22	31 490.01	441.31	8.65	1.53
城市燃气	1.41	0.46	1.90	0.69	1108.29	9.16	13.08	2.31
水生产	0.05	0.00	0.03	0.00	1178.83	0.16	0.05	0.01
建筑业	5.61	1.35	7.31	0.21	62 721.74	7.53	0.00	0.00
交通运输	21.75	0.00	38.51	0.00	31 700.11	8.74	1.78	0.32
服务业	60.18	0.00	102.75	0.00	160 685.00	24.21	1.17	0.21

表 15-5 展示了 2007 年我国 24 个部门的大气污染物排放的健康效应和经济损失。由表中结果可以看出，在各部门排放的大气污染物的影响中，产生最多的健康效应是 PM10 带来的呼吸道症状。若只考虑燃烧排放的情况，则约为 151 亿例，再考虑到工业过程排放，此影响达到约 195 亿例。其次为 PM10 导致的受限活动天数，若只考虑燃烧排放的情况，则约高达 47.6 亿天，如果加上工业过程排放，该影响上升到约 61.1 亿天。SO_2 和 PM10 还会造成一定的过早死亡，各部门燃烧排放导致的过早死亡人数约为 36.7 万人，加上过程排放，过早死亡人数达到约 47.7 万人。

从经济损失的角度来看，2007 年，若只考虑燃烧排放，则各部门污染物排放带来的城市居民健康效应造成的经济损失约为 5 775.4 亿元，约占当年全国 GDP 的 2.31%。其中，PM10 和 SO_2 分别造成的健康经济损失达 4 852.11 亿元和 923.29 亿元。从健康效应的类型来看，慢性支气管炎造成的健康经济损失最高，达到 2 704.5 亿元，约占总损失的 46.8%。如果加上工业过程排放，部门污染物排放带来的健康效应的总经济损失高达

7 449.57亿元，约占当年全国GDP的2.99%。由大气污染造成的过早死亡所带来的经济损失也增加到1 972.9亿元，而慢性支气管炎带来的健康经济损失则达到3 476.7亿元。

表 15-5　2007 年我国 24 个部门的大气污染物排放的健康效应和经济损失

	燃烧排放		燃烧排放和工业过程排放	
	发生数	损失	发生数	损失
PM10 的健康效应				
过早死亡人数	161 258 人	666.44 亿元	207 298 人	856.71 亿元
呼吸道疾病入院次数	992 358 次	19.41 亿元	1 275 682 次	24.95 亿元
急诊次数	19 433 676 次	30.82 亿元	24 982 097 次	39.62 亿元
受限活动天数	4 755 048 371 天	743.56 亿元	6 112 640 684 天	955.85 亿元
下呼吸道感染及儿童哮喘病例数	1 902 019 例	1.70 亿元	2 445 056 例	2.18 亿元
哮喘发作病例数	215 672 455 例	60.22 亿元	277 248 120 例	77.42 亿元
慢性支气管炎病例数	5 044 486 例	2 704.54 亿元	6 484 714 例	3 476.70 亿元
呼吸道症状病例数	15 133 458 293 例	625.42 亿元	19 454 143 394 例	803.99 亿元
SO_2的健康效应				
过早死亡人数	205 723 人	850.20 亿元	270 086 人	1 116.19 亿元
胸部不适病例数	1 054 991 366 例	73.05 亿元	1 385 054 295 例	95.91 亿元
下呼吸道感染及儿童哮喘病例数	527 496 例	0.04 亿元	692 527 例	0.05 亿元
PM10 的健康经济损失合计	4 852.11 亿元		6 237.42 亿元	
SO_2的健康经济损失合计	923.29 亿元		1 212.15 亿元	
健康经济损失合计	5 775.40 亿元		7 449.57 亿元	
健康经济损失合计占当年全国 GDP 的比重	2.31%		2.99%	

尽管目前国家对主要污染物排放有所控制，但是污染物造成的环境健康的损害在国民经济中所占的比重有所提高，表明环境形势依然严峻，需要采取更为切实有效的减排行为，降低各类污染物排放，改善环境，提高公众健康水平，实现真正的可持续发展和科学发展。

15.3 边际健康效应的经济损失评估

15.3.1 部门边际健康效应的经济损失评估

为了从部门层面上分析其排放带来的环境效应和健康经济损失，本研究首先引入部门边际健康经济损失的概念。部门 j 排放的污染物 x 的边际健康经济损失 MDX_{jx}^{O} 是指部门 j 最后一单位产出所造成的健康损失（Ho 和 Jorgenson，2007），结合吸入因子的概念和式（15-6）可知，部门 j 的边际排放率等于其平均排放率。因此，其对应的污染物 x 的边际健康经济损失可以表示为式（15-15）：

$$MDX_{jx}^{O}=\sum_{x}\sum_{h}\frac{V_{xh}DR_{hx}iF_{xj}^{N}}{BR}\times\frac{EM_{jx}}{OP_{j}}\tag{15-15}$$

而部门 j 总的边际健康经济损失 MDO_j 为其排放的所有污染物的边际健康经济损失之和，在计算各部门的边际健康经济损失时不包括过程排放，只包括能源消费产生的燃烧排放，如式（15-16）所示：

$$MDO_{j}=\sum_{x}MDX_{jx}^{O}\tag{15-16}$$

15.3.2　能源边际健康效应的经济损失评估

在研究部门排放带来的环境健康效应和经济损失的同时，还需要通过测算为相关能源环境政策的制定和政策模拟及评估提供数据基础。因此，本研究还引入了能源边际健康经济损失的概念，从而为研究不同的能源环境政策奠定了基础。能源边际健康经济损失的计算如式（15-17）所示。各类型一次能源的平均边际健康经济损失是各部门对应的能源边际健康经济损失的平均值。

$$MDF_{fj}=\sum_{x}MDX_{jx}\psi_{jxf}\theta_{f}\tag{15-17}$$

其中，MDF_{fj} 是指 j 部门单位能源 f 所造成的环境健康经济损失；MDX_{jx} 为部门 j 排放的污染物 x 的边际健康经济损失；ψ_{jxf} 代表化石能源 f 的排放因子，单位为千吨/10 亿吨油当量；θ_f 为能源 f 的折油当量系数。

15.3.3　中国边际健康效应的经济损失评估

根据前文中介绍的部门边际健康效应的经济损失评估方法，可计算结果如图 15-2、图 15-3和表 15-6 所示。由此可知，电力生产部门污染物排放造成的健康经济损失最大，

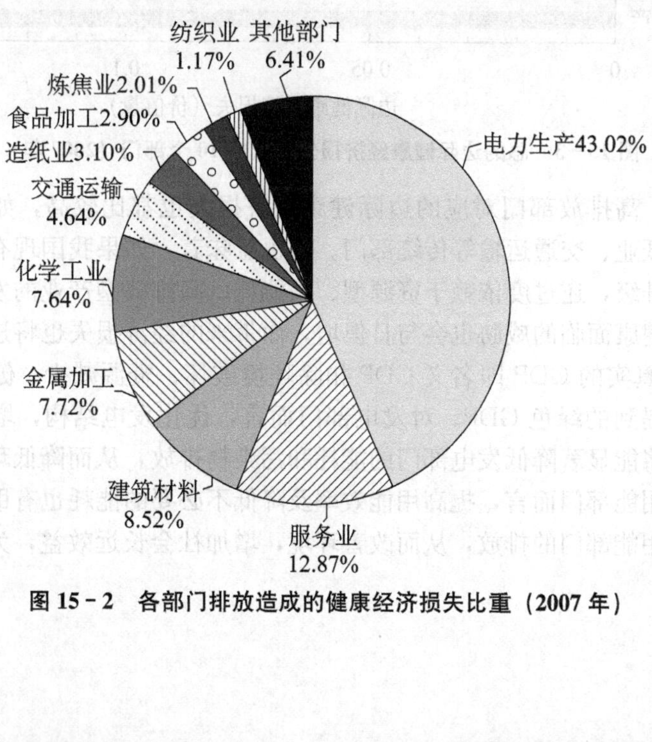

图 15-2　各部门排放造成的健康经济损失比重（2007 年）

约为 2 484.6 亿元，占所有部门造成的总经济损失的 43.02%。服务业也是污染物排放大户，其排放带来的健康经济损失仅次于电力生产部门，占总损失的 12.87%，约为 743.3 亿元。而与传统制造业和能源部门相比，通常认为服务业相对清洁，耗能和排放较少，但是从中国目前的实际情况来看，部分服务业耗能并不少，而且造成的环境健康效应也不低。这提醒政府决策部门在调整产业结构时需要综合考察相关部门的综合经济和社会效益，有所取舍。同时在进行传统技术升级时，也要对服务业中能耗较高的部门开展技术改造，提高能源效率，降低污染物排放。其他传统的高能耗、高排放部门也基本在健康经济损失最大的 10 个部门中，如建筑材料、金属加工、化学工业、交通运输、造纸业、炼焦业等。

从边际健康经济损失的角度来看，如表 15-6 和图 15-3 所示，电力生产部门的边际健康经济损失最大，约为 0.14，意味着电力生产部门每生产 1 元的电力，就会带来约 0.14 元的健康经济损失。其次为建筑材料部门，对应的边际健康经济损失为 0.128，即生产 1 元的建筑材料所带来的健康经济损失为 0.128 元。

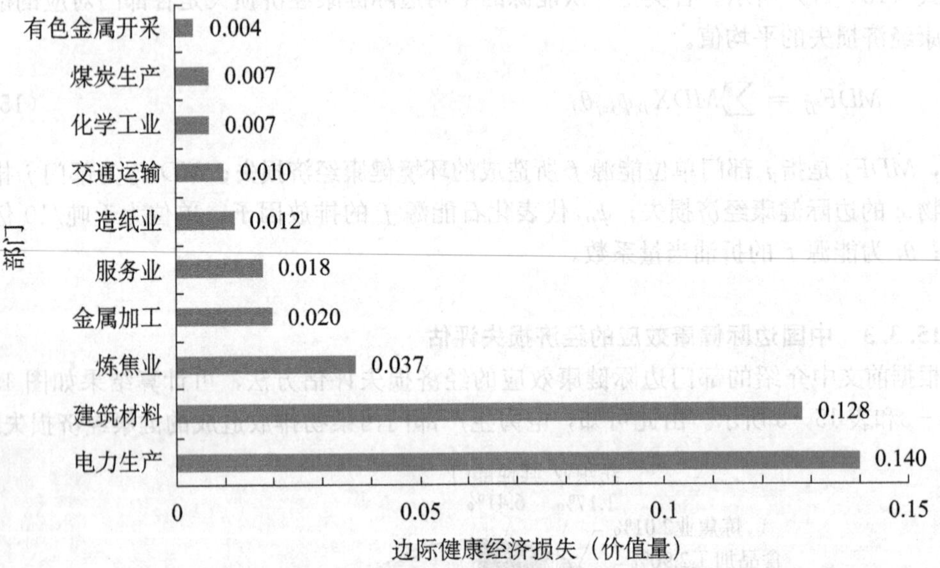

图 15-3 总的边际健康经济损失最大的 10 个部门（2007 年）

其他高能耗、高排放部门对应的边际健康经济损失也都比较高，如炼焦业、金属加工、服务业、造纸业、交通运输等传统部门。这也意味着，如果我国现有经济结构不进行优化调整和技术升级，还过度依赖于资源型、高能耗、高排放型产业的发展，环境压力将持续增大，公众健康面临的威胁也会与日俱增，而带来的经济损失也将进一步降低真实的 GDP 发展水平。真实的 GDP 即名义 GDP 扣除环境破坏、资源减少、健康损失等之后的值，也就是通常提到的绿色 GDP。对发电部门而言，优化发电结构，增加可再生等新能源的发电比重，将能显著降低发电部门的能耗和污染物排放，从而降低环境健康效应，减少经济损失。对用能部门而言，提高用能效率及降低不必要的能耗也有助于降低整体能源需求，降低一次用能部门的排放，从而改善环境，增加社会长远效益，为实现可持续发展尽力。

表 15-6 各部门对应的 PM10 和 SO_2 及总的边际健康经济损失（2007 年）

	PM10 的边际健康经济损失（价值量）	SO_2 的边际健康经济损失（价值量）	总的边际健康经济损失（价值量）	部门 j 造成的总损失（亿元）	占全部损失的比重（%）
农业	5.23E-04	5.30E-06	5.29E-04	25.85	0.45
煤炭生产	4.91E-03	1.61E-03	6.51E-03	62.81	1.09
石油生产	6.61E-04	2.41E-04	9.02E-04	5.91	0.10
天然气生产	6.67E-04	2.44E-04	9.10E-04	2.71	0.05
铁矿开采	2.52E-03	7.59E-04	3.28E-03	11.89	0.21
有色开采	3.67E-03	8.14E-04	4.49E-03	11.34	0.20
建筑材料	1.09E-01	1.89E-02	1.28E-01	492.29	8.52
食品加工	3.07E-03	9.46E-04	4.01E-03	167.66	2.90
纺织业	2.91E-03	1.02E-03	3.93E-03	99.04	1.71
服装业	4.64E-04	1.55E-04	6.19E-04	11.19	0.19
木材加工	1.38E-03	3.70E-04	1.75E-03	19.20	0.33
造纸业	8.90E-03	3.08E-03	1.20E-02	178.91	3.10
成品油	1.78E-03	4.72E-04	2.25E-03	40.30	0.70
炼焦业	3.16E-02	5.08E-03	3.67E-02	115.92	2.01
化学工业	5.04E-03	2.08E-03	7.11E-03	441.04	7.64
金属加工	1.54E-02	4.12E-03	1.96E-02	446.09	7.72
机械生产	8.06E-04	2.29E-04	1.03E-03	42.06	0.73
其他制造业	4.27E-04	1.55E-04	5.82E-04	11.91	0.21
电力生产	1.23E-01	1.74E-02	1.40E-01	2 484.57	43.02
城市燃气	2.39E-04	6.89E-05	3.08E-04	7.98	0.14
水生产	1.16E-05	2.07E-06	1.37E-05	0.19	0.00
建筑业	2.39E-03	2.08E-04	2.59E-03	85.54	1.48
交通运输	8.53E-03	1.33E-03	9.86E-03	267.75	4.64
服务业	1.57E-02	2.34E-03	1.80E-02	743.28	12.87

表 15-7 展示了我国能源边际健康效应的经济损失评估的计算结果，可以看出，煤炭带来的污染和环境健康经济损失最严重。在不包括过程排放的情况下，从实物量角度看，消费 1 吨煤炭，将会造成 220 元的健康经济损失；而石油则小一些，消费 1 吨石油会造成 23.31 元的健康经济损失；而天然气最为洁净，消费 1 000 立方米天然气所带来的健康经济损失只有 0.03 元。在包括过程排放的情况下，消费煤炭、石油和天然气对应的边际健康经济损失分别为 283.75 元/吨、30.17 元/吨、0.03 元/千立方米。为了在政策评估时更好地评估结果，本研究还从价值量的角度测算了各能源的边际健康经济损失，如表 15-7 所示。

表 15-7 能源边际健康经济损失

能源	燃烧排放		燃烧排放+过程排放	
	实物量	价值量	实物量	价值量
煤炭	220.00 元/吨	0.60	283.75 元/吨	0.78
石油	23.31 元/吨	0.01	30.17 元/吨	0.01
天然气	0.03 元/千立方米	5.83E-05	0.03 元/千立方米	7.50E-05

本章小结

大气污染极大地损害了居民的身体健康，而能源消费是造成大气污染的主要来源之一，本章以中国具体情况为例，介绍了城市环境健康效应的经济损失评估方法、部门污染物对公众健康效应的经济损失评估方法和边际健康效应的经济损失评估方法。这些方法分别从城市、部门及能源消费品种的角度定量分析了能源消费与公众健康间的关系，是在假设条件下对健康的人员损失和经济损失进行的估算。运用这些方法有助于我们识别受能源消费外部性影响严重的区域，以及造成能源消费外部性的重点部门和能源品种，而非追求精确的损失数值。

另外，本章以我国实际情况为基准，介绍了由环境污染造成的健康效应的经济损失评估方法，当研究对象、研究时间改变时，方法中出现的一些变量，如空气污染因子、健康损失终端、暴露反应系数、经济损失系数、吸入因子等的具体选择和取值都应根据实际情况发生相应的改变。

思考题

1. 当存在多种污染物时，评估大气污染的健康效应的两种主流思路是什么？各有什么利弊？
2. 你认为应用剂量-反应关系评估空气污染暴露的健康效应所存在的潜在问题有哪些？
3. 如何理解能源消费的健康外部性影响？评估这种外部性对推动行业节能减排有何启示？
4. 环境健康效应的经济评估还可应用什么方法？

拓展阅读

全球燃煤发电的健康影响——基于全供应链视角

根据《2016 全球疾病负担》，空气污染在全球致死危险因素中已经位列第四位。来自化石燃料的能源供给是空气污染的主要贡献者，而煤炭燃烧所占比重最大。煤炭燃烧释放细颗粒物（PM2.5）到大气中，这种颗粒物能够进入人体的肺部，导致癌症、中风和一系列呼吸系统、心血管疾病，最终导致更高的发病率或过早死亡率；煤炭中所含的硫也通过燃烧产生二氧化硫（SO_2）排放，导致酸雨、儿童呼吸系统疾病，可能造成各年龄段的人口死亡；煤炭在燃烧过程中的高温环境下又会产生大量的氮氧化物（NO_X），这些氮氧化物不但有毒性，而且是全球变暖和地球酸化的重要诱因；而 SO_2 和 NO_X 都是二次无机粒子（包括 PM2.5）生成的前体；同时，煤炭燃烧还会释放汞，这种高毒性产物对幼儿大脑发育会造成重要影响。

尽管全球在向着更清洁、可再生的能源结构发展，但煤电仍然是一段时间内十分重要的电力来源，同时燃煤发电所产生的温室气体与污染物排放也是加剧全球气候变化和健康损害的重要因素。然而，当前在全球高分辨率尺度上对燃煤发电全供应链的研究十分缺乏，因此难以给出全面的解决方案。该研究使用一份包括了全球 7 861 个燃煤机组的排放清单，并考虑了燃煤发电的整个供应链过程（包括煤炭的开采、洗选、运输、发电以及烟气处理等），对由燃煤发电排放温室气体（CO_2、CH_4）和污染物（PM2.5、SO_2、NOx、Hg）所产生的健康和气候变化影响进行了量化研究，并对减排潜力进行了基于技术的分析。

分析显示，全球煤电超过 64%的温室气体排放和污染物排放来自中国、美国、印度、德国和俄罗斯。在从采矿到烟气末端控制的全供应链中，采矿活动所产生的温室气体排放占燃煤发电全流程温室气体排放的 5%和氮氧化物排放的 9%；全球煤炭的运输活动则占燃煤发电全流程中氮氧化物排放的 4.5%和 PM2.5 排放的 2.6%。总体而言，供应链过程产生的各类温室气体和污染物排放不超过全流程的 19%，而燃烧发电本身仍然是温室气体和污染物排放的主要环节。

不同于温室气体排放的全球效应，由首要污染物（PM2.5、SO_2、NOx 和 Hg^{2+}/Hg_p）导致的健康效应主要由人类的实际吸入量决定，因此主要取决于排放的区域性。排放源周边的人口密度是绝对健康影响的关键决定因素。为了量化本土的人类暴露风险，我们通过计算暴露风险因子（exposure risk factors）将每种污染物排放与电厂周围的人口密度相关联。在全球范围内，四个区域呈现出最高的暴露风险，即印度、中国东部地区、欧洲中部地区和美国东部地区。

印度的电厂导致了最高的绝对暴露风险。由于印度燃煤电厂周围的人口密度一般都很高，暴露风险的差异大多归因于总排放的差异性。印度的燃煤电厂呈现出全球最高的 SO_2 暴露风险，主要原因之一是印度 SO_2 排放控制的欠缺。同样地，NOx 控制的缺乏也导致较高的 NOx 污染风险。而且，印度的燃煤以高汞含量为特征，也导致了非常高的汞暴露风险。截至 2015 年，在印度的燃煤电厂中都没有对这些污染物排放进行规制，近期实施的一些规制措施也还没有带来明显的改善。中国的情况与之不同。中国近年来新建燃煤发电厂都采用较先进的技术，政策上也限制在主要城市附近运营电厂。然而，由于燃煤发电总量和人口密度普遍较高，尽管电厂广泛安装现代静电除尘器（ESP）、湿法脱硫技术和低 NOx 燃烧器等技术设施，PM2.5、SO_2 和 NOx 的排放风险仍然很高。尤其是，由于我国原煤的汞含量非常高（中国的汞浓度中值比其他地方高 86%），来自非元素汞的区域性暴露风险非常突出。欧盟的部分区域人口密度也较高，使得如英国和德国西部地区的 NOx 排放暴露风险都很高。类似的情况还发生在波兰，这主要因为在波兰很大一部分电力供给仍然依赖低质量的褐煤。美国的情况则看起来不那么严重，由于电厂周围的人口密度一般都低于上述三个区域。尽管如此，我们发现美国很多区域都有较高的汞暴露风险，在美国中西部地区有较高的 PM2.5 暴露风险，而东部地区 SO_2 暴露风险突出。在美国的其他区域中，个别的污染暴露风险也很高，通常都与高人口密度有关。

研究发现，印度煤炭井下开采产生的甲烷排放基本上抵消了中国煤电厂因效率提升所产生的温室气体减排效果。当考虑到煤电厂活动产生的健康影响时，煤电导致的健康影响在印度、东欧地区和东南欧地区产生的影响最大，原因是这些地区的燃煤电厂普遍缺乏先进的烟气处理技术。而在中国，产生较大的健康影响则是因为其电力结构中燃煤发电的总

量很大。如果采用先进的烟气排放控制技术，印度和欧洲部分地区的健康影响将得到有效的控制，而中国和美国通过改造烟气控制技术的潜力已经很小，降低煤炭在电力结构中的比例才是解决办法。从全球来看，如果将全球污染最严重的10%装机容量的燃煤电厂淘汰，那么将减少16%的燃煤发电导致的温室气体排放和64%的健康影响。

资料来源：Oberschelp C.，Pfister S.，Raptis C. E.，Hellweg S. Global Emission Hotspots of Coal Power Generation. *Nature Sustainability*，2019，2（2）. 本文由刘文玲翻译。

第 16 章

能源与气候变化

全球气候变化是 21 世纪人类面临的最复杂挑战之一。全球气候变化很大程度上是人类活动，特别是人类利用能源的活动造成的，化石能源燃烧是主要的温室气体排放源。减缓气候变化的措施之一是减少温室气体的人为排放，这为人类使用能源，特别是化石能源的利用方式提出了新的课题。本章共分为六节：16.1 节介绍能源利用所产生的环境成本；16.2 节介绍能源利用与气候变化二者之间的关系，以及人类为减缓全球气候变化所进行的相关谈判和制定的气候变化政策；16.3 节重点介绍最主要的温室气体—二氧化碳全球排放的总体趋势及特征，以及一次能源消费和碳密集部门碳排放的变化特征；16.4 节分析决定和影响碳排放的主要因素；16.5 节介绍全球为减排进行的碳排放贸易以及碳市场的建立与发展；16.6 节针对中国的二氧化碳减排问题进行展望分析。

16.1 能源利用的环境成本

人类的能源利用活动往往产生诸如环境污染和生态破坏等外部效应，这种效应又以污染经济损失的形式转嫁给了社会。因此，能源利用的环境成本就是人类为避免能源利用过程中造成的污染经济损失，或者为了等值补偿污染物造成的污染经济损失所付出的代价。

环境成本作为能源利用成本的一部分，一方面将环境保护和相关能源利用企业的经济效益紧密联系在一起，促使企业由被动减排变为主动减排。企业为了提高自身的市场竞争力，会想方设法改进技术，降低环境成本。另一方面，环境成本低的能源会因此获得相对比较优势，低碳能源和无碳能源会得到进一步的发展。

从能源利用与生态环境的关系来看，环境资源作为能源产品的投入要素参与了能源利用过程，并且从投入到产出的各个环节都影响生态环境，所以可将能源利用的环境成本进一步规范为以下内容。

(1) 自然资源消耗占有成本。

在开采自然资源并形成资源产品的过程中，自然资源表现出如下特点：经过生产经营的耗用，自然资源改变了形态，如煤矿未开采时是矿产资源，开采后就成为资源产品——煤炭。自然资源是资源产品生产企业中储备的供生产消耗的资产，自然资源在开采之前反映的是资产的存量，开采后反映的是资产的流量。鉴于自然资源的上述特点，可以得出结论：自然资源具有存货的性质。自然资源消耗占有成本是指资源产品生产所耗用自然资源存量的货币表现。在这些自然资源中，有些形成了资源产品的实体，还有一些有助于资源产品的生产，如矿产资源、植被、水等数量减少均属于自然资源耗减，其耗减的价值就是自然资源消耗占有成本。

(2) 生态资源降级费用。

生态资源降级费用主要反映在国民经济核算体系内，不反映在企业的会计核算中，如臭氧层空洞、土壤侵蚀、沙漠化、洪水、干旱、水质退化等生态资源降级的损失，其价值表现为生态资源降级费用。在很多情况下，耗减和降级是同时发生的。如不合理开采矿产资源，一方面减少了矿产的储量，另一方面破坏了未开发资源的开采条件，使其降级。主要包括：

1) 生态环境损害成本。

生态环境对于人类的生存与发展具有不可替代的作用，是其本身所固有的价值。这种价值是自然环境要素对人类生存的固有价值在自然资源上的体现。一方面，自然要素具有可供人类直接利用、消耗的价值，也称为固有的利用价值。该价值主要由其有用性及稀缺性决定。这种环境成本是所有企业共有的一种形式。另一方面，生态环境系统本身的固有价值是自然资源派生的对人类生存环境提供着某种服务的价值，即自然要素对生态系统的功能性价值。如森林具有涵养水源、光合作用、调节气候、保护水土、栖息物种等功能价值。对人类的生存来说，这是一种重要的价值，也可称之为生态环境价值。

能源利用过程不仅占有和消耗能源资源，而且会造成对其他生态环境资源的破坏，如对伴生资源、水资源、土地资源等的破坏，同时会引起生态环境系统的“生态环境价值”的损失。对因能源利用活动造成生态资源破坏和生态环境价值损失进行补偿所需的成本称为生态环境损害成本。损失的大小可按复原法或避免成本法核算，即根据环境污染或破坏后，恢复或事前预防损害所需的成本进行合理估计。

2) 环境影响成本。

在能源利用过程中，废水、废气等废弃物的排放会损害农作物，降低耕地质量，殃及水生物；由于采空区的形成，需要搬迁村庄、加固铁路和公路等。以上需要进行赔偿所发生的成本费用被称为环境影响成本。这部分成本由社会（国家）采取税费的形式集中进行分配，如企业定期向国家交纳的排污费、环境保护税，以及可能发生的环境损害赔偿费或罚金支出。

(3) 维持自然资源基本存量的费用。

为保证人类社会经济的可持续发展，必须维持自然资源的基本存量，为维持自然资源的基本存量，就必然发生一些人力、物力和财力的耗费。如为提高煤炭资源效率，寻找替代品、对矿产品进行深加工而发生的维持费用；为维持森林、草场等人造自然资源的基本存量而发生的各种人造费用；为适度消耗自然资源而改进生产设备、调整生活方式而发生的大量费用。总之，在维持自然资源的基本存量时会发生大量费用。

维持自然资源基本存量的费用虽然多种多样，但各种费用具有共同的特点：1）提高所拥有的环境资产持续发挥效用的能力，如人造森林，可以提高原来所拥有的森林提供未来效用的能力；2）提高现有环境资产的利用效率，如改进炼钢设备，减少燃料消耗，使一定数量的燃料资源发挥更大的效用，相对地增加了燃料资源的存量。

（4）生态资源保护费用。

环境的自净能力可以在一定范围内免费提供对生态资源的保护，超过此能力，则需要有实际的支出即生态资源的保护费用，以避免生态资源的降级或消除降级发生后的影响。企业的生态资源的保护费用是其在生产经营活动中所耗费资产的价值，一般包括污物和废物处理、环境卫生的维护和类似的活动。具体的有垃圾的收集、运输、处理和处置；废水的收集和处理；废气的净化；噪音的消除；其他环境保护、维护服务的费用。为保护生态资源发生的以上各种费用可归纳为以下几点：

1）维护生态资源现状的支出，是指生态资源并未受到危害，但为了维护生态环境、保护既定质量、进行必要维护活动而发生的支出。

2）预防污染的支出，是指生态资源尚未受到危害，但已经预料到污染有可能发生，为避免其发生的预防性支出。

3）治理生态资源的支出，是指破坏生态资源的事件已经发生，要减除已发生的危害，在治理活动中发生的支出。

上述内容构成了可持续发展下能源利用环境成本的主要内容。

16.2 气候变化

全球气候变化的事实已经引起国际社会的高度重视。1988年，由世界气象组织（World Meteorological Organization，WMO）和联合国环境规划署（United Nations Environment Programme，UNEP）成立的联合国政府间气候变化专门委员会（IPCC）在全面、客观、公开和透明的基础上，对世界上有关全球气候变化的最好的现有科学、技术和社会经济信息进行了评估。IPCC（1995）第二次评估报告指出，自19世纪以来，全球平均地面温度上升了0.3℃～0.6℃，而北欧地区、东亚地区、南非地区、北美地区和澳大利亚等地区温度上升更为明显，平均约上升0.8℃～1℃，在过去的100年中，全球海平面也相应上升了10～25厘米。

IPCC（2001）的第三次评估报告认为，1901—2000年，全球平均地面温度上升了0.6℃。在过去的50年里，全球平均地面温度每10年上升0.13℃，全球变暖速度相当于过去100年的两倍。

IPCC（2007）的第四次评估报告认为，1995—2006年，全球平均气温是自1850年以来出现的最暖的12年。1906—2005年，全球平均地面温度上升了0.74℃，远高于第三次评估报告的 0.6℃，其中，亚洲平均地面温度上升最快，近年来甚至超过了1℃。

全球气候变暖除了自然因素外，更大程度是由人类活动造成的，这一观点已经得到了越来越多科学研究成果的支持。

IPCC（2007）的第四次评估报告认为，全球变暖有90%的可能是由人类活动造成的，而在第三次评估报告中这一数字是 66%。自 1750 年工业革命以来，人类现代化的生产、生活方式造成了大量的温室气体排放，尤其是二氧化碳排放量急剧增加。IPCC（2007）的统计数据表明，工业革命以后大量化石能源的利用使得人类生产、生活活动导致的温室气体排放约占全球温室气体排放总量的 90%以上，在其中 5 个主要的温室气体排放部门（能源供应业、工业、林业、农业和交通运输业）中，多数是化石能源相对集中的部门。2004 年，二氧化碳排放量占全球温室气体排放总量的 76.7%，其中，由于化石能源消费导致的二氧化碳排放量占全球温室气体排放总量的 56.6%。化石能源消费是二氧化碳排放的主要排放源，约占总排放量的 73.79%，如何减缓能源利用导致的二氧化碳是降低全球温室气体的关键。目前一些国家正积极开展碳捕获和封存技术的研究，以减少利用煤炭等化石能源发电过程中排放的二氧化碳，该技术能够捕获煤炭等化石能源发电过程中排放的约 90%的二氧化碳，但受减排成本的制约还未实现商业化。

16.2.1 气候政策

全球气候变化是当今世界面临的最为重要和富有挑战性的问题。气候变化通过许多途径影响人类福利（吴巧生，成金华，2003）。至今为止，大多数研究已经考虑了气候变化对农业生产和海平面的影响，人们已经开始明白这只是一种非常有限的有关气候变化和人类影响的见解。许多有关气候影响经济发展和经济增长模式及气候直接影响人类福利的暗示开始浮现。Horowitz（2001）通过截面数据对比调查了 1999 年 156 个国家人均 GDP 和年平均气温的关系，他发现人均收入和气温存在强相关关系，并分析了气温对收入的影响。他通过计算认为，气温提高 1 个百分点将导致人均收入下降 0.9 个百分点；同时进一步指出，气温升高 3 华氏度将导致全球国民生产总值下降 4.6 个百分点。尽管这个结论仅仅是启发性的，没有揭示其因果关系，但其建议是有意义的，即气温变化改变经济产出和福利。相似的结论也出现在其他相关研究中。很显然，人类必须采取措施减少温室气体的排放，怎样减少温室气体的排放自然成为全世界范围内气候谈判和环境政策研究的焦点。

气候变化问题表面上是一个环境问题，其实质却是政治问题和经济问题。不确定性是全球气候变化唯一的确定性问题（Mckibbin 和 Wilcoxen，2002）。信息不对称是环境政策制定者面临的最大困难。虽然在全球层面上，稳定或减少温室气体排放具有巨大的潜在效益，但是防止气候变化带来的收益只有从长远来看才变得明显，而这种减缓的费用必须在今天付出。同时，气候变化的影响、减缓和适应气候变化具有利益不均衡性。气候变化的影响具有区域性特点，气候变暖可能给一些地区带来发展机遇，并给另一些地区带来灭顶之灾。不同国家、地区或经济部门的减排成本不同，也带来了利益的不均衡。

在一个确定的世界中，一般认为基于价格（如税和补贴）或总量控制（如排污许可权）的环境政策手段能处理任何水平上的产出控制问题。在早期研究中，此类问题的研究如下：Weitzman（1974）比较了不确定性条件下价格或总量控制手段的优劣，认为如果边际效益曲线比边际成本曲线陡，则总量控制手段优于价格手段，反之亦然。Kwerel（1977）发展了一个混合价格-总量工具，诱导竞争性企业向规制当局公开它们的真实削减成本。但这些模型都是静态的，与现实存在较大差距。在最近的研究中，人们开始转向讨论信息不对称问题和动态问题。Benford（1998）将 Kwerel（1977）的模型扩展为动态模型，认为若市场处于完全竞争的条件下，Kwerel（1977）的框架的自然扩展能得到污染随时间削减的最优路径。追随 Weitzman（1974）的研究，Newell 和 Pizer（1999）、Hoel 和 Karp（2001）调查了存量污染在价格-总量控制问题上的结果。像静态模型一样，他们发现，当边际削减成本曲线斜率比边际损失曲线斜率更大时，税比排污配额好；另外，如果贴现率高或者污染存量有一个高的衰减率，税则占有绝对优势。Baldursson 和 Von Der Fehr（1999）发现，在一个动态和具有不确定性的模型中，就像价格-总量控制手段一样，任何削减决策的不可逆性可能影响政策手段的选择。Moledina 等（2003）分析了在企业具有战略性行为特征的动态背景下，税制和排污许可权手段导致的不同结果。他们发现：面临排污税的战略企业为了在未来得到一个更低的税赋，有过分削减的动力；而面临排污许可权的企业为了将来获得更多的许可，有人为展现高的许可价格的战略动机。从福利的角度来看，两种手段的优劣取决于排污许可价格的确定机制。如果依据低成本企业确定排污许可权价格，排污税手段则会产生更高的福利；如果依据高成本企业确定排污许可权价格，排污许可手段则会产生更高的福利。Mckibbin 和 Wilcoxen（2002）分析了气候变化中关键的经济学特点，认为经济理论为有效而且可行的政策设计提供了良好的保证。由于气候变化包含了太多的不确定性和潜在的巨大分布特征，排污许可系统是没有效率的，排污税在政治上是不现实的。结合两者最优特点的混合政策可能是有效率的和可行的手段。

在边际效益和成本不确定的条件下，基于价格的政策工具如排污税和碳税与基于总量控制的许可权制度是不等价的，边际效益和成本曲线的斜率决定了不同政策的优劣。

考虑一种假定的空气污染，只有在高水平的排放条件下才是危险的：日排放量低于 100 吨，它根本就不会产生损害；但是超过这个量，每排放 1 吨就产生价值 10 元的健康问题。目前每天的排放量是 150 吨，因此，对于最初 50 吨削减的边际效益是每吨 10 元，超过这个点，边际削减效益将下跌为 0，边际效益曲线是陡的。假定污染清理符合规模效用——边际成本曲线是平坦的，清理成本低于 10 元/吨。在这种情况下，排污许可权政策远远优于排污税。通过发放 100 吨的排污许可权，政府就能取得有效的结果：对于任何低于 10 元的边际成本，排污权系统将阻止污染排放量超过阈值。另外，排污税可能是一个糟糕的政策。假想政府征收 5 元的税，而边际削减成本为 6 元，在这种情况下，企业将选择缴税而不做任何削减，污染排放量将保持在 150 吨。如果成本变为 4 吨，情况也不会更好，企业将清理所有污染物，污染排放量将下跌到 0。这个例子说明了，在边际效益是陡的、边际成本是平坦的情况下，排污许可制度优于排污税手段。

若边际成本急剧上升而边际效益是平坦的，征税则可能是更好的政策。如图 16－1，横坐标表示削减量（通过规格化处理，污染物的完全清理表示 100 个单位的削减），削减边际效益 MB 是平坦的，而边际削减成本在规制的任何时间内是急剧上升的，如图中的 MC_1 所示。在没有规制的条件下，企业不会做任何削减，横坐标上表示的数值为 0。如果政府实行排污许可政策，那么一个确定的削减水平就为 Q_1^*。但是如果边际成本不确定

（正如上述分析的那样，就气候变化而言，这种情况是贴近现实的），Q_1^a 可能就不会是有效的结果。例如，假想边际成本比预期的高（如图 16-1 中的 MC_2），按最优准则，Q_2^a 将取代 Q_1^a。如果企业被迫削减到 Q_1^a，排污许可权价格将提高到 P_3，超额的削减成本将超过带来的效益，其差值在图中表示为阴影三角形 D。

在这种情况下，采用征税政策可能是一种更理智的选择。如图 16-1 所示，假设一开始的税价为 P_1，一旦企业发现实际的边际成本高于预期的情况，削减量就会降到 Q_3^a，但是福利损失（如图 16-1 中的阴影三角形 T）远远低于排污许可权制度。由于更接近于平坦的边际效益曲线，征税政策比排污许可权政策更有效。

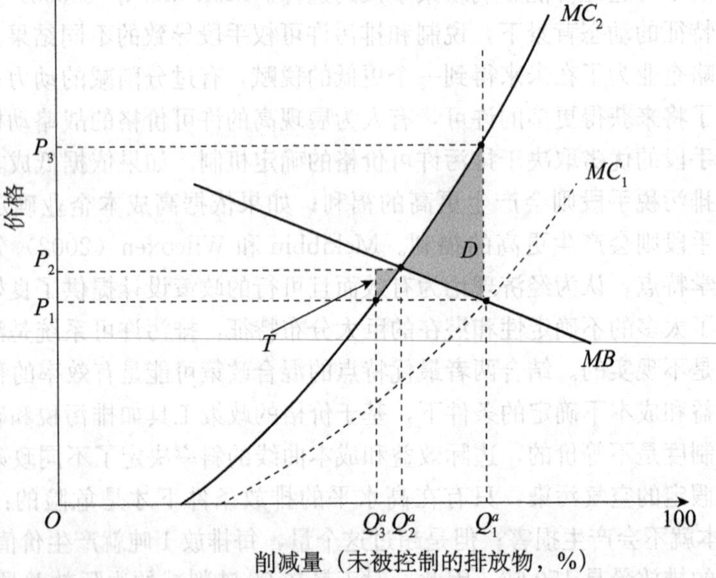

图 16-1　排污许可权政策实施后，成本高于预期的情况

资料来源：McKibbin 和 Wilcoxen（2002）。

气候变化存量外部性分析和有关的证据显示，温室气体减排的边际成本曲线是非常陡的，同时，边际效益曲线是非常平坦的。气候变化的损害产生于所有在大气中的温室气体的存量，是多年累加的结果。

但是，征税有一个重要的政治倾向，它可能诱导大量的收入从企业流向政府。例如，假定一家企业最初的二氧化碳有效削减量（边际效益等于边际成本时）为总排放量 Q 的 20%，在一种有效的税赋下，企业将用不超过 $0.2Q$ 的成本来削减 20%的排放，然而，企业将支付剩余部分的税收，其值为 $0.8Q$，至少是它花在削减上的 4 倍。一家愿意支付 100 万元来减排 20%排放量的企业绝对不支持减排成本为 100 万元却要支付 400 万元税收的政策。对气候变化而言，这可能不是唯一的但可能是最重要的原因，庇古税基本上不能用于解决环境控制问题。

排污许可权制度和排污税政策在独立使用时，都会遇到一些严重的经济和政治问题。

而一个吸取两者优点的混合政策可能会将问题在一定程度上加以解决。一方面，它能像排污税一样激励企业以低成本削减排放，而当成本升高时，允许总减排量有一定弹性；另一方面，它要避免不必要的大范围的转让，并具有一定的许可权分配弹性，因此它在政治上有一定的生存空间。这种混合政策就是将一个固定的可交易的长期排放许可和一个具有供给弹性的短期排放许可（最好是 1 年）结合起来。

假设在任何设定的年份中，排污许可供给是有效的，每个国家有一个"永久许可"排放非弹性供给 Q_T（见图 16－2 中的垂线 S_P），同时在价格 P_T 时来自政府的有效年度许可是一种有弹性的供给（见图 16－2 中的水平虚线 S_A），所有的许可供给就是 S_P 和 S_A 的水平累加。

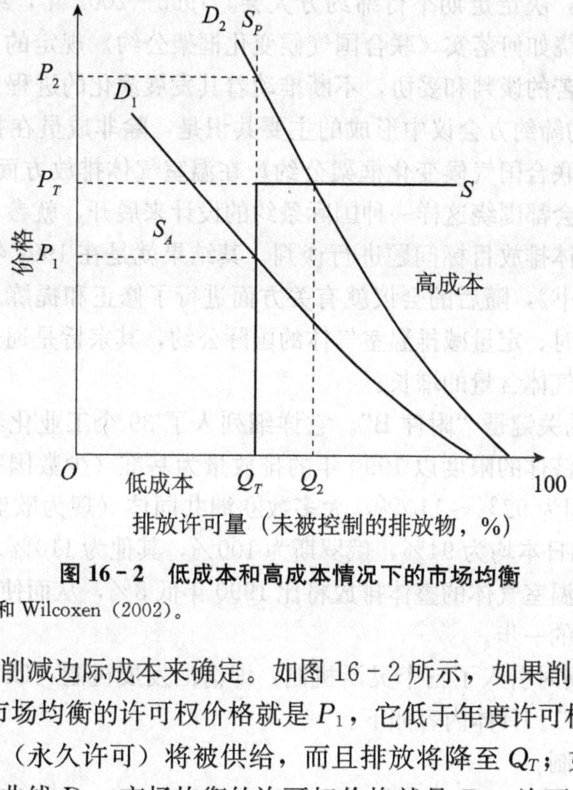

图 16－2　低成本和高成本情况下的市场均衡

资料来源：McKibbin 和 Wilcoxen（2002）。

许可需求将通过削减边际成本来确定。如图 16－2 所示，如果削减成本相对较低，许可需求为曲线 D_1，市场均衡的许可权价格就是 P_1，它低于年度许可权价格 P_T。在这种情况下，仅仅长期许可（永久许可）将被供给，而且排放将降至 Q_T；如果削减成本相对较高，许可需求就变为曲线 D_2，市场均衡的许可权价格就是 P_2，许可权价格将被拖至 P_T，年度许可将被卖掉，整个许可需求为 Q_2。

混合政策集中了税制和许可制度的优点。像税制一样，它定位于一种边际削减成本的上限，企业的支付将不会超过 P_T（即减排一单位污染的一个年度许可价格）。没有国家害怕该政策会抑制经济发展，因为整个排污许可供给不是固定的，政策不会提供精确的减排量，然而它能确保一个特定国家以最低的成本进行减排。此外，边际削减成本将相等，许可价格升至 P_T。同时，它也将避免许多有关排污税的配置发放，兼有监督和执行的激励。

16.2.2　全球气候谈判

全球气候变化政策的国际谈判开始于 1992 年在里约热内卢召开的联合国环境与发展

会议，150 多个经济体共同签署了《联合国气候变化框架公约》（United Nations Framework Convention on Climate Change，UNFCCC）。其目的是通过成员的自愿行动使 2000 年温室气体的排放稳定在 1990 年的水平。《联合国气候变化框架公约》要求作为缔约方的发达经济体采取措施限制温室气体排放，将大气中温室气体的浓度稳定在防止气候系统受到危险的人为干扰的水平上；应当使生态系统能够自然地适应气候变化，以确保粮食生产免受威胁，并使经济发展能够在可持续的时间范围内实现；同时要向发展中经济体提供新的额外资金以支付发展中经济体履行《联合国气候变化框架公约》所需增加的费用，并采取一切可行的措施促进和方便有关技术转让的进行。尽管随后几乎没有实质性的政策被执行，全球温室气体排放仍呈现一个快速增长的势头，但是，《联合国气候变化框架公约》建立了一种谈判机制，决定定期举行缔约方大会。1995—2002 年，缔约方会议一共举办了 8 次，国际社会围绕如何落实《联合国气候变化框架公约》规定的目标、原则和缔约方义务等问题，经过艰苦的谈判和妥协，不断推动着其发展演化的进程。

在 1995 年召开的缔约方会议中形成的主要共识是：除非成员在指定的时间框架内量化削减目标，否则《联合国气候变化框架公约》在温室气体排放方面不会产生任何影响。随后所有的缔约方大会都围绕这样一种国际条约的设计来展开，就参与国同意在给定的时期达到确定的温室气体排放目标问题进行谈判。其结果就是在 1997 年第三次缔约方大会上通过的《京都议定书》，随后的会议就有关方面进行了修正和提炼。这是全球第一个带有法律约束力的，限时、定量减排温室气体的国际公约，其宗旨是通过国际社会的密切合作来减缓大气中温室气体含量的增长。

《京都议定书》的关键是“附件 B”。它详细列入了 39 个工业化经济体的年度温室气体排放限度。每个经济体的限度以 1990 年的排放量为基准（少数国家被允许采用其他年份的数据），限度范围为 92%～110%，大多数欧洲共同体（现为欧盟）国家为 92%，美国为 93%，加拿大和日本均为 94%，俄罗斯为 100%，其他为 110%。如果所有“附件 B”的经济体履行义务，温室气体的整体排放将比 1990 年低 5%，从而使全球减缓温室气体排放的目标迈出实质性的一步。

《京都议定书》同时引入了三个灵活机制，即清洁发展机制（CDM）、联合履约（JI）和国际排放贸易（ET）。具体内容如下。

(1) 清洁发展机制。

清洁发展机制是指发达经济体通过提供资金和技术的形式，与发展中经济体开展项目级的合作，在发展中经济体进行符合可持续发展政策要求，又产生温室气体减排效果的项目投资，由此换取投资项目所产生的部分或全部减排额度，作为其履行减排义务的组成部分，这个额度在清洁发展机制中被定位为经核实的减排额度（certified emission reductions，CERs）。

(2) 联合履约。

联合履约是“附件 B”经济体之间就温室气体排放权进行的交易。“附件 B”的经济体可以通过在另一个“附件 B”的经济体内建设减排项目，并计算该项目的减排量单位（emission reduction units，ERUs）来达到自己在《京都议定书》中的减排目标。

(3) 国际排放贸易。

国际排放贸易是指发达经济体相互转让它们的部分“允许的排放量”（assigned amount units，AAUs)，达到自己在《京都议定书》中的减排目标。

《京都议定书》还拟订了可以利用“土地利用变化、造林和改善农田管理”等措施增加的二氧化碳吸收量来抵消本国碳排放指标的协议框架。

尽管《京都议定书》于 1997 年签署，但一直未得到批准生效。根据规定，《京都议定书》生效需要至少 55 个缔约方批准，同时，“附件 B”缔约方的二氧化碳排放量之和至少占“附件 B”所列缔约方 1990 年二氧化碳排放量的 55%。2002 年 3 月，欧盟环境部长会议批准了《京都议定书》；2002 年 6 月，日本政府也批准了《京都议定书》；2002 年 9 月，中国核准《京都议定书》；2002 年 12 月，加拿大批准了《京都议定书》。截至 2003 年 3 月，发达经济体中除美国、澳大利亚外，其他都已批准了《京都议定书》，批准议定书的经济体已超过 55 个，但由于美国、俄罗斯等温室气体排放量高的经济体未批准《京都议定书》，已批准经济体的温室气体排放量未达《京都议定书》生效的要求，《京都议定书》的生效悬而未决。

事实上，《京都议定书》的有效性是值得推敲的，即使获得批准生效，它到底能在多大程度上限制温室气体的排放，这也是值得怀疑的，这主要基于以下几方面的考虑。首先，《京都议定书》规定排放目标要低于 1990 年的水平，并且是不考虑成本和收益的。最近的研究认为其目标的确定缺乏可靠的依据。《京都议定书》只能轻微降低大气变暖的速度，而不能完全阻止。其结果是，《京都议定书》的利益仅仅是有关未被控制变暖的估计损害中的一小部分。另外，《京都议定书》对温度的影响是未来的事，它的成本却会立即体现出来。《京都议定书》的实施要付出很大的成本，Nordhaus 和 Boyer (1999) 经过计算得出，如果《京都议定书》尽可能有效地实施，世界范围内的现值成本可能达到 8 000 亿～15 000 亿美元，而收益现值估计为 1 200 亿美元。Tol (1999) 的研究得出了相似的结论。其次，《京都议定书》中基本的国际政策手段是一个国际贸易排放许可系统，在边际削减成本存在不确定性的情况下，它的运行面临很高的无效率风险，同时国际排放许可贸易存在一个严重的政治缺陷，它可能在国家之间产生很大的财富转移，这种财富的转移可能使条约无法得到有效执行。同时，《京都议定书》的生效会给不同国家带来不同的影响。Bohringer 和 Rutherford (2002) 基于全球贸易和能源利用一般均衡模型进行了研究，他们认为：

1) 在实行减排的 OECD 国家之间，欧洲共同体（现为欧盟）和日本从国际溢出中将获得实质利益，而美国、加拿大、新西兰、澳大利亚将遭受负的溢出影响。

2) 决定不同国家溢出影响的一个主导性因素是国际原油和煤炭市场上国家所处的贸易地位。

3) 与单边碳税政策相比，就非减排区域而言，《京都议定书》下的排放贸易将大大降低国际溢出的程度。

4) 美国对《京都议定书》的拒绝将降低欧洲共同体（现为欧盟）与日本的正溢出效应和非减排发展中经济体的利益。

另外，与美国履行《京都议定书》相比，加拿大、新西兰和澳大利亚将获得更大的好处。其主要原因是，没有美国经济的排放约束，全球化石能源需求基本不会下降，国际煤炭和原油的价格也就不会降低。总之，上述这些问题的存在（事实上还包括一些其他问题，如昂贵的监督执行成本导致的激励问题，对国际贸易体系的影响等）可能是《京都议定书》至今未获得较大进展的主要原因。

气候公约作为一种全球治理，它的本质在于提供一种制度安排，更重要的是将全球变化与社会经济因素联系起来，主要涉及公平与效率、成本高低与减排路径，但其中又存在市场失灵、信息不对称，以及人文发展的差异。发展中国家由于经济技术等原因，目前没有能力开发利用区域或全球共享资源，但人文发展潜力的实现必须要占用一定量的共享资源；而发达国家出于效率的考虑，会利用现有的优势，剥夺发展中国家的发展权利，美国提出的减排新方案采用以碳排放强度指标为基准的减排目标就是一个例证。因此，资源的配置很难实现最优，人文发展潜力的实现也受到一定的影响。在全球减缓气候变化的国际谈判中所遇到的一系列波折就是它的集中反映。

从新制度经济学的角度来讲，气候公约的主要功能就在于降低国家间的交易费用，促进国际合作的实现，使国家获得因合作带来的潜在收益。因此，如何进一步促进国际合作，深化以市场为基础的经济手段的作用，可能是全球气候变化政策演化的动力源泉。

16.3 二氧化碳排放特征

16.3.1 二氧化碳排放总体状况

（1）碳排放总量持续增加。

与农业社会相比，人类自工业革命以来，全球经济总体上保持了一个较高增速，工业和交通运输业占经济比重在相当长时期内持续上升，化石能源消费也增加很快，由此导致了二氧化碳排放急剧增长。1850 年，全球二氧化碳排放量仅为 0.54 亿吨碳，2018 年则增长到 92.43 亿吨碳。总体而言，全球二氧化碳排放总量保持了持续增加的态势，见图 16-3。

图 16-3 1751—2017 年全球二氧化碳排放量

资料来源：BP（2019）。

(2) 电力和热力生产、交通运输业、制造业和建筑业的碳排放量约占排放总量的 84%。

由于全球化石能源的消费主要集中在电力和热力生产、交通运输业、制造业和建筑业，所以 1960—2014 年全球二氧化碳排放也主要集中在电力和热力生产、交通运输业、制造业和建筑业，约占全球二氧化碳排放总量的 84.11%，而且电力和热力生产的二氧化碳排放呈现快速增长的趋势，交通运输业、制造业和建筑业的二氧化碳排放增长也很快，如图 16-4 所示。因为上述部门都是能源密集型行业，其碳排放强度都较高，所以很多工业化国家正逐步转变能源消费结构，实现由化石能源向清洁能源的转变，降低对化石能源的依赖，促进减排技术的研发与应用，积极探索和推广二氧化碳捕获和封存技术，进而减少化石能源利用导致的二氧化碳排放量，减缓全球变暖的速度。然而，由于资源禀赋和技术水平的制约，以及发展中国家电气化水平的提高和经济发展，近期这些行业仍将是主要的二氧化碳排放行业。

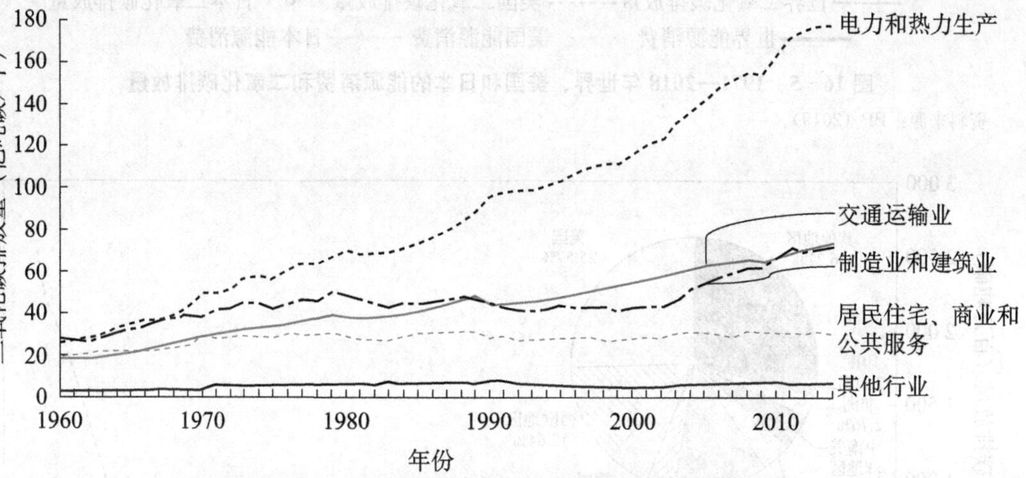

图 16-4　1960—2014 年全球不同行业的二氧化碳排放量

资料来源：World Bank (2019)。

(3) 工业化国家碳排放量约占全球累计总量的近 70%。

蒸汽机的发明使得煤炭替代薪柴成为工业化国家主要的能源，煤炭燃烧排放了大量的二氧化碳，随着工业化进程的推进，内燃机的发明又使石油登上了能源消费的舞台，并逐步取代煤炭成为工业化国家最主要的能源，尤其是第二次世界大战后，工业化国家的工业和经济飞速发展，化石能源消费量和二氧化碳排放量也迅速增加，如图 16-5 所示。

近年来，随着科技的进步，清洁能源在工业化国家能源消费结构中的比重越来越高，煤炭等化石能源份额呈现下降趋势。尽管如此，全球的化石能源消费和二氧化碳排放曾长期集中在工业化国家，在 1900—2014 年全球累计的二氧化碳排放量中，近 70%是工业化国家排放的，如图 16-6 所示，美国、西欧地区和德国约占全球累计排放量的 43.83%，美国历史累计二氧化碳排放约占全球累计排放量的 25.57%，约为中国的 2.1 倍，非洲累计排放量最少，仅占 2.76%。随着中国经济的快速崛起，进入 21 世纪以后，中国的二氧化碳排放迅速增加，并在 2005 年超过美国成为全球第一排放大国。如图 16-7 所示，2014 年中国二氧化碳排放量约占排放总量的 28.48%，而工业化国家的二氧化碳排放比重则降至约 36%。

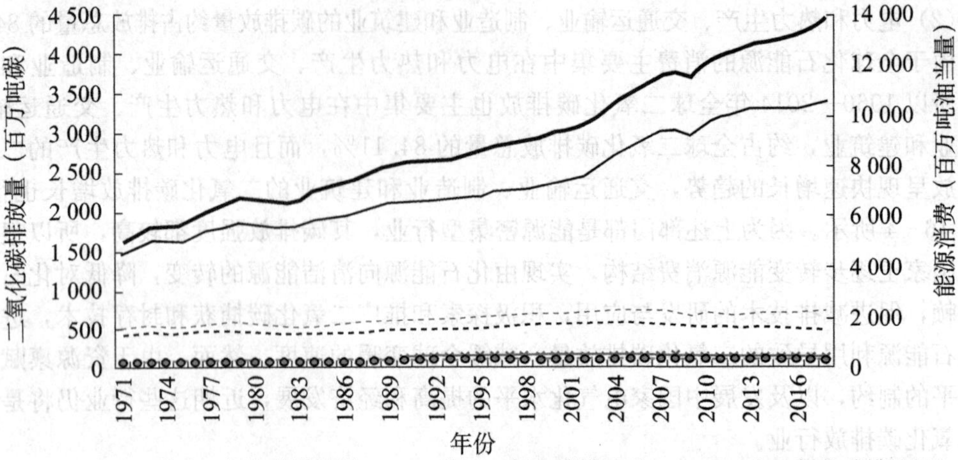

图 16-5 1971—2018 年世界、美国和日本的能源消费和二氧化碳排放量

资料来源：BP（2019）。

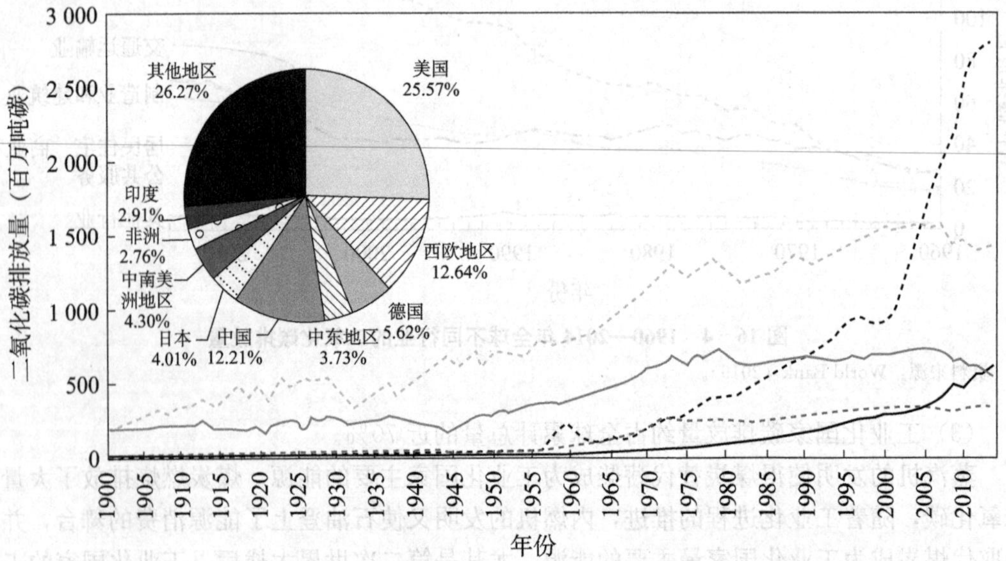

图 16-6 1900—2014 年世界主要地区和国家的二氧化碳排放量和累计份额

资料来源：美国二氧化碳信息分析中心（CDIAC）。

注：由于四舍五入，各比例之和不严格等于 100%。

由于发展中国家的工业起步较晚，因此历史上的化石能源消费非常有限，历史累计二氧化碳排放量也很低。虽然近年来，一些发展中国家的工业和经济发展速度较快，化石能源消费和二氧化碳排放量也迅速增加，但是人均排放量远低于发达国家。因此，发展中国家的二氧化碳排放属于生存型排放，在工业化进程的初期，未来发展中国家的能源消费和二氧化碳排放势必呈现快速增长的趋势，这是工业化发展的必然。尽管中国过去十几年排

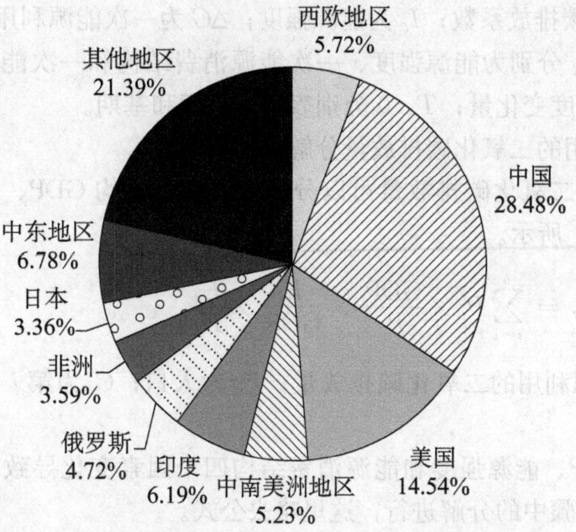

图 16-7　2014 年全球主要国家和地区的二氧化碳排放份额

资料来源：美国二氧化碳信息分析中心（CDIAC）。

放量较大，但累计排放量仍未达到美国的一半，2010 年后中国的排放量增速得到了有效抑制，年排放量趋于稳定。

16.3.2　一次能源消费的碳排放

(1) 理论分析。

从研究方法来看，现在研究人员、研究机构、政策决策者所应用的能源消费及二氧化碳排放的分解和分析方法有很多。每一种方法都有相应的假设，而且这些假设直接影响其分解结果（Greening，等，1998）。Ang（2004）指出 Laspeyres 分解方法容易理解，而 Divisia 分解方法更为科学。本节利用迪氏对数指数分解（LMDI）方法来分析研究一次能源利用的二氧化碳排放量及碳排放强度变化。

1）一次能源利用的碳排放强度分解模型。

利用迪氏对数指数分解方法，可以将一次能源利用的碳排放强度分解为能源消费结构、能源强度、不同能源的碳排放系数，如式（16-1）所示。

$$G_t \equiv \frac{C_t}{Y_t} = \frac{C_t}{E_t}\frac{E_t}{Y_t} = I_t\frac{C_t}{E_t} = I_t\sum_{i=1}^{n}\frac{C_{it}}{E_{it}}\frac{E_{it}}{E_t} = I_t\sum_{i=1}^{n}e_{it}R_{it} \tag{16-1}$$

$$\Delta G = G^T - G^0 = \Delta G_I + \Delta G_e + \Delta G_R$$

$$\Delta G_I = \sum_i \frac{G_i^T - G_i^0}{\ln G_i^T - \ln G_i^0}\ln\left(\frac{I^T}{I^0}\right)$$

$$\Delta G_e = \sum_i \frac{G_i^T - G_i^0}{\ln G_i^T - \ln G_i^0}\ln\left(\frac{e^T}{e^0}\right)$$

$$\Delta G_R = \sum_i \frac{G_i^T - G_i^0}{\ln G_i^T - \ln G_i^0}\ln\left(\frac{R^T}{R^0}\right)$$

其中，G_t 为一次能源利用的二氧化碳强度；Y_t 为经济活动水平，一般用 GDP 表示；E_t 为一次能源消费量；E_{it} 为第 i 种一次能源消费量；e_{it} 为第 i 种一次能源消费的份额；R_{it} 为第

i 种一次能源消费的碳排放系数；I_t 为能源强度；ΔG 为一次能源利用的二氧化碳强度变化量；ΔG_I、ΔG_e、ΔG_R 分别为能源强度、一次能源消费结构和一次能源消费的碳排放系数变化导致的碳排放强度变化量；T、0 分别表示研究期和基期。

2）一次能源利用的二氧化碳排放量分解模型。

一次能源利用的二氧化碳排放量可以分解为人口、人均 GDP、能源强度和能源消费结构，如式（16-2）所示。

$$C_t = \sum_{i=1}^{n} C_{it} = \sum_{i=1}^{n} P_t \times \frac{\mathrm{GDP}_t}{P_t} \times \frac{E_t}{\mathrm{GDP}_t} \times \frac{E_{it}}{E_t} \tag{16-2}$$

其中，C_t 为一次能源利用的二氧化碳排放量；P_t 为人口；C_{it} 为第 i 种一次能源消费的二氧化碳排放量。

人口、人均 GDP、能源强度和能源消费结构四个因素变化导致二氧化碳排放量的变化量也可仿照上一步骤中的分解进行，这里略去公式。

（2）案例分析：中国一次能源消费的碳排放特征。

下面利用式（16-1）、式（16-2）对 1980—2005 年中国一次能源消费的碳排放特征进行实证分析，由于水电与核电碳排放量很小，且在我国一次能源消费中占比较小，因此，下面的实证分析中一次能源仅包括煤炭、石油和天然气。

1）碳排放强度变化的结构分解和分析。

根据式（16-1），利用迪氏对数指数分解方法对一次能源利用的碳排放强度（简称碳排放强度）进行分解，结果见图 16-8 和图 16-9。相比于 1980 年，2005 年我国一次能源利用的碳排放强度下降了 1.483 8 吨碳/万元，如图 16-8 所示，1980—2005 年一次能源强度下降了 64.20%，使得碳排放强度下降了 1.449 1 吨碳/万元。一次能源消费结构变化主要体现为煤炭比例的变化，煤炭比例由 1980 年的 72.20%下降为 2005 年的 68.9%，这也意味着其他低碳能源消费比例的增加，因此一次能源消费结构变化也促进了碳排放强度的下降，但是其影响较小，为 0.034 7 吨碳/万元。这说明我国能源利用效率的不断提高和一次能源消费结构向低碳能源方向的发展都不同程度地减缓了二氧化碳排放的增长速度。

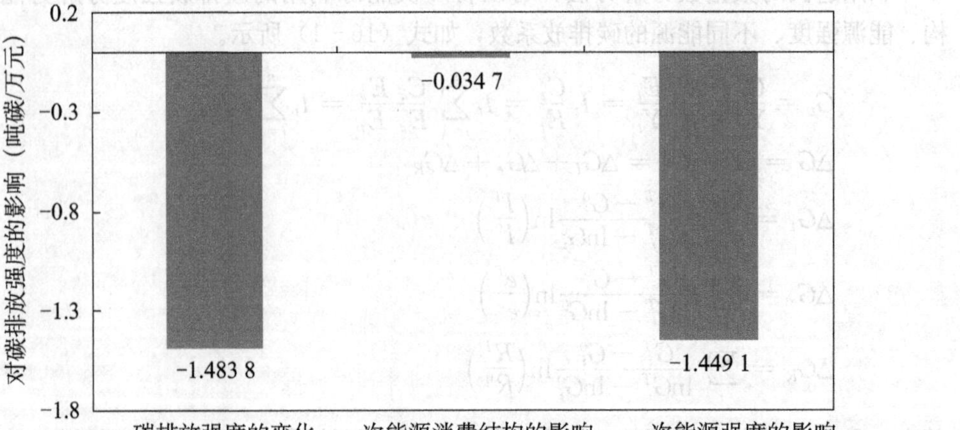

图 16-8　1980—2005 年一次能源消费结构和一次能源强度对一次能源利用的碳排放强度的影响（总）

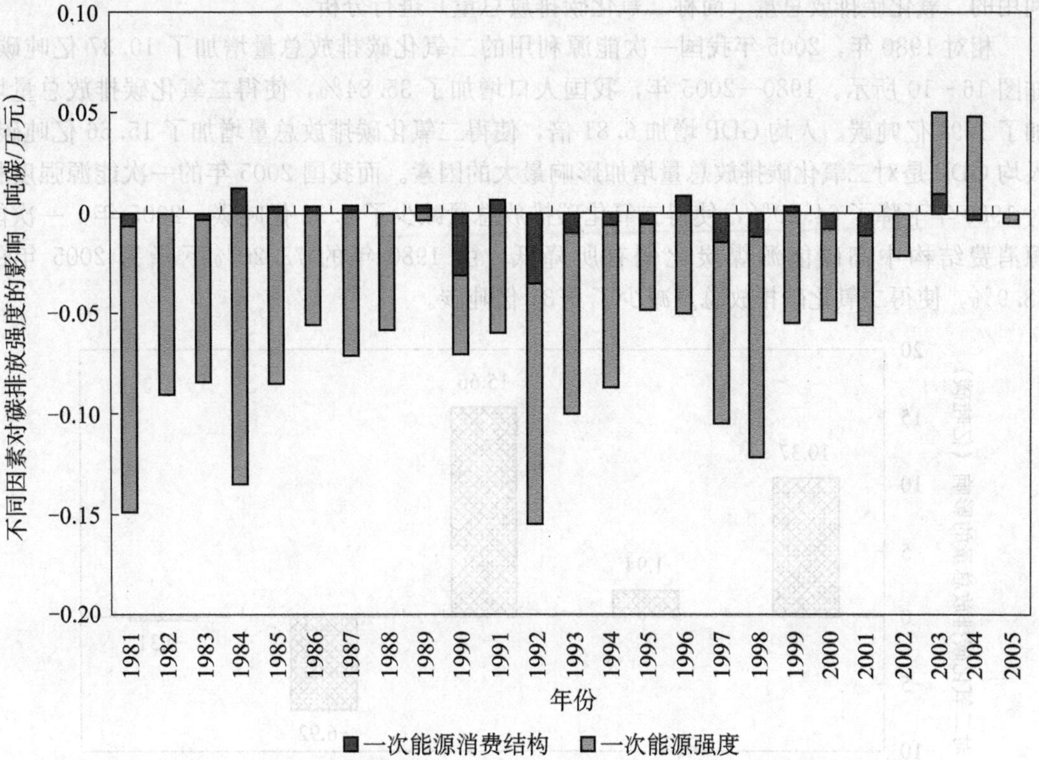

图 16-9　1980—2005 年一次能源消费结构和一次能源强度对一次能源利用的碳排放强度的影响（各年）

但是一次能源强度和一次能源消费结构的变化并不一定促进碳排放强度的下降，这一点可以从 1980—2005 年我国一次能源利用的碳排放强度变化轨迹看出。1980—2005 年我国一次能源利用碳排放强度的变化主要是由一次能源强度变化引起的。1980—1988 年、1989—2002、2004—2005 年碳排放强度下降是由一次能源强度下降引起的，一次能源强度下降对碳排放强度下降的贡献为 75%以上。而 1988—1989 年能源强度变化对碳排放强度的影响是 0.002 5 吨碳/万元，抵消了一次能源消费结构对碳排放强度的部分影响，碳排放强度仅降低了 0.000 6 吨碳/万元。2002—2003 年、2003—2004 年，一次能源强度的变化分别使碳排放强度增加了 0.038 8 吨碳/万元和 0.041 0 吨碳/万元，一次能源消费结构的变化分别使碳排放强度增加了 0.009 5 吨碳/万元和降低了 0.002 5 吨碳/万元，因此总体上 2002—2004 年中国一次能源利用的碳排放强度增加了 0.081 9 吨碳/万元。2004—2005 年一次能源强度的反弹使得碳排放强度出现了微小反弹。

因此，未来我国一次能源利用的碳排放强度的下降需要通过进一步降低一次能源强度和调整一次能源消费结构中煤炭的消费比例来实现。如果仅强调降低一次能源强度而不重视调整一次能源消费结构，一次能源消费结构对碳排放强度的影响就有可能部分地抵消一次能源强度对碳排放强度所起的作用。而且依据发达国家经验，我国一次能源强度下降和一次能源消费结构调整的空间还很大，所以我国碳排放强度在未来很有可能继续下降。

2）二氧化碳排放总量变化的结构分解和分析。

下面利用迪氏对数指数分解方法，根据式（16-2）对 1980—2005 年。我国一次能源利用的二氧化碳排放总量（简称二氧化碳排放总量）进行分析。

相对 1980 年，2005 年我国一次能源利用的二氧化碳排放总量增加了 10.37 亿吨碳，如图 16－10 所示。1980—2005 年，我国人口增加了 35.84%，使得二氧化碳排放总量增加了 1.94 亿吨碳。人均 GDP 增加 6.81 倍，使得二氧化碳排放总量增加了 15.66 亿吨碳。人均 GDP 是对二氧化碳排放总量增加影响最大的因素。而我国 2005 年的一次能源强度相对 1980 年下降了 64.20%，使得二氧化碳排放总量减少了 6.92 亿吨碳。2005 年，一次能源消费结构中高碳能源煤炭比例有所降低，由 1980 年的 72.20%下降为 2005 年的 68.9%，使得二氧化碳排放总量减少了 0.31 亿吨碳。

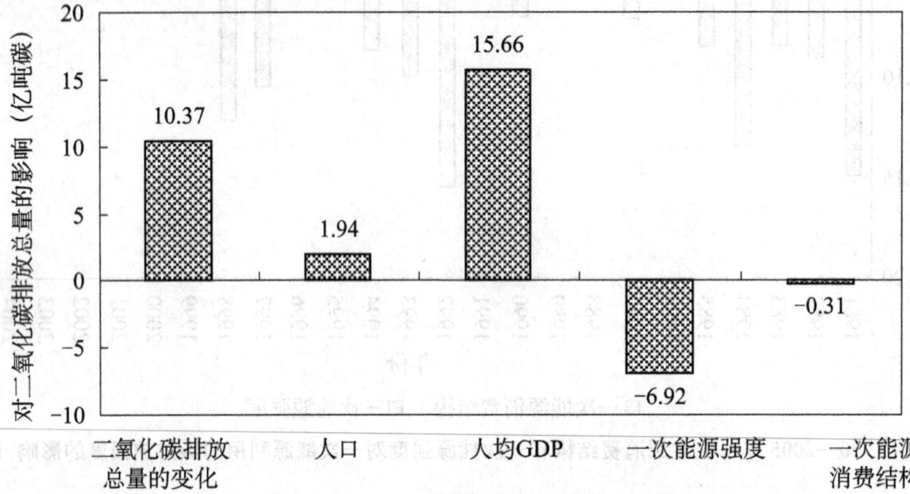

图 16－10 人口、人均 GDP、一次能源强度和一次能源消费结构对一次能源利用的二氧化碳排放总量的影响（总）

图 16－11 反映了 1980—2005 年中国一次能源利用的二氧化碳排放总量的变化轨迹以及不同因素对其的影响。可以看出：人均 GDP 增长是我国二氧化碳排放总量增加的最主要原因，人口的增长也促进了二氧化碳排放总量的增加，其影响次于人均 GDP。而一次能源强度的变化是我国二氧化碳排放总量减缓的最主要因素。一次能源强度的变化在 1980—1988 年、1989—2002 年、2004—2005 年减少了二氧化碳排放总量，其影响可以完全抵消人口对二氧化碳排放总量的影响，或者可以抵消人均 GDP 对二氧化碳排放总量影响的 39%以上（2004—2005 年较低，为 5.1%），1996—1998 年为完全抵消；而在 1988—1989 年、2002—2003 年、2003—2004 年，一次能源强度反弹了 0.016%、4.78%和 5.50%，使得二氧化碳排放总量分别增加了 102.48 万吨碳、4 886.42 万吨碳和 6 518.85 万吨碳。2002—2004 年人均 GDP 和一次能源强度都增加了二氧化碳排放，使得二氧化碳排放总量增速明显高于其他年份。

一次能源消费结构对二氧化碳排放总量的影响较小，而且没有明显的变化规律。

上述分析表明：人口增长、人均 GDP 增加即经济发展是我国二氧化碳排放总量增加的决定因素，而一次能源强度的下降在一定程度上能减缓其增长。因此，对于我国来说，减缓二氧化碳排放不能通过减缓经济增长来实现，只能通过控制人口数量、调整经济结

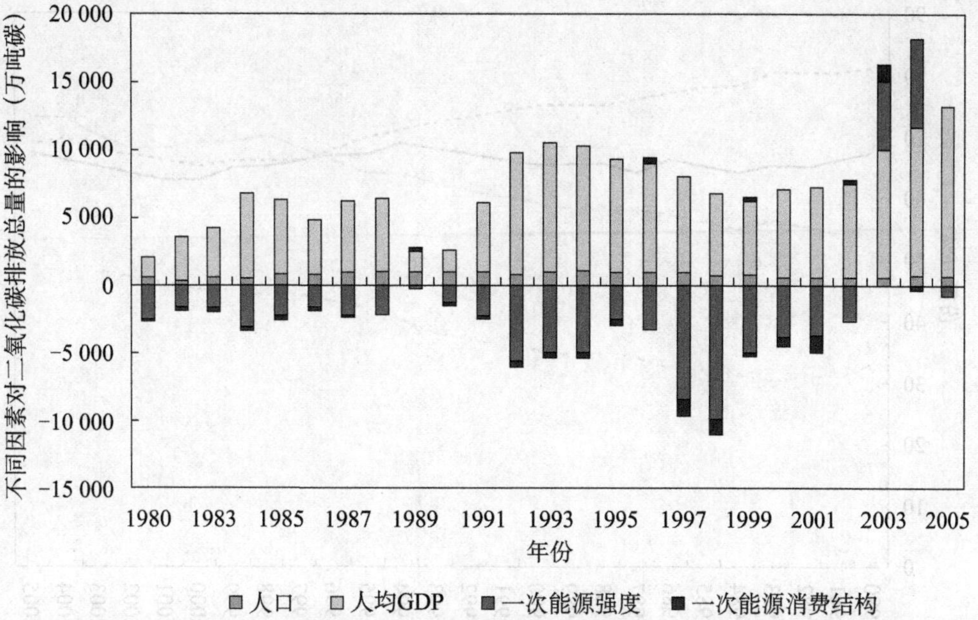

图 16-11 人口、人均 GDP、一次能源强度和一次能源消费结构对一次能源利用的二氧化碳排放总量的影响（各年）

构、促进技术进步、提高能源利用效率等来进一步降低一次能源强度，以及调整一次能源消费结构来实现。

通过分析中国一次能源利用的碳排放强度和二氧化碳排放总量的变化发现：1980—2002 年中国一次能源利用的碳排放强度的下降主要是由一次能源强度下降引起的，而 2003—2004 年碳排放强度增加主要是由一次能源强度反弹引起的；尽管碳排放强度下降，但一次能源利用的碳排放呈现增长的趋势。二氧化碳排放总量的增加主要是由人均 GDP 增长、人口增长引起的，而 1980—2002 年一次能源强度降低减缓了二氧化碳排放的增长速度，但是在 2002—2005 年增加了二氧化碳的排放，使得二氧化碳排放增速明显高于其他年份。

因此，尽管未来我国碳排放强度仍存在一定的下降空间，但是经济的发展必然伴随着二氧化碳排放的增加。所以减缓二氧化碳排放增长的重点应通过降低一次能源强度、降低一次能源消费结构中的高碳能源比例、增加低碳能源消费，以及控制人口数量来实现。

16.3.3 碳密集部门的碳排放

（1）工业部门。

工业部门是一个能源密集型部门，其能源消费大约占全球能源利用的 40%（Price，等，2006）。对于中国来说，2004 年中国工业的终端能源消费占全球终端能源消费的 5.60%（IEA，2007a）。图 16-12 表明，1980—2005 年中国工业的终端能源消费占全部终端能源消费的 60%以上，占终端煤炭消费的 50%以上，占终端电力消费的 70%以上，然而其增加值仅占 GDP 的 36%～53%（1990 年不变价格）。而且，中国电力构成中的火电大约占 80%。

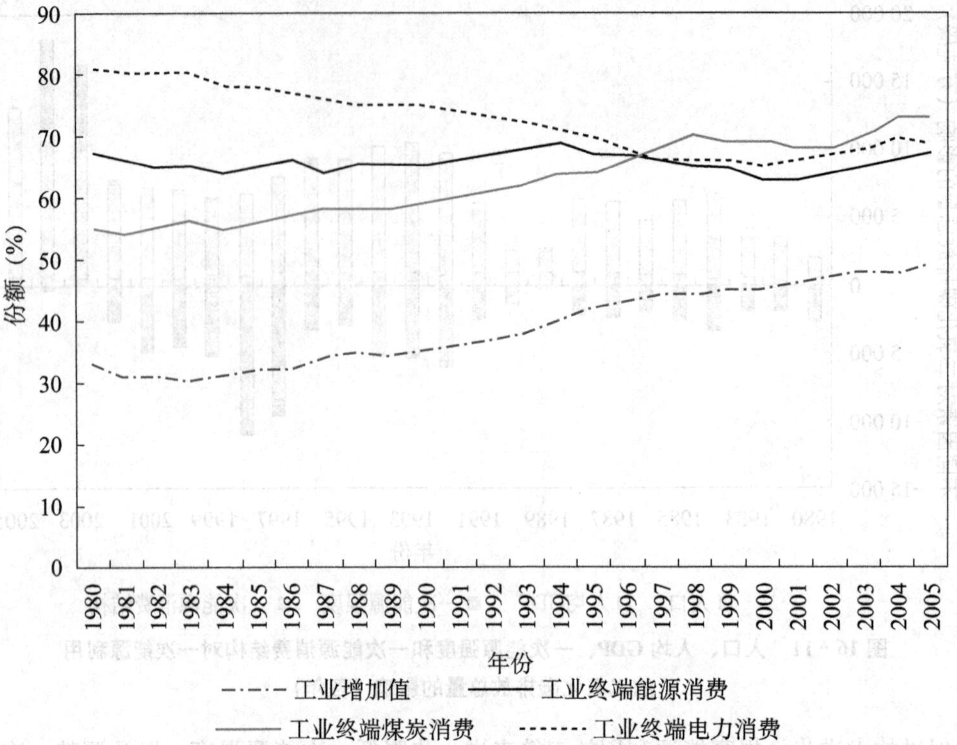

图 16-12　工业在终端能源消费、终端煤炭消费、终端电力消费及 GDP 的份额变化

1999—2005 年，中国工业终端能源消费及其二氧化碳排放增长很快，尤其是 2002—2005 年，分别增长了 52%和 60%，见图 16-13。

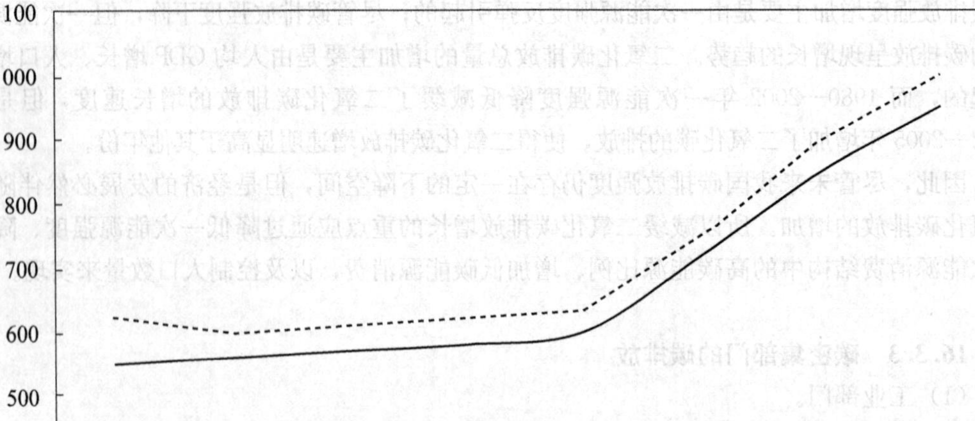

图 16-13　1998—2005 年工业终端能源消费及二氧化碳排放

为探寻工业终端能源消费的二氧化碳排放影响因素，可通过式（16－3）进行分解和分析。

$$C=\sum_{ij}C_{ij}=\sum_{ij}Q\frac{Q_i}{Q}\frac{E_i}{Q_i}\frac{E_{ij}}{E_i}\frac{C_{ij}}{E_{ij}}=\sum_{ij}QS_iI_ie_{ij}R_{ij} \tag{16-3}$$

其中，Q 为工业增加值；C 为工业终端能源利用的二氧化碳排放；C_{ij} 为第 i 部门第 j 种能源消费的碳排放；E_{ij} 为第 i 部门的第 j 种能源消费；E_i 为第 i 部门的终端能源消费；Q_i 为第 i 部门的增加值；I_i 为第 i 部门的能源强度；e_{ij} 为第 i 部门的终端能源消费中第 j 种能源的比例；R_{ij} 为第 i 部门第 j 种能源消费的二氧化碳排放系数；S_i 为第 i 部门的增加值比例。

（2）电力生产部门。

除少数国家电源结构以清洁能源为主，如法国以核电为主，丹麦和德国风电占比较高，绝大多数国家的电力生产以化石能源为主，由于电力是终端能源利用的主要形式，因此，为满足终端部门对电力的需求，电力生产部门要消耗大量的化石燃料，并因此成为碳密集部门。1980—2005 年，我国电力生产部门的二氧化碳排放增长迅速。2005 年的二氧化碳排放量与 1980 年相比增加了 5.57 倍，同时占全部化石能源利用的二氧化碳排放的比例在逐年增高，由 1980 年的 21.07％增加到 2005 年的 38.73％，如图 16－14 所示。其中，煤炭发电的二氧化碳排放占发电二氧化碳排放的比例也在逐年升高，由 79％增加到 2005 年的 97％。

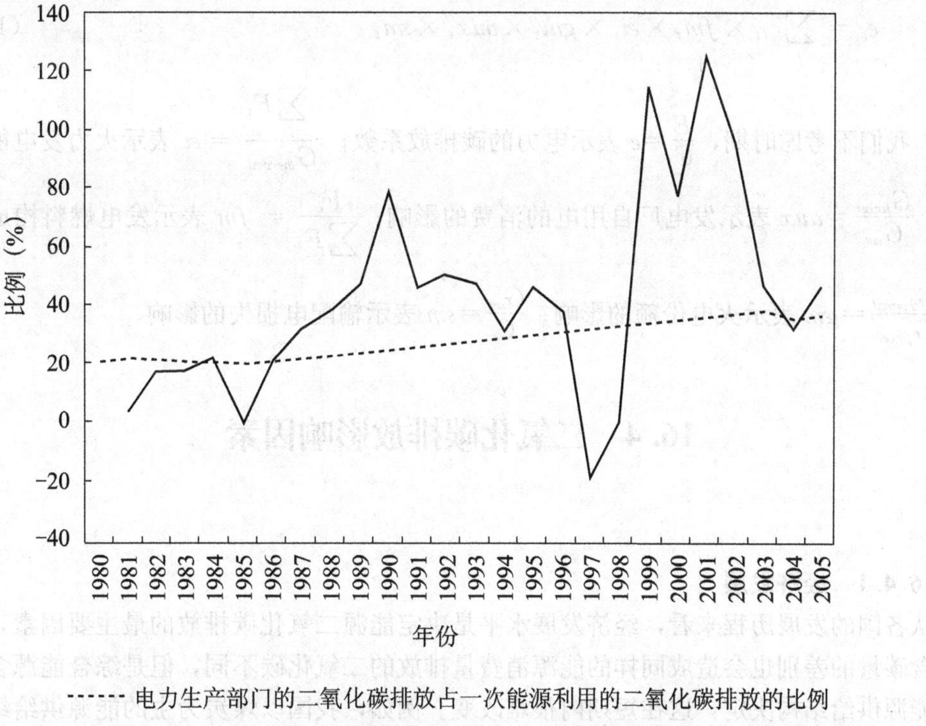

图 16－14　中国电力生产部门的二氧化碳排放

从电力生产的角度，电力的二氧化碳排放系数可以分解为不同发电燃料的二氧化碳排放系数、不同电力构成的能源消耗，以及电力构成，即

$$\frac{E_t}{Q_t}=\sum_i \frac{E_{it}}{Q_{it}}\frac{Q_{it}}{Q_t}=\sum_i \frac{c_{it}\cdot F_{it}}{Q_{it}}\cdot\frac{Q_{it}}{Q_t}=\sum_i c_{it}\cdot f_{it}\cdot g_{it} \tag{16-4}$$

其中，E_t 为 t 年电力生产部门的二氧化碳排放；Q_t 为 t 年的发电量，包括火电、水电和核电；E_{it} 为 t 年燃料 i 发电过程中的二氧化碳排放；Q_{it} 为燃料 i 的发电量；c_{it} 为 t 年燃料 i 的二氧化碳排放系数；F_{it} 为用于发电的燃料 i；f_{it} 为单位发电量损耗的燃料 i；g_{it} 为电力构成。

从电力消费的角度，单位电量消费的二氧化碳排放受电力的终端消费情况、发电能耗、发电燃料构成、火电份额，以及发电过程的电力消费和输配电损失等因素的影响，因此，电力消费的二氧化碳排放系数可以分解为：

$$\frac{E_t}{C_t}=\frac{E_t}{G_{thermal,t}}\times\frac{G_{thermal,t}}{G_{power,t}}\times\frac{G_{power,t}}{G_{net,t}}\times\frac{G_{net,t}}{C_t} \tag{16-5}$$

$$\frac{E_t}{G_{thermal,t}}=\sum_i c_{it}\times\frac{F_{it}}{\sum F_{it}}\times\frac{\sum F_{it}}{G_{thermal,t}} \tag{16-6}$$

其中，E_t 为发电过程中的二氧化碳排放；C_t 为电力消费；$G_{thermal,t}$ 为全部的火力发电；$G_{power,t}$ 为全部发电量；$G_{net,t}$ 为净发电量；c_{it} 为燃料的二氧化碳排放系数。因此，

$$e_t=\sum_i c_{it}\times fm_t\times ei_t\times gm_t\times aux_t\times sm_t \tag{16-7}$$

这里，我们不考虑时期，$\frac{E}{C}=e$ 表示电力的碳排放系数；$\frac{\sum_i F_i}{G_{thermal}}=ei$ 表示火力发电能耗的影响；$\frac{G_{power}}{G_{net}}=aux$ 表示发电厂自用电的消费的影响；$\frac{F_i}{\sum_i F_i}=fm$ 表示发电燃料构成的影响；$\frac{G_{thermal}}{G_{power}}=gm$ 表示火电份额的影响；$\frac{G_{net}}{C}=sm$ 表示输配电损失的影响。

16.4 二氧化碳排放影响因素

16.4.1 经济发展

从各国的发展历程来看，经济发展水平是决定能源二氧化碳排放的最主要因素，尽管能源含碳量的差别也会造成同样的能源消费量排放的二氧化碳不同，但是综合能源含碳强度由能源供给结构决定，这在短期内很难改变。例如，我国以煤炭为主的能源供给结构很难转变为以油气和可再生能源为主的结构。因此，各国的二氧化碳排放变化趋势与经济发展水平有着密切的关系，二氧化碳排放普遍呈现出随人均实际 GDP 增长而增长的趋势，

如图 16－15 所示。随着各国工业化进程的推进，未来较长一段时期内，全球二氧化碳排放依然会持续增加。这无疑对《京都议定书》减排目标的顺利实现及其减排框架的制定是一个非常严峻的挑战。

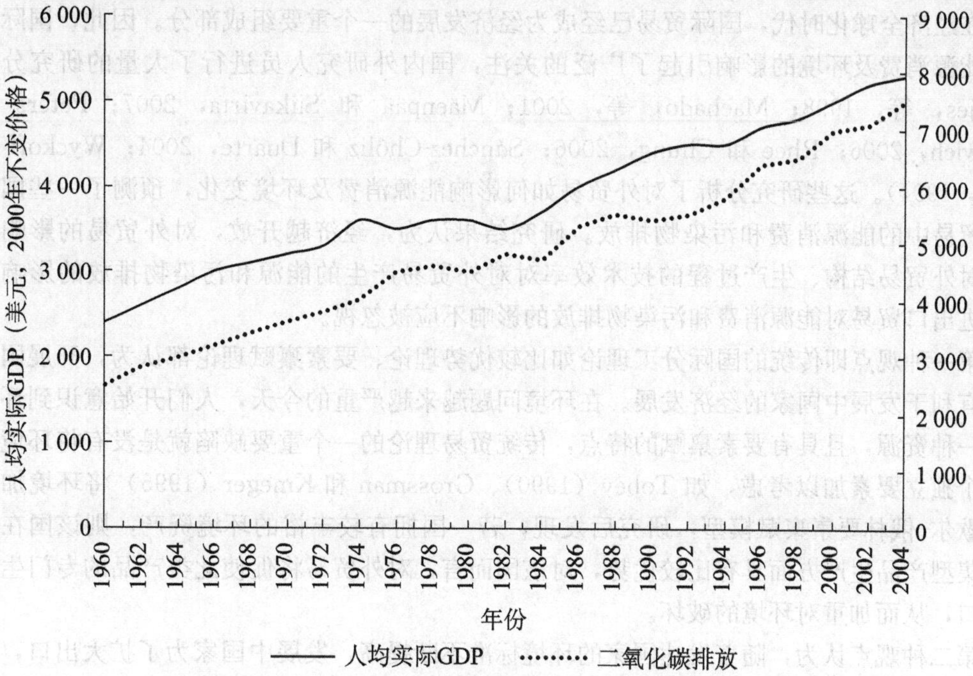

图 16－15　世界二氧化碳排放与人均实际 GDP 的对比

16.4.2　居民消费行为

能源消费及其二氧化碳排放不仅受技术效率的影响，而且受人类生活行为的极大影响。自 2012 年在巴西里约热内卢召开联合国可持续发展大会以来，可持续消费问题引起了国际社会的共同关注，消费行为很大程度上对国民经济各部门的产品或服务生产有决定性的影响，甚至影响到其他经济部门的产出水平。在最终消费中，居民消费是一个主要组成部分，因此，居民的能源消费及其对环境的影响研究成为一个被广泛关注的问题。

城市居民与农村居民的用能需求在质量和数量上有很大差别。农村居民生活方式随着工业化发展逐步向城市型发展，能源消费也由以非商品能源为主向以商品能源为主逐渐过渡。另外，居民的消费理念和消费行为也会对二氧化碳排放产生较大影响，例如人们出行工具的选择，乘坐公共交通工具、骑自行车比乘坐出租车和私家车耗能少，排放的温室气体少，所以应当倡导低碳生活方式，从我做起，从小事做起。在健康、文明、节约的绿色消费理念的引导下，人们会自觉地养成节约消费的好习惯。

居民对能源消费和二氧化碳排放的研究方法大致分为三类：投入产出基本表、投入产出消费支出、投入产出过程分析方法（Kok，等，2006）。投入产出过程分析方法需要详细的消费数据，适合研究居民消费模式的二氧化碳排放；投入产出基本表和投入产出消费支出方法能够从宏观上解释居民消费的能源使用及二氧化碳排放。考虑到数据限制和研究目的，采用投入产出基本表和投入产出消费支出的方法的研究相对较多。

16.4.3 出口贸易

在经济全球化时代，国际贸易已经成为经济发展的一个重要组成部分。因此，国际贸易对能源消费及环境的影响引起了广泛的关注，国内外研究人员进行了大量的研究分析（Battjes，等，1998；Machado，等，2001；Mäenpää 和 Siikavirta，2007；Peters 和 Hertwich，2006；Rhee 和 Chung，2006；Sánchez-Chóliz 和 Duarte，2004；Wyckoff 和 Roop，1994）。这些研究分析了对外贸易如何影响能源消费及环境变化，预测了一些国家对外贸易中的能源消费和污染物排放。研究结果认为，经济越开放，对外贸易的影响越大，对外贸易结构、生产过程的技术效率对对外贸易产生的能源和污染物排放的影响较大，进出口贸易对能源消费和污染物排放的影响不应被忽视。

第一种观点即传统的国际分工理论如比较优势理论、要素禀赋理论都认为，开展国际分工有利于发展中国家的经济发展。在环境问题越来越严重的今天，人们开始意识到环境也是一种资源，且具有要素禀赋的特点，传统贸易理论的一个重要缺陷就是没有将环境作为一个独立要素加以考虑，如 Tobey（1990）、Grossman 和 Kmeger（1995）将环境加入赫克歇尔-俄林要素禀赋模型，研究后发现，若一国拥有较丰裕的环境资产，则该国在污染密集型产品生产方面具有比较优势，对该国而言，对外贸易将促使此类产品的专门生产和出口，从而加重对环境的破坏。

第二种观点认为，随着发达国家的环境标准不断提高，发展中国家为了扩大出口，会积极采用环保生产新技术，这有助于减少发展中国家工业污染物排放量和改善发展中国家的环境（Birdcall 和 Wheeler，2001；Frankch，2003）。第三种观点认为，上述两种观点将国际贸易与环境问题绝对化了，国际贸易对环境的影响既有积极的效应，也有消极的效应，是多种效应共同作用的结果，最终结果与一国所采取的环境与贸易政策等要素有关（叶继革和余道先，2007）。

16.4.4 主要减排技术

减少全球碳排放，减缓全球气候变化已成为国际社会的共识。有效减少碳排放不仅是一个科学问题，而且是一个技术问题。随着全球减少碳排放呼声的日益高涨，各种新兴的二氧化碳减排技术成为减少碳排放的重要选择方案。

20 世纪 70 年代以来，大量研究证实，技术进步是解决环境问题的重要途径之一。IPCC（2000；2001）强调：在解决未来温室气体减排和气候变化的问题上，技术进步是最重要的决定因素，其作用超过其他所有驱动因素之和。技术进步在改进能源消费方式、提高能源效率、减轻环境压力、减少二氧化碳等温室气体排放、减缓全球气候变化上将起到无可替代的巨大作用。能源技术的进步将在可持续发展框架下的能源、经济、环境和气候系统的协调发展中扮演重要角色，发挥重要作用，产生重大影响，甚至是革命性的影响。国际能源署指出，到 2050 年，在关键能源技术的作用下，届时全球碳排放量可以回到目前的水平，石油需求的增长将会减半。通过可再生能源技术、二氧化碳的捕获和封存技术、核能技术（在可以接受的国家中），减少电厂的碳排放将是基本的要求（IEA，

2006b)。因此，应当促进能源技术进步，尤其是碳减排技术的发展。

根据评估，化石能源在世界初级能源供给中的比例在 1990 年为 77%；若保持现有政策环境，这一比例在 2050 年将维持在 64%左右，即使在限制碳排放的政策下，这一比例仍不会低于 57%（WEC，2007）。相应地，化石能源使用带来的碳排放总量将会有大幅增长。据国际能源署统计，在过去 30 年全球碳排放的增量中，40%来自煤炭使用，31%和 29%分别来自石油和天然气的使用（IEA，2004c）。世界能源理事会预测，即使未来能源碳强度有所下降，2002—2030 年能源利用的碳排放在现有政策体系下（包括《京都议定书》）将增加 62%，即使在更严厉的政策体系下，也将增加 37%（WEC，2007）。因此，发展清洁能源技术、低碳排放技术、可再生能源和新能源等碳减排技术受到了国际社会的普遍关注。

目前，国际上主要有三种二氧化碳减排技术（陈晓进，2006）：

(1) 提高能源利用率和转换率，节约用能，如整体联合气化循环发电（IGCC）技术、天然气联合循环发电（NGCC）技术等新型发电技术；

(2) 采用燃料替代，大力发展低碳的化石燃料、核能、可再生能源和新能源；

(3) 从化石能源的利用中分离和回收二氧化碳并加以封存。

这三种方案相对应的节能和高效率的用能技术、新能源技术以及碳捕获和封存技术的发展已经引起学术界和决策者的广泛关注，其中碳捕获和封存技术尤其受到重视。IPCC (2005) 将二氧化碳的捕获和封存技术作为减缓气候变化的重要选择方案之一，以期引起全球对该技术的关注。

(1) 可再生能源技术。

可再生能源包括水能、风能、生物质能、太阳能、地热能和海洋能等，资源潜力大，环境污染低，温室气体排放远低于一般的化石能源，甚至可以实现零排放，并且可以永续利用，既有利于减少碳排放、减缓全球变化，又有利于实现能源的可持续利用。20 世纪 70 年代以来，可再生能源的开发和利用受到世界各国的高度重视，可再生能源得到迅速发展，成为增长最快的能源。下面结合我国国情，介绍可再生能源的发展情况及二氧化碳减排的潜力和发展前景。

1) 水电的碳减排潜力巨大。

水力发电（简称水电）是目前最成熟的可再生能源利用技术，减排潜力巨大，大力发展水电有助于减少碳排放。我国水能资源丰富，水力资源理论蕴藏量为 6.08 万亿千瓦时/年，平均功率为 6.94 亿千瓦，约占世界总量的 1/6。发达国家平均开发程度在 60%以上，而我国水电开发程度仍处于较低水平，仅有 22%，因此，我国水电尚有较大的开发潜力。

对水库水质和温室气体排放的关系的相关研究表明，水电的温室气体排放系数要比火电低 1～2 个数量级，水库的温室气体排放与水质密切相关。国际水电协会（IHA）曾对水库排放温室气体情况做了评估和实证研究，研究表明水库温室气体的净排放为零（加龙，2003）。虽然有人认为水库淹没的植物腐败会造成大量温室气体的排放，但是更多学者认为水库的温室气体排放是一种可再生的碳排放，属于正常的碳循环（张博庭，2007）。因此，开发水电带来的二氧化碳减排潜力巨大，其中小水电还是清洁发展项目的优先领域之一，具有很大的发展潜力。

根据国家可再生能源发展规划（国家发展和改革委员会，2007），到2020年，我国水电装机容量要发展到3亿千瓦，水电开发程度将达到46%～47%，其中大中型水电为2.25亿千瓦，小水电为7 500万千瓦。据中国资源综合利用协会可再生能源专业委员会估计，到2020年，仅小水电的二氧化碳减排量就能达到6 000万吨。

2）风电技术基本成熟，减排潜力可观。

风力发电（简称风电）技术已经基本成熟，主要包括离网运行的小型风力发电机组和大型并网风力发电机组，其中大型并网风电技术是近几年技术进步最快的可再生能源技术。随着风电的技术进步和应用规模的扩大，风电成本持续下降，经济性和常规能源已十分接近。

风电的碳减排前景广阔，单机容量为1兆瓦的风能发电机平均每年可以减排2 000吨二氧化碳（唐成选，2007）。风力发电是接近商业化的可再生能源利用技术，近期内可以大规模应用。风电项目投资大，发电成本高，非常适于作为清洁发展项目。风电的二氧化碳减排潜力巨大，据估计，到2020年我国风电的二氧化碳减排量将达到1 100万吨。

3）生物质发电技术不太成熟。

生物质发电包括农林生物质发电、垃圾发电和沼气发电等。生物质能是目前世界上使用最广泛的可再生能源，但绝大部分都是在发展中国家通过传统低效的火炉为农村居民的炊事提供热能，只有小部分是在发达国家和部分发展中国家通过现代技术和设备进行集中或分散发电、供热、供气和制取液体燃料。而后者代表了生物质能利用的发展方向，并展现了巨大的发展潜力。现代生物质能的发展方向就是通过高效清洁利用将生物质能转换为优质能源，包括电力、燃气、液体燃料等。

①生物质能资源丰富，但技术不成熟，发电成本高，还处于示范性发展阶段。2005年年底，我国生物质发电装机容量约为200万千瓦，其中蔗渣发电约为170万千瓦，垃圾发电约为20万千瓦。但是总体上看，我国生物质发电技术与国际先进水平还有差距。此外，我国生物质能利用的另一种方式——沼气及其相关技术发展得比较完善。2005年年底，全国沼气池用户已达到1 800万户，年产沼气约70亿立方米。我国还开始生产生物质液体燃料。目前，我国以粮食为原料的燃料乙醇年生产能力为102万吨，以油料作物等为原料的生物柴油生产能力达到年产5万吨左右。

目前我国的生物质发电机组主要依赖进口，所以未来随着生物质发电的商业化和发电机组的国产化，单位投资成本将有所下降。同时我国各种生物质能发电技术基本还都处于示范阶段，其商业化和国产化很大程度上依赖于国家的生物质能发展政策。根据国内已建的或已进入可行性研究阶段的生物质能发电示范项目的可行性研究报告，一些生物质能的发电经济参数如表16-1所示。

表16-1 一些生物质能的发电经济参数

技术种类	废弃物发电		秸秆发电			沼气发电		
	蔗渣直燃	谷壳气化	固定床气化	直燃	硫化床气化	小型养殖场	大型养殖场	工业废水
发电规模（千瓦）	12 000	200	4 000	24 000	4 000	200	1 000	2 000
单位固定资产（元/千瓦）	4 611	6 400	8 286	1 333	9 188	34 379	20 987	18 150
燃料价格（元/吨）	50	0	300	280	280	0	0	0

续表

技术种类	废弃物发电		秸秆发电			沼气发电		
	蔗渣直燃	谷壳气化	固定床气化	直燃	硫化床气化	小型养殖场	大型养殖场	工业废水
运行时间（小时）	3 240	3 000	6 500	6 500	6 500	7 000	7 000	7 000
发电成本（元/千瓦时）	0.327	0.548	0.539	0.508	0.518	0.917	0.612	0.535
上网电价（元/千瓦时）	0.520	0.696	0.706	0.776	0.715	1.018	0.578	0.486

资料来源：孙利源（2004）。

②生物质能碳减排潜力广阔，应当加强发展。无论是通过生物质发电还是沼气利用，都能减少二氧化碳的排放。我国目前的秸秆产出量已超过 7 亿吨，折合成标准煤约为 3.5 亿吨，全部利用可以减排 8.5 亿吨二氧化碳（杜秀珍，赵梦，2010）。截至 2010 年 6 月底，各级政府核准的生物质发电项目累计超过了 170 个，总装机规模由 2006 年的1 400兆瓦增加到 2010 年的 5 500 兆瓦，已经有超过 50 个生物质发电项目实现了并网发电，发电装机容量达到 2 000 兆瓦以上（张铁柱，2011）。2020 年，如果我国生物质年发电量能达到 800 亿千瓦时，那么减少的二氧化碳约为 7 500 万吨，沼气利用中减少的甲烷折合成二氧化碳约为 6 000 万吨。

（2）新型发电技术。

火电部门是最主要的碳排放部门，改进发电技术、采用新的发电技术都将有效减少电力部门的二氧化碳排放。目前，整体联合气化循环发电（integrated gasification combined cycle，IGCC）技术和天然气联合循环发电（natural gas combined cycle，NGCC）技术引起了人们的广泛关注。

IGCC 技术是一种将碳化物，如煤炭、石油焦、渣油、生物质燃料等进行处理后产生的低热值合成气，经净化后送入燃气-蒸汽联合循环发电或生产其他化学物质的技术（汤蕴林，2004）。IGCC 技术将联合循环发电技术与煤气化、煤气净化技术有机结合在一起，是一种可持续发展的洁净煤发电技术，符合 21 世纪发电技术的发展方向，已成为 21 世纪备受关注的洁净能源利用技术。

NGCC 技术利用天然气燃烧产生的高温烟气在燃气轮机中做功发电后，排放出的废气能在余热回收锅炉中产生蒸汽，蒸汽继续推动蒸汽轮机做功发电，燃气与蒸汽两者结合便形成了天然气联合循环发电。

下面分别从技术发展现状、未来发展等方面对两种先进的发电技术进行分析。

IGCC 技术和 NGCC 技术的应用已经进入商业示范阶段，大规模应用仍存在障碍。我国从 20 世纪 80 年代起就跟踪 IGCC 技术的发展。我国也将在烟台建设 IGCC 技术示范电站（张春霞，2004）。烟台市在 2006 年 2 月出台的“十一五”规划中，将 300 兆瓦容量的 IGCC 技术示范电站作为重点项目来推进。我国规划的 IGCC 技术项目还有上海 400 兆瓦级 IGCC 技术项目，河北 120 兆瓦级 IGCC 技术电厂以及辽宁阜新以 IGCC 技术为基础的热、电、煤气三联供项目等（徐连兵，2005）。

步入 21 世纪以后，NGCC 技术在电力系统中的地位发生了显著的变化，不再仅仅充当应急电源和调峰的角色，而是作为电网的一个重要组成部分迅速崛起。在工业发达国家，NGCC 技术新增的容量甚至已超过常规的火力发电。随着国家能源结构政策的调整，我国 NGCC 技术也有一定的发展。目前，已有杭州半山电厂、张家港华兴电厂、上海化学工区热电等天然气发电机组已经并网发电。北京京丰电厂的天然气机组也已建成，已处于试运行阶段（张焕云，2005）。随着我国天然气资源开发进程的加快、西气东输工程的实施以及与国外资源合作力度的加大，天然气发电技术尤其是 NGCC 技术的应用规模会逐步扩大。但由于我国天然气资源比较稀缺，价格又比较昂贵，一次能源以煤为主的格局在较长时期内不会改变，致使 NGCC 技术的发展速度不会像国外那么快。但是，随着环保形势的日趋严峻、天然气资源的不断开发和引进，以及技术的逐渐成熟，NGCC 技术发电在中国电力系统中的比重将来可能会有较大的提高。

目前我国 IGCC 技术和 NGCC 技术在发展中也存在一定的风险和障碍，主要有以下几个方面。

1）IGCC 技术发电厂的初始造价偏高，建设工期长。从表 16-2 可以看出，IGCC 技术示范电厂单位造价约为我国燃煤电厂单位造价的两倍，测算电价、测算热价也尚不具备市场竞争力。

表 16-2　国内某燃煤电厂和 IGCC 技术示范电厂的比较

比较项目	某燃煤电厂（300 兆瓦级）	IGCC 技术示范电厂（300 兆瓦级）
单位静态投资	4 298 元/千瓦	8 110 元/千瓦
测算电价	313.62 元/千瓦	429.98 元/千瓦
测算热价	24.21 元/兆焦	58.01 元/兆焦
建设工期	20 个月	36 个月

资料来源：徐连兵（2005）。

2）我国 IGCC 技术还不成熟。IGCC 技术中的联合循环动力系统、煤气化系统和高温净化等系统的设备和关键技术还需要从发达国家引进。

3）IGCC 技术发电厂的运行可靠性有待提高。

4）IGCC 技术发电厂的整体可用率未达到预期值，目前国际上四座以煤为原料的 IGCC 技术发电厂的可用率在 60%～80%，有待进一步提高。

与 IGCC 技术不同，NGCC 技术的总成本主要依赖于天然气的价格，所以随着油气价格的波动，无论是总成本、减排成本，还是运行成本等，都具有一定的不确定性。

①发电成本的不确定。NGCC 技术的燃料成本占发电总成本的 60%～85%，相比之下，可再生能源、核能和煤炭燃料占发电成本的 40%以下（IEA，2006a）。燃煤和燃气发电站成本比较如图 16-16 所示。因此，燃料价格的上涨对 NGCC 技术发电站的经济影响比其他技术更强烈。由于无法得知未来天然气的真实价格，所以 NGCC 技术的最大挑战就是成本的不确定性。天然气价格的上涨可能会导致天然气发电向燃煤发电的转换，近年来美国和欧洲的发展已经证实了这一点。另外，NGCC 技术发电规模的快速上涨也会导致天然气价格上涨。就我国而言，目前天然气市场还处于初级发展阶段，资源分布极不均衡，输送成本高，保有量也相对较低，这些因素导致天然气电厂的运营成本和风险大大增加。

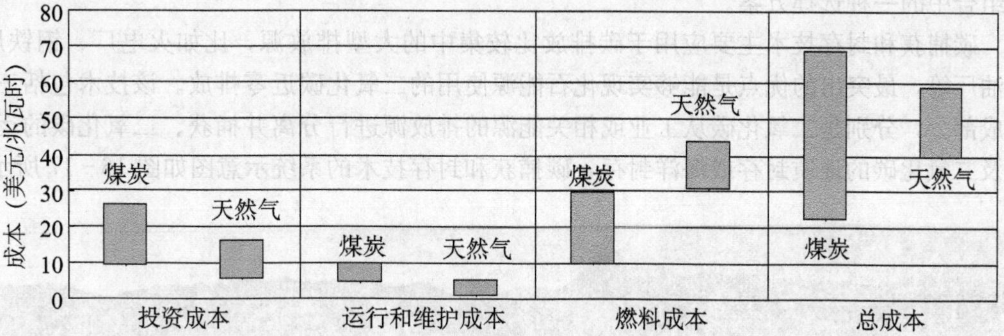

图 16－16 燃煤和燃气发电站成本比较

资料来源：中国科学院国家科学图书馆（2007）。

②NGCC 技术设备价格高，国内技术还未成熟。我国还尚未具备生产 NGCC 技术发电机组设备的能力，要完全依赖进口。由于国内不具备生产条件，设备的备品和备件的价格也很高。

③国内 NGCC 技术电价竞争力低。国内天然气价格高使得电厂成本高，若上网电价低，电厂则很难生存。

④从资源供应的角度来看，国内天然气资源相对不太丰富，这也会严重影响天然气发电在我国的发展。

（3）碳捕获和封存技术。

任何一项技术的发展都有其驱动力量。碳捕获和封存（carbon capture and storage，CCS）技术发展的驱动力是，保证满足经济发展所需的能源供给的同时减少化石能源使用带来的碳排放，从而减缓气候变化。碳捕获和封存是指将二氧化碳从工业或相关能源的排放源中分离出来，输送到封存地点，并且长期与大气隔绝，从而减少碳排放。未来一段时期，石油、煤炭和天然气等化石能源仍将是主要能源。根据美国能源部能源信息署的预测数据（EIA，2007），未来几十年，煤炭的消费年均增长幅度将达到 2.2%，将成为未来增长速度最快的能源，在世界一次能源消费结构中的比例将呈现增长趋势，由 2004 年的 25.6%增至 2030 年的 28.4%。在未来能源需求结构中，预计天然气在世界一次能源消费结构中的比例将进一步提高，由 2004 年的 23.1%增加到 2030 年的 24.3%；预计石油年均增长幅度达 1.4%，而石油在世界一次能源消费结构中的比例呈现下降趋势，由 2004 年的 37.7%下降至 2030 年的 34.1%。如此巨大的化石能源消费量也将产生庞大的碳排放量。该报告中也指出，到 2030 年，二氧化碳排放量将比 2004 年增长 65%，达到 430 亿吨。

因此，世界各国正在积极研究和发展碳减排技术。碳捕获和封存技术就是众多碳减排技术中一种应用前景十分广阔的新兴技术。碳捕获和封存技术有望实现化石能源使用的零排放，减排潜力巨大，因而受到国际社会特别是发达国家的格外重视。

1）碳捕获和封存技术起步晚，发展迅速，规模化和商业化应用有待推进。

IPCC（2005）指出，碳捕获和封存技术具有减少整体气候变化，减缓成本，以及增加实现温室气体减排灵活性的潜力。碳捕获和封存技术是稳定大气温室气体浓度的减缓行动组合中的一种选择方案。

碳捕获和封存技术主要应用于碳排放比较集中的大型排放源，比如火电厂、钢铁厂、炼油厂等，最突出的优点是能够实现化石能源使用的二氧化碳近零排放。该技术包括三个组成部分，分别是二氧化碳从工业或相关能源的排放源进行分离并捕获、二氧化碳的运输以及二氧化碳的地质封存或海洋封存，碳捕获和封存技术的系统示意图如图 16－17 所示。

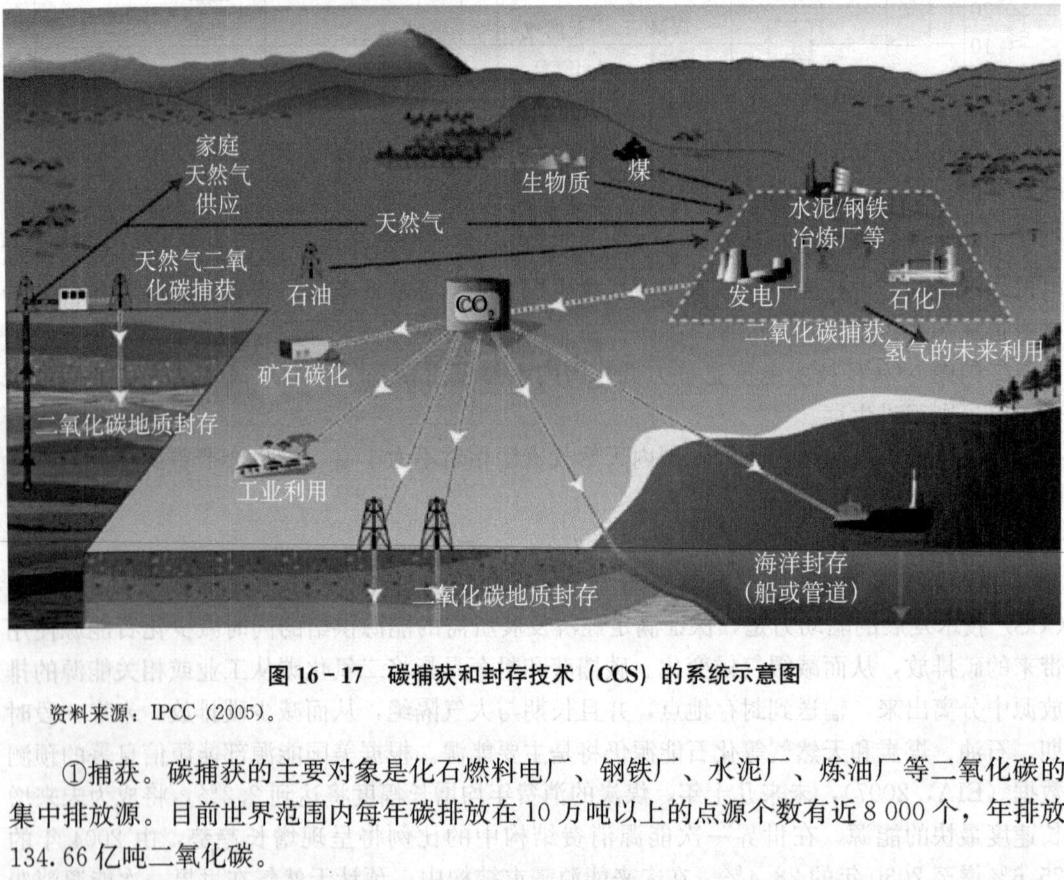

图 16－17　碳捕获和封存技术（CCS）的系统示意图

资料来源：IPCC（2005）。

①捕获。碳捕获的主要对象是化石燃料电厂、钢铁厂、水泥厂、炼油厂等二氧化碳的集中排放源。目前世界范围内每年碳排放在 10 万吨以上的点源个数有近 8 000 个，年排放 134.66 亿吨二氧化碳。

捕获是指将二氧化碳从其他气体产品中分离出来，二氧化碳捕获分离系统主要有三类：燃烧前捕获系统、燃烧后捕获系统以及富氧燃烧系统。三类捕获系统技术的发展阶段和应用情况大有不同：从目前来看，燃烧前捕获系统应用最为成熟，已经在肥料制造业以及氢生产工业中得到广泛应用；燃烧后捕获系统只在一定条件下才具有经济可行性；富氧燃烧系统会导致能源和成本增加，因此还处于示范阶段。为了便于运输和封存，通常捕获设备还会对二氧化碳进行高浓度压缩。

②运输。运输是把捕获的二氧化碳运输到离排放源较远的封存地点。运输二氧化碳的主要方式有管道运输、船运以及铁路和公路运输。但是由于成本以及技术成熟程度的限制，现阶段大量二氧化碳运输比较成熟、经济的方法是管道运输。由于船运成本和运输距离有很大关系，因此，只有在一定条件下，船舶运输二氧化碳才是经济可行的，比如对于每年在几百万吨以下的二氧化碳输送或更远距离的海外运输，船舶运输才更经济可行。从

发展现状来看，由于需求有限，目前船运二氧化碳还只是小规模进行。虽然通过铁路和公路运输液化二氧化碳的技术已经成熟，但是与管道运输和船舶运输相比，其运输规模小，经济可行性较差，因此，不太可能成为大规模运输二氧化碳的选择方案。

③封存。封存是将捕获的二氧化碳注入地下地质构造、深海中，或者通过工业流程将其凝固在无机碳酸盐中的过程。封存主要包括在废弃油田和气田中的封存、煤层中的封存、盐水层中的封存，以及注入海洋深层的封存。从这几种封存方式的技术发展的成熟度来看，有些技术已经可以进行商业化或部分商业化应用，比如二氧化碳回注采油、采煤层气或天然气等技术。这些技术由于可以提高相关产品的采集率，其二氧化碳的注入成本能部分或全部地被抵消，因此，这种技术在世界各地都有所发展。海洋封存技术由于其生态影响的不确定性，仍然处于研究阶段。在不同的封存方式下，二氧化碳封存能力也各不相同，如表16－3所示，盐水层的封存量最大，煤层封存和强化采油的封存量则较小。

表16－3　不同类型储存库的封存容量

封存库	容量（亿吨二氧化碳）
油/气田	9 000～13 000
废弃油田	1 260～4 000
废弃气田	约8 000
强化采油	610～1 230
煤层	600～1 500
盐水层	60 000～100 000
总计	70 000～115 000

资料来源：DNV（2007）。

按照澳大利亚全球碳捕获和封存技术研究所的统计，目前世界上有270个碳捕获和封存技术项目，其中70个达到每年封存超过100万吨二氧化碳的商业级规模。然而，大多数项目目前还在规划研究阶段，真正运行的商业化项目不超过10个，并且主要集中在油气生产领域（白晶，2010）。碳捕获和封存项目统计见表16－4。

表16－4　碳捕获和封存项目统计　（单位：个）

	亚洲	大洋洲	欧洲	北美地区	其他	总计
二氧化碳捕获示范项目	4	1	4	6	1	16
二氧化碳捕获研究项目	1	1	15	23	—	40
二氧化碳地质封存示范项目	1	2	4	4	2	13
二氧化碳地质封存研究项目	5	2	16	31	—	54
二氧化碳深海封存研究项目	1	—	2	5		8
总计	12	6	41	69	3	131

资料来源：IEAGHG（2006）。

虽然中国关于碳捕获和封存技术的研究和示范项目刚刚起步，但是中国很早就在油田利用了碳储存强化采油，比如大庆油田（1990—1995年）、苏北油田（1996年）、辽河油田（1990年起）、胜利油田以及中原油田等。另外，通过国际合作，中国已经开展了碳捕获和封存技术方面的若干项目，比如吉林油田回收利用项目，以及中国与加拿大合作的边沁煤层气二氧化碳储藏技术开放项目（孙茂远，2003）。从总体上来看，与发达国家相比，中国的碳捕获和封存技术和实际应用都比较薄弱，还需要进一步加强碳捕获和封存技术的研究和项目实践。我国一方面要积极参与国际合作，全面提升能力建设；另一方面要着力加强自主研发，适时推进示范工程，开展实际应用工程。

2）碳捕获和封存技术目前成本较高，与其他减排技术相比竞争力较弱。

根据估算（IEA，2006a），目前电厂碳捕获和封存技术的成本为30～90美元/吨，甚至更高，主要包括捕获成本（20～80美元/吨）、运输成本（1～10美元/100千米）、封存和监控成本（2～5美元/吨）。除此之外，应用碳捕获和封存技术还会增加电厂的发电成本。IEA（2006a）在报告中指出，应用了碳捕获和封存技术的电力成本将会增加20～30美元/兆瓦；到2030年，由于碳捕获和封存技术的进步，其成本会下降，可能在25美元/吨左右，相应的电力成本增幅有所下降，为10～20美元/兆瓦。但是若用来强化采油，碳捕获和封存技术的成本则会有所抵消。IPCC（2005）的研究表明，强化采油会使采用碳捕获和封存技术造成的额外成本降低10～20美元/兆瓦，但是强化采油生产的经济效益在很大程度上取决于石油的价格。

尽管目前碳捕获和封存技术的成本还比较高，但是由于碳捕获和封存技术能与很多能源基础设施兼容，并且具有成本竞争优势，因此，和其他减排技术相比，碳捕获和封存技术仍具有一定的竞争力，如表16-5所示。整体上来看，碳捕获和封存技术以及该技术与其他先进发电技术相结合的碳减排成本要低于可再生能源技术的减排成本。另外，将先进发电技术与碳捕获和封存技术相结合，如天然气联合循环发电技术（NGCC）和整体联合气化循环发电技术（IGCC），碳捕获和封存技术的成本增加也会相对较小，如表16-5所示。

表16-5　化石能源、可再生能源和核电技术的碳减排成本比较

技术类型	煤炭相关的减排成本（美元/吨）	天然气相关的减排成本（美元/吨）
海上风电	−63～125	−61～291
陆上风电	11～287	265～592
生物燃料	108～200	240～447
核能	44～80	89～164
潮汐能	277～597	572～1 168
整体联合气化循环发电技术＋碳捕获和封存技术	24～45	101～188
新整体联合气化循环发电技术＋碳捕获和封存技术	54～101	151～282
煤电厂＋碳捕获和封存技术	66～122	195～362
新煤电厂＋碳捕获和封存技术	92～221	243～566

资料来源：World Coal Institute（2005）。

碳捕获和封存技术在不同的技术选择下其成本也不尽相同，并且由于燃料类型和电厂技术等差异的存在，碳捕获和封存技术的成本数据不能一概而论。我们可以根据经验数据，总结出碳捕获和封存技术的成本范围和影响因素：在大多数情况下，碳捕获分离（包括压缩）的成本在总成本的比例中最高；二氧化碳的运输成本则依赖于运输量、距离、人口密度、土地类型及其他影响因素；相比之下，二氧化碳注入和封存的成本则相对较低。

3）碳捕获和封存技术的大规模发展主要依赖于技术的成熟和成本的下降。

虽然碳捕获和封存技术具有巨大的减排潜力，是实现二氧化碳减排的技术选择方案之一，但是碳捕获和封存技术能否得到广泛应用取决于其技术成熟性、成本、整体减排能力、在发展中国家的技术普及和转让、相关应用技术的能力、政策法规因素、可能造成的环境问题和公众反应等。

碳捕获和封存技术对社会环境可能存在的风险和危害包括：二氧化碳逃逸到大气层对人体健康与安全的潜在危害；二氧化碳泄漏和盐水取代地下水的危害；对陆地和海洋生态系统的危害；诱发地震以及引起地面沉降或升高的风险等。此外，碳捕获和封存技术要推广和实现规模化应用还存在一系列障碍，主要包括技术和成本障碍、市场障碍、法律障碍及机制障碍等。

①目前碳捕获和封存技术成本太高，缺乏市场竞争力。目前碳捕获和封存技术应用中最主要的障碍是高成本，碳捕获和封存技术的实施会增加一系列成本，只有当总成本降到25～30 美元/吨时，碳捕获和封存技术才可能大规模适用（IPCC，2005）。随着碳捕获和封存技术的发展成熟及规模经济的扩大，未来成本可能会有所降低。此外，碳捕获和封存技术的投融资也面临着一系列问题，因此，要制定一个规范的框架来增加政府和私人对碳捕获和封存技术的投入、研发和接受度，以克服技术和市场的不确定性风险，促进碳捕获和封存技术的发展。

②目前的国际公约没有涉及二氧化碳的封存，因此存在法律障碍。从法律保护上来看，目前一些国家已有的法律直接涉及在沿海的地质封存，比如，一些国家沿袭的方式是由政府来考虑与二氧化碳封存相关的长期责任，像地下采矿作业等。另外，还有一些国际公约，如《联合国海洋法公约》、《1972 伦敦公约》和《东北大西洋海洋环境保护公约》等也涉及二氧化碳注入海洋会引起的环境变化等。但所有这些已经起草完的公约都没有特别考虑二氧化碳的封存（IPCC，2005）。

③对于碳捕获和封存技术能否作为清洁发展项目，在方法学、核算等问题上还有待进一步研究，且存在激励机制障碍。从清洁发展机制来看，原则上，提高能源效率的技术、先进的新能源和可再生能源技术、先进的废弃能源回收技术和温室气体回收技术都可以作为清洁发展项目合作的技术选择。然而目前的清洁发展方法学主要是针对自然生态系统的碳捕获和封存，对碳捕获和封存技术的方法学、记账系统还需要进一步研究。还有学者认为，碳捕获和封存技术能否作为清洁发展项目，目前在方法论、技术可靠性、项目额外性等方面仍然有很大争议（中国社会科学院可持续发展研究中心，2006）。此外，碳捕获和封存技术还面临着诸多挑战：如何体现清洁发展促进可持续发展的目标？是否与东道国发展的优先领域相协调？与其他清洁发展项目的竞争以及资金筹集的问题又有哪些？要解决这些问题，可能在国际制度层面上还需要建立比清洁发展更合适的机制。随着《京都议定书》的生效，国际社会更加关注其生效后的实际效果。从现有技术和经济可行性来看，碳捕获和封存技术对全球气候变化的减缓作用在近期较为有限。发达国家已开始一系列的试点，但是发展中国家相关领域发展还比较薄弱。

整体上看，碳捕获和封存技术是减少碳排放，实现低碳经济的重要技术，虽然目前技术可行，但是成本较高，未来需要进一步发展，以降低成本，实现大规模应用，从而在减少全球二氧化碳排放、减缓全球气候变化中发挥关键作用。

(4) 节能技术。

二氧化碳减排途径多种多样。节约能源、减少能源消耗尤其是化石能源的消耗是减少碳排放最直接的途径。长期以来，我国坚持能源开发与节约并举、把节约放在首位的能源方针，提高了能源利用效率，降低了单位产出能耗，节约和减少能源消耗达数亿吨标准煤，对减少碳排放发挥了重要作用。

经过各方努力，我国完成了“十一五”规划提出的节能目标，2010 年单位国内生产总值能耗比 2005 年累计下降了 19.1%，相当于少排放二氧化碳 14.6 亿吨以上。根据国家的《节能中长期专项规划》，到 2020 年，我国每万元 GDP（1990 年不变价）能耗将由 2002 年的 2.68 吨标准煤下降到 1.54 吨标准煤，形成的节能能力为 14 亿吨标准煤，相当于同期规划新增能源生产总量 12.6 亿吨标准煤的 111%，能减少碳排放 35 亿吨。如果这一规划目标实现，则能大大减少我国的碳排放，有效缓解我国面临的国际减排压力。为了实现上述节能目标，国家在规划中确定了三大节能重点领域，分别是：重点工业节能、交通运输节能和建筑、商业民用节能。此外，该规划还确定了十大重点工程，并制订了十大重点工程的具体实施方案。通过实施上述十项重点工程，中央、地方和企业累计形成节能能力约 3.4 亿吨标准煤。以余热余压利用工程为例，我国钢铁行业“十一五”期间回收利用高炉煤气、焦炉煤气、转炉煤气等余能，自发电装机容量由 2005 年的 680 万千瓦增加到 2009 年的 1 680 万千瓦，自发电量由 364 亿千瓦时增加到 765 亿千瓦时，节能 1 363 万吨标准煤，减少二氧化碳排放约 3 400 万吨，减少二氧化硫排放约 30 万吨，降低外购电成本约 200 亿元，大幅提高了企业的经济效益和环境效益（新华社，2011）。电力生产、工业生产、交通电力，以及住宅和商品能源的二氧化碳分别占人为排放二氧化碳总量的 34%、25%、23%和 18%。下面将分别从电力工业、钢铁工业、建材工业、交通节能、建筑节能，以及政府和居民节能等角度来分析对应的节能技术、方法以及节能减排潜力。

1) 降低供电煤耗和输电线损率是电力工业节能的关键。

发电的供电煤耗和输电线损率是衡量电力行业能源效率和经济运行水平的重要指标，近年来我国供电煤耗和输电线损率有较大幅度的降低。自 1980 年到 2006 年，我国供电标准煤耗由 448 克/千瓦时下降到 366 克/千瓦时；输电线损率由 8.9%下降到 7.08%。虽然我国电力工业节能工作较有成效，但与世界主要工业国家相比仍有较大差距（王志轩，等，2003）。主要表现为：

①供电煤耗与世界先进水平仍然相差约 60 克/千瓦时，相当于发达国家 20 世纪 70 年代的水平。

②输电线损率比国际先进电力公司高 2.0～2.5 个百分点。

③发电结构不够合理，新能源和可再生能源比例有待提高，大机组的比重过小。

据估算，如果我国现有的小机组被大机组完全替代，一年则可以节约 9 000 万吨标准煤，减少碳排放 2.2 亿吨（陈德铭，2007）。因此，我国电力工业节能减排具有相当大的潜力。

从电力工业节能技术、政策及措施方面来看，根据国家《节能中长期专项规划》和《中国节能技术政策大纲》，2020 年，我国火电厂平均每千瓦时供电煤耗降到 320 克标准煤；发电厂综合用电率在2020年达到5.1%；输电线损率在2020年达到6.8%。这一规划目标的实现将大大减少电力工业的能源消耗和碳排放。

2）钢铁行业节能是节能减排潜力最大的行业之一。

钢铁行业是典型的高耗能、高排放行业，也是节能减排潜力最大的行业之一。目前中国钢铁行业共消耗近4.8亿吨标准煤，占全国能源消耗的17%左右，仅次于电力工业，其中，重点大中型钢铁企业总能耗为1.98亿吨标准煤。

我国钢铁行业在节能中已经发挥了重要作用，1990—2005年，主要钢铁行业吨钢综合能耗从1.61吨标准煤降到了0.741吨标准煤；主要钢铁企业的吨钢可比能耗从0.997吨标准煤降到了0.714吨标准煤（王泰昌，等，2007）。但是与发达国家相比，我国钢铁行业的一些技术经济指标仍有较大差距，钢铁行业实现节能减排仍然任重道远。

根据我国《钢铁产业发展政策》，到2020年，钢铁行业吨钢综合能耗降到0.70吨标准煤、吨钢可比能耗降到0.64吨标准煤，节能减排空间广阔。

3）水泥工业节能降耗是建材工业节能的核心。

水泥是建材工业的耗能大户，其能源消耗量占建材工业总能耗的50%左右，水泥工业的节能是建材工业节能降耗的关键。我国水泥综合能耗水平显著降低，2006年，水泥综合能耗达到142千克标准煤/吨，但与国外先进水平还有较大差距。目前，我国水泥的综合能耗比国际水平高出约26%。

淘汰落后水泥生产技术和工艺及采用先进的水泥生产工艺，可以大大减少水泥生产的能源消耗和碳排放。按淘汰5 000万吨落后水泥生产能力测算，可节电45亿千瓦时，减少碳排放4 000多万吨，节煤700万吨。因此，水泥工业节能降耗和减排效果明显。2005年的《中国节能技术政策大纲》中要求，2020年，我国水泥工业能耗水平应达到或接近世界平均水平。2000—2020年，预计每吨水泥产品综合能耗将由162克标准煤下降到129克标准煤。如果这一目标实现，水泥工业将为实现节能减排任务发挥重要作用。

此外，交通节能、建筑节能、政府和居民节能等节能领域也都有巨大的减排潜力。单从居民生活行为来看，根据“十一五”国家科技支撑计划“全球环境变化人文因素的检测与分析技术研究”课题组的研究结果（中华人民共和国科学技术部，2007），如果居民能积极参与《全民节能减排手册》，其日常生活行为的年节能总量约为7 700万吨标准煤，相应减排二氧化碳约2亿吨，经济、社会和环境效益十分显著。

16.4.5 主要减排政策

正如噪声、汽车尾气等一样，二氧化碳过度排放带来的危害也是一种外部成本，因此，无论是通过改变生产者和消费者的行为，还是通过促进技术进步来减少二氧化碳排放，往往都需要引入相应的政策约束或激励措施，才能有效地实现其减排效果。

各国现有的应对气候变化的政策措施主要包括管制手段、财政政策、排放权交易等。

管制手段主要通过排放限额、用能/排放标准、供电配额等方式对二氧化碳排放或能源利用水平实行直接控制。例如，欧盟的温室气体限排制度对能源、钢铁、水泥、造纸、制砖等产业实行二氧化碳排放限额，对超额企业罚款；日本对耗能过多的单位限期进行整改，整改后仍不达标者进行曝光、罚款等处理；美国、欧盟等要求供电商实行可再生能源发电配额制，即将所供电力的一定比例用于可再生能源发电；各国还纷纷出台了针对设备、交通工具、建筑物的能效/排放标准等。

财政手段包括各种与能源环境相关的税收、补贴和资助等。按照庇古税的原理，旨在减少温室气体排放的各项税收可以使不同企业根据各自的控制成本来选择控制量，与排放标准、罚款等其他控制手段相比，该措施在同样的排放控制量下成本更低。丹麦、芬兰、荷兰、瑞典和德国从 1990 年开始征收碳税；法国从 1999 年起开征生态税；英国于 2001 年引入了以煤炭、天然气和电能的使用量为税基的气候变化税；2007 年 1 月起，日本也对石油、煤炭、天然气等化石能源中的碳含量征收环境税。这些税收手段不仅能通过价格杠杆引导低能耗、低排放的生产和生活方式，而且起到了增加政府收入，从而为其他的节能减排活动筹措资金的作用。

利用能源环境税收及其他财政收入来促进节能减排的另一表现就是政府通过减税、补贴、专项基金等形式，鼓励和推进先进技术研发等活动。例如，欧盟通过减税或提供补贴等政策措施，鼓励利用风力、水力、生物能等可再生能源；法国通过大幅提高生物能源财政补贴来鼓励发展生物能源。能源环境税收还可用于减免现存的其他扭曲税，从而在提高整体社会经济福利的同时有助于提高政策的可行性。例如，英国每年筹措到的气候变化税（11 亿～12 亿英镑）除了补贴节能投资（1 亿英镑），以及拨给碳基金（6 600 万英镑）以帮助商业和公共部门减少二氧化碳排放和捕获低碳技术的商业机会之外，还有相当一部分（8.76 亿英镑）用于减轻企业社会保险税。

排放权交易是在排放限额的基础上进行的直接管制与经济激励相结合的减排手段，一般也称为限额与交易制度。限额规定了各企业的最大允许排放量，在没有排放权交易时，企业必须独立承担设备改造、超额罚款等成本；交易通过允许排放超过限额的企业向排放低于限额的企业购买排放额度来降低全社会的减排成本。目前欧盟、美国、日本等都建立或试行了碳排放交易市场。

相对于单纯的管制，运用价格杠杆的财税政策和交易制度有助于降低减排成本，因此更受青睐，已成为目前研究和关注的热点。

16.5 碳排放贸易与碳市场

16.5.1 碳排放贸易与碳市场的产生

《京都议定书》的一大贡献是在具体减排途径上，提出了三个基于市场的灵活履约机制：发达国家与经济转型国家间的联合履约（JI）、发达国家和发展中国家间的清洁发展机制（CDM）和发达国家间的国际排放贸易（IET）。在《京都议定书》的约束下，二氧化碳排放权成为一种稀缺的资源，具有了商品的属性。由于二氧化碳对环境的影响是全球性的、长期性的，因此在世界上任何地方排放的二氧化碳具有相同的增温效果，温室气体的排放地和减排地也就有了可替代性。同时由于碳减排需要成本，而且每个国家的减排成本存在明显差异，所以碳排放权就具有了价值，于是在减缓气候变化领域产生了以二氧化碳排放为商品的市场（魏一鸣，等，2008）。

图 16-18 给出了《京都议定书》规定的碳市场交易规则。每个国家或地区都有一定的二氧化碳排放目标，而国家内的参与者（如企业）通过国家分配得到了二氧化碳排放配额。在规定期限内，如果国家、地区或企业的二氧化碳排放量超过了配额，不能完成排放目标，则可以在碳市场上购买排放额度；而提前完成减排目标并且有富余的，可以到碳市场上出售排放额度。

事实上，边际减排成本和排放额度的价格决定了国家或企业是否会参与碳市场的交易。当一个国家或企业处于被限制排放的市场体系当中时，都会衡量排放额度的价格与本国或本企业的边际减排成本的关系。如果国家或企业的允许排放额度不足以满足其温室气体的排放量，它们就会衡量减排成本、排放额度的价格，以及罚款之间的关系。如果国家或企业的边际减排成本较高，则它们就愿意为购买排放额度付出较高的价格。而拥有过剩排放额度的国家或企业则愿意通过出售来获取一部分利润。如果该市场得以规范化发展，那么最终会形成一个均衡价格。在该均衡价格下，所有企业的边际减排成本都是相等的，从而保证了碳市场能够以最低的成本实现给定的减排目标。因此在碳市场的背景下，国家或企业可以有两种选择：第一，通过自己的努力实现减排目标；第二，通过碳市场购入排放额度。因此，国际碳市场的建立有利于减少二氧化碳的排放，降低全球二氧化碳的平均减排成本，传导减排政策，实现碳融资，推动低碳发展（魏一鸣，等，2010）。

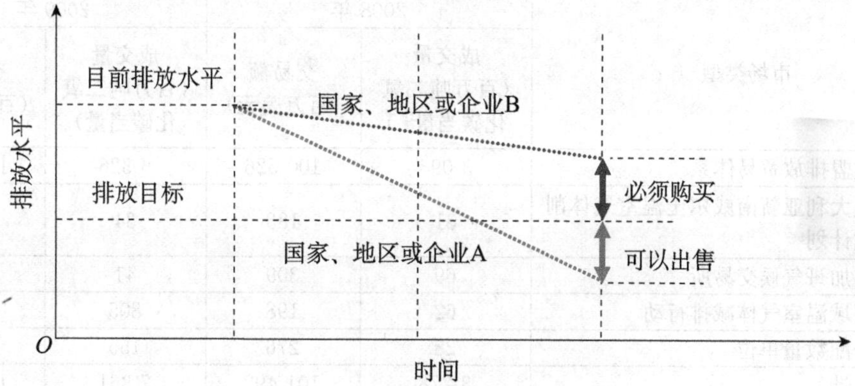

图 16-18 《京都议定书》下的碳交易市场

国际碳市场按交易类型可以分为两类：基于配额（或称为排放许可证）的市场（如国际排放贸易）和基于项目的市场（如清洁发展机制、联合履约）。《京都议定书》下的碳市场是国际碳市场的主体。

16.5.2 国际碳市场发展状况

(1) 国际碳市场概况。

国际碳市场的交易经历了两个阶段：第一阶段为 1996—2000 年，第二阶段为 2001 年至今。在第一阶段，碳交易主要发生在非京都市场，即自愿市场或零售市场。交易数量呈现不规则的波动，没有明显的规律。年最大交易量是在 1996 年，约有 4 000 万吨二氧化碳；而年最小交易量是在 2000 年，约有 1 400 万吨二氧化碳。在第二阶段，碳交易由非京都市场向京都市场倾斜。主要原因在于，减缓气候变化的国际责任已达成共识，京都规则受到越来越高的重视。自《京都议定书》生效和 2005 年 1 月欧盟启动排放交易体系以来，无论是以项目为基础的减排量交易市场，还是以配额为基础的碳配额交易市场，都做出了相应的反应，市场成长迅速。

目前全球尚不存在统一的国际碳市场，各区域性市场的管理规则也不尽相同。现有的碳准许市场包括：欧盟排放贸易体系（European Union emission trading system，EU ETS）、英国排放贸易计划、芝加哥气候交易所（Chicago climate exchange，CCX）、澳大利亚新南威尔士温室气体削减计划、区域温室气体减排行动（regional greenhouse gas initiative，RGGI）、分配数量单位等。

碳市场自成立以来，得到了迅速的发展和扩张，已成为全球贸易中的最新亮点。表 16-6展示了 2008 年与 2009 年国际碳市场中基于配额交易和基于项目交易的成交量与成交金额。2009 年市场成交量比 2008 年增长了 80%，其中基于配额交易的市场成长最为迅速，成交量从 2008 年的 3 278 百万吨增加到 7 361 百万吨，增长速度为 125%；市场交易额增长幅度不大，是由于中间经历了 2008 年全球经济危机，导致碳价大幅下跌。在碳市场中，欧盟排放贸易体系增长最为迅速，成交量和成交额最大，市场容量不断扩大，是目前全球最大的碳市场。

表 16-6　国际碳市场的交易情况

市场类型		2008 年		2009 年	
		成交量（百万吨二氧化碳当量①）	交易额（百万美元）	成交量（百万吨二氧化碳当量）	交易额（百万美元）
配额交易	欧盟排放贸易体系	3 093	100 526	6 326	118 474
	澳大利亚新南威尔士温室气体削减计划	31	183	34	117
	芝加哥气候交易所	69	309	41	50
	区域温室气体减排行动	62	198	805	2 179
	分配数量单位	23	276	155	2 003
	小计	3 278	101 492	7 361	122 823
项目交易	一级清洁发展机制	404	6 511	211	2 678
	联合履约	25	367	26	354
	自愿市场	57	419	46	338
	小计	486	7 297	283	3 370
二级清洁发展机制		1 072	26 277	1 055	17 543
总计		4 836	135 066	8 699	143 736

资料来源：World Bank（2010）。

注：一级清洁发展机制指的是碳资源的最初所有者与买家之间所交易的清洁发展项目；二级清洁发展机制指的是卖家并不是最初所有者或所在国的清洁发展项目。另因四舍五入，数据结果可能略有差异。

1）欧盟排放贸易体系与欧盟减排策略。

在《京都议定书》中，欧盟承诺在 2008—2012 年相对于其 1990 年排放水平减排 8%。

2001年10月，欧洲委员会通过了有关气候的一揽子决定，其中包括一份关于欧盟范围内温室气体交易指令的提案。该提案的目的是建立一个欧盟排放交易框架和一个欧盟范围的排放市场，在以最符合成本效益的方法来达到《京都议定书》的目标的同时，确保内部市场发挥正确的功能，防止由分割的国内排放交易计划带来的竞争扭曲。根据减排方案，欧盟各国政府从2005年开始向重工业厂家颁发许可证，并限制其温室气体排放的最高额度。打算超限额开展生产的"污染大户"，如炼油厂和燃煤电厂等，可以向排放较少的企业以交换物品的形式购买额外排放许可。目前世界最大的温室气体排放贸易准许市场——欧盟排放贸易体系于2005年1月正式成立。

2）英国碳市场与二氧化碳减排策略。

英国是世界最早制定和实施温室气体排放贸易制度的国家。作为英国气候变化政策的重要组成部分，2002年英国启动了为期5年，涵盖6种温室气体的排放贸易制度。该制度按自愿参与原则，通过奖励、税收减免等激励措施鼓励企业实施减排行动。

3）芝加哥气候交易所。

芝加哥气候交易所是限制-贸易体系的试点基地，在限制-贸易体系中，有许多北美公司自愿同意限制各自的温室气体排放。这些公司可以通过内部减排、联合履约或国际排放贸易的手段来完成自己的减排任务。它创建于2004年，目标分为两个阶段。第一阶段为：2003—2006年，温室气体排放相对于1998—2001年的水平每年削减1%；第二阶段为：2007—2010年，温室气体排放相对于1998—2001年的水平削减6%。两个阶段的减排承诺均具有法律约束力。

4）澳大利亚碳市场与二氧化碳减排策略。

澳大利亚新南威尔士温室气体削减计划于2003年1月正式启动，有效期至2012年。它对所有在该地区的电力零售商和其他部门规定了必须完成的份额。参与者必须把各自的温室气体排放减少到规定的水平。对于额外的排放，可以通过购买削减认证来补偿。削减认证由专门认证机构发放核实，可以在市场上流通交易。每年有关部门对各个实体的排放份额和实际减排量核查一次，如果在购买削减认证后依然超出排放额度，则认为存在温室气体亏损，按8～11美元/吨二氧化碳的规定罚款。

5）美国碳市场与二氧化碳减排策略。

美国目前尚未建立统一的全国性碳市场，区域温室气体减排行动是美国第一个强制性的、基于市场的、旨在减少温室气体排放的区域性项目。该项目由美国东北部与大西洋西部的10个州实施，这10个州分别是康涅狄格、特拉华、缅因、马里兰、马萨诸塞、新罕布什尔、新泽西、纽约、罗得岛与佛蒙特，该项目是针对发电部门的区域性二氧化碳总量控制与排放交易计划，于2009年1月1日开始实施的。

（2）国际碳价走势。

碳价[①]影响着碳市场交易以及碳减排的效果，因此，碳价波动状况十分重要。碳市场有其自身的特点，也有其市场的共同属性，价格波动是碳市场的基本属性之一。由于碳市场比一般市场受国际政治、谈判等影响更大，因此价格波动更具复杂性。如2006年，爱

① 这里所说的碳价主要指基于配额交易的碳价（以欧盟排放贸易体系期货合约为代表价格）。

沙尼亚、比利时、捷克、法国、瑞典等国工厂和发电站提前发布核证数据，加上投机基金涌入，碳价迅速下跌，市场持续疲软，直到 2006 年 5 月 15 日欧盟委员会正式发布核证数据，价格才纷纷回升，恢复正常，这也被称为“五月事件”。

碳市场处于一个较为复杂的外部环境中，碳市场的交易者是有限的，需求也较为稳定，而外部环境变化因素，如国际谈判对配额的改变、天气温度变化、电力的需求等，都会影响碳价（Feng，等，2011；魏一鸣，王恺，凤振华，等，2010）。

1）天气。由于 55％的欧盟配额（EUAs）的持有人是热力和电力部门，寒冷干燥的冬季需要较大的热力而减少了水力发电，这将造成欧盟配额的短缺和碳价的上涨。夏季炎热干燥，电力需求激增，水电资源匮乏，而高温导致核电维修频繁，因此，对煤电的依赖导致排放量上升，碳价迅速上升。季节性的冲击使得碳价的波动呈现出一定的季节性。

2）配额分配。碳市场具有一般的市场规律，配额分配过多，碳市场需求方变少，同时，供给方也会增多，碳价下跌。如图 16－19 所示，配额分配过多，以及前欧盟排放贸易体系不能跨期交易，导致欧洲气候交易所 2007 年 12 月到期合约的每吨价格在 2007 年的最后几个月跌至 0.01 欧元左右。

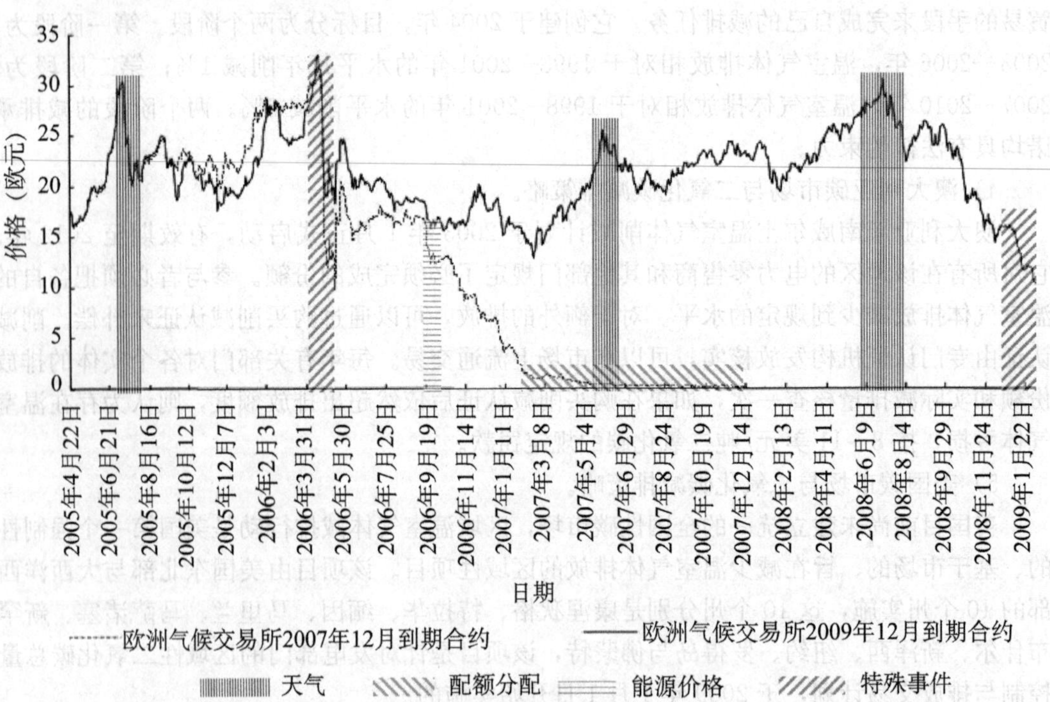

图 16－19　碳价波动形势

资料来源：欧洲气候交易所。

注：双休日和其他节假日无数据。

3）能源价格。2006 年 9 月，由于德国利用天然气发电，天然气和煤电价格差距缩小，碳价开始缩水，这也影响了市场的价格走势，图 16－19 显示价格处于下跌状态。

4）特殊事件。国际谈判、金融危机、重要公告等特殊事件会对碳市场价格产生冲击。从图 16-19 可以看出，2006 年 5 月，碳价的波动超过任何时期，这是由于“五月事件”的冲击。2008 年 9 月开始的经济危机使得价格从 2008 年秋季的 20 欧元以上暴跌到 15 欧元以下。经济危机大量削减了需求，因而产出减少，企业的许可量增加，碳市场供给增加，同时需求减少，从而价格走低。

16.6　中国的二氧化碳减排

16.6.1　结构减排潜力巨大

我国以煤为主的一次能源结构在短期内很难改变，随着我国人均 GDP 超过 1 000 美元和进入新的经济快速增长阶段，重化工业比重增加，能源密集度提高，能源消费呈现迅速增长态势。因此，我国面临温室气体排放总量大、增速快，碳排放强度高的问题，致使通过优化结构来减缓二氧化碳排放量的增加既存在巨大潜力，又面临很大挑战。

20 世纪 80 年代以来，我国经济高速增长的同时，碳排放强度保持了持续的下降趋势，其下降的速率甚至超过了国际上多数发达国家经济起飞阶段的水平。那么这种快速下降的驱动因素是什么，能否据此推测我国的能源强度在未来还会继续保持快速下降的趋势？实证研究结果证实未来中国的碳排放强度很难继续快速下降。

物质生产部门终端能源利用的碳排放强度变化和二氧化碳分析结果表明：我国当前的产业结构变化和终端能源消费结构变化不利于碳排放强度的下降，从而抵消了能源强度的部分作用，这说明应当调整产业结构和物质生产部门的终端能源消费结构，尤其是第二产业。但是黑色金属冶炼及压延加工业、有色金属冶炼及压延加工业等部门增加值份额的增长使得 1980—2005 年我国工业二氧化碳排放增加了 56.21 百万吨。因此，应该重点减缓这些能源密集型部门的二氧化碳排放增长，适当降低碳密集产品的出口。

对于化学原料及制品制造业、非金属矿物制品业等能源密集型部门，应该优先引进先进技术，更新和改造落后生产工艺，进一步提高能源效率，推动这些部门的能源强度达到国际先进水平；并要适当减少这些部门产品的出口或适当增加进口，通过财政和税收等优惠措施促进可再生能源在这些部门的终端利用，调整终端能源消费结构，向有利于减缓二氧化碳排放的方向发展。

我国应当提高煤炭发电技术，大力发展风电、水电等清洁电力，同时减少电力转换、传输过程中的电力损失，降低电力部门的碳排放强度。

我国在促进工业终端能源消费向清洁、低碳方向发展时应慎重增加电力的份额，同时要加强节能，采取节能审核制度，对一些工业部门设置节能目标，从而减少二氧化碳的排放。

16.6.2　生活行为对碳排放影响很大

人口对我国二氧化碳排放量的解释作用很大。控制人口增长，以及正确引导居民的生产、生活方式，能有效降低我国的二氧化碳排放（魏一鸣，等，2008）。事实上，1992—2002 年我国居民对二氧化碳排放的直接和间接影响约占全部一次能源利用碳排放的 40%左右。居民的食品、衣着和居民设备用品及由服务引起的间接能源消费占全国总间接能源消费的 50%以上。居住是最大的碳密集型行为，城镇和农村居民消费规模的扩大、城镇人口增加、居民消费结构的升级是居民能源消费增长的主要原因，但是能源强度降低在一定程度上减缓了能源消费的增长速度。因此，合理引导居民消费模式向低耗能、低排放的节约型模式发展，将在很大程度上减缓居民生活导致的二氧化碳排放。

16.6.3 出口贸易隐含大量碳排放

近年来，我国对外贸易保持了良好的增长势头，2005 年我国外贸总额为 11.69 万亿元，位居世界第三，其中出口占 53.6%。因此，出口贸易对我国的经济发展起到了十分重要的作用，但是由于我国出口商品主要以高耗能产品为主，所以我国出口产品在生产和运输等过程中造成了大量的二氧化碳排放。

魏一鸣等（2008）研究表明，1997 年和 2002 年出口产品造成的直接和间接二氧化碳排放均占一次能源利用二氧化碳排放的 30%以上，这意味着在我国一次能源利用排放的二氧化碳中，约有 1/3 是用来满足世界其他国家生产生活而排放的。其中，机械制造业、能源开采业、纺织工业、化学工业等部门商品出口导致的二氧化碳排放较多，这几个部门的排放总和在 1997 年和 2002 年分别占商品出口导致碳排放的 73.40%和 77.32%。

16.6.4 技术进步能有效减少碳排放

IGCC 技术和 NGCC 技术已进入商业示范阶段，可实现节能减排的整体优化。火电厂是全球最主要的二氧化碳排放源，新兴的发电技术如 IGCC 技术和 NGCC 技术能够提高发电效率，大幅降低二氧化碳的排放，是减少全球二氧化碳排放的重要技术选择。IGCC 技术和 NGCC 技术与碳捕获和封存技术结合，甚至能够实现火电厂二氧化碳的零排放。我国的能源资源禀赋决定了以煤为基础的能源消费结构在相当长的时间内不会改变。IGCC 技术符合我国国情，因此有很大的发展空间。目前 IGCC 技术发电站建造成本偏高，还处于向商业化运行的初步阶段，但是随着技术的进步和效率的提高，IGCC 技术在我国应用的前景广阔。

NGCC 技术发电站的发电效率和减排潜力甚至高于 IGCC 技术发电站，但是 NGCC 技术的发电成本过于依赖天然气的价格，随着国际油气价格的持续高涨，未来的 NGCC 技术的发电成本具有很大的不确定性，尤其是在我国天然气资源不太丰富的情况下，可以考虑适度发展 NGCC 技术。

碳捕获和封存技术减排效果明显，可实现近零排放。2005 年，IPCC 的报告认为，碳捕获和封存技术是减缓气候变化的一种可选择的方案之一。碳捕获和封存技术的最大特点是能针对大型二氧化碳排放源进行碳捕获和封存，能有效控制和减少如火电厂等大型排放源的二氧化碳排放。碳捕获和封存技术减排潜力巨大，如果采用碳捕获和封存技术，到 2050 年能减少全球二氧化碳排放的三分之一以上。目前部分发达国家的碳捕获和封存技术开始向商业化运行发展，虽然成本仍然较高，但是可以通过强化采油、采气等方法降低成本。另外，碳捕获和封存技术还会增加对能源的消耗，因此，碳捕获和封存技术要得到大规模应用，应尽快降低该技术的减排成本。

16.6.5　碳税政策能抑制碳排放增长

征收碳税可以有效抑制碳排放的增长，但要特别关注碳税对经济增长产生的不利影响，且不同的碳税方案对 GDP 的影响差别较大。如果在征税环节或在税收利用环节都不考虑对生产部门的保护，则碳税的征收会带来较明显的 GDP 损失。

但是，通过对生产部门进行适当的税收减免或补贴可以缓解征收碳税对总体经济增长，以及对能源密集型贸易部门的生产活动和国际竞争力的负面影响。其中，对能源密集型贸易部门免征碳税且对其他非免税部门进行税收返还的"丹麦模式"是相对较优的方案。该模式通过将碳税收入用于降低生产间接税率，能完全消除征税对 GDP、就业和总消费的负面影响。该模式在拉动总投资、改善能源结构上与其他模式相比具有明显的优势。从对能源密集型贸易部门的保护上看，该模式能完全消除碳税对这些部门的产量和出口额的负面影响，并使钢铁、建材、化工和有色金属工业的利润增加。在10%的减排目标下，该模式导致的造纸印刷业的利润损失仅为0.06%，明显小于效仿芬兰、荷兰、瑞典、挪威的税制模式而设计的碳税方案（魏一鸣，等，2008）。该模式通过完全消除部门间的收入转移，与其他模式相比在政策可行性上具有明显优势。该模式的一个主要缺陷是会大大削弱免税部门的减排力度。从部门二氧化碳削减量的结果来看，在该模式下，免税部门的排放量不减反增。因此，在实际操作中应进一步学习丹麦的做法，要求各免税部门承诺采取定量的节能减排措施。

16.6.6　国际碳市场是减排的有效机制

国际碳市场的建立在很大程度上促进了发达国家和发展中国家在碳减排方面的合作，尽管我国是全球清洁发展市场上最主要的项目合作国家，但是买方倾向于成本低、减排量大的项目，因此很大程度上制约了资金密集型的可再生能源和提高能源效率项目的发展。

在碳贸易市场上，从期货价格出发，魏一鸣等（2008）研究发现，欧洲能源价格与欧洲碳价之间的长期和短期互动关系尚未充分显示出来，加上异常天气状况或者政府减排政策对碳市场交易商预期的影响，甚至还会出现不符合直观逻辑推理的负向相关性。可见，碳市场上的期货交易尚未完全发挥出价格发现的市场功能，能源价格也尚未成为影响碳价走势的主导因素，有关市场制度和交易环境方面的建设急需加强。

尽管国际碳市场的发展如火如荼，但值得指出的是，碳市场的出现和升温并没有在很大程度上改变世界或主要地区的能源消费结构。比如在欧洲，尽管煤炭是排放密度最强的化石能源，但由于近些年来国际油气价格连创历史新高，而煤炭价格相对较低，加上碳价偏低，约束力有限，因此，煤电行业仍然发展迅速。此外，碳市场尽管发展态势良好，但其影响力仍比较有限。一方面，它的交易量相对于世界的实际排放量而言仍非常有限；另一方面，碳市场的流动性还不够，而且尚未与能源市场和金融市场发生直接的、明显的关联。

本章小结

人类活动，特别是化石能源的利用是温室气体的主要排放源，是全球气候变化的主要原因。能源利用除产生大量的温室气体外，还对生态环境产生了一系列外部效应，只有将这些外部效应以成本形式反映在能源利用活动中，才能有效规范能源利用，从而保证人类的持续发展。

气候变化政策主要有两种：基于价格（如税和补贴）；基于总量控制（如排污许可权）。大量研究从理论和实证角度分别比较了在不同条件下两种政策的效果。全球气候变化政策的国际谈判开始于 1992 年在里约热内卢召开的联合国环境与发展会议。《联合国气候变化框架公约》建立了一种谈判机制，决定定期举行缔约方大会。在第三次缔约方大会上形成的《京都议定书》是全球第一个带有法律约束力的，限时、定量减排温室气体的国际公约。《京都议定书》同时引入了清洁发展机制、联合履约和国际排放贸易三种减排机制。

自工业革命以来，全球二氧化碳排放总体呈现上升的趋势。1970—2004 年，电力、工业和交通运输部门的碳排放量占排放总量的 60%～70%，工业化国家碳排放量约占全球累计总量的 80%。发展中国家工业起步较晚，在工业化进程的初期，发展中国家的能源消费和二氧化碳排放势必呈现快速增长的趋势。本章对一次能源利用的碳排放和碳密集部门，如电力生产部门等的碳排放进行了分解和分析，以进一步从定量的角度了解不同因素在碳排放变化中所起的作用。结合实证分析和定性分析可知，影响二氧化碳排放的主要因素包括经济发展、居民消费行为、出口贸易、减排技术和减排政策。从各国的发展历程来看，经济发展水平是决定能源碳排放的最主要因素。有效减少碳排放不仅是一个科学问题，而且是一个技术问题。随着全球减少碳排放呼声的日益高涨，各种新兴的二氧化碳减排技术成为减少碳排放的重要选择方案。

在《京都议定书》的背景下，利用市场机制控制二氧化碳排放成为现实。碳排放权成为一种可以交易的商品，分为基于配额交易的市场和基于项目交易的市场。基于配额交易的市场规模不断扩大，发展迅速，尤其是欧盟排放贸易体系。目前碳价的波动不但受到配额分配政策的影响，而且受到其他商品市场的影响，未来碳市场繁荣发展仍面临诸多挑战。

思考题

1. 什么是能源利用的环境成本？主要包括哪些内容？
2. 生态资源降级费用包括哪些？如何合理估算相关费用？
3. 你认为全球气候变化不确定性主要包括哪些方面？这些不确定性如何影响政策制定？
4. 你认为未来我国的二氧化碳减排趋势呈现哪些特征？
5. 你认为影响我国碳排放权交易市场健康发展的因素是什么？在机制设计中应如何规避？
6. 你如何看待国际气候协定在控制温室气体排放中的作用？评估协定是否有效？应该考虑哪些指标？

拓展阅读

全球温控目标为什么是2度?

将全球平均升温幅度控制在2度以内——这一目标是在欧盟委员会卢森堡会议上第一次提出的。十多年间，经历了无数次国际会议的争吵，直到2009年7月8日，八国集团(G8)峰会参会首脑们才首次认同了2度目标。在各国谈判者及科学家对2度目标达成共识的今天，回望其背后科学与政治的交锋，2度目标共识达成艰难，要守住则更为不易。

十多年争吵达成2度目标共识

气候谈判从来都不是一件令人愉快的事。各国谈判者对2度的回避和争吵长达十多年。

1995年，IPCC的第二次评估报告整合了1 000多位科学家的研究成果，提出如果温度较工业化革命前增加2度，气候变化产生严重影响的风险将显著增加。1996年，欧盟首次提出2度目标，并将2度目标与二氧化碳浓度水平不大于550ppm① 进行对应。

温度控制目标一旦对应二氧化碳浓度，就相当于明确减排量。在气候变化的谈判桌前，尤其在20世纪90年代末至21世纪初这一很多国家发展的黄金期，2度目标无疑变得敏感而棘手。2005年，在苏格兰举行的G8峰会上，因美国反对，2度目标暂时搁置；2006年，在俄罗斯举行的G8峰会上，对于气候变化问题只字未提。

随着科技的发展，越来越多的科学家量化了每1度升温给人类带来的影响。2008年，欧盟气候变化专家小组发布《2度目标》评估报告，认为如果将全球平均升温幅度控制在2度以内，人类社会还能够通过采取措施进行适应，基本能够承受气候变化所带来的经济、社会和环境损失。如果是3度或是4度，没有证据显示人类社会有能力适应。

埋头于经济发展的各国谈判者终于意识到，在明确了2度目标对应的二氧化碳浓度后，这一目标没法再回避了。这一结论终于在2009年12月的哥本哈根会议上被广泛认可。气候谈判总算又迈进一步——谈判者们终于可以不再争吵二氧化碳浓度水平，不再争论是1度还是3度，而是以不超过2度为前提，向前推算排放因果关系，从而确定未来应该如何排放。

2度是气候突变临界值吗?

地球气候一直在冷热交替中进行。在白垩纪结束后有两个明显的暖期。一次出现在始新世早期，又称地球极热期。二氧化碳浓度甚至达到1 000ppm或更高。当时温度上升了6度至8度，海洋升温尤其明显，大量海洋生物死亡和灭绝。

另一次暖期出现在上新世中期。二氧化碳浓度最高达到了450ppm，温度上升2度左右。当时，稳定的二氧化碳浓度适于生物的繁殖和生长。

由此可见，地球气候存在自然变率。在自然变化中，气候系统存在临界值，一旦超过阈值，就将导致突然或不可逆的状态。2004年的灾难电影《后天》正是改编自1.2万多年前的“新仙女木”事件——短短几十年间，地球平均气温下降了大约20度至30度，寒冷持续了上千年。

---

① ppm为百万分比浓度。

那么由人类活动引起的气候变暖是否会导致气候突变，2度会是压垮地球生态系统和人类社会的最后一根稻草吗？

专家认为，由于耦合的人类-环境系统的复杂性，很难准确地预测什么时候可能会趋近翻转点。但随着气候系统越来越移出自然变率，趋向翻转点的概率会增加。

有些气候模式预测，未来地球系统中的一些分系统可能突破临界值，最近的观测也表明北极、亚马孙雨林等已经处于突变中。不过并没有证据表明整个地球临近阈值。令科学家更为担心的是，即便人类将温度控制在2度以内，气候变化及其相关影响在许多方面将仍持续数世纪之久，突然和不可逆的变化风险也随增暖量值增加。例如，如果全球变暖大于某些阈值，将会导致地球上的冰物质不断消融，如果这种情况持续千年以上，最终会造成格陵兰冰盖完全消失，海平面将可能上升7米。这或许会引发突然和不可逆的损失，只是目前的科学证据和认识尚不能提供定量结果。

2度目标可以实现吗？

IPCC第五次评估报告认为，升温2度对应的二氧化碳当量浓度①不应超过450ppm。实际上，二氧化碳当量浓度目前已超过400ppm。因此，一些科学团队认为2度是一条守不住的底线。

但气候谈判从来不会为了一个乌托邦式的目标而争吵、妥协，并最终达成共识，2度目标一定要跟温室气体排放挂起钩来。科学家们给出了不同排放路径下温度控制的结果，证明2度目标的确可以实现。

联合国环境规划署发布的《排放差距报告2014》指出，全球温室气体排放量与1990年相比，其增长已超过45%。为避免升温幅度超过2度，到2020年全球温室气体排放总量每年不应超过440亿吨二氧化碳当量。但按目前各国的承诺所做的计算表明，那时的排放量可能要超出预期值很多。因而，为了把升温幅度控制在2度以内，到2030年全球温室气体排放至少应减少15%；到2050年，减少50%；在2055年至2070年之间实现全球碳中性，即通过森林、土壤等吸收的二氧化碳以及地球工程技术来抵消人类排放，使二氧化碳净排放为零。

科学家尝试了更为精确的运算，即瞬变气候对累积碳排放的响应（TCRE）。这一指标出现在IPCC的第五次评估报告中。分析表明，人类要想控制升温幅度在2度以内，全球累积碳排放量则必须控制在1.5万亿吨以下。

如果将目前人类所能拥有的全部矿石燃料进行燃烧，最终则会排放3.5万亿吨碳。它们显然是不可能被完全开发使用的。英国伦敦大学学院可持续资源研究所的克里斯托夫·麦格利德（Christophe McGlade）对此算了一笔账，“如果我们希望以成本效益最好的管理方式达到2度目标，目前超过80%的煤炭、一半的天然气和1/3的石油需要被归为不能燃烧。”

到现在为止，实现2度目标的阻碍就显而易见了——即便新能源飞速发展，但将任何化石燃料标注为不可使用，短时间内都将带来全球政策和经济“地震”。因此，2度目标是否可以实现，关键在于各国有多大决心做出改变。

资料来源：中国气象局。

---

① 二氧化碳当量浓度指将所有温室气体排放物折算成二氧化碳后的浓度。

第 17 章

能源技术政策选择*

21 世纪，能源系统一方面要支撑经济发展对能源需求的不断增长；另一方面需要考虑对环境质量的保护。在实现经济、能源和环境三大系统的可持续协调发展的过程中，能源技术进步将发挥核心作用。这就要求能源战略与政策的制定者必须对能源技术变迁有充足、全面的理解，如能源技术变迁的动力、源泉、速率与方向等。本章共分五节，分别介绍能源技术经济范式的变迁、石油危机与能源技术研究与开发（R&D）投入响应模式、能源技术研发投入组合研究、中国能源技术替代路线与可再生能源技术政策以及对我国的启示。

17.1 能源技术经济范式的变迁

现有经济理论（Slow，1957；Dension，1962；Dension，1985；Griliches，1996）和大量实证研究（Freeman，1989；Mokyr，1990；Grubler，1998）都表明：技术进步是长期经济发展最重要的贡献因素。早在 20 世纪 70 年代初，Simon（1973）、Rosenberg（1976）、Ruttan（1971）、Chauncey Starr（1973）等在著作中便指出：环境问题的可行的解决途径需要更多、更好地掌握技术。联合国政府间气候变化专门委员会（IPCC）的《排放情景特别报告》（Special Report on Emissions Scenarios）和《第三次评测报告》（Third Assessment Report）指出，在解决未来温室气体减排和气候变化的问题上，技术进步是最重要的决定因素，其作用超过其他所有驱动因素之和。Nakicenovic 等（1998）的研究表明，对 2100 年碳排放的预测值处于 2GtC～40GtC① 这样一个非常大的范围内，其原因在于能源效率和较低碳排放技术的成本存在差异。

① 1GtC 为 10 亿吨碳。

但是，技术变迁不仅是一个单纯的工程意义上的技术变化的过程，而且是一个与社会经济、市场结构、制度安排等密切相关又相互影响的复杂过程（Perez，2004）。一方面，技术进步会推动经济的增长，促使产业结构变化；另一方面，经济发展水平、社会制度、机构等的安排也将对技术进步的方向和速度产生正的或负的影响。因此，技术变迁是在一定的技术经济范式下进行的，是一个整体的、协同的演化过程。

技术经济范式（Freeman 和 Perez，1988）是一个比技术范式（Dosi，1982）更广泛的概念，包括一定的社会、政治、经济、科学和工程等诸多难以相互剥离的因素对技术进步的影响。相对而言，技术范式以微观为基础来分析技术变迁，而技术经济范式则是提升到产业和整个社会经济的宏观层次来研究技术变迁。本节使用技术经济范式的概念划分能源技术变迁的历史，根据能源技术进步的主要推动因素的不同，将能源技术变迁划分为三个阶段的能源技术经济范式变迁①，如表 17－1 所示。

表 17－1　能源技术经济范式变迁

时间	能源技术经济范式	主要驱动因素
第一阶段（1973 年以前）	自然增长与技术替代	技术驱动
第二阶段（1973—1992 年）	能源危机与技术多样化	市场驱动
第三阶段（1992 年至今）	面向清洁、可持续的能源系统	政策驱动

17.1.1　自然增长与技术替代（1973 年以前）

在农业文明产生之前的漫长岁月里，对人类来说最重要的能源是食物，它是人类自身进行诸多活动的基础。人类通过社会分工用各种手段获取维持自身各项活动的能源——食物，通常是男人狩猎，女人采集果物。但是随着人口数量的不断增长，这种“狩猎-采集”的模式不能够提供足够的食物，不再是可持续的发展模式，因为这种模式达到了“马尔萨斯极限”(Malthusian limit)。为了突破这一极限，获得更多的食物来源，技术的进步是必需的，人类学会了耕种和使用畜力（如使用牛、马进行耕种作业），这些进步将人类带入了农业文明时期。在漫长的农业社会，人类最主要的能源是薪柴，同时人类也开始尝试利用各种各样的其他能源，比如风能、煤炭、水能等（例如，早在公元前 200 年，波斯人就开始利用风车进行生产活动），而薪柴是农业文明时期最重要的一次能源。② 在装满薪柴的马车低吟声中，人类度过了漫长的农业文明时期。

18 世纪，西欧爆发了工业革命（industrial revolution），蒸汽机的发明将人类带入了工业文明。工业革命极大地改变了人们的生活、工作的模式，改变了整个世界。瓦特发明的蒸汽机使得煤炭的使用急剧增长。19 世纪 80 年代，爱迪生创建世界上第一座实用发电站后，人类社会开始向电气化时代发展，同时也加速了煤炭工业的发展，煤炭的使用遍及工业革命后的各个产业部门之中，如火车、冶炼、发电等。从 19 世纪后半期至 20 世纪初，世界能源的总消费量大大增长，其中煤炭消费量的增长最快，占能源总消费量的 70%

① 实际上，要清晰地划分出各范式之间的转变时间是不可行的，本章中的阶段划分只是大致的年代。

② 一次能源指在自然界中存在的，没有受到任何加工处理和转换过程的能源形式，如太阳能、风能、水能、潮汐能、生物质能、化石燃料等。

以上，实现了能源转换的一次变革。煤炭一跃成为人类第二代一次能源。

19 世纪中期以后，石油资源得到了大规模的开发和利用，人类对能源的利用逐渐由煤炭为主发展到以石油、天然气为主。1859 年，在美国宾夕法尼亚州打出了世界上第一口油井，世界上第一个石油公司——宾夕法尼亚石油公司（Pennsylvania Rock Oil Company）的成立宣布了世界石油工业的发端。19 世纪后期，奥托内燃机（Otto engine）和狄塞尔内燃机（Diesel engine）的发明，以及 1908 年第一辆汽车的下线，使得几乎每个产业部门都开始和扩大了石油的使用。到 20 世纪 60 年代，世界石油消费量超过了煤炭消费量。20 世纪 70 年代，石油、天然气占能源总消费量的 70%以上，能源转换发生又一次重大变革，人类社会也因此向前迈进了一大步。此后，石油成为新的一次能源。

在 1973 年以前，世界能源需求量几乎为指数增长。1950 年到 1973 年，美国能源消费量的年增长率为 3.5%，接近实际国民生产总值 3.7%的年增长率，而对石油和电力的需求增长分别为 4.3%和 10.7%，煤炭的需求增长仅为 1%（Sweeney，1984）。这一趋势反映了世界能源消费的总体趋势，同时也得益于平稳降低的石油价格。

从 20 世纪 70 年代起，世界各国争相开始新能源开发，以期实现新能源变革。新能源是指以前未被人类大规模利用，有待于进一步研究试验和开发利用的能源，包括太阳能、风能、地热能、海洋能、生物质能、氢能、核能等。1959 年，美国试验成功燃煤磁流体发电技术。1991 年 11 月，英国成功实现受控核聚变反应，为获得充足而又无污染的核能迈出了一大步。

纵观这一漫长时期能源系统的变迁，自然科学的进步催生了工程技术的进步，而工程技术的进步（如畜力的使用，蒸汽机、内燃机、汽车等的发明和大量使用）决定了一次能源的兴替，使得世界一次能源经历了薪柴-煤炭-石油的变迁。因此，这一时期虽然极为漫长，但是最重要的特点在于，科学技术的进步决定了能源系统的变迁方向和速率，图 17－1为能源技术史上的重大科技事件。各种一次能源的增长与兴替基本遵循了 Logistic 增长模式（Grubler，等，1999）。

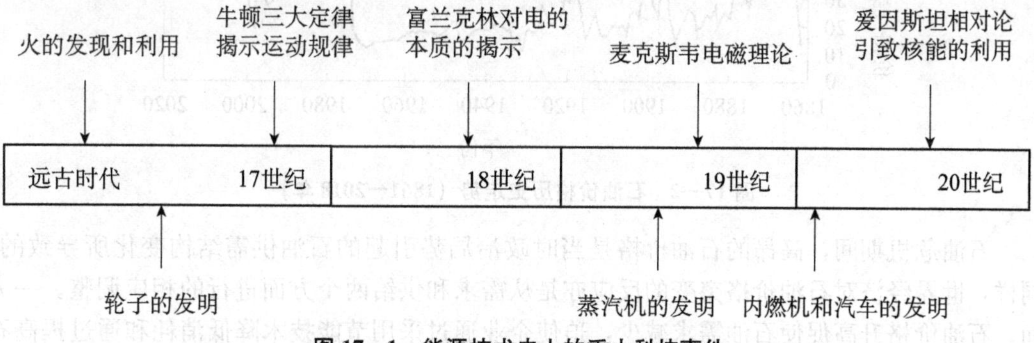

图 17－1　能源技术史上的重大科技事件

17.1.2　能源危机与技术多样化（1973—1992 年）

世界能源消费量在 1929－1955 年增长了 80%，而在 1955－1973 年增长了 143%（Lin，1984）。能源消费量的加速增长与世界经济在这一时期增长的节拍是一致的，并且得益于石油和其他能源价格的平稳且较低的价格。国际能源署的统计数据显示：1955—1973 年，煤炭的使用在交通、发电以及其他产业部门内被石油和天然气大规模地替代。煤炭在能源消费中的比重从 1929 年的将近 80%，降至 1955 年的略高于 55%，在 1973 年更是降到 24.8%，而石油和天然气的比重在 1973 年则达到了 61.2%（IEA，2004d）。

石油和天然气在世界能源结构中所占的较大比重，以及石油、天然气资源分布的不均衡性使得世界能源格局更加脆弱。20 世纪 60 年代后期及 20 世纪 70 年代，世界石油的供应乃至世界整体能源的供应受政治因素的影响非常显著，尤其是受中东地区不稳定的政治局势的影响尤其显著。因为中东地区的石油资源极其丰富，1973 年的石油产量占到了世界总产量的 50%多，而且这一地区蕴藏的巨大石油储量超过了世界其他地区的储量总和（2002 年的勘探数据显示，该地区储量为 685.6 亿桶，约占世界总储量的 2/3）。外部势力对中东地区石油的巨大兴趣与野心，导致了这一地区在相当长的时期内成为国际紧张局势的中心地区（Odell，1968）。最终，1973 年的中东战争、1979 年的伊朗革命，以及两伊战争的爆发先后导致了两次石油危机（Goldstein，等，1997）。这两次石油危机对世界能源系统以及世界经济产生了广泛而深远的影响。中东地区石油供应中断导致石油价格飞涨。图 17-2 所示为世界石油价格自石油工业发端以来的变化趋势，除去石油工业早期由于产量的不稳定造成了价格剧烈波动外，石油价格在 1973 年前的近百年间都处于较低水平。20 世纪 70 年代的两次石油危机所导致的石油价格的剧烈变化是石油历史上罕见的。

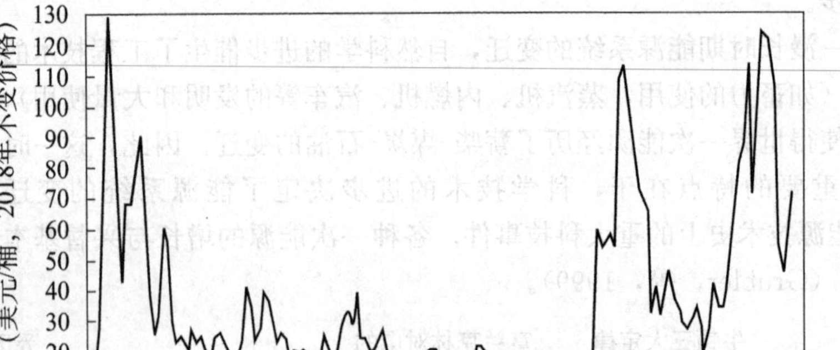

图 17-2　石油价格历史走势（1861—2018 年）

石油危机期间，高昂的石油价格是当时政治局势引起的石油供需结构变化所导致的。同样，世界经济对石油价格突变的反应亦是从需求和供给两个方面进行的相应调整。一方面，石油价格升高促使石油需求减少，迫使企业通过采用节能技术降低消耗和通过提高石油的利用效率等来达到控制需求的目的。另一方面，从供给的角度，大范围地寻求石油的替代能源是改善能源供给的必然之选。相关的统计数据也显示出了石油消费的减少和能源替代的趋势（Sweeney，1984）。因此，能源系统从需求和供给方面对石油价格升高做出的反应和调整直接导致了能源技术进步的两大浪潮：节能技术与能源终端使用效率的提高，以及能源技术的多样化。

（1）节能技术与能源终端使用效率的提高。

高昂的能源价格导致了节能技术的空前发展，能源效率亦随之提高。在能源生产、能源消费、设备制造以及工程等领域都涌现了许多技术创新，这些技术创新包括许多方面：提高能源效率（如干法水泥生产）、更换效率低下的设备（如效率低下的换热器）、采用新型的隔热结构设计，以及更加符合空气动力学的交通工具设计等，同时，新型材料（如铝合金、塑料和陶瓷等）和计算机技术也被应用其中。由图 17－3 可以看出，在 20 世纪 70 年代初、80 年代末，由于节能技术的发展和能源效率的提高，世界能源强度明显下降。

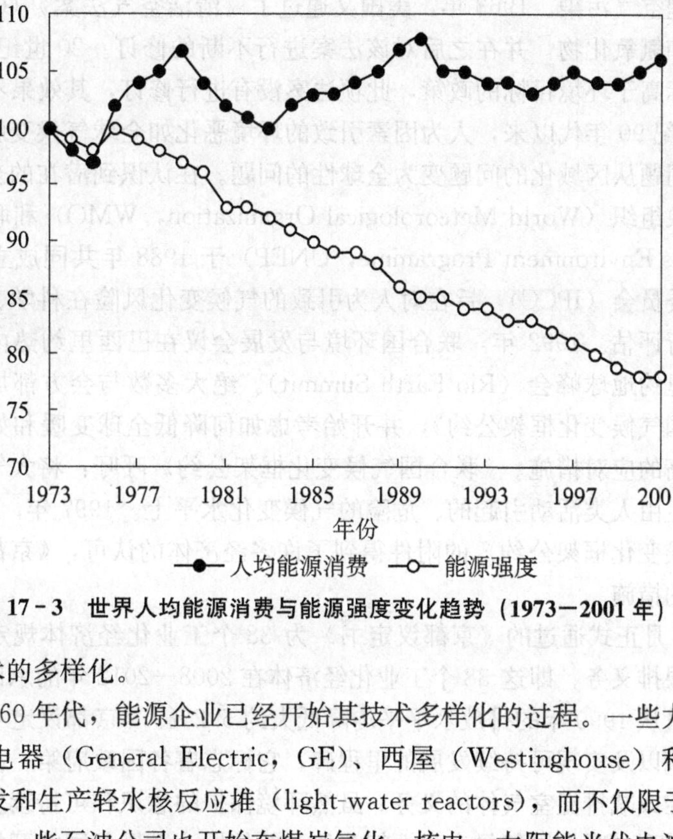

图 17－3　世界人均能源消费与能源强度变化趋势（1973—2001 年）

（2）能源技术的多样化。

早在 19 世纪 60 年代，能源企业已经开始其技术多样化的过程。一些大的电力设备制造企业，如通用电器（General Electric，GE）、西屋（Westinghouse）和西门子（Siemens）等开始研发和生产轻水核反应堆（light-water reactors），而不仅限于传统热电生产设备。与此同时，一些石油公司也开始在煤炭气化、核电、太阳能光伏电池和其他可再生能源技术上进行投资，这些变化反映了当时的石油企业对石油工业前景的悲观估计（Martin，1996）。然而，直到石油危机到来之后，迫于能源供应安全和长期发展目标的压力，各国政府才开始重新审视和定位其能源（技术）政策。几乎所有国家，尤其是像日本这样严重依赖进口石油，并且经济发展对石油供应安全特别敏感的国家，开始了用核能、煤炭和其他新能源技术替代石油，以降低依赖进口石油的长期计划（Lesbirel，1988）。

在这一阶段，世界能源系统发生的翻天覆地的变化，究其根本是由石油危机引致的。为应对石油危机，能源技术进步在调整能源使用需求和能源供给两方面都显示出其不可替代的作用。因此，这一时期的能源技术变迁是能源市场在石油危机冲击下所做出的供需策略调整的一部分，其主要的驱动因素是市场因素。

17.1.3 面向清洁、可持续的能源系统（1992 年至今）

能源不仅是经济发展的基础，同时也对社会福利和环境质量起着决定性的作用（EU，2002）。由于能源与社会、经济和环境之间深广的密切联系，可持续发展要求这些系统能够协调地整合。但是许多时候，这些系统各自的目标是相互冲突的，很难在其中找到合适的平衡。

人们对环境问题，如城市烟雾和酸雨等的关注很早就开始了。在美国国会 1955 年通过《空气污染控制法案》（Air Pollution Control Act）之前，美国许多州都已经制定了相应的法规以治理空气污染。1963 年，美国又通过了《清洁空气法案》（Clean Air Act）以治理二氧化硫和氮氧化物，并在之后对该法案进行不断的修订。20 世纪 80 年代，美国政府采取经济目标高于环境目标的政策，此项法案没有进行修订，其效果不尽如人意。

进入 20 世纪 90 年代以来，人为因素引致的环境恶化如全球气候变暖引起了世界广泛的关注，环境问题从区域化的问题变为全球性的问题。在认识到潜在的全球气候变化威胁之后，世界气象组织（World Meteorological Organization，WMO）和联合国环境规划署（United Nations Environment Programme，UNEP）于 1988 年共同成立了联合国政府间气候变化专门委员会（IPCC），旨在对人为引致的气候变化风险在科学、技术和社会经济方面的信息进行评估。1992 年，联合国环境与发展会议在巴西里约热内卢召开，这次大会通常被称为里约地球峰会（Rio Earth Summit）。绝大多数与会方都加入了一项国际公约——《联合国气候变化框架公约》，并开始考虑如何降低全球变暖和如何处理一些不可避免的气温升高的应对措施。《联合国气候变化框架公约》呼吁：将大气中温室气体浓度稳定在防止发生由人类活动引起的、危险的气候变化水平上。1997 年，《京都议定书》作为《联合国气候变化框架公约》的附件得到了许多经济体的认可，《京都议定书》规定了一些更加有力的措施。

1997 年 12 月正式通过的《京都议定书》为 38 个工业化经济体规定了具有法律约束力的温室气体限排义务，即这 38 个工业化经济体在 2008—2012 年的承诺期内，把它们的温室气体排放量从 1990 年的排放水平平均降低大约 5.2%。《京都议定书》是全球人类努力保护地球环境以及实现可持续发展的里程碑，它标志着各国政府第一次考虑接受具有法律约束力的限控或减排温室气体的义务。虽然环境保护的意识和可持续发展的理念很早就产生了，但是直到《联合国气候变化框架公约》的签署，世界各国才开始真正地考虑面向清洁能源技术和可持续能源-经济-环境系统（3E System）的战略转移。

但是，这种转移不是一蹴而就的，其面临的最大困难和挑战是世界能源系统已锁定于化石能源，新能源和可再生能源技术目前无法与化石能源技术竞争。而新能源和可再生能源技术的发展依靠其自身的力量是远远无法与化石能源技术竞争的，此时，政府公共政策必须对此进行支持，以克服诸多的市场失效。在此背景下，世界诸多国家通过各种法律、法规和经济激励政策，大力扶植新能源和可再生能源技术的发展。这一时期的能源技术进步的主要趋势是面向清洁和可持续能源系统的，其主要的驱动因素则是政府公共政策。政府在这一过程中将发挥越来越重要的引导、激励作用。

17.2　石油危机与能源技术 R&D 投入响应模式

研究与开发（R&D，简称研发）是技术进步的重要推动力，它在一定程度上决定了技术创新的速率和质量。在能源技术领域，技术研发是应对全球气候变化风险，以及提供可靠安全的能源供应的重要手段。能源技术研发所推动的技术进步对能源的安全和充足供应、能源效率的提高，以及环境的改善都是极为重要的（WEC，2001）。

虽然研发活动对技术进步的巨大作用得到了广泛认同，但从 20 世纪 80 年代初开始，能源技术研发的投入在全球范围内被大幅削减（Dooley，1998；Dooley 和 Runci，1999；Dooley，等，1998）。能源技术研发投入的大幅削减引起了学术界的关注，许多学者对能源技术研发活动进行了研究，尤其集中在能源 R&D 投入以及能源技术专利等方面的研究上。美国学者 Margolis 和 Kammen（1999a；1999b）对美国政府能源 R&D 投入与政府所持的能源技术专利的关系进行了研究，结果发现：

（1）工业化国家的能源 R&D 投入水平在过去 20 多年间显著减少；

（2）美国能源 R&D 投入与专利数量之间存在着高度的相关性；

（3）美国能源部门的研发强度（R&D intensity）① 与其他部门相比是相当低的。Popp（2002）进一步利用美国私有企业所持的能源技术专利数据（1970—1994 年）研究了能源价格对部分能源技术创新的影响，发现能源价格对技术创新有着较强的正相关影响。

Margolis 和 Kammen（1996b）进一步阐述，能源技术研发投入的削减降低了能源系统创新的能力，在全球需要足够的创新能力以应对许多突现的风险（如全球气候变化）时，能源技术研发投入的降低趋势尤其让人担忧。一些学者探究了导致能源技术研发投入（尤其是企业研发投入）降低的原因，认为它是许多工业化国家中正在实施的、对能源产业放松管制政策的一个没有预料到的结果（Dooley，1998）。因为在竞争的、放松管制的市场里，企业并没有受到激励去进行长期的技术研发投资，尤其是高效、清洁、环境友好的能源供应技术等。能源部门经历着管制放松、产业重组以及新的全球商业环境的变化，企业能源技术研发范式发生了变化。因此，关于政府能源研发投入与企业能源研发投入的关系问题也引发了一些研究（Blumstein 和 Wiel，1998；PCAST，1999）。面对这种复杂的政策、经济环境以及技术变迁，究竟什么样的能源研发投入水平是最优的？资金应该投入哪个技术领域？这些问题也引起了学者们广泛的关注和研究。Miketa 和 Schrattenholzer（2004）利用全球电力供应系统的优化模型研究了能源技术的最优研发投入问题；Davis 和 Owens（2003）应用实物期权（real option）定价技术研究了在化石能源价格不确定的情况下，可再生发电技术的最优投资水平，并指出美国可再生电力研发投入水平是非最优的。总体来说，目前的研究较多关注能源 R&D 投入规模和数量，从而忽略了能源技术研发投入的动态与技术组合等方面的特点（Sagar 和 Holdren，2002）。

为了揭示世界能源技术研发投入的动态特征，下面我们将研究政府能源技术研发投入

① 研发强度即企业用于研发的投入与企业销售额之比。

在近30年来的变化，尤其是各国在应对石油危机时的模式特点，它部分反映了各国能源技术政策的变化情况。

下面的研究定位在政府能源研发投入上，所使用的数据来源于国际能源署能源技术R&D数据库（IEA energy technology R&D database）（IEA，2003b），这一数据库是目前世界上统计口径较为一致的能源研发投入数据库。它包括国际能源署成员自1974年以来历年的政府能源研发投入数据。由于其中9个国家的政府能源技术研发支出在国际能源署成员总的能源技术研发支出中占有的比例很高（1995年占96%）。因此，本章选用这9个国家的数据作为世界能源研发投入数据，这9个国家分别是：加拿大、法国、德国、意大利、日本、荷兰、瑞士、英国和美国。

17.2.1 经济、能源系统的需求和供给调整

石油危机期间，中东政治局势剧烈动荡引起了石油供需结构的变化，石油价格也随之高企，而世界经济对石油价格突变的应对措施亦是从需求和供给两个方面进行的：一方面，石油价格升高促使石油需求减少，迫使企业通过采用节能技术降低消耗和通过提高石油的利用效率等措施达到控制需求的目的，世界经济作为整体应对石油危机的一个表现是人均能源需求量的降低（Goldstein，等，1997）；另一方面，从供给的角度，为了确保供给，能源技术系统需要大范围地寻求石油的替代能源和替代技术，以改善能源供给结构，降低对石油的依赖，相关的统计数据显示出了石油需求的减少和能源替代的趋势（Sweeney，1984）。Hicks（1932）的诱发技术创新理论指出，要素价格的相对变化会引发技术创新，以降低对相对较贵的要素的需求。石油价格的高涨诱发了世界能源系统的技术研发，图17－4所示为国际能源署成员政府的能源研发投入与世界石油价格变化的趋势，两者间相同的变化趋势印证了要素相对价格的变化对技术创新的诱发作用。

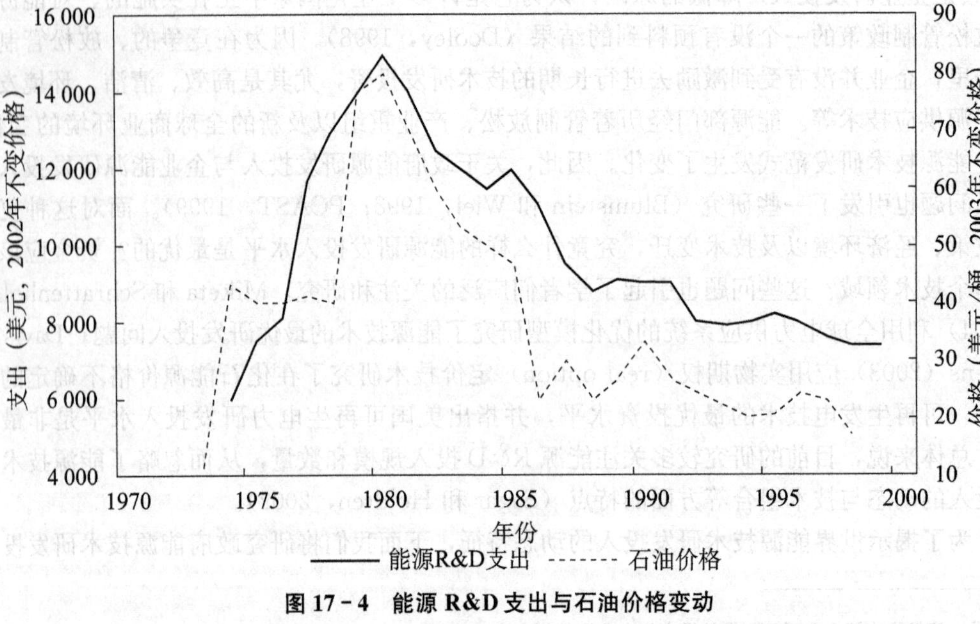

图17－4 能源R&D支出与石油价格变动

理论上，需求与价格的动态变化关系通常用蛛网模型来描述，如图 17－5 所示，即产品价格的降低促使对其需求的增加。需求增加将导致供给不足，从而使得价格上涨，再次上涨的价格又使得需求降低。价格与 R&D 之间的关系也可用类似的蛛网模型来解释：当价格升高但供给无法跟上时，就必须借助于技术进步来满足供给，R&D 投入随之升高；当价格降低时，R&D 投入必然会削减。这一系统的轨迹通常是环形的，即围绕均衡点的波动，并且由于系统响应的滞后或者急剧的价格冲击，环形轨迹可以分别呈现逆时针方向或顺时针方向。除了遵循环形轨迹并渐近于均衡点之外，系统还有一种受冲击后偏离环形轨迹均衡点并达到其他状态点的可能。

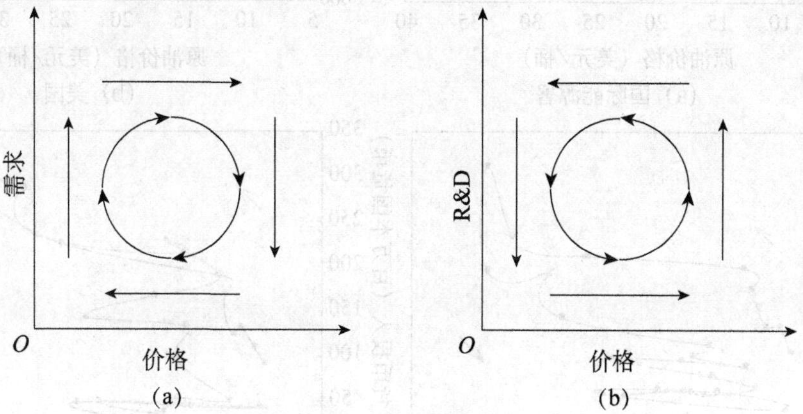

图 17－5　蛛网模型

事实上，世界能源技术系统在应对石油危机的冲击时，所呈现出来的响应模式是多种多样的，包括三种模式：(1) 顺时针环形轨迹；(2) 逆时针环形轨迹；(3) 偏离均衡的发散轨迹。为了方便说明，图 17－6、图 17－8、图 17－9 分别绘制了国际能源署成员总体能源研发投入和几个主要国际能源署成员能源研发投入在石油价格变化下的轨迹。

17.2.2　能源技术研发对石油危机的响应模式

由于能源资源的禀赋不同和科技、经济发展水平的差异，各国政府能源研发投入变化的动态行为特征是有本质区别的。根据各国能源技术研发投入对石油危机的响应分析，可识别出主要国际能源署成员三种不同的响应模式，分别是：顺时针环形轨迹、逆时针环形轨迹和偏离均衡的发散轨迹。

(1) 顺时针环形轨迹。

顺时针环形轨迹的特点是能源技术研发投入对第一次石油危机响应快，即政府能源技术研发投入在第一次石油危机后大幅攀升，而在第二次石油危机时的增长幅度较小，甚至是降低的。美国、德国和英国政府对能源技术研发投入的变化是这一轨迹的典型代表，而且，由于这三个国家的能源技术研发投入在整个国际能源署成员总投入中所占的比例很高（约为 50%），因此导致国际能源署成员的能源技术研发总投入也遵循这一变化轨迹，如图 17－6 所示。

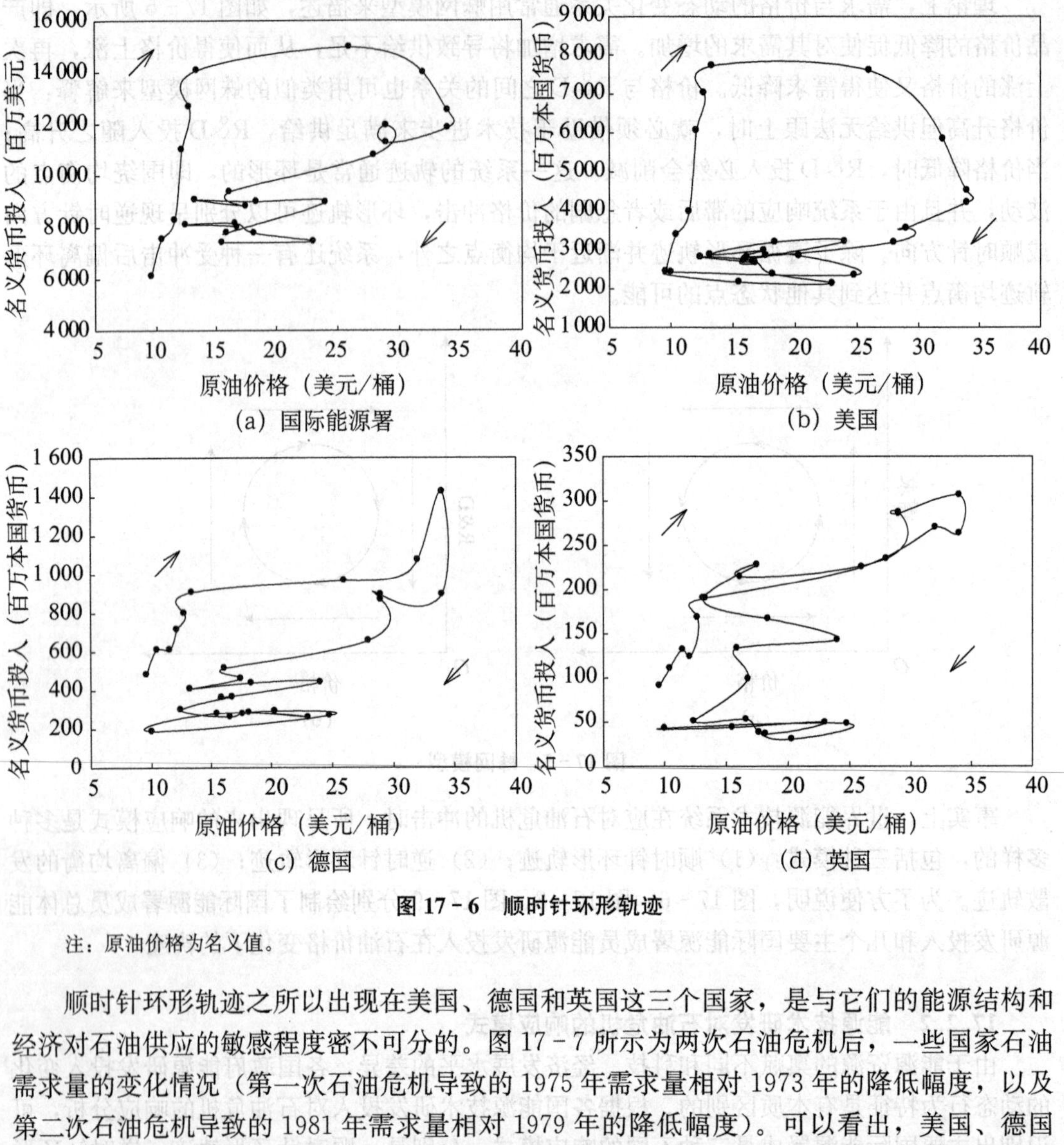

图 17-6 顺时针环形轨迹

注：原油价格为名义值。

顺时针环形轨迹之所以出现在美国、德国和英国这三个国家，是与它们的能源结构和经济对石油供应的敏感程度密不可分的。图 17-7 所示为两次石油危机后，一些国家石油需求量的变化情况（第一次石油危机导致的 1975 年需求量相对 1973 年的降低幅度，以及第二次石油危机导致的 1981 年需求量相对 1979 年的降低幅度）。可以看出，美国、德国和英国这三个国家在石油危机后的石油需求量的降低幅度比其他国家要大，说明石油危机的冲击对这三个国家的经济的影响更显著。虽然在降低的幅度上，美国要低于德国和英国，但是美国的绝对石油需求量是极大的，相当于英国、德国两国总和的两倍。这三国经济对石油的依赖和敏感使得它们在第一次石油危机后迅速地大幅增加能源技术研发预算，从而其能源技术研发投入响应石油危机的模式显示出了顺时针环形轨迹。

值得注意的是，美国、德国和英国的能源技术研发投入在第一次石油危机后迅速大幅增加，说明它们的技术系统响应快速，政府也确实将大量资源投入了技术研发，因而理论上第二次石油危机对其经济的冲击应该没有第一次石油危机的影响那么大。然而事实相反，第二次石油危机时，这三个国家的石油需求量的降低幅度比第一次石油危机时还要大。要解释这一现象，就必须要考察第一次石油危机后，它们的能源技术研发活动的产出

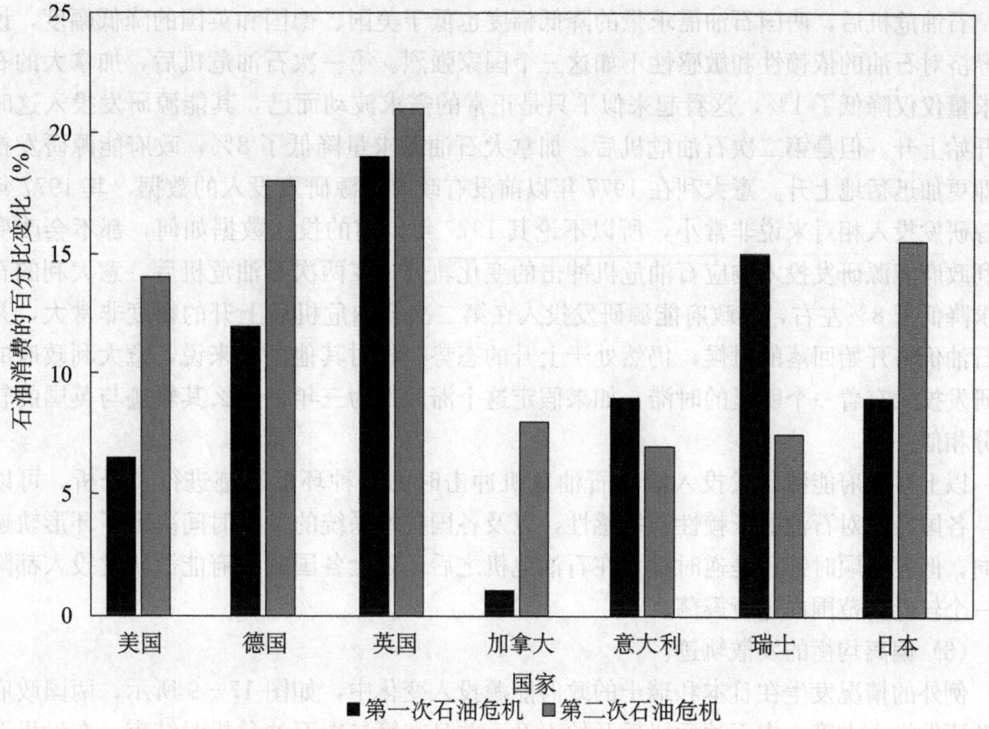

图 17－7 石油危机后各国石油消费量的降低比例

情况，然而由于数据的限制，本文无法分析技术研发的产出情况。但是，我们有理由推测这期间的能源技术研发的产出和应用情况并不是令人满意的。

（2）逆时针环形轨迹。

环形的轨迹还有呈逆时针变动的模式，这种模式出现在加拿大和意大利的政府能源研发投入对石油危机的响应中，如图 17－8 所示。这种逆时针环形轨迹反映了第二次石油危机时加拿大和意大利的政府能源研发投入的增长非常显著，而第一次石油危机时则相对较低。虽然在第一次石油危机时，它们的能源研发投入已经开始上升，但是并不如前面所述的美国、德国和英国的变化那么显著。

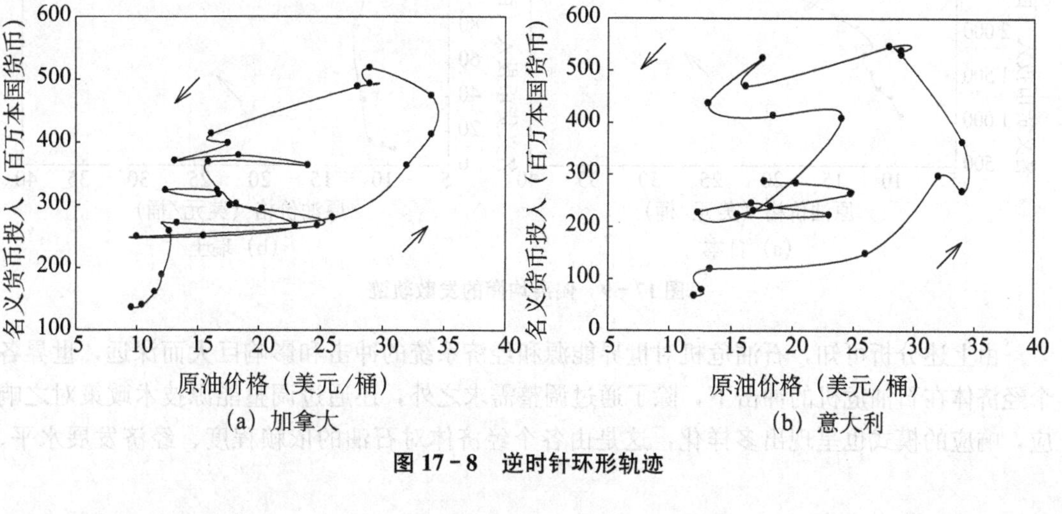

图 17－8 逆时针环形轨迹

石油危机后，两国石油需求量的降低幅度也低于美国、德国和英国的降低幅度，说明其经济对石油的依赖性和敏感性不如这三个国家强烈。第一次石油危机后，加拿大的石油需求量仅仅降低了1%，这看起来似乎只是正常的需求波动而已，其能源研发投入这时已经开始上升。但是第二次石油危机后，加拿大石油需求量降低了8%，政府能源研发投入随即更加迅猛地上升。意大利在1977年以前没有政府能源研发投入的数据，其1977年的能源研发投入相对来说非常小，所以不论其1977年以前的投入数据如何，都不会改变意大利政府能源研发投入响应石油危机冲击的变化轨迹。在两次石油危机后，意大利的石油需求降低了8%左右，其政府能源研发投入在第二次石油危机后上升的幅度非常大，并且在石油价格开始回落的时候，仍然处于上升的态势。相对其他国家来说，意大利政府的能源研发投入有着一个明显的时滞，如果假定这个滞后期为三年，那么其轨迹与英国的轨迹十分相似。

以上对政府能源研发投入响应石油危机冲击时的两种环形轨迹进行了分析，可以看出，各国经济对石油的依赖性与敏感性，以及各国技术系统的反应时间决定了环形轨迹的方向，但无论顺时针还是逆时针，在石油危机之后，以上各国的政府能源研发投入都降低到一个较低的范围内进行震荡。

(3) 偏离均衡的发散轨迹。

例外的情况发生在日本和瑞士的政府能源投入变化中，如图17-9所示，两国政府的能源研发投入在第一次石油危机后开始上升，并且在第二次石油危机时结束，在世界石油价格开始回落的情况下，其研发投入反而上升到了一个新的更高的水平，而不是降低。这一现象使得其政府能源研发投入的轨迹偏离了均衡点而表现出发散。这一发散轨迹出现在日本和瑞士的原因是非常明显的，它们都没有石油资源，而经济对石油的依赖程度又非常高，因此不得不依赖技术进步和技术多样化策略来降低石油供给风险对经济的影响，鉴于它们的资源约束，通过技术进步来解决能源问题成为两国的首选。

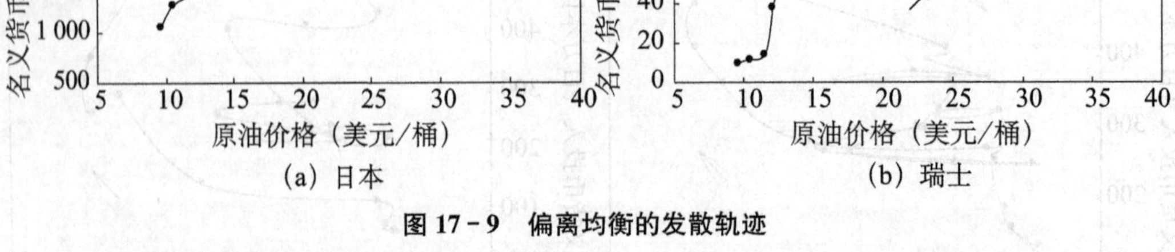

图17-9 偏离均衡的发散轨迹

由上述分析可知，石油危机对世界能源和经济系统的冲击和影响巨大而深远，世界各个经济体在石油危机的冲击下，除了通过调整需求之外，还通过调整能源技术政策对之响应，响应的模式也呈现出多样化，这是由各个经济体对石油的依赖程度、经济发展水平、资源禀赋，以及对能源系统变化的心理预期等多方因素差异造成的。不容忽视的问题是，能源研发投入整体上呈现降低趋势，虽然要衡量研发投资的合理水平是非常困难的，但是在全球气候变化这样的背景下，研发投入的降低趋势是可持续能源系统和经济系统发展的一大挑战。

17.3　能源技术研发投入组合研究

能源技术研发投入的数量并不能全面地描绘研发投入变化的全貌，而且对于研发投入数量的过度关注，往往会使我们忽略一些其他重要问题，如能源技术研发投入的组合变化（投入的分配情况）。能源技术研发投入组合是指在有限的投入约束下，为了分散风险、提高效率，能源技术投资者根据一定的技术研发投入选择和技术研发投入组合方法，从成本、收益和风险管理的角度进行多元化管理。一般地，能源技术研发投入组合需要研究在风险一定的条件下，如何保证能源技术研发投入组合收益的最大化，以及在一定的收益条件下，如何保证能源技术研发投入组合风险的最小化。能源技术研发投入组合既涉及企业、部门内部的研发管理和技术选择，也涉及国家和区域的战略选择和分工协作。

17.3.1　熵统计

熵统计方法可用于研究如下问题。

（1）能源技术研发投入在技术维度上的变化趋势，即能源技术研发投入在技术之间的分配及变化趋势。

（2）能源技术研发投入在国家维度上的变化趋势，即能源技术研发投入在各个国家之间的比例关系及变化趋势。

熵统计量提供了一种分析频率分布多样性的方法，已经被应用于研发活动的分布研究、利用市场份额衡量市场集中度，以及技术多样性和技术竞争强度研究中（Jacquemin 和 Berry，1979；Saviotti，1988）。如果将能源研发投入列为一个二维矩阵，横坐标代表 m 种研发投入的技术，纵坐标代表 n 个投入研发的国家。那么这个二维矩阵就是一个研发投入密度矩阵，其元素 e_{ij} 为国家 j（$j=1, \dots, n$）在能源技术 i（$i=1, \dots, m$）上的研发投入。依然选取上节所选的 9 个国家，即加拿大、法国、德国、意大利、日本、荷兰、瑞士、英国和美国。根据国际能源署能源技术 R&D 数据库的技术分类，可将能源技术划分为 12 个种类，即节能（conservation）、石油和天然气（oil & gas）、煤炭（coal）、太阳能（solar）、风能（wind）、海洋能（ocean）、生物质能（biomass）、地热能（geothermal）、水能（hydro）、核能（nuclear）、电力与存储（power & storage）和其他技术（Others）。能源技术研发投入的边际密度见下式：

$$e_{i\cdot} = \sum_{j=1}^{n} e_{ij} \tag{17-1}$$

$$e_{\cdot j}=\sum_{i=1}^{m}e_{ij} \tag{17-2}$$

式（17－3）为能源技术研发在技术维度上分布的熵值：

$$H(X)=-\sum_{i=1}^{m}e_{i\cdot}\ln e_{i\cdot} \tag{17-3}$$

$H(X)$ 值反映了在能源技术研发投入组合中的技术维度的多样性水平。当只投入一种技术的研发时，$H(X)$ 有最小值。若研发投入逐渐分布于其他技术，$H(X)$ 则逐渐增大，当最终每一种技术都获得均等的投入强度时，$H(X)$ 取到最大值。

式（17－4）为能源技术研发投入在国家维度上的分布熵。当一国完全主导了某一技术的研发时，熵取最小值 0，当此技术的研发在不同国家间有相同资助强度时，熵取到最大值 $\ln n$。

$$H(Y)=-\sum_{j=1}^{n}e_{\cdot j}\ln e_{\cdot j} \tag{17-4}$$

条件熵（conditional entropy）能衡量更多的研发投入组合分布的多样性。式（17－5）的条件熵刻画了 j 国的能源技术研发投入在技术维度上的分布；式（17－6）则为能源技术 i 的研发投入在各个国家间的分布。

$$H(X\mid Y_j)=-\sum_{i=1}^{m}\left(\frac{e_{ij}}{e_{\cdot j}}\right)\ln\left(\frac{e_{ij}}{e_{\cdot j}}\right) \tag{17-5}$$

$$H(Y\mid X_i)=-\sum_{j=1}^{n}\left(\frac{e_{ij}}{e_{i\cdot}}\right)\ln\left(\frac{e_{ij}}{e_{i\cdot}}\right) \tag{17-6}$$

平均条件熵（average conditional entropy）则是各条件熵的加权平均，如式(17－7)、式（17－8）所示。

$$H(X\mid Y)=\sum_{j=1}^{n}e_{\cdot j}H(X\mid Y_j)=-\sum_{j=1}^{n}e_{\cdot j}\sum_{i=1}^{m}\left(\frac{e_{ij}}{e_{\cdot j}}\right)\ln\left(\frac{e_{ij}}{e_{\cdot j}}\right)=-\sum_{j=1}^{n}\sum_{i=1}^{m}e_{ij}\ln\left(\frac{e_{ij}}{e_{\cdot j}}\right) \tag{17-7}$$

$$H(Y\mid X)=\sum_{i=1}^{m}e_{i\cdot}H(Y\mid X_j)=-\sum_{i=1}^{m}e_{i\cdot}\sum_{j=1}^{n}\left(\frac{e_{ij}}{e_{i\cdot}}\right)\ln\left(\frac{e_{ij}}{e_{i\cdot}}\right)=-\sum_{i=1}^{m}\sum_{j=1}^{n}e_{ij}\ln\left(\frac{e_{ij}}{e_{i\cdot}}\right) \tag{17-8}$$

各种熵的含义见表 17－2。

表 17－2　各种熵的含义

	值的大小	
	小	大
$H(X)$	研发投入集中于少数技术	研发投入在各技术间趋于相同
$H(Y)$	少数国家主导着技术研发的投入	技术研发投入在国家间趋于相同
$H(X\mid Y_j)$	国家 j 对少数技术的研发投入	国家 j 在各技术间的投入趋于相同
$H(Y\mid X_i)$	技术 i 的研发投入被少数国家主导	技术 i 在各国间的研发投入趋于相同

17.3.2　能源技术研发投入在技术维度的变化

由于 20 世纪 70 年代两次石油危机的影响，为寻求石油的替代能源技术，整个国际能源署成员的政府能源技术研发投入大幅攀升。然而当石油危机结束，国际油价下跌的时候，能源技术研发投入也随之开始缩减。图 17－10 为世界整体的能源研发投入在技术维度上的熵 $H(X)$ 和在国家维度上的平均条件熵 $H(X \mid Y)$。$H(X)$ 和 $H(X \mid Y)$ 显示出了相似的变化趋势：它们的数值在 1981 年之前都在持续地增大，在 1982 年和 1983 年有短暂的急速下降，之后呈现上升的态势。这一趋势说明，无论是从世界整体，还是从各个国家的加权平均熵来看，能源技术研发投入在技术维度上均呈现出多样化的趋势。换句话说，能源技术研发投入从对少数技术的重点研发转向了对多种技术的共同研发。

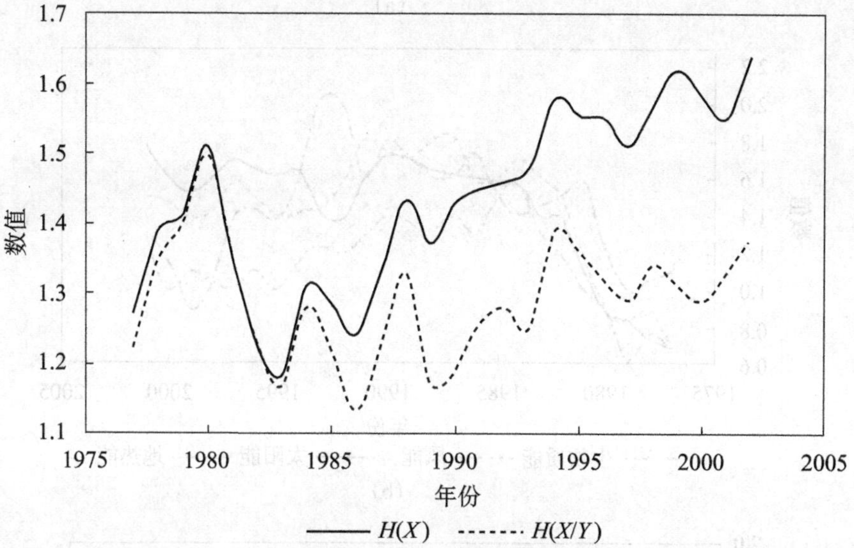

图 17－10　技术维度熵

在本节的分析中，能源技术被划分为 12 个种类，因此技术维度熵的最大值应为：$H(X)=\ln(12)$。然而，如图 17－10 所示，在实际计算中得到的最大值却小于 1.7。这是由技术的分类造成的，不同的技术对于能源系统和经济系统有着不同的重要性，例如化石能源和核能的重要性要比海洋能或者地热能大得多。因此，实际的研发投入是不可能在各个技术之间达到相同水平的，如核能的研发投入在整个能源技术研发投入中所占的比例非常大，一般在 50%以上，这就决定了实际计算出来的熵一般都比理论值要小很多。

图 17－11 为各种能源技术研发投入在国家间分布情况的条件熵。如图 17－11 (a)，在石油危机期间，众多国家在节能技术和化石能源技术领域投入了研发费用，各国都非常重视这些技术，但是到了 20 世纪 80 年代中期，这一趋势反转了，节能技术和化石能源技术的研发投入渐渐集中于少数国家。相似的趋势也出现在核能、电力与存储以及其他能源技术上，如图 17－11 (c) 所示。可再生能源与上述技术有着不同的趋势，如图 17－11 (b) 所示，

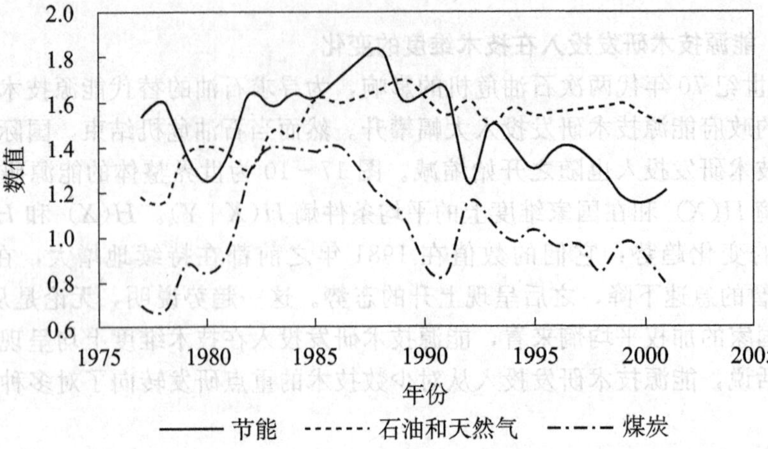

(a)

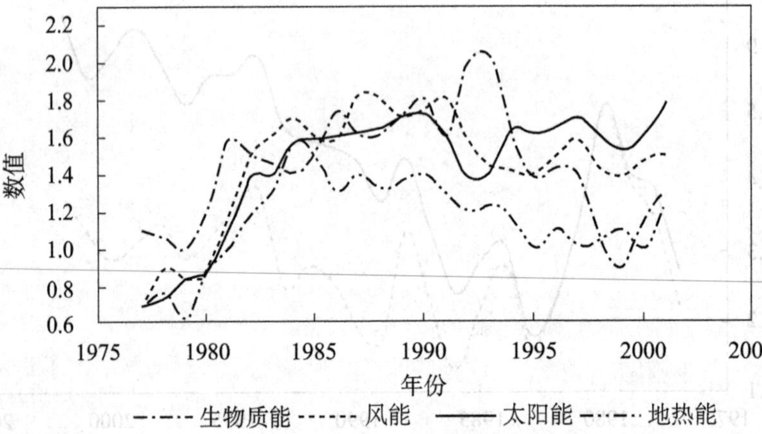

(b)

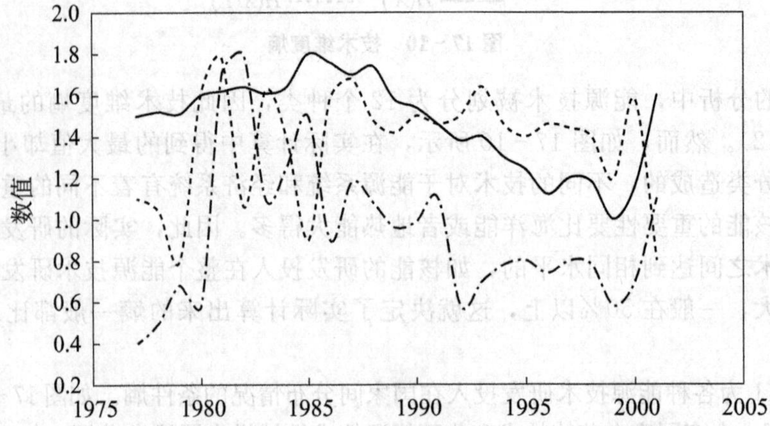

(c)

图 17－11　能源技术研发投入在国家间分布情况的条件熵

石油危机期间，越来越多的国家对可再生能源技术产生了兴趣，并且投资于技术研发。这一趋势在石油危机过后并没有明显的反转，而是维持在相对较高的水平，说明各国对可再生能源的重视程度还是相当高的，尤其表现在风能和太阳能技术上。

17.3.3　能源技术研发投入在国家维度的变化

与技术多样性趋势相反的是，无论在世界层次还是在技术层次，能源技术研发投入在国家维度上的熵呈现先升后降的趋势，如图 17－12 所示。这一降低趋势从 20 世纪 80 年代中期开始，说明能源技术研发投入越来越集中于少数国家，例如，美国和日本的能源技术研发投入在国际能源署成员的研发总投入中占有很大的比例。

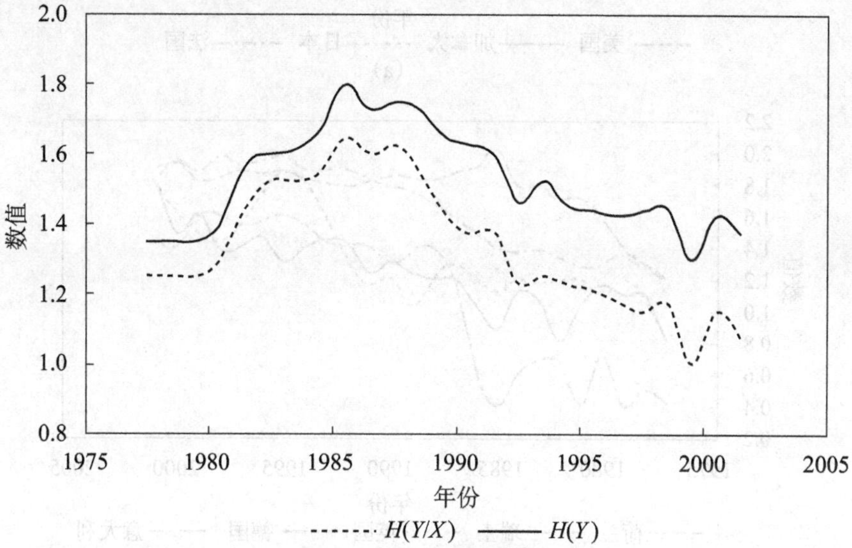

图 17－12　国家维度熵

图 17－13 为几个主要国际能源署成员在技术维度上的条件熵，可以看出，各个国家之间在能源研发投入技术组合上的差异很大。美国、加拿大、日本和法国的技术分布的条件熵的波动较小，说明其能源技术研发投入在各个技术上的投入比例相对稳定，如图 17－13（a)所示。而德国、英国、意大利、瑞士和荷兰的技术分布的条件熵则出现稳步增大的态势，说明多数欧洲国家在各能源技术上的研发投入趋于多样化。而法国的能源系统由于锁定于核能技术，因此其能源技术研发的多样性受到限制，但是也可以看出其在 2000 年左右出现的技术研发的多样化趋势。

对比图 17－10 和图 17－12，一方面，出现了能源技术研发投入分布于多种技术的趋势，即技术多样化的趋势；另一方面，能源技术研发投入越来越集中于少数国家。这两个走势相反的趋势说明了不同国家有在能源技术研发领域集中于各自优先技术的倾向。为说明这一趋势，图 17－14 详细列出了主要国际能源署成员的能源技术研发投入组合的变化。

表 17－3 总结了各主要国际能源署成员在能源技术研发投入中优先领域的变迁。1980 年，各个国家都将核能作为最优先投资的研发领域，其次是化石能源。到了 1990 年，可再生能源和节能与化石能源一起受到关注。2000 年，一方面，多样性逐渐呈现；另一方

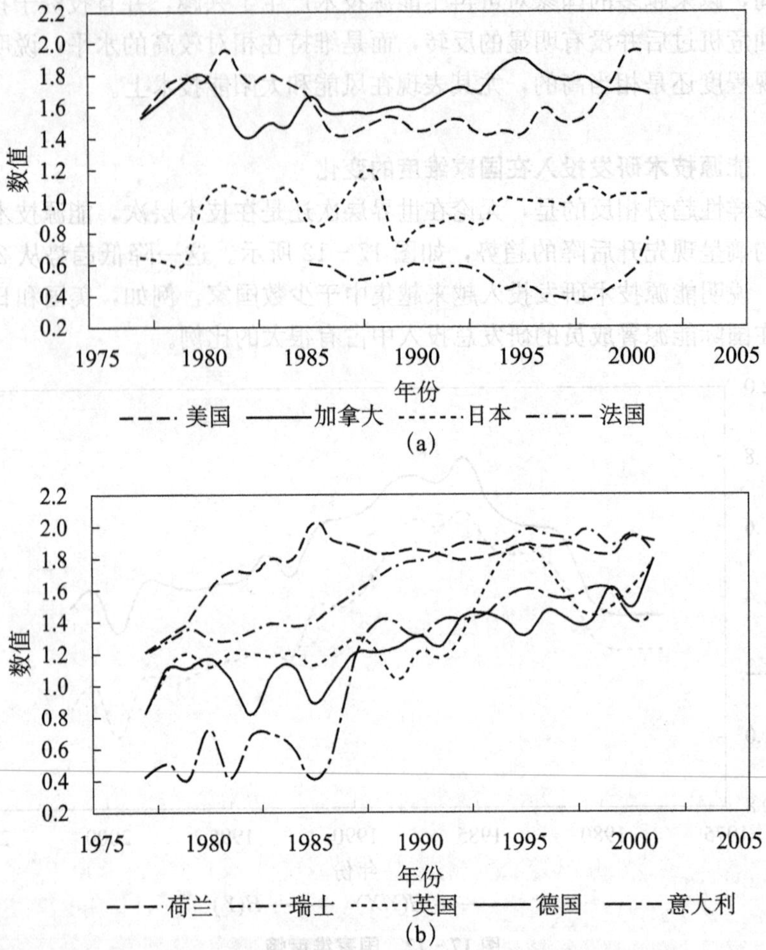

图 17－13　各国能源技术研发投入在技术间分布情况的条件熵

面，核能的绝对优势地位受到挑战，不少国家投入最多的技术领域不再是核能。各国之间出现了其优先发展的技术领域，如德国倾向于可再生能源，意大利倾向于电力技术，日本倾向于节能技术，英国与美国则倾向于其他非传统技术领域。

表 17－3　各主要国际能源署成员的能源技术研发优先领域变迁

	1980 年	1990 年	2000 年
加拿大	核能；化石能源	核能；化石能源	核能；节能技术
法国	核能	核能	核能
德国	核能；化石能源	核能；可再生能源	核能；可再生能源
意大利	核能	核能；其他技术	核能；电力
日本	核能	核能；化石能源	核能；节能技术
荷兰	核能	节能技术；化石能源；其他技术	节能技术；可再生能源
瑞士	核能	核能；可再生能源	核能；可再生能源
英国	核能	核能	其他技术；核能
美国	核能；化石能源	化石能源；核能	其他技术；节能技术

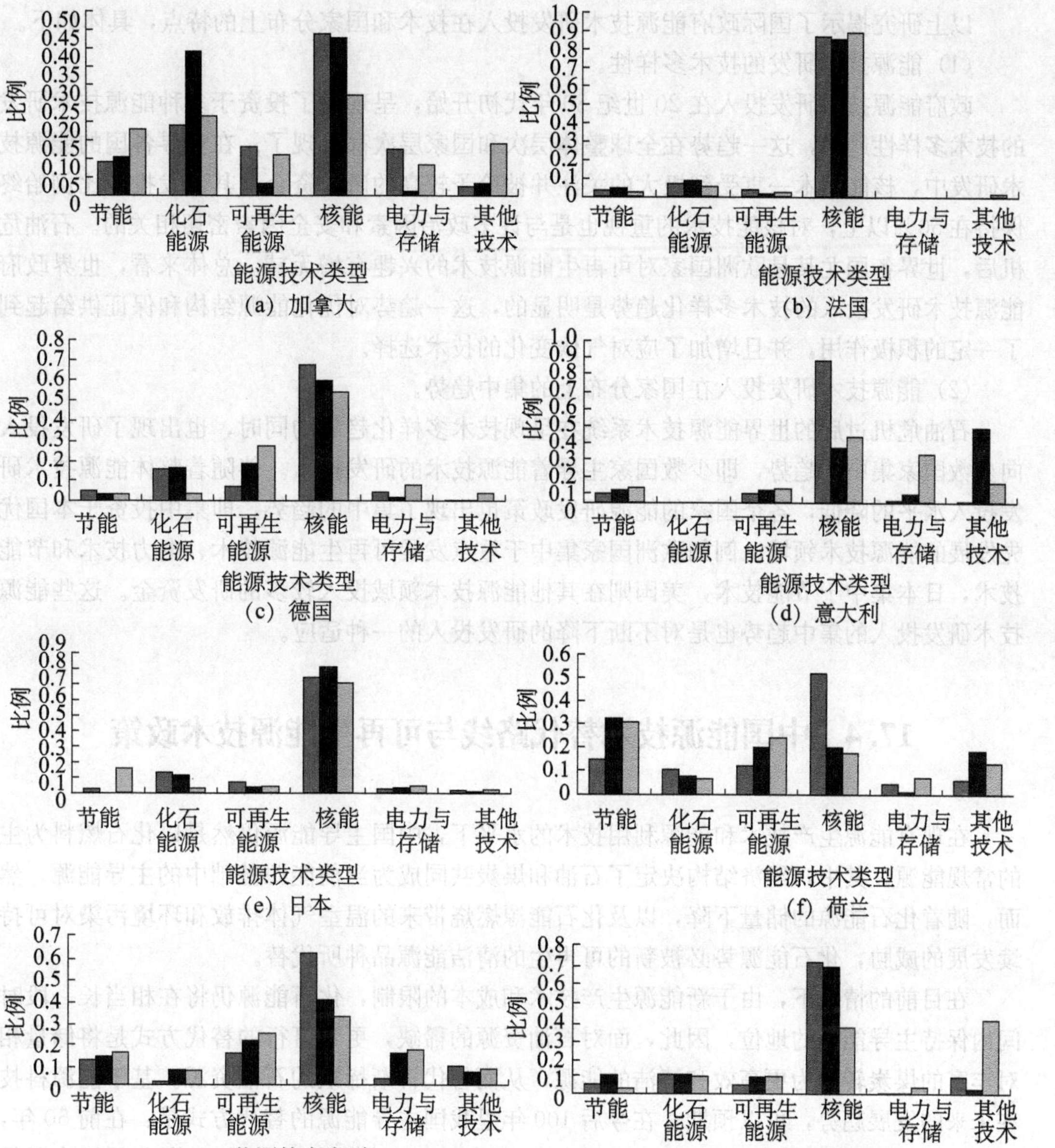

图 17-14　主要国际能源署成员的能源技术研发组合

以上研究揭示了国际政府能源技术研发投入在技术和国家分布上的特点，具体如下。

（1）能源技术研发的技术多样性。

政府能源技术研发投入在20世纪80年代初开始，呈现出了投资于多种能源技术研发的技术多样性趋势，这一趋势在全球整体层次和国家层次都出现了。在世界各国的能源技术研发中，核能技术一直受到极大的关注并被给予较高的研发资金，其研发投入比例始终保持在50%以上，对核能技术的重视也是与许多政治因素和安全因素密切相关的。石油危机后，世界各国尤其是欧洲国家对可再生能源技术的兴趣有增无减。总体来看，世界政府能源技术研发投入的技术多样化趋势是明显的，这一趋势对优化能源结构和保证供给起到了一定的积极作用，并且增加了应对气候变化的技术选择。

（2）能源技术研发投入在国家分布上的集中趋势。

石油危机过后的世界能源技术系统在呈现技术多样化趋势的同时，也出现了研发投入向少数国家集中的趋势，即少数国家主导着能源技术的研发投入。伴随着整体能源技术研发投入水平的降低，各个国家的能源研发政策也出现了集中的趋势，即集中投资于本国优先发展的能源技术领域，例如欧洲国家集中于重点发展可再生能源技术、电力技术和节能技术，日本集中于节能技术，美国则在其他能源技术领域投入较多的研发资金。这些能源技术研发投入的集中趋势也是对不断下降的研发投入的一种适应。

17.4 中国能源技术替代路线与可再生能源技术政策

在现有能源生产技术和能源利用技术的水平下，中国主导能源仍然是以化石燃料为主的常规能源，其中，经济结构决定了石油和煤炭共同成为当前能源基础中的主导能源。然而，随着化石能源的储量下降，以及化石能源燃烧带来的温室气体排放和环境污染对可持续发展的威胁，化石能源势必被新的可再生的清洁能源品种所代替。

在目前的情况下，由于新能源生产技术和成本的限制，化石能源仍将在相当长一段时间内保持主导能源的地位，因此，面对石油资源的稀缺，更为可行的替代方式是将储量相对丰富的煤炭转化为更高效和清洁的能源，从而替代日渐稀缺的石油资源。基于能源科技在未来的发展趋势，可以预期，在今后100年里我国主导能源的替代方式是：在前50年，主要在化石能源的框架下，寻求对石油的替代方案和技术；在后50年，则必须解决以可再生清洁能源替代化石能源的方案和技术（朱成章，2001）。

17.4.1 化石能源技术替代路线

中国目前的一次能源是以石油和煤炭为主体的化石能源，这是由化石能源可采储量在中国全部能源可采储量中所占的比重决定的。从能源可采储量来看，化石能源占63.5%，而且，虽然大量的水能在技术上可以利用，但是水电投资巨大，周期很长，因此在经济上可以开发的水能资源远远小于36.5%。这种能源结构决定了中国在目前以及未来相当一段时期内，化石能源仍将居于一次能源的地位。

我国石油资源的稀缺已经成为一个严峻的现实，我国经济发展对进口石油资源的依赖也越来越成为影响国家安全的一个重要因素。另外，考虑到世界石油资源在大量消耗以后，必然形成石油供应的紧张和价格的上升。因此，对石油能源的替代是一个必然的趋势，在可再生能源技术还不能提供人类一个新的解决方案的情况下，在化石能源的内部，利用储量丰富的化石能源品种实现对石油资源的替代就显得尤为必要和迫切。

因此，现阶段能源替代的主要问题在于，如何在化石能源的框架内实现储量丰富的煤炭对储量缺乏的石油的替代。化石能源主要包括煤炭、石油和天然气三大种类，随着近年来技术的发展，另一种新型的甲烷气体能源矿藏——天然气水合物渐渐引起了人们的关注，并成为又一个潜在的清洁化石能源。从化石能源的种类来看，对石油的替代可以通过煤炭替代、天然气替代和天然气水合物替代来实现。不同的替代路线取决于不同替代技术的发展和应用。

(1) 天然气替代。

利用储量相对丰富的天然气来替代石油是许多国家的能源战略之一。在天然气替代技术方面，天然气液化（GTL）技术是替代成功的关键。目前，国际上正在兴起天然气液化技术的热潮，许多国家都在努力发展利用天然气加工优质液体燃料的技术，有的国家已经开始进行天然气液化技术的工业化应用。这些通过天然气或者其他燃料气体加工合成的汽油、柴油和化工产品，将会在世界市场上涌现出来（许志宏，2004）。在我国，由于天然气的开发和供应规模仍然较小，因此，天然气液化技术并没有得到足够的重视。从化石能源替代战略来看，天然气液化技术应该成为我国近期能源技术的发展重点之一。

(2) 天然气水合物替代。

天然气水合物是在一定温度、压力、气体饱和度、盐度和酸碱度的条件下，由水和天然气组成的一种类似于冰的结晶化合物，俗称“易燃冰”或“可燃冰”，其重要成分为甲烷，故也称甲烷水合物。目前在俄罗斯、加拿大和北极地区的永久冻土带和全世界范围内的海洋区域都已经发现存在大量的天然气水合物的矿藏。根据 Kvenvolden（1988）的计算结果，天然气水合物中的有机碳占全球有机碳的 53.3%，而煤炭、石油和天然气的总和才占 26.6%。美国有关数据显示，世界天然气水合物的总能量将达到煤炭、石油和天然气总和的 2～3 倍（陈勇，樊栓狮，2004）。我国也已经对天然气水合物进行了研究和勘探，并相继在东海和南海探测到大量天然气水合物矿藏。据预测，仅南海海底的天然气水合物矿藏蕴含的能源总量就相当于我国石油资源总量的一半，因此，对天然气水合物的开发利用将成为我国能源替代的另一个重要途径。目前美国、日本等发达国家都在积极研究天然气水合物的开发应用技术。对我国来说，目前尚不具有对天然气水合物进行开采的技术能力，但从整个能源发展战略来看，应当尽快将天然气水合物开发和应用的技术纳入能源技术发展的战略和政策范围。

(3) 煤炭替代。

到目前为止，我国在实现石油更替方面技术发展最成熟、也最具有可行性的途径是煤炭替代。煤炭替代的关键在于煤炭加工和消费技术的进步，主要包括两个方面：煤炭液（气）化技术和洁净煤技术的发展。洁净煤技术的目标在于努力在短时间内显著提高煤炭使用效率，有效控制污染物的排放。从这个角度来看，重点在于两个方面：高效洁净发电技术和商品煤的优质化综合加工技术。在发达国家，煤炭的主要消费方式是发电。由于燃煤发电可以实现对煤炭的高效利用，同时有利于对环境污染的控制，因此，提高发电用煤在煤炭消费中的比重是我国今后几十年优化终端能源结构、提高煤炭利用效率的必然选择。但目前中国燃煤发电的技术水平和转化效率仍然与世界先进水平有很大差距，因此发展高效洁净的燃煤发电技术是洁净煤技术发展的重要方向。除了发电以外，我国还有很多产业甚至生活消费也形成了对煤炭的大量消费，因此，发展商品煤的优质化综合加工技术，通过洗选、配合、筛分、成型、粉碎、添加剂等工序提高商品煤的热效率、安全性和清洁度，成为洁净煤技术的另一个发展重点。煤炭替代技术的另一个关键方面——煤炭液化技术，将被作为能源技术的一个案例在下面的内容中进行更具体的战略分析和政策研究。

17.4.2 案例研究：中国的煤炭液化技术

根据前面的分析，在中国能源更替的进程中，可再生能源替代化石能源是一个必然的趋势。发展可再生清洁能源技术应该成为中国能源技术的长期战略重点和核心。然而，在接下来的几十年时间里，中国乃至世界都仍然摆脱不了以化石能源作为主导能源的状况，因此，化石能源框架内的替代技术应该成为中短期的能源技术战略和政策的重点。在化石能源内部，由于中国天然气发展基础仍然比较薄弱，天然气化合物的技术前景也很难把握，因此以煤液化、煤气化和煤净化为主要方式的煤炭替代技术就成为中国能源技术的最经济和现实的选择。下面将针对煤炭液化技术进行具体的技术和战略分析，并提出相应的政策建议。

（1）中国煤炭液化技术发展的 SWOT① 分析。

1）中国煤炭液化技术发展的优势。

中国煤炭液化技术发展的一个优势在于国内丰富的煤炭资源和巨大的能源市场。

中国煤炭资源丰富，生产能力和潜力都比较大，相对石油和天然气来说，更具有成为我国主导能源的资源基础，是稳定、可靠、价格相对低廉的能源品种。根据 BP（2013）的统计数据，中国煤炭探明储量为 622 亿吨，丰富的煤炭资源可以为煤炭液化技术的产业化提供充足的资源支持。

同时，中国持续稳定的经济增长在未来将形成巨大的能源需求，在目前能源的需求结构条件下，对液体燃料的需求仍然无法被固体和气体燃料替代。而煤炭通过直接或间接的液化技术可以生产合格的汽油、柴油以及航空煤油，这样，煤炭液化技术就可以在不改变现有终端消费方式的情况下，实现对石油能源的替代。中国经济的增长所形成的对能源的巨大的需求将成为煤炭液化技术发展的广阔市场基础。

此外，中国煤炭液化技术发展的另一个优势在于国际相关技术的成熟性及国内多年的研究基础。煤炭液化技术在国外已经有了几十年的研究和实际应用经验，国内也有超过 20 年的研究基础，现在以国内技术为主，同时引进了国际先进技术的煤炭液化示范工程已经启动，这些都为煤炭液化技术的发展和应用奠定了良好的基础。

2）中国煤炭液化技术发展的劣势。

除了丰富的储量、增长的市场以及成熟的技术等优势，中国煤炭液化技术也面临着一

① 一种企业战略分析方法。S是优势，W是劣势，O是机遇，T是威胁。

些制约因素。对于任何一项新技术的开发和应用，充足的资金支持都是必不可少的经济基础。煤炭液化技术工业化的主要特点之一就是一次性投资很大，根据有关部门分别与美国、日本和德国进行的预可行性研究，建设一座年产 100 万吨油的煤炭直接液化工厂和总投资为 80 亿～100 亿元，这么大的投资对于我国目前连安全生产投资都难以保证的煤炭生产企业来说，是很难筹集和承担的巨额投资，因此煤炭液化工程建设融资成为煤炭液化技术产业化发展的重点和难点。

另外，虽然国际上煤炭液化技术已经发展成熟，但就我国而言，技术研发与产业化应用还有一定距离，部分关键核心技术仍然需要依靠国际引进，这就给煤炭液化技术的产业化带来了技术上的风险。缺乏自主知识产权的核心技术，不仅会形成较高的引进技术成本，而且涉及能否保持煤炭液化技术的领先水平，从而影响煤炭液化产品在市场上的竞争能力。

3）中国煤炭液化技术发展的机遇。

煤炭液化技术在中国目前的发展机遇可以归纳为三个方面：国际石油价格的上涨、能源需求的快速增长，以及对环境保护的日益关注。

与石油价格低廉造成煤炭液化技术研究停滞相反，国际石油价格的上涨为成本较高的替代能源的发展和应用提供了机遇，对煤炭液化产品来说也是如此。根据预可行性评估结果，煤炭直接液化产出的成品油的生产成本在 1 400～1 600 元/吨，而间接煤炭液化产出的成品油成本也在 2 000 元/吨以下。依此推算，如果国际市场原油价格稳定在 25 美元/桶以上波动，我国的煤炭液化工业将有合理的利润空间。国际原油价格在 2003 年就达到了 28.83 美元/桶，进入 2004 年以后，更是一路飙升，最高突破 140 美元/桶，当前仍然在 70～80 美元/桶振荡。石油价格的上升反映了随着资源开采量的增加，稀缺性增加带来价格上涨的必然经济规律，在未来的几十年里，虽然短期内会有波动，但石油价格总体上升的趋势是不可逆转的。这种高油价的市场化环境为煤炭液化技术的发展和应用提供了前所未有的机遇，经济上的利益有利于吸引更多的资金进入相关技术的研究开发中。

如前所述，我国巨大的能源需求市场是煤炭液化技术发展的基础和优势，同时，这个市场还在以稳定的速度持续快速地增长，这也为煤炭液化技术提供了良好的机遇。能源需求的增长会加大能源供需的缺口，进一步增加市场对煤炭液化产品的需求。经济增长还为科技进步提供了物质保障，随着国家对能源科技研发投入的增长，煤炭液化的生产效率还会进一步提高，成本还有望进一步降低。

随着我国政府和民众环境意识的增强，在终端能源的需求结构中，煤炭直接燃烧的比例会大大降低，这就要求煤炭必须寻求新的安全、清洁的消费方式。煤炭向电力的转化并不能满足市场对液体燃料的需求，因此，大量的煤炭从终端能源中退出来以后，也形成了对煤炭液化技术的需求和推动。

4）中国煤炭液化技术发展的威胁。

在面对石油价格、市场增长、环境推动等发展机遇的同时，煤炭液化技术的发展也不可避免地面临着一些负面因素所带来的风险和威胁。在经济上，国际市场上石油价格的波动幅度越来越大，价格上涨带来的是机遇，而上涨过后不可避免地会有回落和调整，煤炭液化技术能否承受由油价下降带来的经济风险，是考验煤炭液化技术的一个重要因素。在石油价格波动的同时，国内煤炭价格也在不断上升，随着煤炭安全生产费用的提高，以及对环境治理费用的分担，煤炭价格上升的趋势会更加明显，煤炭价格的上升会降低煤炭液化产品的成本竞争能力，给煤炭液化生产带来风险。

煤炭液化在经济上面临风险的同时，技术上也同样面临风险。虽然国际上煤炭液化技术已经基本成熟，但我国的研究才 20 多年，而且从来没有过工业化和商业化的经验，从小规模实验生产扩大到大规模工业化生产这一过程中的风险是无法回避的。另外，技术的研发能力能否保持技术的先进性也是一个问题。一旦技术上落后，必然形成竞争能力的落后。随着新能源技术的研发，会不会出现成本更低、更清洁环保的新能源来满足市场需求，这都是煤炭液化技术发展的潜在风险和威胁。

(2) 推进煤炭液化技术的政策建议。

基于以上对煤炭液化技术的 SWOT 分析，中国快速增长的能源需求、相对丰富的煤炭资源、日益增加的石油进口风险等，都决定了煤炭液化技术在中国的能源更替路线中居于重要的战略位置。我国政府应该充分认识煤炭液化技术对中国中短期内主导能源的更替和经济发展的战略意义，将煤炭液化技术放在战略高度，进行政策引导和扶持，主要应该抓紧实施以下几方面的政策。

1) 增加研发投入，鼓励企业参与。

我国政府必须明确煤炭液化技术在能源技术体系中的战略地位，从资金和政策等方面加大支持力度，把煤炭液化技术作为重点科技项目进行投入；同时，采取优惠税率、研发投资退税、低息贷款政策等，鼓励引导能源企业及其他投资企业参与煤炭液化技术的研究开发中，从而加快技术发展的步伐，尽快形成规模化生产的技术基础。

2) 推进国际合作，引进先进技术。

对于国际先进技术，应该积极推进国际合作，从而实现技术和工艺的快速发展。推进煤炭液化技术国际合作的有效方式就是利用我国的煤炭资源和劳动力资源的价格优势，吸引国外企业与中国能源企业合资设立煤炭液化工厂，这一方面解决了煤炭液化技术投资巨大的资金问题，另一方面也可以直接利用国际先进的技术和工艺，在国内起到示范作用，从而带动国内相关技术和产业的发展。

3) 鼓励产业化建设，合理分担风险。

对于现在国内企业已经开展的煤炭液化示范工厂建设项目，应该进行积极的保护和培育。面对国际石油市场价格的波动，以及国内煤炭价格的上涨，政府可以对此类项目设立特定的风险保护资金，帮助其分担由煤炭及燃油价格波动造成的风险，同时对于煤炭液化产品，可以采取国家政策性收购，或者实行退税或补贴政策，以提高其市场竞争和生存能力，为煤炭液化技术及其应用创造有利的发展环境。

17.4.3 可再生能源技术政策分析

化石能源作为一次性不可再生能源，一方面，其资源量必然随着开采量的增加而逐渐枯竭，随之而来的必然是价格的上涨和资源竞争的加剧，这对世界经济和政治安全都造成了潜在的威胁。另一方面，化石能源的燃烧是导致温室气体排放最主要的原因。温室气体的排放对全球气候和环境都造成了严重的影响，虽然就控制温室气体排放的问题，现在还没有在全球范围内达成一致性的协议，但随着气候环境的恶化及其对经济和社会的影响日益加剧，人类社会不可避免地要对温室气体的排放采取越来越严格的控制措施。由于目前替代化石能源的新能源技术的发展尚不能支持经济发展和人类生活的需要，因此化石能源还将在一段时间内继续承担着主导能源的角色。可是，长期来看，化石能源被可再生清洁新能源替代是一个必然的趋势，从世界能源科技发展的趋势来看，这种替代技术的发展将在接下来 50～100 年间达到成熟的商业化水平。从长期能源科技的发展来看，后续能源的替代技术是未来能源产业发展的战略方向，因此，在加快推进煤炭和天然气对石油资源替代的同时，中国必须同时抓紧新能源技术的开发研究，以便形成技术储备，奠定技术基础，应对能源的更替。一次能源更替的路线应该是一个交叉重叠的替代过程，在这个过程里，总的趋势是：从化石能源向非化石能源更替，从不可再生能源向可再生能源更替，如图 17－15 所示。

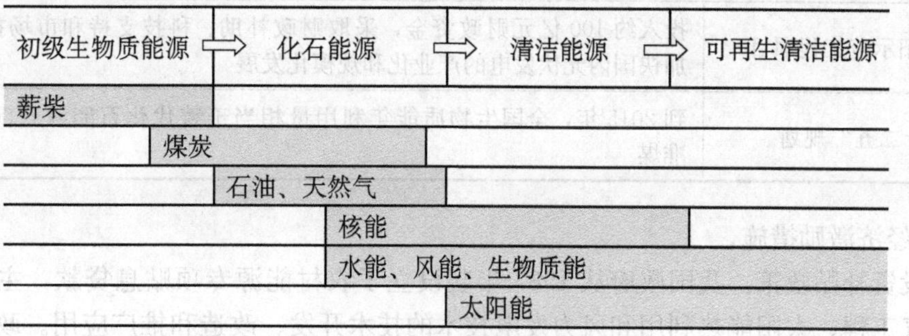

图 17－15　主导能源更替路线

（1）中国的可再生能源政策。

可再生能源整体上尚不具备与化石能源竞争的条件，并且由于能源系统已锁定于化石能源，因此，其发展必须依靠政策的支持。世界许多国家都出台了鼓励和扶植可再生能源发展的法律、法规，政府的支持政策通常可划分为三类：技术研发支持、政府可再生能源项目和经济激励措施。

1）技术研发支持。

我国没有能源研发投资统计数据，更没有可再生能源研发数据，只有全社会研发投资额数据。《中国统计年鉴 2012》的数据显示，近年来我国研发经费支出呈现逐年增加的态势，但总体规模仍然偏小，2011 年，我国研发经费支出仅占国内生产总值的 1.84%。用于可再生能源技术的研发投入就更少。2000 年，我国能源技术研发资金仅占 GDP 的 0.045%，而欧盟对能源技术的研发投入则达到了 GDP 的 2%（Ragwitz 和 Miola，2005）。但随着国力增强和对可再生能源重视程度的增加，投资于可再生能源技术研发的资金也将显著增加，如“十一五”期间我国通过国家科技攻关计划、国家高技术研究发展计划（又称 863 计划）、国家重点基础研究发展计划（即 973 计划）等，共安排 10 多亿元资金，以支持光伏发电、并网风电、太阳能热水器、氢能和燃料电池等领域先进技术的研发和产业化。

2）政府可再生能源项目。

我国可再生能源的发展，尤其是大规模的利用工程，与政府示范工程的推行是密切相关的。从20世纪80年代开始，我国农村地区可再生能源的发展主要是由四个政府项目推动的（Zhou，1996）：农村经济发展与农村能源发展集成项目、农村电力化中的小水电发展项目、扶贫项目中的可再生能源发展项目和农村妇女解放项目中的高效燃烧炉的推广。表17-4为20世纪90年代至2010年我国主要政府示范工程。

表17-4　我国政府可再生能源发展项目

项目	简介
光明工程	到2010年为我国2 000万尚未使用上电力的居民提供可再生电力
乘风计划	“十五”期间，风机国产化率达到60%～80%
“双加”工程	加速风力发电建设和风机国产化，提供9亿元优惠贷款
“十五”规划	截至2005年，风力发电装机容量达到1 500兆瓦
可再生能源产业发展规划	截至2015年，风力发电装机容量达到7 000兆瓦
中国光明工程项目	为太阳能和风能项目提供18亿元资金，以加速偏远乡镇的电力化进程
金太阳示范工程项目	投入约100亿元财政资金，采取财政补助、科技支持和市场拉动方式，加快国内光伏发电的产业化和规模化发展
“十二五”规划	到2015年，全国生物质能年利用量相当于替代化石能源5 000万吨标准煤

3）经济激励措施。

①投资补贴政策。我国政府从1987年起设立了农村能源专项贴息贷款，主要用于大中型沼气工程、太阳能热利用和风力发电技术的技术开发、改造和推广应用。政府补贴也是我国政府一直采用的经济激励手段，中央政府在可再生能源方面的补贴主要用在研究开发和试点示范工程建设以及产业化技术开发上。

②税收优惠政策。我国对可再生能源设备进口关税规定了较低的税率，由于许多可再生能源项目投资使用外国政府和国际组织的优惠贷款和赠款，设备进口按照政策可免征关税和进口环节的增值税。为了解决风力发电实际税负高于火力发电的问题，对风力发电按增值税实行按应纳税额减半征收的政策。① 可再生能源属于高新技术产业，一些地区如内蒙古、新疆等，对可再生能源企业实行减免所得税优惠。在西部地区建设的可再生能源发电项目可按照西部开发税收优惠政策得到减免税的优惠。

③价格优惠政策。价格优惠政策主要面向利用可再生能源生产的上网电力（目前主要为并网风力发电），如为保证上网和优惠电价的政策。《风力发电场并网运行管理规定（试行）》对风力发电实行“还本付息加合理利润”的优惠电价政策，并要求电网全额收购风电场所发电量。这一优惠电价政策即保护性电价政策，是我国目前吸引可再生能源发电项目建设的最主要政策。

（2）我国可再生能源政策存在的问题。

我国对可再生能源的开发和利用是比较重视的，尤其是可再生能源在农村和边远地区的发展。近年来，随着各项政府示范工程的推广，可再生能源的大规模产业化发展有了一定的基础。但是，由于我国现阶段经济发展水平的制约和一些政策设计的合理性欠佳，我

---

① 参阅《关于部分资源综合利用及其他产品增值税政策问题的通知》。

国可再生能源的开发利用现状与可再生能源的开发潜力相比还有更大、更广阔的发展空间。这些问题主要包括以下几点。

1）可再生能源技术研发投入与市场支持力度不足。

可再生能源是技术资金密集型的产业，因此对可再生能源发展的支持应从技术研发和市场两方面加强力度。一方面，政府加强可再生能源的研发投入，有利于摆脱企业发展可再生能源技术动力不足的问题，从而提高整个社会的福利；另一方面，加强可再生能源技术市场的培育，是使可再生能源冲出化石能源所形成的技术锁定的途径。

2）政策缺乏协调性和一致性。

由于我国政府机构设置中没有专门负责可再生能源发展的部门，许多政策和示范工程出自不同的部委，因此，部门目标的不同导致各自的政策之间出现不协调。例如，一方面，为降低风电场投资费用，1998 年我国对进口风力发电机组取消了进口关税，却使得国内风电设备制造企业面临不平等的竞争环境（Liu，等，2002）。近年来，为促进风电的大规模产业化发展，相关部门正积极努力地扶持风电设备国产化进程，并实施了一些国产化示范工程。这两项政策的不同目标对国内风电设备制造产业分别产生了正负两方面的影响，从而削弱了政策的有效性。另一方面，可再生能源的发展和市场培育需要长期的政策支持，因此，政策的长期一致性也是值得注意的问题。

3）可再生能源项目的投融资体系不完善。

长期以来，我国可再生能源项目尤其是大规模的示范项目的投资主要依靠三个来源（Liu，等，2002；Yang，等，2003）：第一，政府拨款和政策贷款；第二，外国政府和国际机构的捐款和贷款；第三，外商直接投资。可再生能源的投资主体单一，缺乏融资渠道，从而限制了可再生能源的发展。

《中华人民共和国可再生能源法》是以立法形式来实施保护性电价政策，由于其消除了投资者可能面临的政策不确定性，因此必将吸引更多、更广泛的投资主体参与可再生能源的开发利用中，对可再生能源的大规模产业化发展将起到重要的推动作用。

17.5　对我国的启示

能源技术发展到今天，从最初的以科学技术的发展为主要推动力，到由市场力量引致的技术变迁，再到现在的面向清洁、可持续能源系统的发展，其技术经济范式经历了三个阶段的变迁。各个阶段发展的驱动因素各不相同，能源技术变迁的影响因素也越来越多，越来越复杂。

（1）政府公共政策对能源技术变迁的引导和支持。

在能源领域，政府干预的重要性不仅体现在政府对实现长期社会目标的责任上，而且公共政策对市场有效的发展和运作起着重要的帮助和补充作用（IEA，2003a）。由于诸多的市场失灵，向清洁、可持续能源系统的转变，必须由政府公共政策来予以拉动，这就决定了政府公共政策在未来能源技术进步中将起到决定性的作用。

首先，在全球能源系统放松管制和产业重组的趋势及应对环境问题的背景下，企业和资本追逐利润的本质决定了其技术研发行为是由研发回报率决定的，从而无法保证社会长期目标的实现，而政府对解决能源需求及实现长期社会发展目标和社会福利责无旁贷。因此，政府能源研发投入应该起到对企业研发的补充作用，以支持对社会整体贡献巨大而风险高、回报低的能源技术的发展。

其次，政府能源研发投入应该起到对技术进步和技术研发活动的导向作用，Mansfield 和 Switzer（1984）的实证研究表明，政府能源研发投入能够刺激和引导企业进行相关和补充技术的研发投入。

最后，由于技术锁定和网络外部性等现象普遍出现在能源部门，清洁和可持续能源技术还无法与成熟的传统能源技术相竞争，因此，必须有公共政策予以扶持，以改善由市场失灵所导致的不平等竞争环境。

（2）政府能源技术政策不应受市场左右，同时避免短视行为。

在过去几十年间，影响能源经济最重大的事件莫过于石油危机，它不仅改变了世界能源经济的面貌，而且从根本上改变了能源技术发展的方向和速率。世界能源技术系统在响应石油危机的冲击时显示出了不同的模式，这是由各个国家的经济发展水平、对石油的依赖程度、资源可获得性，以及各国的心理预期等方面的综合影响所致的。高涨的石油价格不仅促使世界各国进行了石油进口多样化的策略调整，而且诱发了这一时期的能源技术创新。石油危机后，由于世界能源系统市场化、私有化进程和产业重组进程的展开和加速，世界能源技术研发投入范式发生了变化，政府能源研发支出逐年降低。

虽然应对全球气候变化的要求越来越迫切，但是向清洁、可持续能源系统的转变不可能由市场自发引导，政府的干预是推动这一转变过程的重要力量。因此，政府在未来能源技术进步的方向与速率上，应该发挥其至关重要的引导作用和控制能力。政府能源研发投入作为一项供给推动的重要政策措施，必然应当发挥其重要的作用。然而，自 20 世纪 80 年代中期以来，政府能源研发投入水平越来越低。更加让人担忧的一个问题是，政府能源研发投入受到太多来自市场的影响，政府能源研发投资的这种短视行为是危险的，尤其在世界面临全球气候变化风险的背景下。

（3）技术进步是历史过程，能源技术政策应立足自身优势。

全球化的趋势已势不可挡，多数能源企业也大都是跨国公司，它们对能源技术的扩散起到了一定的积极作用，但是，对比能源技术在各个国家的发展和现实状况，能源技术在不同国家还是呈现出多样化特征，无不深深地打上了各国资源状况以及由资源状况决定的能源政策的烙印。

1）各国能源技术研发政策的多样性。

首先，由于资源状况、经济发展和能源消费结构等方面的影响，在应对 20 世纪 70 年代两次石油危机时，各国政府的能源研发投入经费应对石油价格波动的变化呈现出多种轨迹，如响应时间的长短、响应的强度均存在差异，以及由国际石油价格变动而诱发的研发投入变化的方向和幅度等都不相同。

其次，各国在能源研发优先领域的技术选择上呈现多样化，如石油危机结束以后，德国及多数欧洲国家优先研发新能源技术，意大利优先研发电力及存储技术，法国优先研发核能技术，美国和日本优先研发节能技术和其他技术等。

2）各国制度的不同是目前各国能源技术路径不同的唯一解释因素（Martin，1996）。法国分散的电力企业被整合为法兰西电力（EDF）后，法兰西电力依靠政府的支持使法国走上了“全电力、全核能”（All-electric，all-nuclear）的发展道路，并最终锁定于核能技术。丹麦政府通过微小技术市场的建立，使得丹麦在风能的发展上居于世界前列。各国国内能源市场都热衷于形成各主要市场参与者网络，以支持信息的交换和各种各样的学习机制。不仅如此，国家的制度安排也能够通过其他途径，如国家标准的设置等来影响技术发展的方向。

技术进步是一个历史的、系统的过程，不能够脱离本国的资源状况和技术能力。我们的研究也表明，各国之间能源技术发展路径的差异只能由各国的国家创新系统的不同来解释。因此，根据自身的资源状况、地缘政治、经济状况和技术能力等因素，发展适合本国、本地区的能源技术是相当重要的。

3）向清洁、可持续能源系统的转变，需要全面、协调、一致的政策支持。

政府公共政策对能源技术的支持不能局限于一个职能部门的支持，而是需要多部门从不同的角度予以共同支持，因此，政府公共政策应当做到全面、全方位。同时，这里又会产生政策的协调性和一致性的问题。从时间角度来看，对清洁和可再生能源技术的政策支持应该是长期的；从部门角度来看，由于我国很长时期以来没有专门统筹负责能源工作的职能部门，因此，能源政策的制定往往会产生不协调、不一致，从而相互抵消作用的情况，如上文提到的对风力发电机组国产化的支持政策的问题。因此，全面的政策支持更加需要各个职能部门之间的密切配合，以积极消除各部门政策之间可能存在的不协调因素。

本章小结

根据主要驱动因素的不同，能源技术经济范式可以划分为三个阶段，分别是：（1）以科学技术为主要推动的时期；（2）以市场因素为主要推动的时期；（3）面向清洁、可持续能源系统的以政府公共政策为主要推动的时期。

世界能源技术变迁由科技推动和市场推动，过渡到以政府公共政策推动为主的时期。一方面，这说明影响能源技术变迁的因素越来越多；另一方面，这也说明了政府公共政策将在未来能源技术变迁中处于核心地位。

虽然政府公共政策在能源技术变迁中将起到非常关键的作用，尤其是在向清洁、可持续能源系统的发展过程中，但是本章对国际能源署成员的政府能源研发投入的动态和组合特征进行的实证分析并不能给出一个乐观的结果。通过对国际能源研发投入应对石油危机的相应特征进行分析，结果发现国际能源署成员的多数政府能源研发投资受市场的影响非常严重，这反映了政府的短视行为。在全球气候变化的背景下，政府能源研发投入的短视行为对日益凸显的能源、经济和环境问题的解决有着非常负面的影响。

国际政府能源研发投入在技术组合和国家分布上，显示出了技术多样化和国家分布的集中趋势。世界政府能源研发投入的技术多样化趋势是明显的，这一趋势对于优化能源结构和保证供给起到了一定的积极作用，并且增加了应对气候变化的技术选择。石油危机过后的世界能源技术系统在呈现技术多样化趋势的同时，出现了研发投入向少数国家集中的趋势，即少数国家主导着能源技术的研发投入。伴随着整体能源研发投入水平的降低，各个国家的能源研发政策也出现了集中的趋势，即集中投资于本国优先发展的能源技术领域。例如，欧洲国家集中于重点发展可再生能源技术、电力技术和节能技术，日本集中于节能技术，美国则在其他能源技术领域投入较多的研发资金。这些能源技术研发投入的集中趋势也是对不断下降的研发投入的一种适应。

基于世界能源技术发展的趋势，并结合我国的具体特点，本章对我国能源的替代路线和政策进行了深入的分析。现阶段能源替代的主要问题在于，如何在化石能源的框架内实现储量丰富的煤炭对储量缺乏的石油的替代。可再生能源作为未来能源技术发展的方向，是一个在现阶段就必须要重视的能源技术。本章对我国可再生能源的发展和技术政策的实施进行了研究，认为我国可再生能源政策对可再生能源发展的支持还应该进一步加强，并增强政策的科学性。本章基于以上各方面的研究，对我国的能源技术政策进行了简要分析和总结。

思考题

1. 能源技术经济范式变迁中各阶段的影响因素有哪些？
2. 能源技术研发投入组合研究中熵的不同纬度的含义是什么？
3. 能源技术研发对石油危机的三种响应模式的含义和关系是什么？为什么不同的国家会呈现出不同的变化轨迹？
4. 简述中国一次能源技术替代路线。
5. 政府干预对能源技术进步有哪些正面影响和负面影响？

拓展阅读

北欧四国能源政策体系对中国的借鉴意义

北欧地区是世界上经济非常发达且极其注重环境保护的地区之一。经过长期的绿色政策体系建设和经济改革，北欧四国（挪威、瑞典、丹麦、芬兰）在绿色经济发展以及能源利用效率上都达到了世界领先水平。北欧四国在能源效率和低碳发展方面取得的成绩固然与其经济发展阶段和水平有关，但更与其一直以来在能源政策、低碳政策等方面的不断创新和探索密不可分。作为低碳、高效发展的代表性国家，北欧四国不断提出新的能源效率和低碳发展目标，其绿色发展的理念、经验和创新尤其值得中国借鉴和思考。

经过多年的绿色革命，北欧四国逐渐形成了较为完善的低碳政策体系，为世界提供了绿色政策的范本。北欧四国在数项经济政策上开启先河，其多元化政策工具的运用，如环境税、补贴和排放交易机制等，形成了互为补充、相互促进之势，使得北欧地区能以较低成本实现绿色发展。

中国正处于快速工业化的发展阶段，作为能源消耗和碳排放大国，面对日益增长的消费需求和严峻的环境问题，绿色发展是我国的必然选择。然而，我国尚处于低碳发展的初期，低碳经济发展的政策机制还有不少空白有待填补和完善。北欧四国的低碳发展道路具有鲜明的特点，在以下这些方面尤其值得我国借鉴。

第一，以明确的目标与实施规划为导向。不难看出，欧盟的能源效率指令以及其他目标要求对北欧四国的政策起到了越来越重要的正面引导作用。在明确的目标指引下，北欧四国根据实际情况制订了国家行动方案，分阶段有步骤地进行低碳改革。有的国家国内低碳经济基础较好，则制定了超额减排目标，如丹麦。也有的国家实行了相对保守的计划，仅达到欧盟最低要求，如瑞典。各阶段量化目标的明确也极大地方便了欧盟委员会和各成员对行动计划进行检验及修订。

第二，以法规为保障。欧盟以及各成员均以法规的形式保障了政策执行的效力，且不断对法规进行更新以适应新的形势。各个行动计划以及具体的措施均有充分的法规依据可循。例如第一次和第二次国家行动计划都是以欧盟的能源服务指令及能源效率行动计划等为基础制定的。2012 年，欧盟又发布了新的规定以替代推广热电联产指令及能源服务指令。针对具体的部门、产品改革，也有相应的制度可循，如建筑能效指令、能源相关产品生态设计要求指令及能源相关产品能效标识指令等。

第三，发挥政策的多样化与创新优势。针对不同类型的市场失灵状况，北欧四国实行了多种经济政策工具，包括各种环境税、新能源补贴、能效补贴、排放交易体系、自愿减排协议等。这些政策工具对四国不同发展阶段的环境目标的实现起到了不可或缺的支撑及推动作用。从行政指令到市场型政策工具，从强制减排到自愿协议，从古老的碳税到各种新的经济金融手段，调节机制不断完善。各种政策工具相互协调，相互补充，例如对参与排放交易体系的企业进行环境税减免，用补贴政策来激励自愿减排协议的参与，从而形成了灵活有效的政策体系。

第四，加强区域及国际合作。北欧四国由于地理和经济关系紧密，具有悠久的区域合作传统，在电力、天然气、能源及环境研究等领域具有广泛的合作。通过相互交流与借鉴，北欧地区成为世界上经济与低碳发展极其先进的地区之一。特别是在欧盟的推动下，北欧地区以及欧盟诸国的合作有了长足发展，欧盟排放交易体系便是区域与国际合作的一个成功典范。作为欧盟以及经济合作与发展组织等多个国际组织的成员，北欧四国利用其影响力极力推动和倡导国际能源环境协议与政策的实施。

资料来源：史丹，李玉婷．北欧四国能源政策体系及借鉴意义．人民论坛·学术前沿，2015（1）．

参考文献

[1] ABE. Towards a Perspective on Energy Demand and Supply in India in 2004. Advisory Board on Energy，New Delhi，1984.

[2] Ackermann T.，Andersson G.，Soder L. Overview of Government and Market Driven Programs for the Promotion of Renewable Power Generation. *Renewable Energy*，2001，22：197 - 204.

[3] Agnes B. Q.，Valerie M.，Alexis P. China and the Relationship between the Oil Price and the Dollar. *Energy Policy*，2007，35（11）：5795 - 5805.

[4] Akarea A. T.，Long T. V. On the Relationship between Energy and GNP. *Journal of Energy and Development*，1980，（5）：326 - 333.

[5] Allen，F.，Gale D. Financial Contagion. *Journal of Political Economy*，2000，108：1 - 33.

[6] Almond D.，Chen Y. Y. Winter Heating or Clean Air? Unintended Impacts of China's Huai River Policy. *American Economic Review*，2009，99（2）：184 - 190.

[7] Amano R. A.，Norden S. V. Oil Prices and the Rise and Fall of the US Real Exchange Rate. *Journal of International Money and Finance*，1998，17（2）：299 - 316.

[8] Ang B. W. Decomposition Analysis for Policymaking in Energy：Which is the Preferred Method? *Energy Policy*，2004，32（9）：1131 - 1139.

[9] Aqeel A.，Butt M. S. The Relationship between Energy Consumption and Economic Growth in Pakistan. *Asia-Pacific Development Journal*，2001，8：101 - 110.

[10] Armington P. A. A. Theory of Demand for Products Distinguished by Place of Production. IMF Staff Papers，1969，（16）：159 - 178.

[11] Arrow K. J.，Debru G. Existence of An Equilibrium for A Competitive Economy. *Econometrica*，1954，（22）：265 - 290.

［12］Ausloos M. Statistical Physics in Foreign Exchange Currency and Stock Markets，*Physica A*，2000，285：48－65.

［13］Ausloos，M.，Ivanova，K. Multifractal Nature of Stock Exchange Prices. *Computer Physics Communications*，2002，147：582－585.

［14］Babiker M. H. Climate Change Policy，Market Structure，and Carbon Leakage. *Journal of International Economics*，2005，65（2）：421－445.

［15］Baldursson，F. M.，Von Der Fehr，N. H. M. *Prices vs Quantities*：*The Irrelevance of Irreversibility*，1999.

［16］Barnett H. J.，Morse C. *Scarcity and Growth*：*The Economics of Natural Resource Availability*. Baltimore：Johns Hopkins Press for Resources for the Future，1963.

［17］Barro，Robert et al. *Economic Growth*. McGraw-Hill，1995.

［18］Battjes et al. Assessing the Energy Intensities of Imports. *Energy Economics*，1998，20：67－83.

［19］Benford，F. A. On the Dynamics of the Regulation of Pollution：Incentive Compatible Regulation of a Persistent Pollutant. *Journal of Environmental Economics and Management*，1998，（36）：1－25.

［20］Bennett D. H.，McKone T. E. et al. Defining Intake Fraction. *Science and Technology*，2002，36（9）：206A－211A.

［21］Berument H.，Tasc H. Inflationary Effect of Crude Oil Prices in Turkey. *Physic A*，2002，316：568－580.

［22］Bigman D.，Goldfarb D.，Schechtman E. Futures Markets Efficiency and the Time Content of the Information Sets. *The Journal of Futures Markets*，1983，3（3）：321－334.

［23］Binswanger H. P. Cost Function Approach to Measurement of Elasticities of Factor Demand and Elasticities of Substitution. *American Journal of Agricultural Economics*，1974，56（2）：377－387.

［24］Birdcall A.，Wheeler L. Environmental Quality and the Gains from Trade. *American Economic Review*，2001，30（4）：657－673.

［25］Bjrnland H. C. The Dynamic of Aggregate Demand，Supply and Oil Price Shocks—A Comparative Study. *The Manchester School*，2000，5：578－607.

［26］Black F.，Scholes M. The Pricing of Options and Corporate Liabilities. *Journal of Political Economy*，1973，81，637－654.

［27］Blank S. C. The Significance of Hedging Capital Requirements. *Journal of Futures Markets*，1992，12（1）：11－18.

［28］Blumstein C.，Wiel S. Public-interest Research and Development in Electric and Gas Utility Industries，*Utilities Policy*，1998，7：191－199.

［29］Boardman B. *Fuel Poverty*：*From Cold Homes to Affordable Warmth*，Belhaven Press，London，1991.

[30] Bohringer C.，Rutherford T. F. Carbon Abatement and International Spillover, A Decomposition of General Equilibrium Effects. *Environmental & Resource Economics*, 2002，3：391－417.

[31] Bollerslev T.，Engle R. F.，Wooldridge J. M. A Capital Asset Pricing Model with Time Varying Covariances. *Journal of Political Economy*，1988，96：116－131.

[32] Bollerslev T. Generalized Autoregressive Conditional Heteroskedasticity. *Journal of econometrics*，1986，31 (3)：307－327.

[33] Bouchaud J. P.，Potters M. More Stylized Facts of Financial Markets：Leverage Effect and Downside Correlations. *Physica A：Statistical Mechanics and Its Applications*, 2001，299：60－70.

[34] Boy E.，Bruce N. Birth Weight and Exposure to Kitchen Wood Smoke during Pregnancy in Rural Guatemala. *Environmental Health Perspectives*，2002，110 (1)：109－114.

[35] BP. BP Statistical Review of World Energy 2005. British Petroleum (BP)，London，2005.

[36] BP. BP Statistical Review of World Energy 2006. British Petroleum (BP)，London，2006.

[37] BP. BP Statistical Review of World Energy 2007. British Petroleum (BP)，London，2007.

[38] BP. BP Statistical Review of World Energy 2008. British Petroleum (BP)，London，2008.

[39] BP. BP Statistical Review of World Energy 2011. British Petroleum (BP)，London，2011.

[40] BP. BP Statistical Review of Word Energy 2013. British Petroleum (BP)，London，2013.

[41] BP. BP Statistical Review of World Energy 2016. British Petroleum (BP)，London，2016.

[42] BP. BP Statistical Review of World Energy 2017. British Petroleum (BP)，London，2017.

[43] BP. BP Statistical Review of World Energy 2018. British Petroleum (BP)，London，2018.

[44] BP. BP Statistical Review of World Energy 2019. British Petroleum (BP)，London，2019.

[45] Brachet M. E.，Taflin E.，Tcheou J. M. Scaling Transformation and Probability Distributions for Financial Time Series. *Chaos，Solitons & Fractals*，2000，11 (14)：2343－2348.

[46] Cajueiro D. O.，Tabak B. M. Possible Causes of Long-range Dependence in the Brazilian Stock Market. *Physica A：Statistical Mechanics and its Applications*，2005，345：635－645.

[47] Cansier D., Krumm R. Air Pollutant Taxation: An Empirical Survey. *Ecological Economics*, 1997, (23): 59-70.

[48] Cerveny M., Resch G. Feed-in Tariffs and Regulations Concerning Renewable Energy Electricity Generation in European Countries. Viena: EVA, 1998.

[49] Chang Y., Wong J. F. Oil Price Fluctuations and Singapore Economy. *Energy Policy*, 2003, 31 (11): 1151-1165.

[50] Chao H. P., Manne A. S. Oil Stockpiles and Import Reductions: A Dynamic Programming Approach. *Operations Research*, 1983, 31 (4): 632-651.

[51] Chaudhuria K., Daniel B. C. Long-run Equilibrium Real Exchange Rates and Oil Prices. *Economics Letters*, 1998, 58 (2): 231-238.

[52] Chen S. T., Kuo H. I., Chen C. C. Modeling the Relationship between the Oil Price and Global Food Prices. *Applied Energy*, 2010 (87): 2517-2525.

[53] Chen W. Y. Carbon Quota Price and CDM Potentials after Marrakesh. *Energy Policy*, 2003, 31 (8): 709-719.

[54] Chen S. S., Chen H. C. Oil Prices and Real Exchange Rates. *Energy Economics*, 2007, 29 (3): 390-404.

[55] Cheng S. B., Lai T. W. An Investigation of Cointegration and Causality between Energy Consumption and Economic Activity in Taiwan Province of China. *Energy Economics*, 1997, 19: 435-444.

[56] Cheng B. S., Lai T. W. An Investigation of Co-integration and Causality between Energy Consumption and Economic Activity in Taiwan. *Energy Economics*, 1997, 19 (4): 435-444.

[57] Cherfas J. Skeptics and Visionaries Examine Energy Saving. *Science*, 1991, 251 (4990): 154-156.

[58] Cho D. A Few Speculators Dominate Vast Market for Oil Trading. *Washington Post*, 2008-08-20.

[59] Christodoulakis G. A., Satchell S. E. Correlated ARCH (CorrARCH): Modelling the Time-varying Conditional Correlation between Financial Asset Returns. *European Journal of Operational Research*, 2002, 139 (2), 351-370.

[60] Clinch J. P., Healy J. D. Cost-benefit Analysis of Domestic Energy Efficiency. *Energy Policy*, 2001, 29 (2): 113-124.

[61] Cobb C. W., Douglas P. H. A Theory of Production. *American Economic Review*, 1928 (18): 139-165.

[62] Cooper J. C. B. Price Elasticity of Demand for Crude Oil: Estimates for 23 Countries. *OPEC Review*, 2003, 27 (1): 1-8.

[63] Cox C. C. Futures Trading and Market Information. *Journal of Political Economy*, 1976, 84 (6): 1215-1237.

[64] Creti A., Fabra N. Supply Security and Short-run Capacity Markets for

Electricity. *Energy Economics*，2007，29（2）：259－276.

［65］Cruz L. M. G. Energy-Environment-Economy Interactions：An Input-Output Approach Applied to the Portuguese Case. The 7th Biennial Conference of the International Society for Ecological Economics "Environment and Development：Globalisation & the Challenges for Local & International Governance"，Sousse（Tunisia），2002.

［66］Cunado J.，Gracia F. P. Do Oil Price Shocks Matter? Evidence for Some European Countries. *Energy Economics*，2003，25：137－154.

［67］Czirok A.，Mantegna R. N. et al. Correlations in Binary Sequences and A Generalized Zipf Analysis. *Physical Review E*，1995，52：446－452.

［68］Dahl C.，Sterner T. The Pricing and Demand for Gasoline：A Survey of Models. Memorandum 132，Department of Economics，Göteborg University，May 1990.

［69］Das G. G.，Alavalapati J. R. R.，Carter D. R. et al. Regional Impacts of Environmental Regulations and Technical Change in the US Forestry Sector：A Multiregional CGE Analysis. *Forest Policy and Economics*，2005，1：25－38.

［70］David L. G.，Donald W. J.，Paul N. L. The Outlook for US Oil Dependence. *Energy Policy*，1998，26（1）：55－69.

［71］Davis G. A.，Owens B. Optimizing the Level of Renewable Electric R&D Expenditures Using Real Options Analysis. *Energy Policy*，2003，31：1589－1608.

［72］Davis M.，Piontkivsky et al. *The Impact of Higher Natural Gas and Oil Prices on Ukraine*，2007.

［73］Dension E. F. Trends in American Economic Growth 1929—1982. The Brookings Institution，Washington DC，USA，1985.

［74］Dension E. F. The Sources of Economic Growth in the United States and the Alternatives before US. New York，USA：Committee for Economic Development，1962.

［75］Diewert W. E. Exact and Superlative Index Numbers. *Journal of Econometrics*，1976，4（2）：115－145.

［76］Diks C. G. H.，Panchenko V. A New Statistic and Practical Guidelines for Nonparametric Granger Causality Testing. *Journal of Economic Dynamics and Control*，2006，30：1647－1669.

［77］DNV. Risk Analysis of the Geological Sequestration of CO_2，2007－09－20.

［78］Dooley J. J. Unintended Consequences：Energy R&D in A Deregulated Energy Market. *Energy Policy*，1998，26：547－555.

［79］Dooley J. J.，Runci P. J. Adopting A Long View to Energy R&D and Global Climate Change. Columbus，Ohio，USA：Battelle Memorial Institute，1999.

［80］Dooley J. J.，Runci P. J.，Luiten E. Energy R&D in the Industrialized World：Retrenchment and Refocusing. Columbus，Ohio，USA：Battelle Memorial Institute，1998.

［81］Dosi G. Technological Paradigms and Technological Trajectories：A Suggested

Interpretation of the Determinants and Directions of Technical Change, *Research Policy*, 1982, 11 (3): 147-162.

[82] DTI. Energy: Its Impact on the Environment and Society. DTI Report, Dept. of Trade and Industry, Government of UK, 2002.

[83] Durlauf S. N., Blume L. E. *The New Palgrave Dictionary of Economics* (*Second Edition*). New York: Palgrave Macmillan, 2008.

[84] EIA. International Energy Outlook. Washington D. C., 2007-12-24.

[85] EIA. Spot Prices for Crude Oil and Petroleum Products. Energy Information Administration of Department of Energy, U. S., 2011.

[86] EIA. Spot Price for Crude Oil and Petroleum Products. Energy Information Administration of Department of Energy, U. S., 2018.

[87] EIA. OPEC Spare Production Capacity and WTI Crude Oil Prices. U. S. Energy Information Administration (EIA), Washington, 2019.

[88] EIA. Short-Term Energy Outlook Real and Nominal Prices 2019. U. S. Energy Information Administration (EIA), Washington, 2019.

[89] Engle R. F., Kroner F. K. Multivariate Simultaneous Generalized ARCH. *Econometric Theory*, 1995, 11: 122-150.

[90] Engle R. F. Autoregressive Conditional Heteroskedasticity with Estimates of the Variance of United Kingdom Inflation. *Econometrica*, 1982, 50 (4): 987-1007.

[91] Engle R. F., Granger C. W. J., Robins R. *Wholesale and Retail Prices*: *Bivariate Modeling with Forecastable Variances*, 1986.

[92] Engle R. F., Granger C. W. J. Co-integration and Error Correction: Representation, Estimation and Testing. *Econometrica*, 1987, (55): 251-276.

[93] EU. Science and Technology for Sustainable Energy. Luxemburg: Office for Official Publications of the European Communities, European Union, 2002.

[94] Fabio C. B., Claudio M. Measuring US Core Inflation: A Common Trends Approach. *Journal of Macroeconomics*, 2003, 25: 197-212.

[95] Fama E. F. The Behavior of Stock Market Prices. *Journal of Business*, 1965, (38): 34-105.

[96] Fama E. F. Efficient Capital Markets: A Review of Theory and Empirical Work. *Journal of Finance*, 1970, 25 (4): 383-417.

[97] Fama E. F. Market Efficiency, Long-term Returns, and Behavioral Finance. *Journal of Financial Economics*, 1998, 49 (3): 283-306.

[98] Fama E. F., Jensen M. C., Fisher L., Roll R. The Adjustment of Stock Prices to New Information. *International Economic Review*, 1969, 10 (1), 1-21.

[99] Feng Z. H., Zou L. L., Wei Y. M. Carbon Price Volatility: Evidence from EUETS. *Applied Energy*, 2010 (6).

[100] Forbes K., Rigobon R. No Contagion, Only Interdependence: Measuring

Stock Markets Comovements. *Journal of Finance*, 2002, 57 (5): 2223 - 2261.

[101] Foster A. J. Price Discovery in Oil Markets: A Time Varying Analysis of the 1990 - 91 Gulf Conflict. *Energy Economics*, 1996 (18): 231 - 246.

[102] Foster V., Tre J. P., Woden Q. Energy Prices, Energy Efficiency, and Fuel Poverty. Latin America and Caribbean Regional Studies Program, Washington, DC, 2000.

[103] Frankch K. Is Free Trade Good for the Environment. *American Economic Review*, 2003, (4): 877 - 908.

[104] Freeman C., Perez C. Structural Crises of Adjustment, Business Cycles and Investment Behavior. *Technical Change and Economic Theory*, 1988.

[105] Freeman C. The Third Kondratieff Wave: Age of Steel, Electrification and Imperialism. Research Memorandum. MERIT, Maastricht, Netherlands, 1989.

[106] Garbade K. D., Silber W. L., Dominant and Satellite Markets: A Study of Dually-traded Securities. *Review of Economics and Statistics*, 1979, 61: 455 - 460.

[107] Gately D., Kyle J. F. Strategies for OPEC' s Pricing Decisions. *European Economic Review*, 1977, 10: 209 - 230.

[108] Gately D., OPEC: Retrospective and Prospects 1972—1990. *European Economic Review*, 1983, 21: 313 - 331.

[109] Gately D., A Ten-year Retrospective: OPEC and the World Oil Market. *Journal of Economics Literature*, 1984, 3: 1110 - 1114.

[110] Gilbert C. L. How to Understand High Food Prices. *Journal of Agricultural Economics*, 2010, 61 (2), 398 - 425.

[111] Glomsrd S., Wei T. Y. Coal Cleaning: A Viable Strategy for Reduced Carbon Emissions and Improved Environment in China? *Energy Policy*, 2005, 33: 525 - 542.

[112] Gohin A., Chantret F. The Long-run Impact of Energy Prices on World Agricultural Markets: The Role of Macro-economic Linkages. *Energy Policy*, 2010, 38 (1): 333 - 339.

[113] Goldstein S., Joshua Huang X., Akan B. Energy in the World Economy, 1950—1992. *International Studies Quarterly*, 1997, 41 (2): 241 - 266.

[114] Gonzalo J., Granger C. Estimation of Common Long-memory Components in Cointegrated Systems. *Journal of Business and Economics Statistics*, 1995, 13: 27 - 35.

[115] Gorski A. Z., Drozdz S., Speth J. Financial Multifractality and Its Subtleties: An Example of DAX. *Physica A: Statistical Mechanics and its Applications*, 2002, 316: 496 - 510.

[116] Granger C. W. J. Investigating Causal Relations by Econometric Models and Cross - spectral Methods. *Econometrica*, 1969, 37 (3): 424 - 438.

[117] Granger C. W. J. Testing for Causality: A Personal Viewpoint. *Journal of Economic Dynamics and Control*, 1980, 2: 329 - 352.

[118] Greene D. L., Ahmad S. Costs of U. S. Oil Dependence: 2005 Update, 2005.

[119] Greening L. A., Davis W. B., Schipper L. Decomposition of Aggregate Carbon Intensity for the Manufacturing Sector: Comparison of Declining Trends from 10 OECD Countries for the Period 1971—1991. *Energy Economics*, 1998, 20 (1): 43-65.

[120] Griliches Z. The Discovery of the Residual: A Historical Note, *Journal of Economic Literature*, 1996, 34 (3): 1324-1330.

[121] Grimaud A., Rouge L. Polluting Non-renewable vs Non-polluting Renewable Resources: Environmental Policy and Growth. Toulouse School of Economics Mimeo, 2004.

[122] Grimaud A., Rouge L. Polluting Non-renewable Resources, Innovation and Growth: Welfare and Environmental Policy. *Resource and Energy Economics*, 2005, 27 (2): 109-129.

[123] Grimaud A., Rouge L. Environment, Directed Technical Change and Economic Policy. *Environmental and Resource Economics*, 2008, 41 (4): 439-463.

[124] Grimaud A., Rouge L. Non-renewable Resources and Growth with Vertical Innovations: Optimum, Equilibrium and Economic Policies. *Journal of Environmental Economics and Management*, 2003, 45 (2): 433-453.

[125] Grossman G. M., A. B. Krueger. Economic Growth and the Environment. *Quarterly Journal of Economics*, 1995, 112: 353-378.

[126] Grubler A. *Technology and Global Change*. Cambridge, UK: Cambridge University Press, 1998.

[127] Grubler A., Nakicenovic N., Victor G. D. Dynamics of Energy Technologies and Global Change. *Energy Policy*, 1999, 27: 247-280.

[128] Haigh S., Hranaiova J., Overdahl A. Hedge Funds, Volatility, and Liquidity Provision in Energy Futures Markets. *The Journal of Alternative Investments*, 2007, 9 (4): 10-38.

[129] Hammitt J., Zhou Y. The Economic Value of Air-Pollution-Related Health Risks in China: A Contingent Valuation Study. *Environmental and Resource Economics*, 2006, 33 (3): 399-423.

[130] Hao J., Wang L. et al. Air Quality Impacts of Power Plant Emissions in Beijing. *Environmental Pollution*, 2007, 147 (2): 401-408.

[131] Harberger A. The Incidence of the Corporate Income Tax. *Journal of Political Economy*, 1962, 70: 215-240.

[132] Harrison Lovegrove Co., John S. Herold, Inc. Global Upstream M&A Review 2005, 2005.

[133] Hasbrouck J. One Security, Many Markets: Determining the Contributions to Price Discovery. *Journal of Finance*, 1995, 50: 1175-1199.

[134] Hasbrouck, Joel. Stalking the "Efficient Price" in Market Microstructure Specifications: An Overview. *Journal of Financial Markets*, 2002, 5: 329-339.

［135］ He L.Y.，Fan Y.，Wei Y.M. Impact of Speculator's Expectations of Returns and Time Scales of Investment on Crude oil Price Behaviors. *Energy Economics*，2009，31 (1)：77－84.

［136］ He L.Y.，Chen S.P. Are Crude Oil Markets Multifractal? Evidence from MF-DFA and MF-SSA Perspectives. *Physica A：Statistical Mechanics and Its Applications*，2010，389 (16)：3218－3229.

［137］ He L.Y.，Fan Y.，Wei Y.M. The Empirical Analysis for Fractal Features and Long-run Memory Mechanism in Petroleum Pricing Systems. *International Journal of Global Energy Issues*，2007，27 (4)：492－502.

［138］ Healya J.D.，Clinchb J.P. Quantifying the Severity of Fuel Poverty，Its Relationship with Poor Housing and Reasons for Non-investment in Energy-saving Measures in Ireland. *Energy Policy*，2004，32 (2)：207－220.

［139］ Hendricks K. Analysis and Opinion on Retail Gas Inquiry，An Independent Study Prepared for the Director of Investigation and Research. Competition Bureau，Canada，1996.

［140］ Hicks J.R. *The theory of wages*. London：Macmillan，1932.

［141］ Ho M.S.，Nielsen C.P. *Clearing the Air：The Health and Economic Damages of Air Pollution in China*. Cambridge，MA and London：The MIT Press，2007.

［142］ Hoel M.，Karp L. Taxes and Quotas for A Stock Pollutant with Multiplicative Uncertainty. *Journal of Public Economics*，2001，(1)：91－114.

［143］ Hogan W.W. Oil Stockpiling：Help Thy Neighbor. *The Energy Journal*，1983，4 (3)：49－72.

［144］ Hong Y.M. A Test for Volatility Spillover with Application to Exchange Rates. *Journal of Econometrics*，2001，103：183－224.

［145］ Hong Y.M.，Liu Y.H.，Wang S.Y. Granger Causality in Risk and Detection of Extreme Risk Spillover between Financial Markets. *Journal of Econometrics*，2009，150 (2)：271－287.

［146］ Horowitz，J.K. The Income-temperature Relationship in A Cross-section of Countries and Its Implication for Global Warming. University of Maryland，2001.

［147］ Hotelling H. The Economics of Exhaustible Resources. *Journal of Political Economy*，1931，39 (2)：137－175.

［148］ Hubacek K.，Sun L.X. A Scenario Analysis of China's Land Use and Land Cover Change：Incorporating Biophysical Information into Input-output Modeling. *Structural Change and Economic Dynamics*，2001，(12)：367－397.

［149］ Hudson E.A.，Jorgenson D.W. U.S. Energy Policy and Economic Growth，1975—2000. *Bell Journal of Economics and Management Science*，1974，5 (2)：461－514.

［150］ Hulten C.R. Divisia Index Numbers. *Econometrica*，1973，41 (6)：1017－1025.

［151］ Humphrey D.B.，Moroney J.R. Substitution among Capital，Labor，and

Natural Resource Products in American Manufacturing. *Journal of Political Economy*, 1975, 83 (1): 57-81.

[152] Hwang D., Gum B. The Causal Relationship between Energy and GNP: The Case of Taiwan. *Journal of Energy Development*, 1991, 16: 219-226.

[153] IEA. Energy and Poverty. In: World Energy Outlook 2002. International Energy Agency (IEA), Paris, 2002.

[154] IEA. World Energy Investment Outlook 2003 Insights. OECD/IEA, International Energy Agency (IEA), Paris, 2003.

[155] IEA. Creating Markets for Energy Technologies. OECD/IEA, International Energy Agency (IEA), Paris, 2003a.

[156] IEA. IEA Energy Technology R&D Database. OECD/IEA, International Energy Agency (IEA), Paris, 2003b.

[157] IEA. Creating Markets for Energy Technologies. OECD/IEA, International Energy Agency (IEA), Paris, 2003c.

[158] IEA. Analysis of the Impact of High Oil Prices on the Global Economy, 2004a.

[159] IEA. Energy and Development. In: World Energy Outlook 2004. International Energy Agency (IEA), Paris, 2004b.

[160] IEA. Prospects for CO_2 Capture and Storage. International Energy Agency (IEA), Paris, 2004c.

[161] IEA. Key World Energy Statistics. International Energy Agency (IEA), Paris, 2004d.

[162] IEA. World Energy Investment Outlook. International Energy Agency (IEA), Paris, 2006.

[163] IEA. Energy Technology Prospects 2006-scenarios & Strategies to 2050. International Energy Agency (IEA), Paris, 2006a.

[164] IEA. IEA Energy Technology Essentials-capture & Storage. International Energy Agency (IEA), Paris, 2006b.

[165] IEA. Focus on Energy Poverty. In: World Energy Outlook, 2007. International Energy Agency (IEA), Paris, 2007.

[166] IEA. Key World Energy Statistics 2007. International Energy Agency (IEA), Paris, 2007a.

[167] IEA. Key World Energy Statistics 2009. International Energy Agency (IEA), Paris, 2009.

[168] IEA. CO_2 Emissions from Fuel Combustion 2010. International Energy Agency (IEA), Paris, 2010a.

[169] IEA. Energy Efficiency Governance. International Energy Agency (IEA), Paris, 2010b.

[170] IEA. Energy Poverty: How to Make Modern Energy Access Universal? In:

World Energy Outlook 2010. International Energy Agency (IEA), Paris, 2010d.

[171] IEA. The IEA Emergency System of Oil Supply. International Energy Agency (IEA), Paris, 2011.

[172] IEA. World Energy Outlook 2016. International Energy Agency (IEA), Paris, 2016.

[173] IEA. World Energy Outlook 2018. International Energy Agency (IEA), Paris, 2018a.

[174] IEA. Key World Energy Statistics 2018. International Energy Agency (IEA), Paris, 2018b.

[175] IEAGHG. Estimating Future Trends in the Cost of CO_2 Capture Technologies. International Energy Agency (IEA), Paris, 2006.

[176] IMF. World Economic Outlook Database 2018. IMF, Washington DC, 2018.

[177] Inada K. I. On A Two-Sector Model of Economic Growth: Comments and A Generalization. *The Review of Economic Studies*, 1963, 30 (2): 119-127.

[178] IPCC. *Climate Change 1995: The Second Assessment Report on the Human Impacts on the Global Climate System*. Cambridge University Press, Cambridge, 1995.

[179] IPCC. *IPCC Special Report on Emissions Scenarios*. Cambridge University Press, Cambridge, 2000.

[180] IPCC. *Climate Change 2001: The Third Assessment Report of the Intergovernmental Panel on Climate Change*. Cambridge University Press, Cambridge, 2001.

[181] IPCC. IPCC Special Report on Carbon Dioxide Capture and Storage. IPCC, Geneva, 2005.

[182] IPCC. 2006 IPCC Guidelines for National Green-house Gas Inventories. National Greenhouse Gas Inventories Programme, Japan: IGES, 2006.

[183] IPCC. *Climate Change 2007: The Fourth Assessment Report of the Intergovernmental Panel on Climate Change*. Cambridge University Press, Cambridge, 2007.

[184] Jacquemin A. P., Berry C. H. Entropy Measure of Diversification and Corporate growth, *The Journal of Industrial Economics*, 1979, 27 (4): 359-369.

[185] Jevons W. S. *The Coal Question: An Inquiry Concerning the Progress of the Nation, and the Probable Exhaustion of Our Coal-Mines*. London: Macmillan, 1865.

[186] Jiang J., Ma K., Cai X. Non-linear Characteristics and Long-range Correlations in Asian Stock Markets. *Physica A: Statistical Mechanics and Its Applications*, 2007, 378 (2): 399-407.

[187] Johansen L. *A Multi-sectoral Study of Economic Growth*. North-Holland Press, Amsterdam, 1960.

[188] Johnson L. L. The Theory of Hedging and Speculation in Commodity Futures, *Review of Economic Studies*, 1960, 27: 139-151.

[189] Jorgenson D. W., Stiroh K. J. U. S. Economic Growth at the Industry Lev-

el. American Economic Review，2000，90（2）：161－167.

［190］Jorgenson D. W.，Gollop F. M.，Fraumeni B. M. *Productivity and U. S. Economic Growth*. Cambridge：Harvard University Press，1987.

［191］Jose A. R.，Cisnerosl M. et al. Multifractal Hurst Analysis of Crude Oil Prices. *Physica A*，2002，313：651－670.

［192］Joskow P. L.，Rose N. L.，Wolfram C. D. Political Constraints on Executive Compensation：Evidence from the Electric Utility Industry. *The RAND Journal of Economics*，1996，27（1）：165－182.

［193］Kaltalioglu M.，Soytas U. Price Transmission between World Food，Agricultural Raw Material，and Oil Prices. Proceedings of GBATA International Conference，Prague，2009：596－603.

［194］Kim K.，Yoon S. M. Multifractal Features of Financial Markets. *Physica A：Statistical Mechanics and its Applications*，2004，344（1－2）：272－278.

［195］Kim T. H.，White H. On More Robust Estimation of Skewness and Kurtosis. *Finance Research Letters*，2004，1（1）：56－73.

［196］Kok R.，Benders R. M. J.，Moll H. C. Measuring the Environmental Load of Household Consumption Using Some Methods Based on Input-out Energy Analysis：A Comparison of Methods and A Discussion of Results. *Energy Policy*，2006，34（17）：2744－2761.

［197］Kraft J.，Kraft A. On the Relationship between Energy and GNP. *Journal of Energy and Development*，1978，（3）：401－403.

［198］Kwapien J.，Oswiecimka P.，Drozdz S. Components of Multifractality in High-frequency Stock Returns. *Physica A：Statistical and Theoretical Physics*，2005，350（2－4）：466－474.

［199］Kwerel E. To Tell the Truth. Imperfect Information and Optimal Pollution Control. *Review Economics Study*，1977（3）：595－601.

［200］Lai K. S.，Lai M. A Cointegration Test for Market Efficiency. *The Journal of Futures Markets*，1991，11：567－575.

［201］Larrick R. P.，Soll J. B. The Mpg Illusion. *Science*，2008，320（5883）：1593－1594.

［202］Lauber V. REFIT and RPS：Options for A Harmonised Community Framework. *Energy Policy*，2004，（32）：1405－1414.

［203］Lee C. C.，Chang C. P. Structural Breaks，Energy Consumption，and Economic Growth Revisited：Evidence from Taiwan. *Energy Economics*，2005，27：857－872.

［204］Lehmann E. L.，D'Abrera H. J. M. *Nonparametrics：Statistical Methods Based on Ranks*，rev. ed. Englewood Cliffs，NJ：Prentice-Hall，1998.

［205］Lesbirel S. H. The Political Economy of Substitution Policy：Japan's Response to Lower Oil Prices. *Pacific Affairs*，1988，61（2）：285－302.

［206］ Lewis P. *Fuel Poverty Can Be Stopped*. *National Right to Fuel Campaign*. Bradford, 1982.

［207］ Liao H.，Wei Y. M. China's Energy Consumption：A Perspective from Divisia Aggregation Approach. *Energy*，2010，35（1）：28－34.

［208］ Lin C. Y. Global Pattern of Energy Consumption before and after the 1974 Oil Crisis. *Economic Development & Cultural Change*，1984，32（4）：781－802.

［209］ Liu W. Q.，Gan L.，Zhang X. L. Cost-competitive Incentives for Wind Energy Development in China：Institutional Dynamics and Policy Changes. *Energy Policy*，2002，30：753－765.

［210］ Lo A. W. Long Term Memory in Stock Market Prices. *Econometrica*，1991，59：1279－1313.

［211］ Lo A. W.，Mackinlay A. C. *A Non-random Walk down Wall Street*. Princeton，New Jersey：Princeton University Press，1996.

［212］ Lombardi M.，Osbat C.，Schnatz B. Global Commodity Cycles and Linkages：A Favar Approach. European Central Bank Working Paper Series no. 1170，April，2010.

［213］ Machado G.，Schaeffer R.，Worrell E. Energy and Carbon Embodied in the International Trade of Brazil：An Input-Output Approach. *Ecological Economics*，2001，39（3）：409－424.

［214］ Madlener R.，Alcott B. Energy Rebound and Economic Growth：A Review of the Main Issues and Research Needs. *Energy*，2009，34（3）：370－376.

［215］ Mäenpää I.，Siikavirta H. Greenhouse Gases Embodied in the International Trade and Final Consumption of Finland：An Input-output Analysis. *Energy Policy*，2007，35（1）：128－143.

［216］ Mahoney J. M. Empirical-based Versus Model-based Approaches to Value-at-Risk：An Examination of Foreign Exchange and Global Equity Portfolios. Federal Reserve Bank of New York Working Paper，February，1996.

［217］ Mandelbrot B. B. The Variation of Certain Speculative Prices. *Journal of Business*，1963，36：394－419.

［218］ Mandelbrot B. B. The Variation of the Prices of Cotton，Wheat，and Railroad Stocks，and of Some Financial Rates. *Journal of Business*，1967，40：393－413.

［219］ Mandelbrot B. B. When Can Price be Arbitraged Efficiently? A Limit to the Validity of Random Walk and Martingale Models. *Review of Economic Statistics*，1971，53：225－236.

［220］ Mandelbrot B. B.，Van Ness J. W. Fractional Brownian Motions，Fractional Noises and Applications. *SIAM Rev.*，1968，10：422.

［221］ Mansfield E.，Switzer L. Effects of Federal Support on Company-financed R and D：The Case of Energy. *Management Science*，1984，30（5）：562－571.

［222］ Margolis R. M.，Kammen D. M. Evidence of Underinvestment in Energy R&D in the United States and the Impact of Federal policy. *Energy Policy*, 1999a, 27: 575 - 584.

[223] Margolis R. M., Kammen D. M. Underinvestment: The Energy Technology and R&D Policy Challenge. *Science*, 1999b, 285: 690 - 692.

[224] Markowitz H. M. Portfolio Selection. *Journal of Finance*, 1952, 1 (7): 77 - 91.

[225] Marshall J. D., Riley W. J. et al. Intake Fraction of Primary Pollutants: Motor Vehicle Emissions in the South Coast Air Basin. *Atmospheric Environment*, 2003, 37 (24): 3455 - 3468.

[226] Martin J. M. Energy Technologies: Systemic Aspects, Technological Trajectories, and Institutional Frameworks, *Technological Forecasting and Social Change*, 1996, 53 (1): 81 - 95.

[227] McCracken J. P., Smith K. R., Díaz A. Chimney Stove Intervention to Reduce Long-term Wood Smoke Exposure Lowers Blood Pressure among Guatemalan Women. *Environmental Health Perspectives*, 2007, 115 (7): 996 - 1001.

[228] McFarland J. R., Reilly J. M., Herzog H. J. Representing Energy Technologies in Top-down Economic Models Using Bottom-up Information. *Energy Economics*, 2004, 4: 685 - 707.

[229] Mckibbin W. J., Wilcoxen P. J. The Role of Economics in Climate Change Policy. *Journal of Economic Perspectives*, 2002, (16): 107 - 129.

[230] Mehta S., Gore F. Modeling Household Solid Fuel Use Towards Reporting of the Millennium Development Goal Indicator. *Energy for Sustainable Development*, 2006 (3): 36 - 45.

[231] Meier P., Wiesenthal T., Milborrow D. Statistical Analysis of Wind Farm Costs and Policy Regimes. World Bank: Asia Alternative Energy Programme (ASTAE), 2002.

[232] Menanteau P., Finon D., Lamy M. L. Prices Versus Quantities: Choosing Policies for Promoting the Development of Renewable Energy. *Energy Policy*, 2003 (31): 799 - 812.

[233] Mestl H. E. S., Auman K., Seip H. M. Potential Health Benefit of Reducing Household Solid Fuel Use in Shanxi Province, China. *Science of the Total Environment*, 372: 120 - 132.

[234] Mestl H. E. S., Auman K., Seip H. M. Health Benefits from Reducing Indoor Air Pollution from Household Solid Fuel Use in China — Three Abatement Scenarios. *Environment International*, 2007, 33: 831 - 840.

[235] Meyer N. I. European Schemes for Promoting Renewables in Liberalised Markets. *Energy Policy*, 2003, (31): 665 - 676.

[236] Miketa A., Schrattenholzer L. Experiments with A Methodology to Model the Role of R&D Expenditures in Energy Technology Learning Process: First Results. *Energy Policy*, 2004, 32: 1679 - 1692.

［237］ Miller R. E. , Blair P. D. *Input-output Analysis*: *Foundations and Extensions*. New Jersey: Prentice Hall, Englewood Cliffs, 1985.

［238］ Milunovich G. , Ripple D. Futures Return Volatility and the Role of Hedgers and Investors for NYMEX Crude Oil. Macqatie Economics Research Papers, 2006.

［239］ Mokyr J. *The Lever of Riches*: *Technological Creativity and Economic Progress*. Oxford, UK: Oxford University Press, 1990.

［240］ Moledina A. A. , Coggins J. S. , Polasky S. , Costello, C. Dynamic Environmental Policy with Strategic Firms: Prices Versus Quantities. *Journal of Environmental Economics and Management*, 2003, 45: 356－376.

［241］ Morgan J. P. *Risk Metrics-Technical Document*, *4rd Edition*. Morgan Guaranty Trust Company: New York, 1997.

［242］ Murphy F. H. , Toman M. A. , Weiss H. J. A Dynamic Nash Game Model of Oil Market Disruption and Strategic Stockpiling. *Operation Research*, 1989, 37 (6): 958－971.

［243］ Mutuc M. , Pan S. , Hudson D. Response of Cotton to Oil Price Shocks. The Southern Agricultural Economics Association Annual Meeting, Orlando, FL, February 6－9,2010.

［244］ Nakicenovic N. , Victor N. , Morita T. Emissions Scenario Database and Review of Scenarios. *Mitigation and Adaptation Strategies for Global Change*, 1998, 3 (2－4):95－120.

［245］ Nazaroff W. W. Inhalation Intake Fraction of Pollutants from Episodic Indoor Emissions. *Building and Environment*, 2008, 43 (3): 269－277.

［246］ Nazlioglu S. World Oil and Agricultural Commodity Prices: Evidence from Nonlinear Causality. *Energy Policy*, 2011, 39: 2935－2943.

［247］ Nazlioglu S. , Soytas U. World Oil Prices and Agricultural Commodity Prices: Evidence from An Emerging Market. *Energy Economics*, 2010 (11).

［248］ Nelson D. B. ARCH Models As Diffusion Approximations. *Journal of Econometrics*, 1990, 45 (1－2): 7－38.

［249］ Newell R. G. , Pizer W. A. Regulating Stock Externalities under Uncertainty. Resources for the Future. Washington DC, 1999.

［250］ Nordhaus W. Alternative Measures of Output in Global Economic-Environmental Models: Purchasing Power Parity or Market Exchange Rates? *Energy Economics*, 2007, 29 (3): 349－372.

［251］ Nordhaus W. D. , Boyer J. G. Requiem for Kyoto: An Economic Analysis. *Energy Journal* (*Special Issue*), 1999: 93－130.

［252］ Odell R. , Peter. The Significance of Oil. *Journal of Contemporary History*, 1968, 3 (3): 93－110.

［253］ OPEC. OPEC Production Agreements: A detailed listing. *OPEC Review*, 2003 (27): 65－77.

[254] Osborne M. F. M. *The Random Character of Stock Market Prices*. Cambridge MA：MIT Press，1964.

[255] Oswiecimka P.，Kwapien J.，Drozdz S. Multifractality in the Stock Market：Price Increments Versus Waiting Times. *Physica A：Statistical and Theoretical Physics*，2005，347：626－638.

[256] Ozturk I. A Literature Survey on Energy-growth Nexus. *Energy Policy*，2010，38（1）：340－349.

[257] Pachauri S.，Spreng D. Energy Use and Energy Access in Relation to Poverty. *Economic and Political Weekly*，2004b，39（3）：271－278.

[258] Pagan A. The Econometrics of Financial Markets. *Journal of Empirical Finance*，1996，3（1），15－102.

[259] Paltsev S.，Reilly J. M.，Jacoby H. D. et al. *The MIT Emissions Prediction and Policy Analysis（EPPA）Model：Version 4*. MIT Libraries，2005（8）.

[260] Payne J. E. Survey of the International Evidence on the Causal Relationship between Energy Consumption and Growth. *Journal of Economic Studies*，2010，37（1）：53－95.

[261] Pcast. Federal Energy Research and Development for Challenges of the Twenty-First Century. Washington DC：President's Committee of Advisors on Science and Technology，1999.

[262] Pereira M. G.，Freitas M. A. V.，Silva N. F. Rural Electrification and Energy Poverty：Empirical Evidences from Brazil. *Renewable and Sustainable Energy Reviews*，2010，14（4）：1229－1240.

[263] Pereira M. G.，Freitas M. A. V.，Silva N. F. The Challenge of Energy Poverty：Brazilian Case Study. *Energy Policy*，2011，39（1）：167－175.

[264] Perez C. Technological Revolutions，Paradigm Shifts and Socio-institutional Change. *Globalization，Economic Development and Inequality：An Alternative Perspective*，Northampton，MA，USA：Edward Elgar，2004：217－242.

[265] Peters，Hertwich. Pollution Embodied in Trade：The Norwegian case. *Global Environmental Change*，2006，16：379－387.

[266] Peters E. E. *Fractal Market Analysis：Applying Chaos Theory to Investment and Economics*. John Wiley & Sons，Inc，1994.

[267] Peters E. E. *Chaos and Order in Capital Markets：A New View of Cycles，Prices and Market Volatility（2rd ed.）*. New York：John Wiley & Sons，Inc，1996.

[268] Pilipovic D. *Energy Risk：Valuing and Managing Derivatives*. New York：McGraw-Hill，2007.

[269] Pindyck R. S. Gains to Producers from Cartelization of Exhaustible Resource. *Review of Economics Statistics*，1978，2：238－251.

[270] Popp D. Induced Innovation and Energy Prices，*The American Economic Review*，2002，92（1）：160－180.

［271］ Price L.，Worrell E.，Martin N.，Lehman B.，Sinton J. China's Industrial Sector in An International Context. Lawrence Berkeley National Laboratory. 2006－05－23.

［272］ Quah D.，Vahey S. P. Measuring Core Inflation. *The Economic Journal*，1995，105 (432)：1130－1144.

［273］ Quan J. Two-Step Testing Procedure for Price Discovery Role of Futures Prices. *Journal of Futures Markets*，1992，12 (2)：139－149.

［274］ Ragwitz M.，Miola A. Evidence from R&D Spending for Renewable Energy Sources in the EU. *Renewable Energy*，2005，30 (11)：1635－1647.

［275］ Reddy A. K. N. Goals，Strategies and Policies for Rural Energy. *Special Article in Economic and Political Weekly*，1999，34 (49)：3435－3445.

［276］ Rhee H. C.，Chung H. S. Change in CO_2 Emission and Its Transmissions between Korea and Japan Using International Input-output Analysis. *Ecological Economics*，2006，58 (4)：788－800.

［277］ Richard T.，Baillie G.，Geoffrey Booth，Yiuman Tse，Tatyana Zabotina. Price Discovery and Common Factor Models. *Journal of Financial Markets*，2002，5 (3)：309－321.

［278］ Richards G. R. The Fractal Structure of Exchange Rates：Measurement and Forecasting. *Journal of International Financial Markets，Institutions and Money*，2000，10 (2)，163－180.

［279］ Robison S.，Yunez-Naude A.，Hinojosa-Ojeda R.，Lewis J. D.，Devarajan S. From Stylized to Applied Models：Building Multisector CGE Models for Policy Analysis. *North American Journal of Economics and Finance*，1999，10 (1)：5－38.

［280］ Romer P. M. Increasing Returns and Long Run Growth. *Journal of Political Economy*，1986，94，1002－1037.

［281］ Rosenberg N. Technology and Environment，in：Rosenberg N.，*Perspectives on Technology*. Cambridge：Cambridge University Press，1976.

［282］ Ross S. A. Information and Volatility：The No-Arbitrage Martingale Approach to Timing and Resolution Irrelevancy. *The Journal of Finance*，1989，44 (1)：1－17.

［283］ Rostow W. W. The Stages of Economic Growth. *Economic History Review*，1959，12 (1)：1－6.

［284］ Rowlands I. H. Envisaging Feed-in Tariffs for Solar Photovoltaic Electricity：European Lessons for Canada. *Renewable and Sustainable Energy Reviews*，2005 (9)：51－68.

［285］ Russo J. S.，Ezzat H.，Khalifa. CFD Assessment of Intake Fraction in the Indoor Environment. *Building and Environment*，2010，45 (9)：1968－1975.

［286］ Ruttan V. Technology and the Environment. *American Journal of Agricultural Economics*，1971，53：707－717.

［287］ Sagar A. D.，Holdren J. P. Assessing the Global Energy Innovation System：Some Key Issues，*Energy Policy*，2002，30：465－469.

[288] Samouilidis J. E. , Berahas S. A. A Methodological Approach to Strategic Petroleum Reserves. *The International Journal of Management Science*, 1982, 10: 565 - 574.

[289] Samouilidis J. E. , Magirou V. F. On the Optimal Level of A Small Country's Strategic Petroleum Reserve. *European Journal of Operational Research*, 1985, 20: 190 - 197.

[290] Sánchez-Chóliz J. , Duarte R. CO_2 Emissions Embodied in International Trade: Evidence for Spain. *Energy Policy*, 2004, 32 (18): 1999 - 2005.

[291] Sato K. The Ideal Log-Change Index Number. *Review of Economics and Statistics*, 1976, 58 (2): 223 - 228.

[292] Saviotti P. P. Information, Variety and Entropy in Techno-economic Development. *Research Policy*, 1988, 17 (2): 89 - 103.

[293] Scarf H. E. The Approximation of Fixed Points of A Continuous Mapping. *SIAM Journal of Applied Mathematics*, 1967 (15): 1328 - 1343.

[294] Schei M. A. , Hessen J. O. , Smith K. R. Childhood Asthma and Indoor Woodsmoke from Cooking in Guatemala. *Journal of Exposure Analysis and Environmental Epidemiology*, 2004, 14: 110 - 117.

[295] Schirnding Y. , Bruce N. Addressing the Impact of Household Energy and Indoor Air Pollution on the Health of the Poor. Geneva: WHO, 2002.

[296] Senate Permanent Subcommittee on Investigations. The Role of Market Speculation in Rising Oil and Gas Prices: A Need to Put the Cop back on the Beat. The 109th Congress 2nd Session, Washington, 2006 - 06 - 27.

[297] Sharpe W. F. *Portfolio Theory and Capital Markets*. New York: McGraw-Hill, 1970.

[298] Sheffrin S. M. *Rational Expectations*. Cambridge University Press, 1983.

[299] Sherrington D. , Moro E. , Garrahan J. P. Statistical Physics of Induced Correlation in A Simple Market. *Physica A: Statistical Mechanics and its Applications*, 2002, 311 (3 - 4): 527 - 535.

[300] Shoven J. B. , Whalley J. General Equilibrium with Taxes: A Computable Procedure and An Existence Proof. *Review of Economic Studies*, 1973, 40: 475 - 489.

[301] Shoven J. B. , Whalley J. On the Computation of Competitive Equilibrium on International Market with Tariffs. *Journal of International Economics*, 1974, 4: 341 - 354.

[302] Shoven J. B. , Whalley J. Applying General Equilibrium. Cambridge surveys of economic literature, Cambridge, 1992.

[303] Silberglitt R. , Hove A. , Shulman P. Analysis of US Energy Scenarios: Meta-scenarios, Pathways, and Policy Implications. *Technological Forecasting & Social Change*, 2003, 70: 297 - 315.

[304] Simon H. Technology and Environment. *Management Science*, 1973, 14: 1110 - 1121.

[305] Slow R. M. Technical Change and the Aggregate Production Function. *Review of Economics and Statistics*, 1957, 39: 312 - 320.

［306］ Smith K. R.， Mehta S.， Maeusezahl-Feuz M. Indoor Air Pollution from Household Use of Solid Fuels. In：Comparative Quantification of Health Risks. Geneva：WHO，2004.

［307］ Smith K. R. Health Impacts of Household Fuelwood Use in Developing Countries. Unasylva，2006，224（57）：41－44.

［308］ Smith K. R.， Ahuja Dilip R. Toward A Greenhouse Equivalence Index：The Total Exposure Analogy. *Climatic Change*，1990，（17）：1－7.

［309］ Sorrell S.， O'Malley E.， Schleich J. et al. *The Economics of Energy Efficiency：Barriers to Cost-Effective Investment*. Northampton，MA：Edward Elgar，2004.

［310］ Starr C.， Rudman R. Parameters of Technological Growth. *Science*，1973，182：358－364.

［311］ Stern D. I. Energy and Economic Growth in the USA. A Multivariate Approach. *Energy Economics*，1993，15：137－150.

［312］ Stevens G.， de Foy B. et al. Developing Intake Fraction Estimates with Limited Data：Comparison of Methods in Mexico City. *Atmospheric Environment*，2007，41（17）：3672－3683.

［313］ Stock J. H.， Watson M. W. Variable Trends in Economic Time Series. *Journal of Economic Perspectives*，1988，2：147－174.

［314］ Sweeney L.， James. The Response to Energy Demand to Higher Prices：What Have We Learned? *The American Economic Review*，1984，74（2）：31－37.

［315］ Takada M.， Fracchia S. A Review of Energy in National MDG Reports. UNDP，Washington，DC，2007.

［316］ Teisberg T. J. A Dynamic Programming Model of the US Strategic Petroleum Reserve. *The Bell Journal of Economics*，1981，12（2）：526－546.

［317］ Tobey J. A. The Effects of Domestic Environmental Policies on Patterns of World Trade：An Empirical Test. *Kyklos*，1990，43（2）：191－209.

［318］ Toda H. Y.， Yamamoto T. Statistical Inference in Vector Autoregression with Possibly Integrated Processes. *Journal of Econometrics*，1995，66：225－250.

［319］ Tol R. S. J. Kyoto，Efficiency，and Cost-effectiveness：Applications of FUND. *Energy Journal*（Special Issue），1999：131－156.

［320］ Törnqvist L. The Bank of Finland's Consumption Price Index. Bank of Finland Monthly Bulletin，1936（10）：1－8.

［321］ Troll G.， Beim Graben P. Zipf's Law Is Not A Consequence of the Central Limit Theorem. *Physics Review E*，1998，2：1347－1355.

［322］ Tse Y.， Xiang J. Market Quality and Price Discovery：Introduction of the E-mini Energy Futures. *Global Finance Journal*，2005（16）：164－179.

[323] Turiel A., Pérez-Vicente C. J. Multifractal Geometry in Stock Market Time Series. *Physica A: Statistical Mechanics and Its Applications*, 2003, 322: 629 - 649.

[324] Turiel A., Pérez-Vicente C. J. Role of Multifractal Sources in the Analysis of Stock Market Time Series. *Physica A: Statistical Mechanics and its Applications*, 2005, 355 (2 - 4): 475 - 496.

[325] UNDP. Expanding Access to Modern Energy Services-Replicating, Scaling Up and Mainstreaming at the Local Level. Columbia University and GEF Small Grants Programme, New York, 2006.

[326] UNDP. Energizing Poverty Reduction. UNDP, New York, 2007.

[327] Vandewalle N., Ausloos M. The N-Zipf Analysis of Financial Data Series and Biased Data Series. *Physica A*. 1999, 268: 240 - 249.

[328] Varian H. R. *Microeconomic Analysis*. W. W. Norton & Company, Inc. New York, 1992.

[329] Vartia Y. O. Ideal Log-Change Index Numbers. *Scandinavian Journal of Statistics Theory and Applications*, 1976, 3 (3): 121 - 126.

[330] Vijay M., Susan M. D. Energy Services for the Millennium Development Goals. UNDP, UN Millennium Project, the World Bank, and ESMAP, Washington, DC, 2005.

[331] Walras L. Elements of Pure Economics; or, The Theory of Social Wealth. New York: A. M. Kelley, 1954.

[332] Wang S., Hao J. et al. Intake Fractions of Industrial Air Pollutants in China: Estimation and Application. *Science of The Total Environment*, 2006, 354 (2 - 3): 127 - 141.

[333] Wang X. D., Smith K. R. Near-term Health Benefits of Greenhouse Gas Reductions: A Proposed Assessment Method and Application to Two Energy Sectors of China. Geneva, World Health Organization, 1999.

[334] Watts J. China: The Air Pollution Capital of the World. *The Lancet*, 2005, 366 (9499): 1761 - 1762.

[335] WEC. Energy Technologies for the 21st Century. World Energy Council, 2001.

[336] WEC. Wec Statement 2006. Energy Efficiencies: Pipe-Dream or Reality? London: World Energy Council (WEC), 2006.

[337] WEC. Carbon Capture and Storage: A WEC Interim Balance. 2007 - 10 - 24.

[338] Wei Y. M., Liang Q. M., Fan Y., Norio Okada, Tsai H. T. A Scenario Analysis of Energy Requirements and Energy Intensity for China's Rapidly Developing Society in the Year 2020. *Technological Forecasting and Social Change*, 2006, 73 (4): 405 - 421.

[339] Wei Y. M., Wu G., Fan Y., Liu L. C. Empirical Analysis of Optimal Strategic Petroleum Reserve in China. *Energy Economics*, 2008, 30 (2): 290 - 302.

[340] Weitzman M. L. Prices Vs Quantities. *Review Economics Study*, 1974 (4), 477 - 491.

[341] White House. Blueprint for A Secure Energy Future. 2011 - 03 - 30.

[342] WHO. Fuel for Life-Household Energy and Health. Geneva: WHO, 2006.

［343］Wilkinson P.，Smith K. R. et al. A Global Perspective on Energy：Health Effects and Injustices. *The Lancet*，2007，370（9591）：965－978.

［344］Willenbockel D. Specification Choice and Robustness in CGE Trade Policy Analysis with Imperfect Competition. *Economic Modelling*，2004，6：1065－1099.

［345］World Bank，SEPA. Cost of Pollution in China. Washington，DC：World Bank，2007.

［346］World Bank. World Development Indicators 2009. Washington DC：World Bank，2009.

［347］World Bank. State and Trends of the Carbon Markets 2010. Washington DC：World Bank，2010.

［348］World Bank. World Development Indicators 2011. Washington，DC：World Bank，2011.

［349］World Bank. World Development Indicators 2018. Washington，D C：World Bank，2018.

［350］World Bank. World Development Indicators 2019. Washington，D C：World Bank，2019.

［351］World Coal Institute. UK Government Releases Carbon Abatement Technology Strategy. 2007－11－12.

［352］World Economic Forum. The New Energy Security Paradigm. London：Cambridge Energy Research Associates，2006.

［353］Wyckoff A. W.，Roop M. J. The Embodiment of Carbon in Imports of Manufactured Products：Implications for International Agreements on Greenhouse Gas Emissions. *Energy Policy*，1994，22（3）：187－194.

［354］Yang H. Y. A Note on the Causal Relationship between Energy and GDP in Taiwan. *Energy Economics*，2000，22：309－317.

［355］Yang H.，Wang H.，Yu H.，Xi J.，Cui R.，Chen G. Status of Photovoltaic Industry in China. *Energy Policy*，2003，31：703－707.

［356］Yu E. S. H.，Hwang B. K. The Relationship between Energy and GNP：Future Results. *Energy Economics*，1984，6：168－190.

［357］Yu S. H.，Choi J. Y. The Causal Relationship between Energy and GNP：An International Comparison. *Journal of Energy and Development*，1985，10（2）：249－272.

［358］Yu T. E.，Bessler D. A.，Fuller S. Cointegration and Causality Analysis of World Vegetable Oil and Crude Oil Prices. Proceedings of the American Agricultural Economics Association Annual Meeting，Long Beach，California，July 23－26，2006.

［359］Zhang X. B.，Fan Y.，Wei Y. M. A Model Based on Stochastic Dynamic Programming for Determining China's Optimal Strategic Petroleum Reserve Policy. *Energy Policy*，2009，37：4397－4406.

［360］Zhang Y. J.，Wei Y. M. The Crude Oil Market and the Gold Market：Evidence for Cointegration, Causality and Price Discovery. *Resources Policy*, 2010, (35): 168-177.

[361] Zhang Y. J., Wei Y. M. The Dynamic Influence of Advanced Stock Market Risk on International Crude Oil Return: An Empirical Analysis. *Quantitative Finance*, 2011, 11 (7): 967-978.

[362] Zhang Z. X. Macroeconomic Effects of CO_2 Emissions Limits: A Computable General Equilibrium Analysis for China. *Journal of Policy Modeling*, 1998, 20: 213-250.

[363] Zhang Z. X. Decoupling China's Carbon Emissions Increase from Economic Growth: An Economic Analysis and Policy Implications. *World Development*, 2000a, 4: 739-752.

[364] Zhang Z. X. Can China Afford to Commit Itself An Emissions Cap? An Economic and Political Analysis. *Energy Economics*, 2000b, 6: 587-614.

[365] Zhang Q., Reed M. Examining the Impact of the World Crude Oil Price on China's Agricultural Commodity Prices: The Case of Corn, Soybean, and Pork. Proceedings of the Southern Agricultural Economics Association Annual Meetings, Dallas, TX, February 2-5, 2008.

[366] Zhang Z., Lohr L., Escalante C., Wetzstein M. Food Versus Fuel: What Do Prices Tell Us? *Energy Policy*, 2010, 38: 445-451.

[367] Zhou F. Development of China Renewable Energy. *Renewable Energy*, 1996, 9 (1-4): 1132-1137.

[368] Zhou Y., Levy J. I. et al. Estimating Population Exposure To Power Plant Emissions Using CALPUFF: A Case Study in Beijing, China. *Atmospheric Environment*, 2003, 37 (6): 815-826.

[369] Zhou Y., Levy J. I. et al. The Influence of Geographic Location on Population Exposure to Emissions from Power Plants Throughout China. *Environment International*, 2006, 32 (3): 365-373.

[370] Zipf G. K. *Human Behavior and the Principle of Least Effort*. Cambridge: Addison-Wesley Press, 1949.

[371] Zipf G. K. *The Psycho-Biology of Language: An Introduction to Dynamic Psychology*. Cambridge: Addison-Wesley Press. 1968.

[372] Zumerchik J. Macmillan Encyclopedia of Energy. MacMillan Reference USA, New York, 2001.

[373] Zweifel P., Bonomo S. Energy Security Coping with Multiple Supply Risks. *Energy Economics*, 1995, 17 (3): 179-183.

[374] 布朗 L. R. 美国燃料乙醇消耗粮食数量被低估可能导致世界粮价大涨. 国土资源情报, 2007 (1): 46-47.

[375] 鲍君洁. 基于套期保值的石油价格风险决策模型研究. 合肥工业大学硕士学位论文, 2010.

[376] 渤海商品交易所. 渤海商品交易所原油产品手册, 2009.

[377] 财政部财政科学研究所"可持续能源财税政策研究"课题组．可持续能源战略的财税政策研究——我国能源发展战略及其与财税政策的关系．经济研究参考，2006 (14)：2-13.

[378] 陈德铭．千方百计完成电力工业节能减排任务．中国科技投资，2007 (4)：4-6.

[379] 陈权宝，戴西超，张庆春．我国初级能源消费的特征．统计与决策，2005 (7)：76-78.

[380] 陈晓进．国外二氧化碳减排研究及对我国的启示．国际技术经济研究，2006，9 (3)：21-26.

[381] 陈勇，樊栓狮．天然气水合物——能源发展战略研究．北京：化学工业出版社，2004.

[382] 陈云富，刘雪．燃料油期货交易持续清淡 多举措提高流动性．新华网．2012-08-09.

[383] 程军，赵娟．油价上涨对我国汽车行业的影响分析．上海汽车，2006 (12).

[384] 迟春洁．能源安全预警研究．统计与决策，2006 (22)：29-31.

[385] 迟春洁．中国能源安全监测与预警研究．上海：上海交通大学出版社，2011.

[386] 丹尼尔 F.，史普博．管制与市场，上海：上海人民出版社，2008.

[387] 单卫国．欧佩克对油价的影响力及其政策取向．国际石油经济，2000 (1)：25-29.

[388] 丁仲礼，段晓男，葛全胜，张志强，国际温室气体减排方案评估及中国长期排放权讨论．中国科学 D 辑：地球科学，2009，39 (12)：1659-1671.

[389] 杜秀珍，赵梦．多能互补，重视生物质能发展．农业工程技术，2010 (4)：10-13.

[390] 段治．后金融危机时代下的金融创新——碳金融．中国外资（下半月），2010 (4)：46-46.

[391] 范英，焦建玲．石油价格：理论与实证．北京：科学出版社，2008.

[392] 冯连勇，赵林，赵庆飞，王志明．石油峰值理论及世界石油峰值预测，石油学报，2006 (5)：139-142.

[393] 葛世龙，周德群．可耗竭资源市场中的不确定性研究综述．中国人口资源与环境，2007 (5)：18-21.

[394] 管清友，何帆．中国的能源安全与国际能源合作．世界经济与政治，2007 (11)：45-53.

[395] 管清友．流动性过剩与石油市场风险．国际石油经济，2007，15 (10)：1-11.

[396] 管清友．石油的逻辑——国际油价波动机制与中国能源．北京：清华大学出版社，2010.

[397] 国际能源署．2004 世界能源展望．北京：中国石化出版社，2006.

[398] 国际能源署．石油和天然气安全 IEA 成员国应急响应情况说明书 (2010)．2010.

[399] 国家发展和改革委员会．可再生能源中长期发展规划，2007.

[400] 国家发展和改革委员会．能源生产和消费革命战略 (2016-2030)，2016.

[401] 国家环保总局，国家统计局．中国绿色国民经济核算研究报告 2004．2006.

[402] 国家统计局，国家能源局．中国能源统计年鉴 2008. 北京：中国统计出版社，2008.

[403] 国家统计局，环境保护部. 中国环境统计年鉴 2010. 北京：中国统计出版社，2011a.

[404] 国家统计局，环境保护部. 2010 年中国环境状况公报．2011b.

[405] 国家统计局．中国统计年鉴 1999－2008. 北京：中国统计出版社，1999－2008.

[406] 国家统计局．能源生产和消费．2001.

[407] 国家统计局．中国统计年鉴 2004. 北京：中国统计出版社，2004.

[408] 国家统计局．中国统计年鉴 2005. 北京：中国统计出版社，2005.

[409] 国家统计局．中国环境统计年鉴 2008. 北京，中国统计出版社，2008.

[410] 国家统计局．中国统计年鉴 2009. 北京：中国统计出版社，2009.

[411] 国家统计局．中国第二次全国农业普查资料汇编（综合卷）. 北京：中国统计出版社，2010.

[412] 国家统计局．中国统计年鉴 2011. 北京：中国统计出版社，2011.

[413] 国家统计局．中国统计年鉴 2018. 北京：中国统计出版社，2018.

[414] 国家统计局能源统计司．中国能源统计年鉴 2011. 北京：中国统计出版社，2011.

[415] 国家统计局能源统计司．中国能源统计年鉴 2017. 北京：中国统计出版社，2017.

[416] 国家统计局农村社会经济调查司．改革开放三十年农业统计资料汇编．北京：中国统计出版社，2009.

[417] 国务院新闻办公室．中国的能源状况与政策．2007.

[418] 韩君．能源需求分析方法述析．经济研究导刊，2008 (18)：280－281.

[419] 何虹，王凯，明君．高油价可能成常态 第四次石油危机阴影临近．新浪财经，2005－04－18.

[420] 何凌云，郑丰．基于 R/S 分析的原油价格系统的分形特征研究．复杂系统与复杂性科学，2005，2 (4)：46－52.

[421] 贺永强，马超群，余升翔．能源金融的发展趋势．金融经济，2007 (24)：15－16.

[422] 侯永志，宣晓伟．国际油价和进口产品价格总水平变动对我国经济的影响．调查研究报告，2003，40 ：1－14.

[423] 胡宗义，蔡文彬，陈浩．能源价格对能源强度和经济增长影响的 CGE 研究．财经理论与实践，2008 (2)：91－95.

[424] 黄美龙．石化行业：上游喜下游忧．上海证券报，2006－08－31.

[425] 黄盛初，2004 世界煤炭发展报告．北京：煤炭工业出版社，2005.

[426] 黄钟苏．中国房产市场的非均衡分析．经济与管理研究，1997 (2)：52－55.

[427] 加龙．水库水质与温室气体排放的关系．水利水电快报，2003 (24)：12－15.

[428] 金碚. 产业组织经济学. 北京：经济管理出版社，1999.

[429] 卡罗 A. 达哈尔．国际能源市场：价格、政策与利润．北京：石油工业出版社，2008.

[430] 阚海东，陈秉衡．我国部分城市大气污染对健康影响的研究10年回顾．中国预防医学杂志，2002，636（1）：59-61.

[431] 李红权，马超群．金融市场的复杂性与风险管理．北京：经济科学出版社，2006.

[432] 克里斯·贾尔斯．美元向何处去．英国金融时报中文版，2007-12-17.

[433] 李继尊．中国能源预警模型研究．山东：中国石油大学，2007.

[434] 李金铠．自然资源与经济增长：对主流增长理论逻辑、认识和论证的反思．经济学动态，2009（9）：32-35.

[435] 李连德，王青，刘浩，宋阳．中国国内一次能源供应多样性计算与分析．东北大学学报（自然科学版），2008（4）：577-580.

[436] 李赛时．市场条件下的能源风险管理．中国金融，2005（23）：18-20.

[437] 李善同，王直，翟凡，徐林．WTO：中国与世界．北京：中国发展出版社，2000.

[438] 李晓华．我国能源投资与能源投资规模的确定．中国能源，2008（8）：30-37.

[439] 李艳梅，张雷．中国居民间接生活能源消费的结构分解分析．资源科学，2008（6）：890-895.

[440] 李忠民，邹明东．能源金融问题研究评述．经济学动态，2009（10）：101-104.

[441] 梁巧梅．能源复杂系统建模及能源政策分析系统．北京：中国科学院博士论文，2007.

[442] 廖华，魏一鸣．能源经济与政策研究中的数据问题．技术经济与管理研究，2011（4）：68-73.

[443] 廖华．能源效率的计量经济模型及其应用研究．北京：中国科学院研究生院博士学位论文，2008.

[444] 刘和剑．最优套保比率研究综述. 2010.

[445] 刘明慧．推进节能减排的财税政策体系探讨．山东经济，2009（4）：78-83.

[446] 刘强，冈本信广．中国地区间投入产出模型的编制及其问题．统计研究，2002（9）：58-64.

[447] 刘志斌，贾闽慧，康小军．石油生产函数及在产量最大化中的应用．西南石油学院学报，2006，28（6）：98-100.

[448] 马晓微．能源部门融资主要影响因素分析．中国能源，2010a，32（6）：33-37.

[449] 马晓微．我国未来能源融资环境展望及融资模式设计．中国能源，2010b，32（8）：40-44.

[450] 麦肯锡全球研究院．新兴力量主体：石油美元、亚洲中央银行、对冲基金以及私募股权投资基金如何塑造全球资本市场. 2007.

[451] 梅孝峰．国际市场油价波动分析．北京大学经济学院硕士学位论文，2001.

[452] 美国能源部能源信息署．国际能源展望．北京：科学出版社，2006.

[453] 彭补拙，濮励杰，等．资源学导论．南京：东南大学出版社，2007.

[454] 彭红圃，朱惠英．国外加强能源使用管理、提高能源效率的相关政策介绍．广西城镇建设，2007（1）：28－31.

[455] 彭志龙．中国2007年投入产出表．北京：中国统计出版社，2009.

[456] 齐志新，陈文颖，吴宗鑫．工业轻重结构变化对能源消费的影响．工业经济，2007（5）：8－14.

[457] 钱瑞梅，杨星．能源金融衍生品市场的现状及其价格风险特征分析．价格理论与实践，2007（2）：58－59.

[458] 乔治·施蒂格勒．管制者能管制什么？——电力部门实例．上海：三联书店，1989.

[459] 曲建升，曾静静．国际二氧化碳捕获与封存法规体系建设的重点与发展方向．中国科学院国家科学图书馆资源环境科学专辑，2007（16）：1－3.

[460] 佘升翔，等．“石油-美元”机制及其互动特征的实证研究．系统工程，2010（6）：36－39.

[461] 佘升翔，马超群．能源金融的发展及其对我国的启示．国际石油经济，2007，15（8）：2－8.

[462] 世界银行．加快推进中国省级节能工作．华盛顿：世界银行，2010.

[463] 宋玉华，林治乾，孙泽生．期货市场、对冲基金与国际原油价格波动．国际石油经济，2008，16（4）：9－17.

[464] 孙红．合同能源管理实务．北京：中国经济出版社，2012.

[465] 孙利源．生物质能利用技术与分析．能源研究与信息，2004，20（2）：68－73.

[466] 孙茂远．构筑起飞平台，循序健康发展——中国煤层气产业发展现状及前景．中国煤炭，2003，29（11）：8－12.

[467] 孙泽生．应理性看待投机对油价的影响．能源杂志，2009－09－14.

[468] 汤姆·詹姆斯．能源价格风险．北京：经济管理出版社，2008.

[469] 汤蕴琳．电煤的整体气化联合循环（IGCC）发电技术．中国电业，2004（11）：74－76.

[470] 唐炼．世界能源供需现状与发展趋势．国际石油经济，2005（1）：30－33.

[471] 陶磊．能源要素与经济增长模型及实证研究．西安交通大学博士学位论文，2008.

[472] 特伦布莱，薛小红．水库水质与温室气体排放的关系．水利水电快报，2006，27（15）：19－21.

[473] 汪同三，沈利生．中国社会科学院数量经济与技术经济研究所经济模型集．北京：社会科学文献出版社，2001.

[474] 王桂兰．后石油时代中国能源安全战略构建的价值选择．现代地质（增刊），2007：112－117.

[475] 王柳青，冯连勇．动用战略石油储备平抑油价还有效吗？中国石油和化工，2011（9）：19－22.

[476] 王漫雪．能源金融化预示着什么？瞭望新闻周刊，2009－07－21.

[477] 王其藩．系统动力学．北京：清华大学出版社，1988.

[478] 王庆一．国外促进节能的财税政策．中国能源，2006（1）：18－20，46.

[479] 王群勇，张晓峒．原油期货市场的价格发现功能——基于信息份额模型的分析．工业技术经济，2005，3：72－74.

[480] 王书伟．世界煤炭贸易形势及对中国煤炭市场的影响．中国商贸，2010（24）：88－89.

[481] 王泰昌，张媛媛，迟京东．我国钢铁工业节能降耗现状分析．中国钢铁业，2007（3）：21－24.

[482] 王文平，姬长生，班林杰．能源需求弹性分析．能源技术与管理，2007（4）：102－104.

[483] 王晓薇．安然漏洞 9 年 搅局国际油价．华夏时报，2009－06－12.

[484] 王志轩，潘荔，王新雷，胡兆光，熊幼京，米建华．我国电力工业节能现状及展望．中国电力，2003，36（9）：34－42.

[485] 威廉·恩道尔．石油战争：石油政治决定世界新秩序．北京：知识产权出版社，2008.

[486] 维基百科．

[487] 魏涛远．世界石油价格上涨对中国经济的影响．数量经济技术经济研究，2002（5）：17－20.

[488] 魏一鸣，等．中国能源报告 2006：战略与政策研究．北京：科学出版社，2006.

[489] 魏一鸣，等．中国能源报告 2008：碳排放研究．北京：科学出版社，2008.

[490] 魏一鸣，等．中国能源报告 2010：能源效率研究．北京：科学出版社，2010.

[491] 魏一鸣，等．中国能源报告 2012：能源安全研究．北京：科学出版社，2012.

[492] 魏一鸣，王恺，凤振华，等．碳金融与市场：方法与实证．北京：科学出版社，2010.

[493] 温迪．美国加州电力危机大爆发．北京晨报，2001－01－19.

[494] 吴丽壹．2009 年全球煤炭贸易格局及其对中国的影响．中国煤炭，2009（3）：106－108，111.

[495] 吴明明．中国能源消费与经济增长关系研究．华中科技大学，2011.

[496] 吴巧生，成金华．论全球气候变化政策．中国软科学，2003（9）：14－20.

[497] 武亚军，宣晓伟．环境税经济理论及对中国的应用分析．北京：经济科学出版社，2002.

[498] 夏明高．石油定价机制经济学分析．合作经济与科技，2007（05X）：26－27.

[499] 肖利平．中国债券市场与股票市场间波动溢出效应——基于 SJC-Copula 模型的分析．中国证券市场导报，2011（9）：57－59，66.

[500] 熊家财．国际金融危机背景下国内外股市波动溢出效应的实证研究．当代财经，2011（8）.

[501] 徐连兵．整体煤气化联合循环发电技术的发展现状和前景．电力勘测设计，

2005 (6)：8－11.

[502] 徐梅林．基于电力行业改革下的我国电价管制模式研究．河海大学硕士论文，2006.

[503] 许峻．走向石油"中国价格"记燃料油期货的上市历程．上海证券报网络版，2004－08－25.

[504] 许月潮．中国天然气产业政府规制改革研究．中国地质大学硕士论文，2006.

[505] 严琦．第一次石油危机与第三次石油危机的比较分析——基于市场结构的视角．中国科技论文在线，2009.

[506] 杨惠贤，郑悍．能源消费与经济发展关系研究综述与展望．产业观察，2012 (1)：109－111.

[507] 杨瑞广，范英，魏一鸣．煤炭投资-供应的系统动力学分析模型．数理统计与管理，2005 (5)：6－12.

[508] 杨万武，迟国泰，余方平．基于资金限制的单品种期货最优套期比模型．系统管理学报，2007，16 (4)：345－350.

[509] 杨晓钰．财税政策如何促进节能——中外政策对比．大众商务（下半月），2009 (2)：69.

[510] 杨泽伟．国际能源机构法律制度初探——兼论国际能源机构对维护我国能源安全的作用．法学评论，2006 (6)：77－83.

[511] 叶继革，余道先．我国出口贸易与环境污染的实证分析．国际贸易问题，2007 (5)：72－77.

[512] 袁象，李纬，王方华．套期保值资金需求量研究．技术经济与管理研究，2002 (1)：55－56.

[513] 袁瑛．欧佩克：重寻"卡特尔"盔甲．商务周刊，2007－03－28.

[514] 岳西泉，孔萍，许乃伟．证券风险度量方法的统计分析与应用．信息技术与信息化，2009 (1)：21－24，29.

[515] 翟凡，李善同．中国经济的可计算一般均衡模型．//王慧炯，等，中国实用宏观经济模型．北京：中国财政经济出版社，1999.

[516] 詹姆斯．能源价格风险．北京：经济管理出版社，2008.

[517] 张阿玲，李继峰．地区间投入产出模型分析．系统工程学报，2004 (19)：615－619.

[518] 张博庭．绿色能源：水电的温室气体减排作用．中国三峡建设，2007 (1)：72－73.

[519] 张春霞．IGCC 技术发展．燃气轮机发电技术，2004 (2)：1－5.

[520] 张光远．关于多元 t 分布的一些讨论．新疆大学学报，1996，13 (3)：33－38.

[521] 张焕云．天然气发电的市场前景．中国能源，2005，27 (12)：42－43.

[522] 张九天．能源技术变迁的复杂性研究．中国科学技术大学，2006.

[523] 张抗．从石油峰值的方法论剖析石油枯竭说．中外能源，2008 (5).

[524] 张雷，蔡国田．中国人口发展与能源供应保障探讨．中国软科学，2005 (11)：11－17.

[525] 张丽峰，中国能源供求预测模型及发展对策研究．首都经济贸易大学，2006.

[526] 张明慧，李永峰．论我国能源与经济增长关系．工业技术经济，2004，23（4）：77－80.

[527] 张生玲．能源贸易影响经济增长的机理分析．生产力研究，2007（24）：13－18.

[528] 张铁柱．我国生物质发电行业现状及前景分析．农村电气化，2011（8）：56－58.

[529] 张艺，郁义鸿．市场结构、意外利润税与可耗竭资源的最优开采．产业经济研究，2009（1）：47－53.

[530] 张跃军，魏一鸣．我国未来能源投资的效益与风险研究．中国能源，2010（5）：29－32.

[531] 张跃军，魏一鸣．石油市场风险管理：模型与应用．北京：科学出版社，2013.

[532] 长江期货．全球主要经济体石油战略储备研究，2012.

[533] 赵东奎．增长理论：新古典观点与进化观点．数量经济分析方法，2005（4）.

[534] 赵农，危结根．石油价格波动的分析．世界经济，2001（12）：20－24.

[535] 赵庆寺．国际能源外交的经验与启示．阿拉伯世界研究，2010（3）：67－74.

[536] 郑玉歆，樊明太，等．中国 CGE 模型及政策分析．北京：社会科学文献出版社，1999.

[537] 中国电力企业联合会．预计 2007 年我国主要石化产品价格将有所回落．2007.

[538] 中国节能促进项目办公室．中国合同能源管理节能项目案例（2006）．北京：中国经济出版社，2006.

[539] 中国节能协会节能服务产业委员会．2010 工业领域合同能源管理项目案例集．2011.

[540] 中国节能协会节能服务产业委员会．2011 中国节能服务产业年度报告．2010a.

[541] 中国节能协会节能服务产业委员会．合同能源管理．北京：人民法院出版社，2012b.

[542] 石油依旧是王道 石油峰值论再惹争议．中国经济网，2010－01－28.

[543] 中国科学院国家科学图书馆．科学研究动态监测快报——先进能源科技专辑（10）．2007（12）.

[544] 中国煤炭工业协会．2018 煤炭行业发展年度报告．2019.

[545] 中国能源研究会．关于我国能源战略及“十二五”能源规划的建议．2010.

[546] 中国社会科学院可持续发展研究中心．Stern Review 研讨会纪要．2007－11－15.

[547] 中华人民共和国发展和改革委员会能源局．中国可再生能源发展概览 2008．2008.

[548] 中华人民共和国科学技术部．中国 21 世纪议程管理中心．全民节能减排手册．2007.

[549] 周家生．国内与国际原油市场收益波动溢出效应研究．华中科技大学硕士学位论文，2006.

[550] 朱成章．能源替代、电力替代与经济性．煤炭经济研究，2001（8）：12－14.

[551] 朱成章．简析能源发展指数．煤炭经济研究，2006（8）：11-13.

[552] 朱孟珏，陈忠暖，蔡国田．基于系统论的世界能源空间格局分析．地理科学进展，2008（5）：112-120.

[553] 庄青，李国俊．国际石油期货市场发展态势及其对我国的启示．国际石油经济，2007（8）：28-30.

图书在版编目（CIP）数据

能源经济学：第三版/魏一鸣等编著．--北京：
中国人民大学出版社，2019.12
新编 21 世纪经济学系列教材
ISBN 978-7-300-27814-8

Ⅰ．①能… Ⅱ．①魏… Ⅲ．①能源经济学—高等学校
—教材 Ⅳ．①F407.2

中国版本图书馆 CIP 数据核字（2019）第 291668 号

新编 21 世纪经济学系列教材
能源经济学（第三版）
魏一鸣 廖 华 等 编著
Nengyuan Jingjixue (Di-san Ban)

出版发行	中国人民大学出版社		
社　　址	北京中关村大街 31 号	邮政编码	100080
电　　话	010 - 62511242（总编室）		010 - 62511770（质管部）
	010 - 82501766（邮购部）		010 - 62514148（门市部）
	010 - 62515195（发行公司）		010 - 62515275（盗版举报）
网　　址	http://www. crup. com. cn		
经　　销	新华书店		
印　　刷	固安县铭成印刷有限公司		
开　　本	787 mm×1092 mm　1/16	版　　次	2019 年 12 月第 1 版
印　　张	31	印　　次	2025 年 4 月第 5 次印刷
字　　数	726 000	定　　价	65.00 元

教学支持说明

1. 教辅资源获取方式

为秉承中国人民大学出版社对教材类产品一贯的教学支持，我们将向采纳本书作为教材的教师免费提供丰富的教辅资源。您可直接到中国人民大学出版社官网的教师服务中心注册下载——http://www.crup.com.cn/Teacher。

如遇到注册、搜索等技术问题，可咨询网页右下角在线 QQ 客服，周一到周五工作时间有专人负责处理。

注册成为我社教师会员后，您可长期根据您所属的课程类别申请纸质样书、电子样书和教辅资源，自行完成免费下载。您也可登录我社官网的"教师服务中心"，我们经常举办赠送纸质样书、赠送电子样书、线上直播、资源下载、全国各专业培训及会议信息共享等网上教材进校园活动，期待您的积极参与！

2. 高校教师可加入下述学科教师 QQ 交流群，获取更多教学服务

经济类教师交流群：809471792

财政金融教师交流群：182073309

国际贸易教师交流群：162921240

税收教师交流群：119667851

3. 购书联系方式

网上书店咨询电话：010－82501766

邮购咨询电话：010－62515351

团购咨询电话：010－62513136

中国人民大学出版社经济分社

地址：北京市海淀区中关村大街甲 59 号文化大厦 1506 室　100872

电话：010－62513572　010－62515803

传真：010－62514775

E-mail：jjfs@crup.com.cn